朝鮮時代 中國古典小說의
出版本과 翻譯本 研究

* 이 책은 2010년 정부의 재원으로 한국연구재단의 지원을 받아 연구되었음 (NRF-2010-322-A00128).

경희대학교 비교문화연구소 비교문화총서 10

朝鮮時代 中國古典小說의 出版本과 飜譯本 硏究

민관동 · 김명신 공저

연구제목	한국에 소장된 중국고전소설 및 희곡판본의 수집정리와 해제
연구기간	2010년 09월 01일 – 2013년 08월 31일
프로젝트 전반기 연구진(2010.09.01-2012.02.29)	
책임연구원 : 민관동	
공동연구원 : 정영호 / 이영월 / 정선경 / 박계화	
전임연구원 : 김명신 / 장수연 / 유희준 / 유승현	
연구보조원 : 이숙화 / 심지연 / 김보근 / 유형래 / 홍민정	
프로젝트 후반기 연구진(2012.03.01-2013.08.31)	
책임연구원 : 민관동	
공동연구원 : 정영호 / 이영월 / 박계화	
전임연구원 : 김명신 / 장수연 / 유희준 / 유승현	
연구보조원 : 배우정 / 옥주 / 최정윤 / 윤소라 / 최미선	

머 리 말

本書는 한국연구재단 토대연구 과제인 ≪한국에 소장된 중국고전소설과 희곡판본의 수집정리와 해제≫(2010년 9월 - 2013년 8월 / 3년 과제)의 일환으로 나온 책이다. 본 연구팀에서는 中國古典小說 가운데 조선시대에 국내에서 출판된 판본과 번역된 판본 및 국내 筆寫本을 수집·정리하여 目錄化하였다.

朝鮮時代에는 중국과의 교역이 대단히 활발하였으며 당시 수많은 서적들이 국내에 유통되었다. 이러한 다양한 서적들이 국내에 유입됨에 따라 중국에 대해 관심이 많은 독자들은 지적 욕망을 충족시키기 위해 서적을 중국에서 수입하거나 더 많은 수요가 있을 시에는 아예 국내에서 출판까지 이루어졌다. 그러나 서적을 구입할 수 있는 독자들은 그리 많지 않았고 대부분의 독자들은 필사하거나 필사된 서적을 빌려 보는 경우가 많았다.

貰冊本의 경우는 경제적인 이유와 도서 구입의 어려움 등으로 인해 여러 계층의 사람들에게 많이 유통되었다. 아울러 貰冊本은 우리말로 번역되어 있는 경우가 많았는데, 이것은 중국소설에 대한 흥미를 가진 한글 독자들을 위한 것이었다. 특히, 국내에 유통된 중국 서적 중에 고전소설과 희곡이 많았다는 사실은 당시 독자들의 기호와 관심을 알려주는 척도가 되고 있다. 그럼에도 불구하고 국내에 유입된 중국 고전소설과 희곡의 출판본과 필사본에 대한 목록화 작업이 제대로 이루어지지 않았으므로 이러한 정리 작업을 완결하여 연구자들에게 보탬이 되고자 했다.

本書는 총 3부로 구성했다.

제1부: 第一部에서는 국내에서 출판된 필사 및 번역본 中國古典小說目錄을 정리했다. 먼저 국내에 유입된 목록을 열거하고 번역본과 출판본의 목록을 제시했다. 제2장에서는 문언소설 중에서 국내에 출판된 작품과 필사본을 중심으로 목록을 작성했고 제3장에서는 통속소설 중에서 국내에 출판된 작품과 필사본을 중심으로 목록을 정리했으며

제4장에서는 중국고전소설 중에서 국문으로 번역된 작품을 중심으로 목록화 작업을 진행하였고 제5장에서는 국내에서 출판번역된 작품을 일목요연하게 目錄化하였다.

제2부: 第二部에서는 中國古典小說의 飜譯樣相 硏究에 대한 논문을 몇 편 수록했다. 제1장은 中國古典小說의 國內 飜譯樣相으로 중국 고전소설에 대한 개괄적인 번역 형태에 관해 논의했고, 제2장은 朝鮮時代 飜譯本의 번역양상 및 특징으로 한글 고어 번역본 번역에 대한 특징을 논구했으며, 제3장은 번역본 중국고전소설의 발굴과 성과로 지금까지 발굴된 중국 고전소설에 대한 공과를 기탄없이 고찰했고, 제4장은 국내 번역출판된 중국고전소설 연구로 중국 고전소설이 국내에 유통된 상황과 필사 번역된 사실을 고찰하여 연구자들에게 새로운 발굴 성과를 알리고자 하였으며 제5장에서는 국내 출판된 중국고전소설을 서지학적으로 접근하여 그 가치를 논하였다.

제3부: 第三部에서는 飜譯本 中國古典小說과 戱曲類 硏究의 論著目錄을 수록했다. 朝鮮時代에 대량으로 유통된 중국 고전소설과 희곡은 독자들에게 많은 사랑을 받아왔고 현대에 와서도 고전작품 연구자들의 주목을 받고 있다. 이러한 연구 성과물을 분류해보면 두 가지 방향으로 진행되고 있다. 한 가지는 종합적인 관점에서 고찰한 논문이고 다른 한 가지는 개별적인 작품을 중심으로 연구한 논문들이다. 종합적으로 총괄한 논문을 먼저 열거하고 개별 작품을 논의한 논문은 시대순으로 번호를 매겨 나열하여 편리하게 찾아보도록 했다.

本書는 朝鮮時代 국내에 출판된 중국고전소설의 판본과 번역 및 필사본 판본목록까지 關聯資料들을 총망라하고자 최선을 다하였다. 그러나 미흡한 부분과 보충해야 할 부분은 추후에 지속적으로 보완해나갈 예정이다.

어려운 상황에서도 흔쾌히 출간에 응해주신 학고방 하운근 사장님을 비롯한 전 직원 여러분께 감사의 뜻을 전한다. 또 성실하게 교정에 도움을 준 연구보조원 배우정, 옥주, 최정윤, 윤소라, 최미선 대학원생들에게도 고마움을 표한다.

2013년 5월 5일
민관동·김명신

* 본서에 수집정리의 대상은 국립도서관 및 박물관·대학도서관 및 박물관·서원·향교·사찰·기업체 도서관·각종 연구소·각 종가집(문중)·개인소장자 등을 대상으로 하였다. 조사대상의 명단은 다음과 같다.

古書目錄 收集現況

1. [國立圖書館 및 大學圖書館(大學博物館 包含)]

所藏處名	古書目錄	細部 分類	刊行年度	番號
國立 中央圖書館	國立中央圖書館 外國 古書目錄Ⅰ 中國本篇		1976年	1-1
	國立中央圖書館 外國 古書目錄Ⅱ 韓國本篇		1977年	1-2
	國立中央圖書館 古書目錄1	文學(詞曲, 小說)	1970年	1-3
	國立中央圖書館 古書目錄2	小說類: 無(經學/史學)		
	國立中央圖書館 古書目錄3		1972年	1-4
	國立中央圖書館 古書目錄4		1980年	1-5
	國立中央圖書館 古書目錄5		1993年	1-6
	國立中央圖書館 古書目錄6		1994年	1-7
	韓國古典籍綜合目錄시스템 http://www.nl.go.kr/korcis/			1-8
韓國學中央 硏究院 (舊韓國精 神文化 硏究院)	藏書閣圖書中國版總目錄 (藏書閣貴重本叢書第7輯)	詞曲類, 小說類	1974年	2-1
	韓國古小說目錄		1983年	2-2
	藏書閣圖書 韓國版總目錄	小說類	1984年	2-3
	藏書目錄 古書篇1	小說類 國文/小說類 漢文	1991年	2-4
	韓國古典籍綜合目錄시스템 http://www.nl.go.kr/korcis/			2-5
國史編纂 委員會	國史編纂委員會古書目錄	集部 小說類(國文, 漢文)	1983年	3
國立中央博 物館圖書館	韓國古典籍綜合目錄시스템 http://www.nl.go.kr/korcis/			4

所藏處名	古書目錄		細部 分類	刊行年度	番號
韓國國學振興院	韓國古典籍綜合目錄시스템 http://www.nl.go.kr/korcis/				5
國會圖書館	國會圖書館 古書目錄			1995年	6-1
	韓國古書綜合目錄		所藏處一覽表	1968年	6-2
	韓國古典籍綜合目錄시스템 http://www.nl.go.kr/korcis/				6-3
서울大	奎章閣圖書 中國本 綜合 目錄		小說類	1982年	7-1
	奎章閣圖書 韓國本 綜合 目錄		小說類(國文, 漢文, 隨筆, 雜著)	1994年 (修訂版)	7-2
	奎章閣 寄贈古圖書古文書 目錄		小說類(漢文, 隨筆, 雜著): 1995年-2004年	2005年	7-3
	서울大學校 中央圖書館 古書目錄		國文學, 中國文學	未詳	7-4
	韓國古典籍綜合目錄시스템 http://www.nl.go.kr/korcis/				7-5
高麗大	高麗大學校 漢籍綜合目錄 (上)	晩松文庫	小說類	1979年	8-1
		高麗大學校 藏書目錄 第8輯 漢籍目錄(舊藏)	子部 小說	1984年	8-2
	高麗大學校 漢籍綜合目錄 (下)	薪菴文庫 漢籍目錄	子部 小說	1974年	8-3
		華山文庫		1976年	8-4
	高麗大學校 藏書目錄 第9輯 石洲文庫		小說類	1973年	8-5
	高麗大學校 藏書目錄 第15輯 貴重圖書目錄			1980年	8-6
	韓國古典籍綜合目錄시스템 http://www.nl.go.kr/korcis/				8-7
延世大	延世大學校 中央圖書館 古書目錄 第1輯		文學 全體 文庫目錄(黙容室文庫, 綏堂文庫, 庸齊文庫, 元氏文庫, 李源喆文庫, 張起元文庫, 佐翁文庫, 濯斯文庫, 韓相億文庫, 海觀文庫)	1977年	9-1
	延世大學校 中央圖書館 古書目錄 第2輯		한글小說 / 漢文小說 中國戲曲 / 中國小說 中國史文, 稗說, 中國諷刺, 笑話, 雜文, 貴重圖書書架目錄 庸齊文庫古書追加目錄 鷺山文庫古書追加目錄	1987年	9-2
	韓國古典籍綜合目錄시스템				9-3

所藏處名	古書目錄	細部 分類	刊行年度	番號
	http://www.nl.go.kr/korcis/			
成均館大	古書目錄	集部: 小說類(國文, 漢文)	1979年	10-1
	古書目錄 第2輯	集部: 小說類(國文, 漢文)	1981年	10-2
	古書目錄 第3輯 (成均館大學校 東亞細亞學術院 尊經閣)	小說類(國文, 漢文)	2002年	10-3
	韓國古典籍綜合目錄시스템 http://www.nl.go.kr/korcis/			10-4
慶熙大	韓國古典籍綜合目錄시스템 http://www.nl.go.kr/korcis/			11
漢陽大	韓國古典籍綜合目錄시스템 http://www.nl.go.kr/korcis/			12
西江大	西江大 中央圖書館 電算資料			13
梨花女大	梨花女子大學校 圖書館 古書目錄	集部 全體	1981年	14-1
	韓國古典籍綜合目錄시스템 http://www.nl.go.kr/korcis/			14-2
建國大	藏書目錄(漢籍綜合編)		1984年	15-1
	韓國古典籍綜合目錄시스템 http://www.nl.go.kr/korcis/			15-2
東國大	古書目錄	中國文學(小說, 其他)	1981年	16-1
	東國大學校 建學 100週年 紀念 古書目錄	韓國文學(戲曲, 小說) 中國文學(戲曲, 小說)	2006年	16-2
	韓國古典籍綜合目錄시스템 http://www.nl.go.kr/korcis/	慶州캠퍼스 出版本 古書目錄은 없음		16-3
檀國大	檀國大學校 粟谷紀念圖書館 漢籍目錄(天安캠퍼스)	羅孫文庫[金東旭], 秋汀文庫(天安캠퍼스)	1994年	17-1
	韓國古典籍綜合目錄시스템 http://www.nl.go.kr/korcis/	竹田캠퍼스 出版本 古書目錄은 없음		17-2
中央大	韓國古典籍綜合目錄시스템 http://www.nl.go.kr/korcis/			18
淑明女大	韓國古典籍綜合目錄시스템 http://www.nl.go.kr/korcis/			19
國民大	省谷圖書館 古書目錄	文學 全體	2008年	20-1
	韓國古典籍綜合目錄시스템 http://www.nl.go.kr/korcis/			20-2
崇實大	崇實大學校 韓國基督教博物館 古文獻 目錄	韓國學, 其他	2005年	21-1
	韓國古典籍綜合目錄시스템 http://www.nl.go.kr/korcis/			21-2

所藏處名	古書目錄	細部 分類	刊行年度	番號
明知大	明知大學校 中央圖書館	인터넷(古書: 請求番號812)		22
가톨릭大	韓國古典籍綜合目錄시스템 http://www.nl.go.kr/korcis/			23
京畿大	韓國古典籍綜合目錄시스템 http://www.nl.go.kr/korcis/			24
龍仁大	龍仁大學校 傳統文化硏究所 古書目錄	集部(詞曲類, 小說類, 안동오 先生 寄贈 圖書)	2000年	25-1
	韓國古典籍綜合目錄시스템 http://www.nl.go.kr/korcis/			25-2
仁荷大	韓國古典籍綜合目錄시스템 http://www.nl.go.kr/korcis/			26
江原大	韓國典籍綜合調査目錄 第3輯 江原道		1989年	27
忠南大	忠南大學校圖書館 古書目錄	集部(韓國, 中國)	1993年	28-1
	忠南大學校 中央圖書館 鶴山文庫目錄		1997年	28-2
	韓國古典籍綜合目錄시스템 http://www.nl.go.kr/korcis/			28-3
大田 가톨릭大	韓國古典籍綜合目錄시스템 http://www.nl.go.kr/korcis/			29
忠北大 (中原文化 硏究所)	韓國典籍綜合調査目錄 第9輯 忠淸北道 / 濟州道		1996年	30-1
	韓國古典籍綜合目錄시스템 http://www.nl.go.kr/korcis/			30-2
淸州大	韓國典籍綜合調査目錄 第9輯 忠淸北道 / 濟州道		1996年	31
全南大	全南大學校 圖書館 所藏古書目錄 I	小說類	1990年	32-1
	韓國古典籍綜合目錄시스템 http://www.nl.go.kr/korcis/			32-2
	韓國典籍綜合調査目錄 第6輯 全羅南道		1992年	32-3
朝鮮大	韓國古典籍綜合目錄시스템 http://www.nl.go.kr/korcis/			33
順天大	中央圖書館 電算資料			34
全北大 圖書館/ 博物館	韓國典籍綜合調査目錄 第4輯 全羅北道		1990年	35-1
	韓國古典籍綜合目錄시스템 http://www.nl.go.kr/korcis/			35-2
圓光大	圓光大學校 古書目錄	文學 全體	1994年	36-1
	韓國典籍綜合調査目錄 第4輯 全羅北道		1990年	36-2

所藏處名	古書目錄	細部 分類	刊行年度	番號
	韓國古典籍綜合目錄시스템 http://www.nl.go.kr/korcis/			36-3
全州大	韓國古典籍綜合目錄시스템 http://www.nl.go.kr/korcis/			37
釜山市立 圖書館	釜山廣域市 市立圖書館 古書目錄		1995年	38-1
	韓國古典籍綜合目錄시스템 http://www.nl.go.kr/korcis/			38-2
釜山大	釜山大學校圖書館 古書目錄	海蒼文庫, 東麓文庫, 直齊文庫, 夢漢文庫, 芝田文庫, 小訥文庫, 설뫼文庫, 蒼原文庫, 于溪文庫	2010年	39-1
	韓國古典籍綜合目錄시스템 http://www.nl.go.kr/korcis/			39-2
釜慶大	中央圖書館 電算資料			40
東亞大	韓國古典籍綜合目錄시스템 http://www.nl.go.kr/korcis/	石堂文庫(鄭在煥)		41
慶星大 博物館, 鄕土文化 研究所	韓國典籍綜合調査目錄 第7輯 釜山直轄市		1993年	42
釜山教育大 圖書館	韓國典籍綜合調査目錄 第7輯 釜山直轄市		1993年	43
釜山女大 伽倻文化 研究所	韓國典籍綜合調査目錄 第7輯 釜山直轄市		1993年	44
蔚山大	韓國古典籍綜合目錄시스템 http://www.nl.go.kr/korcis/			45
慶尙大	慶尙大學校圖書館 漢籍室 所藏 漢籍目錄	小說部	1996年	46-1
	慶尙大學校圖書館 漢籍目錄	儒家類, 小說部	1996年	46-2
	韓國古典籍綜合目錄시스템 http://www.nl.go.kr/korcis/			46-3
慶南大	慶南大學校 中央圖書館			47
慶州市立 圖書館	慶州地方 古書調査目錄(慶州文化院刊行)		1992年	48
大邱市 中央圖書館	韓國古典籍綜合目錄시스템 http://www.nl.go.kr/korcis/			49
慶北大	慶北大學校 中央圖書館 資料			30
啓明大	啓明大學校 古書目錄	中國文學(小說)	1987年	51-1

所藏處名	古書目錄	細部 分類	刊行年度	番號
	啓明大學校 開校50周年 紀念 古書綜合目錄	文學	2004年	51-2
	韓國古典籍綜合目錄시스템 http://www.nl.go.kr/korcis/			51-3
嶺南大 圖書館/ 博物館	嶺南大學校 中央圖書館 藏書目錄 漢古籍篇	文學 全體	1973年	52-1
		東濱文庫		
	嶺南大學校 圖書館 所藏 古書古文書目錄(味山文庫)	文學 全體	2000年	52-2
	嶺南大學校 圖書館 所藏 古書古文書目錄(南齊文庫)	文學 全體	2001年	52-3
	嶺南大學校 圖書館 所藏 古書古文書目錄(陶山文庫) 陶南誕生100周年紀念	文學	2004年	52-4
	韓國典籍綜合調查目錄 第1輯 大邱直轄市·慶尚北道		1986年	52-5
	韓國古典籍綜合目錄시스템 http://www.nl.go.kr/korcis/			52-6
	汶波文庫			52-7
大邱大	大邱大學校 中央圖書館 資料			53
大邱 가톨릭大	韓國古典籍綜合目錄시스템 http://www.nl.go.kr/korcis/			54
安東大	安東大學校 圖書館 所藏古書目錄1	明谷文庫	1994年	55-1
	安東大學校 圖書館 所藏 古書目錄2	一般古書/西坡/東山文庫 /小極文庫	2003年	55-2
	韓國典籍綜合調查目錄 第5輯 安東市/郡		1991年	55-3
	韓國古典籍綜合目錄시스템 http://www.nl.go.kr/korcis/			55-4
濟州大 民俗博物館	韓國典籍綜合調查目錄第9輯 忠清北道 / 濟州道		1996年	56
西原大/ 博物館	忠清北道의 古書(10), 청주시편	충청북도 청주시 (사)충북향토문화연구소	2004年	57
陸軍 士官學校	中央圖書館 資料			58
海軍 士官學校	漢籍目錄	子部	1977年	59-1
	韓國典籍綜合調查目錄 第8輯 慶尙南道		1994年	59-2
鐘路圖書館	藏書目錄 古書解題編		1983年	60

2. [書院/鄉校/寺刹/研究院(所)/博物館/企業體圖書館]

所藏處名	古書目錄	細部 分類	刊行年度	番號
書院	李朝書院文庫目錄	玉山書院, 屛山書院, 紹修書院, 臨皐書院	1969年	101
玉山書院 尙州 東學教堂	2004年 一般動産文化財 多量所藏處 實態調査 學術用役報告書	嶺南大 民族文化研究所 (文化財廳 慶尙北道)	2004年	101-1
高敞郡 玄谷書院	韓國典籍綜合調査目錄 第4輯 全羅北道		1990年	102
長城郡 筆巖書院	韓國典籍綜合調査目錄 第6輯 光州直轄市.全羅南道		1992年	103
山淸郡 道川書院	韓國典籍綜合調査目錄 第8輯 慶尙南道		1994年	104
洪川郡 洪川鄉校	韓國典籍綜合調査目錄 第3輯 江原道		1989年	105
기림사(慶州) 直指寺(金泉)	韓國의 寺刹文化財(大邱/慶尙北道) *文化財廳(大韓佛教曹溪宗 文化遺産發掘調査團)	*京畿道/서울은 未出版 *忠南[2004], 忠北[2006] 江原道[2002]版에서는 未確認	2007年	106
범어사(釜山) 石南寺(蔚山) 은하사(金海市)	韓國의 寺刹文化財 (釜山/蔚山/慶尙南道)		2010年	107
대흥사(海南)	韓國의 寺刹文化財 (光州/全羅南道)		2006年	108
향산사(부안)	韓國의 寺刹文化財(全羅北道)		2003年	109
개암사(부안)	韓國의 寺刹文化財(全羅北道)		2003年	110
光明寺 (濟州道)	韓國의 寺刹文化財(全羅北道/濟州道)		2003年	111
松廣寺	韓國古典籍綜合目錄시스템 http://www.nl.go.kr/korcis/			112
三陟郡 영은사	韓國典籍綜合調査目錄 第3輯 江原道		1989年	113
韓國民族美術 研究所 (澗松文庫)	澗松文庫漢籍目錄	集部(易學, 小說家類)	1968年	114
普門精舍	慶州地方 古書調査目錄(慶州文化院 刊行)		1992年	115
慶州市 독악당	慶州地方 古書調査目錄(慶州文化院 刊行)		1992年	116
慶州市 운음정	慶州地方 古書調査目錄(慶州文化院 刊行)		1992年	117
誠庵古書 博物館	誠庵文庫典籍目錄	小說類(國文, 漢文)	1975年	118-1
	韓國古典籍綜合目錄시스템 http://www.nl.go.kr/korcis/			118-2

所藏處名	古書目錄	細部 分類	刊行年度	番號
國立淸州博物館	송인택·이광자 寄贈 古書 옛책 古書	集部 小說類	2008年	119
國立民俗博物館	韓國古典籍綜合目錄시스템 http://www.nl.go.kr/korcis/			120
溫陽市溫陽民俗博物館	韓國典籍綜合調査目錄 第2輯 忠淸南道		1988年	121
釜山市立博物館	韓國典籍綜合調査目錄 第7輯 釜山直轄市		1993年	122
韓國銀行	韓國銀行古書解題	韓國銀行2	2001年	123
雅丹文庫	雅丹文庫 藏書目錄(2)	韓國小說 中國小說	1996年	124
慕德祠	韓國古典的綜合目錄시스템 htttp://www.nl.go.kr/koris			125
大田市 文忠祠	韓國典籍綜合調査目錄 第2輯 忠淸南道		1988年	126
忠烈祠	韓國典籍綜合調査目錄 第7輯 釜山直轄市		1993年	127
靈巖郡 大同稧祠문견선	韓國典籍綜合調査目錄 第6輯 光州直轄市.全羅南道		1992年	128
春川市 崇德祠	韓國典籍綜合調査目錄 第3輯 江原道		1989年	129
江陵市 船橋莊	韓國典籍綜合調査目錄 第3輯 江原道		1989年	130
大田 燕亭國樂院	韓國典籍綜合調査目錄 第2輯 忠淸南道		1988年	131
東萊女子高等學校	韓國典籍綜合調査目錄 第7輯 釜山直轄市		1993年	132
南海郡南海郡廳	韓國典籍綜合調査目錄 第8輯 慶尙南道		1994年	133
淸州古印刷博物館	忠淸北道의 古書(10) 청주시편	충북향토문화연구소	2004年	134
堤川義兵展示館	忠淸北道의 古書(8) 제천시편	충북향토문화연구소	2003年	135
沃川管城會館	忠淸北道의 古書(5) 옥천군편	충북향토문화연구소	2001年	136
沃川鄕土展示館	忠淸北道의 古書(5) 옥천군편	충북향토문화연구소	2001年	137

3. [個人所藏家]

所藏處名	古書目錄	細部 分類	刊行年度/其他	番號
鮮文大 朴在淵	古書展示目錄(第49回 韓國中國小說學會 定期學術發表會 紀念)		2001年 12月 1日, 鮮文大	201
慶山郡 崔在石	韓國典籍綜合調査目錄 第1輯-大邱直轄市·慶尚北道		1986年	202
達城郡 成垓濟				
奉化郡 權寧甲				
奉化郡 權廷羽				
奉化郡 金斗淳				
尙州郡 趙誠德				
英陽郡 趙觀鎬				
榮豊郡 金用基				
醴泉郡 李虎柱				
蔚珍郡 南斗烈 南汶烈				
蔚珍郡 張甫均				
蔚珍郡 崔震箕				
青松郡 逸野亭				
漆谷郡 李敦柱				
公州市 李钟宣	韓國典籍綜合調査目錄 第2輯 忠清南道		1988年	203
大田市 尹炳泰				
大田市 趙鍾業				
論山郡 尹寶重				
唐津郡 宋基華				
扶餘郡 劉世鍾				
扶餘郡 黃寅直				
燕歧郡 洪鐘檍				
江陵市 權純顯	韓國典籍綜合調査目錄 第3輯 江原道		1989年	204
江陵市 崔鍾瑚				
旌善郡 趙廷鳳				
春城郡 朴宜東				
春城郡 柳然五				
春城郡 洪在昭				
洪川郡 李英九				
裡里市 柳在泳	韓國典籍綜合調査目錄 第4輯 全羅北道		1990年	205
全州市 金大經				

所藏處名	古書目錄	細部 分類	刊行年度/其他	番號
全州市 宋俊浩				
高敞郡 金璟植				
高敞郡 裵聖洙				
高敞郡 林鍾秀				
高敞郡 黃炳寬				
豊山郡 金直鉉	韓國典籍綜合調査目錄 第5輯 安東市.郡 (上)		1991年	206-1
吉安面 卓世光				
祿轉面 金台正				
臥龍面 金俊植				
臨東面 金源宅	韓國典籍綜合調査目錄 第5輯 安東市.郡 (下)			206-2
臨東面 柳海錘				
豊川面 柳寧夏				
靈巖郡 文昶集	韓國典籍綜合調査目錄 第6輯 光州直轄市.全羅南道		1992年	207
長城郡 邊時淵				
長城郡 奉祥九				
金茂祚	韓國典籍綜合調査目錄 第7輯 釜山直轄市		1993年	208
蔚山市 李秉稷	韓國典籍綜合調査目錄 第8輯 慶尚南道		1994年	209
晉州市 金相朝				
晉州市 崔載浩				
居昌郡 林基福・林永文				
固城郡 裵學烈				
固城郡 諸鳳模				
南海郡 金宇烘				
密陽郡 申柄澈				
密陽郡 李佑成				
山清郡 吳珪煥				
陜川郡 李鍾奭				
尹秉俊	韓國典籍綜合調査目錄第9輯 忠清北道, 濟州道		1996年	210
韓盆洙				
梁龍哲				
金敏榮	金敏榮 所藏 古書目錄	集部(詞曲類, 小說類, 筆類, 雜著類)	2007年	211
閔寬東(慶熙大)		三國志演義/ 西遊記		212

所藏處名	古書目錄	細部 分類	刊行年度/其他	番號
慶州市 金상택	慶州地方 古書調査目錄 (慶州文化院 刊行)		1992年	213
慶州市 李종환				
慶州市 張대현				
慶州市 張돈				
慶州市 정병모				
慶州市 崔병희				
慶州市 黃재현				
山氣文庫	韓國典籍綜合目錄 (社團法人國學資料保存會)	第1輯	1974年	214
尙熊文庫		第2輯	1974年	
玩樹文庫 / 誠巖文庫		第3輯	1974年	
仁壽文庫		第5輯	1975年	
陶南文庫 / 元堂文庫 悳愚文庫		第6輯	1976年	
眞城李氏 響山古宅 古典籍	韓國國學振興院所藏 國學資料 目錄集 1		2003年	215
永川李氏 聾巖宗宅 古典籍	韓國國學振興院所藏 國學資料目錄集 3		2004年	216
豊山柳氏 河回마을 화경당(北村)	韓國國學振興院所藏 國學資料目錄集 4		2005年	217
義城金氏 천전파 門中	韓國國學振興院所藏 國學資料目錄集 5		2006年	218
五美洞 豊山金氏 虛白堂門中	韓國國學振興院所藏 國學資料目錄集 7		2007年	219
豊山柳氏 忠孝堂	韓國國學振興院所藏 國學資料目錄集 8		2009年	220
安東權氏 가은 後孫	2002 韓國國學振興院 受託 國學資料 目錄集		2002年	221
安東權氏 花山 宗家				
禮安李氏 上里宗宅				
固城李氏 팔회당 宗宅				
인동張氏 南山派 회당宗宅	2003 韓國國學振興院 受託 國學資料 目錄集		2004年	222
全州柳氏 정재 宗宅	2004 韓國國學振興院 受託 國學資料 目錄集(上)		2005年	223-1
全州柳氏 好古窩 宗宅				
全州姜氏 起軒古宅				
達成徐氏 낙동정사	2004 韓國國學振興院 受託 國學資料 目錄集(下)		2006年	223-2
영양南氏 영해 난고宗宅				
漢陽趙氏 하담古宅				
재령李氏 존재파 면운재門中				

所藏處名	古書目錄	細部 分類	刊行年度/其他	番號
永川李氏 오천宗中 읍춘公派				
아주신씨 인재파 전암後孫家	2005 韓國國學振興院 受託 國學資料 目錄集(上)		2006年	224-1
진성이씨 하계파 근재文庫				
의성김씨 개암공파 남호古宅	2005 韓國國學振興院 受託 國學資料 目錄集(下)		2006年	224-2
용궁 울진장씨 연파文庫				
開城高氏 月峰宗宅				
靑松/중평 평산신씨 사남古宅				
영양남씨 연해 시암古宅	2006 韓國國學振興院 受託 國學資料 目錄集		2007年	225
潭陽전씨 후당 덕현파				
安東金氏 해헌古宅				
永州 야성송씨 송고古宅				
平山申氏 判事公派 宗宅				
영해 대흥백씨 성안공파 인량종택	2007 韓國國學振興院 受託 國學資料 目錄集(上)		2008年	226-1
靑松沈氏 칠회당고택				
진주강씨 해은공파 博士宅				
密陽朴氏 경헌고택				
의성김씨 문충공파 一派 門中	2007 韓國國學振興院 受託 國學資料 目錄集(下)		2008年	226-2
반남박씨 낙한정 宗家				
반남박씨 판관공파 청하재				
의성김씨 귀미파 門中	2008 韓國國學振興院 受託 國學資料 目錄集		2009年	227
原州변씨 거촌 門中				
장헌구 家				
풍천임씨 청암가				
安東權氏 정암문고	2009 韓國國學振興院 受託 國學資料 目錄集		2010年	228
安東金氏 부사공파				
光山金氏 낙음재				
永川李氏 간산문고				

所藏處名	古書目錄	細部 分類	刊行年度/其他	番號
固城李氏 간산문중				
남응시(영덕)	2004年 一般動産文化財 多量所藏處 實態調査 學術用役報告書2	嶺南大 嶺南文化 硏究院	2004年	229
충효당(안동)				
김기태(성주)				
榮州 嘯皐祠堂	一般動産文化財 多量所藏處 實態調査 報告書	嶺南大 嶺南文化硏究 院(榮州市廳)	2005年	230
榮州 黃春一				
榮州 李守恒				
聞慶 高原東	2005年 一般動産文化財 多量所藏處 實態調査 報告書(1)	嶺南大 民族文化硏究 所(文化財廳 慶尙北道)	2006年	231-1
聞慶 永慕齋				
尙州 修巖宗宅	2005年 一般動産文化財 多量所藏處 實態調査 報告書(2)	嶺南大 民族文化硏究 所(文化財廳 慶尙北道)	2006年	231-2
尙州 李采河				
李亮載				232
鎭川 김세경	忠淸北道의 古書(1) 총괄・진천편	충북향토 문화연구소	1997年	233
報恩 김동기	忠淸北道의 古書(2) 보은군편	충북향토 문화연구소	1999年	234
報恩 김석중				
報恩 최의웅				
沃川 전재구	忠淸北道의 古書(5) 옥천군편	충북향토 문화연구소	2001年	235
沃川 전대하				
陰城 신영휘	忠淸北道의 古書(6) 음성군편	충북향토 문화연구소	2002年	236
槐山 김문기	忠淸北道의 古書(7) 괴산군편	충북향토 문화연구소	2003年	237
槐山 이구범				
丹陽 김현길	忠淸北道의 古書(9) 단양군편	충북향토 문화연구소	2003年	238
丹陽 이봉우				
淸原 송천근	忠淸北道의 古書(11) 청원군편	충북향토 문화연구소	2004年	239
金在廈				240
金佑成				241
李海晴				242
趙東弼				243
金約瑟				244
朴順浩				245
李熙昇				246

目　次

第一部. 國內 出版·筆寫 및 飜譯本 中國古典小說 目錄 ····· 23

1. 中國古典小說의 流入目錄과 飜譯本 및 出版本 目錄 ········· 25
　1) 流入目錄 / 25
　2) 飜譯本 目錄 / 31
　3) 出版本 目錄 / 38

2. 文言小說의 朝鮮時代 出版·筆寫本 目錄 ················· 41
　1) 唐代以前 作品目錄 / 41
　2) 唐代 作品目錄 / 60
　3) 宋·元代 作品目錄 / 61
　4) 明代 作品目錄 / 65
　5) 淸代 作品目錄 / 106

3. 通俗小說의 朝鮮時代 出版·筆寫本 目錄 ················· 109
　1) 明代 作品目錄 / 109
　2) 淸代 作品目錄 / 170

4. 中國古典小說의 飜譯本 目錄 ······················· 179
　1) 明代以前 小說 / 179
　2) 明代小說 / 181
　3) 淸代小說 / 212
　4) 彈詞와 鼓詞 作品目錄 / 219

5. 飜譯出版된 中國古典小說 目錄 ····················· 221

第二部. 中國古典小說의 國內 翻譯 및 出版樣相 硏究 ······ 239

1. 中國古典小說의 國內 翻譯樣相 ·· 241
  1) 翻譯의 歷史와 作品 / 242
  2) 朝鮮時代의 翻譯 樣相 / 247
  3) 日帝時代 및 光復 以後의 翻譯 樣相 / 252

2. 朝鮮時代 翻譯本의 翻譯樣相 및 特徵 ································ 261
  1) 朝鮮時代 翻譯 作品의 目錄과 翻譯時期 / 262
  2) 作品의 翻譯 類型 / 273
  3) 翻譯의 技巧와 特徵 / 276

3. 翻譯本 中國古典小說의 發掘과 成果 ································ 285
  1) 朝鮮時代 翻譯本 中國小說의 發掘과 硏究 成果 / 286
  2) 朝鮮時代 翻譯本 總目錄 / 292
  3) 翻譯本 目錄과 翻譯 槪況 / 299

4. 國內 翻譯出版된 中國古典小說 硏究 ································ 309
  1) 翻譯出版된 中國古典小說의 版本 目錄 / 310
  2) 翻譯出版된 中國古典小說의 槪況 / 327
  3) 亞流作品들의 出現 / 341

5. 朝鮮出版本 中國古典小說의 서지학적 考察 ···················· 349
  1) 朝鮮時代 中國古典小說의 出版 現況 / 350
  2) 出版의 類型과 版本의 分析 / 354
  3) 出版의 意義와 版本의 價値 / 373

第三部. 翻譯本 中國古典小說 硏究論著 目錄 ························ 379

  1) 國內 翻譯本 中國古典小說 總論 / 381   2) 列女傳 / 387
  3) 古押衙傳奇(無雙傳) / 387   4) 太平廣記 / 388

5) 太原志 / 390	6) 吳越春秋 / 390
7) 梅妃傳 / 390	8) 紅梅記 / 390
9) 薛仁貴傳 / 390	10) 水滸傳 / 391
11) 三國志演義 / 393	12) 殘唐五代演義 / 397
13) 大明英烈傳 / 397	14) 武穆王貞忠錄(大宋中興通俗演義) / 397
15) 西遊記 / 397	16) 列國志 / 399
17) 包公演義 / 399	18) 西周演義(封神演義) / 400
19) 西漢演義 / 400	20) 東漢演義 / 401
21) 平妖記(三遂平妖傳) / 401	22) 仙眞逸史(禪眞逸史) / 401
23) 隋煬帝艷史 / 401	24) 隋史遺文 / 402
25) 東度記(동유기) / 402	26) 開闢演義 / 402
27) 孫龐演義 / 402	28) 唐晉[秦]演義(大唐秦王詞話) / 402
29) 南宋演義(南宋志傳) / 403	30) 北宋演義(大字足本北宋楊家將) / 403
31) 南溪演談(義) / 403	32) 剪燈新話 / 403
33) 聘聘傳(娉娉傳) / 406	34) 型世言 / 407
35) 今古奇觀 / 408	36) 花影集 / 408
37) 兩山墨談 / 408	38) 閒談消夏錄 / 408
39) 後水滸傳 / 408	40) 平山冷燕(第四才子書) / 409
41) 玉嬌梨傳 / 409	42) 樂田演義(악의견단전) / 409
43) 十二峯記 / 409	44) 錦香亭記(錦香亭) / 410
45) 醒風流 / 410	46) 玉支璣(雙英記) / 410
47) 畫圖緣(花天荷傳) / 410	48) 好逑傳(俠義風月傳) / 410
49) 快心編(醒世奇觀) / 411	50) 隋唐演義 / 411
51) 女仙外史(新大奇書) / 411	
52) 雙美緣(駐春園小史의 飜案, ≪雙美奇逢≫) / 411	
53) 麟鳳韶(引鳳簫) / 412	54) 紅樓夢 / 412
55) 雪月梅傳 / 416	56) 後紅樓夢 / 416
57) 粉粧樓 / 416	58) 合錦廻文傳 / 416
59) 續紅樓夢 / 417	60) 瑤華傳 / 417
61) 紅樓復夢 / 417	62) 白圭志 / 417
63) 補紅樓夢 / 417	64) 鏡花緣(第一奇諺) / 418
65) 紅樓夢補 / 419	66) 綠牡丹 / 419
67) 忠烈俠義傳 / 419	68) 忠烈小五義傳 / 419
69) 珍珠塔(九松亭) / 420	70) 梁山伯傳 / 420
71) 千里駒 / 420	

第一部

中國古典小說 目錄
國內 出版・筆寫 및 翻譯本

1. 中國古典小說의 流入目錄과 飜譯本 및 出版本 目錄

1) 流入目錄

(文言小說目錄[200]과 白話通俗小說目錄[238]-約 438종)
[밑줄(__)은 현재 국내 판본은 없고 문헌기록만 있는 존재하는 작품]

* 文言小說(200)

• 唐代以前-27 :

≪山海經≫·≪穆天子傳≫·≪燕丹子≫·≪神異經≫·≪十洲記≫·≪洞冥記≫·≪東方朔傳≫·≪漢武帝內傳≫·≪吳越春秋≫·≪新序≫·≪說苑≫·≪列女傳≫·≪列仙傳≫·≪西京雜記≫·≪高士傳≫·≪神仙傳≫·≪靈鬼志≫·≪博物志≫·≪拾遺記≫·≪搜神記≫·≪搜神後記≫·≪述異記≫·≪世說新語≫·≪趙飛燕外傳≫·≪漢武故事≫·≪齊諧記≫·≪續齊諧≫

• 唐代作品-16 :

≪酉陽雜俎≫·≪宣室志≫·≪獨異志≫·≪朝野僉載≫·≪北夢瑣言≫·≪因話錄≫·≪北里志≫·≪卓異記≫·≪玉泉子≫·≪遊仙窟≫·≪尙書故實≫·≪資暇錄≫·≪無雙傳≫·≪白猿傳≫·≪諾皐記≫·≪河間傳≫

• 宋元代作品-30 :

≪太平廣記≫·≪梅妃傳≫·≪楊太眞外傳≫·≪歸田錄≫·≪夢溪筆談≫·≪澠

水燕談錄》·《冷齋夜話》·《巖下放言》·《玉壺清話》·《涑水記聞》·《夷堅志》·《續博物志》·《雞肋編》·《過庭錄》·《桯史》·《齊東野語》·《鶴林玉露》·《癸辛雜識》·《鬼董》·《閑窗括異志》·《五色線》·《睽車志》·《江鄰幾雜志》·《南村輟耕錄》·《稗史》·《綠珠傳》·《漢成帝趙飛燕合德傳》·《唐高宗武后傳》·《嬌紅記》·《避署錄話》

● 明代作品-45：

《說郛》·《山中一夕話》·《聘聘傳》·《太原志》·《廣博物志》·《皇明世說新語》·《正續太平廣記》·《剪燈新話》·《剪燈餘話》·《覓燈因話》·《效顰集》·《花影集》·《玉壺氷》·《稗史彙編》·《紅梅記》·《西湖遊覽志餘》·《亘史》·《五雜俎》·《智囊補》·《野記》·《何氏語林》·《訓世評話》·《鐘離葫蘆》·《兩山墨談》·《花陣綺言》·《情史》·《太平清話》·《林居漫錄》·《癡婆子傳》·《逸史搜奇一百四十家小說》·《稗海》·《國色天香》·《顧氏文房小說》·《廣四十家小說》·《五朝小說》·《古今說海》·《漢魏叢書》·《獪園志異》·《艷異編》·《宋人百家小說》·《春夢瑣言》·《虞初志》·《仙媛傳》·《富公傳》·《迪吉錄》

● 清代作品-82：

《典故列女傳》·《檐曝雜記》·《挑燈新錄》·《客窗閒話》·《續客窗閒話》·《夢園叢說(夢園叢記)》·《見聞隨筆》·《遯窟讕言》·《耳食錄》·《忘忘錄》·《景船齋雜記》·《無稽讕語》·《鸝砭軒質言》·《甕牖餘談》·《灤陽消夏錄》·《埋憂集》·《子不語》·《夜譚隨錄》·《夜雨秋燈錄(續)》·《燕山外史》·《閱微草堂筆記》·《聊齋志異》·《女聊齋誌異》·《後聊齋志異》·《兩般秋雨庵隨筆》·《分甘餘話》·《我佛山人箚記小說》·《庸閒齋筆記》·《虞初新志》·《虞初續志》·《廣虞初新志》·《右台仙館筆記》·《里乘》·《刪補文苑楂橘》·《十一種藏書》·《海陬冶遊錄》·《諧鐸》·《今世說》·《茶餘客話》·《質直談耳》·《壺天錄》·《寄園寄所寄》·《道聽塗說》·《淞南夢影錄》·《雨窗寄(記)所記》·《澆愁集》·《粵屑》·《因樹屋書影》·《螢窗異

草≫·≪秋坪新語≫·≪翼駉稗編≫·≪說鈴≫·≪香艷叢書≫·≪坐花誌果≫·≪池北偶談≫·≪歸田瑣記≫·≪浪迹續談≫·≪池上草堂筆記≫·≪宋艷≫·≪笑林廣記≫·≪此中人語≫·≪海上群芳譜≫·≪滄海遺珠錄≫·≪秋燈叢話≫·≪閒談消夏錄≫·≪吳門畵舫錄≫·≪秘書二十一種≫·≪說冷話≫·≪三異筆譚≫·≪夢厂雜著≫·≪板橋雜記≫·≪續板橋雜記≫·≪桃溪客語≫·≪多暇錄≫·≪焦軒隨錄≫·≪北窓囈語≫·≪庸庵筆記≫·≪餘墨偶談≫·≪定香亭筆談≫·≪椒生隨筆≫·≪雪鴻小記≫·≪唐人說薈≫

* 白話通俗小說-238

●宋元代作品-3 :

≪大宋宣和遺事≫·≪三國志平話≫·≪古本西遊記≫

●明代作品-68 :

≪三國志演義≫·≪後三國志≫·≪水滸傳≫·≪後水滸傳≫·≪水滸後傳≫·≪續水滸傳≫·≪結水滸傳≫·≪西遊記≫·≪後西遊記≫·≪金瓶梅≫·≪續金瓶梅≫·≪醒世恒言≫·≪拍案驚奇≫·≪型世言≫·≪續今古奇觀≫·≪五續今古奇觀≫(石點頭)·≪今古艷情奇觀≫(貪歡報)·≪今古奇觀≫·≪封神演義≫·≪春秋列國誌≫·≪隋唐演義≫·≪南北宋志傳≫·≪北宋演義≫·≪南宋演義≫·≪大唐秦王詞話≫·≪薛仁貴征東全傳≫·≪異說後唐傳三集薛丁山征西樊梨花全傳≫·≪三遂平妖傳≫·≪東西漢通俗演義≫·≪西漢演義≫·≪楚漢演義≫·≪東漢演義≫·≪殘唐五代史演義≫·≪皇明英烈傳≫·≪續英烈傳≫·≪開闢演義≫·≪武穆王貞忠錄≫·≪北方眞武祖師玄天上帝出身全傳≫·≪新鐫批評出相韓湘子≫·≪東南西北四遊記≫·≪三寶太監西洋記通俗演義≫·≪東遊記≫·≪南遊記傳≫·≪醉醒石≫·≪孫龐演義≫·≪隋史遺文≫·≪隋煬帝艷史≫·≪禪眞逸史≫·≪八仙出處東遊記傳≫·≪全相新鐫包公孝肅公神斷百家公案演義≫·≪于少保萃忠全傳≫·≪東度記≫·≪禪眞後史≫·≪盛唐演義≫·≪東晋演義≫·≪西晋演義≫·≪涿鹿演義≫·≪齊魏演義≫·≪楊六郎傳≫·≪警世通言≫·≪覺世名言≫·≪西

湖二集》·《弁而釵》·《昭陽趣史》·《一枕奇》·《浪史》·《雙劍雪》·《金粉惜》

• 清代作品-167：

《後三國石珠演義》·《今古奇聞》·《東周列國志》·《後列國志》·《大明正德皇遊江南傳》·《廻文傳》·《石頭記》·《紅樓夢》·《紅樓夢補》·《紅樓復夢》·《後紅樓夢》·《續紅樓夢》·《補紅樓夢》·《紅樓夢影》·《儒林外史》·《鏡花緣》·《女仙外史》·《瑤華傳》·《快心編》·《五美緣》·《品花寶鑑》·《花月痕全書》·《青樓夢》·《反唐四望亭(綠牡丹)》·《玉嬌梨》·《萬花樓傳》·《粉粧樓》·《兒女英雄傳》·《七劍十三俠》·《七俠五義傳》·《忠烈俠義傳》·《忠烈小五儀》·《忠烈續小五義》·《雪月梅傳》·《施公案》(施案奇聞)·《大字足本繡像施公案全集》·《施公案演義》·《彭公案全傳》·《續彭公案》·《于公案奇聞》·《劉公案》·《原本海公大紅袍傳》·《說唐前後傳》·《說唐演義》·《說唐後傳》·《說唐小英雄傳》·《二十四史通俗衍義》·《離合劍蓮子瓶》·《神州光復志演義》·《洪秀全演義》·《昇仙傳演義》·《後七國樂田演義》·《異說五虎平西珍珠旗演義狄青前傳》·《好逑傳》(二才子義風月傳)·《平山冷燕》·《平山冷燕續才子書》·《評演濟公傳》·《四續濟公傳》·《評演前後濟公傳》·《再續濟公傳全部》·《第十才子書白圭志》·《綠野仙跡》·《希夷夢》·《錦香亭記》·《蓮子瓶全傳(銀瓶梅)》·《二度梅全傳》·《英雲夢傳》·《樵史通俗演義》·《吳三桂演義》·《西來演義》·《野叟曝言》·《西湖佳話》·《西湖拾遺》·《爭春園全傳》·《繪芳錄》·《雙奇緣全傳(雙鳳奇緣)》·《善惡圖全傳》·《檮杌閑評全傳》·《女才子傳》·《二十載繁華夢》·《三公奇案》·《萬年清奇才新傳》·《三合明珠寶劍全傳》·《海上繁華夢新書》·《第九才子書平鬼傳》·《金臺全傳》·《伍子胥傳》·《玉支磯》·《南溪演談》·《醒風流》·《引鳳簫》·《畫圖緣》·《第十才子駐春園》·《第九才子書捉鬼傳》·《新出情天刼小說》·《永慶昇平前傳》·《前後七國志演義》·《呂祖全前》·《龍圖公案》·《包龍圖判斷奇冤》·《鬧花叢》·《兩晉演義》·《民國新漢演義》·《啖蔗》·《彭公清烈傳》·《五虎平南狄青演義》·《文明小史》·

≪隔簾花影≫・≪夢中緣≫・≪說閑飛龍全傳≫・≪續兒女英雄傳≫・≪六續濟公傳≫・≪濟顚大師醉菩提全傳≫・≪醒世奇文國事悲≫・≪英雄淚≫・≪說岳全傳≫・≪豆棚閑話≫・≪十二峯≫・≪西周演義≫・≪唐宋百家小說≫・≪五色石≫・≪人中畫≫・≪留人眼≫・≪醒世因緣≫・≪肉蒲團≫・≪玉樓春≫・≪艷情快史≫・≪艷史≫・≪杏花天≫・≪戀情人≫・≪燈月緣≫・≪陶情百趣≫・≪巧聯珠≫・≪金雲翹傳≫・≪春柳鶯≫・≪鳳簫媒≫・≪春風眼≫・≪巫夢緣≫・≪定情人≫・≪驚夢啼≫・≪賽花鈴≫・≪五鳳吟≫・≪蝴蝶媒≫・≪飛花艷想≫・≪催曉夢≫・≪吳江雪≫・≪兩交婚傳≫・≪鳳凰池≫・≪歸蓮夢≫・≪情夢柝≫・≪夢月樓≫・≪麟兒報≫・≪破閑談≫・≪八洞天≫・≪跨天虹≫・≪鴛鴦影≫・≪錦疑團≫・≪一片情≫・≪再求鳳≫・≪快士傳≫・≪韓魏小史≫・≪桃花影≫・≪覺夢雷≫・≪春苑記≫・≪玉殿生春≫・≪梅玉傳奇≫・≪定鼎奇聞≫

* 戲曲-20 :

≪荊釵記≫・≪拜月亭記≫・≪琵琶記≫・≪西廂記≫・≪薩眞人夜斷碧桃花雜劇≫・≪伍倫全備記≫・≪四聲猿≫・≪牡丹亭≫・≪長生殿≫・≪笠翁傳奇十種≫・≪桃花扇≫・≪蔣園九種曲≫・≪紅樓夢曲譜≫・≪傳奇六種≫・≪南柯夢記≫・≪邯鄲夢記≫・≪續情燈≫・≪四夢記≫・≪西樓記≫・≪玉合記≫

* 彈詞 目錄-23 :

≪義妖傳≫・≪玉鴛鴦≫・≪玉堂春≫・≪玉釧緣≫・≪再生緣≫・≪玉連環≫・≪珍珠塔≫・≪一箭緣≫・≪雙珠鳳≫・≪錦上花≫・≪三笑新編≫・≪八美圖≫・≪碧玉獅≫・≪水晶球≫・≪芙蓉洞≫・≪麒麟豹≫・≪八仙緣≫・≪天寶圖≫・≪筆生花≫・≪雙珠球≫・≪十粒金丹≫・≪金如意≫・≪燈月緣≫

* 鼓詞 目錄 :

≪巧合奇冤≫・≪九巧傳≫・≪四海棠≫・≪三公案鼓詞≫・≪西羌國鼓詞≫・≪燕王掃北≫・≪英雄大八義≫・≪英雄淚・國事悲≫・≪英雄小八義≫・≪五龍傳≫・≪五雷陣≫・≪吳越春秋≫・≪于公案≫・≪李翠蓮施釵記≫・≪紫金

鐲鼓詞≫・≪戰北原擊祁山≫・≪征東傳≫・≪千里駒≫・≪快活林≫・≪平西涼≫・≪包公案鼓詞≫・≪汗衫記鼓詞≫・≪混元盒≫・≪綠牡丹鼓詞≫・≪唐書秦英征西≫・≪賣油郎獨占花魁≫・≪三國志鼓詞≫・≪三全鎭≫・≪西遊記鼓詞≫・≪薛剛反唐鼓詞≫・≪雙釵記≫・≪楊金花爭帥≫・≪五鋒會≫・≪瓦崗寨≫・≪李方巧得妻≫・≪淸官斷≫・≪打黃狼≫・≪韓湘子上壽≫・≪香蓮帕≫・≪蝴蝶盃≫・≪紅旗溝≫・≪紅梅記≫・≪花本蘭征北≫・≪回盃記≫・≪金陵府≫・≪金陵府歸西寧≫・≪金鐲玉環記≫・≪金鞭記≫・≪滿漢鬪≫・≪蜜蜂記≫・≪北平府向響馬傳≫・≪三省莊≫・≪西廂記鼓詞≫・≪繡鞋記≫・≪十二寡婦征西≫・≪雙鐧記≫・≪鸚哥記≫・≪楊文廣征西≫・≪楊州府≫・≪玉盃記≫・≪王奇賣豆腐≫・≪六月雪≫・≪銀合走國≫・≪二度梅鼓詞≫・≪定唐全傳≫・≪綵雲球≫・≪打登州≫・≪太原府≫・≪通州霸≫(≪道光私訪≫・≪嘉慶私訪≫)・≪呼延慶征南≫・≪呼延慶打擂雙鐗記≫・≪紅燈記≫・≪回龍傳≫・<u>≪鳳儀亭≫</u>

이상은 현재 필자가 조사한 자료로 국내에 유입된 약 440여 종의 작품 가운데 오직 국내 고전문헌기록에만 언급되어 있을 뿐 실제 판본은 존재하지 않거나 아직 발굴하지 못한 판본도 대략 80여 종이나 된다. 이러한 작품은 향후 연구가치가 높은 작품이라 판단된다. 또 희곡은 예상외로 20종 밖에 발견되지 않았다. 또한 탄사도 23종 정도가 확인된다. 그러나 고사는 다량이 국내에 소장되어 있는데 대부분 박재연이 소장하고 있다. 박재연 소장본 고사는 대부분은 국내에서 수집한 것이 아니라 근래 중국에서 사온 것이기 때문에 조선시대에 유입되었다고 볼 수 없는 판본들이 있음을 밝혀 둔다.

2) 飜譯本 目錄

* 明代以前 小說

(1)≪列女傳≫·(2)≪古押衙傳奇≫·(3)≪太平廣記(諺解)≫·(4)≪太原志≫·(5)≪吳越春秋≫·(6)≪梅妃傳≫·(7)≪漢成帝趙飛燕合德傳≫·(8)≪唐高宗武后傳≫

* 明代小說

(9)≪紅梅記≫·(10)≪薛仁貴傳≫·(11)≪水滸傳≫·(12)≪三國志演義≫·(13)≪殘唐五代演義≫·(14)≪大明英烈傳≫·(15)≪武穆王貞忠錄≫(大宋中興通俗演義)·(16)≪西遊記≫·(17)≪列國志≫·(18)≪包公演義≫(龍圖公案 飜譯)·(19)≪西周演義≫(封神演義)·(20)≪西漢演義≫·(21)≪東漢演義≫·(22)≪平妖記≫(三遂平妖傳)·(23)≪禪眞逸史≫·(24)≪隋煬帝艷史≫·(25)≪隋史遺文≫·(26)≪東度記≫·(27)≪開闢演義≫·(28)≪孫龐演義≫·(29)≪唐晉[秦]演義≫(大唐秦王詞話)·(30)≪南宋演義≫(南宋志傳)·(31)≪北宋演義≫(大字足本北宋楊家將)·(32)≪南溪演談≫·(33)≪剪燈新話≫·(34)≪聘聘傳≫(娉娉傳·剪燈餘話卷5와 類似함)·(35)≪型世言≫·(36)≪今古奇觀≫·(37)≪花影集≫

* 淸代小說

(38)≪後水滸傳≫·(39)≪平山冷燕≫(第四才子書)·(40)≪玉嬌梨傳≫·(41)≪樂田演義≫·(42)≪錦香亭記≫(錦香亭)·(43)≪醒風流≫·(44)≪玉支機≫(雙英記)·(45)≪畵圖緣≫(花天荷傳)·(46)≪好逑傳≫(俠義風月傳)·(47)≪快心編≫(醒世奇觀)·(48)≪隋唐演義≫·(49)≪女仙外史≫(新大奇書)·(50)≪雙美緣≫(駐春園小史의 飜案)·(51)≪麟鳳韶≫(引鳳簫)·(52)≪紅樓夢≫·(53)≪雪月梅傳≫·(54)≪後紅樓夢≫·(55)≪粉粧樓≫·(56)≪合錦廻文傳≫·(57)≪續紅樓夢≫·(58)≪瑤華傳≫·(59)≪紅樓復夢≫·(60)≪白圭志≫·(61)≪補紅樓夢≫·(62)≪鏡花緣≫(第一奇諺)·(63)≪紅樓夢補≫·(64)≪綠牡丹≫·(65)≪忠烈俠義傳≫·(66)≪忠烈小五義傳≫·(67)≪閒談消夏錄≫·(68)≪十二峯記≫

* 彈詞와 鼓詞

(69)≪珍珠塔≫(九松亭)·(70)≪再生緣傳≫(繡像繪圖再生緣)·(71)≪梁山伯傳≫·(72)≪千里駒≫

* 日帝時代 飜譯本 : ≪繡像神州光復志演義≫
* 基督敎小說 飜譯本 : ≪張遠兩友相論≫·≪引家當道≫

(1) 明代 以前 中國古典小說

書 名	飜譯版式	飜譯樣相	飜譯時期	文體	所藏處
列女傳	申珽·柳沆飜譯, 柳耳孫寫, 李上佐畵	中宗38年本, 以外:坊刻本(1918年, 太華書館)	中宗38年癸卯(1543年)	文言	中宗38年版 失傳
古押衙傳奇(無雙傳)	1冊(總23張), 8行22~32字	原文에 充實한 完譯(直譯)	1879年	文言	金東旭
太平廣記諺解	樂善齋本:9卷9冊, 13行23-25字, 木覓本:5卷5冊(缺冊1卷:延世大), 10行25字, 27.5×17.5㎝	金一根本(先譯本)	約1566年-1608年, 樂善齋本은(18-19世紀)	文言	樂善齋, 金一根(木覓)
太原志	4卷4冊, 29.1×15.6㎝, 10行20~25字內外, 中國原典逸失	國文古小說로 보는 見解도 있음	未詳	文言	樂善齋
吳越春秋	1冊(15張), 筆寫本, 31.4×16.3㎝, 無界, 13行字數不定	部分省略, 直譯	朝鮮後期	文言	檀國大
梅妃傳	1冊, 筆寫本, 29.2×20.5㎝, 13行字數不定	附錄:한셩뎨됴비연합덕젼, 당고종무후뎐	朝鮮後期	文言	雅丹文庫
漢成帝趙飛燕合德傳	1冊, 筆寫本, 29.2×20.5㎝, 13行字數不定	梅妃傳 附錄1	朝鮮後期	文言	雅丹文庫
唐高宗武后傳	1冊, 筆寫本, 29.2×20.5㎝, 13行字數不定	梅妃傳 附錄2	朝鮮後期	文言	雅丹文庫

(2) 明代 中國古典小說

書 名	飜譯版式	飜譯樣相	飜譯時期	文體	所藏處
紅梅記	太平廣記 飜譯本 簿錄, 綠衣人傳 改編本	詩評省略, 縮約意譯	18世紀末	文言	藏書閣
薛仁貴傳	4卷4冊(中央圖), 2冊(殘本:嶺南大), 3冊(殘本:梨花大)	飜譯 ≪薛仁貴征遼事略≫, 有出版	朝鮮後期	白話通俗	中央圖書館

書名	飜譯版式	飜譯樣相	飜譯時期	文體	所藏處
水滸傳	4册, 9册(梨花女大), 3册(金東旭:安城坊刻本)	坊刻本, 其他:部分飜譯	朝鮮後期	白話通俗	梨花女大, 金東旭 等
三國志演義	39册(樂善齋本), 38册, 30册, 27册(28×19.5㎝), 20册, 17册等 多數, 版式各不同, 宮體	完全飜譯, 部分飜譯, 飜案 等	初譯:英正祖, (推定) 後譯:己未 (1859年等)	白話通俗	中央圖書館, 奎章閣, 樂善齋, 金東旭 等
殘唐五代演義	5卷5册, 30.4×22㎝, 10行25字內外, 飜譯《殘唐五代史演義》	詩評省略, 部分省略, 宮體	朝鮮末期	白話通俗	樂善齋
大明英烈傳	8卷8册, 29.2×20.9㎝, 10行21字內外, 6册(朴順浩), 優雅한 宮體	部分省略, 原文充實	約18世紀飜譯, 19世紀轉寫	白話通俗	樂善齋, 朴順浩 等
武穆王貞忠錄	12卷12册(殘本3, 4, 5, 9, 11), 29×23.3㎝, 12行18字內外, 飜譯《大宋中興通俗演義》	直完譯(부분생략), 刻英嬪(英祖後宮) 之印章	18世紀(推定)	白話通俗	樂善齋
西遊記	3册, 5册, 12册, 2册本 等 殘本多數, 坊刻本과 舊活字本	坊刻本, 其他:部分飜譯, 飜案 等	朝鮮後期	白話通俗	中央圖書館 等
列國志	42卷42册(影印本:日本), 17册(29.6×22㎝, 春秋列國志, 中央圖書館), 30册(嶺南大, 殘本7册)	詩評省略, 原文充實, 其他:部分飜譯, 宮體	約1600年代中後期, 後轉寫本	白話通俗	中央圖書館, 嶺南大, 趙潤濟 外
包公演義	9卷9册, 29×20.7㎝, 11行24~26字內外, 飜譯《龍圖公案》(약간 흘림체의 筆寫本)	原文充實(100回中81回 飜譯)	約19世紀初 推定	白話通俗	樂善齋
封神演義 (서주연의)	25卷25册, 32.8×22.8㎝, 11行字數不定, 註雙行, 紙質:楮紙	縮約意譯	約1728年以前	白話通俗	樂善齋
西漢演義	16卷16册, 35×21.3㎝ (中央圖), 32.6×22.2㎝ (高麗大, 1895年), 29卷10册 (34.5×22㎝, 奎章閣), 4卷4册(藏書閣), 全漢志傳의 部分飜譯)	詩評省略, 原文充實, 其他:部分飜譯, 飜案 等	朝鮮後期	白話通俗	中央圖書館, 奎章閣, 高麗大, 藏書閣等
東漢演義	6卷6册, 35×23.2㎝	添削이 심한 縮約飜譯	朝鮮後期	白話通俗	中央圖書館
平妖記	9卷9册(樂善齋), 33.4×22.5㎝, 10行 20字內外, 2册(金東旭), 30×19.2㎝, 殘本卷3.5)	飜譯:馮夢龍40回本, 縮約意譯	約1835年以前飜譯, 以後轉寫	白話通俗	樂善齋, 金東旭
仙眞逸史	15册(殘本:11行22字), 21册 32×21.7㎝, 10行19~21 字內外. 仙眞은 禪眞의 誤記.	詩評省略, 縮約意譯	約18-19世紀	白話通俗	樂善齋

34   第一部   國內 出版·筆寫 및 飜譯本 中國古典小說 目錄

書名	飜譯版式	飜譯樣相	飜譯時期	文體	所藏處
隋煬帝艶史	宮體, 延世大本 1冊, 綠雨堂本 1冊 落帙	詩評省略, 縮約意譯	約18世紀中葉以前	白話通俗	延世大等
隋史遺文	12卷12冊, "說唐"系統의 소설, 애스턴구장본	詩評省略, 縮約意譯	19世紀初	白話通俗	뻬쩨르부르그 (러시아)
東度記	100回中 40回 飜譯, 5冊. 飜譯本은 동유긔로 되어 있음	省略과 縮約이 심함	19世紀 後半 飜譯 推定	白話通俗	뻬쩨르부르그 (러시아)
開闢演義	5冊(奎章閣), 4冊(延世大), 宮書體	原典에 充實, 部分省略	18世紀로 推定	白話通俗	奎章閣 等
孫龐演義	5卷5冊, 30.3×21.2cm, 11行20~29字, 和英嬪(英祖後宮)之印章	原文充實, 宮體楷書	約18世紀中期 筆寫	白話通俗	樂善齋
唐秦演義	13冊:33.5×22.5cm, 6冊:29×21cm, 原本:大唐秦王詞話 16冊本(日本), 舊活字本 울지경덕실긔(당진연의 部分 拔萃)	縮約, 轉寫	朝鮮後期	白話通俗	樂善齋, 日本 等
南宋演義	7卷7冊(49回), 22.8×30cm, 11行26字內外, 本名:《南宋志傳》	原典에 充實한 飜譯(部分 縮約), 丙申季秋筆寫	約1776年 或 1836年頃(約 18世紀 推定)	白話通俗	李謙魯(現 中韓飜譯文獻 研究所)
北宋演義	5卷5冊, 31.2×22.8cm, 飜譯 《大字足本北宋楊家將》	原文에 充實한 精密한 飜譯	18世紀 飜譯本의 轉寫本約18世紀 (推定)	白話通俗	樂善齋
南溪演談	3卷3冊(1卷落帙), 明太祖建國後事件描寫 (原本未詳)	母本未詳(國文小說로 보는 見解도 있음)	朝鮮後期	白話通俗	樂善齋
剪燈新話	9篇(全體中 9篇만 飜譯, 151面), 8行26字內外, 民間에서 飜譯 轉寫	詩詞까지 빠짐없는 充實한 飜譯	18世紀末-19世紀初	文言	檀國大
娉娉傳 (聘聘傳)	全5冊中 4冊存(卷2,3,4,5), 28×20cm, 12行28字內外	原本未詳, 剪燈餘話卷5(類似)	約18世紀初期	文言	樂善齋
型世言	4冊(殘本:3, 4, 5, 6, 總15篇), 28.8×21.6cm, 12行26字內外, 型世言의 部分飜譯인 朱仙 傳도 樂善齋에 所藏	詩評省略, 縮約意譯	約18世紀頃飜譯, 轉寫	白話通俗	樂善齋
今古奇觀	全40篇中 20餘篇飜譯, 回別飜譯出版	飜譯(部分省略), 飜案	朝鮮末期, 日帝時期	白話通俗	高麗大, 樂善齋 等
花影集	9卷9冊, 一名:뉴방삼의뎐(劉方三義 傳), 太平廣記 飜譯本附錄	詩評省略, 縮約意譯	18世紀末	文言	藏書閣

(3) 清代 中國古典小說

書名	飜譯版式	飜譯樣相	飜譯時期	文體	所藏處
後水滸傳	12卷12冊, 28.1×20㎝, 10行22字內外, 6冊(申龜鉉)	詩評省略, 完譯에 接近, 並行直意譯	約18-19世紀	白話通俗	樂善齋, 申龜鉉 等
平山冷燕	10卷10冊(中央圖書館), 28.6×19.6㎝, 10行19字, 3卷3冊(樂善齋, 28.6×22.4㎝), 4卷4冊(奎章閣)	詩評省略, 原文充實, 意譯爲主	約18世紀 推定	白話通俗	中央圖書館, 樂善齋 奎章閣
玉嬌梨傳	下卷(11-20回)	詩評省略, 原文에 接近한 意譯爲主	朝鮮末期	白話通俗	高麗大
樂田演義	筆寫本 存在可能, 孫龐演義의 續作, 18回 99張	部分省略, 部分飜譯, 意譯	大正7年(1918年) 廣益書館 發行(舊活字本)	白話通俗	하버드大
十二峯記 (십이봉뎐환긔)	4卷4冊, 한글筆寫本, 刊寫地未詳, 刊寫者未詳, 刊寫年未詳	未詳	18世紀中葉 推定	白話通俗	國立中央圖書館
錦香亭記	7冊(奎章閣, 22×17㎝, 10行14字內外), 1冊(高麗大:25.6×17.5㎝, 10行18字內外)	省略, 縮約意譯, 有飜案, 坊刻本	1877年筆寫	白話通俗	奎章閣, 高麗大, 中央圖等
醒風流	7卷7冊, 26.2×19.1㎝, 10行17~20字內外, 原名:醒風流傳奇, 일찍이 飜譯한 것을 後에 轉寫하여 묶은 것으로 보임	詩評省略, 原典에 近接한 意譯	約18世紀 推定	白話通俗	樂善齋
玉支機	4卷4冊 20回, 27×19.5㎝, 四周雙邊, 有界, 上下花紋魚尾, 宮體	直譯을 피하고 縮約 飜譯	約18世紀 推定	白話通俗	延世大
畵圖緣	3卷3冊(中 卷之一 現存)	部分省略, 意譯爲主	朝鮮後期	白話通俗	文友書林
好逑傳	18回4冊(28.4×18.7㎝), 4冊(梨花女大:29.5×18.3㎝, 12行29字)	飜譯:義俠好逑傳, 詩評省略, 原典에 近接한 意譯	約18世紀~19世紀 飜譯轉寫	白話通俗	奎章閣, 梨花女大
快心編 (醒世奇觀)	32卷32冊, 28.2×18.8㎝, 10行字數不定, 無郭, 無絲欄	詩評省略, 縮約과 直譯爲主, 集體飜譯	朝鮮後期	白話通俗	樂善齋
隋唐演義	10卷10冊	未詳, 另:後印本	朝鮮後期	白話通俗	奎章閣
女仙外史	45卷45冊, 28.8×18.8㎝, 10行17字, 10冊(國民大)	詩評省略, 完譯本	約1880年前後	白話通俗	樂善齋, 國民大
雙美緣	24回, 駐春園小史의 飜案, 一名:第十才子書, 一名:쌍미긔봉, 朝鮮時代 筆寫本도 있을 것으로 推定	詩評省略, 飜譯과 飜案 並行	朝鮮末期 日帝時代	白話通俗	淮洞書館 (1916年)

書名	飜譯版式	飜譯樣相	飜譯時期	文體	所藏處
麟鳳韶	3卷3冊, 29.7×19.5cm, 10行20字, 麟鳳韶는 引鳳簫의 誤記	詩評省略, 原文充實	18世紀 中半	白話通俗	樂善齋
紅樓夢	120冊中117冊(殘本), 28.3×18.2cm, 8行字數不定, 紙質:壯紙	注音對譯, 直譯爲主完譯本	約1880年前後	白話通俗	樂善齋
雪月梅傳	20卷20冊, 28.3×18.8cm, 10行字數不定, 原文:孝義雪月梅傳	原文充實, 完譯本	約1880年前後	白話通俗	樂善齋
後紅樓夢	20卷20冊, 28.8×18.8cm, 9行27~28字內外, 無絲欄, 紙質:楮紙	詩評省略, 原文充實(完譯)	約1880年前後	白話通俗	樂善齋
粉粧樓	5卷5冊 80回(完帙), 11行22字內外, 民間 筆寫本(흘림체)	原典에 充實하나 縮約이 많음	1906年으로 推定	白話通俗	朴在淵
合錦廻文傳	3卷, 宮體	原典에 充實한 飜譯	約18世紀 推定	白話通俗	東國大 等
續紅樓夢	24卷24冊, 27×18cm, 9行17字, 無絲欄, 無郭無版心, 楮紙	詩評省略, 原文充實, 意譯本	約1880年前後	白話通俗	樂善齋
瑤華傳	22卷22冊(樂善齋), 27.8×19cm, 9行字數不定, 14卷7冊(奎章閣)	詩評省略, 原典에 近接한 完譯	約1880年前後	白話通俗	樂善齋, 奎章閣
紅樓復夢	50卷50冊, 28.1×18.9cm, 9行17字, 無絲欄, 無魚尾, 楮紙	詩評省略, 原文充實(完譯), 直譯爲主, 部分意譯	約1880年前後	白話通俗	樂善齋
白圭志	1冊 106張, 每面 11~15行, 4卷16回 中 10回 中半까지 飜譯	部分飜譯	19世紀 末~ 20世紀 初	白話通俗	朴在淵
補紅樓夢	24卷24冊, 28.1×19cm, 10行19字, 無絲欄, 無魚尾, 楮紙	詩評省略, 原文充實, 意譯本	約19世紀後半	白話通俗	樂善齋
鏡花緣	20卷中18卷(殘本:9, 12), 31×20cm, 10行20字內外, 第一奇諺	意譯, 添削改譯	1856~1848年 (洪羲福)	白話通俗	丁奎福
紅樓夢補	24卷24冊, 29×18.8cm, 9行19字, 紙質:楮紙	詩評省略, 意譯 (一部分縮約)	約1880年前後	白話通俗	樂善齋
綠牡丹	6冊, 韓國學中央研究院 (影印本), 別名:四望亭	直完譯, 原典에 充實하나 縮約도 보임	1900年 初	白話通俗	趙東弼
忠烈俠義傳	40卷40冊, 28×18.8cm, 10行17~18字, 一名:三俠五義	詩評省略, 原文充實, 完譯本	約1800年代中期以後	白話通俗	樂善齋
忠烈小五義傳	本篇30.附錄1.合31篇, 28.2×18.6cm, 10行字數不定, 16冊(奎章閣)	原文充實, 直譯爲主完譯本	約1880年前後	白話通俗	樂善齋, 奎章閣

書名	飜譯版式	飜譯樣相	飜譯時期	文體	所藏處
聞談消夏錄	2冊, 筆寫本, 30.3×19.9㎝	原文充實, 直譯爲主	朝鮮末期	文言	奎章閣
*繡像神州光復志演義	30卷30冊	大部分 縮字譯 爲主의 直譯, 完譯本	1920年前後	白話通俗	國立中央圖書館 等
*張遠兩友相論	12回, 47張, 21.4×14.7㎝, 12行24字	直譯爲主	1898年以前	白話通俗	崇實大 韓國基督敎博物館
*引家當道 (인가귀도)	John, Griffith 著, Ohlinger, F 譯, 1911年 刊, 예수교서회, 78張, 13行32字	直譯爲主, 縮譯	1911年以前	白話通俗	延世大 中央圖書館

(4) 彈詞·鼓詞

書名	飜譯版式	飜譯樣相	飜譯時期	文體	所藏處
珍珠塔	10卷10冊, 28.1×19.9㎝, 9行19字, 13卷5冊 (奎章閣:26.5×21㎝, 10行22~24字), 一名:九松亭, 彈詞系統	奎章閣本(先行本), 樂善齋本은 奎章閣本을 가지고 轉寫한 것으로 推定	約1880年前後	白話通俗(彈詞)	樂善齋, 奎章閣
再生緣傳	52卷52冊, 28.2×18.8㎝, 17行20字內外, 彈詞系統	直完譯本	約1880年前後	白話通俗(彈詞)	樂善齋
梁山伯傳	白斗鏞 編, 京城, 翰南書林, 1920, 1冊(24張), 木版本, 26×20.3㎝, 四周單邊, 半郭:20.7×17.4㎝, 有界, 14行字數不定, 上下向四瓣黑魚尾	直完譯本	朝鮮末期 飜譯(推定), 1920年(舊活字本)	白話通俗(彈詞)	嶺南大 等
千里駒	4卷2冊, 淸代 鼓詞飜譯本	添削이 加味된 飜譯	朝鮮末期	白話通俗(鼓詞)	中央圖書館

3) 出版本 目錄

書名	版式 或 出版特記事項	出版記錄文獻	出版時期	文體	所藏處
列女傳	申珽·柳沆飜譯, 柳耳孫寫·李上佐畵, 六曹中禮曹主管	稗官雜記卷4(魚叔權), 朝鮮王朝實錄(中宗, 卷101條)	朝鮮中宗38年癸卯(1543年)	文言	失傳
新序	劉向(漢)撰, 10卷2冊, 木版本, 31×20㎝, 四周雙邊, 半郭:18.5×15㎝, 有界, 11行18字, 內向黑魚尾, 紙質:楮紙	朝鮮王朝實錄(成宗24年12月 29日條, 卷285條), 考事撮要	朝鮮成宗23~24年(1492~1493年)	文言	上卷:啟明大, 下卷:金碩中 等
說苑	劉向(漢)撰, 20卷4冊, 木版本, 26.9×17.8㎝, 四周雙邊, 半郭:18.7×14.9㎝, 有界, 11行18字, 注雙行, 內向一葉花紙紋魚尾, 紙質:楮紙	朝鮮王朝實錄(成宗24年12月 29日條, 卷285條), 考事撮要	朝鮮成宗23~24年(1492~1493年)	文言	金碩中 等
博物志	未詳	考事撮要, 宣祖1年(1568年)刊行本	1568年以前	文言	失傳
世說新語補	劉義慶(宋)撰, 劉孝標(梁)注, 劉辰翁(宋)批·何良俊(明)增, 王世貞(明)刪定, 王世懋(明)批釋, 鍾惺(明)批點·張文柱(明)校注, 總20卷7冊, 左右雙邊, 31×20㎝, 半郭:22.8×15.6㎝, 10行18字, 有界, 注雙行, 內向黑魚尾, 序文:嘉靖丙辰(1556)…王世貞撰, 萬曆庚辰(1580)…王世懋撰, 乙酉(1585)王世懋再識, 萬曆丙戌(1586)秋日沔陽陳文燭玉叔撰. 紙質:楮紙, 顯宗實錄字	朝鮮王朝實錄, 世說新語姓彙韻分(後代覆印本, 姓氏別分類再編輯)	世說新語補:朝鮮肅宗34年(1708年) 世說新語姓彙韻分(英正祖年間:1724-1800年)	文言	國立中央圖書館, 藏書閣, 高麗大, 延世大, 成均館大 等
唐段小卿酉陽雜俎	李克墩·李宗准編輯, 10卷2冊, 四周雙邊, 29×16.8㎝, 半郭:18.4×12.5㎝, 10行19字, 有界, 注雙行, 版心題:俎, 紙質:楮紙, 20卷3冊(後印)	朝鮮王朝實錄(成宗 卷285條)	朝鮮成宗23年(1492年)	文言	成均館大 等
訓世評話	李邊·柳希仁跋文, 上下2卷1冊, 黑魚尾, 10行17字, 白話文:10行16字	考事撮要·宣祖1年(1568年)刊行本	1473年(未確), 1480年·1518年(中宗13)	文言	國立中央圖書館 等
詳節太平廣記	成任編纂, 總50卷(現存7卷2冊), 四周單邊, 34×20.7㎝, 半郭23.7×16㎝, 10行17字, 上下黑口內向 黑魚尾. 紙質:楮紙	高麗史(志, 樂2), 四佳文集卷4-5(徐居正), 三灘集卷10(李承召)等	朝鮮世祖8年(1462年)	文言	高麗大, 成均館大, 忠南大 等

書名	版式 或 出版特記事項	出版記錄文獻	出版時期	文體	所藏處
嬌紅記	未詳	朝鮮王朝實錄(燕山君63條)	1506年頃(推定)	文言	未確認
剪燈新話句解	尹春年訂正·林芑集解, 2卷2冊, 四周單邊, 10行20字(11行20字, 10行18字, 12行18字等 各版不一定), 有界, 注雙行, 紙質:楮紙	燕山君日記(卷62-2[1506年]), 考事撮要(魚叔權), 校書館發行, 坊刻本 等	朝鮮明宗4(1549), 明宗14(1559), 明宗19(1564), 1704 等	文言	國立中央圖書館, 奎章閣 等
剪燈餘話	國內 失傳, 日本內閣文庫(後半部 所藏)	朝鮮王朝實錄(燕山君62條), 考事撮要(魚叔權)	約1568年以前, 淳昌刊行	文言	日本 內閣文庫
刪補文苑楂橘	2卷2冊, 四周雙邊, 木活字本, 27×17cm, 半郭21.4×13.2cm, 10行20字, 上二葉花紋魚尾, 紙質:楮紙, 第一校書館印書體	朴在淵發掘本	約1669年-1760年	文言	國立中央圖書館, 藏書閣 等
三國演義	三國志通俗演義(朝鮮金屬活字本, 30.5×17.5cm, 11行20字), 新刊校正古本大字音釋三國志(周曰校正, 13行24字, 丁卯耽羅開刊), 貫華堂第一才子書(20卷20冊, 卷首:金聖歎序, 讀三國志演義法25則, 凡例10則, 總目)	朝鮮王朝實錄(宣祖卷3), 星湖僿說類選9(李瀷), 坊刻本多數	朝鮮明宗年間1560年初中期, 朝鮮仁祖5年(1627年), 肅宗年間(1674-1720)以後, 後印多數	白話通俗	李亮載, 國立中央圖書館, 奎章閣, 高麗大, 延世大, 成均館大, 釜山大等
水滸傳	坊刻本(京本:2冊, 安城本:3冊)	無	朝鮮後期	白話通俗	金東旭
西遊記	坊刻本(京本:2冊, 孟冬華山新刊[現 紫霞門外廓])	無	丙辰年(1856年)	白話通俗	法國東洋語學校, 金東旭
楚漢傳(西漢演義)	丁未本(2冊, 丁未孟夏完南龜石裏新刊), 戊申本(1冊, 隆熙2年戊申秋7月, 西漢記完西溪新刊)	無	丁未年(1907年), 戊申年(1908年)	白話通俗	中央圖書館, 柳鐸一, 李能雨 等
薛仁貴傳	坊刻本(京本:1冊本[30張], 2冊本[17張])	無	朝鮮後期	白話通俗	法國東洋語學校, 李能雨
鍾離葫蘆	1冊(30張), 朝鮮中後期木版本, 23×14cm, 7行15字, 內向二葉魚尾.	於于野談(卷3-36 學藝篇), 天君演義序	17世紀中葉以前	文言	雅丹文庫
花影集	昆陽郡守 尹景禧編纂·崔岦跋文·昆陽板刻(現泗川地方)	花影集序文	1586年	文言	日本早稻田大
效顰集	四周單邊, 30.8×21.8cm, 半郭:22.6×17.1cm, 12行21字, 有界, 白口內向黑魚尾, 紙質:楮紙	考事撮要(1568), 漢陽縣儒學敎諭南平趙弼撰述	宣祖1年(1568年以前, 木版本)	文言	日本逢左文庫

40 第一部 國內 出版·筆寫 및 飜譯本 中國古典小說 目錄

書名	版式 或 出版特記事項	出版記錄文獻	出版時期	文體	所藏處
玉壺氷	1卷册, 四周單邊, 25.2×16.3㎝, 半郭:17.9×13.6㎝, 9行17字, 有界, 白口內向黑魚尾, 紙質:楮紙, 卷末都穆跋文	9行18字本, 10行18字本, 10行20字本 等 多數(後印本)	庚辰10月日務安縣刊(大略1580)	文言	奎章閣, 中央圖書館, 高麗大 等
皇明世說新語	8卷4册, 朝鮮木版本, 四周雙邊, 半郭:18.5×14.9㎝, 有界, 10行20字, 註雙行, 上二葉花紋魚尾, 紙質:楮紙	無	英·正祖(1725-1800) 推定/ 刊行地未詳	文言	奎章閣, 中央圖書館, 啓明大 等
兩山墨談	18卷4册, 朝鮮木版本, 四周雙邊, 半郭:21.6×15㎝, 有界, 9行18字, 內向黑魚尾, 紙質:楮紙	考事撮要(魚叔權, 1575年)	宣祖8年(1575) / 慶州刊行	文言	啓明大 等
錦香亭記	京本2種(2卷2册本:由洞新刊, 3卷3册本:1860年前後本)	無	約1847-1856年, 1860年前後 (3卷本)	白話通俗	法國東洋語學校, 李能雨 等

2. 文言小說의 朝鮮時代 出版·筆寫本 目錄

1) 唐代以前 作品目錄

(1) 山海經

書 名	出版事項	版式狀況	一般事項	所藏處/所藏番號
山海經	郭璞(晉)傳, 吳任臣(中)註, 刊寫者未詳, 朝鮮朝後期寫	不分卷1冊(34張), 朝鮮筆寫本, 25.8×16.3㎝, 無界, 10行25字, 註雙行, 紙質:楮紙		東國大學校 D819.32 곽41ㅅ
山海經	刊寫地未詳, 刊寫者未詳, 刊寫年未詳	1冊, 筆寫本, 23.5×15㎝		韓國國學振興院
山海經	郭璞(晉)傳, 朝鮮朝後期寫	2卷2冊, 筆寫本, 26.9×17.9㎝, 四周單邊, 半郭:21×14.8㎝, 烏絲欄, 10行21字, 註雙行, 紙質:楮紙		蔚珍郡 崔震箕
山海經	郭璞(晉)撰, 吳中行(明)校, 刊寫地, 刊寫者, 刊寫年未詳	18卷1冊(99張), 筆寫本, 18.5×15.3㎝, 無界, 11行27字	表題:山海經抄, 序:康熙6年(1667)…吳任臣	檀國大學校, 秋汀文庫(천안 율곡기념圖書館) [고]912.53-곽964ㅅ
山海經	郭璞 註釋, 刊寫地未詳, 刊寫者未詳, 刊寫年未詳	1冊(67張), 筆寫本, 29.5×18㎝, 行字數不同	漢文, 行書	韓國國學振興院수탁, 평산신씨 판서공파 종택 KS0213-1-01-00013
山海經文	郭璞 註釋, 刊寫地未詳, 刊寫者未詳, 刊寫年未詳	45張, 筆寫本, 31.7×21㎝	山海經圖序…楊愼	國立中央圖書館 古朝50-131
山海經廣註	刊寫地未詳, 刊寫者未詳, 刊寫年未詳	1冊, 筆寫本, 31.5×21㎝		韓國國學振興院

(1) 山海經 (continued)

書名	出版事項	版式狀況	一般事項	所藏處/所藏番號
山海經廣註	郭璞傳, 吳任臣 註	5卷1冊(67張), 筆寫本, 24×14.7㎝, 8行24字, 註雙行	漢文, 楷書, 內容:南山經, 西山經, 北山經, 東山經, 中産經	韓國國學振興院수탁, 개성고씨 월봉종택 KS0327-1-03-00018
山海經廣註	郭璞傳, 吳任臣 註	1冊(1冊65張), 筆寫本, 35.8×21.7㎝, 12行24字, 註雙行	漢文, 楷書, 序:王嗣槐(1666), 郭璞	韓國國學振興院수탁, 영양남씨 영해시암고택 KS0356-1-03-00010
山海經廣註	郭璞傳, 吳任臣 註	1冊, 筆寫本, 31.5×21㎝		韓國國學振興院수탁, 풍산류씨 하회마을 화경당 KS03-3038-10632-00632
山海經抄(幷儒胥必知)	抄者未詳, 朝鮮朝後期寫	1冊(66張), 筆寫本, 28.7×18.9㎝, 10行33字, 註雙行, 紙質:楮紙	表紙墨書識記:己巳(1809~1867)臈月書于里中社, 合綴:儒胥必知[編者未詳]	誠庵文庫 4-1415
山海經要抄畧	庚戌(?)寫	1冊(178張), 筆寫本, 20.7×19.3㎝, 無界, 10行20字, 註雙行, 紙質:楮紙	表題:山海經, 寫記:庚戌(?)元月	慶星大學校博物館
山海經廣註雜述	吳志伊(淸)註, 朝鮮朝末期寫	不分卷1冊, 筆寫本, 29×17.8㎝, 10行23字, 註雙行, 紙質:楮紙	序:康熙五年(1666)仲冬朔旦錢塘王嗣槐譔	成均館大學校 (晚溪)D7C-191

(2) 穆天子傳

書名	出版事項	版式狀況	一般事項	所藏處/所藏番號
穆天子傳	郭璞(晉)註, 寫年未詳	6卷1冊, 筆寫本, 27×18㎝, 四周雙邊, 半郭:19.3×14.5㎝, 烏絲欄, 12行20字, 註雙行, 內向三葉花紋魚尾, 紙質:楮紙	印:李王家圖書之章,	韓國學中央研究院 4-6881
穆天子傳	郭璞 註, 刊寫事項不明	1冊, 筆寫本, 20.7×13㎝, 無界, 行字數不定, 無魚尾	表題:齊諧	慶北大學校 [古]812.15 목813
穆天子傳	郭璞(晉)註, 朝鮮朝後~末期寫	6卷1冊(15張), 筆寫本, 25.3×19㎝, 16行字數不定, 紙質:楮紙	序:南臺都事海岱劉貞幹舊藏是書懼其無傳暇日稍加讎校…命金陵學官重刊…予題其篇端云時至正十年(1350)歲在庚寅春二月二十七日壬子北嶽王漸玄翰序	한국전적종합목록 3집, 玩樹文庫 4-191

(3) 神異經

書名	出版事項	版式狀況	一般事項	所藏處/所藏番號
神異經	編著者未詳, 刊年未詳	1冊, 筆寫本, 25×14.9㎝, 四周無邊, 無界, 12行字數不定, 註雙行		啓明大學校 이812.8신이경

(4) 東方朔傳

書名	出版事項	版式狀況	一般事項	所藏處/所藏番號
東方朔傳記	韓濩(朝鮮)書, 宣祖年間	1冊(8張), 筆寫本, 32.5×19.2㎝	貴重本	韓國學中央研究院 장서각 C10C-63

(5) 吳越春秋

書名	出版事項	版式狀況	一般事項	所藏處/所藏番號
吳越春秋	世祖(朝鮮)命撰, 肅宗45年(1719)	1冊(零本), 筆寫本, 30.5×19.7㎝	刊記:康熙五十八年(1719) 季壬辰七月日書	서울大學校 奎章閣 181.1-Ow2-v.5/6
오월츈츄	趙曄(漢)撰	1冊(15張), 筆寫本, 31.4×16.3㎝, 無界, 13行字數不定	表題:吳越春秋	단국대학교 율곡기념도서관, 고853.5-오869

(6) 新序

書名	出版事項	版式狀況	一般事項	所藏處/所藏番號
劉向 新序	劉向(漢)撰, 1492~1493年	2卷1冊, 朝鮮木版本, 24×17.5㎝, 四周雙邊, 半郭:18.4×14.5㎝, 有界, 11行18字, 大黑口, 內向黑魚尾, 紙質:楮紙		慶山郡 崔在石(紛失), 韓國典籍綜合調査目錄第1輯
劉向 新序	劉向(漢)撰, 1492~1493年	4卷1冊, 朝鮮木版本, 25.4×18㎝, 四周雙邊, 半郭:18.3×14.6㎝, 有界, 11行18字, 小黑口, 內向黑魚尾, 紙質:楮紙	版心題:新序	榮豊郡 金用基(紛失), 韓國典籍綜合調査目錄第1輯
劉向 新序	劉向(漢)撰, 1492~1493年	5卷1冊(卷6~10), 朝鮮木版本, 31×20㎝, 四周雙邊, 半郭:18.5×15㎝, 有界, 11行18字, 註雙行, 內向黑魚尾, 紙質:楮紙	內容:刺奢第 節士第 義勇第 善謀上第 善謀下第, 下卷만 있음	安東市 臥龍面 金俊植, 韓國典籍綜合調査目錄第5輯
劉向 新序	劉向(漢)著, 1492~1493年	1冊(零本, 所藏本:卷1~5), 朝鮮木版本, 25.7×17.9㎝, 四周單邊, 半郭:18.5×14.7㎝, 有界, 11行18字, 黑口, 內向黑魚尾	內容:卷1~5, 雜事 각기 상권 2책이 있고 한 책은 온전하나 한 책은 뒷부분 6쪽이 낙장임	啓明大學校, 귀812.8 812.081-유향ㅇ
劉向 新序	劉向(漢)著, 筆寫時期未詳	5卷1冊, 筆寫本, 28.4×16.7㎝, 四周單邊, 半郭:24.6×13㎝, 烏絲欄, 10行18字, 內向二葉花紋魚尾		啓明大學校 812.081-유향ㅇ

(7) 說苑

書名	出版事項	版式狀況	一般事項	所藏處/所藏番號
劉向說苑	劉向(漢)撰, 1492~1493年	1册, 朝鮮木版本, 26.6×18.5㎝, 四周雙邊, 半郭:18×14.8㎝, 有界, 11行18字, 大黑口, 內向黑魚尾, 材質:楮紙	版心題:說苑	奉化郡 權廷羽
劉向說苑	劉向(漢)撰, 1492~1493年	1册, 朝鮮木版本, 28.5×18.8㎝, 四周雙邊, 半郭:18.7×14.8㎝, 有界, 11行18字, 大黑口, 內向黑魚尾, 紙質:楮紙	版心題:說苑	奉化郡 金斗淳(분실)
劉向說苑	劉向(漢)撰, 曾鞏(宋)集, 1492~1493年	3册, 朝鮮木版本, 24.1×17.9㎝, 四周雙邊, 半郭:18.8×15㎝, 有界, 11行18字, 大黑口, 內向黑魚尾, 紙質:楮紙		奉化郡 金斗淳(분실)
劉向說苑	劉向(漢)撰, 1492~1493年	2卷1册, 朝鮮木版本, 28.2×18.4㎝, 四周雙邊, 半郭:18.7×14.7㎝, 有界, 10行18字, 小黑口, 內向黑魚尾, 紙質:楮紙		醴泉郡 李虎柱
劉向說苑	劉向(前漢)撰, 1492~1493年	5卷1册(卷16~20), 朝鮮木版本, 25×18.9㎝, 四周雙邊, 半郭:19.7×15.9㎝, 有界, 11行18字, 上下大黑口, 內向一·二葉混入花紋魚尾, 紙質:楮紙	版心題:說苑, 所藏印:五美洞印, 豊山金氏, 金憲在印	安東市 豊山邑 金直鉉
劉向說苑	劉向(前漢)撰, 1492~1493年	20卷4册, 朝鮮木版本, 26.9×17.8㎝, 四周雙邊, 半郭:18.7×14.9㎝, 有界, 11行18字, 註雙行, 內向一葉花紋魚尾, 紙質:楮紙	版心題:說苑, 所藏印:先祖公家藏書男富義□□□	安東市 臥龍面 金俊植
說苑	劉向(漢)著, 宋曾鞏編, 刊寫地未詳, 刊寫者未詳, 刊寫年未詳	5册(1-5, 卷1-20), 筆寫本, 29.7×20㎝	序:嘉靖丁未(1547)… 何良俊 撰	國立中央圖書館 B12526-4
說苑 (卷7~10)	劉向(漢)撰, 刊年未詳	4卷1册(68張), 木版本, 28×18.8㎝, 四周單邊, 半郭:18.7×14.6㎝, 11行18字, 內向黑魚尾	裝幀:黃色厚褙表紙, 土紅絲綴(改裝)	國立中央圖書館 [貴]598, [일산귀]3738-14 (b23738-14)
劉向說苑	(卷第1-18) 劉向 撰	4册(全20卷5册中의 殘本임), 木版本, 23㎝, 四周雙邊, 18.8×14.9㎝, 有界, 11行18字, 上下內向花紋魚尾		延世大學校 (貴重圖書) [귀]535

2. 文言小說의 朝鮮時代 出版·筆寫本 目錄

書名	出版事項	版式狀況	一般事項	所藏處/所藏番號
說苑	著者未詳, 刊寫地未詳, 刊寫者未詳, 刊寫年未詳	1冊(57張), 筆寫本, 21.5×20.2㎝	書名:表題임	慶尙大學校 古(춘추) D2A 설67
劉向說苑	筆寫地未詳, 筆寫者未詳, 筆寫年未詳	1冊, 筆寫本, 26.5×15.8㎝		韓國國學振興院 한양조씨 하담고택 KS04-3079-10248-00248
劉向說苑	筆寫地未詳, 筆寫者未詳, 筆寫年未詳	4冊, 筆寫本, 26×17.5㎝	元亨利貞	韓國國學振興院 재령이씨 존재과 면운재문중, KS04-3080-10062-00062
劉向說苑	筆寫地未詳, 筆寫者未詳, 筆寫年未詳	1冊(上), 筆寫本, 28.5×18.5㎝, 10行30字	漢文, 楷書	韓國國學振興院 반남박씨 낙한정종가, KS0462-1-04-00002
說苑雜錄	著者未詳, 刊寫地未詳, 刊寫者未詳, 刊寫年未詳	3卷1冊(卷1~3), 筆寫本, 24×13.5㎝, 無界, 10行30字, 註雙行, 無魚尾	朱墨 傍點 있음, 寫記:歲在乙卯(?) 孟秋陰一日抄	全北大學校 181.21-설원잡
說苑雜錄	서울, 刊寫者未詳, 19- -	1冊, 筆寫本, 21.7×14.5㎝		大邱가톨릭大學校 동828-설67
說苑新序	劉向(漢)撰, 刊寫地未詳, 刊寫者未詳, 刊寫年未詳	5卷1冊(全20卷4冊), 元(卷1~5), 筆寫本, 30.3×19.5㎝, 四周單邊, 半郭:20.6×15.5㎝, 有界, 10行20字, 上下內向二葉花紋魚尾	版心書名:說苑, 表紙書名:劉向說苑, 說苑新敍序…嘉靖丁未 (1547)…東海 何良俊撰	漢陽大學校 181.12-유926ㅅㄱ-v.1

(8) 列女傳

書名	出版事項	版式狀況	一般事項	所藏處/所藏番號
列女傳	中宗38年癸卯 (1543年)	申琛·柳沆飜譯, 柳耳孫寫, 李上佐畵		失傳
렬녀전	太華書館:렬녀전, 世界書林:고금녈녀전	太華書館:렬녀전 (舊活字 坊刻本)	太華書館:렬녀전 (1918년)	
녈녀전	飜譯筆寫本	1冊, 79張		國立中央圖書館
고녈녀뎐	飜譯筆寫本	2冊(乾, 坤), 國文筆寫本, 28×21㎝, 35㎜R[Nega], 129f	原本所藏:國立中央 圖書館	韓國學中央研究院 57-아-411 R35N-002960-2
열녀전	飜譯筆寫本	1冊, 67張		忠北大學校 李樹鳳 교수 소장본

(9) 西京雜記

書名	出版事項	版式狀況	一般事項	所藏處/所藏番號
西京雜記	劉歆(漢)著, 高宗年間 (1864~1906)寫	6卷1册, 筆寫本, 24.4×16.3cm, 無界, 12行24字, 註雙行, 紙質:楮紙		慶南 鎭海市 海軍士官學校

(10) 博物志

書名	出版事項	版式狀況	一般事項	所藏處/所藏番號
博物志	張華 撰	1册(107張), 筆寫本, 23.3×17.2cm, 11行20字, 註雙行	漢文, 行書, 附:續博物志	韓國國學振興院수탁청송심씨칠회당고택, KS0431-1-02-00022
博物誌	著者未詳, 刊寫地未詳, 刊寫者未詳, 朝鮮朝末期-日帝時代 寫	線裝1册20, 筆寫本, 行字數不定, 23.1×18cm, 紙質:楮紙		成均館大學校 C15-0082

(11) 述異記

書名	出版事項	版式狀況	一般事項	所藏處/所藏番號
述異記	任昉(梁), 年紀未詳	1册(11張), 筆寫本, 30.5×17.1cm, 四周單邊, 半郭:26.9×15cm, 無界, 12行26字, 無魚尾		啓明大學校 이812.8-임방ㅅ

(12) 世說新語

書名	出版事項	版式狀況	一般事項	所藏處/所藏番號
世說新語	劉義慶(宋)撰	8卷8册, 木版本, 27.5×18cm	表題:劉氏世說	延世大學校 812.38
世說新語	劉義慶(宋)撰, 劉孝標(梁)注, 張懋辰(明)訂, 刊年未詳	8卷4册, 木版本, 25.8×16.6cm	叙:山陰笑菴居士王思任題, 舊序:嘉靖乙未(1535)歲立秋日也吳郡袁褧撰, 印:錦城介石愚日宅之印, 華山, 金鑾房藏書印, 全州世家, 小顔過目, 韓韻海印, 李容書印	高麗大學校 (華山文庫) C14-B76C
世說新語	編者未詳, 壬亂以後刊	12卷4册, 木活字本, 30×19.1cm, 四周單邊, 半郭:22×14.7cm, 有界, 10行18字, 註雙行, 內向二葉花紋魚尾, 紙質:楮紙	版心題:世說, 序:嘉靖丙辰(1556)季夏琅邪王世貞撰, 舊序:嘉靖乙未(1535)歲立秋日也吳郡袁褧(明)撰, 印記:滄浪老叟, 苑山, 白元山, 安東世家外5種	한국전적종합목록 1集, 山氣文庫 4-694

2. 文言小說의 朝鮮時代 出版·筆寫本 目錄

書名	出版事項	版式狀況	一般事項	所藏處/所藏番號
世說新語	劉義慶(宋)撰, 刊寫地未詳, 刊寫者未詳, 肅宗年間	17卷7冊(卷1~17), 金屬活字本(顯宗), 32.5×20.3㎝, 四周單邊, 半郭:22.7×15.3㎝, 有界, 9行字數不定, 註雙行, 內向黑魚尾, 紙質:楮紙	序:萬曆庚辰(1580) 秋吳郡王世懋撰, 萬曆丙戌(1586) 秋日泂陽陳文燭玉叔撰	全南大學校 3Q-세53ㅇ-v.1-7
世說新語		1冊, 筆寫本, 21×22㎝		嶺南大學校 中央圖書館, 823
世說新語	劉義慶(宋)撰, 劉孝標(梁)註, 刊年未詳	6卷3冊, 筆寫本, 24.5×16.7㎝	序:淳熙戊申(1188)…笠澤陸游書	韓國學中央研究院 D7C-26A
世說新語	劉義慶(宋)撰, 刊寫地未詳, 刊寫者未詳, 刊寫年未詳	1冊, 筆寫本, 24.5×18㎝, 行字數不定	表題:世說	淑明女子大學校 CL 812 유의경세
世說新語	劉義慶(宋)著	6卷1冊(95張), 筆寫本, 半郭:20.6×18㎝	表紙:昭陽協洽閼逢攝提格 始題于南陽石南家	아단문고 823.4-유67ㅅ
世說新語	劉義慶(宋)撰, 朝鮮朝後期寫	1冊, 筆寫本, 24.9×16.6㎝, 12行字數不定, 註雙行, 紙質:楮紙		忠南 論山郡 尹寶重
世說新語	劉義慶(宋)撰, 劉孝標(梁)註, 刊寫地未詳, 刊寫者未詳, 刊寫年未詳	2卷1冊(零本), 筆寫本, 21.1×13.6㎝, 無界, 10行字數不定	表題:世說, 序:萬曆乙酉(1609)… 吳郡袁	檀國大學校羅孫文庫, 천안율곡기념圖書館, 고878.4-왕984ㅅ-乾
世說新語	刊寫地未詳, 刊寫者未詳, 刊寫年未詳	1冊, 筆寫本, 26×18㎝, 無界, 10行字數不定, 小字雙行, 無魚尾	表題:世說	京畿大學校 경기-K113427-全
世說新語	劉義慶 撰, 刊寫地未詳, 刊寫者未詳, 朝鮮朝後期	6卷6冊(第1~6), 筆寫本, 22.2×14.6㎝	書名:卷首題, 序題:刻世說新語序, 表題:世說(第一), 序:吳邑袁褧撰, 內容:卷1, 德行, 言語, 卷2, 政事, 文學, 卷3, 方正, 雅量, 識鑒, 卷4, 賞譽, 品藻, 規箴, 夙悟, 捷悟, 豪爽, 卷5, 容止, 企羨, 棲逸, 術解, 寵禮, 簡傲, 自新, 傷逝, 賢媛, 巧藝, 任誕, 卷6, 排調, 假譎, 儉嗇, 忿狷 尤悔, 惑溺, 輕詆, 黜免, 汏侈, 讒險, 紕漏, 仇隙, 本文이 漢文으로 된 資料	東國大學校 D823.4-유68, v.1-6
世說新語	刊寫地未詳, 刊寫者未詳, 刊寫年未詳	1冊, 筆寫本, 26×18.5㎝		韓國國學振興院 수탁, 의성김씨 천전파 제산종택 KS03-3048-10276-00276

48 第一部 國內 出版·筆寫 및 飜譯本 中國古典小說 目錄

書 名	出 版 事 項	版 式 狀 況	一 般 事 項	所藏處/所藏番號
世說 新語	劉義慶(宋)編, 서울, 악관서로, 1912	6卷4冊(卷1~4), 筆寫本, 26×17cm		大邱가톨릭大學校 동991.2-유68ㅅ

書 名	出 版 事 項	版 式 狀 況	一 般 事 項	所藏處/所藏番號
世說	劉義慶(宋)撰	1冊(23張), 筆寫本, 29×19cm	印記:尹泓定印	延世大學校, 812.38(李源喆文庫)
世說	著者, 年紀未詳	1冊(76張), 筆寫本, 30×19cm, 半郭:24.5×14cm, 11行字數不定		建國大學校 [고] 081
世說	刊寫地未詳, 刊寫者未詳, 刊寫年未詳	1冊, 筆寫本, 29.2×20.4cm, 無界, 12行字數不定, 無魚尾	書名:表題	京畿大學校 경기-K111953
世說	刊寫地未詳, 刊寫者未詳, 刊寫年未詳	1冊, 筆寫本, 21×14.5cm	셜뎡산실긔	慶熙大學校 812.8-세64
世說	서울, 刊寫者未詳, 19--	不分卷1冊, 筆寫本, 25.2×12.5cm		大邱가톨릭大學校 동991.2-세53
世說	刊寫地未詳, 刊寫者未詳, 刊寫年未詳	1冊, 筆寫本, 21×14.5cm		韓國國學振興院
世說	刊寫地未詳, 刊寫者未詳, 刊寫年未詳	9冊(共10), 筆寫本, 32.8×21cm		韓國國學振興院
世說	刊寫地未詳, 刊寫者未詳, 刊寫年未詳	1冊, 筆寫本, 22×21cm		韓國國學振興院
世說	劉義慶(宋)著	1冊, 筆寫本, 26.4×17.5cm, 13行27字	內容:宋臨川王義慶采漢晉以來 諸著, 附錄:堯山堂記	아단문고 823.4-유67ㅅ
世說	〈上〉劉義慶 撰	零本1冊, 23cm, 10行20字, 註小字雙行	卷册次表示는 外題에서 取함	延世大學校 812.38/5
世說	劉義慶(宋)著, 發行地不明, 發行處不明, 發行年不明	3卷1冊, 筆寫本, 23.6×16cm, 9行28字, 註雙行		慶尙大學校 D7c-유68ㅅa(아천)
世說抄	劉義慶(宋)撰, 刊寫地未詳, 刊寫者未詳, 刊寫年未詳	1冊(85張), 筆寫本, 22.2×16.2cm		檀國大學校죽전 퇴계기념圖書館 IOS 고823.4-유294사
世說抄	刊寫地未詳, 刊寫者未詳, 刊寫年未詳	1冊, 筆寫本, 19×13cm		韓國國學振興院

書名	出版事項	版式狀況	一般事項	所藏處/所藏番號
世說抄	劉義慶, 刊寫地未詳, 刊寫者未詳, 刊寫年未詳	2冊, 筆寫本, 22.9×18.2㎝	跋:甲申(?)…蒼史樵夫題, 藏書記:濃墨山房藏	全北大學校 812.081-세설초
世說抄	劉義慶(宋)撰	2冊, 筆寫本, 21.5×15㎝		延世大學校 [고서]812.38
世說抄	劉義慶(南宋)撰, 朝鮮朝後期寫	1冊(44張), 筆寫本, 25.6×11.4㎝, 無界, 行字數不定, 紙質:楮紙	內容:後漢에서 東晉에 이르기까지 人物들의 逸事瑣語	全北 裡里市 柳在泳
世說抄	俞鑛瑨(朝鮮)編, 年紀未詳	1卷(71張), 筆寫本, 24.5×19.7㎝	跋:甲申…蒼史撝夫題, 印:[曺秉弌印][曺], 藏書記:醲墨山房藏	韓國學中央研究院 D7C-32
世說抄	劉義慶(宋)撰, 劉孝標(梁)註, 刊寫地未詳, 刊寫者未詳, 刊寫年未詳	1冊(48張), 筆寫本, 24.5×21.2㎝, 四周無邊, 無界, 17行字數不定, 註雙行, 無魚尾, 紙質:楮紙	上欄에 註, 行間에 朱色重要標點	全南大學校 2H1-세53
世說抄	編著者未詳, 刊寫地未詳, 刊寫者未詳, 刊寫年未詳	48張, 筆寫本, 24.5×21.2㎝, 四周無邊, 無界, 17行字數不定, 紙質:楮紙		全南大學校 2H1-세53
世說抄		1冊, 筆寫本, 24.9×15.4㎝	表紙書名:世說	嶺南大學校 味山文庫 823.099 세설초
世說抄		1冊(66張), 筆寫本, 19×13㎝, 12行字數不同, 註雙行	漢文, 行書	韓國國學振興院 수탁, 의성김씨 개암공파 남호고택 KS0076-1-04-00036
世說抄語		1冊(1冊, 23張), 筆寫本, 23.8×15㎝, 12行字數不同, 註雙行	漢文, 行書, 內容:德行, 言語, 規箴 等	韓國國學振興院 수탁, 담양전씨 후당덕현파KS0361-1-04-00070
世說新語抄	劉義慶(宋)撰, 抄者未詳, 朝鮮朝末期寫	1冊(58張), 筆寫本, 25.5×16.1㎝, 17行字數不行, 註雙行, 紙質:楮紙	內容:忠孝部, 德行, 志槪部 言行治郡, 爲政, 假譎, 節義, 慷慨等으로 分類 奇異事蹟, 人名, 略歷特 奇異事를 略抄하였음	韓國國學振興院 수탁, 4集, 誠庵文庫 4-1420
增補世說	劉義慶(宋)撰	10卷1冊, 筆寫本, 22×19㎝	序:嘉靖丙辰(1556)王世貞, 萬曆丙戌(1586)陳文煥	延世大學校 812.38
世說掇英	劉義慶(宋)原著, 年紀未詳	不分卷1冊(82張), 筆寫本, 24.8×15.5㎝	筆寫記:甲子(?)二月初三日始克成編	韓國學中央研究院 D7C-52

書名	出版事項	版式狀況	一般事項	所藏處/所藏番號
世說新補	劉義慶(宋)著, 發行地不明, 發行處不明, 發行年不明	2冊, 筆寫本, 24×15.4cm, 8行27字, 註雙行	表題:世說	慶尙大學校 D7유68ㅅ(아천)
世說新語類抄	劉義慶(宋)原著, 朴銑(朝鮮)抄錄, 肅宗年間	上下卷2冊, 筆寫本(自筆本), 25.2×19.2cm	表題書名:世說, 印:[晦叔] [朴銑][高靈後人][止觀齋]	韓國學中央研究院 [貴]D7C-30
世說新語抄	劉義慶(宋)撰, 抄者未詳, 朝鮮朝末期寫	1冊(58張), 筆寫本, 25.5×16.1cm, 17行字數不定, 註雙行, 紙質:楮紙	內容:忠孝部, 德行, 志槪部, 言行治郡, 爲政, 假譎, 節義, 慷慨等으로分類, 奇異事蹟, 人名, 略歷特, 奇異事를 略抄하였음	성암문고 4-1420
世說新語序	刊寫地未詳, 刊寫者未詳, 刊寫年未詳	1冊, 筆寫本, 31.9×21.1cm, 無界, 16行字數不定, 無魚尾	版心題:世說補	京畿大學校 경기-K115916
世說新語抄	刊寫地未詳, 刊寫者未詳, 刊寫年未詳	1冊, 筆寫本, 21.6×14.2cm, 無界, 行字數不定, 註雙行, 無魚尾	表題:世說	京畿大學校 경기-K119057
世說新語摘誅	盧相稷(朝鮮)著	1卷1冊(16張), 筆寫本, 14.6×9cm, 無界, 8行字數不定, 紙質:楮紙	表題:世說新語 책의 앞부분에 붉은색과 검은색의 비점이 있음	釜山大學校 小訥文庫(子部) OFC 3-12 59

(13) 世說新語姓彙韻分

書名	出版事項	版式狀況	一般事項	所藏處/所藏番號
世說新語姓彙韻分	英祖年間	12卷4冊, 古活字本 (顯宗實錄字體木活字), 28×17.7cm, 四周單邊, 半郭:22×15cm, 10行18字, 註雙行, 內向二葉花紋魚尾	補序:嘉靖丙辰(1556)…王世貞, 舊序:嘉靖乙未(1535)…表裘	國立中央圖書館 [한]48-223
世說新語姓彙韻分		12卷6冊, 筆寫本, 32×20.5cm	舊序:嘉靖乙未(1535)吳郡袁, 序:嘉靖丙辰(1556)王世貞, 表題:世說	延世大學校 (默容室文庫) 812.38
世說新語姓彙韻分	著者未詳	12卷6冊, 木活字本, 四周單邊, 匡郭:22×15.5cm, 有界, 10行18字, 上下花紋魚尾	舊序:嘉靖乙未(1535)袁裘, 序:嘉靖丙辰(1556)王世貞	延世大學校 [고서]812.38
		12卷6冊, 筆寫本, 32×20.5cm	舊序:嘉靖乙未(1535)袁裘, 序:嘉靖丙辰(1556)王世貞	延世大學校 [고서]812.38

2. 文言小說의 朝鮮時代 出版·筆寫本 目錄

書 名	出 版 事 項	版 式 狀 況	一 般 事 項	所藏處/所藏番號
世說新語姓彙韻分		12卷6冊, 木活字本, 30cm, 四周單邊, 21.9×14.6cm, 有界, 10行18字, 註小字雙行, 上下內向花紋魚尾	序題:世說新語補, 外題:世說, 序:嘉靖丙辰(1556)季夏 琅琊王世貞撰, 舊序:嘉靖乙未(1535)立秋日…吳郡袁褧撰, 印記:默容室藏 外13種	延世大學校 812.38/10
世說新語姓彙韻分	劉義慶(宋)撰, 王世貞(明)補	12卷4冊, 木活字本, 28×19.2cm, 四周單邊, 半郭:22×14.9cm, 10行18字, 小字雙行, 內向二葉花紋魚尾	序:嘉靖丙辰(1556) 季夏琅琊王世貞撰, 舊序:嘉靖乙未(1535) 歲立秋日也吳郡袁褧撰, 印:完山李彥藎國獻圖書 愛吾廬藏	高麗大學校 (晚松文庫) C14-A37D
		12卷6冊, 木活字本, 28.6×18.2cm, 四周單邊, 半郭:21.8×14.8cm, 10行18字, 小字雙行, 內向花紋魚尾	表題:世說, 序:嘉靖丙辰(1556) 季夏琅琊王世貞撰, 舊序:嘉靖乙未(1535)…吳郡袁褧撰	高麗大學校 (晚松文庫) C14-A37C
		零本11冊, 木活字本, 29.4×18.7cm, 四周單邊, 半郭:22.6×14.9cm, 10行18字, 小字雙行, 內向二葉花紋魚尾	序:嘉靖丙辰(1556) 季夏琅琊王世貞撰, 嘉靖乙未(1535)歲立春日也吳郡壹褧撰, 缺本:卷之八(全12卷12冊)	高麗大學校 (晚松文庫) C14-A37E
	劉義慶(宋)撰, 劉辰翁(宋)編, 丁酉(?)	12卷2冊, 筆寫本, 24.8×18cm	筆寫記:丁酉(?)九月初七日	高麗大學校 (晚松文庫) C14-A37B
世說新語姓彙韻分	劉義慶(宋)撰, 王世貞(明) 刪定, 出版事項未詳	12卷3冊, 木活字本, 28.5×18.6cm, 四周單邊, 半郭:21.7×14.5cm, 有界, 10行18字, 小字雙行, 下內向花紋魚尾, 下白口	世說新語補序:…嘉靖丙辰(1556) 李夏琅琊王世貞撰, 舊序:…嘉靖乙未(1535)歲立秋日 也吳郡袁褧撰, 複本所藏本中 卷之一의 1冊 以外缺	高麗大學校 (華山文庫) C14-A37A
世說新語姓彙韻分	著作未詳, 刊寫地未詳, 刊寫者未詳, 刊寫年未詳	8卷4冊(缺帙, 卷1-8), 木活字本(訓鍊都監字), 30.7×19.5cm, 四周單邊, 半郭:21.8×14.5cm, 有界, 10行18字, 註雙行, 上下內向二葉花紋魚尾	文化財登錄番號:139號, 世說新語補序:嘉靖丙辰(1556) 季夏琅琊王世貞撰, 舊序:嘉靖乙未(1535) 立秋日吳郡袁褧撰, 書記:崇禎後戊戌(1658) 七月買得以爲傳家…	建國大學校 [고]812.34-세53
世說新語姓彙韻分	著作未詳, 刊寫地未詳, 刊寫者未詳, 刊寫年未詳	4卷2冊, 木活字本(訓鍊都監字), 30.8×19.5cm, 四周單邊, 半郭:22×14.6cm, 有界, 10行18字, 上下內向二葉花紋魚尾	版心題:世說, 表紙題:世說新語, 文化財登錄番號:139號, 황정문고임, 卷首:世說新語補, 序:嘉靖丙辰(1556)…王世貞, 舊序:嘉靖乙未(1535)…袁褧撰	建國大學校 [고]812.38-세53-1-2-5-6-7-8 [고]812.38-세53
世說新語姓彙韻分	劉義慶(宋)撰, 王世禎(明)補, 年紀未詳	12卷6冊(第2, 4冊缺), 筆寫本, 27.5×18.9cm	表題書名:世說, 序:嘉靖丙辰(1556)…王世禎撰, 舊序:嘉靖乙未(1535)…吳郡袁褧撰	韓國學中央研究院 D7C-45

52　第一部　國內 出版·筆寫 및 飜譯本 中國古典小說 目錄

書名	出版事項	版式狀況	一般事項	所藏處/所藏番號
世說新語姓彙韻分	劉義慶(宋)撰, 朝鮮朝後期刻	12卷6冊, 木活字本, 30×19.2㎝, 四周單邊, 半郭:22.5×15㎝, 有界, 10行18字, 註雙行, 白口, 內向2,3葉混入花紋魚尾, 紙質:楮紙	版心題:世說, 舊序:嘉靖乙未(1535) 歲立秋日也吳郡王世懋撰, 嘉靖丙辰(1556)李夏琅琊 王世貞撰	漆谷郡 李敦柱
世說新語姓彙韻分	劉義慶(宋)撰, 何良俊(明)增補, 王世貞(明)刪定	2卷2冊, 筆寫本, 17.6×14.1㎝, 無界, 10行35字, 註雙行, 紙質:楮紙	表題:世說, 所藏印:夏山	忠南大學校附屬 圖書館
世說新語姓彙韻分	劉義慶(宋)撰	9卷4冊, 木活字本, 29.2×18.2㎝, 四周單邊, 半郭:21.8×15㎝, 有界, 10行18字, 註雙行, 頭註, 內向二葉花紋魚尾, 紙質:楮紙	表題:世說, 版心題:世說, 世說新語補序:嘉靖乙未(1535) 歲立秋日也吳郡表褧撰, 舊序:嘉靖乙未(1535)歲立秋日也吳 郡表褧撰, 所藏印:德水李□□, 大仲	忠南大學校附屬 圖書館 總·叢書類-52
世說新語姓彙韻分	刊寫地未詳, 刊寫者未詳, 刊寫年未詳	8卷4冊(缺帙, 卷1-4, 7-8, 11-12), 木活字本, 28.4×18.3㎝, 四周單邊, 半郭:22.4×14.7㎝, 有界, 10行18字, 註雙行, 上下內向二葉花紋魚尾	表題:世說	京畿大學校 경기-K121023-1
世說新語姓彙韻分		3冊(零本, 全12卷4冊, 本館所藏:3冊, 卷1~9), 朝鮮木活字本, 28.9×19.2㎝, 四周單邊, 半郭:21.9×14.7㎝, 有界, 10行18字, 註雙行, 上下內向四瓣黑魚尾	世說新語補序:嘉靖丙辰(1556)… 王世貞, 舊序:嘉靖乙未(1535) …吳郡袁, 世說新語姓彙韻分 凡例, 目錄, 版心題:世說, 表紙書名:世說	嶺南大學校 味山文庫 [古味]823.099 세설신
世說新語姓彙韻分		5冊(零本), 古木活字本, 30×19㎝		嶺南大學校 東濱文庫 [古]823.099
世說新語姓彙韻分	劉義慶(宋)著, 朝鮮朝中期刊	12卷5冊, 木活字本, 30×18㎝, 四周雙邊, 半郭:22×15㎝, 有界, 10行18字, 內向二葉花紋魚尾, 紙質:楮紙	表題:世說新語, 版心題:世說, 序:嘉靖丙辰(1556)…琅琊 王世貞(明)撰, 印記:宿雲堂藏, 菁川, 王振外2種	한국전적종합목록 1集, 山氣文庫 4-696
世說新語姓彙韻分	18世紀	20卷4冊, 古活字本 (顯宗實錄字體木活字), 29.4×19.1㎝, 四周單邊, 半郭:22.3×15.7㎝, 10行18字, 註雙行, 頭註, 白口, 內向二葉花紋魚尾	表題:姓彙世說, 版心題:世說	忠清北道 청주시 古印刷博物館

(14) 世說新語補

書名	出版事項	版式狀況	一般事項	所藏處/所藏番號
世說新語補	劉義慶(宋)撰, 劉辰翁(宋)批, 何良俊(明)增, 肅宗33年(1707)刊	20卷10冊, 顯宗實錄字版, 30.8×20cm, 四周單邊, 半郭:22.8×15.8cm, 有界, 10行18字, 註雙行, 內向黑魚尾, 紙質:楮紙	刊年出處:韓國古印刷技術史	한국전적종합목록 5集, 仁壽文庫 4-434
世說新語補	劉義慶(宋)撰, 何良俊(明)增補, 肅宗34年(1708)頃	零本1冊, 活字本(顯宗實錄字), 32.5×20.3cm, 四周單邊, 半郭:23.1×15.7cm, 有界, 10行18字, 小字雙行, 上下白口, 上下內向黑魚尾	所藏本中 卷之十六~十七의1冊, 以外缺(全7冊中)	高麗大學校 (薪菴文庫) C14-A37
世說新語補	劉義慶(宋)撰, 劉孝標(梁)注, 何良俊(明)增, 顯宗實錄字本, 肅宗34年(1708)	20卷5冊, 29.5×19.5cm, 四周單邊, 半郭:23.2×15.5cm, 10行18字, 注雙行, 內向黑魚尾序	序:嘉靖丙辰(1556)…(明) 王世貞, 萬曆丙戌(1586)… (明)陳文燭	國立中央圖書館 [古]373-1
世說新語補	劉義慶(宋)撰, 劉孝標(梁)註, 劉辰翁(宋)批, 何良俊(明)增, 王世貞(明)刪定, 王世懋 批釋, 鍾惺(明)批點, 張文柱(明)校註, 肅宗34年(1708)	20卷7冊, 筆寫本(顯宗實錄字本), 31.1×19.8cm, 左右雙邊, 半郭:22.9×15.4cm, 10行18字, 小字雙行, 內向黑魚尾	序:嘉靖丙辰(1556)季夏琅琊王世貞撰, 萬曆庚辰(1580)秋日吳郡王世懋撰, 乙酉(1585)世懋再識, 萬曆丙戌(1586)秋日泂陽陳文燭王叔撰, 印:[東陽 汝成 申晩]	高麗大學校 (晚松文庫) C14-A37
世說新語補	劉義慶(宋)撰, 劉孝標(梁)註, 劉辰翁(宋)批, 何良俊(明)增, 張女柱(明)校註, 刊寫者未詳, 肅宗34年(1708)	9卷2冊(零本, 卷1~5, 10~13), 金屬活字本(顯宗實錄字), 31.3×20.5cm, 四周雙邊, 半郭:24.9×16.2cm, 有界, 10行18字, 頭註 註雙行, 內向二葉花紋魚尾, 紙質:楮紙	跋:長州陸師道撰, 序:嘉靖丙辰(1556)季夏… 王世貞撰	東國大學校 D819.8 유68ㅅ
世說新語補	劉義慶 編, 肅宗34年(1708)	1冊(零本), 古活字本(顯宗實錄字), 32×20cm, 四周單邊, 半郭:22.7×15.3cm, 10行18字, 上下花紋魚尾		建國大學校 [고] 924
世說新語補	劉義慶(宋)撰, 劉孝標(梁)註, 何良俊(明)增, 王世貞(明)刪定, 刊地未詳, 刊者未詳, 肅宗34年(1708)	3卷1冊(零本3冊, 卷13-16), 金屬活字本(顯宗實錄字), 31.4×19.5cm, 四周單邊, 半郭:22.8×15.5cm, 有界, 10行18字, 註雙行, 上下內向黑魚尾	版心題:世說補, 文化財登錄番號:140號, 황정문고임	建國大學校 [고]812.38-유68ㅅ -2-13-16

書名	出版事項	版式狀況	一般事項	所藏處/所藏番號
世說新語補	劉義慶(宋)撰, 何良俊(明)增補, 王世貞(明)刪定, 肅宗34年(1708)刊	6卷2冊(卷9~11, 15~17), 顯宗實錄字版, 31.3×20㎝, 四周單邊, 半郭:22.7×15.5㎝, 有界, 10行18字, 註雙行, 頭尖, 内向黑魚尾, 紙質:楮紙	表題:世說新語, 版心題:世說補, 刊年出處:藏書閣目錄, 備考:共7冊中 2冊存	성암문고 4-1417
世說新語補	劉義慶(宋)撰, 何良俊(明)增補, 王世貞(明)刪定, 肅宗34年(1708)刊	20卷7冊, 顯宗實錄字版, 31.4×19.9㎝, 四周單邊, 半郭:22.8×15.3㎝, 有界, 10行18字, 註雙行, 內向黑魚尾, 紙質:楮紙	表題:世說新語, 版心題:世說補, 序:嘉靖丙辰(1556)…琅琊王世貞(明)譔, 序:萬曆庚辰(1580)…王世懋(明)譔, 印記:朴城, 凝川後人	성암문고 4-1418
世說新語補	劉義慶(宋)撰, 何良俊(明)增補, 肅宗34年(1708)刊	20卷7冊中 14卷5冊(卷1~11, 15~17), 顯宗實錄字版, 30.7×20.1㎝, 四周單邊, 半郭:22.7×15.7㎝, 有界, 10行18字, 註雙行, 內向二葉花紋魚尾, 紙質:楮紙	表題:世說, 版心題:世說補, 序:嘉靖丙辰(1556)季夏琅琊王世貞(明)譔, 印記:李世惠, 外4種	성암문고 4-1419
世說新語補	劉義慶(宋)撰, 何良俊(明)增補, 王世貞(明)刪定, 顯宗實錄字板, 肅宗34年(1708)	20卷7冊, 31.4×19.5㎝, 四周單邊, 半郭:22.8×15.5㎝, 有界, 10行18字, 註雙行, 內向黑魚尾, 紙質:楮紙	表題:世說, 版心題:世說補, 序:嘉靖丙辰(1556)季夏琅琊王世貞譔, 序:萬曆庚辰(1580)秋吳郡王世懋譔, 序:萬曆丙戌(1586)秋日沔陽陳文燭玉叔撰, 印:豊壤后人, 趙東型印, 李王家圖書之章, 卷6~8은 寫本	韓國學中央研究院 4-6884
世說新語補	劉義慶(宋)撰, 何良俊(明)增編, 王世貞(明)刪定, 肅宗34(1708)頃刊	2卷1冊(卷1~2), 顯宗實錄字本, 29.1×19.4㎝, 左右雙邊, 半郭:22.9×15.3㎝, 有界, 10行18字, 註雙行, 內向黑魚尾, 紙質:楮紙	表題:世說, 版心題:世說補, 序:嘉靖丙辰(1556)季夏王世貞(明)撰, 萬曆庚辰(1580)秋吳郡王世懋撰, 萬曆丙戌(1586)秋日沔陽陳文燭玉淑撰	慶山郡 嶺南大學校 博物館
世說新語補	劉義慶(宋)撰, 何良俊(明)增補, 肅宗34年(1708)刊	6卷1冊(卷11~16), 顯宗實錄字本, 30.5×19.4㎝, 四周單邊, 半郭:22.8×15.3㎝, 有界, 10行18字, 註雙行, 內向黑魚尾, 紙質:楮紙	版心題:世說補	忠淸南道 溫陽市 溫陽民俗博物館
世說新語補	劉義慶(宋)撰, 劉孝標(梁)註, 劉辰翁(宋)批, 何良俊(明)增, 肅宗34年(1708)刊	2卷1冊(卷1~2), 顯宗實錄字本, 29.7×19.5㎝, 上下單邊, 左右雙邊, 半郭:23×15.5㎝, 有界, 10行18字, 註雙行, 內向黑魚尾, 紙質:楮紙	表題:世說新語, 版心題:世說補, 序:嘉靖乙未(1535)袁褧(明)撰, 萬曆丙戌(1586)…玉叔撰	慶尙南道 鎭海市 海軍士官學校
世說新語補	劉義慶(宋)撰, 劉孝標(梁)註, 劉辰翁(宋)批, 肅宗34年(1708)刊	20卷7冊, 顯宗實錄字本, 29.7×19.2㎝, 上下單邊, 左右雙邊, 半郭:23.1×16.4㎝, 有界, 10行18字, 註雙行, 內向黑魚尾, 紙質:楮紙	表題:世說, 刻序:萬曆丙戌(1586)秋日沔陽陳文燭(明)玉叔撰, 嘉靖丙辰(1556)季夏琅琊王世貞(明)譔, 內容:德行~仇隙	淸州大學校圖書館

2. 文言小說의 朝鮮時代 出版·筆寫本 目錄

書名	出版事項	版式狀況	一般事項	所藏處/所藏番號
世說新語補	劉義慶(宋)撰, 劉孝標(梁)註, 劉辰翁(宋)批, 何良俊(明)增, 肅宗34年(1708)	零本1冊, 古活字本 (顯宗實錄字本), 29.7×19.5cm, 上下單邊, 左右雙邊, 半郭:23×15.5cm, 有界, 10行18字, 小字雙行, 白口, 上下內向黑魚尾	表紙書名:世說新語, 序:…嘉靖丙辰(1556)王世貞撰, …萬曆丙戌(1586)…燭玉叔撰, 補序:…嘉靖乙未(1535)…袁褧撰, 印:3種未詳, 所藏本中 卷之一~二의 1冊 以外缺(全20卷7冊中)	海軍士官學校 [한] 248
世說新語補	劉義慶(宋)撰, 劉孝標(宋)註, 劉辰翁(宋)批, 肅宗34年(1708) 頃刊	20卷5冊, 顯宗實錄字版, 31.3×20cm, 左右雙邊, 半郭:22.9×15.5cm, 有界, 10行18字, 註雙行, 內向黑魚尾, 紙質:楮紙	表題:世說, 版心題:世說補, 序:萬曆丙戌(1586)…泗陽陳文燭玉叔撰	한국전적종합목록 2集, 尙熊文庫 4-158
世說新語補	劉義慶(宋)撰, 何良俊(明)增補, 王世貞(明)刪定, 肅宗34年(1708)刊	6卷2冊(卷9~11, 15~17), 顯宗實錄字版, 31.1×20cm, 四周單邊, 半郭:22.7×15.5cm, 有界, 10行18字, 註雙行, 頭尖, 內向黑魚尾, 紙質:楮紙	表題:世說新語, 版心題:世說補, 刊年出處:藏書閣目錄, 備考:共7冊中 2冊存	한국전적종합목록 4集, 誠庵文庫 4-1417
世說新語補	劉義慶(宋)撰, 何良俊(明)增補, 王世貞(明)刪定, 肅宗34年(1708)刊	20卷7冊, 顯宗實錄字版, 31.4×19.9cm, 四周單邊, 半郭:22.8×15.3cm, 有界, 10行18字, 註雙行, 內向黑魚尾, 紙質:楮紙	表題:世說新語, 版心題:世說補, 序:嘉靖丙辰(1556)…琅琊王世貞(明)撰, 序:萬曆庚辰(1580)…王世懋(明)撰, 印記:朴珹, 凝川後人	한국전적종합목록 4集, 誠庵文庫 4-1418
世說新語補	劉義慶(宋)撰, 何良俊(明)增補, 肅完34年(1708)刊	20卷7冊中 14卷5冊(卷1~11, 15~17), 顯宗實錄字版, 30.7×20.1cm, 四周單邊, 半郭:22.7×15.7cm, 有界, 10行18字, 註雙行, 內向二葉花紋魚尾, 紙質:楮紙	表題:世說, 版心題:世說補, 序:嘉靖丙辰(1556)…季夏琅琊王世貞(明)撰, 印記:李世憲外4種	한국전적종합목록 4集, 誠庵文庫 4-1419
世說新語補	劉義慶(宋)撰, 刊寫地未詳, 刊寫者未詳, 肅宗年間(1675~1720)	17卷7冊(卷1~17), 金屬活字本(顯宗實錄字), 32.5×20.3cm, 四周單邊, 半郭:22.7×15.3cm, 有界, 9行字數不定, 註雙行, 花口, 內向黑魚尾, 紙質:楮紙	表題:世說新語, 版心題:世說補, 序:萬曆庚辰(1580)秋吳郡王世懋撰, 萬曆丙戌(1586) 秋日泗陽陳文燭玉叔撰, 舊序:嘉靖乙未(1535)歲立秋日也吳郡袁褧撰	全南大學校 3Q-세53ㅇ
世說新語補	劉義慶(宋)撰, 刊寫地未詳, 刊寫者未詳, 肅宗年間 (1675~1720)	8卷3冊(卷1~8), 木版本, 32×20.6cm, 上下單邊, 左右雙邊, 半郭:22.9×15.3cm, 有界, 10行18字, 註雙行, 花口, 內向黑魚尾, 紙質:楮紙	序:嘉靖丙辰(1543) 季夏琅琊王世貞撰	全南大學校 3Q-세53ㅇ2

書名	出版事項	版式狀況	一般事項	所藏處/所藏番號
世說新語補	劉義慶(宋)原著, 王世貞(明)刪定, 肅宗年間(1675~1720)刊	20卷7册, 顯宗實錄字本, 31×19.7㎝, 四周單邊, 半郭:23.2×16.1㎝, 有界, 10行18字, 註雙行, 內向黑魚尾, 紙質:楮紙	版心題:世說補, 序:萬曆丙戌(1586)秋日沔陽陳文燭玉叔撰, 印記:國宗外2種	한국전적종합목록 1集, 山氣文庫 4-695
世說新語補	劉義慶(宋)撰, 劉孝標(梁)注, 劉踰(宋)批, 顯宗年間	20卷7册, 活字本(顯宗實錄字), 30.5×19.6㎝, 上下單邊, 左右雙邊, 半郭:22.9×15.4㎝, 10行18字, 註雙行, 上下黑魚尾	卷首:嘉靖丙辰(1556)…王世貞撰, 萬曆庚辰(1580)…王世懋撰, 萬曆丙戌(1586)…燭王權撰, 印:弘文館	奎章閣 [奎중]1801,2072
世說新語補	劉義慶(宋)撰, 王世貞(明)刪, 肅宗年間	20卷7册, 古活字本(宗實錄字), 30×19.4㎝, 四周單邊, 半郭:22.9×15.6㎝, 10行18字, 注雙行, 內向黑魚尾	補序:嘉靖丙辰(1556)…王世貞	國立中央圖書館 [한]48-225
世說新語補	劉義慶(宋)撰, 何良俊(明)增補, 王世貞(明)刪定	零本3册,(卷1-2, 9-11, 18-20), 顯宗實錄字本, 四周單邊, 匡郭:23.5×16.5㎝, 有界, 10行18字, 上下黑魚尾	序:嘉靖丙辰(1556)王世貞	延世大學校 [고서]812.38
世說新語補	劉義慶(宋)撰, 何良俊(明)增補, 王世貞(明)刪定	零本1册(卷1-2), 顯宗實錄字本, 四周單邊, 匡郭:23.5×16.5㎝, 有界, 10行18字, 上下黑魚尾	序:嘉靖丙辰(1556)王世貞	延世大學校 (濯斯文庫)
世說新語補	劉義慶 撰, 劉孝標 注, 劉辰翁 批, 何良俊 增, 王世貞 刪定, 王世懋 批釋, 鍾惺 批點, 張文柱 校注	20卷6册, 顯宗實錄字本, 32㎝, 上下單邊, 左右雙邊, 23×15.5㎝, 有界, 10行18字, 註小字雙行, 上下內向黑魚尾	版心題:世說補, 序:嘉靖丙辰(1556)季夏 王世貞譔, 萬曆庚辰(1580)秋 吳郡王世懋譔. 萬曆丙戌(1586)秋日陳文燭撰, 舊序:嘉靖乙未(1535)立秋日 吳郡袁褧撰, 舊題:紹興八年(1138)夏四月癸亥 廣川董棻題, 舊跋:淳熙戊申(1188)重五日 新定郡守 陸游書 卷首에:釋名, 印記:溫陽人鄭宗愚明老除□之印 外4種	延世大學校 812.38/7
世說新語補	劉義慶 撰	1册(卷之6-10), 顯宗實錄字本, 30㎝, 上下單邊, 左右雙邊, 22.9×15.3㎝, 有界, 10行18字, 註小字雙行, 上下內向花紋魚尾	*全20卷6册中의 零本임	延世大學校 812.38/9
世說新語補	劉義慶(宋)撰, 劉孝標(梁)注, 劉辰翁(宋)批, 何良俊(明)增, 王世貞(明)刪定, 王世懋 批釋, 鍾惺(明)批點, 張文柱(明)校注	20卷7册, 活字本(實錄字), 31.1×19.8㎝, 上下單邊, 左右雙邊, 半郭:22.9×15.4㎝, 有界, 10行18字, 白口, 內向黑魚尾	補序:嘉靖丙辰(1556)李夏琅琊 王世貞譔, 序:萬曆庚辰(1580)秋吳郡王世懋譔, 歲乙酉初春世懋再識, 刻補字:萬曆丙戌(1580)秋日沔陽陳文燭王叔撰, 補舊字:嘉靖乙未(1535)…歲立秋日也吳郡袁褧撰	高麗大學校 (華山文庫) C14-A37

2. 文言小說의 朝鮮時代 出版·筆寫本 目錄   57

書 名	出 版 事 項	版 式 狀 況	一 般 事 項	所藏處/所藏番號
世說新語補	劉義慶(宋)撰, 何良俊(明)增補, 王世貞(明)刪定, 顯宗實錄字版, 肅宗年間刊	20卷7冊, 31×20cm, 左右雙邊, 半郭:22.8×15.6cm, 有界, 10行18字, 註雙行, 內向黑魚尾, 紙質:楮紙	版心題:世說補, 序:萬曆丙戌(1586)秋日沔陽陳文燭玉叔撰, 所藏印:嚴漢重	成均館大學校 D7C-47
世說新語補	劉義慶(宋)撰, 劉孝標(梁)註, 劉辰翁(宋)批, 河良俊 增, 王世貞 剛定, 王世懋 批釋, 鍾惺 批點, 張文桂 校注	20卷5冊(冊仁, 義, 禮, 智, 信), 金屬活字本(顯宗實錄字), 31×20cm, 四周單邊, 半郭:23×15.5cm, 有界, 10行字數不定, 上下向黑魚尾	表題:世說新語, …序:嘉靖丙辰(1556)…王世貞撰, 萬曆庚辰(1580)…王世懋撰…乙酉(1585)世懋識…萬曆丙戌(1586)…陳文燭撰, …舊序:嘉靖乙未(1535)…袁褧撰	建國大學校 [고]812.34-유68ㅅ-2
世說新語補	劉義慶(南朝宋)撰	20卷7冊, 活字本(改鑄甲寅字, 實錄字), 20×31.1cm, 四周單邊, 半郭:15.8×23.2cm, 10行18字, 細註雙行18字, 白口, 黑魚尾上下	表紙書名:世說補, 序:王世貞(1559), 王世懋(1585), 陳文燭(1586), 劉辰翁(宋)批, 印:金東弼之直章	간송문고
世說新語補	劉義慶(宋)撰, 劉孝標(梁)註, 王世貞(明)刪定, 肅宗年間	20卷7冊(第2冊缺), 顯宗實錄字版, 30.9×19.9cm, 四周單邊, 半郭:23.1×15.7cm, 10行18字, 上下黑魚尾	表題書名:世說, 版心書名:世說補, 序:嘉靖丙辰(1556)…琅琊王世貞撰, 萬曆丙戌(1586)…沔陽陳文燭玉叔撰	韓國學中央研究院 D7C-61
世說新語補	劉義慶(宋)撰, 何良俊(明)增編	5卷1冊(卷16~20, 貞), 筆寫本, 22×19cm, 10行18字	表紙書名:世說新語	아단문고 823.4-유67ㅅ
世說新語補	劉義慶(宋)撰, 劉孝標(梁)註, 何良俊(明)增, 王世貞(明)刪定	7卷2冊(卷1~4, 12~14), 顯宗實錄字本, 半郭:22.9×15.4cm, 10行18字, 內向黑魚尾	序:萬曆丙戌(1586)秋日沔陽陳文燭玉叔撰	아단문고 823.4-유67ㅅ
世說新語補	劉義慶(宋)撰, 劉孝標(梁)註, 劉辰翁(宋)批, 何良俊(明)增, 王世貞(明)刪定, 王世懋(明)批釋, 鍾惺(明)批點, 張文柱(明)校註, 肅宗年間刊	20卷5冊(卷1~20), 顯宗實錄字本, 32×18.8cm, 四周雙邊, 半郭:22.8×15.4cm, 有界, 10行18字, 註雙行, 內向黑魚尾, 紙質:楮紙	序:嘉靖丙辰(1556)季夏琅琊王世貞(明)譔, 萬曆丙戌(1586)秋日沔陽陳文燭(明)王叔譔, 刊年出處:藏書閣圖書韓國版總目錄, 所藏印:邊時淵印, 內容:哀册文 箋 表 等	全羅南道 靈巖郡 文昶集
世說新語補	劉義慶(宋)撰, 何良俊(明)增補, 朝鮮朝後期~末期 寫	1冊(56張), 筆寫本, 25.4×18.9cm, 無界, 14行字數不定, 註雙行, 紙質:楮紙	表題:世說	慶星大學校 博物館

書名	出版事項	版式狀況	一般事項	所藏處/所藏番號
世說新語補	劉義慶(宋)撰, 肅宗年間刊	9卷3冊(卷6~14), 顯宗實錄字本, 21.6×19.4㎝, 四周單邊, 半郭:22.8×15.7㎝, 有界, 10行18字, 註雙行, 內向黑魚尾, 紙質:楮紙	表題:世說新語	慶尙南道 密陽郡 申柄澈
世說新語補	劉義慶(宋)集錄	1冊(71張), 筆寫本, 25.9×14.3㎝, 無界, 10行26字, 註雙行, 紙質:楮紙		釜山大學校 小訥文庫(子部) OFC 3-10 6A
世說新語補	劉義慶(宋)撰, 劉孝標(梁)註, 刊寫地未詳, 刊寫者未詳, 刊寫年未詳	17卷6冊(零本, 卷1~20), 木活字本, 30.6×19.7㎝, 上下單邊, 左右雙邊, 半郭:22.9×15.4㎝, 有界, 10行18字, 註雙行, 上下內向黑魚尾	版心題:世說補, 表題:世說補, 序:嘉靖丙辰(1556)…王世貞 序:萬曆丙戌(1586)…陳文燭	檀國大學校 羅孫文庫 천안 율곡기념도서관 고878.4-유294ㅅ
世說新語補	劉義慶(宋)撰, 劉孝標(梁)註, 劉辰翁(宋)批, 王世貞(明)刪定, 王世懋(明)批釋, 鍾惺(明)批點, 張文柱(明)校註, 刊寫地未詳, 刊寫者未詳, 朝鮮中期	5卷1冊(零本), 木活字本, 31.4×20.5㎝, 四周雙邊, 半郭:23.2×16.3㎝, 有界, 10行18字, 註雙行, 上下內向二葉花紋魚尾	表題:世說, 序:萬曆庚辰(1580)秋 吳郡王世懋譔, 補序:嘉靖丙辰 (1556)季夏 琅琊王世貞譔, 補序:萬曆丙戌(1586)秋日 汚陽陳文燭玉叔撰, 所藏本:卷1-5	김민영 개인소장 集部 小說類
世說新語補	刊寫地未詳, 刊寫者未詳, 刊寫年未詳	1冊, 筆寫本, 27.5×16.9㎝, 四周單邊, 半郭:22.5×12.8㎝, 有界, 12行字數不定, 註雙行, 無魚尾	表題:世說新語	京畿大學校 경기-K114463-單
世說新語補	劉義慶(宋)撰, 刊寫地未詳, 刊寫者未詳, 刊寫年未詳	1冊(缺帙, 卷1-2), 木版本, 31.8×18.9㎝, 上下單邊, 左右雙邊, 半郭:22.9×15.7㎝, 有界, 10行18字, 註雙行, 上下內向黑魚尾	版心題:世說補	京畿大學校 경기-K121453-1
世說新語補	劉義慶(宋)撰, 刊寫地未詳, 刊寫者未詳, 肅宗年間	8卷3冊(卷1~8), 木版本, 32×20.6㎝, 上下單邊, 左右雙邊, 半郭:22.9×15.3㎝, 有界, 10行18字, 註雙行, 內向黑魚尾, 紙質:楮紙	序:嘉靖丙辰(1543) 季夏琅琊王世貞撰	全南大學校 3Q-세53ㅇ2-v.1-3
世說新語補	劉義慶(宋)撰, 何良俊(明)增, 刊年未詳	20卷5冊, 顯宗實錄字本, 29.2×19.2㎝, 四周單邊, 半郭:23×15.5㎝, 有界, 10行18字, 註雙行, 內向黑魚尾	序:嘉靖丙辰(1556)…王世貞	啓明大學校 이812.8유의경ㅅ

2. 文言小說의 朝鮮時代 出版·筆寫本 目錄

書名	出版事項	版式狀況	一般事項	所藏處/所藏番號
世說新語補	劉義慶(宋)撰, 年紀未詳	1冊, 筆寫本, 28.5×18㎝, 四周無邊, 無界, 14行34字		啓明大學校 고812.8유의경ㅅ
世說新語補	劉義慶(宋)撰, 何良俊(明)增, 刊年未詳	20卷5冊, 顯宗實錄字本, 29.2×19.2㎝, 四周單邊, 半郭:23×15.5㎝, 有界, 10行18字, 註雙行, 內向黑魚尾	序:嘉靖丙辰(1556)…王世貞	啓明大學校 고812.8
世說新語補	劉義慶(宋)撰, 年紀未詳	20卷3冊, 筆寫本, 31.8×20.4㎝, 四周白邊, 無界, 14行24字, 註雙行	序:嘉靖丙辰(1556)…王世貞, 年記:壬辰八月…鳳西冊 畢書 礀翁也	啓明大學校 178-유의경ㅅ
世說新語補	劉義慶(宋)撰, 劉孝標(梁)註, 劉辰翁(宋)批, 何良俊(明)增補, 王世貞(明)刪定	2冊(零本, 全20卷7冊, 本館所藏:2冊, 卷6~8, 15~17), 金屬活字本(顯宗實錄字), 29.6×19.4㎝, 四周單邊(一部分左右雙邊), 半郭:23×15.6㎝, 有界, 10行18字, 註雙行, 上下內向黑魚尾	版心題:世說補, 卷六의 第1張-5張은 筆寫本임, 表紙書名:世說	嶺南大學校 南齋文庫 [古南]823유의경
世說新語補	劉義慶	1冊, 筆寫本, 22×20㎝		嶺南大學校 中央圖書館 823
世說新語補	劉義慶(宋)撰, 王世貞(明)刪定, 發行地, 發行處, 發行年不明	1冊(130張), 筆寫本, 23.5×14.4㎝		慶尙大學校 C2유68ㅅ(오림)
世說新語補		1冊, 筆寫本, 31×20.8㎝		韓國國學振興院 수탁영양남씨 영해 난고종택 KS04-3061-10538-00538
世說新語補	劉義慶(宋)撰, 何良俊(明)增補, 王世貞(明)刪定, 肅宗3年(?1677)	3卷1冊(卷9-11), 顯宗實錄字本, 32.5×20.5㎝, 四周單邊, 半郭:23×16.4㎝, 有界, 10行18字, 註雙行, 頭註, 白口, 內向黑魚尾, 紙質:楮紙	表題:世說新語補, 版心題:世說補	忠清北道 청주시 古印刷博物館
世說新語補	劉義慶(宋)撰, 何良俊(明)增補, 王世貞(明)刪定, 1708	3卷1冊(卷3-5), 顯宗實錄字本, 29×19.5㎝, 四周單邊, 半郭:23.2×16.5㎝, 有界, 10行18字, 註雙行, 頭註, 白口, 內向黑魚尾, 紙質:楮紙	表題:世說譜	忠清北道 청주시 古印刷博物館
世說新語補	劉義慶(宋)撰, 何良俊(明)增補, 王世貞(明)刪定, 1708	6卷2冊(卷3-8), 顯宗實錄字本, 31×19.4㎝, 四周單邊, 半郭:23×16.6㎝, 有界, 10行18字, 註雙行, 頭註, 白口, 內向黑魚尾, 紙質:楮紙	表題:世說新語補, 版心題:世說補	忠清北道 청주시 古印刷博物館

書名	出版事項	版式狀況	一般事項	所藏處/所藏番號
世說新語補	劉義慶(宋)撰, 何良俊(明)增補, 王世貞(明)刪定	20卷7冊(卷1-20), 顯宗實錄字本, 32.5×19.7㎝, 上下單邊, 左右雙邊, 半郭:23×18.3㎝, 有界, 10行18字, 註雙行, 頭註, 白口, 內向黑魚尾, 紙質:楮紙	表題:世說, 版心題:世說補	忠淸北道 청주시 古印刷博物館
世說新補卷抄	劉義慶 著, 寫年未詳	2冊, 筆寫本, 23.9×25.4㎝, 無界, 8行字數不定, 紙質:楮紙	表題:世說	慶尙南道 晉州市 崔載浩

2) 唐代 作品目錄

(1) 酉陽雜俎

書名	出版事項	版式狀況	一般事項	所藏處/所藏番號
唐段少卿酉陽雜俎	段成式(唐)撰, 月城, 成宗23年(1492)刻, 後刷	20卷3冊, 木版本, 28×16.5㎝, 四周雙邊, 半郭:17.6×12.5㎝, 有界, 10行19字, 大黑口, 內向黑魚尾, 紙質:楮紙	版心題:俎, 跋:募工刊于月城廣流布…弘治壬子(1492)臘前二日廣原李士高識, 備考:卷6~13紙葉中央毀損	成均館大學校 貴D7C-16
唐段少卿酉陽雜俎	段成式(唐)撰, 成宗23年(1492)刊	10卷1冊(卷11~20), 木版本, 29.1×16.8㎝, 四周雙邊, 半郭:18.4×12.5㎝, 有界, 10行19字, 註雙行, 內向黑魚尾, 紙質:楮紙	表題:酉陽雜俎, 版心題:俎, 跋:…弘治壬子(1492)…李士高識, 印記:權熙淵花山世家實言	誠庵文庫 4-1412
唐段少卿酉陽雜俎	段成式(唐)撰, 成宗23年(1492)刊	8卷1冊(卷12~15, 17~20), 木版本, 26.9×17.5㎝, 四周雙邊, 半郭:18.4×12.5㎝, 有界, 10行19字, 註雙行, 上下小黑口, 上向黑魚尾, 紙質:楮紙	版心題:俎, 跋:…弘治壬子(1492)…李士高識, …弘治五年(1492)…李宗準謹識, …弘治壬子(1492)…睡翁崔應賢寶臣謹志	誠庵文庫 4-1413
唐段少卿酉陽雜俎	段成式(唐)撰, 成宗23年(1492)刊	零本1冊, 木版本, 29.2×16.8㎝, 四周雙邊, 半郭:18.6×12.3㎝, 有界, 10行19字, 上下大黑口, 上下內向黑魚尾, 紙質:楮紙	序:…唐太常少卿段…成式, 所藏:卷1~10.	일반동산문화재 충재종택(봉화) 09-1935
唐段少卿酉陽雜俎	16世紀刊(後印)	零本1冊, 木版本, 28×18㎝, 四周雙邊, 半郭:21.7×14㎝, 有界, 10行23字, 上下白口, 上下向黑魚尾, 紙質:和紙	藏書記:夏寒亭, 20卷 4冊中 卷16-20(1冊)이 現存함(紹修書院委託保管)	일반동산문화재 嘯皐祠堂 01-01525

(2) 無雙傳(古押衙傳奇)

書名	出版事項	版式狀況	一般事項	所藏處/所藏番號
古押衙(劉無雙傳)	筆寫本, 高宗 16(1879)	線裝1冊(37張) 한글筆寫本, 23×12cm, 四周雙邊, 半郭:18×9.8cm, 烏絲欄, 6行字數不定	表題:傳奇, 附: 裴침(배침), 紅線(홍선), 卷末:歲在己卯三月姪世本七十一歲書(金東旭所藏)	단국대학교 율곡기념도서관 고853.5-고817

3) 宋·元代 作品目錄

(1) 太平廣記

書名	出版事項	版式狀況	一般事項	所藏處/所藏番號
태평광기	作者未詳, 寫年未詳	9冊, 國文筆寫本, 28.8×23.2cm, 無郭, 無絲欄, 13行23字, 註雙行, 無魚尾, 紙質:楮紙	別名:太平廣記 原本所藏:韓國精神文化研究院 (舊藏書閣本)	韓國學中央研究院 4-6853 R35N-001414-5
태평광기(太平廣記)	卷之二	零本1冊(卷2), 筆寫本, 27.5×17.5cm		延世大學校 (貴重圖書) [귀]297
태평광기(太平廣記)	作者未詳, 寫年未詳	9卷9冊, 筆寫本, 28.8×23.2cm, 13行23字, 註雙行, 無魚尾, 紙質:楮紙	表題:太平廣記, 印:藏書閣印	韓國學中央研究院 4-6853
太平廣記詳節	李昉(宋), 奉勅監修撰, 成任(1470~1449)選, 成宗年間(1470~1495)刊	7卷2冊(卷15~21), 木版本, 33.9×20.9cm, 四周單邊, 半郭:23.8×16.1cm, 有界, 10行17字, 註雙行, 上下小黑口, 內向黑魚尾, 紙質:楮紙	表題:太平廣記, 版心題:廣記詳節, 刊年出處:淸芬室書目, 內容:卷15-博物, 卷16-書, 卷17-絶藝, 卷18-酒, 卷19-諧俳等으로 分類하여 그 緣由記事를 輯錄한 冊	성암문고 4-1433
太平廣記詳節	李昉(宋)等奉勅撰, 世祖8年(1462)序	2卷1冊, 木版本, 30.7×19.9cm, 四周單邊, 半郭:23×16cm, 有界, 10行17字, 內向黑魚尾, 紙質:楮紙	表題:太平廣記, 序:蒼龍壬午(1462)夏四月有日 達城徐居正(1420~1488)剛中書于四佳亨之讀書軒易城李胤侯序	忠南大學校 集, 總集類-1251
太平廣記詳節	李昉(宋)等奉勅撰, 成任 改撰, 刊寫地未詳, 刊寫者未詳, 睿宗1年(1469)	(卷14-19)1冊, 木版本, 32.5×20.2cm, 四周單邊, 半郭:23.4×16.2cm, 有界, 10行17字, 註雙行, 內向黑魚尾	裝幀:黃色厚褙表紙, 土紅絲綴 改裝	國立中央圖書館 [古]B2古朝91-58

書名	出版事項	版式狀況	一般事項	所藏處/所藏番號
太平廣記詳節	李昉(宋)等奉勅撰, 成宗年間(1470~1495)刊	3卷3冊(卷1~3), 木版本, 33.5×20.5cm, 四周單邊, 半郭:23.2×15.9cm, 有界, 10行17字, 註單行, 內向黑魚尾, 紙質:藁精紙	版心題:廣記, 序:易城李胤保序	忠南大學校集, 總集類-1251
太平廣記詳節	李昉(宋)奉勅監修 撰, 成任(1470~1495)選, 成宗年間(1470~1495)刊	7卷2冊(卷15~21), 木版本, 33.9×20.9cm, 四周單邊, 半郭:23.8×16.1cm, 有界, 10行17字, 註雙行, 上下小黑口, 內向黑魚尾, 紙質:楮紙	表題:太平廣記, 版心題:廣記詳節, 刊年出處:清芬室書目, 內容:-卷15, 博物, -卷16, 書, -卷17, 絶藝, -卷18, 酒, -卷19, 詔佚等으로 分類하여 그 緣由記事를 輯錄한冊	한국전적종합목록 4集, 誠庵文庫 4-1433
太平廣記詳節	李昉(宋)等奉勅纂, 成任(朝鮮)編 世祖~成完年刊	4卷3冊(卷1~3), 木版本, 33.5×20.5cm, 四周單邊, 半郭:23.2×15.9cm, 有界, 行字數不定, 上下內向黑魚尾, 紙質:藁精紙	版心題:廣記, 序:壬午(1462)夏四月有日達成徐居正(1420-1488)剛中書, 序:易城李胤保序	忠南大學校集, 總集類-1251
太平廣記詳節	李昉(宋)奉勅撰, 中宗~宣祖年間	3冊(零本), 木版本, 四周單邊, 半郭16.2×24cm, 10行17字, 有界, 黑口, 上下內向黑魚尾	所藏本:卷之8-11, 20-23, 35-37	이조서원 (玉山書院)
太平廣記詳節	李昉(宋)等, 奉勅 撰, 成任(朝鮮)選, 成宗年間	零本2冊, 木版本, 34×20.7cm, 四周單邊, 23.7×15.9cm, 10行17字, 上下黑口, 內向黑魚尾	版心題:廣記詳節, 刊年:清芬室書目, 藏本:卷之八~十一, 三十九~四十二(全50卷)	高麗大學校 (晩松文庫) [貴]338

(2) 梅妃傳(미비젼)

書名	出版事項	版式狀況	一般事項	所藏處/所藏番號
미비젼		1冊, 筆寫本, 29.2×20.5cm, 半葉 13行字數不定	附錄:한성데됴비연합덕젼, 당고종무후뎐	아단문고 813.5-미48

(3) 歸田錄

書名	出版事項	版式狀況	一般事項	所藏處/所藏番號
歸田錄	歐陽修(宋)著, 刊寫地未詳, 刊寫者未詳, 刊寫年未詳	1冊, 筆寫本, 19.3×18.7cm, 無界, 12行18字, 無魚尾	內容:歸田錄 -- 詩話, --東坡外記, -- 黃山谷年譜抄, --參同, -- 稗史, -- 歐陽公事蹟, -- 漢魏五君篇	延世大學校 中央圖書館
歸田錄	刊寫地未詳, 刊寫者未詳, 1805	81張, 筆寫本, 31.4×19.9cm	南陽洪世鍾家 甲子(1804)-乙丑(1805)	國立中央圖書館 BC古朝51-나75

(4) 鶴林玉露

書名	出版事項	版式狀況	一般事項	所藏處/所藏番號
鶴林玉露	羅大經(宋) 著	3卷1冊(零本卷)9~11, 金屬活字本(甲辰字本), 30×18.6cm, 四周雙邊, 半郭:22×15cm, 12行20字, 大黑口, 上下花紋魚尾		서울大学교 奎章閣한국학연구원, 895.18-N11h-v.6/11
鶴林玉露	羅大經(宋)著, 刊寫地未詳, 刊寫者未詳, 1844	1冊(68張), 筆寫本, 24.5×16cm, 10行24字	卷末:甲辰(1844) 孟夏終於德林齋	國立中央圖書館 BA2521-22
鶴林玉露	羅大經(宋)撰	全16卷3冊, 筆寫本, 26.3×15cm		高麗大學校 圖書館 신암C12-A48 만송C12-A48A 만송C12-A48B-2 만송C12-A48C-1 卷1-11
鶴林玉露	羅大經(宋)撰	全16卷3冊, 筆寫本, 26.3×15cm		韓國學中央研究院 C14B-5
鶴林玉露	羅大經(宋)著	1冊(54張), 筆寫本, 28.3×15.5cm		國民大學校 圖書館 818-나01 818-나01ㄱ
鶴林玉露	羅大經(宋)著	1冊(54張), 筆寫本, 28.3×15.5cm		忠南大學校 圖書館 子·儒家類-2295
鶴林玉露	羅大經(宋)著	1冊(54張), 筆寫本, 28.3×15.5cm		韓國學中央研究院 C14B-5D 全
鶴林玉露	羅大經 著	3卷3冊, 筆寫本, 29.6×18.4cm, 無界, 10行34字	序:羅大經	安東大學校 圖書館 824.4-나222ㅎ
鶴林玉露	羅大經 著, 刊寫地未詳, 刊寫者未詳, 刊寫年未詳	1冊, 筆寫本, 26×20.4cm		嶺南大學校 圖書館 古韶820.9-나대경
鶴林玉露	羅大經(宋), 刊寫地未詳, 刊寫者未詳, 刊寫年未詳	16卷2冊, 筆寫本, 24.2×18cm, 四周白邊, 無界, 12行字數不定		啓明大學校 동산圖書館, 812.0904-나대경ㅎ
鶴林玉露	刊寫地未詳 刊寫者未詳, 刊寫年未詳	1冊, 筆寫本, 25.6×14.7cm, 無界, 半葉12行31字, 紙質:楮紙		忠南大學校 圖書館 子·雜家類-1259
鶴林玉露	羅大經(宋) 刊寫地未詳, 刊寫者未詳, 刊寫年未詳	1冊, 筆寫本, 21.8×14.7cm, 四周白邊, 無界, 12行26字		啓明大學校 동산圖書館, 812.0904-나대경ㅎ

書名	出版事項	版式狀況	一般事項	所藏處/所藏番號
鶴林玉露	羅大經(宋)著, 刊寫地未詳, 刊寫者未詳, 刊寫年未詳	1册, 筆寫本, 25cm	石田文庫	대구가톨릭대학교, 동820.8-나222ㅎ
鶴林玉露	羅大經(宋)撰	1册, 筆寫本, 28.7×19cm, 無界, 行字數不定, 無魚尾		京畿大學校 圖書館 경기-K118875-單 册1
鶴林玉露	羅大經(宋)撰	1册, 筆寫本, 20.7×20cm, 無界, 行字數不定, 無魚尾		京畿大學校 圖書館 경기-K103261-1 册1
鶴林玉露抄	羅大經(宋)著	1册(57張), 筆寫本, 29.1×16.5cm, 四周單邊, 半郭:13.6×25.4cm, 有界, 14行42字 註雙行, 無魚尾, 紙質:楮紙	表題:鶴林抄	全南大學校 圖書館 4D-학239ㄴ 册1

(5) 五色線

書名	出版事項	版式狀況	一般事項	所藏處/所藏番號
五色線	發行事項不明	1册, 筆寫本, 23.2×15.4cm		安東大學校 [古小]082 오52

(6) 稗史

書名	出版事項	版式狀況	一般事項	所藏處/所藏番號
稗史	著者未詳, 刊寫地未詳, 刊寫者未詳, 刊寫年未詳	172張, 筆寫本, 28cm, 10行29字 內外	目次:雪堅謏聞, 荷潭野乘, 紫海筆談, 荷潭破寂, 宣廟中興志, 名分說, 卷末에:歲丁卯孟夏上澣書	延世大學校 (貴重圖書) [귀]884
稗史	著者未詳, 刊寫地未詳, 刊寫者未詳, 刊寫年未詳	1册, 筆寫本, 17.8×17cm	註記:丙申七月~十月	五美洞 豊山金氏 虛白堂 門中令監宅-古書 KS0063-1-02-00111
稗史	著者未詳, 刊寫地未詳, 刊寫者未詳, 刊寫年未詳	1册(46張), 筆寫本, 27.6×18.4cm	內容目次:三學士傳(洪翼漢, 尹集, 吳達濟), 朴泰輔直諫記 / 師善 編	서울大學校 奎章閣 7771

2. 文言小說의 朝鮮時代 出版·筆寫本 目錄

(7) 漢成帝趙飛燕合德傳

書名	出版事項	版式狀況	一般事項	所藏處/所藏番號
漢成帝趙飛燕合德傳	1冊, 筆寫本, 23張	29.2×20.5㎝, 半葉 13行字數不定	≪미비젼≫의 附錄1	雅丹文庫 813.5-미48

(8) 唐高宗武后傳

書名	出版事項	版式狀況	一般事項	所藏處/所藏番號
唐高宗武后傳	1冊, 筆寫本, 22張	29.2×20.5㎝, 半葉 13行字數不定	≪미비젼≫의 附錄2	雅丹文庫 813.5-미48

4) 明代 作品目錄

(1) 聘聘傳(娉娉傳)

書名	出版事項	版式狀況	一般事項	所藏處/所藏番號
빙빙뎐 (聘聘傳)	全5冊中, 4冊存(卷2, 3, 4, 5) : 著者未詳, 寫年未詳	12行28字, 28×20㎝		韓國學中央研究院 귀4-6814 1

(2) 太原志(太原誌)

書名	出版事項	版式狀況	一般事項	所藏處/所藏番號
太原志	零本1冊(卷2), 筆寫本	29.5×21㎝		연대중앙도서관 811.36
太原誌	4卷4冊, 筆寫本	29.1×15.6㎝, 無郭, 無絲欄, 10行20-25字, 無版心, 紙質:楮紙	表題:太原誌	韓國學中央研究院 (장서각) K4-6852

(3) 剪燈新話

書名	出版事項	版式狀況	一般事項	所藏處/所藏番號
剪燈新話	瞿佑(明)著, 滄洲訂正, 垂胡子集解, 刊寫地未詳, 刊寫者未詳, 壬亂以前刊	4卷1冊, 朝鮮乙亥字本, 21×13.7㎝, 四周單邊, 半郭:17.4×10.7㎝, 有界, 14行18字, 紙質:楮紙	備考:卷首卷末缺張	忠南大學校 集, 小說類-1228

書名	出版事項	版式狀況	一般事項	所藏處/所藏番號
剪燈新話	瞿佑(明)著, 朝鮮朝中期刊	下卷1冊, 木版本, 33×22.5㎝, 四周單邊, 半郭:23.2×16㎝, 有界, 18行18字, 內向二葉花紋魚尾, 紙質:楮紙	備考:剪燈新話後記, 後志, 後序, 補寫	한국전적종합목록 1집, 山氣文庫 4-716
剪燈新語	朝鮮刊本	上下二卷二冊, 木版本		박재연
剪燈新話	瞿佑(明)著, 垂胡子(朝鮮)集釋, 朝鮮後期刊	1冊, 木版本, 31.4×21.9㎝, 四周雙邊, 半郭:23.9×16.5㎝, 有界, 10行18字, 註雙行, 內向二葉花紋魚尾, 紙質:楮紙		蔚珍郡 張甫均
剪燈新話	瞿佑(明)著, 滄洲 訂正, 垂胡子 集釋, 刊年未詳	1冊(下), 木版本, 31.3×21㎝, 四周單邊, 半郭:22.1×16.5㎝, 有界, 10行18字, 註雙行, 上下黑口魚尾		國立中央圖書館 [東谷古]3736-57
剪燈新話	朝鮮朝後期~末期 寫	1冊, 筆寫本, 32×19㎝, 四周單邊, 半郭:22.8×15㎝, 烏絲欄, 10行字數不定, 紙質:楮紙		慶星大學校博物館
剪燈新話	瞿佑(明)著, 朝鮮朝末期寫	1冊, 筆寫本, 10行16字, 紙質:楮紙		忠淸南道/ 濟州道 韓益洙
剪燈新話	瞿佑(明)編, 庚子字覆刻本, 年紀未詳	1冊(78張), 33.7×21㎝, 四周雙邊, 半郭:25.3×17.8㎝, 有界, 10行18字, 註雙行, 上下向二葉花紋魚尾	序:洪武己巳(1389)… 桂衡(明) *東谷3736~57 下卷所藏	國立中央圖書館 [일모고]3736-70
剪燈 新話	瞿佑(明)著	零本1冊(下冊:全2冊), 木版本, 29.5×19.8㎝, 四周單邊, 22.4×18.1㎝, 12行18字, 小字雙行, 上黑魚尾	書名:版心題	高麗大學校 (晚松文庫) C14-A5G
剪燈 新話	瞿佑(明)著, 胡子昂 集釋	2卷2冊, 木版本, 28×18㎝, 四周單邊, 半郭:23×15.7㎝, 11行20字, 版心:上下花紋魚尾		建國大學校 [고] 923.5
剪燈 新話	瞿佑 著, 滄洲 訂正 垂胡子 集釋	2卷2冊, 木版本, 28×20㎝, 四周單邊, 半郭:21.5×16.8㎝, 11行20字, 版心:上下花紋魚尾	注記:下卷筆寫本	建國大學校 [고] 923.5
剪燈新話	瞿佑(明)著, 刊年未詳	2卷2冊(缺本), 29.5×21.2㎝, 四周單邊, 半郭:23×16.2㎝, 有界, 11行20字, 小字雙行, 上下花紋魚尾	內容:第2冊, 卷下, 外缺	梨花女子大學校 [고]812.8 구77
剪燈新話	瞿佑(明)著	1冊(下卷), 木版本, 半郭:23.5×16.7㎝, 10行18字, 內向二葉魚尾		아단문고 823.5-구66ㅈ
剪燈新話	瞿佑(明)著	1冊, 木版本		慶州市 金相宅

2. 文言小說의 朝鮮時代 出版·筆寫本 目錄

書名	出版事項	版式狀況	一般事項	所藏處/所藏番號
剪燈新話	瞿佑(明)著, 刊寫地未詳, 刊寫者未詳, 刊寫年未詳	2卷2冊(卷1~2), 木版本, 16.9×10.8㎝, 四周單邊, 半郭:12.9×9㎝, 有界, 9行17字, 黑口, 上下向黑魚尾		檀國大學校 퇴계기념圖書館 873.5-구173ㅈ
剪燈新話	刊寫地未詳, 刊寫者未詳, 刊寫年未詳	1卷1冊(全2卷2冊, 卷下), 木版本, 33.2×22㎝, 四周單邊, 半郭:22.5×17㎝, 有界, 10行18字, 小字雙行, 上下內向二葉花紋魚尾	書名:版心題	京畿大學校 경기-K108328-2
剪燈新話	瞿佑 著, 서울, 刊寫者未詳, 刊寫年未詳	2卷2冊(卷1~2), 木版本, 26.5×19㎝, 四周單邊, 半郭:23×16㎝, 有界, 11行20字, 上下內向花紋魚尾	本館所藏:51回-100回	대구시립圖書館 OL823.5-구67- 上, 下
剪燈新話	刊寫地未詳, 刊寫者未詳, 刊寫年未詳	1冊		韓國國學振興院
剪燈新話	瞿佑(明), 刊寫地未詳, 刊寫者未詳, 刊寫年未詳	3冊, 木版本, 29×21.2㎝		韓國國學振興院
剪燈新話	刊寫地未詳, 刊寫者未詳, 刊寫年未詳	1冊(坤), 木版本, 26×19㎝	版本不同	韓國國學振興院
剪燈新話	瞿佑(明)著, 滄洲(朝鮮)訂正, 垂胡子(朝鮮)集釋, 刊寫地未詳, 刊寫者未詳, 刊寫年未詳	2卷2冊(卷1~2), 有圖, 30.5×22.4㎝, 四周單邊, 半郭:22×18㎝, 有界, 12行18字, 註雙行, 上下內向黑魚尾		慶熙大學校 812.3-구66ㅈㄱ
剪燈新話	瞿佑(明)著, 刊寫地未詳, 刊寫者未詳, 刊寫年未詳	冊, 29.6×19.7㎝, 四周單邊, 半郭:23.1×16.4㎝, 11行20字, 上下二葉花紋魚尾	版心題:剪燈, 동장본임	朝鮮大學校 895.13-ㄱ483저
剪燈新話	瞿佑	2冊(第1冊), 25×19㎝		嶺南大學校 中央圖書館 823.5
剪燈新話	瞿佑	2冊(第2冊), 32×21㎝		嶺南大學校 中央圖書館 823.5
剪燈新話	瞿佑	2冊, 木版本, 19㎝		嶺南大學校 中央圖書館 823.5
剪燈新話	瞿佑 著	不分卷1冊, 木版本, 32.2×20.5㎝, 四周單邊, 半郭:21.5×16.8㎝, 有界, 11行20字, 註雙行, 白口, 上下內向二葉花紋魚尾	漢文, 楷書	영주 아성송씨 송고고택, KS0401- 1-03-00012

68 第一部 國內 出版·筆寫 및 飜譯本 中國古典小說 目錄

書 名	出版事項	版式狀況	一般事項	所藏處/所藏番號
剪燈新語	復刷本			박재연
剪燈新話	瞿佑 著	3冊, 木版本		안동권씨 가은후손, KS02-3001-10156-00156
剪燈新話	瞿佑(明)著, 京城, 太華書館, 1916年	2卷2冊, 木版本(覆刻), 27.4×19cm, 四周單邊, 半郭:22.7×16cm, 11行20字, 註雙行, 內向二葉花紋魚尾		國立中央圖書館 [한]48-2-2
剪燈新話	瞿佑(明)編, 南宮濬 編, 京城, 惟一書館, 1916年	1冊(78張), 新鉛活字本, 22.5×14.8cm, 四周雙邊, 半郭:17.5×11.8cm, 有界, 13行35字, 註雙行, 無魚尾	藏版記:京城[唯一書館新舊書林]藏版	國立中央圖書館 [古]3736-64
剪燈新話	瞿佑(明)著, 滄洲(朝鮮)訂正, 垂胡子(朝鮮)集釋, 京城, 翰南書林, 大正5年(1916)	1卷1冊(卷1~2), 26.5cm, 四周單邊, 半郭:23×16cm, 有界, 11行20字, 上下內向二葉花紋魚尾		慶熙大學校 812.3-구66ㅈ
剪燈新話	瞿佑(明) 原著, 白斗鏞 編集, 京城, 翰南書林, 大正5年(1916)	2冊(冊1~2), 木版本, 26.7×19.3cm, 四周單邊, 半郭:22.8×15.9cm, 有界, 11行20字, 註雙行, 內向二葉花紋魚尾, 紙質:楮紙	刊記:大正五(1916)年發行	全南大學校 3Q-전228ㄱ2-v.1-2
剪燈新話	瞿佑(明)著, 刊寫地未詳, 刊寫者未詳, 刊寫年未詳	1冊, 筆寫本, 24.5×18cm, 行字數不定	表題:新話	淑明女子大學校 CL 812 유의경 세
전등신화	瞿佑(明)著, 刊寫地未詳, 刊寫著未詳, 刊寫年未詳	1卷1冊(全5冊), 筆寫本, 29.7×21.5cm, 無界, 10行22字內外, 無魚尾, 紙質:壯祗	表題:剪燈新話, 한글본임	西江大學校 [고서]전228v.2
전등신화 ([취]경원긔)	〈滕穆醉遊聚景園記〉를 飜譯한 〈취경원긔〉, 憲宗 10(1884)頃	1冊(14張), 한글筆寫本, 32.5×16.4cm	裏面:太淸道光二十四年(1884)歲次甲辰時憲書, 書名標記의 [취]는 한글古語의 繁字임	高麗大學校 도서관, 대학원C14-A31
剪燈新話	瞿佑(明)著, 刊寫年未詳	1冊(64張), 筆寫本, 33.4×21.6cm, 四周雙邊, 半郭:24.5×17.6cm, 烏絲欄, 10行24字, 上下內向二葉花紋魚尾		檀國大學校(천안) 羅孫文庫 [古]873.5/구173ㅈ
剪燈新話	瞿佑(明)著, 己巳(?)寫	1冊, 筆寫本, 27.4×16.9cm, 無界, 12行20字, 註雙行, 紙質:楮紙	寫記:己巳(?) 初八月初八日書記, 備考:水浸本	忠南 大田市 燕亭國樂院
剪燈新話	瞿佑(明)著, 滄州(朝鮮)訂正, 垂胡子(朝鮮)集釋, 刊寫地未詳, 刊寫者未詳, 刊寫年未詳	1冊(59張), 筆寫本, 23×16cm, 無界, 12行字數不定		檀國大學校 율곡기념圖書館 고873.5-구173지

書名	出版事項	版式狀況	一般事項	所藏處/所藏番號
전등신화	瞿佑(明)著, 刊寫地未詳, 刊寫者未詳, 刊寫年未詳	10卷1冊, 筆寫本, 28.5×19.2cm, 無界, 8行字數不定	諺釋剪燈新話, 異面:檢案書, 合綴:삼산복지지, 금봉차던, 녕호찬명몽녹, 모란등긔, 부귀발○○젼, 신양동긔, 의경젼, 일층에 잇도다. 취취던, 풍○이젼	檀國大學校 율곡기념圖書館 고873.5-구173조
剪燈新話	瞿佑(明)著, 刊寫地未詳, 刊寫者未詳, 刊寫年未詳	1冊(64張), 筆寫本, 33.4×21.6cm, 四周雙邊, 半郭:24.5×17.6cm, 烏絲欄, 10行24字, 上下內向二葉花紋魚尾		檀國大學校 율곡기념圖書館 고873.5-구173ㅈ
剪燈新話	刊寫地未詳, 刊寫者未詳, 刊寫年未詳	1冊, 筆寫本, 23×14.9cm, 無界, 9行16字, 無魚尾		京畿大學校 경기-K118857
剪燈新話	瞿佑(明)著, 서울, 刊寫者未詳, 19- -	冊(卷上下), 筆寫本, 22×15cm		大邱가톨릭大學校 동823.5-구67ㅈ
剪燈新話	刊寫地未詳, 刊寫者未詳, 刊寫年未詳	2冊, 筆寫本, 29×18.5cm	版本不同	韓國國學振興院
剪燈新話	刊寫地未詳, 刊寫者未詳, 刊寫年未詳	1冊, 筆寫本, 29×19.5cm	版本不同	韓國國學振興院
剪燈新話	瞿佑(1347~1433)著, 刊年未詳	1冊, 筆寫本, 33.8×22.5cm, 四周無邊, 無界, 12行27字, 註雙行		啓明大學校 고812.35구우-전ㄷ
剪燈新話	瞿佑(明)著, 庚戌年, 刊年未詳	2卷1冊, 筆寫本, 23.8×19.5cm, 四周無邊, 無界, 12行20字, 註雙行		啓明大學校 이812.35구우ㅈ
剪燈新話	瞿佑(明)著	2冊(上), 筆寫本, 23×18cm		嶺南大學校 中央圖書館823.5
剪燈新話	瞿佑(明)著	2冊(下), 筆寫本, 30×19cm		嶺南大學校 中央圖書館823.5
剪燈新話	瞿佑(明)著	1冊, 筆寫本, 29×18cm		嶺南大學校 中央圖書館823.5
剪燈新話		2冊, 筆寫本, 29×18.5cm		안동장씨 남산파 회당종택, KS03-3046-10848-00848
剪燈傳	刊寫事項不明	1冊, 筆寫本, 26.6×17.7cm, 無界, 8行19字, 無魚尾	表題를 書名으로 기록, 表題:剪燈傳	慶北大學校 [古]812.3 전228
諺文懸吐 剪燈新話	唯一書館· 新舊書林板	1冊, 舊活字本		朴在淵
諺文懸吐 剪燈新話	瞿佑(明)著, 京城(서울), 唯一書館, 刊年寫未詳	2卷1冊(卷1~2), 新鉛活字本, 22.2×15cm		檀國大學校 退溪紀念圖書館 IOS 고823.5-구173자

書名	出版事項	版式狀況	一般事項	所藏處/所藏番號
諺文懸吐 剪燈新話	瞿佑(明)著, 朴頤陽 懸吐, 京城, 唯一書館, 大正5年(1916)	2卷1冊(158面), 新鉛活字本, 22.4×15㎝, 四周單邊, 全郭:17.3×11.4㎝, 無界, 行字數不定, 註雙行, 紙質:洋紙		釜山大學校 于溪文庫(子部) OIC 3-12 32C
諺文懸吐 剪燈新話	瞿佑(明)著, 滄洲(朝鮮)訂正, 垂胡子(朝鮮)集釋, 朴頤陽(朝鮮)懸吐, 京城, 漢城書館, 大正5年(1916)	2卷1冊, 鉛活字本, 22.5×15㎝, 四周雙邊, 半郭:17.4×11.6㎝, 無界, 13行35字		檀國大學校(天安) 秋汀文庫 [古]873.5/구173ㅈ
諺文懸吐 剪燈新話	瞿佑(明)著, 朴頤陽 懸吐, 京城, 唯一書館, 京城, 新舊書林, 大正5年 (1916)	2卷1冊, 22.2×14.9㎝	書名의 "諺文懸吐"는 작은글씨 쓰기임, 表題:剪燈新話	慶尙大學校 古(춘추) D7A 구67o
諺文懸吐 剪燈新話	瞿佑(明)著, 滄洲(朝鮮)訂正, 垂胡子(朝鮮)集釋, 朴頤陽(朝鮮)懸吐, 刊寫地未詳, 唯一書館, 大正6年 (1917)	上下卷1冊, 23.2×15㎝, 四周雙邊, 半郭:17×11.2㎝, 無界, 13行34字, 註雙行, 無魚尾	書名:卷首題, 刊記:唯一書館, 新舊書林 藏版, 國漢文混用, 本文이 한글과 漢文으로 된 資料	東國大學校 D823.5-구67박

書名	出版事項	版式狀況	一般事項	所藏處/所藏番號
剪燈新 話句解	瞿佑(明)著, 林芑(朝鮮)集釋, 明宗14年(1559)	2冊, 木版本, 30.4×21㎝, 四周雙邊, 半郭:23.6×17㎝, 有界, 1行20字, 大黑口, 上下細花紋魚尾	序:洪武11年(1378)… 瞿佑, 跋:嘉靖己未 (1559)…林芑, 印:伊達仭觀瀾閣圖書印	奎章閣 [古貴]895.1308- G93j-v.1-2
剪燈 新話 句解	瞿佑(明)著, 胡子昂(明)集釋, 萬曆42年甲寅(1614) 中秋新刊	2卷2冊, 木版本, 四周單邊, 匡郭:21.5×18㎝, 有界, 11行20字, 上下黑魚尾	刊記:萬曆四十二年甲寅 (1614)中秋新刊	延世大學校 812.36
剪燈新 話句解	瞿佑(明)著, 刊寫地未詳, 刊寫者未詳, 仁祖11年(1633)刊	2卷2冊, 28.3×20.7㎝, 四周單邊, 半郭:22.7×16.4㎝, 行字數不同, 上二葉花紋魚尾	表紙題:剪燈新話, 版心題:剪燈, 동장본임	朝鮮大學校 895.13-ㄱ483전
剪燈新 話句解	瞿佑(明)著, 滄洲(朝鮮)訂正, 垂胡子(朝鮮)集釋, 刊寫地未詳, 刊寫者未詳, 仁祖11年(1633)刊	2卷2冊, 30.5×20.7㎝, 四周雙邊, 半郭:21.6×18.8㎝, 10行22字, 黑口, 上下黑魚尾	版心題:剪燈新話, 동장본임	朝鮮大學校 895.13-ㄱ483ㅈ

2. 文言小說의 朝鮮時代 出版·筆寫本 目錄

書名	出版事項	版式狀況	一般事項	所藏處/所藏番號
剪燈新話句解	瞿佑(明)著, 滄洲(明)訂正, 垂胡子(明)集釋, 仁祖11年(1633)刊	2卷2冊, 木版本, 31×19.7㎝, 四周單邊, 半郭:20.8×16.7㎝, 有界, 11行20字, 註雙行, 內向黑魚尾, 紙質:楮紙	題簽:剪燈新話, 刊記:崇禎六年癸酉 (1633)六月日開刊	忠南大學校 集, 小說類-1229
剪燈新話句解	瞿佑(明)著, 仁祖11年(1633)後刷	1冊(卷下), 木版本, 36×20㎝, 四周單邊, 半郭:21.8×17.5㎝, 有界, 11行20字, 註雙行, 內向黑魚尾, 紙質:楮紙	刊記:崇禎六年(1633) 癸酉六月日開刊	한국전적종합목록 1集, 山氣文庫 4-718
剪燈新話句解	瞿佑(明)著, 肅宗30年(1704)後刷	1卷1冊(卷下缺), 木版本, 33.4×22㎝, 四周單邊, 半郭:21.5×18.3㎝, 有界, 12行18字, 註雙行, 下向黑魚尾, 紙質:楮紙	表題:剪燈新話	한국전적종합목록 1集, 山氣文庫 4-719
剪燈新話句解	瞿佑(明)著, 滄洲(朝鮮)訂正, 垂胡子(朝鮮)集釋, 肅宗30年(1704)	零本1冊(卷之下:全2卷2冊), 木版本, 31.5×21.3㎝, 四周單邊, 23×17㎝, 10行18字, 小字雙行, 內向黑魚尾	刊記:康熙四十三年甲申 (1704)八月日開刊	高麗大學校 (晚松文庫) C14-A5D
剪燈新話句解	瞿佑(明)著, 滄洲(朝鮮)訂正, 垂胡子(朝鮮)集釋, 刊寫地未詳, 刊寫者未詳, 肅宗30年(1704)刊	1卷1冊(全2卷2冊, 卷下), 木版本, 31.5×21.3㎝, 四周單邊, 半郭:23×17㎝, 有界, 10行18字, 小字雙行, 上下內向黑魚尾	刊記:康熙四十三年甲申 (1704)八月日開刊	京畿大學校 경기-K102682-上
剪燈新話句解	瞿佑(明)著, 刊寫地未詳, 刊寫者未詳, 肅宗30年(1704)	2卷2冊, 木版本, 33×22㎝		檀國大學校 퇴계기념圖書館 IOS고823.5- 구173ㅈ
剪燈新話句解	瞿佑(明)著, 滄洲(朝鮮)訂正, 垂胡子(朝鮮)集釋, 康熙43年(1704)	2卷2冊(第2冊缺), 木版本, 30.8×21㎝, 四周單邊, 半郭:25×17.8㎝, 10行18字, 上下混入花紋魚尾	表紙書名:剪燈新話, 刊記:康熙四十三年甲申 (1704)八月日開刊	韓國學中央研究院 D7C-5B
剪燈新話句解	瞿佑(明)著, 垂胡子(朝鮮)集解, 甲寅字覆刻版, 肅宗30年(1704)刊	2卷1冊, 30.2×21㎝, 四周單邊, 半郭:23×16.9㎝, 有界, 10行18字, 註雙行, 內向黑一, 二葉花紋魚尾, 紙質:楮紙	刊記:康熙四十三年甲申 (1704)八月日開刊	成均館大學校 D7C-91
剪燈新話句解	瞿佑(明)著, 滄洲(朝鮮)訂正, 垂胡子(朝鮮)集釋, 武橋 哲宗14年(1863)	2卷2冊(上下卷2冊), 木版本, 24.1×19.3㎝, 四周單邊, 半郭:22×16.7㎝, 12行20字, 上下二葉花紋魚尾	表紙書名:剪燈新話, 版心文字:剪燈, 刊記:癸亥(1863) 仲秋武橋新刊	韓國學中央研究院 D7C-5H
剪燈新話句解	瞿佑(明)著, 林芑(朝鮮)集釋, 高宗時	2冊, 木版本(後刷), 33.4×22.2㎝, 四周單邊, 半郭:21.6×18.4㎝, 有界, 12行18字, 上下黑魚尾	印:集玉齋, 帝室圖書之章	奎章閣 [奎중]1467, 1468

書名	出版事項	版式狀況	一般事項	所藏處/所藏番號
剪燈新話句解	瞿佑(明)著, 林芑(朝鮮)集釋, 高宗時	2冊, 木版本(後刷), 33.4×22.2㎝, 四周單邊, 半郭:21.6×18.4㎝, 有界, 12行18字, 上下黑魚尾	印:集玉齋, 帝室圖書之章	奎章閣 [奎중]1467, 1463
剪燈新話句解	瞿佑(明)著, 胡子昂(明)集釋, [19--]	2冊, 木版本, 25.4×18.8㎝, 四周單邊, 半郭:23.1×16㎝, 有界, 11行20字, 上下花紋魚尾		奎章閣 [가람古]895.13- G93jd-v.1-2
剪燈新話句解	瞿佑(明)著, 刊寫年未詳	2卷2冊, 木版本, 35×22.5㎝, 四周單邊, 半郭:21.7×18.3㎝, 有界, 12行18字, 上下內向黑魚尾	印:末松圖書, 鄭贊容印, 震旦學會, 想白文庫, 劇中有此閑	奎章閣 [想白古]895.135- G93ja-v.1-2
剪燈新話句解	瞿佑(明)著, 胡子昂(明), 林芑(朝鮮)集釋, 刊年未詳	2卷2冊, 木版本, 34.7×21.2㎝, 四周單邊, 半郭:23×16㎝, 有界, 11行20字, 上下內向花紋魚尾	印:震旦學會, 想白文庫	奎章閣 [想白古]895.135- G93j-v.1-2
剪燈新話句解	瞿佑(明)著, 尹春年(朝鮮)訂正, 林芑(朝鮮)集釋, 刊年未詳	2卷1冊, 木版本, 33×20㎝, 四周雙邊, 半郭:24.3×16.8㎝, 有界, 10行18字, 上下內向花紋魚尾	表紙書名:剪燈新話, 序:洪武十三年(1380)… 錢塘, 洪武己巳(1389) …桂衡, 跋:洪武辛酉 (1381)…金冕	奎章閣 [古]3472-7
剪燈新話句解	瞿佑(明)著	64張 1冊, 木版本(覆刻), 25.8×19㎝, 四周單邊, 半郭:23.5×15.9㎝, 11行20字, 註雙行, 內向二葉花紋魚尾		國立中央圖書館 [한]48-2
剪燈新話句解	瞿佑(明)著, 滄洲(朝鮮)訂正, 垂胡子(朝鮮)集釋, 刊年未詳	2卷2冊, 木版本(覆刻), 36.1×22.3㎝, 四周單邊, 半郭:21.8×14.6㎝, 10行20字, 註雙行, 上二葉花紋魚尾		國立中央圖書館 [한]48-19
剪燈新話句解	瞿佑(明)著, 刊年未詳	1冊(卷下), 木版本, 29×19㎝, 四周單邊, 半郭:23×16㎝, 11行20字, 註雙行, 內向二葉花紋魚尾		國立中央圖書館 [무구재古]3736-19
剪燈新話句解	瞿佑(明)著, 刊年未詳	1冊(卷下), 木版本, 30.4×20.8㎝, 四周單邊, 半郭:21×17㎝, 11行20字, 註雙行	刊記:庚子年七月日刊	國立中央圖書館 [무구재古]3736-20
剪燈新話句解	瞿佑(明)著, 滄洲(朝鮮)訂正, 垂胡子(朝鮮)集釋, 刊年未詳	2冊(卷上下), 木版本, 28×18.2㎝, 四周單邊, 半郭:23×16㎝, 11行20字, 註雙行, 內向二葉花紋魚尾	印記:[臣申甲均][醉樵] [華林主人][平山世家]	國立中央圖書館 [古]3736-7
剪燈新話句解	瞿佑(明)著, 刊年未詳	2卷2冊(卷上下), 木版本, 26×19㎝, 四周單邊, 半郭:23.5×16㎝, 11行20字, 註雙行, 內向二葉花紋魚尾		國立中央圖書館 [의산古]3730-16

書名	出版事項	版式狀況	一般事項	所藏處/所藏番號
剪燈新話句解	瞿佑(明)著, 滄洲(朝鮮)訂正, 垂胡子(朝鮮)集釋, 刊年未詳	2卷2冊(卷上下), 木版本, 28.5×18.6cm, 四周單邊, 半郭:23×16cm, 11行20字, 註雙行, 內向二葉花紋魚尾		國立中央圖書館 [古]3735-2
剪燈新話句解	瞿佑(明)著, 刊年未詳	1冊(卷上), 筆寫本, 30.2×18.5cm		國立中央圖書館 [의산고]3736-11
		1冊(卷下), 木版本, 30.5×20.7cm, 四周單邊, 半郭:23.3×19cm, 11行18字, 注雙內向黑魚尾		國立中央圖書館 [의산고]3736-14
剪燈新話句解	瞿佑(明)著, 胡子昻(明)集釋, 刊年未詳	卷下(74張), 33×21.1cm, 四周雙邊, 半郭:24.9×17.3cm, 10行18字, 註雙行, 內向二葉花紋魚尾	印記:丹城後人	國立中央圖書館 [일산고]3736-5
剪燈新話句解	瞿佑(明)著, 滄洲(朝鮮)訂正, 垂胡子(朝鮮)集釋, 刊年未詳	1冊(卷上), 木版本, 28.6×19cm, 四周單邊, 半郭:23×16cm, 11行20字, 註雙行, 內向二葉花紋魚尾		國立中央圖書館 [古]373-2
剪燈新話句解	瞿佑(明)著, 滄洲(朝鮮)訂正, 垂胡子(朝鮮)集釋, 刊年未詳	2冊, 木版本, 30.6×19.7cm, 四周單邊, 半郭:23×16.2cm, 11行20字, 註雙行, 內向二葉花紋魚尾	印記:碧海異珠	國立中央圖書館 [위창고]3736-3
剪燈新話句解	瞿佑(明)著, 胡子昻(明)集釋	2卷2冊, 木版本, 四周單邊, 匡郭:24×16.5cm, 有界, 11行20字, 上下花紋魚尾		延世大學校 (默容室文庫)812.38
剪燈新話句解	瞿佑(明)著, 胡子昻(明)集釋	2卷2冊, 木版本, 四周單邊, 匡郭:24×16.5cm, 有界, 11行20字, 上下花紋魚尾		延世大學校 812.36
剪燈新話句解	瞿佑(明)著, 滄洲(朝鮮)訂正, 垂胡子(朝鮮)集釋, 京城, 翰南書林, 大正7年(1918)	2卷2冊, 木版本, 27cm, 四周單邊, 23.1×15.9cm, 有界, 11行20字, 註小字雙行, 上下內向花紋魚尾	外題:剪燈新話, 版心題:剪燈	延世大學校 812.36/52
剪燈新話句解	瞿佑(明)著, 滄洲(朝鮮)訂正, 垂胡子(朝鮮)集釋	2卷2冊, 木版本, 30cm, 四周單邊, 21.6×18.2cm, 有界, 12行18字, 註小字雙行, 上下內向黑魚尾	外題:剪燈新話, 複本1部를 더 所藏하고 있음	延世大學校 812.36/53
剪燈新話句解	瞿佑著, 滄洲(朝鮮)訂正, 垂胡子(朝鮮)集釋	60張(上下2卷2冊中의 零本임), 木版本, 33cm, 四周單邊, 21.2×17.4cm, 有界, 11行20字, 註小字雙行, 上下內向花紋魚尾	版心題:新話	延世大學校 812.36/54

書名	出版事項	版式狀況	一般事項	所藏處/所藏番號
		57張(上下2卷2册中의 零本임), 木版本, 27㎝, 四周單邊, 23.3×16.1㎝, 有界, 11行20字, 註小字雙行, 上下內向花紋魚尾	版心題:剪燈	延世大學校 812.36/55
剪燈新話句解	瞿佑(明)著, 滄洲(朝鮮)訂正, 垂胡子(朝鮮)集釋, 出版事項未詳	2卷2册, 木版本, 28.3×18.7㎝, 四周單邊, 半郭:23×15.9㎝, 有界, 11行20字, 小字雙行, 上下白口, 上下內向花紋魚尾		高麗大學校 (薪菴文庫) C14-A5B
剪燈新話句解	瞿佑(明)著, 滄洲(朝鮮)訂正, 垂胡子(朝鮮)集釋	零本1册(卷之下:全2卷2册), 木版本, 24.5×18.5㎝, 四周單邊, 20×17.4㎝, 11行20字, 小字雙行, 內向二葉花紋魚尾		高麗大學校 (晚松文庫) C14-A5E
剪燈新話句解	瞿佑(明)著, 滄洲(朝鮮)訂正, 垂胡子(朝鮮)集釋	零本1册(卷之下:全2卷2册), 木版本, 34.2×21.5㎝, 四周單邊, 23.4×18.6㎝, 11行18字, 小字雙行, 上下黑口, 內向黑魚尾		高麗大學校 (晚松文庫) C14-A5F
剪燈新話句解	瞿佑(明)著	2卷2册, 筆寫本, 28.4×16㎝		高麗大學校 (晚松文庫) C14-A5C
剪燈新話句解	瞿佑(明)著, 滄洲(朝鮮)訂正, 垂胡子(朝鮮)集釋, 廣松寺, 壬午(?)	零本1册(卷之下), 木版本, 29.2×20㎝, 四周單邊, 21.3×16.9㎝, 11行20字, 小字雙行或上下黑口 內向黑魚尾	刊記:壬午(?) 三年日刊廣松寺, 附錄:秋香亭記	高麗大學校 C14-A5
剪燈新話句解	瞿佑(明)著, 滄洲(朝鮮)訂正, 垂胡子(朝鮮)集釋	零本1册(卷之下:全2卷2册), 木版本, 31.2×21.4㎝, 四周單邊, 22.1×18.4㎝, 12行18字, 小字雙行內向或下向黑魚尾		高麗大學校 A14-A5A
剪燈新話句解	瞿佑(明)著, 垂胡子(朝鮮)集解, 武橋癸亥(?)刊	2卷2册, 木版本, 24.8×19.1㎝, 四周單邊, 半郭:21.7×16.6㎝, 有界, 12行20字, 註雙行, 內向二葉花紋魚尾, 紙質:楮紙	刊記:癸亥(?) 仲秋武橋新刊	成均館大學校 D7C-91a
剪燈新話句解	瞿佑(明)著, 垂胡子(朝鮮)集解, 朝鮮朝後期刊	2卷2册, 木版本, 30×19.3㎝, 四周單邊, 半郭:23.2×16㎝, 有界, 11行20字, 註雙行, 內向二葉花紋魚尾, 紙質:楮紙	版心題:剪燈	成均館大學校 D7C-91b
剪燈新話句解	瞿佑(明)著, 垂胡子(朝鮮)集解, 朝鮮朝後期刻, 後刷	1卷1册, 木版本, 29.8×20.6㎝, 四周單邊, 半郭:20.8×17㎝, 有界, 11行20字, 註雙行, 內向黑魚尾, 紙質:楮紙		成均館大學校 D7C-91c

2. 文言小說의 朝鮮時代 出版·筆寫本 目錄

書名	出版事項	版式狀況	一般事項	所藏處/所藏番號
剪燈新話句解	瞿佑(明)著, 垂胡子(朝鮮)集解, 朝鮮朝後期刻, 末期後刷	2卷2册, 木版本, 30.4×20.8cm, 四周單邊, 半郭:21.6×18.2cm, 有界, 12行18字, 註雙行, 內向黑魚尾, 紙質:楮紙	版心題:剪燈新話	成均館大學校 D7C-91d
剪燈新話句解	瞿佑(明)著, 垂胡子(朝鮮)集解, 京城, 翰南書林, 1916後刷	2卷2册, 木版本, 26.5×19cm, 四周雙邊, 半郭:23.2×16.1cm, 有界, 11行20字, 註雙行, 內向二葉花紋魚尾, 紙質:楮紙	刊記:大正五年(1916) 六月三十日發行, 京城府仁寺洞二百七十番 地, 翰南書林	成均館大學校 D7C-91e
剪燈新話句解	瞿佑(明)著, 垂胡子(朝鮮)集解, 朝鮮朝末期寫	2卷2册, 筆寫本, 24.7×17.5cm, 半郭:20×14cm, 靑絲欄, 10行20字, 註雙行, 紙質:楮紙	所藏印:上黨人韓麞鎬字 伯游號小玉	成均館大學校 D7C-91f
剪燈新話句解	瞿佑(明)著, 垂胡子(朝鮮)集解, 京城, 匯東書館, 1914刊	2卷2册, 木版本, 27.5×18.8cm, 四周單邊, 半郭:23×16.3cm, 有界, 11行20字, 註雙行, 內向二葉花紋魚尾, 紙質:楮紙	刊記:大正三年(1914) 八月二十日發行, 京城, 匯東書館	成均館大學校 (友松) D7C-91g
剪燈新話句解	瞿佑(明)著, 滄洲(朝鮮)訂正, 垂胡子(朝鮮)集釋, 刊寫者未詳, 朝鮮朝後期刊	2卷2册, 朝鮮木版本, 28×18cm, 四周單邊, 半郭:23×15.8cm, 有界, 11行20字, 註雙行, 內向二葉花紋魚尾, 紙質:楮紙	表題:剪燈新話	東國大學校 D819.35 구67ㅈ
剪燈新話句解	瞿佑(明)著, 滄洲(朝鮮)訂正, 垂胡子(朝鮮)集釋, 韓國, 刊寫者未詳, 朝鮮朝後期刊	1卷1册(零本, 卷下), 朝鮮木版本, 27.8×20cm, 四周單邊, 半郭:21×17.2cm, 有界, 11行20字, 註雙行, 內向二葉花紋魚尾, 紙質:楮紙	表題:剪燈新話	東國大學校 D819.35 구67ㅈ2
剪燈新話句解	瞿佑(明)著, 滄洲(朝鮮)訂正, 垂胡子(朝鮮)集釋, 刊寫者未詳, 朝鮮朝後期刊	2卷2册, 朝鮮木版本, 30×20.5cm, 四周單邊, 半郭:21.5×18.2cm, 有界, 12行18字, 註雙行, 間混黑口, 內向黑魚尾, 紙質:楮紙	表題:剪燈新話	東國大學校 D819.35 구67ㅈ3
剪燈新話句解	瞿佑(明), 刊寫地未詳, 刊寫者未詳, 刊寫年未詳	2卷1册, 木版本, 28.6×18.9cm, 四周單邊, 半郭:23.2×16.1cm, 有界, 11行20字, 內向二葉花紋魚尾		國民大學校 고823.5 구01-1
		1册(缺帙, 下), 木版本, 28.9×19.2cm, 四周單邊, 半郭:23.2×16.1cm, 有界, 11行20字, 內向二葉花紋魚尾		國民大學校 고823.5 구01-1ㄱ
		1册(缺帙, 下), 木版本, 33.6×22.2cm, 四周雙邊, 半郭:23.9×17.4cm, 有界, 10行18字, 內向二葉花紋魚尾		國民大學校 고823.5 구01-1ㄴ

書名	出版事項	版式狀況	一般事項	所藏處/所藏番號
剪燈新話句解	瞿佑(明)著, 垂胡子(朝鮮)集釋, 刊寫地未詳, 刊寫者未詳, 19--	1冊(缺帙), 筆寫本, 24.6×19.9㎝	印文:曉山書室藏	國民大學校 고823.5 구01-1ㄷ
剪燈新話句解	瞿佑(明), 胡子昂(明)釋1916 (大正6年)	2卷2冊, 活字本, 29×20㎝, 11行20字, 上下黑花紋魚尾		建國大學校 [고] 923.5
剪燈新話句解	瞿佑(明)著, 刊年未詳	1冊(零本), 木版本, 26×18.7㎝, 四周單邊, 半郭:23.2×16㎝, 有界, 11行19字, 註雙行, 上下內向花紋魚尾		建國大學校 [고] 923.5
剪燈新話句解	瞿佑(明)著, 刊年未詳	1冊(零本), 木版本, 27.2×19.8㎝, 四周單邊, 半郭:21×17㎝, 有界, 11行20字, 註雙行, 上內向黑魚尾		建國大學校 [고] 923.5
剪燈新話句解	瞿佑(明)著, 年紀未詳	2卷2冊, 木版本, 28×19㎝, 四周單邊, 半郭:22.8×15.7㎝, 11行21字, 上下花紋魚尾		建國大學校 [고] 923.5
剪燈新話句解	瞿佑(明)著, 滄洲(朝鮮)訂正, 年紀未詳	2卷2冊, 木版本, 31×20㎝, 四周單邊, 14行25字, 上黑魚尾		建國大學校 [고] 148.8
剪燈新話句解	瞿佑(明)著, 胡子昂(明)集釋	2冊, 木版本(後刷), 29.4×20.7㎝, 四周單邊, 半郭:22.3×19㎝, 有界, 12行18字, 內向黑魚尾		龍仁大學校 D7-18
剪燈新話句解	瞿佑(明)著, 胡子昂(明)集釋	殘本1冊(卷下), 木版本, 29.4×20.7㎝, 四周單邊, 半郭:22.3×19㎝, 有界, 12行18字, 內向黑魚尾		龍仁大學校 D7-19
剪燈新話句解	瞿佑(明)著, 胡子昂(明)集釋	2冊, 木版本, 30×20㎝, 四周單邊, 半郭:22.3×19㎝, 有界, 12行18字, 內向黑魚尾		龍仁大學校 D7-20
剪燈新話句解	瞿佑(明)著, 胡子昂(明)集釋	2冊, 木版本(後刷), 29.4×20.7㎝, 四周單邊, 半郭:22.3×19㎝, 有界, 12行18字, 內向黑魚尾		龍仁大學校 D7-21
剪燈新話句解	瞿佑(明)著	2卷2冊, 木版本, 18.7×28.7㎝, 四周單邊, 半郭:16×23㎝, 有界, 11行20字, 細註雙行20字, 白口, 花紋魚尾上下	表紙書名:剪燈新話, 版心書名:剪燈, 印:全鍾源章(靑印)	간송문고

2. 文言小說의 朝鮮時代 出版·筆寫本 目錄

書 名	出版事項	版式狀況	一般事項	所藏處/所藏番號
剪燈新話句解	瞿佑(明)著	2卷2冊, 木版本, 19.1×27.4㎝, 四周單邊, 半郭:16.3×23㎝, 有界, 11行20字, 細註雙行20字, 白口, 花紋魚尾上下	表紙書名:剪燈新話, 版心書名:剪燈, 印:藕齋, 基晟基印, 閔丙承印, 閔晟基(英文印)	간송문고
剪燈新話句解	瞿佑(明)著, 垂胡子(朝鮮)集釋, 朝鮮朝後期刊	1卷1冊(卷下), 初鑄甲寅字覆刻版, 31.5×21.3㎝, 四周單邊, 半郭:23.7×17㎝, 有界, 10行18字, 註雙行, 內向二葉花紋魚尾, 紙質:楮紙	版心題:剪燈新話	4集, 誠庵文庫 4-1427
剪燈新話句解	瞿佑(明)著, 垂胡子(朝鮮)集釋, 朝鮮朝後期刊	1卷1冊(卷上), 木版本, 27×19.5㎝, 四周單邊, 半郭:23.1×18㎝, 有界, 12行18字, 註雙行, 內向黑魚尾, 紙質:楮紙		4集, 誠庵文庫 4-1428
剪燈新話句解	瞿佑(明)著, 垂胡子(朝鮮)集釋, 1942年頃寫	1卷1冊(卷下), 筆寫本, 25.4×16.8㎝, 12行20字, 紙質:楮紙	册末識記:壬午(1942) 八月初二日始終	4集, 誠庵文庫 4-1429
剪燈新話句解	瞿佑(明)著, 垂胡子(朝鮮)集釋, 刊年未詳	2卷2冊(上下卷2冊), 木版本, 30.2×20㎝, 四周單邊, 半郭:22.3×16.2㎝, 11行20字, 上下二葉花紋魚尾	表紙書名:剪燈新話, 版心文字:剪燈	韓國學中央研究院 D7C-5
剪燈新話句解	瞿佑(明)著, 滄洲(朝鮮)訂正, 垂胡子(朝鮮)集釋, 刊年未詳	2卷2冊(第2冊缺), 木版本, 33.1×22.2㎝, 四周單邊, 半郭:23.8×19㎝, 11行18字, 上黑魚尾	表紙書名:剪燈新話, 跋:永樂庚子(1420) 廬陵晏璧彦文甫跋, 後序:永樂十九年歲次辛丑(1421)…錢塘瞿佑宗吉甫書于保安城南寓舍	韓國學中央研究院 D7C-5A
剪燈新話句解	瞿佑(明)著, 滄洲(朝鮮)訂正, 垂胡子(朝鮮)集釋, 刊年未詳	2卷2冊(第1冊缺), 木版本, 31.2×20.5㎝, 四周單邊, 半郭:23.5×19.2㎝, 11行18字, 上下黑魚尾	表紙書名:剪燈新話	韓國學中央研究院 D7C-5C
剪燈新話句解	瞿佑(明)著, 滄洲(朝鮮)訂正, 垂胡子(朝鮮)集釋, 刊年未詳	2卷2冊(上下卷2冊), 木版本, 28.7×19.7㎝, 四周單邊, 半郭:21.6×17.1㎝, 11行20字, 上下黑魚尾		韓國學中央研究院 D7C-5D
剪燈新話句解	瞿佑(明)著, 滄洲(朝鮮)訂正, 垂胡子(朝鮮)集釋, 刊年未詳	2卷2冊(第2冊缺), 木版本, 30.5×20㎝, 四周單邊, 半郭:22.8×18.4㎝, 12行18字, 上下二葉花紋魚尾		韓國學中央研究院 D7C-5E

書名	出版事項	版式狀況	一般事項	所藏處/所藏番號
剪燈新話句解	瞿佑(明)著, 刊年未詳	2卷2冊(第1冊缺), 木版本, 28.3×21.5㎝, 四周雙邊, 半郭:23.4×17㎝, 10行18字, 上下二葉花紋魚尾	表紙書名:剪燈新話	韓國學中央研究院 D7C-5F
剪燈新話句解	瞿佑(明)著, 滄洲(朝鮮)訂正, 垂胡子(朝鮮)集釋, 刊年未詳	2卷2冊(第2冊缺), 木版本, 31.7×20.1㎝, 四周單邊, 半郭:21.7×14.6㎝, 10行18字, 上二葉花紋魚尾	表紙書名:剪燈新話, 版心文字:剪燈	韓國學中央研究院 D7C-5G
剪燈新話句解	瞿佑(明)著, 滄洲(朝鮮)訂正, 垂胡子(朝鮮)集釋, 刊年未詳	上下卷1冊(91張), 筆寫本, 36.3×24㎝	表紙書名:剪燈新話	韓國學中央研究院 D7C-5I
剪燈新話句解	瞿佑(明)著, 胡子昂(明)集釋, 刊年未詳	卷2, 1冊存(卷, 1冊1缺), 木版本, 32.8×22.1㎝, 四周雙邊, 半郭:21.5×18.1㎝, 有界, 12行8字, 註雙行, 內向黑魚尾, 紙質:楮紙	表題:剪燈新話, 印:藏書閣印	韓國學中央研究院 4-6886
剪燈新話句解	瞿佑(明)著, 胡子昂(明)集釋, 刊年未詳	2卷2冊存, 木版本, 31.3×20.3㎝, 四周單邊, 半郭:23×16.5㎝, 有界, 11行20字, 註雙行, 內向二葉花紋魚尾, 紙質:楮紙	表題:剪燈新話, 版心題:剪燈, 印:李王家圖書之章	韓國學中央研究院 4-6887
剪燈新話句解	瞿佑(明)著, 胡子昂(明)集釋, 刊年未詳	卷2, 1, 1冊缺册(卷), 木版本, 34.4×23.3㎝, 四周雙邊, 半郭:24.3×17.1㎝, 有界, 10行18字, 註雙行, 內向黑二葉三葉 混入花紋魚尾, 紙質:楮紙	表題:山陽集, 印:藏書閣印	韓國學中央研究院 4-6888
剪燈新話句解	瞿佑(明)著, 滄洲(朝鮮)訂正, 垂胡子(朝鮮)集釋, 刊寫地未詳, 刊寫著未詳, 刊寫年未詳	2卷1冊, 木版本, 30.2×19.7㎝, 四周單邊, 半郭:23×15.9㎝, 有界, 11行20字, 註雙行, 上下內向二葉花紋魚尾	版心題:剪燈 원래2책이나 1책으로 양장제본되어 있음	西江大學校 [고서]전228
剪燈新話句解	瞿佑(明)著, 滄洲(朝鮮)訂正, 垂胡子(朝鮮)集釋	2卷2冊, 木版本, 25.8×19㎝, 四周單邊, 半郭:23.3×15.8㎝, 有界, 11行20字, 註雙行, 內向二葉花紋魚尾	版心題:剪燈	忠南大學校附屬圖書館集· 小設類-1230
剪燈新話句解	瞿佑(明)著, 滄洲(朝鮮)訂正, 垂胡子(朝鮮)集釋, 壬亂以後刻 後刷	1卷1冊(卷下), 木版本, 有圖, 31.5×21.8㎝, 四周單邊, 半郭:22×17.2㎝, 有界, 10行18字, 註雙行, 內向黑魚尾, 紙質:楮紙	表題:剪燈新話	忠南 大田市 趙鍾業

2. 文言小說의 朝鮮時代 出版·筆寫本 目錄

書名	出版事項	版式狀況	一般事項	所藏處/所藏番號
剪燈新話句解	瞿佑(明)著, 滄洲(朝鮮)訂正, 垂胡子(朝鮮)集釋, 朝鮮朝後期刊	1卷1冊(卷下), 木版本, 29×19.5cm, 四周單邊, 半郭:23×15.9cm, 有界, 11行20字, 註雙行, 內向二葉花魚尾, 紙質:楮紙		忠南 大田市 趙鍾業
剪燈新話句解	瞿佑(明)著, 垂胡子(朝鮮)集釋, 朝鮮朝後期刊	1冊, 木版本, 28.6×19.2cm, 四周單邊, 半郭:21.7×16.8cm, 有界, 11行18字, 註雙行, 內向黑魚尾, 紙質:楮紙	表題:奇談	忠南 論山郡 尹寶重
剪燈新話句解	瞿佑(明)著, 垂胡子(朝鮮)集釋, 朝鮮朝後期刊	1卷1冊(卷下), 木版本, 33.5×21.5cm, 四周雙邊, 半郭:23.2×17.2cm, 有界, 10行18字, 註雙行, 內向二葉花紋魚尾, 紙質:楮紙	表題:剪燈新話, 版心題:剪燈新話, 跋:洪武辛酉(1381) 重陽前一日…西齋寫	忠南 論山郡 尹寶重
剪燈新話句解	瞿佑(明)著, 滄洲(朝鮮)訂正, 垂胡子(朝鮮)集釋, 朝鮮朝後期 寫	2卷1冊(卷上,下), 筆寫本, 30.8×23.2cm, 無界, 11行28字, 註雙行	墨書識記:歲在壬寅(?) 子月日袈	江原道 江陵市 權純顯
剪燈新話句解	瞿佑(明)著, 滄洲(朝鮮)訂正, 垂胡子(朝鮮)集釋, 朝鮮朝後期刊	1卷1冊(卷上), 木版本, 29.6×21cm, 四周單邊, 半郭:22.5×18.9cm, 有界, 12行18字, 註雙行, 內向黑魚尾, 紙質:楮紙		江原道 三陟郡 靈隱寺
剪燈新話句解	瞿佑(明)著, 垂胡子(朝鮮)集釋, 辛亥(?)寫	1卷1冊(卷上), 筆寫本, 30.2×18.7cm, 四周單邊, 有界, 11行20字, 註雙行, 紙質:楮紙	刊記:辛亥(?) 滿月旬九日謄終	江原道 春城郡 崇德祠
剪燈新話句解	瞿佑(明)著, 垂胡子(朝鮮)集釋, 朝鮮朝後, 末期 後刷	1冊, 木版本, 26×19.3cm, 四周單邊, 半郭:22.8×18.4cm, 有界, 12行18字, 註雙行, 小黑口, 內向黑魚尾, 紙質:楮紙	版心題:剪燈新話, 內容:水官慶會錄~ 富貴發蹟司志	全北 高敞郡 林鍾秀
剪燈新話句解	瞿佑(明)著, 垂胡子(朝鮮)集釋	1卷1冊(69張), 木版本, 29×18.3cm, 四周單邊, 半郭:23.1×16.7cm, 有界, 11行20字, 白口, 上下內向二葉花紋魚尾, 紙質:楮紙	表題:剪燈新話, 版心題:剪燈	釜山大學校 海蒼文庫(子部) OAC 3-12 32
剪燈新話句解	瞿佑(明)著, 垂胡子(朝鮮)集釋	1卷1冊(57張), 木版本, 27.8×17.8cm, 四周單邊, 半郭:22.8×15.8cm, 有界, 11行20字, 註雙行, 白口, 上下內向二葉花紋魚尾, 紙質:楮紙	表題:剪燈新話, 版心題:剪燈, 紋樣:卍字紋	釜山大學校 直齋文庫(子部) OCC 3-12 32

書名	出版事項	版式狀況	一般事項	所藏處/所藏番號
剪燈新話句解	瞿佑(明)著	1卷1册(64張), 木版本, 30.6×20cm, 四周單邊, 半郭:23×16cm, 有界, 11行20字, 註雙行, 白口, 上下內向二葉花紋魚尾, 紙質:楮紙	版心題:剪燈	釜山大學校 芝田文庫(子部) OEC 3-12 32A
剪燈新話句解	瞿佑(明)著, 尹春年(朝鮮)訂正	1卷1册(60張), 木版本, 28×20cm, 四周單邊, 半郭:21.3×17.3cm, 有界, 11行20字, 註雙行, 白口, 上下內向二葉花紋魚尾, 紙質:楮紙	版心題:新語	釜山大學校 蒼原文庫(經書部) OHC 3-12 32B
剪燈新話句解	瞿佑(明)著, 垂胡子(朝鮮)集釋	1卷1册(60張), 木版本, 26.4×19.3cm, 四周單邊, 半郭:20.7×17.1cm, 有界, 11行20字, 註雙行, 白口, 上下內向二葉花紋魚尾, 紙質:楮紙	表題:剪燈新話	于溪文庫(子部) OIC 3-12 32E 부산대
剪燈新話句解	瞿佑(明)著	1册(卷下), 木版本		慶州市 蔣燉
剪燈新話句解	瞿佑(明)著	2册, 木版本		慶州市 鄭炳瑨
剪燈新話句解	瞿佑(明)著, 滄洲(朝鮮)訂正, 垂胡子(朝鮮)集釋, 刊寫地未詳, 刊寫者未詳, 刊寫年未詳	2卷2册, 木版本, 25.8×19cm, 四周單邊, 半郭:23.3×15.8cm, 有界, 11行20字, 註雙行, 內向二葉花紋魚尾		檀國大學校 율곡기념圖書館 고873.5-구173주-上
剪燈新話句解	瞿佑(明)著, 滄洲(朝鮮)訂正, 垂胡子(朝鮮)集釋, 刊寫地未詳, 刊寫者未詳, 刊寫年未詳	1卷1册(零本), 木版本, 33×22cm, 四周單邊, 半郭:23×18.5cm, 有界, 12行18字, 註雙行, 上下內向黑魚尾		檀國大學校 율곡기념圖書館 고873.5-구173저-上
剪燈新話句解	瞿佑(明)著, 滄洲(朝鮮)訂正, 垂胡子(朝鮮)集釋, 刊寫地未詳, 刊寫者未詳, 刊寫年未詳	2卷2册(卷1~2), 木版本, 28.6×19cm, 四周單邊, 半郭:23×16cm, 有界, 11行20字, 註雙行, 內向二葉花紋魚尾		檀國大學校 율곡기념圖書館 고873.5-구173쥬-上-下
剪燈新話句解	瞿佑(明)著, 滄洲(朝鮮)訂正, 垂胡子(朝鮮)集釋, 刊寫地未詳, 刊寫者未詳, 刊寫年未詳	2卷2册(卷上, 下), 木版本, 28.5×18.6cm, 四周單邊, 半郭:23×16cm, 有界, 11行20字, 註雙行, 內向二葉花紋魚尾		檀國大學校 율곡기념圖書館 고873.5-구173조-上

書名	出版事項	版式狀況	一般事項	所藏處/所藏番號
剪燈新話句解	瞿佑(明)著, 滄洲(朝鮮), 垂胡子(朝鮮)(共)集釋, 刊寫地未詳, 刊寫者未詳, 刊寫年未詳	1卷1冊(零本, 卷1), 木版本, 33.7×22.2㎝, 四周雙邊, 半郭:23.8×17.8㎝, 有界, 10行18字, 註雙行, 上下內向二葉花紋魚尾	表題:剪燈新話(坤), 卷末:道光九年己丑(1829) 南至月日買來價文一兩共 上下	檀國大學校 율곡기념圖書館 고873.5-구173죠-下
剪燈新話句解	瞿佑(明)著, 滄洲(朝鮮)訂正, 垂胡子(朝鮮)集釋, 刊寫地未詳, 刊寫者未詳, 刊寫年未詳	2卷2冊, 木版本, 30.4×20.8㎝, 四周單邊, 半郭:20.9×16.9㎝, 有界, 11行20字, 註雙行, 內向黑魚尾	刊記:庚子(?)年七月日刊	檀國大學校 율곡기념圖書館 고873.5-구173죠-下, 고873.5-구173저-上
剪燈新話句解	瞿佑(明)著, 滄洲(朝鮮)訂正, 垂胡子(朝鮮)集釋, 刊寫地未詳, 刊寫者未詳, 刊寫年未詳	1冊(卷下), 木版本, 31.3×21㎝		檀國大學校 율곡기념圖書館 고873.5-구173쟈-下
剪燈新話句解	瞿佑(明)著, 滄洲(朝鮮)訂正, 垂胡子(朝鮮)集釋, 刊寫地未詳, 刊寫者未詳, 刊寫年未詳	1卷1冊(卷下), 木版本, 30.5×20.7㎝, 四周單邊, 半郭:22.3×16.9㎝, 有界, 10行18字, 註雙行, 上下黑口, 內向黑魚尾		檀國大學校 율곡기념圖書館 고873.5-구173쟈-下
剪燈新話句解	瞿佑(明)著, 滄洲(朝鮮)訂正, 垂胡子(朝鮮)集釋, 刊年未詳	1卷1冊(零本), 木版本, 31×21.2㎝, 四周單邊, 半郭:22.9×17㎝, 有界, 10行18字, 註雙行, 上下內向二葉花紋魚尾	表題:剪燈新話	檀國大學校(천안) 羅孫文庫 [古]873.5/구173쟈
剪燈新話句解	瞿佑(明)著, 滄洲(朝鮮)訂正, 垂胡子(朝鮮)集釋, 刊年未詳	1冊(零本), 木版本, 31.7×20㎝, 四周單邊, 半郭:22×14.4㎝, 有界, 10行19字, 註雙行, 上下內向二葉花紋魚尾	表題:剪燈新話, 版心題:剪燈	檀國大學校(천안) 羅孫文庫 [古]873.5/구173쟈
剪燈新話句解	瞿佑(明)著, 滄洲(朝鮮)訂正, 垂胡子(朝鮮)集釋, 刊年未詳	1卷1冊(零本), 木版本, 30.6×20.8㎝, 四周單邊, 半郭:21.1×17.1㎝, 有界, 11行20字, 註雙行, 上下內向二葉花紋魚尾	表題:剪燈新話, 序:洪武十一年戊午(1378) …瞿 佑, 序:洪武十三年 (1380)…凌雲翰, 跋:洪武辛酉(1381)…?	檀國大學校(천안) 羅孫文庫 [古]873.5/구173저
剪燈新話句解	瞿佑(明)著, 滄洲(朝鮮)訂正, 垂胡子(朝鮮)集釋, 刊年未詳	1卷1冊(零本), 木版本, 27.7×18.2㎝, 四周單邊, 半郭:23.1×16.6㎝, 有界, 11行20字, 註雙行, 上下內向二葉花紋魚尾	表題:剪燈新話, 版心題:剪燈	檀國大學校(천안) 羅孫文庫 [古]873.5/구173죠

書名	出版事項	版式狀況	一般事項	所藏處/所藏番號
剪燈新話句解	瞿佑(明)著, 滄洲(朝鮮)訂正, 垂胡子(朝鮮)集釋, 刊年未詳	1卷1冊(零本), 木版本, 33.7×22.2㎝, 四周雙邊, 半郭:23.8×17.8㎝, 有界, 10行18字, 註雙行, 上下內向二葉花紋魚尾	表題:剪燈新話, 卷末:道光九年己丑(1829) 南至月日買來價文一兩共上下	檀國大學校(천안) 羅孫文庫 [古]873.5/구173조
剪燈新話句解	瞿佑(明)著, 滄洲(朝鮮)訂正, 垂胡子(朝鮮)集釋, 刊年未詳	1冊(零本), 木版本, 26.5×18.7㎝, 四周單邊, 半郭:23.1×16.5㎝, 有界, 11行20字, 註雙行, 上下內向二葉花紋魚尾	表題:剪燈新話, 版心題:剪燈	檀國大學校(천안) 羅孫文庫 [古]873.5/구173주
剪燈新話句解	瞿佑(明)著, 滄洲(朝鮮)訂正, 垂胡子(朝鮮)集釋, 刊年未詳	1卷1冊(零本), 木版本, 33×22㎝, 四周單邊, 半郭:23×18.5㎝, 有界, 12行18字, 註雙行, 上下內向黑魚尾		檀國大學校(천안) 其他 [古]873.5/구173저
剪燈新話句解	瞿佑(明)著, 滄洲(朝鮮)訂正, 垂胡子(朝鮮)集釋, 刊年未詳	1卷1冊(零本), 木版本, 29.4×21.7㎝, 四周單邊, 半郭:20.4×17.3㎝, 有界, 11行20字, 註雙行, 上下內向黑魚尾		檀國大學校(천안) 其他 [古]873.5/구173조
剪燈新話句解	瞿佑(明)著, 滄洲(朝鮮)訂正, 垂胡子(朝鮮)集釋, 刊年未詳	2卷2冊, 木版本, 28.5×18㎝, 四周單邊, 半郭:23×15.9㎝, 有界, 11行20字, 註雙行, 上下內向二葉花紋魚尾	印記:金O培信	檀國大學校(천안) 其他 [古]873.5/구173유
剪燈新話句解	瞿佑(明)著, 刊寫地未詳, 刊寫者未詳, 刊寫年未詳	2卷2冊(卷1~2), 木版本, 35×22.5㎝, 四周單邊, 半郭:21.7×18.3㎝, 有界, 12行18字, 上下內向黑魚尾		京畿大學校 경기-K108327-1
剪燈新話句解	瞿佑(明)著, 滄洲(朝鮮)訂正, 垂胡子(朝鮮)集釋, 刊寫地, 刊寫者, 刊寫年未詳	1卷1冊(缺帙, 卷下), 34.9×23㎝, 四周單邊, 半郭:22.3×17㎝, 有界, 行字數不定, 註雙行, 上下內向黑魚尾	表題:剪燈新話	京畿大學校 경기-K119038-2
剪燈新話句解	瞿佑(明)著, 滄洲(朝鮮)訂正, 垂胡子(朝鮮)集釋, 刊寫地, 刊寫者, 刊寫年未詳	1卷1冊(全2卷2冊, 卷上), 木版本, 27.6×20㎝, 四周單邊, 半郭:21×16.9㎝, 有界, 11行21字, 註雙行, 上下內向混葉花紋魚尾	表題:剪燈新話, 跋:辛酉(?)端陽前一…… 由義西齋寫	京畿大學校 경기-K115075-1 (乾)
剪燈新話句解	刊寫地未詳, 刊寫者未詳, 刊寫年未詳	1卷1冊(缺帙, 卷下), 木版本, 28×20㎝, 四周單邊, 半郭:20.3×16.9㎝, 有界, 11行20字, 小字雙行, 上下內向二葉花紋魚尾		京畿大學校 경기-K107364-2

2. 文言小說의 朝鮮時代 出版·筆寫本 目錄

書名	出版事項	版式狀況	一般事項	所藏處/所藏番號
剪燈新話句解	瞿佑(明)著, 滄洲(朝鮮)訂正, 垂胡子(朝鮮)集釋, 刊寫地, 刊寫者, 刊寫年未詳	1卷1册(缺帙, 卷上), 木版本, 30.1×19.8cm, 四周單邊, 半郭:21.9×18cm, 有界, 12行18字, 註雙行, 上下內向黑魚尾		京畿大學校 경기-K118786-1
剪燈新話句解	刊寫地未詳, 刊寫者未詳, 刊寫年未詳	1卷1册(缺帙, 卷上), 木版本, 26.3×19.4cm, 四周單邊, 半郭:22.9×16.8cm, 有界, 12行18字, 註雙行, 上下內向黑魚尾		京畿大學校 경기-K119860-1
剪燈新話句解	瞿佑(明)著, 刊寫地未詳, 刊寫者未詳, 刊寫年未詳	2卷2册(卷1~2), 木版本, 30.6×20cm, 四周單邊, 半郭:23×16cm, 有界, 11行20字, 白口, 上下內向二葉花紋魚尾	版心題:剪燈, 表題:剪燈新話	京畿大學校 경기-K104513-1 (上)=2
剪燈新話句解	瞿佑(明)著, 滄洲(朝鮮)訂正, 垂胡子(朝鮮)集釋, 刊寫地未詳, 刊寫者未詳, 刊寫年未詳	2卷2册(卷1~2), 木版本, 25×19cm, 四周單邊, 半郭:22×16.6cm, 有界, 12行20字, 註雙行, 上下內向二葉花紋魚尾	表題:剪燈新話, 版心題:剪燈, 刊記:癸亥(?) 仲秋武橋新刊	京畿大學校 경기-K114698-2
剪燈新話句解	刊寫地未詳, 刊寫者未詳, 刊寫年未詳	1卷1册(缺帙, 卷下), 筆寫本, 28.1×19.6cm, 無界, 9行17字, 無魚尾	表題:剪燈新話	京畿大學校 경기-K116750-2 (下)
剪燈新話句解	瞿佑(明)著, 垂胡子(朝鮮)集釋, 刊寫地未詳, 刊寫者未詳, 刊寫年未詳	2卷2册(卷1~2), 30.4×20.8cm, 四周單邊, 半郭:21.6×18.2cm, 有界, 12行18字, 紙質:楮紙		京畿大學校 경기-K105758-上
剪燈新話句解	瞿佑(明)著, 滄洲(朝鮮)訂正, 垂胡子(朝鮮)集釋, 刊寫地未詳, 刊寫者未詳, 刊寫年未詳	1册(缺帙), 朝鮮木版本, 30.2×18.5cm		慶熙大學校 812.3-구66ㅈㄱ
剪燈新話句解	瞿佑(明)著, 滄洲(朝鮮)訂正, 垂胡子(朝鮮)集釋, 刊寫地未詳, 刊寫者未詳, 刊寫年未詳	1册, 28.2×18.7cm, 四周單邊, 半郭:23.2×16cm, 有界, 11行字數不定, 註雙行, 上下內向二葉花紋魚尾	版心題:剪燈	慶熙大學校 812.3-구66ㅈㄷ

書名	出版事項	版式狀況	一般事項	所藏處/所藏番號
剪燈新話句解	瞿佑(明)著, 刊寫地未詳, 刊寫者未詳, 刊寫年未詳	1卷1冊(缺帙, 卷下), 木版本, 29.5×20.3㎝, 四周單邊, 半郭:20.7×16.5㎝, 有界, 11行20字, 上下內向花紋魚尾	刊記:大正九年四月… 三版發行	가톨릭大學校
剪燈新話句解	瞿佑(明)著, 垂胡子(朝鮮)集釋, 刊寫地未詳, 刊寫者未詳, 刊寫年未詳	上下2冊(冊1~2), 筆寫本, 28.3×19.2㎝	口訣本(筆寫), 剪燈新話	漢陽大學校 812.35-구65ス乾
剪燈新話句解	瞿佑(明)著, 滄洲(朝鮮)訂正, 垂胡子(朝鮮)集釋, 刊寫地未詳, 刊寫者未詳, 刊寫年未詳	2卷2冊(卷1~2), 木版本, 28.6×19㎝, 四周單邊, 半郭:23×16㎝, 有界, 11行20字, 註雙行, 上下內向二葉花紋魚尾	內容:冊3, 魯顚傳外, 內容:卷3~4, 馬伶傳外, 卷7~8, 書戚三郎事外, 卷9~10, 劍俠傳外, 卷11~12, 過百遠令傳外, 卷13~14, 曼殊別誌書外, 卷15~16, 記同夢外, 卷17~18, 紀袁樞遇仙始末外	漢陽大學校 812.35-구65ス ㄱ- v.2坤
剪燈新話句解	瞿佑(明)著, 滄洲(朝鮮)訂正, 垂胡子(朝鮮)集釋, 刊寫地, 刊寫者, 刊寫年未詳	2卷2冊(卷上, 下), 30.7×20.5㎝, 四周單邊, 半郭:21.4×18.4㎝, 有界, 12行18字, 註雙行, 內向黑魚尾	表題:剪燈新話	東亞大學校 (3):12:2-6
剪燈新話句解	瞿佑(明)著, 滄洲(朝鮮)訂正, 垂胡子(朝鮮)集釋, 刊寫地未詳, 刊寫者未詳, 刊寫年未詳	2卷2冊(卷上, 下), 29.7×18.6㎝, 四周單邊, 半郭:23.2×16.3㎝, 有界, 11行20字, 註雙行, 內向二葉花紋魚尾	版心題:剪燈, 表題:剪燈新話	東亞大學校 (3):12:2-7
剪燈新話句解	瞿佑(明)著, 發行地未詳, 發行處未詳, 發行年未詳	2冊, 木版後刷本, 29.4×18.8㎝, 四周單邊, 半郭:23.3×16.9㎝, 有界, 11行19字, 註雙行, 內向4葉花紋魚尾		明知大學校 812-4
剪燈新話句解	瞿佑(明)著, 子昂集釋, 發行地未詳, 發行處未詳, 發行年未詳	2卷2冊, 木版後刷本, 33×22.8㎝, 四周單邊, 半郭:22.7×18.2㎝, 有界, 10行18字, 註雙行, 內向4葉花紋魚尾	卷末에 大韓隆熙四年(1910) 庚戌正月二十四日書也라 는 소장자 인기가 있음	明知大學校 812-3
剪燈新話句解	瞿佑(明)著, 發行地未詳, 發行處未詳, 發行年未詳	1冊(零本), 木版本, 22.8×33㎝, 四周單邊, 半郭:22.7×18.2㎝, 有界, 10行18字, 註雙行, 魚尾多樣		明知大學校 812-6

2. 文言小說의 朝鮮時代 出版·筆寫本 目錄

書 名	出版事項	版式狀況	一般事項	所藏處/所藏番號
剪燈新話句解	瞿佑(明)著, 滄洲(朝鮮)訂正, 垂胡子(朝鮮)集釋, 京城(서울), 東美書市, 大正3年(1914)刊	零本1冊(全2卷2冊, 卷下), 26.8×18.3㎝, 四周單邊, 半郭:23×15.5㎝, 有界, 11行20字, 註雙行, 內向二葉花紋魚尾	書名:卷首題, 版心題:剪燈, 表題:剪燈新話(下), 刊記:大正三年(1914) 八月二十日發行, 京城匯東書館, 訂正:滄洲, 集釋:垂胡子.	東國大學校 D823.5-구67, v.2
剪燈新話句解	瞿佑(明)著, 滄洲(朝鮮)訂正, 垂胡子(朝鮮)集釋, 刊寫地未詳, 刊寫者未詳, 朝鮮朝後期	1冊(上), 木版本, 28.3×21.5㎝, 四周單邊, 半郭:22×17.9㎝, 有界, 12行18字, 註雙行, 無魚尾	書名:卷首題, 本文이 漢文으로 된 資料	東國大學校 D823.5-구671
剪燈新話句解	瞿佑(明)著, 滄洲(朝鮮)訂正, 垂胡子(朝鮮)集釋, 刊寫地未詳, 刊寫者未詳, 刊寫年未詳	2卷2冊(卷1~2), 木版本, 28.6×19㎝, 四周單邊, 半郭:23×16㎝, 有界, 11行20字, 註雙行, 無魚尾	書名:卷首題, 本文이 漢文으로 된 資料	東國大學校 D813-전94 D813-전94
剪燈新話句解	瞿佑(明)著, 滄洲(朝鮮)訂正, 垂胡子(朝鮮)集釋, 京城, 東美書市, 大正4年(1915)刊	零本1冊(全2卷2冊, 卷上), 木版本, 26.9×18.4㎝, 四周單邊, 半郭:23×15.5㎝, 有界, 10行20字, 註雙行, 內向二葉花紋魚尾	書名:卷首題, 版心題:剪燈, 表題:剪燈新話(上), 刊記:大正三年(1914) 八月二十日發行, 京城匯東書館, 訂正:滄洲, 集釋:垂胡子	東國大學校 D823.5-구67, v.1
剪燈新話句解	瞿佑(明)著, 滄洲(朝鮮)訂正, 垂胡子(朝鮮)集釋, 刊寫事項不明	2卷2冊, 木版本, 27×18.3㎝, 四周單邊, 半郭:22.9×15.8㎝, 有界, 11行20字, 上下內向二葉花紋魚尾	表題:剪燈, 版心題:剪燈	慶北大學校 [古]812.3 구67ㅈ
剪燈新話句解	瞿佑(明)著, 滄洲(朝鮮)訂正, 垂胡子(朝鮮)集釋, 刊寫事項不明	2卷2冊, 木版本, 32×21.4㎝, 四周雙邊, 半郭:21.2×17.1㎝, 有界, 10行18字, 上下內向二葉花紋魚尾	版心題:剪燈新話	慶北大學校 [古]812.3 구67ㅈ(2)
剪燈新話句解	瞿佑(明)著, 滄洲(朝鮮)訂正, 垂胡子(朝鮮)集釋, 刊寫事項不明	零本1冊(卷下), 木版本, 26.3×19.5㎝, 四周單邊, 半郭:21×17.3㎝, 有界, 11行20字, 上下內向二葉花紋魚尾	表題:剪燈新話, 版心題:新話	慶北大學校 [古]812.3 구67ㅈ(3)
剪燈新話句解	瞿佑(明)著, 滄洲(朝鮮)訂正, 垂胡子(朝鮮)集釋, 刊寫事項不明	零本1冊(卷下), 木版本, 29.5×20.5㎝, 四周單邊, 半郭:20.7×17.5㎝, 有界, 11行20字, 上下內向二葉花紋魚尾	表題:剪燈新話, 版心題:新話	慶北大學校 [古]812.3 구67ㅈ(4)

書名	出版事項	版式狀況	一般事項	所藏處/所藏番號
剪燈新話句解	瞿佑(明)著, 滄洲(朝鮮)訂正, 垂胡子(朝鮮)集釋, 刊寫事項不明	零本1冊(卷下), 木版本, 31×21㎝, 四周單邊, 半郭:21.3×16.8㎝, 有界, 11行20字, 上下內向二葉花紋魚尾		慶北大學校 [古]812.3 구67ㅈ(5)
剪燈新話句解	瞿佑(明)著, 滄洲(朝鮮)訂正, 垂胡子(朝鮮)集釋, 刊寫事項不明	零本1冊(卷下), 木版本, 28.1×20.2㎝, 四周單邊, 半郭:20.4×17.3㎝, 有界, 11行20字, 上下內向二葉花紋魚尾	表題:剪燈新話, 版心題:新話	慶北大學校 [古]812.3 구67ㅈ(6)
剪燈新話句解	瞿佑(明)著, 滄洲(朝鮮)訂正, 垂胡子(朝鮮)集釋, 刊寫事項不明	零本1冊(卷上), 木版本, 32.5×22㎝, 四周單邊, 半郭:21.5×17㎝, 有界, 10行18字, 上下內向二葉花紋魚尾	表題:剪燈新話, 版心題:新話	慶北大學校 [古]812.3 구67ㅈ(7)
剪燈新話句解	瞿佑(明)著, 滄洲(朝鮮)訂正, 垂胡子(朝鮮)集釋, 刊寫事項不明	零本1冊(卷上), 木版本, 31.2×20.7㎝, 四周單邊, 半郭:21.5×18.2㎝, 有界, 12行18字, 上下內向黑魚尾	表題:剪燈	慶北大學校 [古]812.3 구67ㅈ(8)
剪燈新話句解	瞿佑(明)著, 滄洲(朝鮮)訂正, 垂胡子(朝鮮)集釋, 刊寫事項不明	零本1冊(卷上), 木版本, 28×19㎝, 四周單邊, 半郭:23.1×15.6㎝, 有界, 11行20字, 上下內向二葉花紋魚尾	表題:剪燈新話, 版心題:新話	慶北大學校 [古]812.3 구67ㅈ(9)
剪燈新話句解	瞿佑(明)著, 滄洲(朝鮮)訂正, 垂胡子(朝鮮)集釋, 刊寫事項不明	零本1冊(卷上), 木版本, 30.8×21㎝, 四周單邊, 半郭:22.7×18.4㎝, 有界, 12行18字, 上下內向黑魚尾	表題:剪燈新話	慶北大學校 [古]812.3 구67ㅈ(10)
剪燈新話句解	瞿佑(明)著, 滄洲(朝鮮)訂正, 垂胡子(朝鮮)集釋, 刊寫事項不明	零本1冊(卷上), 木版本, 30.9×21.2㎝, 四周雙邊, 半郭:23×17.4㎝, 有界, 10行18字, 上下內向二葉花紋魚尾	版心題:剪燈新話	慶北大學校 [古]812.3 구67ㅈ(11)
剪燈新話句解	瞿佑(明)著, 滄洲(朝鮮)訂正, 垂胡子(朝鮮)集釋, 刊寫事項不明	零本1冊(卷上), 木版本, 25.5×19.4㎝, 四周單邊, 半郭:22×16.6㎝, 有界, 12行20字, 上下內向二葉花紋魚尾	表題:剪燈新話, 版心題:新話下	慶北大學校 [古]812.3 구67ㅈ(12)
剪燈新話句解	瞿佑(明)著, 滄洲(朝鮮)訂正, 垂胡子(朝鮮)集釋, 刊寫事項不明	零本1冊(卷上), 木版本, 27.3×17.8㎝, 四周單邊, 半郭:21.9×14.5㎝, 有界, 10行18字, 上下內向二葉花紋魚尾		慶北大學校 [古]812.3 구67ㅈ(13)

書 名	出 版 事 項	版 式 狀 況	一 般 事 項	所藏處/所藏番號
剪燈新話句解	瞿佑(明)著, 滄洲(朝鮮)訂正, 垂胡子(朝鮮)集釋, 刊寫事項不明	零本1冊(卷上), 木版本, 26.4×19cm, 四周單邊, 半郭:22.5×18cm, 有界, 12行18字, 上下內向黑魚尾	表題:剪燈新話	慶北大學校 [古]812.3 구67ㅈ(14)
剪燈新話句解	瞿佑(明)著, 滄洲(朝鮮)訂正, 垂胡子(朝鮮)集釋, 刊寫事項不明	零本1冊(卷下), 木版本, 32.5×22.9cm, 四周單邊, 半郭:23.1×17.3cm, 有界, 10行18字, 上下內向 二葉花紋魚尾	版心題:剪燈新話	慶北大學校 [古]812.3 구67ㅈ(15)
剪燈新話句解	瞿佑(明)著, 刊寫事項不明	1冊, 筆寫本, 33.7×21.2cm, 無界, 10行24字, 無魚尾		慶北大學校 [古]812.3 구67ㅈ(16)
剪燈新話句解	瞿佑(明)著, 滄洲(朝鮮)訂正, 垂胡子(朝鮮)集釋, 刊寫事項不明	1冊(卷下), 筆寫本, 29×22.7cm, 四周雙邊, 半郭:23.2×21cm, 無界, 11行20字, 無魚尾		慶北大學校 [古]812.3 구67ㅈ(17)
剪燈新話句解	瞿佑(明)著, 滄洲(朝鮮)訂正, 垂胡子(朝鮮)集釋, 刊寫事項不明	零本1冊(卷下), 筆寫本, 29.4×17.8cm, 無界, 10行20字, 無魚尾	版心題:剪燈新話	慶北大學校 [古]812.3 구67ㅈ(18)
剪燈新話句解	瞿佑(明)著, 滄洲(朝鮮)訂正, 垂胡子(朝鮮)集釋, 刊寫事項不明	零本1冊(卷下), 筆寫本, 29.7×20cm, 無界, 11行18字, 無魚尾	表題:剪燈新話	慶北大學校 [古]812.3 구67ㅈ(19)
剪燈新話句解	瞿佑(明)著, 滄洲(朝鮮)訂正, 垂胡子(朝鮮)集釋, 刊寫事項不明	零本1冊(卷下), 筆寫本, 27.5×20cm, 無界, 行字數不定, 無魚尾		慶北大學校 [古]812.3 구67ㅈ(20)
剪燈新話句解	瞿佑(明)著, 滄洲(朝鮮)訂正, 垂胡子(朝鮮)集釋, 刊寫事項不明	零本1冊(卷下), 筆寫本, 22.2×21.3cm, 四周單邊, 半郭:19.8×18.3cm, 無界, 10行18字, 無魚尾		慶北大學校 [古]812.3 구67ㅈ(21)
剪燈新話句解	瞿佑(明)著, 滄洲(朝鮮)訂正, 垂胡子(朝鮮)集釋, 刊寫事項不明	零本1冊(卷上), 筆寫本, 26×15.2cm, 四周單邊, 半郭:21.7×12.3cm, 有界, 8行20字, 無魚尾	表題:剪燈	慶北大學校 [古]812.3 구67ㅈ(22)
剪燈新話句解	瞿佑(明)著, 滄洲(朝鮮)訂正, 垂胡子(朝鮮)集釋, 刊寫事項不明	零本1冊(卷坤), 筆寫本, 31.5×22.5cm, 無界, 11行20字, 無魚尾	表題:剪燈新話	慶北大學校 [古]812.3 구67ㅈ(23)
剪燈新話句解	瞿佑(明)著, 滄洲(朝鮮)訂正, 垂胡子(朝鮮)集釋, 刊寫事項不明	零本1冊(卷下), 筆寫本, 29.5×19cm, 無界, 10行20字, 無魚尾	表題:孟解	慶北大學校 [古]812.3 구67ㅈ(24)

書名	出版事項	版式狀況	一般事項	所藏處/所藏番號
剪燈新話句解	瞿佑(明)著, 滄洲(朝鮮)訂正, 垂胡子(朝鮮)集釋, 刊寫地未詳, 刊寫者未詳, 康熙58年(1719)	1卷1冊(缺本), 木版本, 32×20.5cm, 四周雙邊, 半郭:20×17.5cm, 有界, 10行18字, 註雙行, 上下向二葉花紋魚尾	刊記:康熙五十八(1719)年己亥春嘉善, 表題:新話	淑明女子大學校 CL 812.3 구우 전
剪燈新話句解	瞿佑(明)著, 서울, 武橋, 刊寫年未詳	1卷1冊(卷下), 木版本, 25×19cm, 四周單邊, 半郭:22×18cm, 有界, 12行20字, 註雙行, 上下內向二葉花紋魚尾	表題:剪燈, 版心題:剪燈, 刊記: 癸亥(?)仲秋武橋新刊	淑明女子大學校 CL 812.3 구우 전
剪燈新話句解	瞿佑(明)著, 刊寫地未詳, 刊寫者未詳, 刊寫年未詳	1卷1冊(卷下), 筆寫本, 22×15cm, 10行18字, 註雙行	表題:剪燈神話, 刊記:壬辰(?)四月日抄	淑明女子大學校 CL 812.3 구우 전-가
剪燈新話句解	瞿佑(明)著, 滄洲(朝鮮)訂正, 垂胡子(朝鮮)集釋	2卷2冊, 木版本, 半郭:23.4×15.7cm, 11行20字, 內向二葉魚尾	標題:山陽集	아단문고 823.5-구66ㅈ
剪燈新話句解	瞿佑(明)著, 滄洲(朝鮮)訂正, 垂胡子(朝鮮)集釋	2冊(卷上, 同書2部), 木版本, 半郭:23.1×16cm, 11行20字, 內向二葉魚尾		아단문고 823.5-구66ㅈ
剪燈新話句解	瞿佑(明)著	1卷1冊(卷下), 木版本, 半郭:20.5×16.5cm, 11行20字, 大黑口, 內向黑魚尾		아단문고 823.5-구66ㅈ
剪燈新話句解	瞿佑(明)著, 滄洲(朝鮮)訂正, 垂胡子(朝鮮)集釋	1卷1冊(卷上), 木版本, 半郭:22.4×14.6cm, 10行18字, 上二葉魚尾		아단문고 823.5-구66ㅈ
剪燈新話句解	瞿佑(明)著, 滄洲(朝鮮)訂正, 垂胡子(朝鮮)集釋	2卷2冊, 木版本, 半郭:20.4×17.1cm, 11行20字, 黑口內向黑魚尾		아단문고 823.5-구66ㅈ
剪燈新話句解	瞿佑(明)著	2卷2冊, 木版本, 半郭:23.1×15.9cm, 11行20字, 內向二葉魚尾		아단문고 823.5-구66ㅈ
剪燈新話句解	瞿佑(明)著, 滄洲(朝鮮)訂正, 垂胡子(朝鮮)集釋	2卷1冊, 木版本, 半郭:23.6×16cm, 11行20字, 內向二葉魚尾		아단문고 823.5-구66ㅈ
剪燈新話句解	瞿佑(明)著	2卷2冊(同書3帙), 木版本, 半郭:21.6×18.1cm, 12行18字, 內向黑魚尾		아단문고 823.5-구66ㅈ
剪燈新話句解	瞿佑(明)著, 京城, 翰南書林, 1917年刊	2卷2冊(同書2帙), 木版本, 半郭:23×15.9cm, 11行20字, 內向二葉魚尾		아단문고 823.5-구66ㅈ

2. 文言小說의 朝鮮時代 出版·筆寫本 目錄

書名	出版事項	版式狀況	一般事項	所藏處/所藏番號
剪燈新話句解	瞿佑(明)著, 滄洲(朝鮮)訂正, 垂胡子(朝鮮)集釋	1册(下卷), 筆寫本, 21.6×21.1cm, 行字數不定		아단문고 823.5-구66ㅈ
剪燈新話句解	瞿佑(明)著, 垂胡子(朝鮮)集釋, 朝鮮朝後期刻, 後刷	2卷2册, 朝鮮木版本(戊申字覆刻), 29.5×20.3cm, 四周單邊, 半郭:22.1×18.2cm, 有界, 12行18字, 註雙行, 內向黑魚尾, 紙質:楮紙	表題:剪燈新話	達成郡 成垓濟
剪燈新話句解	瞿佑(明)著, 滄洲 訂正, 垂胡子 集釋, 朝鮮朝後期寫	2卷1册, 筆寫本, 26.4×18.9cm, 四周雙邊, 半郭:22.2×15.4cm, 12行26字, 烏絲欄, 紙質:楮紙	表題:剪燈新話, 所藏印:金憲在印	安東市 豊山邑 金直鉉
剪燈新話句解	瞿佑(明)著, 垂胡子 集釋, 朝鮮朝後期刊	1卷1册(卷下), 木版本, 27×19.5cm, 四周單邊, 半郭:23.1×18cm, 有界, 11行20字, 註雙行, 內向二葉花紋魚尾, 紙質:楮紙		安東市 祿轉面 金台正
剪燈新話句解	瞿佑(明)著, 滄洲(朝鮮)訂正, 垂胡子(朝鮮)集釋, 壬亂前後刊	1卷1册(卷下), 木版本, 33.5×22.1cm, 四周雙邊, 半郭:24.5×17.2cm, 有界, 10行18字, 註雙行, 內向黑魚尾, 紙質:楮紙		安東市 臨東面 金源宅
剪燈新話句解	瞿佑(明)著, 滄洲(朝鮮)訂正, 垂胡子(朝鮮)集釋, 壬亂前後刊	1卷1册(卷下), 木版本, 33.5×22.1cm, 四周雙邊, 半郭:24.5×17.2cm, 有界, 10行18字, 註雙行, 內向黑魚尾, 紙質:楮紙		安東市 臨東面 金源宅
剪燈新話句解	瞿佑(明)著, 滄洲(朝鮮)訂正, 垂胡子(朝鮮)集釋, 朝鮮朝後期刊	2卷2册, 木版本, 27.8×19.8cm, 四周單邊, 半郭:20.8×17.5cm, 有界, 11行21字, 註雙行, 內向一·二·三葉混入花紋魚尾, 紙質:楮紙	表題:剪燈新話, 版心題:剪燈新話, 序:洪武十三年(1380)夏四月錢唐凌雲翰(明)序	慶星大學校博物館
剪燈新話句解	瞿佑(明)著, 滄洲(朝鮮)訂正, 垂胡子(朝鮮)集釋, 朝鮮朝後期刊	1卷1册(卷下), 木版本, 27.2×18.5cm, 四周單邊, 半郭:23×15.9cm, 有界, 11行20字, 註雙行, 內向二葉花紋魚尾, 紙質:楮紙	表題:剪燈新話, 版心題:剪燈	釜山直轄市 金戊祚
剪燈新話句解	瞿佑(明)著, 滄洲(朝鮮)訂正, 垂胡子(朝鮮)集釋, 朝鮮朝後期刊	2卷2册, 木版本, 31.5×21cm, 四周單邊, 半郭:23×16cm, 有界, 11行20字, 註雙行, 內向二葉花紋魚尾, 紙質:楮紙	表題:剪燈新話	釜山大學校圖書館

書名	出版事項	版式狀況	一般事項	所藏處/所藏番號
剪燈新話句解	瞿佑(明)著, 滄洲(朝鮮)訂正, 垂胡子(朝鮮)集釋, 朝鮮朝後期刻, 後刷	1卷1冊(卷上), 木版本, 28×17.3cm, 四周單邊, 半郭:23.5×16cm, 有界, 11行20字, 註雙行, 內向二葉花紋魚尾, 紙質:楮紙	表題:剪燈新話, 跋:洪武辛酉(1381)…金冕…庠之由義西齋寫	釜山大學校 圖書館
剪燈新話句解	瞿佑(明)著, 滄洲(朝鮮)訂正, 垂胡子(朝鮮)集釋, 朝鮮朝後期刻, 末期後刷	1卷1冊(卷上), 木版本, 31.6×21.2cm, 四周單邊, 半郭:23×18cm, 有界, 12行18字, 註雙行, 小黑口, 內向黑魚尾, 紙質:楮紙	表題:剪燈新話	釜山大學校 圖書館
剪燈新話句解	瞿佑(明)著, 滄洲(朝鮮)訂正, 垂胡子(朝鮮)集釋, 1900年代 刊	1卷1冊(卷上), 木版本, 28×18.2cm, 四周單邊, 半郭:23.2×16cm, 無界, 12行20字, 紙質:楮紙	題簽:剪燈新話, 版心題:剪燈	釜山大學校 圖書館
剪燈新話句解	瞿佑(明)著, 滄洲(朝鮮)訂正, 垂胡子(朝鮮)集釋, 朝鮮朝末期 刊	2卷2冊, 木版本, 有圖, 30.1×20.8cm, 四周單邊, 半郭:21.6×18.1cm, 有界, 12行18字, 紙質:楮紙	表題:剪燈新話, 附錄:秋香亭記	釜山女子大學校 伽倻文化研究所
剪燈新話句解	瞿佑(明)著, 垂胡子(朝鮮)集解, 朝鮮朝末期刊	2卷2冊(卷上下), 木版本, 30.5×20cm, 四周單邊, 半郭:22.4×25.3cm, 有界, 上卷12行18字, 下卷10行19字, 註雙行, 內向黑一·二葉混入花紋魚尾, 紙質:楮紙	表題:剪燈新話	淸州大學校 圖書館
剪燈新話句解	瞿佑(明)著, 垂胡子(朝鮮)集解, 朝鮮朝後期刊	1卷1冊(卷上), 木版本, 27.5×19.3cm, 四周單邊, 半郭:21.6×17.6cm, 有界, 12行18字, 註雙行, 內向黑魚尾, 紙質:楮紙	刊記:金錫範	淸州大學校 民俗博物館
剪燈新話句解	瞿佑(明)著, 滄洲(朝鮮)訂正, 垂胡子(朝鮮)集釋, 純祖~哲宗(1801~1863)	零本1冊, 木版本, 29.5×20.5cm, 四周單邊, 半郭:21.2×17.3cm, 有界, 11行21字, 小字雙行, 白口, 上下內向二葉花紋魚尾	序:…洪武十三年(1380)夏四月錢唐凌雲翰序,…洪武十四年(1381)秋八月吳植書…洪武己巳(1389)六月六日睦人桂衡書…, 卷首跋:洪武辛酉(1381)…, 所藏本中卷之上의 1冊 以外缺(全2卷2冊中)	海軍士官學校 [한] 408
剪燈新話句解	瞿佑(明)著, 滄洲(朝鮮)訂正, 垂胡子(朝鮮)集釋, 哲宗14年(1863)	零本1冊, 木版本, 25.4×19cm, 四周單邊, 半郭:22.3×16.9cm, 有界, 12行20字, 小字雙行, 白口, 上下內向二葉花紋魚尾	表紙版心書名:剪燈, 刊記:癸亥(1863)仲秋武橋新刊, 所藏本中卷之下의 1冊 以外缺(全2卷2冊中)	海軍士官學校 [한] 407

2. 文言小說의 朝鮮時代 出版·筆寫本 目錄

書名	出版事項	版式狀況	一般事項	所藏處/所藏番號
剪燈新話句解	瞿佑(明)著, 滄洲(朝鮮)訂正, 垂胡子(朝鮮)集釋, 高宗末	零本1册, 木版本, 29.7×19.4cm, 四周單邊, 半郭:22.8×16cm, 有界, 11行20字, 小字雙行, 白口, 上下內向二葉花紋魚尾	所藏本中卷之下의 1册 以外缺(全2卷2册中)	海軍士官學校 [한] 406
剪燈新話句解	瞿佑(明)著, 滄洲(朝鮮)訂正, 垂胡子(朝鮮)集釋, 刊寫地未詳, 刊寫者未詳, 刊寫年未詳	2卷2册(卷上, 下), 木版本, 28.5×18.6cm, 四周單邊, 半郭:23×16cm, 有界, 11行20字, 註雙行, 上下內向二葉花紋魚尾	內容:册3, 魯顓傳外, 內容:卷3~4, 馬伶傳外, 卷7~8, 書戚三郎事外, 卷9~10, 劍俠傳外, 卷11~12, 過百遠令傳外, 卷13~14, 曼殊別誌書外, 卷15~16, 記同夢外, 卷17~18, 紀袁樞遇仙始末外	漢陽大學校 812.35-구65ㅈㄱ-v.1乾
剪燈新話句解	瞿佑(明)著, 滄洲(朝鮮)訂正, 垂胡子(朝鮮)集釋, 刊寫地未詳, 刊寫者未詳, 刊寫年未詳	2卷2册(卷1~2), 木版本, 29×19cm, 四周單邊, 半郭:23×16cm, 有界, 11行20字, 註雙行, 內向二葉花紋魚尾		仁荷大學校 H812.35-구66전
剪燈新話句解	瞿佑(明)著, 滄洲(朝鮮)訂正, 垂胡子(朝鮮)集釋, 京城(서울), 翰南書林, 大正5年(1916)刊	全2卷2册(卷1~2), 木版本, 29×19.5cm, 四周單邊, 半郭:23.2×16cm, 有界, 11行20字, 註雙行, 上下內向二葉花紋魚尾, 紙質:楮紙	版心題:剪燈, 表題:剪燈新話, 刊記:大正五年(1916) 六月三十日發行	仁荷大學校 H812.35-구66전등-v.1-2
剪燈新話句解	瞿佑(明)著, 서울, 刊寫者未詳, 19--	册(卷1~2), 33cm		大邱가톨릭大學校 동823.5-구67ㅈ
剪燈新話句解	瞿佑(明)著, 尹春年(朝鮮)訂正, 林芑(朝鮮)集釋, 京城, 滙東書館, 1914	1册(零本, 卷下), 本版本, 27.2×19cm, 四周單邊, 半郭:23.2×16cm, 有界, 11行20字, 註雙行, 上下二葉花紋魚尾, 紙質:竹紙	版心題:剪燈, 表題:剪燈新話, 刊記:大正三年(1914), 京城, 滙東書館, 高裕相發行	圓光大學校 AN 823.5-ㄱ483
剪燈新話句解	瞿佑(明)著, 尹春年(朝鮮)訂正, 林芑(朝鮮)集釋	1册(零本, 卷下), 後刷本版本, 29×20.3cm, 四周單邊, 半郭:22×18.3cm, 有界, 12行18字, 註雙行, 上下黑魚尾, 紙質:楮紙	表題:剪燈新話	圓光大學校 AN 823.5-ㄱ483ㄱ
剪燈新話句解	瞿佑(明)著, 尹春年(朝鮮)訂正, 林芑(朝鮮)集釋	1册(零本, 卷下), 本版本, 27×19.4cm, 四周單邊, 半郭:23.3×16cm, 有界, 11行20字, 註雙行, 上下二葉花紋魚尾, 紙質:楮紙	表題:剪燈新話	圓光大學校 AN823.5-ㄱ483ㄷ

92　第一部　國內 出版·筆寫 및 飜譯本 中國古典小說 目錄

書名	出版事項	版式狀況	一般事項	所藏處/所藏番號
剪燈新話句解	瞿佑(明)著, 尹春年(朝鮮)訂正, 林芑(朝鮮)集釋, 後刷	1册(零本, 卷下), 木版本, 29.2×19㎝, 四周單邊, 半郭:23×16.6㎝, 有界, 11行20字, 註雙行, 上下二葉花紋魚尾, 紙質:楮紙	版心題:剪燈, 表題:剪燈新話	圓光大學校 AN 823.5-ㄱ483ㄹ
剪燈新話句解	瞿佑(明)著, 尹春年(朝鮮)訂正, 林芑(朝鮮)集釋, 後刷	1册(零本, 卷下), 木版本, 30×20.5㎝, 四周單邊, 半郭:23×17.5㎝, 有界, 11行18字, 註雙行, 上下黑魚尾, 紙質:楮紙	表題:剪燈新話	圓光大學校 AN823.5-ㄱ483ㅁ
剪燈新話句解	瞿佑(明)著, 垂胡子(朝鮮)集解, 刊寫地未詳, 刊寫者未詳, 甲寅字飜刻本, 1910年代	2卷2册(上, 下), 金屬活字本, 四周雙邊, 半郭:23.2×16.1㎝, 有界, 11行20字, 註雙行, 上下內向二葉花紋魚尾		全州大學校 OM823.5-구67ㅈ
剪燈新話句解	瞿佑(明)著, 滄洲(朝鮮)訂正, 垂胡子(朝鮮)集釋, 刊寫地未詳, 刊寫者未詳, 刊寫年未詳	2卷2册(下卷欠), 木版本, 25.8×19㎝, 四周單邊, 半郭:23.3×15.8㎝, 有界, 11行20字, 註雙行, 內向二葉花紋魚尾		全州大學校 OM823.5-구67저
剪燈新話句解	瞿佑(明)原著, 白斗鏞 編集, 京城(서울), 翰南書林, 大正5年(1916)	2卷2册(卷1~2), 木版本, 26.7×19.3㎝, 四周單邊, 半郭:22.8×15.9㎝, 有界, 11行20字, 註雙行, 內向二葉花紋魚尾, 紙質:楮紙	表題:剪燈新話, 版心題:剪燈, 上欄에 註, 刊記:大正五(1916) 年六月三十日發行, 京城 翰南書林	全南大學校 3Q-전228ㄱ2
剪燈新話句解	瞿佑(明)編, 刊寫地未詳, 刊寫者未詳, 朝鮮後期	2卷2册(卷1~2), 木版本, 29.6×20.5㎝, 四周單邊, 半郭:21.2×18.3㎝, 有界, 12行19字, 註雙行, 大黑口, 內向二葉花紋魚尾, 紙質:楮紙	表題:剪燈新話	全南大學校 3Q-전228ㄱ
剪燈新話句解	瞿佑(明)著, 刊寫地未詳, 刊寫者未詳	2卷2册(卷1~2), 木版本, 30.9×21.5㎝, 四周單邊, 半郭:22.5×16.7㎝, 有界, 10行18字, 註雙行, 內向二葉花紋魚尾, 紙質:楮紙	表題:剪燈	全南大學校 3Q-전228ㄱ
剪燈新話句解	瞿佑(明)著, 刊寫地未詳, 刊寫者未詳, 刊寫年未詳	2卷1册(卷1~2), 木版本, 29.5×19㎝, 四周單邊, 半郭:23.2×15.7㎝, 有界, 11行20字, 註雙行, 二葉花紋魚尾, 紙質:楮紙		全南大學校 3Q-전228ㄱ2

2. 文言小說의 朝鮮時代 出版·筆寫本 目錄

書名	出版事項	版式狀況	一般事項	所藏處/所藏番號
剪燈新話句解	瞿佑(明)著, 刊寫地未詳, 刊寫者未詳, 後刷	2卷1冊(卷1~2), 木版本, 30.9×21.5cm, 四周單邊, 半郭:22.5×16.7cm, 有界, 10行18字, 註雙行, 內向黑魚尾, 紙質:楮紙		全南大學校 3Q-전228ㄱ-v.1-2
剪燈新話句解	瞿佑(明)著, 刊寫地未詳, 刊寫者未詳, 朝鮮後期	2卷1冊(卷1~2), 木版本, 29.5×19cm, 四周單邊, 半郭:23.2×15.7cm, 有界, 11行20字, 註雙行, 花口, 內向二葉花紋魚尾, 紙質:楮紙	表題:剪燈新話	全南大學校 3Q-전228ㄱ2
剪燈新話句解	瞿佑(明)編, 刊寫地未詳, 刊寫者未詳, 刊寫年未詳	2冊, 木版本, 29.6×20.5cm, 四周單邊, 半郭:21.2×18.3cm, 有界, 12行19字, 註雙行, 花口, 上黑內向魚尾, 紙質:楮紙		全南大學校 3Q-전228ㄱ-v.1-2
剪燈新話句解	瞿佑(明)著, 發行事項不明	2卷2冊, 木版本, 25.7~29.8×19.5~19.8cm, 四周單邊, 半郭:21.6~22.2×18.1~16.9cm, 有界, 12行18字, 註雙行, 上下內向黑魚尾		安東大學校 [古小]823.5 구67ㅈ
剪燈新話句解	瞿佑(明)著, 尹春年(朝鮮)訂正, 林芑(朝鮮)集釋, 發行事項不明	零本1冊(2卷2冊, 卷2), 木版本, 29.2×18.8cm, 四周單邊, 半郭:23.2×15.9cm, 有界, 11行20字, 註雙行, 上下內向二葉花紋魚尾		安東大學校 [古小]823.5 구67ㅈ
剪燈新話句解	瞿佑(1347~1433)著, 尹春年(朝鮮)訂正, 林芑(朝鮮) 集釋, 刊年未詳	2卷2冊, 木活字本, 28.3×20.3cm, 四周單邊, 半郭:21.6×14.7cm, 有界, 10行18字, 註雙行, 上二葉花紋魚尾		啓明大學校 고812.35구우ㅈ
剪燈新話句解	瞿佑(1347~1433)著, 尹春年(朝鮮), 訂正, 林芑(朝鮮) 集釋, 刊年未詳	2卷2冊, 木版本, 32.3×21cm, 四周單邊, 半郭:21.5×18.4cm, 有界, 12行18字, 註雙行, 內向黑魚尾		啓明大學校 고812.35구우전
剪燈新話句解	瞿佑(1347~1433)著, 尹春年(朝鮮)訂正, 林芑(朝鮮)集釋, 刊年未詳	2卷2冊, 木版本, 25.4×18.8cm, 四周單邊, 半郭:24.1×15.3cm, 有界, 11行20字, 註雙行, 內向二葉花紋魚尾		啓明大學校 고812.35구우전ㄷ
剪燈新話句解	瞿佑(明)著, 年紀未詳	1冊(零本), 筆寫本, 33.5×22cm, 四周單邊, 半郭:29.2×18.4cm, 烏絲欄, 11行20字, 註雙行, 內向二葉花紋魚尾		啓明大學校 고812.35구우저

書名	出版事項	版式狀況	一般事項	所藏處/所藏番號
剪燈新話句解	瞿佑(明)著, 尹春年(朝鮮)訂正, 林芑(朝鮮)集釋, 刊年未詳	2卷2冊, 木活字本, 28.3×20.3㎝, 四周單邊, 半郭:21.6×14.7㎝, 有界, 10行18字, 註雙行, 上二葉花紋魚尾		啓明大學校 812.35-구우ㅈ
剪燈新話句解	瞿佑(明)著, 垂胡子(朝鮮)集釋	上下2冊, 木版本, 26.7×18.8㎝, 四周單邊, 半郭:23.1×16㎝, 有界, 11行20字, 註雙行, 上下內向四瓣黑魚尾	版心題:剪燈, 表紙書名:剪燈新話	嶺南大學校 眛山文庫 823.5 구우
剪燈新話句解	瞿佑(明)著, 垂胡子(朝鮮)集釋	1冊(零本, 全上下2冊, 本館所:1冊, 卷上), 木版本, 28.3×19.2㎝, 四周單邊, 半郭:23.1×16㎝, 有界, 11行20字, 註雙行, 上下內向四瓣黑魚尾	版心題:剪燈, 表紙書名:剪燈新話	嶺南大學校 眛山文庫 823.5 구우-2
剪燈新話句解	瞿佑(明)著, 垂胡子(朝鮮)集釋	1冊(零本, 全上下2冊, 本館所:1冊, 卷下), 木版本, 29×20.3㎝, 四周雙邊, 半郭:21.1×16.7㎝, 有界, 10行18字, 註雙行, 上下內向四瓣黑魚尾 (一部分有紋黑魚尾)	版心題:剪燈新話, 表紙書名:剪燈新話	嶺南大學校 眛山文庫 823.5 구ㅁ
剪燈新話句解	瞿佑(明)著, 垂胡子(朝鮮)集釋, 京城, 泰華書館, 年刊未詳	上下2冊, 木版本, 27.4×19㎝, 四周單邊, 半郭:23×16.3㎝, 有界, 11行20字, 註雙行, 上下內向四瓣黑魚尾	版心題:剪燈 表紙書名:剪燈新話	嶺南大學校 陶南文庫 [古도]823.5구우
剪燈新話句解	瞿佑(明)著, 垂胡子(朝鮮)集釋	1冊(零本, 全上下2冊, 本館所藏:1冊, 卷上), 木版本, 33.4×21.9㎝, 四周單邊, 半郭:22.1×18.4㎝, 有界, 12行18字, 註雙行, 上下內向四瓣黑魚尾	表紙書名:剪燈新話	嶺南大學校 南齋文庫 [古南]823.5구우
剪燈新話句解	瞿佑(明)著, 垂胡子(朝鮮)集釋	1冊(零本, 全上下2冊, 本館所藏:1冊, 卷上), 木版本, 32.1×21㎝, 四周單邊, 半郭:22.1×18.4㎝, 有界, 12行18字, 註雙行, 上下內向四瓣黑魚尾	表紙書名:剪燈新話	嶺南大學校 南齋文庫 [古南]823.5구우-2
剪燈新話句解	瞿佑(明)著, 垂胡子(朝鮮)集釋	1冊(零本, 全上下2冊, 本館所藏:1冊, 卷上), 木版本, 26×19.8㎝, 四周單邊, 半郭:22.1×18.4㎝, 有界, 12行18字, 註雙行, 上下內向四瓣黑魚尾		嶺南大學校 南齋文庫 [古南]823.5구우-3

2. 文言小說의 朝鮮時代 出版·筆寫本 目錄

書 名	出版事項	版式狀況	一般事項	所藏處/所藏番號
剪燈新話句解	瞿佑(明)著, 垂胡子(朝鮮)集釋	1冊(零本, 全上下2冊, 本館所藏:1冊, 卷下), 木版本, 有圖, 31.4×20.9㎝, 四周單邊, 半郭:22.4×17.2㎝, 有界, 10行18字(第5張以後는 11行), 註雙行, 一部分, 上下大黑口, 上下內向黑魚尾	表紙書名:剪燈新話	嶺南大學校 南齋文庫 [古南]823.5구우ㅁ
剪燈新話句解	瞿佑(明)著, 垂胡子(朝鮮)集釋	上下2冊, 筆寫本, 33.9×21.5㎝	表紙書名:剪燈新話	嶺南大學校 南齋文庫 [古南]823.5구우ㅍ
剪燈新話句解	瞿佑(明)著, 垂胡子(朝鮮)集釋	1冊(零本, 全上下2冊, 本館所藏:1冊, 卷下), 筆寫本, 33.3×20.2㎝	原本印出記錄(卷末):崇禎六年癸酉(1633)六月日開刊, 筆寫記錄(表紙裏面):道光二十七年(1847) 菊月二十八日記, 表紙書名:剪燈新	嶺南大學校 南齋文庫 [古南]823.5 구우ㅍㄱ
剪燈新話句解	瞿佑(明)著, 垂胡子(朝鮮)集釋	1冊(零本, 全上下2冊, 本館所藏:1冊, 卷上), 筆寫本, 33.9×21.2㎝	筆寫記錄(卷末):乾隆六十乙卯(1795), 表紙書名:剪燈新話, 口訣本(筆寫), 表紙書名:剪燈新話	嶺南大學校 南齋文庫 [古南]823.5구우ㅍㄴ
剪燈新話句解	瞿佑(明)著, 垂胡子(朝鮮)集釋	1冊(零本, 全上下2冊, 本館所藏:1冊, 卷上), 筆寫本, 28.3×19.2㎝	口訣本(筆寫), 表紙書名:剪燈新話	嶺南大學校 南齋文庫 [古南]823.5구우ㅍㄷ
剪燈新話句解	瞿佑(明)著	2冊, 木版本, 29×19㎝		嶺南大學校 中央圖書館 [韶]823.5
剪燈新話句解	瞿佑(明)著, 滄洲(朝鮮)訂正, 垂胡子(朝鮮)集釋, 發行地不明, 發行處不明, 發行年不明	1冊(零本, 卷上), 木版本, 有圖, 26×19.7㎝, 四周單邊, 半郭:22×18.3㎝, 有界, 12行18字, 註雙行, 上下內向黑魚尾		慶尙大學校 D7C구67ㅈ(아천)
剪燈新話句解	瞿佑(明)著, 滄洲(朝鮮)訂正, 發行地不明, 發行處不明, 發行年不明	1卷1冊(卷上), 木版本, 31.8×22.2㎝, 四周單邊, 半郭:21.8×18.3㎝, 有界, 12行18字, 註雙行, 上下內向黑口魚尾		慶尙大學校 D7C구67ㅈ(오림)
剪燈新話句解	瞿佑(明)著, 垂胡子(朝鮮)集釋, 發行地不明, 發行處不明, 發行年不明	1冊(零本, 卷下), 木版本, 有圖, 26.9×20.5㎝, 四周單邊, 半郭:22.5×17㎝, 有界, 10行18字, 註雙行, 上下內向黑魚尾		慶尙大學校 D7C구67ㅈa(아천)

96　第一部　國內 出版・筆寫 및 飜譯本 中國古典小說 目錄

書名	出版事項	版式狀況	一般事項	所藏處/所藏番號
剪燈新話句解	瞿佑(明)著, 滄洲(朝鮮)訂正, 垂胡子(朝鮮)集釋, 刊寫地未詳, 刊寫者未詳, 刊寫年未詳	1卷1册(全2卷2册), 木版本, 30.6×20.8㎝, 四周單邊, 半郭:22.5×18㎝, 有界, 12行28字, 註雙行, 內向黑魚尾	表題:剪燈新話	慶尙大學校 古(춘추) D7A 구67 v.1
剪燈新話句解	瞿佑(明)著, 滄洲(朝鮮)訂正, 垂胡子(朝鮮)集釋, 刊寫地未詳, 刊寫者未詳, 刊寫年未詳	2卷1册, 木版本, 28.7×20㎝, 四周單邊, 半郭:21×17.3㎝, 有界, 11行21字, 註雙行, 內向二葉花紋魚尾	版心題:剪燈新話, 序:洪武十一年(1378) 戊午…瞿佑書于吳山大隱堂…	慶尙大學校 古(춘추) D7A 구67ス v.1-2
剪燈新話句解	瞿佑(明)著, 刊寫地未詳, 刊寫者未詳, 刊寫年未詳	1卷1册(缺帙), 木版本, 25.9×19.7㎝, 四周單邊, 半郭:22.9×18.4㎝, 有界, 12行18字, 註雙行, 內向混葉花紋魚尾		慶尙大學校 古(춘추) D7B 구67ス v.1
剪燈新話句解	瞿佑(明)著, 滄洲(朝鮮)訂正, 刊寫地未詳, 刊寫者未詳, 刊寫年未詳	2卷2册, 筆寫本, 32.2×21.7㎝, 10行字數不定	表題:瞿文	慶尙大學校 勿川文庫 古(물천) D7A 구67ス v.1-2
剪燈新話句解	瞿佑(明)著, 滄洲(明)訂正, 垂胡子(明)集釋	2卷2册, 木版本, 26.8×19.1㎝, 四周單邊, 半郭:23.1×15.9㎝, 有界, 11行20字, 註雙行, 內向二葉花紋魚尾, 紙質:竹紙	版心題:剪燈	忠南大學校 集, 1230
剪燈新話句解	瞿佑(明)著, 滄洲(朝鮮)訂正, 垂胡子(朝鮮)集釋, 刊寫地未詳, 刊寫者未詳, 刊寫年未詳	2卷2册, 木版本, 25.8×19㎝, 四周單邊, 半郭:23.3×15.8㎝, 有界, 11行20字, 註雙行, 內向二葉花紋魚尾		忠南大學校 集, 小說類-1230
剪燈新話句解	瞿佑(明)著, 滄洲(朝鮮)訂正, 垂胡子(朝鮮)集解, 京城, 翰南書林, 大正5年(1916)刊	全2卷2册, 木版本, 29×19.5㎝, 四周單邊, 半郭:23.2×16㎝, 有界, 11行20字, 註雙行, 上下內向二葉花紋魚尾	版心題:剪燈, 表題:剪燈新話, 刊記:大正五年(1916) 六月三十日發行, 紙質:楮紙	忠南大學校 136集・小說類 上, 下
剪燈新話句解	瞿佑(明)著, 刊寫地未詳, 刊寫者未詳, 刊寫年未詳	2卷2册, 木版本, 30.6×20㎝, 四周單邊, 半郭:23×16㎝, 有界, 11行20字, 白口, 上下內向二葉花紋魚尾	版心題:剪燈, 表題:剪燈新話	忠南大學校 集・小說類-1230 集・小說類-中國-1296 卷1-2

2. 文言小說의 朝鮮時代 出版·筆寫本 目錄

書名	出版事項	版式狀況	一般事項	所藏處/所藏番號
剪燈新話句解	瞿佑(明)著, 滄洲(朝鮮)訂正, 垂胡子(朝鮮)集釋, 刊寫地未詳, 刊寫者未詳, 刊寫年未詳	2卷2冊, 木版本, 30.4×20.8㎝, 四周單邊, 半郭:20.9×16.9㎝, 有界, 11行20字, 註雙行, 內向黑魚尾	刊記: 庚子(?)年七月日刊	忠南大學校 集·小說類-1296 1-2
剪燈新話句解	瞿佑(明)著, 滄洲(朝鮮)訂正, 垂胡子(朝鮮)集解, 發行地不明, 發行處不明, 發行年未詳	零1冊(卷下), 木版本, 29×19.5㎝, 四周單邊, 半郭:23×16㎝, 有界, 10行20字, 註雙行, 上下內向二葉花紋魚尾, 紙質:楮紙	表題:剪燈新話, 版心題:剪燈, 識記:昭和三載(1928) 正月初五日修繕本	忠南大學校 鶴山文庫 集, 小說類-2034
剪燈新話句解	瞿佑(明)著, 滄洲(朝鮮)訂正, 垂胡子(朝鮮)集解, 發行地不明, 發行處不明, 壬亂以前	2卷2冊, 木版本, 32×21㎝, 四周單邊, 半郭:32×21㎝, 有界, 12行18字, 註雙行, 小黑口, 上下內向黑魚尾, 紙質:楮紙	表題:剪燈新話	忠南大學校 鶴山文庫 集, 小說類-2032
剪燈新話句解	瞿佑(明)著	1冊(1冊, 52張), 筆寫本, 27.8×18.4㎝, 9行字數不同	漢文, 楷書, 背面記錄:祭文	韓國國學振興院 수탁, 청송 중평 평산신씨사남고택, KS0336-1-03-00005
剪燈新話句解	瞿佑(明)著	不分卷1冊, 木版本, 29.7×20.3㎝, 四周單邊, 半郭:23×18.5㎝, 有界, 12行18字, 註雙行, 白口, 上下內向黑魚尾	漢文, 楷書	韓國國學振興院 수탁, 안동김씨 해헌고택 KS0378-1-03-00021
剪燈新話句解	瞿佑(明)著	下1冊, 木版本, 31.2×21.4㎝, 四周單邊, 半郭:22.8×19㎝, 有界, 11行18字, 註雙行, 黑口, 上下內向混入魚尾	漢文, 楷書	韓國國學振興院 수탁, 청송심씨 칠회당고택, KS0431-1-03-00033
剪燈新話句解	瞿佑(明)著	上1冊, 木版本, 31.3×221㎝, 四周單邊, 半郭:18.9×16.3㎝, 有界, 11行18字, 註雙行, 黑口, 上下內向混入魚尾	漢文, 楷書	韓國國學振興院 수탁, 진주강씨 해은공파박사댁, KS0438-1-03-00006
剪燈新話句解	瞿佑(明)著	下1冊, 木版本, 27.3×19.8㎝, 四周單邊, 半郭:20.5×17.3㎝, 有界, 11行18字, 註雙行, 黑口, 上下內向混入魚尾	漢文, 楷書	韓國國學振興院 수탁, 진주강씨 해은공파 박사댁 KS0438-1-03-00007
剪燈新話句解	瞿佑(明)著	上1冊, 木版本, 26.6×18.6㎝, 四周單邊, 半郭:22.9×15.6㎝, 有界, 11行20字, 註雙行, 白口, 上下內向二葉花紋魚尾	漢文, 楷書	韓國國學振興院 수탁, 장헌구-家 KS0553-1-04-00026

書名	出版事項	版式狀況	一般事項	所藏處/所藏番號
剪燈新話句解	瞿佑(明)著, 壬亂以後刊	1卷1册(卷上缺), 木版本, 31.5×21cm, 四周單邊, 半郭:23.2×16.9cm, 有界, 10行18字, 註雙行, 內向二葉花紋魚尾,紙質:楮紙	表題:剪燈新話	1集, 山氣文庫 4-717
剪燈新話句解	瞿佑(明)著, 滄洲(朝鮮)訂正, 垂胡子 集釋, 朝鮮朝中期刊	1册(卷上), 木版本, 29.5×19cm, 四周單邊, 半郭:23×16cm, 有界, 11行20字, 註雙行, 內向二葉花紋魚尾, 紙質:楮紙	版心題:剪燈	한국전적종합목록, 1集, 山氣文庫 4-720
剪燈新話句解	瞿佑(明)著, 滄洲(朝鮮)訂正, 垂胡子 集釋, 朝鮮朝中期刊	1册(卷上), 木版本, 28.3×18.2cm, 四周單邊, 半郭:21.5×14.2cm, 有界, 10行18字, 註雙行, 上二葉花紋魚尾, 紙質:楮紙	版心題:剪燈	한국전적종합목록, 1集, 山氣文庫, 4-721
剪燈新話句解	瞿佑(明)著, 滄洲(朝鮮)訂正, 朝鮮朝中期刊	2卷2册(卷上, 下), 木版本, 28×19cm, 四周單邊, 半郭:22×14.5cm, 有界, 10行18字, 註雙行, 上二葉花紋魚尾, 紙質:楮紙		한국전적종합목록, 1集, 山氣文庫, 4-722
剪燈新話句解	瞿佑(明)著, 垂胡子(朝鮮)集釋, 朝鮮朝後期刊	1册(卷下), 木版本, 33.3×22cm, 四周單邊, 半郭:22.2×17.2cm, 有界, 10行18字, 內向黑魚尾, 紙質:楮紙		2集, 尙熊文庫 4-171
剪燈新話句解	瞿佑(明)著, 垂胡子(朝鮮)集釋, 朝鮮朝後期刊	1册(卷下, 74張), 木版本, 31.4×21.4cm, 四周單邊, 半郭:23×17.2cm, 有界, 10行18字, 註雙行, 內向黑二葉花紋魚尾, 紙質:楮紙	版心題:剪燈新話(或無)	한국전적종합목록, 2集, 尙熊文庫, 4-172
剪燈新話句解	瞿佑(明)著, 垂胡子(朝鮮)集釋, 朝鮮朝後期刊	1册(卷上, 69張), 木版本, 33.3×22cm, 半郭:21.6×18.4cm, 有界, 12行18字, 註雙行, 內向黑魚尾, 紙質:楮紙		한국전적종합목록 2集, 尙熊文庫 4-173
剪燈新話句解	瞿佑(明)著, 垂胡子(朝鮮)集釋, 朝鮮朝後期刊	1册(卷上), 木版本, 31.6×21.8cm, 半郭:22×18cm, 有界, 12行18字, 註雙行, 內向黑魚尾, 紙質:楮紙		한국전적종합목록, 2集, 尙熊文庫, 4-174
剪燈新話句解	瞿佑(明)著, 朝鮮朝後~末期刊	卷2册(上, 下), 木版本, 24.5×18cm, 四周單邊, 半郭:22.8×15.8cm, 有界, 11行20字, 內向二葉花紋魚尾, 紙質:楮紙	表題:剪燈新話	한국전적종합목록, 3集, 玩樹文庫, 4-194

2. 文言小說의 朝鮮時代 出版·筆寫本 目錄

書名	出版事項	版式狀況	一般事項	所藏處/所藏番號
剪燈新話句解	瞿佑(明)著, 垂胡子(朝鮮)集釋, 朝鮮朝後期刊	1卷1冊(卷下), 初鑄甲寅字覆刻版, 31.5×21.3cm, 四周單邊, 半郭:23.7×17cm, 有界, 10行18字, 註雙行, 內向二葉花紋魚尾, 紙質:楮紙	版心題:剪燈新話	한국전적종합목록, 4集, 誠庵文庫, 4-1427
剪燈新話句解	瞿佑(明)著, 垂胡子(朝鮮)集釋, 朝鮮朝後期刊	1卷1冊(卷上), 木版本, 27×19.5cm, 四周單邊, 半郭:23.1×18cm, 有界, 12行18字, 註雙行, 內向黑魚尾, 紙質:楮紙		한국전적종합목록, 4集, 誠庵文庫, 4-1428
剪燈新話句解	瞿佑(明)著, 滄洲(朝鮮)訂正, 垂胡子(朝鮮)集釋, 朝鮮朝後期刊	2卷2冊, 木版本, 四周單邊, 半郭:23.1×15.3cm, 紙質:楮紙	備考:卷上, 1~2張落	한국전적종합목록, 6集, 惠愚文庫
剪燈新話句解	朝鮮朝後期	1冊(卷下), 木版本, 四周單邊, 半郭:22.8×18.2cm, 有界, 10行18字, 上下黑魚尾, 紙質:楮紙	版心題:下	한국사찰문화재 김천시 직지사 직지성보박물관
剪燈新話句解	朝鮮時代	1冊(卷上), 木版本, 四周單邊, 半郭:21.6×18cm, 有界, 12行18字, 註雙行, 上下內向黑魚尾, 紙質:楮紙	版心題:剪燈新話	한국사찰문화재 부산시 범어사 성보박물관
剪燈新話句解	朝鮮時代	1冊(卷上), 木版本, 26.1×19.4cm, 四周單邊, 半郭:23.3×16.8cm, 有界, 11行不定字, 二葉花紋黑魚尾, 紙質:楮紙	版心題:前(剪)燈上	한국사찰문화재 서귀포시 광명사 주지실
剪燈新話句解	瞿佑(明)著	1冊, 筆寫本, 32.3×22.2cm, 無界, 13行24字	漢文, 行書	韓國國學振興院수 탁, 광산김씨 낙음재, KS0556- 1-04-00036
剪燈新話句解	朝鮮朝後期	1冊(卷下), 筆寫本, 34.5×21.7cm	墨書 刊記:乙未四月初八日罷	한국사찰문화재 김해시 은하사 수장고
剪燈新話句解	瞿佑(明)著	1冊, 筆寫本, 28×18.7cm, 10行20字	漢文, 楷書	韓國國學振興院수 탁반남박씨 판광공파 청하재 KS0468-1-03-00021
剪燈新話句解	瞿佑(明)著, 滄洲 訂正, 垂胡子(朝鮮) 輯釋, 朝鮮朝末期 寫	1卷1冊(卷上), 筆寫本, 32.5×19.7cm, 11行20字, 註雙行, 紙質:楮紙		한국전적종합목록5 集, 仁壽文庫 4-436

書名	出版事項	版式狀況	一般事項	所藏處/所藏番號
剪燈新話句	瞿佑(明)著, 서울, 刊寫者未詳, 19- -	1卷(卷下), 33.2×22.4cm		大邱가톨릭大學校 동823.5-구67ㅈ

(4) 效顰集

書名	出版事項	版式狀況	一般事項	所藏處/所藏番號
效顰集	趙弼(明)著	3卷1册, 木版本, 四周雙邊, 有界, 12行21字, 註雙行, 上下內向黑魚尾	序:宣德七年壬子(1432)… 王靜, *복제본소장기관:國立中央圖書館(古3747-287)	日本蓬左文庫(名古屋市 教育委員會 蓬左文庫)103-27
效顰集	趙弼(明)著	1册, 筆寫本, 23.9×16.7cm, 12行字數不定, 無魚尾	書名:表題임	國民大學校圖書館 001-효01

(5) 花影集

書名	出版事項	版式狀況	一般事項	所藏處/所藏番號
花影集	昆陽郡守 尹景禧編纂, 崔岦跋文, 昆陽板刻 (現泗川地方), 1586年		花影集序文	日本 와세다(早稻田)大學
화영집 (花影集)	4卷 20篇, 〈뉴방삼의뎐〉 1편		번역:1586년경(추정)	선문대 박재연

(6) 玉壺氷

書名	出版事項	版式狀況	一般事項	所藏處/所藏番號
玉壺氷	都穆(明)著, 中宗10年(1515) 跋, 後刷	1册(24張), 朝鮮木版本, 27×18cm, 四周單邊, 半郭:19.5×15cm, 有界, 9行17字, 註雙行, 內向二葉花紋魚尾, 紙質:楮紙	內容:中國小說, 跋:正德乙亥(1515) 夏六月吳郡都穆	安東市 臥龍面 金俊植
玉壺氷	都穆著, 朝鮮朝後期刊	1册(24張), 朝鮮木版本, 27.9×18cm, 四周單邊, 半郭:17.6×13.8cm, 有界, 9行17字, 註雙行, 內向黑, 二葉混入魚尾, 紙質:楮紙		慶尙南道 密陽郡 申柄澈
玉壺氷	都穆編	1册, 朝鮮木版本, 24.4×17.8cm, 四周單邊, 半郭:17.4×13.4cm, 有界, 9行17字, 上下內向二葉花紋魚尾	表題:玉壺氷, 版心題:玉壺氷	慶北大學校 [古]812.04 도35ㅇ
玉壺氷	都穆(明)著,	1册, 朝鮮木版本, 22×17.1cm, 四周單邊, 半郭:17.8×13.8cm, 有界, 9行17字, 內向黑白魚尾	跋:正德乙亥(1515)…都穆	啓明大學校 이812.8

2. 文言小說의 朝鮮時代 出版·筆寫本 目錄

書名	出版事項	版式狀況	一般事項	所藏處/所藏番號
玉壺氷	都穆(明)編	1冊(24張), 朝鮮木版本, 25.7×17.7cm, 四周單邊, 半郭:17×13.8cm, 有界, 9行17字, 上下向黑魚尾		慶尙大學校 古(춘추) D2C 도95o
玉壺氷	都穆(明)著	1冊(14張), 朝鮮木版本, 28.5×18cm, 四周單邊 半郭:17.5×13.7cm, 有界, 9行17字, 上下內向黑魚尾	卷末:正德乙亥(1515)… 都穆	奎章閣 [想白古]895.135-D65oa
玉壺氷	都穆(明)編	24張, 朝鮮木版本, 24.1×16.9cm, 四周單邊, 半郭:17.5×13.5cm, 9行17字, 註雙行, 內向3葉花紋魚尾	後識:正德乙亥(1515)… 都穆	國立中央圖書館 BC古朝93-117
玉壺氷	都穆(明)編	24張, 木版本, 24.1×16.9cm, 四周單邊 半郭:17.5×13.5cm, 9行17字, 註雙行, 內向3葉花紋魚尾	後識:正德乙亥(1515)… 都穆	한국학중앙연구원 장서각 C14C-17 全
玉壺氷	都穆(明)撰	1冊(23張), 木版本, 四周單邊, 匡郭:18.5×14.5cm, 有界, 9行17字, 上下黑魚尾		延世大學校 812.36
玉壺氷	都穆(明)編	1冊, 木版本, 24cm	識1515	嶺南大學校 東濱文庫 [古]824
玉壺氷	都穆(明)撰	1冊, 筆寫本, 24cm		국립중앙도서관 a13749-2
玉壺氷	都穆(明)撰	1冊, 木版本(朝鮮), 44cm		국립중앙도서관 a13749-4
玉壺氷	都穆(明)編, 務安, 宣祖13年(1580)	1冊, 木版本, 25.2×16.7cm, 四周單邊 半郭:19.4×13.2cm, 有界, 9行18字, 上向2葉花紋魚尾	卷末:正德(1515) 夏六月吳郡都穆去敬文, 刊記:庚辰(1580)[?] 十月日務安顯刊	高麗大學校 도서관 만송E4-A7 冊1
玉壺氷	都穆(明) 著	1冊(23張), 木版本, 24.8×16.4cm, 匡郭 四周單邊, 匡郭:19.4×13.3cm, 無界, 9行18字 上下花紋魚尾	卷末:正德乙亥(1515)… 都穆文	奎章閣 一簑古 049.51-D65o
玉壺氷	都穆(明)著, 務安縣	1冊(23張), 木版本, 25.6×17.2cm, 四周單邊, 半郭:19.5×13.3cm, 有界, 9行18字, 上下內向花紋魚尾	卷末:正德乙亥(1515)… 都穆, 刊記:庚辰(?) 十月日務安縣刊, 印:末松圖書	奎章閣 [想白古]895.135-D65o
玉壺氷	都穆(明)撰	1冊(20張), 木版本, 四周單邊, 匡郭:25.5×18.5cm, 有界, 10行18字, 上下花紋魚尾		延世大學校 812.38
玉壺氷	都穆(明)著, 大學章句大全, 朱熹(宋)編, 刊寫地未詳, 覽輝齋, 刊寫年未詳	1冊(36張), 筆寫本, 27×22.2cm, 10行22字	寫記:歲甲申(?) 暮春覽輝齋開刊, 大學章句序:淳熙己酉(1189)二月甲子新安朱熹序	淑明女子大學校 CL 811.3 도목 옥

書名	出版事項	版式狀況	一般事項	所藏處/所藏番號
玉壺氷	刊寫地未詳, 刊寫者未詳, 刊寫年未詳	1冊, 筆寫本, 25.5×18.7cm, 四周單邊, 半郭:20.8×16.2cm, 有界, 10行21字, 無魚尾		京畿大學校 경기-K109044
玉壺氷	都穆(明)撰, 朝鮮朝末期-日帝時代寫	1冊19張, 筆寫本, 28.8×19.5cm, 10行20字, 紙質:楮紙		成均館大學校 존경각 C14C-0028

(7) 紅梅記

書名	出版事項	版式狀況	一般事項	所藏處/所藏番號
홍미긔 (紅梅記)	18世紀末	한글 筆寫本	樂善齋本 ≪틱평광기≫ 卷4에 실림	韓國學中央研究院 4-6853

(8) 西湖遊覽志餘

書名	出版事項	版式狀況	一般事項	所藏處/所藏番號
西湖遊覽志	田汝成(明)輯撰	21卷5冊(全26卷6冊, 卷1-4, 10-26), 筆寫本, 四周單邊, 半郭:19.5×15cm, 有界, 11行20字, 上下花紋魚尾		梨花女子大學校 圖書館, 915.2-전74-1, 3-6
西湖志餘	朝鮮, 錢塘田汝成輯撰	1冊, 筆寫本	朝鮮人筆寫	朴在淵
西湖志	田汝成(明)輯	1卷1冊, 筆寫本, 24.5×15.3cm, 無界, 10行27字, 註雙行, 紙質:楮紙		圓光大學校 AN820.819-ㅈ294ㄱ
西湖志	田汝成(明)輯	1卷1冊, 筆寫本, 25.5×16cm, 無界, 11行30字, 註雙行, 紙質:楮紙		圓光大學校 AN820.819-ㅈ294ㄴ
西湖志	田汝成(明)輯	1卷1冊, 筆寫本, 22.8×14.5cm, 無界, 8行31字, 註雙行, 紙質:楮紙		圓光大學校 AN820.829-ㅈ294서
西湖志餘	田汝成 輯撰	1冊, 筆寫本, 22×13.2cm, 8行字數不定, 註雙行	表題:東坡集, 表題:西湖誌 附錄:東坡志林. 坡仙別集抄	慶尙大學校 B15BC-전64人
西湖志林	田汝成 輯撰, 姚靖 增刪	103張, 筆寫本, 21.9×14.4cm		國立中央圖書館 c12820-1
西湖志餘	田汝成割收 輯撰, 姚靖 增刪, 純祖13年(1813)書	1冊56張, 筆寫本, 32×18.8cm, 紙質:楮紙		高麗大學校 만송D3-A21 冊1

書名	出版事項	版式狀況	一般事項	所藏處/所藏番號
西湖志餘	田汝成割收 輯撰, 姚靖 增刪, 純祖13年(1813)書	1冊56張, 筆寫本, 32×18.8cm, 紙質:楮紙		成均館大學校 B16BC-0009
西湖志	田汝成(明) 著	1冊, 筆寫本, 28.5×18.5cm		韓國國學振興院
西湖志抄	田汝成(明) 著	1冊46張, 筆寫本, 26.4×20.7cm	標題:絶粧	단국대학교퇴계기념도서관, IOS, 고 981.202-전358ㅅ

(9) 智囊補

書名	出版事項	版式狀況	一般事項	所藏處/所藏番號
增定智囊補	馮夢龍 著	28卷10冊, 筆寫本, 22×15.5cm, 四周單邊, 半郭:17.4×13.4cm, 9行24字	序:吳門馮夢龍題於松陵之舟中	國立中央圖書館 B13738-10-1-10

(10) 訓世評話

書名	出版事項	版式狀況	一般事項	所藏處/所藏番號
訓世評話	李邊(朝鮮) 撰, 刊寫地未詳, 刊寫者未詳, 刊寫年未詳(1473)	2卷1冊, 木版本, 四周單邊, 有界, 10行17字, 註雙行, 上下內向黑魚尾	跋:正德十三年 戊寅(1518)…尹希仁, 漢語學習教材(故事를 白話文으로 註解했음	國立中央圖書館 [古]327-6(日本蓬左文庫 (名古屋市 教育委員會 蓬左文庫) 103-36)

(11) 鐘離葫蘆

書名	出版事項	版式狀況	一般事項	所藏處/所藏番號
鍾離葫蘆	朝鮮朝後期刊	1冊(30張), 木版本, 20×14cm, 7行15字, 內向二葉魚尾		아단문고 813.7종298

(12) 林居漫錄

書名	出版事項	版式狀況	一般事項	所藏處/所藏番號
林居漫錄	朝鮮朝末期	1冊, 筆寫本, 30×18.6cm, 無界, 10行24字, 無魚尾	書名:表題임	高麗大學校 만송D1-A2008

(13) 稗海

書名	出版事項	版式狀況	一般事項	所藏處/所藏番號
稗海	商濬(明)編	1冊(14張), 筆寫本, 16×13cm, 四周單邊, 半郭:12.3×10.3cm, 有界, 16行16字	表紙書名:三山日記	梨花女子大學校 [고]812.8 비92

(14) 古今說海

書名	出版事項	版式狀況	一般事項	所藏處/所藏番號
古今說海	陸楫(明)輯, 嘉慶23(1544)序	7冊(零本, 第1~7冊), 筆寫本, 24.3×15.5cm	表紙書名:說海, 序:嘉靖甲辰(1544)…唐錦	서울大學校 奎章閣 5041
古今說海	陸楫(明)輯	142卷24冊(卷1~142), 筆寫本, 22.1×15.6cm	表題:說海, 引:嘉靖甲辰(1544)…唐錦題	高麗大學校 圖書館 大學院 E2-B2-1-24

(15) 皇明世說新語

書名	出版事項	版式狀況	一般事項	所藏處/所藏番號
皇明世說新語	李紹文(明)撰	8卷3冊, 筆寫本, 23.5×17.9cm, 四周單邊, 半郭:19.7×13.8cm, 有界, 10行20字, 上下向二葉花紋魚尾	本文에 朱墨正字있음, 表題:明世說, 序:萬曆庚戌(1610)陽月 友人陸從平頓首書	延世大學校 (용재문고) [고서]1110 -1
皇明世說新語	李紹文(明)撰, 刊年未詳	8卷4冊, 木版本(覆刻), 30.9×20.4cm, 四周雙邊, 半郭:18.5×14.9cm, 10行20字, 註雙行, 上二葉花紋魚尾	印記:[申甲O印][武臣經O]	國立中央圖書館 [한]48-221
皇明世說新語	李紹文(明)撰	8卷4冊, 木版本, 四周雙邊, 匡郭:19.5×16cm, 有界, 10行20字, 上花紋魚尾	序:萬曆庚戌(1610)陸從平	延世大學校 (元氏文庫) [고서]950.952
皇明世說新語	李紹文(明)撰, 刊年未詳	8卷4冊, 木版本, 30×20.3cm, 四周雙邊, 半郭:19.8×15.4cm, 有界, 10行20字, 上花紋魚尾	序:萬曆庚戌(1610)…陸從平	啓明大學校 082-이소문ㅎ
皇明世說	李紹文(明)撰	8卷4冊, 木版本, 31×20cm, 四周雙邊, 半郭:19×14.8cm, 有界, 10行20字, 上花紋魚尾	卷頭書名:皇明世說新語 序:萬曆庚戌(1610)…陸從平	서울大 奎章閣 4660-17 冊1-4
皇明世說新語	李紹文(明)撰, 朝鮮朝後期刊	8卷4冊, 木版本, 32.8×21.4cm, 四周雙邊, 半郭:18.7×15cm, 有界, 10行20字, 註雙行, 上二葉花紋魚尾, 紙質:楮紙		成均館大學校 B09FC-0029

書名	出版事項	版式狀況	一般事項	所藏處/所藏番號
皇明世說新語	李紹文(明)撰, 朝鮮朝後期刊	8卷4冊, 木版本, 30.3×19.5㎝, 四周雙邊, 半郭:18.9×14.8㎝, 有界, 10行20字, 上下向二葉花紋魚尾, 紙質:楮紙	表題:皇明世說, 版心題:皇明世說, 序:萬曆庚戌(1610) 陽月友人陸從平頓首書, 所藏印:筆巖書院之章	全南 長城郡 筆巖書院(紛失)

(16) 兩山墨談

書名	出版事項	版式狀況	一般事項	所藏處/所藏番號
兩山墨談	陳霆(明)撰, 李檗 編, 崔起南…等校正, 慶州, 慶州府, 宣祖8年(1575)	13卷3冊(全18卷4冊), 木版本, 33.4×20.8㎝, 四周雙邊, 半郭:21.6×15.2㎝, 有界, 9行18字, 註雙行, 內向黑魚尾, 紙質:楮紙	版心題:墨談, 序題:刻兩山墨談, 序文:行書筆寫體大字, 跋:嘉靖己亥(1539)…陳霆(明), 刊記:皇明萬曆三年歲在乙亥(1575)春慶州府開刊 手書刻序:嘉靖己亥(1539)…李檗(明)	國立中央圖書館 BA3638-39
兩山墨談	陳霆(明)撰, 慶尙道, 慶州, 宣祖8年(1575)	18卷4冊, 木版本, 24.2×20.9㎝, 四周雙邊, 半郭:21.6×15㎝, 有界, 9行18字, 內向黑魚尾	刊記:皇明萬曆三年歲在乙亥(1575)春慶州府開刊 序:嘉靖己亥(1539)…/李檗	啓明大學校 812.8-진정ㅇ
兩山墨談	陳霆(明)撰, 宣祖8年(1575)刊	9卷2冊(缺帙), 木版本, 32×20.1㎝, 四周雙邊, 半郭:20.9×15㎝, 有界, 9行18字, 上下內向黑魚尾	版心題:墨談, 刊記:皇明萬曆三年歲在乙亥(1575)春慶州府開刊	京畿大學校 경기-K120798-4 卷6-10, 15-18
兩山墨談	陳霆(明)撰	4卷1冊(缺帙), 木版本, 29×19㎝, 四周雙邊, 半郭:21.5×15.1㎝, 有界, 9行18字, 內向黑魚尾		高麗大學校 만송귀-309-10-13 卷10-13
兩山墨談	陳霆(明)著	18卷4冊, 朝鮮木版本, 32.1×20.6㎝, 西周單邊, 半匡:21.8×15.3㎝, 有界, 10行20字, 大黑口, 上下內向黑魚尾, 線裝, 紙質:楮紙	刊記:皇明萬曆三年藏在乙亥春慶州府開刊, 序:刻兩山墨談水南先生… 嘉靖己亥(1539)藏仲春之右 賜進士知德淸縣事…李檗拜書 印:玉山書院(墨印), 玉山書院(朱印)	玉山書院 (慶州) 01-0745~0748
兩山墨談	陳霆(明)著	8卷4冊, 朝鮮木版本, 32.5×20.4㎝, 西周單邊, 半匡:22.3×15.3㎝, 有界, 9行18字, 註雙行, 上下內向黑魚尾, 線裝, 紙質:楮紙	嘉靖己亥(1539)藏仲春之吉賜進士…李檗拜書	玉山書院 (慶州) 01-1230~1233

5) 清代 作品目錄

(1) 典故列女傳

書名	出版事項	版式狀況	一般事項	所藏處/所藏番號
典故列女傳	刊年未詳	1冊, 木版本, 23.9×15.4cm, 四周單邊, 半郭:19.8×13.2cm, 有界, 9行17字, 註雙行, 頭註, 上下向黑魚尾, 紙質:楮紙	表題:列女傳, 印記:劉氏世藏	蔚珍郡 南汝烈(紛失)

(2) 刪補文苑楂橘

書名	出版事項	版式狀況	一般事項	所藏處/所藏番號
刪補文苑楂橘	著者未詳, 刊年未詳	2冊, 筆寫本, 23.3×16.4cm	"返還文化財"	國立中央圖書館 [古]3738-12
補刪文苑楂橘	編者未詳, 芸閣印青體字本, 刊年未詳	2卷1冊, 26.9×15.8cm, 四周單邊, 半郭:21.9×16.7cm, 10行20字, 上二葉花紋魚尾		國立中央圖書館 [일산고]3738-15
刪補文苑楂橘	著者未詳, 刊年未詳	2卷2冊, 筆寫本, 32.5×20cm	表題:文苑楂橘	延世大學校 812.38
		1冊(零本, 卷之1缺), 筆寫本, 32.5×20cm		延世大學校 812.36
刪補文苑楂橘	著者未詳	1冊(冊2缺), 筆寫本, 32.5×20.5cm		延世大學校 (庸齋文庫) 811.36
刪補文苑楂橘	著者未詳, 年紀未詳	1冊(39張, 缺本), 筆寫本, 31×23.3cm		韓國學中央研究院 D7C-34
刪補文苑楂橘	著者未詳, 刊年未詳	2卷2冊, 木活字本, 27×17cm, 四周雙邊, 半郭:21.4×13.2cm, 有界, 10行20字, 上二葉花紋魚尾, 紙質:楮紙	表題:文苑楂橘, 印:李王家圖書之章	韓國學中央研究院 4-6883
刪補文苑楂橘	編者未詳, 年紀未詳	2卷2冊, 筆寫本, 27.5×17.4cm, 四周單邊, 半郭:18.5×11.9cm, 烏絲欄, 10行20字, 無魚尾		啓明大學校 812.8-문원사
刪補文苑楂橘	第一校書館印書體字, 朝鮮刊	1冊(卷一, 一冊缺), 活字本		박재연
刪補文苑楂橘	朝鮮(筆寫)	2卷2冊, 筆寫本	朝鮮人筆寫	박재연

(3) 增補記事珠

書名	出版事項	版式狀況	一般事項	所藏處/所藏番號
記事珠秋	著者未詳, 刊寫地未詳, 刊寫者未詳, 刊寫年未詳	1冊, 筆寫本, 26×16.5cm, 無界, 行字數不定, 無魚尾	中國人叢傳	高麗大學校 圖書館 경화당 B12-A414
記事珠	編者未詳, 刊寫地未詳, 刊寫者未詳, 刊寫年未詳	4冊(冊1-4), 筆寫本, 22×20cm	內容:自庚戌(1850?) 至壬子(1852?) 公告狀	奎章閣, 한국학연구원 4254-19

(4) 池北偶談

書名	出版事項	版式狀況	一般事項	所藏處/所藏番號
池北偶談(抄)	王士禛(清)著	1冊, 筆寫本, 29×19cm, 無界, 12行32字, 紙質:楮紙		忠南大學校 鶴山文庫 集, 總集類-1900

(5) 秋燈叢話

書名	出版事項	版式狀況	一般事項	所藏處/所藏番號
秋燈叢話抄	王椷(清)著, 刊寫地未詳, 刊寫者未詳, 刊寫年未詳	1冊(35張, 全), 筆寫本, 23.8×14.6cm		韓國學中央研究院 C14B-15 全

(6) 閒談消夏錄

書名	出版事項	版式狀況	一般事項	所藏處/所藏番號
閒談消夏錄	未詳	2冊, 筆寫本, 30.3×19.9cm	表題:消夏錄	國立中央圖書館, BC 古朝48-258 卷1-2

3. 通俗小說의 朝鮮時代 出版·筆寫本 目錄

1) 明代 作品目錄

(1) 三國演義

書名	出版事項	版式狀況	一般事項	所藏處/所藏番號
貫華堂第一才子書	金聖歎(淸)原評, 毛宗崗(淸)評, 刊年未詳	20冊(19卷, 目錄), 木版本, 有圖, 27.7×18.2㎝, 四周單邊, 半郭:20.5×14.4㎝, 無界, 12行26字, 註雙行, 上二葉花紋魚尾	序:順治歲次甲申(1644)…金人瑞, 卷首書名:四大奇書第一種, 表紙書名:三國志	啓明大學校 [고]812.35-김성탄사
	金聖歎(淸)編, 毛聲山(淸)批點, 刊年未詳	1卷1冊(卷首), 朝鮮木版本, 有圖, 25.6×18.4㎝, 四周單邊, 半郭:20.8×14.2㎝, 無界, 12行26字, 上下向黑魚尾, 紙質:楮紙	表題:三國志, 版心題:第一才子書, 序:順治歲次甲申(1644) 嘉平朔日金人瑞聖歎氏題	忠淸南道 大田市 尹炳泰
	朝鮮後期	1冊, 木版本, 21.3×14.2㎝, 四周單邊, 12行26字, 註雙行, 上下向黑魚尾, 紙質:楮紙	版心題:第一才子書卷之六	韓國寺刹文化財 金海 銀河寺, 수장고 531
貫華堂第一才子書	金聖歎(淸)原評, 刊年未詳	1冊(零本), 朝鮮木版本, 有圖, 29.5×19㎝, 四周單邊, 半郭:21.3×14.2㎝, 無界, 12行26字, 上黑魚尾	表紙書名:鼎峙志, 序:順治歲次甲申(1644)…金聖歎	奎章閣 (想白) [古]895.13-G425g
	金聖歎(淸)編, 毛聲山(淸)批點, 刊年未詳	20卷20冊, 朝鮮木版本, 紙質:楮紙		대구 가톨릭대
鼎峙志	朝鮮翻刻本	19卷19冊, 朝鮮木版本	又名:貫華堂第一才子書	鮮文大 朴在淵
四大奇書第一種	毛宗崗(淸)評, 順治1年(1644)	19卷20冊, 朝鮮木版本, 有圖, 29.2×18.7㎝, 四周單邊, 半郭:21.3×14.1㎝, 無界, 12行26字, 上下向二葉花紋魚尾, 紙質:楮紙	表題:三國誌, 版心題:第一才子書, 序:順治甲申(1644)金人瑞題	慶北 英陽郡 趙觀鎬

書名	出版事項	版式狀況	一般事項	所藏處/所藏番號
	毛宗崗(淸)評, 朝鮮後期	19卷20冊, 朝鮮木版本, 有圖, 28.6×18.8cm, 四周單邊, 半郭:21.6×14.6cm, 無界, 12行26字, 註雙行, 上下向黑魚尾, 紙質:楮紙	表題:三國誌, 版心題:第一才子書, 序:順治歲次甲申(1644)嘉平朔日金人瑞聖歎(淸)氏題, 所藏印:玄谷精舍萬卷樓圖書之印	全羅北道 高敞郡 玄谷書院
	金聖歎(淸) 原評, 毛宗崗(淸)批點	1冊, 朝鮮木版本, 有圖, 29.4×18.8cm, 四周單邊, 半郭:21.5×14.1cm, 有界, 行字數不定, 紙質:楮紙	裏題:貫華堂第一才子書, 序:順治歲次甲申(1644) 嘉平朔日金人瑞聖歎氏題	忠南 溫陽民俗博物館
	毛宗崗(淸)評, 純祖~哲宗間 (1801~1863)	目錄1卷, 本集19卷, 合20冊, 朝鮮木版本, 30.3×19.7cm, 四周單邊, 半郭:20.3×14.5cm, 無界, 12行26字, 註雙行, 上黑, 上二葉混入花紋魚尾, 紙質:楮紙	表題:三國誌, 裏題:三國誌裏題貫華堂第一手子書, 序:順治歲次甲申(1644) 嘉平朔日金人瑞聖歎氏題, 印:閔泳晩印, 忠孝傳家 李王家 圖書之章, 墨印:金人瑞印, 歎氏	韓國學中央研究院 4-6882
	毛宗崗(淸)評, 朝鮮朝末期刊	1冊, 朝鮮木版本, 有圖, 28.9×19.9cm, 四周單邊, 半郭:20.9×14.3cm, 無界, 12行20字, 註雙行, 上下向黑魚尾, 紙質:楮紙	表題:三國志, 版心題:第一才子書, 序:順治歲次甲申(1644) 嘉平朔日金人瑞聖歎(淸)氏題	釜山市 東萊女子高等學校
		10卷10冊(卷10~19), 木版本, 26.8×17cm, 四周單邊, 半郭:21.5×14.6cm, 無界, 12行26字, 註雙行, 上下向黑魚尾, 紙質:楮紙	表題:三國誌, 版心題:第一才子書	釜山大學校
	陳壽(晉)撰, 毛宗崗(淸)評, 杭永年(淸)定, 朝鮮朝後期~ 末期刊	19卷21冊(目錄1冊 포함), 朝鮮木版本, 有圖, 26.5×18cm, 四周單邊, 半郭:22.6×14.4cm, 無界, 12行26字, 註雙行, 上下向黑魚尾, 紙質:楮紙	表題:三國誌, 版心題:第一才子書, 序:順治歲次甲申(1644) 嘉平朔日金人瑞聖歎(淸)氏題	全北大學校
羅貫中(明)撰, 金聖歎(淸)編, 毛宗崗(淸)評, 朝鮮朝後期刊		18冊, 朝鮮木版本, 有圖, 29.3×19.2cm, 四周單邊, 半郭:21.4×14.3cm, 無界, 12行26字, 註雙行, 上黑魚尾, 紙質:楮紙	版心題:第一才子書, 標題:貫華堂第一才子書, 表題:三國志, 序:順治歲次甲申(1644)… 金人瑞聖歎氏題	全南大學校 3Q-사222ㄴ-v.1-4, 6-15, 17-20
		2卷2冊(卷9, 18), 朝鮮木版本, 28.4×18cm, 四周單邊, 半郭:21.9×15cm, 無界, 12行26字, 註雙行, 上下向黑魚尾, 紙質:楮紙	表題:奇書, 版心題:第一才子書	江陵市 船橋莊
		19卷20冊, 朝鮮木版本, 26.2×16cm, 四周單邊, 半郭:25×15.2cm, 有界, 12行26字, 註雙行, 上下向二葉花紋魚尾, 紙質:楮紙	表題:三國志	江陵市 船橋莊

書 名	出 版 事 項	版 式 狀 況	一 般 事 項	所藏處/所藏番號
		2卷2冊(卷15, 16), 朝鮮木版本, 26.5×17.6cm, 四周單邊, 半郭:21.5×14.4cm, 無界, 12行26字, 註雙行, 上下向黑魚尾, 紙質:楮紙	表題:三國志, 版心題:第一才子書	江陵市 船橋莊
	金聖歎(淸)原評, 毛宗崗(淸)批點, 朝鮮朝末期刊	16卷16冊(目錄, 卷1~2, 7~19), 朝鮮木版本, 有圖, 29×18.8cm, 四周雙邊, 半郭:21.7×14.4cm, 無界, 12行26字, 註雙行, 上下向黑魚尾, 紙質:楮紙	表題:三國志, 版心題:第一才子書, 表題:貫華堂第一才子書, 序:順治歲次甲申(1644)… 金聖歎(淸)序	慶尙南道 鎭海市 海軍士官學校
		7卷7冊(卷3, 6~7, 10, 12, 14, 16), 朝鮮木版本, 30.8×20.7cm, 四周單邊, 半郭:22×14.4cm, 無界, 12行26字, 註雙行, 上下向黑魚尾, 紙質:楮紙	表題:三國志, 版心題:第一才子書, 所藏印:集玉齋	慶尙南道 鎭海市 海軍士官學校
	朝鮮時代	1冊(卷之十), 活字本, 全郭:28.5×18.5cm, 紙質:楮紙		韓國寺刹文化財 전북 香山寺 1698
	羅貫中(明)撰, 金聖歎(淸)編, 毛宗崗(淸)評	8卷8冊(卷1~2, 4, 6, 16~19), 朝鮮木版本, 27×18cm, 四周單邊, 半郭:20.4×14.5cm, 無界, 12行26字, 註雙行, 上下向二葉花紋魚尾, 紙質:楮紙	表題:三國志, 版心題:第一才子書	忠南 大田市 燕亭國樂院
	羅貫中(明)撰, 金聖歎(淸)編, 毛宗崗(淸)評	15卷16冊(卷1~6, 11~19, 目錄1冊), 朝鮮木版本, 有圖, 29.8×19.4cm, 四周單邊, 半郭:20.3×14.5cm, 無界, 12行26字, 註雙行, 上下向二葉花紋魚尾, 紙質:楮紙	表題:三國誌, 版心題:才子書	忠南大學校 集787
	毛宗崗(淸)評定, 年紀未詳	1冊(13卷), 筆寫本, 32×19cm	三國誌評定	國立中央圖書館 [의산고]3736-50, [의산고]37 36-51
		2冊(4, 10卷), 筆寫本, 29×18.5cm		
	羅貫中(明)編次	1卷1冊(零本), 木版本, 28.3×19.3cm, 四周單邊, 半郭:21×14.3cm, 12行26字, 註雙行, 白口, 上下向黑魚尾	漢文, 楷書	韓國國學振興院 受託, 원주변씨 거촌문중 KS0355-1-03-00016
		16卷16冊(共20冊中1, 2, 3, 15冊缺), 木版本, 25.5×15.7cm, 四周單邊, 半郭:21.8×14.5cm, 12行26字, 註雙行, 白口, 上下向黑魚尾	漢文, 楷書, 表題:三國志	韓國國學振興院 풍산류씨 충효당 고전적 KS0187-1-02-00050

書名	出版事項	版式狀況	一般事項	所藏處/所藏番號
		2卷2冊(零本), 木版本, 26.5×17.5cm, 四周單邊, 半郭:21.2×14.2cm, 有界, 12行26字, 註雙行, 白口, 上下向黑魚尾	漢文, 楷書, 表題:才子書	韓國國學振興院 受託, 원주변씨 거촌문중 KS0355-1-03-00017
		4卷3冊(零本), 木版本, 26.8×17.3cm, 四周單邊, 半郭:21.8×14.5cm, 12行26字, 註雙行, 白口, 上下向黑魚尾	漢文, 楷書, 表題:三國志	韓國國學振興院 受託, 영양남씨 영해 시암고택 KS0356-1-03-00009
		4卷4冊(零本), 木版本, 28.5×18.2cm, 四周單邊, 半郭:22×14.4cm, 無界, 12行26字, 註雙行, 白口, 上下向黑魚尾	漢文, 楷書, 表題:三國志	韓國國學振興院 受託, 안동김씨 부사공파 KS0563-1-03-00001
		6卷6冊(零本), 木版本, 27.3×18.2cm, 四周單邊, 半郭:20.8×14.2cm, 12行26字, 註雙行, 白口, 上下向黑魚尾	漢文, 楷書, 表題:三國志	韓國國學振興院 受託, 진주강씨 해은공파 박사댁 KS0438-1-03-00003
	羅貫中(明)撰, 金聖嘆(淸)批點, 毛宗崗(淸)評	19卷20冊, 木版本, 有圖, 26.8×18cm, 四周單邊, 半郭:21×14.3cm, 12行26字, 註雙行, 白口, 上下向黑魚尾	漢文, 楷書, 表題:三國志, 序:金聖嘆(1644)	韓國國學振興院 受託, 의성김씨 귀미파문종 KS0449-1-03-00011
	金聖嘆(淸)書, 毛宗崗(淸)評, 杭永年(淸)定	19卷20冊, 朝鮮木版本, 有圖, 32.3×20.7cm, 四周單邊, 半郭:20.4×14.5cm, 無界, 12行26字, 註雙行, 上下向二葉花紋魚尾, 紙質:楮紙	表題:三國誌, 版心題:第一才子書, 裏題:貫華堂第一才子書	忠南大學校 集1199
	金聖嘆(淸)	2冊(零本), 木版本, 26×19cm		嶺南大學校 823.5
	羅貫中(明)撰, 毛宗崗(淸)評, 刊寫事項不明	19卷目錄1(合20冊), 木版本, 有圖, 26.8×18.5cm, 四周單邊, 半郭:20.4×14.4cm, 無界, 12行26字, 上下向二瓣花紋魚尾	表題:三國誌, 版心題:第一才子書, 序:順治歲次甲申(1644) 嘉平朔日金人瑞聖嘆氏題	慶北大學校 [古] 812.3 나16ㅅ
		19卷目錄1(合20冊), 木版本, 有圖, 28.5×18.4cm, 四周單邊, 半郭:20.4×14.4cm, 無界, 12行26字, 上下向二瓣花紋魚尾	表題:三國誌, 版心題:第一才子書, 序:順治歲次甲申(1644) 嘉平朔日金人瑞聖嘆氏題	慶北大學校 [古] 812.3 나16ㅅ(2~22)
	金聖嘆(淸)纂集, 毛宗崗(淸)評, 刊年未詳,	16冊, 有圖, 29×19cm, 四周單邊, 半郭:20.5×14.2cm, 無界, 12行26字, 註雙行, 下內黑魚尾	表紙書名:三國誌, 標題紙:毛聲山先生批點貫華堂 第一才子書, 序:峕順治歲次甲申 (1644)…(淸)金人瑞	國立中央圖書館

3. 通俗小說의 朝鮮時代 出版·筆寫本 目錄   113

書名	出版事項	版式狀況	一般事項	所藏處/所藏番號
	淸板覆刻本	1冊, 28×17.6cm, 四周單邊, 半郭:20.5×14.2cm, 無界, 12行26字, 註雙行, 下向黑魚尾		國立中央圖書館
		17冊, 有圖, 29×19cm, 四周單邊, 半郭:20.5×14.2cm, 無界, 12行26字, 註雙行, 下向黑魚尾	表紙書名:三國志, 裏題紙:毛聲山先生批點貫華堂 第一才子書, 序:豈順治歲次甲申(1644)…(淸)金人瑞	國立中央圖書館
	金聖歎(淸)編, 毛宗崗(淸)評, 淸版覆刻本, 發行事項不明	全19卷, 卷首, 合20冊(卷1~2, 5, 8~11, 13~14, 16), 朝鮮木版本, 有圖, 25×17.4cm, 四周單邊, 半郭:21.3×14.3cm, 無界, 12行26字, 註雙行, 上下向黑魚尾	版心題:第一才子書, 標題:貫華堂第一才子書, 表題:三國誌, 序:金聖歎	安東大學校 [古]823.5-김51ㅅ
		20冊(卷首, 19卷), 有圖, 28.2×18.8cm, 四周單邊, 半郭:20.5×14.2cm, 無界, 12行26字, 註雙行, 上下向黑魚尾	版心題:第一才子書, 標題:貫華堂第一才子書, 表紙書名:三國誌, 序:…順治歲次甲申(1644)… 金人瑞聖歎	安東大學校 823.5-김51ㅅ모
	羅貫中(明)撰, 金聖歎(淸)編, 毛宗崗(淸)評	5卷5冊(卷5·7·9·10·16), 朝鮮木版本, 半郭:20.9×14.2cm, 12行26字, 上黑魚尾		雅丹文庫 823.5-나15ㅅ
	金聖歎(淸)原評, 毛宗崗(淸)批點	19卷20冊(卷首全19卷19冊), 朝鮮木版本, 半郭:20.5×14.5cm, 12行26字, 上2葉魚尾	表題:三國志	雅丹文庫 823.5-김54ㅅ
		全20冊中1冊存(零本, 卷12), 朝鮮木版本, 25.9×16cm, 四周單邊, 半郭:20.6×13.5cm, 無界, 10行22字, 註雙行, 上下向黑魚尾	版心題:三國志	嶺南大學校 823.5 김성탄ㅈㄷ
	金聖歎(淸)原評, 毛宗崗(淸)評	全20冊中 6冊存(卷首1冊, 卷1, 2, 13-15), 朝鮮木版本, 有圖, 28.3×18cm, 四周單邊, 半郭:20.7×14.4cm, 無界, 12行26字, 註雙行, 上下向黑魚尾(一部分 上下向四瓣黑魚尾)	卷首:序:順治甲申(1644)… 金聖歎, 凡例, 書目, 讀三國志法, 圖像(20張), 標題紙:貫華堂第一才子書, 聖歎原評, 毛聲山先生批點, 版心題:第一才子書	嶺南大學校 823.5 김성탄
		全20冊(殘本19冊, 缺本:卷5), 朝鮮木版本, 有圖, 29.3×18.5cm, 四周單邊, 半郭:22.5×15cm, 無界, 12行26字, 上黑魚尾	表紙書名:三國志, 卷頭書名:貫華堂第一才子書, 序:豈順治歲次甲申(1644)… 金聖歎	龍仁大學校 D7-7

114   第一部   國內 出版·筆寫 및 飜譯本 中國古典小說 目錄

書名	出版事項	版式狀況	一般事項	所藏處/所藏番號
	羅貫中(明)撰, 金聖歎(淸)批點, 毛宗崗(淸)評, 刊年未詳	卷首目錄包含, 全19卷20冊(第1~11, 13~20冊缺), 木版本, 25.5×17.2cm, 四周單邊, 半郭:20.2×13.9cm, 12行26字, 上黑魚尾	表紙書名:四大奇書, 版心書名:第一才子書	韓國學中央研究院 D7C-3A
		全19卷20冊, 木版本, 有圖, 29×19cm, 四周單邊, 半郭:20.2×13.9cm, 12行26字, 上黑魚尾	表紙書名:三國誌, 標題紙書名:貫華堂第一才子書, 版心書名:第一才子書, 序:峕順治歲決甲申(1644)… 金人聖歎氏題	韓國學中央研究院 D7C-3B
	毛宗崗(淸)評, 刊年未詳	20卷20冊, 朝鮮木版本, 有圖, 27.3×18.4cm	表紙書名:三國志, 序:峕順治歲次甲申(1644)… 金人瑞(聖歎)	國立中央圖書館 [古]3736-53
	羅貫中(明)撰, 毛宗崗(淸)評, 19世紀末	零本7冊, 朝鮮木版本, 27.3×18.3cm, 四周單邊, 半郭:21.8×14.2cm, 有界, 12行26字, 上下白口上下 向黑魚尾, 紙質:楮紙	表題:四大奇書, 卷6, 8, 10~15	金基大(성주) 14-3331~3337
	羅貫中(明)撰, 金聖歎(淸)批點, 毛宗崗(淸)評, 著者未詳	19卷20冊(卷4, 卷9~10, 卷12~13, 卷17, 卷19, 7冊缺), 朝鮮木版本, 20.5×30.5cm, 四周單邊, 半郭:14.5×22cm, 無界, 12行26字, 白口黑魚尾上	表紙書名:三國志, 版心書名:第一才子書, 序:金人瑞(1644), 毛宗崗(淸)評, 印:賜號善寶齋, 閔丙承印	澗松文庫
		19卷20冊(卷14, 卷16, 卷18, 3冊缺), 朝鮮木版本, 20.3×30.6cm, 四周單邊, 半郭:14.8×20.7cm, 無界, 12行26字, 白口黑魚尾上	表紙書名:三國志, 版心書名:第一才子書, 序:金人瑞(1644), 毛宗崗(淸)評, 印:趙致夏印(圓印), 趙致夏信(方印)	澗松文庫
	金聖歎(淸) 原評, 毛宗崗(淸)評, 毛聲山(淸)批點	20冊(本集19卷19冊, 卷首1冊), 朝鮮木版本, 有圖, 28.2×18.3cm, 四周單邊, 半郭:20.5×14.3cm, 無界, 12行26字, 註雙行, 上有紋黑魚尾	卷首:序文, 讀法, 凡例, 總目, 圖像20張, 序:順治甲申(1644)…金聖歎, 標題紙:貫華堂第一才子書, 表紙書名:三國志	嶺南大學校 味山文庫 823.5 김성탄
	金聖歎(淸)	2冊(零本), 木版本, 26×19cm		嶺南大學校 823.5
	金聖嘆(淸)輯註, 毛宗崗(淸)評, 刊寫地未詳, 刊寫者未詳, 刊寫年未詳	2卷2冊(卷3-4, 缺帙), 木版本, 23.7×15.6cm, 四周單邊, 半郭:18.3×13.7cm, 無界, 12行26字, 上下向黑魚尾	表題:三國志, 版心題:第一才子書	가톨릭대학교
		2卷2冊(卷3-4, 缺帙), 23.7×15.6cm, 四周單邊, 半郭:18.3×13.7cm, 無界, 12行26字, 上下向黑魚尾	表題:三國志, 版心題:第一才子書	국립중앙박물관 도서관

3. 通俗小說의 朝鮮時代 出版·筆寫本 目錄   115

書名	出版事項	版式狀況	一般事項	所藏處/所藏番號
	羅貫中(明)著, 毛宗崗(清)評, 刊寫地, 刊寫者, 刊寫年未詳	20冊(所藏:0~19), 朝鮮木版本, 28.6×19㎝, 四周單邊, 半郭:21.1×14.3㎝, 無界, 12行26字, 上下向黑魚尾	表題:三國志, 序:時順治歲次甲申(1644)… 金人瑞聖歎氏題	國民大學校 [고]823.5 나01-1
	金聖嘆(清)書, 毛宗崗(清)評, 刊寫地, 刊寫者, 刊寫年未詳	14卷14冊(卷3~16, 缺帙), 筆寫本, 34.3×22.5㎝, 無界, 11行24字, 註雙行, 無魚尾	表題:第一才子書	全北大學校 812.3-사대기 ㅅ
	羅貫中(明)撰, 刊寫事項不明	零本4冊(所藏:卷25~39), 木版本, 25.8×15.7㎝, 四周單邊, 半郭:19.4×13.3㎝, 無界, 12行28字, 上下向黑魚尾	表題:三國誌, 版心題:第一才子書	慶北大學校 [古]812.3 나16ㅅ(12)
	毛宗崗(清)評, 刊寫地未詳, 刊寫者未詳, 刊寫年未詳	8卷8冊(卷1~2, 18~23, 缺帙), 筆寫本, 25.9×17.5㎝, 無界, 11行24字, 註雙行, 無魚尾	表題:第一才子書	全北大學校 812.35-사대기
	金聖歎(清) 原評, 毛聲山(清) 批點, 毛宗崗(清)評, 刊寫地未詳, 刊寫者未詳, 刊寫年未詳	17卷17冊(目錄1冊, 卷1~6, 8, 10~19, 共18冊, 全19卷20冊), 木版本, 有圖, 26.6×18.2㎝, 四周單邊, 半郭:20×14.3㎝, 無界, 12行26字, 註雙行, 上下向黑魚尾	表題:三國志, 版心題:第一才子書, 標題:貫華堂第一才子書, 聲山은 毛綸의 號임, 序:順治歲次甲申(1644) 嘉平朔日金人瑞氏題, 上下向2葉花紋魚尾混入	全北大學校 812.3-삼국지
		目錄1冊, 10卷10冊(卷1~4, 8, 15~19), 共11冊(全19卷20冊), 木版本, 有圖, 27.8×18.5㎝, 四周單邊, 半郭:20.4×14.5㎝, 無界, 12行26字, 註雙行, 上下向黑魚尾	版心題:第一才子書, 表題:四大奇書, 標題:貫華堂第一才子書, 聲山은 毛綸의 號임, 卷8은 筆寫本임, 序:順治歲次甲申(1644)嘉平朔 日金人瑞聖歎氏題 上下向混葉花紋魚尾 混入	全北大學校 812.3-사대기
	羅貫中(明)撰, 金聖歎(清)編, 毛宗崗(清)評, 刊寫地未詳, 刊寫者未詳, 刊寫年未詳	13冊(册1-9, 16-19, 缺帙), 朝鮮木版本, 有圖, 28.2×18.6㎝, 四周單邊, 半郭:21.1×14.3㎝, 有界, 12行26字, 註雙行, 花口, 上下向黑魚尾, 紙質:楮紙	標題:貫華堂第一才子書, 表題:三國志, 版心題:第一才子書, 序:順治歲次甲申(1644)… 金人瑞歎氏題	全南大學校 3Q-사222ㄴ
		18冊(册1-4, 6-15, 17-20, 缺帙), 朝鮮木版本, 有圖, 29.3×19.2㎝, 四周單邊, 半郭:21.4×14.3㎝, 無界, 12行26字, 註雙行, 花口, 上下向黑魚尾, 紙質:楮紙	標題:貫華堂第一才子書, 表題:三國志, 版心題:第一才子書, 序:順治歲次甲申(1644)… 金人瑞歎氏題	全南大學校 3Q-사222ㄴ

116 第一部 國內 出版·筆寫 및 飜譯本 中國古典小說 目錄

書名	出版事項	版式狀況	一般事項	所藏處/所藏番號
		13册(缺帙), 朝鮮木版本, 有圖, 28.2×18.6cm, 四周單邊, 半郭:21.1×14.3cm, 無界, 12行26字, 註雙行, 上黑魚尾, 紙質:楮紙	版心題:第一才子書, 標題:貫華堂第一才子書, 表題:三國志, 序:順治歲次甲申(1644)… 金人瑞聖歎氏題	全南大學校 3Q-사222ㄴ-v.1-9, 16-19
		19册(册1-5, 7-20, 缺帙), 朝鮮木版本, 有圖, 29×18.3cm, 四周單邊, 半郭:21.3×14.2cm, 無界, 12行26字, 註雙行, 花口, 上下向黑魚尾, 紙質:楮紙	表題:三國誌, 版心題:第一才子書, 標題:貫華堂第一才子書, 序:順治歲次甲申(1644) 嘉平朔金人瑞聖歎氏題	全南大學校 3Q-사22ㄴ
	刊寫地未詳, 刊寫者未詳, 刊寫年未詳	3卷1册(卷36-39), 15.8×25cm, 四周單邊, 半郭:13.5×20.1cm, 有界, 12行28字, 註雙行, 上下向黑魚尾	題簽題:三國志	明知大學校 812.36 사222
	毛宗崗(清)評, 刊寫地未詳, 刊寫者未詳, 刊寫年未詳	1卷1册(卷15, 缺帙), 28.2×18.8cm, 四周單邊, 半郭:22×15cm, 無界, 12行26字, 註雙行, 上下向2葉花紋魚尾	題簽題:三國誌	東亞大學校 (3):12-15
	毛宗崗(清)評, 鄒梧岡(清)參訂, 刊寫地未詳, 刊寫者未詳, 刊寫年未詳	1册, 25.1×15.6cm, 有圖, 四周單邊, 半郭:19.1×13.7cm, 有界, 12行28字, 上下向黑魚尾	書名:目錄題, 表題:三國誌目錄, 標題:繡像第一才子書, 序:順治歲次甲申(1644) 嘉平朔日金人瑞聖嘆氏題, 刊記:弇縣成文信梓	東亞大學校 (3):12:2-81
	金聖歎(清)纂集, 毛宗崗(清)評, 刊寫地未詳, 刊寫者未詳, 刊寫年未詳	19卷20册(卷1-19), 23.7×15.8cm, 有圖, 上下單邊, 左右雙邊, 半郭:19.6×14.4cm, 12行26字, 註雙行, 上下向黑魚尾	版心題:第一才子書, 包匣題 및 表題:三國志, 標題:繡像三國志演義, 序:順治歲次甲申(1644) 嘉平朔日金人瑞聖歎氏題, 重刊三國志演義序:光緒十四年(1888)孟秋醒悔道人書上洋掃葉山房藏板校刊	東亞大學校 (3):12:2-55
	毛宗崗(清)評, 鄒梧岡(清)參訂, 刊寫地, 刊寫者, 刊寫年未詳	51卷15册(卷1-51), 25.1×15.6cm, 四周單邊, 半郭:19.5×13.9cm, 有界, 12行28字, 註雙行, 上下向黑魚尾	表題:三國誌	東亞大學校 (3):12:2-67
	金聖嘆(清)… [等著], 刊寫地未詳, 刊寫者未詳, 庚戌[?]	1册(71張), 筆寫本, 25.2×17.5cm, 四周一邊, 半郭, 無界, 12行字數不定	標題:三國志	檀國大學校율곡기념도서관古873.5-김753ㅅ
		1册(34張), 筆寫本, 24.7×22.3cm, 四周一邊, 半郭, 無界, 12行字數不定		檀國大學校율곡기념도서관古873.5-김753사

3. 通俗小說의 朝鮮時代 出版·筆寫本 目錄　117

書名	出版事項	版式狀況	一般事項	所藏處/所藏番號
	羅貫中(明)撰, 金聖歎(淸)原評, 毛聲山(淸)批點, 刊寫地, 刊寫者, 刊寫年 未詳	20卷20冊, 木版本, 有圖, 26.5×17.9㎝, 四周單邊, 半郭:21.3×15㎝, 無界, 12行26字, 註雙行, 上下向黑魚尾	版心題:第一才子, 標題:貫華堂第一才子書, 三國志	檀國大學校 율곡기념도서관 古873.5-나128ㅅ
	羅貫中(明)撰, 金聖歎(淸)批點, 毛宗崗(淸)評, 刊寫地, 刊寫者, 刊寫年 未詳	1卷1冊, 木版本, 28.7×18.5㎝, 四周單邊, 半郭:21.4×14.9㎝, 無界, 12行26字, 註雙行, 上下向黑魚尾	版心題:第一才子書, 表題:三國書, 印記:「臣○民印」	檀國大學校 율곡기념도서관 古873.5-나1283사
		10卷10冊(零本), 木版本, 28.9×18.5㎝, 四周單邊, 半郭:21.7×14.4㎝, 無界, 12行26字, 註雙行, 上下向黑魚尾	表題:三國誌	檀國大學校 율곡기념도서관 古873.5-나1282ㅅ
	毛宗崗(淸)手定, 刊寫地, 刊寫者, 刊寫年 未詳	19卷(目錄, 合20冊), 木版本, 28.5×19㎝	版心書名:第一才子書, 三國志	檀國大學校 퇴계기념도서관 古823.5-모373ㅅ
	毛宗崗(淸)評, 刊寫地未詳, 刊寫者未詳 刊寫年未詳	10卷10冊, 29㎝, 四周單邊, 半郭:21×14㎝, 無界, 12行26字, 註雙行, 上下向黑魚尾		慶熙大學校 812.3-모75ㅅ
		1卷1冊(卷8, 缺帙), 木版本, 29.4×18.6㎝, 四周單邊, 半郭:21.5×13.9㎝, 無界, 12行26字, 註雙行, 上下向黑魚尾	表題:三國志, 版心題:第一才子書	京畿大學校
		目錄1冊, 本冊50卷15冊, 木版本, 25㎝, 四周單邊, 半郭:20×13.5㎝, 無界, 12行28字, 註雙行, 上下向黑魚尾	版心題:第一才子書, 表題紙:繡像第一才子書	慶熙大學校 812.3-모75ㅅㄴ
		10冊(全19卷19冊), 23.5㎝, 上下單邊, 左右雙邊, 半郭:20×14㎝, 無界, 12行26字, 註雙行, 上下向黑魚尾	版心題:第一才子書	慶熙大學校 812.3-모75ㅅㄷ
		2冊(缺帙, 冊1-2), 28㎝, 上下單邊, 左右雙邊, 半郭:20×14㎝, 無界, 12行26字, 註雙行, 上下向黑魚尾	版心題:第一才子書	慶熙大學校 812.3-모75ㅅㄹ

書名	出版事項	版式狀況	一般事項	所藏處/所藏番號
	羅貫中(明)撰, 毛宗崗(清)評, 刊寫地未詳, 刊寫者未詳, 刊寫年未詳	1卷1冊(卷13, 缺帙), 木版本, 29×18.8㎝, 四周單邊, 半郭:21.1×14.3㎝, 無界, 12行26字, 註雙行, 上下向黑魚尾	表題:三國志, 版心題:第一才子書	京畿大學校 경기-k121998-13
		1卷1冊(卷11, 13), 筆寫本, 25.1×17.4㎝, 無界, 12行26字, 註雙行, 無魚尾		京畿大學校 경기-k107160-6
		1卷1冊(卷11, 13), 筆寫本, 25.1×17.4㎝, 無界, 12行26字, 註雙行, 無魚尾		京畿大學校 경기-k107887-13
		1冊(零本, 卷9), 木版本, 有圖, 26.8×17㎝, 四周單邊, 半郭:20.8×14.2㎝, 無界, 12行26字, 註雙行, 上黑魚尾	表題:三國志, 版心題:第一才子書	慶尙大學校 D7다16ㅅ(아천)
	羅貫中(明)撰, 金聖嘆(淸)編, 毛宗崗(淸)評, 刊寫地, 刊寫者, 刊寫年 未詳	19冊(冊1~5, 7~20缺帙), 木版本, 有圖, 29×18.3㎝, 四周單邊, 半郭:21.3×14.2㎝, 無界, 12行26字, 註雙行, 花口, 上下向黑魚尾, 紙質:楮紙	表題:三國誌, 版心題:第一才子書, 標題:貫華堂第一才子書, 序:順治歲次甲申(1644) 嘉平朔金人瑞聖歎氏題	京畿大學校 경기-K103235-1=2
	金聖嘆(淸) 原評, 毛聲山 (淸)批點, 毛宗崗(淸)評, 刊寫地, 刊寫者, 刊寫年未詳	目錄1冊, 17卷17冊, 共18冊, (全19卷20冊中所藏目錄, 卷1~6, 8, 10~19), 木版本, 有圖, 26.6×18.2㎝, 四周單邊, 半郭:20×14.3㎝, 無界, 12行26字, 註雙行, 上下向黑魚尾	表題:三國志, 版心題:第一才子書, 標題:貫華堂第一才子書, 序:順治歲次甲申(1644) 嘉平朔日金人瑞氏題, 上下向2葉花紋魚尾混入	京畿大學校 경기-K103235-1=2
	羅貫中(明)撰, 金聖歎(淸)編, 發行地, 發行處, 發行年不明	18冊(零本 缺9,18合2冊), 木版本, 有圖, 28.7×19.2㎝, 四周單邊, 半郭:20.5×14.3㎝, 無界, 12行26字, 註雙行, 上黑魚尾	表題:貫華堂第一才子書, 版心題:第一才子書, 表題:三國志, 序:順治歲次甲申(1644)…金人瑞聖歎	慶尙大學校 D7다16ㅅ(아천)
		6冊(零本, 卷1, 4, 9, 15-16評), 木版本, 有圖, 29×19㎝, 無界, 四周單邊, 半郭:20.5×14.3㎝, 無界, 12行26字, 註雙行, 上黑魚尾	表題:貫華堂第一才子書, 版心題:第一才子書, 表題:三國志, 序:順治歲次甲申(1644)… 金人瑞聖歎氏題	慶尙大學校 D7다16ㅅa(아천)
		1冊(零本, 所藏卷18), 木版本, 26.3×17.4㎝, 四周單邊, 半郭:21.3×14.5㎝, 無界, 12行26字, 註雙行, 上黑魚尾	表題:三國志, 版心題:第一才子書	慶尙大學校 D7다16ㅅb(아천)

書 名	出版事項	版式狀況	一般事項	所藏處/所藏番號
		1冊(零本, 缺卷8), 木版本, 有圖, 28.8×18.5㎝, 無界, 四周單邊, 半郭:22.2×14.3㎝, 無界, 12行26字, 註雙行, 上黑魚尾	表題:三國志	慶尙大學校 D7C나16ㅅc(아천)
	金聖歎(淸)纂集, 毛宗崗(淸)評定, 發行地, 發行處, 發行年不明	9冊(卷2-4, 6, 9, 10, 12, 17, 19), 木版本, 28.9×18.7㎝, 四周單邊, 半郭:22.4×14.4㎝, 無界, 12行26字, 註雙行, 上內向黑魚尾	表題:三國誌	慶尙大學校 D7C김53ㅅ
	羅貫中(明)著	10卷10冊, 木版本, 有圖, 26.8×17.6㎝, 四周單邊, 半郭:21.5×14.5㎝, 無界, 12行26字, 註雙行, 花口, 上下向黑魚尾, 紙質:楮紙	表題:三國志, 版心題:第一才子書	釜山大學校 (芝田文庫) OEC 3-12 29A
		5卷5冊, 朝鮮木版本, 28.5×19.3㎝, 四周單邊, 半郭:20.5×14.4㎝, 無界, 12行26字, 註雙行, 上下向二葉花紋魚尾, 紙質:楮紙	表題:三國志, 版心題:第一才子書, 序:順治甲申(1644)嘉平朔日金人瑞聖歎(淸)氏題	慶尙南道 晋州市 崔載浩
	毛宗崗(淸)評, 淸代刊	6卷3冊(卷14~19), 朝鮮木版本, 29×19㎝, 四周單邊, 半郭:20.8×15㎝, 無界, 12行26字, 註雙行, 上下向黑魚尾, 紙質:楮紙	表題:三國志, 板首題:第一才子書, 內容:聖嘆外書(隆遜燒七百里~在受禪依壤書葫盧)	淸州大學校
	著者未詳, 哲宗~高宗間 (1850~1906)	零本7冊(全19卷目錄1卷合20冊中所藏本中卷之三, 六, 七, 十, 十二, 十四, 十六의 7冊有), 木版本, 30.8×20.7㎝, 四周單邊, 半郭:22×14.4㎝, 無界, 12行26字, 白口·上黑魚尾	表紙題:三國誌, 版心題:第一才子書, 印:集玉齊	海軍士官學校 [한]217
	金聖歎(淸)原評, 毛聲山批點, 朝鮮哲宗~高宗間 (1850~1906) 後刷	零本16冊(所藏本中卷之目錄一, 二, 七, 八, 九, 十, 十一, 十二, 十三, 十四, 十五, 十六, 十七, 十八, 十九의 16冊以外缺 全19卷目錄1卷合20冊中 한217과 同一版으로 찍었으나 前刷임), 木版本, 有圖, 29×18.8㎝, 四周單邊, 半郭:21.7×14.4㎝, 無界, 12行26字, 白口·上黑魚尾	表紙題:三國誌, 版心題:第一才子書, 序:…順治歲次甲申(1644)…金聖歎序	海軍士官學校 [한]218

120   第一部   國內 出版·筆寫 및 飜譯本 中國古典小說 目錄

書名	出版事項	版式狀況	一般事項	所藏處/所藏番號
四大奇書	毛宗崗(淸)評, 朝鮮朝末期刊	2冊, 朝鮮木版本, 26.6×16.8cm, 四周單邊, 半郭:21.2×14.4cm, 無界, 12行26字, 註雙行, 上下向黑魚尾, 紙質:楮紙	版心題:第一才子書	慶尙南道 晋州市 金相朝
	羅貫中(明)撰, 毛宗崗(淸)評, 朝鮮朝末期刊	卷首(卷1~10, 14~19, 合16冊), 朝鮮木版本, 27.5×18cm, 四周單邊, 半郭:21.3×14cm, 無界, 12行26字, 註雙行, 上下向黑魚尾, 紙質:楮紙	表題:三國志, 版心題:第一才子書	慶尙南道 密陽郡 李佑成
	毛宗崗(淸)評, 憲宗~哲宗年間 (1835~1863)刊	1卷1冊(卷2~?缺), 朝鮮木版本, 26.7×18.5cm, 四周單邊, 半郭:20.2×14.5cm, 12行26字, 註雙行, 上黑魚尾, 紙質:楮紙	表題:三國誌, 版心題:第一才子書, 備考:聖歎外書, 茂苑毛宗崗序始氏評	韓國綜合典籍目錄 (山氣文庫) 李謙魯 4-680
	毛宗崗(淸)評, 純祖~哲宗年間 (1801~1863)刊	18卷18冊(首卷1, 卷1~8, 10~15, 17~19), 朝鮮木版本, 28×18.5cm, 四周單邊, 半郭:20.4×14.4cm, 12行26字, 註雙行, 上2葉花紋魚尾, 紙質:楮紙	表題:三國誌, 卷5, 11~12; 同書2部	韓國綜合典籍目錄 (尙熊文庫) 4-155
	羅貫中(明)撰, 金聖嘆(淸)編, 毛宗崗(淸)評, 18世紀刊	5冊(零本, 全20冊中, 卷2, 3, 12, 13, 16所藏), 朝鮮木版本, 28.1×18.5cm, 四周單邊, 半郭:21.3×14.4cm, 無界, 12行26字, 上下白口, 上下向黑魚尾, 紙質:楮紙	表題:三國志, 版心題:第一才子書	一般動産文化財 충재종택(봉화) 09-0339
		18卷18冊(卷9缺), 朝鮮木版本, 27.4×18.6cm, 四周單邊, 半郭:21.1×14.2cm, 12行26字, 註雙行, 上黑魚尾, 紙質:楮紙	表題:三國誌, 版心題:第一才子書, 卷首:聖歎外書, 茂苑毛宗崗序始氏評	韓國綜合典籍目錄 (山氣文庫) 李謙魯 4-681
	毛宗崗(淸)評, 朝鮮朝後期刊	18卷18冊(卷10, 20, 2冊缺), 朝鮮木版本, 四周單邊, 12行26字, 註雙行, 上黑混1~2葉花紋魚尾, 紙質:楮紙	表題:三國志, 版心題:第~才子書, 卷首:聖歎外書, 茂苑毛宗崗序始氏評, 印記:林士欽信	韓國綜合典籍目錄 (山氣文庫) 李謙魯 4-682
	金聖歎(淸)原 評, 毛聲山 (淸)批點, 朝鮮朝後期刊	1冊(首卷), 淸本覆刻版, 有圖, 28×18.2cm, 四周單邊, 半郭:21.3×14cm, 有界, 12行26字, 上黑魚尾, 紙質:楮紙	裏題:貫華堂第一才子書, 版心題:第十才子書, 序:順治歲次甲申(1644) 嘉平朔日金人瑞聖歎氏題, 印記:金雲堂藏	韓國綜合典籍目錄 (誠庵文庫) 趙炳舜 4-1416
	毛宗崗(淸)評, 刊寫地未詳, 刊寫者未詳, 朝鮮朝末期	1冊, 木活字本, 四周單邊, 半郭:20.5×14cm, 無界, 12行26字, 上黑魚尾	版心題:第一才子書	全州大學校 OM823.5-모756ㅅ

3. 通俗小說의 朝鮮時代 出版·筆寫本 目錄

書名	出版事項	版式狀況	一般事項	所藏處/所藏番號
	羅貫中(明)編, 서울, 刊寫者 未詳, 19--	册(卷之3, 10), 25.5×18.2cm	第一種	大邱 가톨릭 大學校 동823.5-나16ㅅ
	毛宗崗(淸)編, 淸代刊	5卷5册(卷2, 3, 12, 13, 16), 朝鮮木版本, 28.2×18.6cm, 四周單邊, 半郭:21.6×14.2cm, 無界, 12行26字, 上下向二葉花紋魚尾, 紙質:楮紙	表題:三國志, 序:順治歲次甲申(1644) 嘉平朔日金人聖瑞歎氏題	(대구경북) 權廷羽奉化郡
	毛宗崗(淸)評, 刊寫地, 刊寫者, 刊寫年未詳	3册(零本, 卷5~10), 木版本, 29.5×18cm, 四周單邊, 半郭:22×14.5cm, 無界, 12行26字, 註雙行, 上黑魚尾, 紙質:楮紙	版心題:第一才子書	圓光大學校 AN823.5-ㅁ566
	法聖, 己丑(?)	38卷38册, 筆寫本(國譯本), 34.5×22.8cm	題簽:三國志, 筆寫記:己丑(?)自法聖謄書긔 법성서동서, 印:李在○印	高麗大學校 C15-A35
四大奇書第一才子書	著者未詳, 刊寫地, 刊寫者, 刊寫年未詳	18卷5册(缺帙, 册10-14), 木活字本, 25.2×16.2cm, 四周單邊, 半郭:22×14cm, 無界, 12行26字, 上下向黑魚尾		慶熙大學校 821.9-사23
四大奇書第一種三國志	金聖歎(淸)原評, 毛宗崗評	共20册(首卷1册, 19卷19册), 木版本, 有圖, 30cm, 四周單邊, 20.6×14.6cm, 12行26字, 註小字雙行, 上黑魚尾 (一部 上花紋魚尾)	內題面:實華堂第一才子書聖歎, 原評:毛聲山批點, 外題:四大奇書, 版心題:第一才子書, 序:順治歲次甲申(1644) 嘉平朔日 金人瑞氏題	延世大學校 812.36/15
四大奇書	毛聲山(淸) 批點, 19世紀末刊	零本4册, 木版本, 27.5×18.4cm, 四周單邊, 半郭:21×14.3cm, 有界, 12行26字, 上下向黑魚尾, 線裝, 紙質:楮紙	表題:貫華堂第一木書, 序:順治藏次甲申嘉平朔日金人瑞聖歎氏題, 木記:貫華堂第一子書, 卷 7, 16, 17	金基大(성주) 14-4277~4280
	羅貫中(明)著, 毛宗崗(淸)評, 刊寫地, 刊寫者, 刊寫年未詳	19卷20册(卷1-19), 木版本, 29×19cm, 四周單邊, 半郭:21×15cm, 無界, 12行26字, 註雙行, 花口, 上下向黑魚尾	表題:三國志, 版心題:第一才子書, 序:順治歲次甲申(1644) 嘉平朔日金人瑞聖歎氏題	淑明女子大學校
	毛宗崗(淸)評, 刊寫地, 刊寫者, 刊寫年未詳	19卷20册, 木版本, 四周單邊, 匡郭: 20.5×15cm, 無界, 12行26字, 上花紋魚尾	序:順治甲申(1644)金人瑞, 表題:三國志	延世大學校 고서중 812.38
		首卷19卷20册, 朝鮮木版本, 四周單邊, 匡郭: 20.5×15cm, 無界, 12行26字, 上花紋魚尾	序:順治甲申(1644)金人瑞, 表題:三國志	延世大學校 黙素堂文庫
			表題:三國志	延世大學校 (綏堂文庫)812.38

書名	出版事項	版式狀況	一般事項	所藏處/所藏番號
四大奇書		19卷19册, 木版本, 18.5×28.5㎝		忠北 槐山郡 김문기
四大奇書	金聖歎(淸)纂集, 毛宗崗 評, 刊寫地未詳, 刊寫者未詳, 刊寫年未詳	2卷2册, 木版本, 28.5×18.2㎝, 四周雙邊, 半郭:22.5×15㎝, 無界, 12行26字, 註雙行, 白口, 上下向黑魚尾, 線裝, 紙質:楮紙	版心題:才子書	西原大學校 博物館
四大奇書(聖歎外書)	毛宗崗(淸)評, 朝鮮朝後期刊	1卷1册(卷16), 木版本, 29.5×19㎝, 四周單邊, 半郭:21.5×14.4㎝, 12行26字, 註雙行, 上黑魚尾, 紙質:楮紙	版心題:第一才子書	韓國綜合典籍目錄 (仁壽文庫) 文樸 4-433
第一奇書三國志前集	刊寫地, 刊寫者, 刊寫年未詳	1卷1册(卷1, 缺帙), 新鉛活字本, 有圖, 21.9×14.8㎝, 四周雙邊, 半郭:17.2×11.3㎝, 無界, 16行字數不定, 註雙行, 無魚尾	版心題:(第一奇書)三國志	京畿大學校 경기-k120528-1
第一奇書三國志後集	高敬相編, 京城(서울), 博文書館, 大正6年(1917)	4卷4册(卷1~4), 新鉛活字本, 有圖, 22×14.6㎝, 四周雙邊, 半郭:17.5×11.4㎝, 無界, 16行字數不定, 註雙行, 無魚尾	版心題:第一奇書三國志	京畿大學校 경기-k120524-1
三國演義	刊寫地, 刊寫者, 刊寫年未詳	1卷1册(卷3, 缺帙), 筆寫本, 25.7×17.3㎝, 無界, 行字數不定, 註雙行, 無魚尾		京畿大學校 경기-k120388-3
三國志演義	金聖歎(明)演義, 毛宗崗(淸)評, 京都, 文興堂, 淸朝後期刊	19卷20册, 木版本, 24.7×15.6㎝, 四周單邊, 半郭:18.8×13.6㎝, 無界, 12行26字, 註雙行, 上黑魚尾, 紙質:竹紙	裏題:繡像第一才子書, 序:順治歲次甲申(1644)嘉平朔日金聖歎氏題, 刊記:京都, 文興堂藏板	成均館大學校 D7C-36b
三國志演義	羅貫中(明)著, 서울, 刊寫者未詳	1册, 卷1-24	序:順治歲甲申(1644)嘉平朔日金人端聖嘆氏題	大邱 가톨릭 大學校, 동823.5-라16ㅅ김
三國志演義	金聖歎(明)演義, 毛宗崗(淸)評	20册(19卷, 目錄1卷), 木版本, 28×18.3㎝, 四周單邊, 半郭:21×15㎝, 無界, 12行26字, 註雙行, 上黑魚尾	表題:三國誌, 版心:第一才子書, 序:順治歲次甲申(1644)嘉平朔日金人瑞聖歎氏題, 國內刊行本. 총 20책 中에서 9책만 所藏, 目錄1책과 卷之一부터 卷之十까지 10책 合11册이 缺本	서울鐘路圖書館 823.5
三國志演義	羅貫中(淸)	1册(零本), 筆寫本, 31×20㎝		嶺南大學校 823.5
		1册, 筆寫本, 23×24㎝		雅丹文庫 813.5-삼16

書名	出版事項	版式狀況	一般事項	所藏處/所藏番號
三國志通俗演義		1卷1冊(55張), 筆寫本, 30.7×19.7㎝, 左右雙邊, 半郭:23.6×16.3㎝, 有界, 11行20字, 黑口, 上下內向二葉花紋魚尾	漢文, 楷書, 背面記錄:南程記等, 晉平陽侯陳壽史傳, 學羅本貫中編次	韓國國學振興院 受託, 개성고씨 월봉종택 KS0327-1-02-00020
		1冊(卷8存), 朝鮮活字本, 30.5×19.5㎝, 四周雙邊, 半郭:23.2×16.5㎝, 有界, 11行20字, 大黑口上下內向二葉花紋魚尾	版心題:三國志	李亮載
	陽陣壽 史傳, 羅貫中(明)編次, 19世紀寫	1冊(零本, 所藏卷6), 筆寫本, 30.6×19.8㎝, 上下單邊, 半郭:23.1×15.8㎝, 11行20字, 上下白口, 上下內向四瓣花文魚尾, 紙質:楮紙	表題:三國志演義, 藏書記:泰洞家藏	一般動産文化財 고원동(문경) 21-0353
第一才子書	羅貫中(明)撰, 金聖歎(淸)編, 刊寫事項不明	零本12冊(所藏:卷30-60), 木版本, 17.6×11.7㎝, 左右雙邊, 半郭:13.6×9.4㎝, 無界, 10行25字, 上下向黑魚尾	表題:三國誌, 版心題:第一才子書	慶北大學校 [古] 812.3 나16ㅈ
		零本4冊(所藏:卷11-18), 新鉛活字本, 有圖, 20.1×13.3㎝, 四周單邊, 半郭:17.4×11.7㎝, 有界, 17行31字, 上下向黑魚尾	版心題:第一才子書	慶北大學校 [古] 812.3 나16ㅈ(6)
	羅貫中(明)著, 刊寫事項不明	零本1冊(所藏:卷4), 木版本, 28.4×18㎝, 四周單邊, 半郭:21.4×14.1㎝, 無界, 12行26字, 上下向黑魚尾	版心題:第一才子書	慶北大學校 [古] 812.3 나16ㅈ(3)
		零本2冊(所藏:卷11, 15), 木版本, 25.8×17㎝, 四周單邊, 半郭:21.9×14.8㎝, 無界, 12行26字, 上下向黑魚尾	版心題:第一才子書	慶北大學校 [古] 812.3 나16ㅈ(9)
	毛宗崗(淸)評, 刊寫地, 刊寫者, 刊寫年未詳	20卷20冊, 朝鮮木版本, 25.7×16.5㎝, 四周單邊, 半郭:22.5×14.2㎝, 無界, 12行26字, 註雙行, 上黑魚尾, 紙質:楮紙	版心題:第一子書, 表題:三國志, 序:順治歲次甲申(1644)金人瑞聖歎氏題	圓光大學校 AN823.5-ㅁ566사
	刊寫地, 刊寫者, 刊寫年未詳	1卷1冊(卷9, 缺帙), 木版本, 29.1×19㎝, 四周單邊, 半郭:21.5×14.2㎝, 無界, 12行26字, 註雙行, 上下向黑魚尾	書名:版心題	京畿大學校 경기-k121812-9

書名	出版事項	版式狀況	一般事項	所藏處/所藏番號
三國志		4卷1冊(卷13~16, 缺帙), 新鉛活字本, 有圖, 19.8×13.7㎝, 四周單邊, 半郭:17.2×11.8㎝, 有界, 15行30字, 註雙行, 上下向黑魚尾		京畿大學校 경기-k118338-5
	19世紀寫	不分卷1冊, 筆寫本, 23×15.7㎝, 無界, 行字數不定, 無魚尾, 紙質:楮紙		一般動産文化財 영모재(문경) 20-0360
	朝鮮後期	1冊, 朝鮮木版本, 四周單邊, 半郭:21×15.5㎝, 有界, 13行22字, 上下內向黑魚尾, 紙質:楮紙	版心題:三國志三, 三國志四	韓國寺刹文化財 直指寺 직지성보박물관 754
	羅貫中(明)撰	33卷33冊, 筆寫本, 28.9×22.5㎝	表題:三國誌, 印:桑邨開長, 萬事好意, 萬堂弄鶴閒事	高麗大學校 C15-A103
	羅貫中(明)撰, 毛宗崗(淸)評, 刊寫地未詳, 刊寫者未詳, 刊寫年未詳	1卷1冊(卷19, 缺帙), 木版本, 27.2×19.2㎝, 四周單邊, 半郭:21.7×14.5㎝, 無界, 12行26字, 註雙行, 上下向黑魚尾	書名:表題, 卷首題:四卷奇書, 版心題:第一才子書	京畿大學校 경기-k119045-9
삼국지	3冊(京本, 紅樹洞 坊刻本, 1859年)	未詳	李能雨/柳鐸一 論著根據	未詳/東洋語學校 (Paris)
三國誌 삼국디	2冊(卷7, 8, 落帙) 筆寫本		初譯:英正朝 推定, 後譯:1859年	鮮文大 朴在淵
제일기 서삼국 지	1冊(缺帙, 卷4), 22㎝, 著者未詳, 京城, 博文書館, 大正6(1917)		內容:冊4, 後集(4卷)	慶熙大學校 812.3-삼16
제일긔 서合국 지第一	8冊(前集4冊, 後集4冊), 舊活字本, 博文書館, 大正6(1917)年			鮮文大 朴在淵
奇書三 國誌	羅貫中(明)著, 3卷3冊, 木版本, 京城, 白斗鏞家, 1920	25.8×20.2㎝, 四周單邊, 半郭:21.5×17.7㎝, 無界, 14行25字, 上二葉花紋魚尾		國立中央圖書館 [한]-48-33

書名	出版事項	版式狀況	一般事項	所藏處/所藏番號
(데일긔서)삼국지第一奇書三國志	1卷1册(零本, 所藏本:前集, 卷1), 新活字本, 編者未詳, 刊行者未詳, 1920頃刊	21.8×14.8cm, 四周雙邊, 全郭:17.3×11.3cm, 無界, 16行23字, 註雙行, 頭註, 紙質:洋紙	序:順治甲申(1644)嘉平朔日金人瑞聖嘆(淸)氏題	東國大學校 D819.34 삼17ㅅㄱ
三國志精選	朝鮮朝末期寫	1册(121張), 朝鮮筆寫本, 20.7×16.5cm, 無界, 9行字數不定, 註雙行, 紙質:楮紙		慶尙南道 固城郡 諸鳳模
삼국지(三國志)	譯者未詳, 朝鮮朝後期~末期寫	13册, 朝鮮筆寫本, 25.5×20.9cm, 12行26字, 紙質:楮紙		成均館大學校 D7B-78
三國誌	朝鮮翻刻本	3册(卷11, 14, 16存), 朝鮮木版本	四大奇書第一種	鮮文大 朴在淵
	朝鮮翻刻復刷本	卷首(19卷20册), 朝鮮木版本		鮮文大 朴在淵
	江左書林	29卷12册, 中國木版本	又名第一才子書	鮮文大 朴在淵
	金聖嘆(淸)著, 上海, 刊寫者未詳, 1644	19卷10册(卷1-19, 册1-10), 24×15.4cm		大邱 가톨릭 大學校 동823.5-김53ㅅ
	羅貫中(明)著, 刊寫地未詳, 刊寫者未詳, 隆熙2年(1908)	13卷13册(卷2, 卷4, 卷6, 卷8~14, 卷17-19), 筆寫本, 35.4×21.6cm, 無界, 12行30字	寫記:卷8, 戊申三月 -- 卷19, 융희2(1908) … 홍호정사ㅅ의필셔 무신십이월 … 필셔ᄒ노라	檀國大學校 율곡기념도서관 (羅孫文庫)古873.5-나1281샤
	羅貫中(明)著, 刊寫地, 刊寫者未詳, 戊申2(1908)	2卷2册(上~下), 筆寫本, 31.7×19.8cm, 無界, 11行27字	寫記:무신육월십칠일필셔, 印記:張鎭道, 貳錢	檀國大學校 율곡기념도서관 (羅孫文庫)古873.5-나1281슈
	羅貫中(明)著, 仁祖22年刊	13册, 木版本		晉門精舍雲隱亭
	羅貫中(明)著, 江陵, 刊寫者未詳, 大正4(1915)	1卷1册(卷3), 筆寫本, 29.8×20cm, 無界, 12行28字	寫記:江陵郡沙川面 盧洞里字後洞里謄書 寫記:乙卯正月初日後洞里謄書 册主 李文八	檀國大學校 율곡기념도서관 (羅孫文庫)古873.5-나1281쇼
	白斗鏞編, 서울, 한남서림, 1921	1册, 卷1		大邱 가톨릭 大學校, 동823.4 -백227ㅅ
	서울, 刊寫者未詳, 19--	1册, 25.2×18cm		大邱 가톨릭 大學校 동823.4-삼17

書名	出版事項	版式狀況	一般事項	所藏處/所藏番號
	著者未詳, (1900)頃刊	卷3, 1冊, 朝鮮木版本(坊刻本), 26.5×18.8cm, 四周單邊, 半郭:19.4×15.7cm, 15行字數不定, 上2葉花紋魚尾, 紙質:楮紙		韓國綜合典籍目錄 (山氣文庫) 李謙魯 4-686
	戊申	1冊(42張), 朝鮮筆寫本, 32×21cm, 10行字數不定	諺文, 行書, 刊記:戊申止月初十日	韓國國學振興院受託, 용궁울진장씨 연파문고 KS0303-1-03-00004
	譯者, 刊寫地, 刊寫者, 刊寫年未詳	1冊, 筆寫本		全州大學校 OM813.5-삼171
	刊寫地, 刊寫者, 刊寫年未詳	1冊, 筆寫本, 37.7×19.7cm, 四周無邊, 無界, 11行字數不定, 無魚尾	書名:表題	啓明大學校 812.35-삼국지ㄱ
		8冊(朝鮮人筆寫本), 筆寫本		鮮文大 朴在淵
		20冊, 木版本, 28.7×19cm		韓國國學振興院受託, 영천이씨 오천종중읍춘공파 KS04-3083-10134-00134
		不分卷1冊, 木版本, 25×17.5cm, 四周單邊, 半郭:20.8×15.1cm, 13行22字, 白口, 上下內向黑魚尾	國漢文, 楷書	韓國國學振興院受託, 원주변씨 거촌문중KS03 55-1-03-00018
	羅貫中(明)著, 刊寫地未詳, 刊寫者未詳, 丁未(?)	1冊(101張), 筆寫本, 28×24.5cm, 無界, 12行字數不定		檀國大學校 율곡기념도서관 古873.5-나1282소
	羅貫中(明)著, 刊寫地未詳, 刊寫者未詳, 壬寅(?)	10卷10冊(卷4~7, 9~13, 零本), 筆寫本, 33.5×22.2cm, 無界, 12行27字	寫記:남인구월망간북흥즈의서 필셔	檀國大學校 율곡기념도서관 (羅孫文庫)古873.5-나1281수
	羅貫中(明)著, 刊寫地未詳, 刊寫者未詳, 壬辰(?)	1卷1冊(零本), 筆寫本, 31.4×21.4cm, 無界, 13行29字		檀國大學校 율곡기념도서관 (羅孫文庫)古873.5-나1281스
	羅貫中(明)撰, 刊寫地未詳, 刊寫者未詳, 刊寫年未詳	2卷1冊(卷3~4), 木版本, 26.1×18.9cm, 四周單邊, 半郭:21.5×16cm, 無界, 13行29字, 註雙行, 上下內向黑魚尾	版心題:삼국지	檀國大學校 율곡기념도서관 고873.5-나128

書名	出版事項	版式狀況	一般事項	所藏處/所藏番號
	羅貫中(明)著, 刊寫地未詳, 刊寫者未詳, 刊寫年未詳	1册(33張), 筆寫本, 25×17.5cm, 無界, 11行字數不定	合綴:歷代歌	檀國大學校 율곡기념도서관 古873.5-나1282슈
	羅貫中(明)著, 刊寫地未詳, 刊寫者未詳, 刊寫年未詳	1册(53張), 筆寫本, 34.2×21.5cm, 無界, 12行26字		檀國大學校 율곡기념도서관 (羅孫文庫)古873.5-나1281소
	羅貫中(明)著, 刊寫地未詳, 刊寫者未詳, 刊寫年未詳	1册(落張), 筆寫本, 29.4×19.2cm, 無界, 11行字數不定		檀國大學校 율곡기념도서관 (羅孫文庫)古873.5-나1281서
	羅貫中(明)著, 寫者未詳, 譯者未詳, 寫年未詳	筆寫本, 30.5×21.3cm, 四周無邊, 半郭:無郭, 無界, 12行21字, 無魚尾		建國大學校 [고]923.5
	譯者未詳, 刊年未詳	20册, 筆寫本, 24×21cm, 無罫, 14行22字, 版心無		梨花女子大學校 [고] 812.3 삼17J
		卷12-16, 鉛活字本, 75張, 有圖, 19.5×13cm, 四周單邊, 半郭:15.5×11.2cm, 有界, 11行40字, 註雙行, 內向黑魚尾	版心題:第一才子書, 茂苑毛宗崗序, 始評	崇實大學校 3200
	刊寫地未詳, 刊寫者未詳, 刊寫年未詳	1卷1册(卷17, 缺帙), 木版本		京畿大學校 경기-k122600
	羅貫仲(明)著, 朝鮮朝後期~末期寫	1册, 한글筆寫本, 30×21.5cm		國史編纂委員會 D7B-3
三國誌 (第一 才子書)	金聖嘆(清)原評, 서울, 刊寫者未詳	20卷20册(目錄, 卷1~19), 木版本, 27×18cm	序:順治歲次甲申(1644)	大邱가톨릭 大學校 동823.5-김53ㅅ
三國志	羅貫中(明)撰, 毛宗崗(淸)評, 刊年未詳	17册(第6, 17~18, 20册缺, 所藏:册1~5, 7~16, 19(全20卷, 目錄包含 21册)), 中國木版本, 24.9×18.1cm, 四周單邊, 半郭:27×15cm, 無界, 12行26字, 註雙行, 上黑魚尾	書名:表題에 依함, 標題:貫華堂第一才子書, 版心題:第一才子書, 序:時順治歲次甲申(1644)… 金人瑞聖歎氏題	國會圖書館 [古]812.3 ㄴ141ㅅ
		15册, 木版本		韓國國學振興院受託, 고성이씨 팔회당종택KS02-3042-10128-00128

書名	出版事項	版式狀況	一般事項	所藏處/所藏番號
	金聖歎(淸)著, 李柱浣編, 京城(서울), 滙東書館, 1920	5卷5册, 新鉛活字本, 20.6×14.2cm, 四周單邊, 半郭:17.5×11.4cm, 無界, 17行36字, 無魚尾		啓明大學校 [고]812.35-김성탄 ㅅ
	博文書館編纂, 京城博文書館, 1928	5卷5册, 新鉛活字本, 20.3×14.7cm, 四周無邊, 無界, 19行37字		啓明大學校 [고]812.35-박문서 ㅅ
	羅貫中(明)著, 刊寫地未詳, 貫華堂, 刊寫年未詳	20卷20册, 有圖, 29.2×19.3cm, 四周單邊, 半郭:22.3×14.5cm, 無界, 12行字數不定, 上下向黑魚尾		慶熙大學校 812.31-나15ㅅㄱ
	羅貫中(明)撰, 朝鮮朝後期寫	1册(64張), 朝鮮筆寫本, 29.8×16.1cm, 無界, 25行字數不定, 紙質:楮紙		釜山直轄市 金戊祚
		1册(58張), 朝鮮筆寫本, 31.7×20cm, 無界, 10行字數不定, 紙質:楮紙		釜山直轄市 金戊祚
	羅貫中(明)著, 刊寫地未詳, 刊寫者未詳, 刊寫年未詳	2卷1册(零本), 木版本, 26.7×18.7cm, 四周單邊, 半郭:21×16cm, 無界, 13行24字, 上下內向黑魚尾	版心題:삼국지	檀國大學校 율곡기념도서관 고873.5-나128서
		1册(47張, 零本), 筆寫本, 34.4×21.5cm, 無界, 9-10行字數不定		檀國大學校 율곡기념도서관 고873.5-나128ㅅ-卷2
三國志抄		1册, 筆寫本, 33×21cm, 無界, 12行字數不定, 註雙行	漢文, 行書	韓國國學振興院受 託, 풍천임씨 청암가KS0556-1- 02-00004
三國誌抄		1册, 筆寫本, 15×21.5cm, 烏絲欄, 16行字數不定	漢文, 行書	韓國國學振興院受 託, 안동권씨 정암문고KS0559- 1-02-00008
三國志傳通俗演義	羅貫中(淸), 明中期	1册, 坊刻本, 26cm		嶺南大學校 [古]823.5
新刊校正古本大字音譯三國志通俗	陳壽(晋)傳, 羅貫中(漢) 編次, 壬亂以前刊 (1621)	卷12, 1册, 朝鮮木版本, 29.9×21.8cm, 四周雙邊, 半郭:21.1×17cm, 有界, 13行24字, 註雙行, 內向1葉花紋魚尾, 紙質:楮紙	版心題:三國演義, 刊記:歲在丁卯(?)耽羅開刊	韓國綜合典籍目錄 (山氣文庫) 李謙魯 4-702

3. 通俗小說의 朝鮮時代 出版·筆寫本 目錄   129

書名	出版事項	版式狀況	一般事項	所藏處/所藏番號
演義	羅貫中(明)著, 周日校(明)刊, 濟州, 刊寫者未詳, 丁卯	全12卷12册10卷10册(零本), 朝鮮木版本, 30×21.7㎝, 四周雙邊, 半郭:21.4×17㎝, 有界, 13行24字, 上下内向一葉花紋魚尾	版心題:三國演義, 卷末題:三國志傳通俗演義, 欄上筆寫, 刊記:歲在丁卯眈羅開刊, 卷3第1張~5張, 筆寫本, 所藏本:卷2, 3, 4, 6, 7, 8, 9, 10, 11, 12	國立淸州博物館
	羅貫中(明)編次, 刊年未詳	1册(零本), 朝鮮木版本(後刷), 31.1×21.3㎝, 四周雙邊, 半郭:21.4×17.2㎝, 有界, 13行24字, 下花内向花紋魚尾	版心書名:三國演義, 印:震旦學會	奎章閣 (想白)[古] 895.135-N11s-v.2
		2卷1册(131張), 朝鮮木版本, 29×21.2㎝, 四周雙邊, 半郭21.4×16.9㎝, 有界, 13行24字, 註雙行, 花口, 上下内向2葉花紋魚尾, 紙質:楮紙	版心題:三國演義	釜山大學校 (于溪文庫) OIC 3-12 71
		2卷2册(零本), 朝鮮木版本, 32.5×21.8㎝, 四周雙邊, 半郭:21.4×17.4㎝, 有界, 13行24字, 註雙行, 白口, 上下向混入魚尾	漢文, 楷書	韓國國學振興院 受託, 영양남씨 영해 시암고택 KS0356-1-02-00023
		1卷1册(零本), 朝鮮木版本, 31.3×20.5㎝, 四周雙邊, 半郭:21.2×16.7㎝, 有界, 13行24字, 註雙行, 白口, 上下向混入魚尾	漢文, 楷書	韓國國學振興院 受託, 의성김씨 문충공파일파문중 KS0455-1-03-00002
	羅貫中(淸)編, 刊寫地, 刊寫者, 刊寫年未詳	2册(零本, 卷6, 11), 朝鮮木版本, 28.8×21.3㎝, 四周雙邊, 半郭:21.6×17.1㎝, 有界, 13行24字, 上下内向2瓣黑魚尾(一部分 上下内向黑魚尾)	版心題:三國演義	嶺南大學校 [古南]823.5 삼국지
	刊寫地, 刊寫者, 刊寫年未詳	1册(卷之1, 卷册未詳의 零本임), 筆寫本, 31㎝, 11行20字	陳壽, 史傳;羅本, 編次;葉才, 音釋, 外題:三國志, 序:弘治甲寅(1494)仲春旣望, 庸愚子拜書	延世大學校 812.36/18
		4册, 木版本, 32.8×22.2㎝		韓國國學振興院 受託, 영양남씨 영해 난고종택 KS04-3061-10632-00632

書名	出版事項	版式狀況	一般事項	所藏處/所藏番號
三國演義	陳壽(晋)傳, 羅貫中(明)編, 周日校(明), 刊寫者未詳, 朝鮮朝刊	1卷1冊(零本, 所藏本:卷5), 25×19.9㎝, 四周雙邊, 半郭:21.5×17㎝, 有界, 13行24字, 上內1葉 (間混2葉)花紋魚尾, 紙質:楮紙	表題:三國志傳通俗演義	東國大學校 D819.34 17ㅅ
	金聖歎(淸)原評, 毛聲山(淸)批點, 17世紀刊	零本2冊(卷1, 2), 木版本, 30.2×21.7㎝, 四周單邊, 半匡:20.2×17.6㎝, 有界, 13行24字, 註雙行, 上下白口, 上下內向二瓣花紋黑魚尾, 線裝, 紙質:楮紙	版心題:三國寅義	東學教堂(상주) 29-0084~0085
		零本1冊(卷4), 木版本, 30.9×21.9㎝, 四周單邊, 半匡:21.3×17㎝, 有界, 13行24字, 上下內向魚尾不定, 線裝, 紙質:楮紙		忠孝堂(安東) 20-1557
刪修三國志	朴健會編, 1914	合9冊(前集3卷, 後集5卷, 續集1卷), 鉛印本, 有圖, 22×14.7㎝	異書名:三國志	高麗大學校 C14-A45
	羅貫中(明)撰, 朴健會(朝鮮) 編修, 京城書館, 1915	零本2冊(前集下 後集第四), 鉛版本(國譯本), 有圖, 21.6×14.8㎝	刊記:大正四年(1915)發行	高麗大學校 (晚松文庫) C14-A45
刪修三國誌	羅貫中(淸)撰, 朴健會 編, 京城, 朝鮮書館, 1913	1冊(零本, 卷3, 後集), 新式活字本, 有圖, 21.9×15.2㎝	諺解本, 挿圖(卷頭):三國志圖象(2面)	嶺南大學校 [古南]823.5 나관중
刪修三國誌後集	朴健會編輯, 京城, 朝鮮書館, 大正2(1913)	1卷1冊(卷1, 缺帙) 新鉛活字本, 有圖, 22.1×15㎝, 無界, 11行35字, 無魚尾	表題:後集三國誌	京畿大學校 경기-k122047
諺吐三國誌	滙東書館, 永豊書館, 李柱浣	5冊(卷1 滙東本, 卷2~5 永豊本), 舊活字本		鮮文大 朴在淵
修正三國誌		5冊119回, 舊活字本		鮮文大 朴在淵
三國誌 삼국디		2冊(卷 7, 8, 落帙), 筆寫本		鮮文大 朴在淵

3. 通俗小說의 朝鮮時代 出版·筆寫本 目錄

書名	出版事項	版式狀況	一般事項	所藏處/所藏番號
제일긔 셔숨국 지	博文書館, 大正6(1917)年	8冊(前集4冊, 後集4冊), 舊活字本	別名:第一奇書三國誌	鮮文大 朴在淵
데일긔 셔삼국 지	羅貫中(明)著, 刊寫地未詳, 刊寫者未詳, 19--	1冊(前集2卷), 新鉛活字本, 22×15㎝	別名:第一奇書三國志	檀國大學校죽전퇴 계기념도서관 고823.5-나128ㅅ
삼국지 (三國誌)	金聖歎(淸)原評, 刊寫地, 刊寫者, 刊寫年未詳	2卷1冊(零本), 木版本, 27.5×19㎝, 四周單邊, 半郭:20.7×15.6㎝, 無界, 13行字數不定, 註雙行, 上下內向黑魚尾		檀國大學校 율곡기념도서관 古873.5-나1282사
삼국지 (三國誌)	羅貫中(明)著, 3卷3冊(上, 中, 下), 京城, 翰南書林, 大正6(1917)	朝鮮木版本, 25.6×20.4㎝, 四周單邊, 半郭:21.6×18.5㎝, 無界, 14行25字, 上下向二葉花紋魚尾	卷下末:己未孟夏紅樹洞新刊	檀國大學校 천안율곡도서관 (羅孫文庫) 古873.5-나128서
		19卷19冊(完帙), 筆寫本	朝鮮末 飜譯轉寫된 것으로 大字本 毛宗崗本 飜譯임	鮮文大 朴在淵
삼국지 (三國志)	羅貫中(明)著, 譯者, 年紀未詳	30卷 30冊, 宮體筆寫本, 37.8×22.4㎝		奎章閣 [古]3350-95
		不分卷, 2冊(1~2卷), 木版本, 23.5×19.2㎝, 四周單邊, 半郭:20.7×17.4㎝, 無界, 14行24字, 上二葉花紋魚尾		國立中央圖書館 [한]48-33-2
		不分卷1冊(缺本:卷3), 木版本, 24×18㎝, 四周單邊, 半郭:20.3×16㎝, 無界, 16行29字, 內向黑魚尾	表紙書名:諺三國誌.	國立中央圖書館 [한]48-33-3
	羅貫中(明)著, 年紀未詳	1冊, 筆寫本, 30.5×19.8㎝		國立中央圖書館 [의산고]3736-10
	發行地, 發行處, 發行年不明	1冊, 朝鮮木版本, 27×18.5㎝, 四周單邊, 半郭:21×15㎝, 無界, 13行21字, 下向黑魚尾, 紙質:楮紙	備考:前後毀損(缺張)	忠南大學校 학산고서 集· 小說類1964
三國志		20卷20冊, 木版本, 有圖, 18.9×28㎝		忠北 報恩郡 김동기
三國志	1914年	1卷1冊, 筆寫本, 19.6×30.3㎝		沃川鄕土資料展示館
三國志	甲子年	8卷8冊, 筆寫本, 22×16.5㎝		忠北 丹陽郡 이봉우

書名	出版事項	版式狀況	一般事項	所藏處/所藏番號
삼국지	著者未詳, 朝鮮朝末頃 (1852)刊	2卷1册(卷3~4), 朝鮮木版本, 26×18.5cm, 四周單邊, 半郭:21×16cm, 13行不定字, 内向黑魚尾, 紙質:楮紙	版心題:삼국지, 表紙墨書識記:壬子(1852) 十一月日	韓國綜合典籍目錄 (山氣文庫) 李謙魯 4-685
	著者未詳, 1908刊	不分卷1册(85張), 朝鮮木版本, 27.1×18.9cm, 四周單邊, 半郭:21.7×16.7cm, 13行22字, 内向黑魚尾, 紙質:楮紙	表題:三國誌, 版心題:삼국지, 刊記:戊申(1908)冬完山梁册房 新刊, 内容:中國小說	韓國綜合典籍目錄 (尙熊文庫) 4-156
	羅貫中(明)著, 卓鐘佶編, 全州, 西溪書鋪, 1911	1册(86張), 한글木版本, 26.6×18.7cm, 四周單邊, 半郭:21.3×15.5cm, 無界, 13行22-23字内外, 内向黑魚尾, 紙質:楮紙	表題:三國志, 刊記:明治四十四年(1911)八月 二十二日發行, 全州 西溪書鋪	全南大學校 3Q-삼17ㄴㅌ
		2卷1册, 朝鮮木版本, 25.5×16cm, 四周單邊, 半郭:20.4×15.9cm, 有界, 13行22字, 註雙行, 上下内向黑魚尾		檀國大學校 율곡기념도서관 (羅孫文庫)古873.5-나128ㅅ
	羅貫中(明)著, 卓鐘佶編, 公州, ○溪書鋪, 明治(1911)	1册(29張)零本, 筆寫本, 25.5×18.2cm, 四周單邊, 半郭:20.5×6.9cm, 有界, 15行字數不定, 上下内向黑魚尾		檀國大學校 천안 율곡기념도서관 고873.5-나428ㅅ
	譯者未詳, 1912頃刊	1卷1册(卷3), 朝鮮木版本, 27.5×19.5cm, 四周單邊, 半郭:19.7×15.5cm, 15行字數不定, 上二葉花紋魚尾, 紙質:楮紙	表題:三國誌, 表紙上墨書識記:癸亥(1912) 元月日	韓國綜合典籍目錄 (元堂文庫) 郭英大
	羅貫中(明)著, 刊寫地, 刊寫者未詳, 大正3(1914)	1卷1册(零本), 筆寫本, 26.5×19.5cm, 無界, 11行字數不定	듸정삼연갑인동지월二十七日	檀國大學校 율곡기념도서관 古873.5-나1282쇼
	羅貫中(明)著, 梁珍泰 編, 全州, 多佳書鋪, 1916	4卷1册, 木版本, 26.4×18.7cm, 四周單邊, 半郭:21.7×15.9cm, 無界, 13行字數不定, 上下内向黑魚尾	한글本	嶺南大學校 陶南文庫 [古도]823.5 나관중ㄱ
	著者未詳, 全州, 多佳書鋪, 1916刊	2卷1册(卷3, 4), 木版本, 26.4×18.8cm, 四周單邊, 半郭:20.6×15.4cm, 13行字數不定, 内向黑魚尾, 紙質:楮紙	所藏印:陶南書室, 刊記:大正五年(1916) 十月八日發行	韓國綜合典籍目錄 (陶南文庫) 趙潤濟

3. 通俗小說의 朝鮮時代 出版·筆寫本 目錄 133

書 名	出 版 事 項	版 式 狀 況	一 般 事 項	所藏處/所藏番號
	白斗鏞 編, 翰南書林, 1918刊	3卷3冊, 木版本, 30.7×21.5㎝, 四周單邊, 半郭:21.5×17.9㎝, 15行28字, 上2葉花紋魚尾, 紙質:楮紙	刊記:己未(1918) 孟夏□□洞新刊	韓國綜合典籍目錄 (山氣文庫) 李謙魯 4-687
	羅貫中(明)著, 刊寫地, 刊寫者未詳, 辛亥(?)	1冊(卷3), 筆寫本, 28.4×19.2㎝, 四周單邊, 半郭:24.8×16.8㎝, 無界, 10行字數不定	寫記:庚戌十二月十七日始 - 辛亥正月十六日終 冊主李	檀國大學校 율곡기념도서관 (羅孫文庫)873.5-나 1281서
	羅貫中(明)著, 安城, 刊寫者, 刊寫年未詳	1卷1冊(零本), 木版本, 23×19㎝, 四周單邊, 半郭:20.3×16.2㎝, 無界, 15行28字, 上下向二葉花紋魚尾	表題:諺三國誌, 刊記:안셩동문이신판	檀國大學校 율곡기념도서관 古873.5-나1282수
	金聖歎(淸) 原評	1卷1冊(零本), 筆寫本, 28×16.5㎝, 無界, 12行字數不定		檀國大學校 율곡기념도서관 古873.5-나1282스
	金聖歎(淸)原評, 刊寫地, 刊寫者, 刊寫年未詳	1卷1冊(零本), 木版本, 25.5×18.5㎝, 四周單邊, 半郭:19.9×16.5㎝, 無界, 15行字數不定, 註雙行, 上下內向黑魚尾		檀國大學校 율곡기념도서관 古873.5-나1282시
	님진완산신판	三卷(全3卷3冊中 零本), 木版本, 24張, 27㎝, 四周單邊, 18.3×15.5㎝, 15行25字, 上下內向黑魚尾		延世大學校 811.93/28
	朝鮮朝後期刊	2卷1冊(卷3~4), 木版本, 25.6×17.5㎝, 四周單邊, 半郭:20.6×15.4㎝, 無界, 13行22字, 註單行, 內向黑魚尾, 紙質:楮紙	表題:三國傳, 版心題:三國志	忠南大學校
		2卷1冊(卷3~4), 木版本, 25.6×17.5㎝, 四周單邊, 半郭:20.6×15.4㎝, 無界, 13行22字, 註單行, 內向黑魚尾, 紙質:楮紙	表題:三國傳, 版心題:三國志	忠南大學校 集50
	羅貫中(明)撰, 朝鮮朝後期刊	2卷1冊(卷3~4), 木版本, 26.8×18.3㎝, 四周單邊, 半郭:20.5×15.2㎝, 無界, 13行22字, 內向黑魚尾, 紙質:楮紙		溫陽市 溫陽民俗博物館
	羅貫中(明)著, 刊寫地, 刊寫者, 刊寫年未詳	2卷2冊(卷1~2), 筆寫本, 26.7×19.4㎝, 無界, 12行24字		檀國大學校 율곡기념도서관 (羅孫文庫)古873.5- 나1281시

134 第一部 國內 出版·筆寫 및 飜譯本 中國古典小說 目錄

書名	出版事項	版式狀況	一般事項	所藏處/所藏番號
		零本1册(所藏:卷3), 筆寫本, 31×21㎝, 無界, 行字不定, 無魚尾		慶北大學校 [古] 812.3나16 ㅅ(23)
		零本1册(所藏:卷3), 筆寫本, 28.4×19.7㎝, 無界, 行字不定, 無魚尾		慶北大學校 [古] 812.3 16ㅅ(24)
		零本2册(所藏:卷3-4), 木版本, 28.2×19.8㎝, 四周單邊, 半郭:21.2×15.3㎝, 無界, 行字不定, 上下向黑魚尾	版心題:삼국지	慶北大學校 [古] 812.3 16ㅅ(25)
		2卷1册, 木活字本, 25×17㎝, 四周單邊, 半郭:20.8×16.2㎝, 無界, 13行22字, 上下內向黑魚尾		檀國大學校 율곡기념도서관 古873.5-나1282서
		6卷6册(卷1~5, 12), 筆寫本, 24.8×24㎝, 無界, 14行18字		檀國大學校 율곡기념도서관 (羅孫文庫)古873.5-나1281사
		6卷6册(卷6~11), 筆寫本, 25.2×29㎝, 無界, 20行20字		檀國大學校 율곡기념도서관 (羅孫文庫)古873.5-나1281ㅅ
		1册, 한글筆寫本, 24.5×22㎝	한글본	淑明女子大學校
		1册, 木版本, 26.5×19㎝, 四周單邊, 半郭:21.5×17㎝, 有界, 白口, 上下內向黑魚尾	한글본	淑明女子大學校
		零本2册, 한글筆寫本, 31.8×21.2㎝, 四周單邊, 半郭:27.6×16.9㎝, 有界, 12行字數不定, 上下白口, 無魚尾	表紙書名:三國志, 한국飜案판임	高麗大學校 (薪菴文庫)C15-A103A
		3册(零本, 卷8, 10, 11), 筆寫本, 24.6×21.5㎝, 四周無邊, 無界, 12行22字		啓明大學校 [고]812.35-삼국지
	發行地, 發行處, 發行年不明	1册, 筆寫本, 29×20.2㎝, 無界, 13行字不等, 紙質:楮紙		忠南大學校 학산고서 集·小說類1965
		2册, 木版本, 31×21㎝		嶺南大學校 823.5
		14册(完帙), 筆寫本	조선말 번역전사된 것으로 毛宗崗本 번역임	鮮文大 朴在淵
		2卷1册(卷3~4同書2册), 木版本, 半郭:20.8×15.4㎝, 13行22字, 內向黑魚尾		雅丹文庫 813.5-삼16

3. 通俗小說의 朝鮮時代 出版·筆寫本 目錄

書名	出版事項	版式狀況	一般事項	所藏處/所藏番號
		1卷1冊(卷3), 木版本, 半郭:19×16.2㎝, 15行字數不定, 內向黑魚尾	卷尾:님신완산신판이라	雅丹文庫 813.5-삼16
		2卷1冊(卷3~4), 木版本, 半郭:20.5×15.8㎝, 13行22字, 內向黑魚尾		雅丹文庫 813.5-삼16
		1冊(缺本), 國文木版本, 26.2×18.7㎝, 四周單邊, 上下黑魚尾	16㎜R[Nega], 88f	韓國學中央研究院 R16N-001133-17
	1卷1冊(卷3), 木版本, 譯者未詳, 1912頃刊	27.5×19.5㎝, 四周單邊, 半郭:19.7×15.5㎝, 15行字數不定, 上二葉花紋魚尾, 紙質:楮紙	表題:三國誌, 表紙上墨書識記:癸亥(1912)元月日	韓國綜合典籍目錄 (元堂文庫) 郭英大
	3卷3冊, 木版本, 白斗鏞 編, 京城翰南書林, 1919刊	30.5×21.5㎝, 四周單邊, 半郭:21.3×17.7㎝, 15行字數不定, 上2葉花紋魚尾, 紙質:楮紙	版心題:삼, 刊記:己未(1919) 孟夏□□洞新刊	韓國綜合典籍目錄 (山氣文庫) 李謙魯 4-688
	2卷1冊(卷3~4), 木版本, 著者未詳, 1920頃刊	26×18.2㎝, 四周單邊, 半郭:21.4×16.5㎝, 12行24字, 內向黑魚尾, 紙質:楮紙	版心題:삼국지, 內容:삼국지三, 마초동관듸젼하야픠됴하다. 삼국지四, 유현덕이취셔촉하다.	韓國綜合典籍目錄 (山氣文庫) 李謙魯 4-690
	卷3, 1冊(卷3), 木版本, 著者未詳, 姜夏馨, 1923刊	25.5×19㎝, 四周單邊, 半郭:20.7×16.4㎝, 15行字數不定, 上2葉花紋魚尾, 紙質:楮紙	刊記:大正十二(1923)年十一月十日發行, 備考:美洞新板	韓國綜合典籍目錄 (山氣文庫) 李謙魯 4-691
	3卷3冊, 木版本, 著者未詳, 1919刊	31×21.3㎝, 四周單邊, 半郭:22×18.3㎝, 14行, 上2葉花紋魚尾, 紙質:楮紙	版心題:삼, 刊記:己未(1919) 孟夏□□洞新刊	韓國綜合典籍目錄 (山氣文庫) 李謙魯 4-689
국역삼국지 (三國誌)		1冊(36張), 木版本, 半郭:21×15㎝, 有界, 13行27字, 內向黑魚尾		雅丹文庫 813.5-국64
슈뎡삼국지	羅貫中 撰, 盧益亨 編, 1冊(零本, 卷2), 新式活字本(딱지본), 京城, 博文書館, 1928	19.8×13.6㎝		嶺南大學校 [古南]823.5 관중ㅅ
슈정삼국지	5卷, 박문서관, 1904년	未詳	유탁일/이능우 著書 根據	未詳

書名	出版事項	版式狀況	一般事項	所藏處/所藏番號
슈정삼국지		2卷2冊(卷3, 5), 新活字本, 半郭:20.5×13.5㎝, 17行35字		雅丹文庫 813.5-슈74
슈령삼국지	刊寫地, 刊寫者, 刊寫年未詳	1卷1冊, 新鉛活字本		京畿大學校 경기-k122934
언문삼국지	1卷1冊(卷3), 新活字本, 永昌書館, 1928年刊	半郭:20.6×13.8㎝, 19行37字		雅丹文庫 813.5-언36
諺土三國誌	1916年	4冊, 20.7×13.8㎝	國漢文 混用 三國志	忠北鎭川郡 金世經
언삼국지	2卷1冊, 木版本, 梁承坤編, 全北完州, 梁冊房, 1937	25.2×18.5㎝, 四周單邊, 半郭:18.4×15.3㎝, 無界, 11行17字, 內向黑魚尾		啓明大學校 [고]812.35-양승곤ㅇ
언삼국지	上下, 2卷1冊, 木版本, 著者未詳, 全州多佳書舖, 刊記:大正五年(1916)十月八日發行, 卷上:언삼국지. 卷下:공명션싱실긔	25.6×18.6㎝, 四周單邊, 半郭:18.3×15㎝, 11行17字, 內向黑魚尾, 紙質:楮紙	表題:諺三國誌, 版心題:언三, 所藏印:陶南,	韓國綜合典籍目錄 (陶南文庫) 趙潤濟
언삼국지라	梁珍泰 編, 全州, 多佳書舖, 1916	上下1冊, 木版本, 25.7×18.5㎝, 四周單邊, 半郭:19×15.2㎝, 無界, 11行17字, 上下內向黑魚尾	卷頭:ㄱㄴㄷㄹㅁㅂㅅㅇ- 언삼국지목녹이라, 版心題:언三, 內容: 권상, 언삼국지라(47張), 권하, 공명션생실긔(18張), 한글本	嶺南大學校 陶南文庫 [古도]813.5 언삼국
삼국디초요	羅貫中(明)作, 年紀未詳	18卷18冊, 宮體筆寫本:漢字幷書, 27.7×16.4㎝	表紙書名:正本三國誌	奎章閣 [古]3350-76
삼국지요션	羅貫中(明)原著, 隆熙1(1907)	1冊(65張), 國文筆寫本, 29.8×22.9㎝	表紙書名:三國傳, 筆寫記:丁未(1907)七月 廿三日 終, 16㎜R[Negal], 66f	韓國學中央研究院 D7B-197/R16N-001 133-21
삼국지쵸션 (三國志抄選)		1冊(62張), 筆寫本, 31×20.5㎝		延世大學校 812.36
삼국지 3, 4		1冊, 木版本, 26㎝, 四周單邊, 20.8×15.2㎝, 13行23字, 上下內向黑魚尾		延世大學校 811.932/9

3. 通俗小說의 朝鮮時代 出版·筆寫本 目錄

書名	出版事項	版式狀況	一般事項	所藏處/所藏番號
삼국디	羅貫中(明)著, 李氏書(朝鮮), 1871	17卷17冊, 筆寫本, 33.5×20cm	後識:신미(1871)…광쥬니씨(廣州李氏)	國立中央圖書館 [한]48-148
合국지	羅貫中(明)著, 己酉(?)	1卷1冊(零本), 筆寫本, 29.5×20cm, 無界, 行字數不定	寫記:긔유 월일…등서	檀國大學校 古873.5-나1282서
삼국지통속연의	羅貫中(明)著, 年紀未詳	27卷27冊, 宮體筆寫本, 有圖, 28×19.5cm	別名:三國志通俗演義)	奎章閣 [古]3478-5
삼국지연의	近代	1冊, 筆寫本, 26.6×16cm, 紙質:楮紙		韓國寺刹文化財 김해 銀河寺수장고613
	譯者(朝鮮)未詳, 寫年未詳	39卷39冊, 筆寫本, 25.4×17.4cm, 無郭, 無絲欄, 9行20字, 註雙行, 無魚尾, 紙質:楮紙	表題:三國誌, 印:藏書閣印	韓國學中央研究院 4-6815
삼국지통속연의	羅貫中(明)原著, 刊寫地, 刊寫者, 刊寫年未詳	24卷24冊, 筆寫本, 30×22.6cm, 無界, 12行22字內外, 無魚尾	일반동산문화재 한글본, 表題:三國志, 異書名:三國志演義, 寫記:셩품이셔?山鴛÷?…	西江大學校 고서 삼175
		39冊, 國文筆寫本, 25.4×17.4cm	別名:三國誌, 35㎜R[Nega], 2633f	韓國學中央研究院 R35N-000029-32,4-6815舊藏書閣本
별삼국지	羅貫中(明)著, 禮山郡, 刊寫者未詳, 隆熙4(1910)	1冊(37張), 筆寫本, 28.7×17cm, 無界, 行字數不定	寫記:庚戌年십니월初九닐시필니라, 충청남도 예산군 봉산면 사성니 이범익기필적니라, 印記:「德山郡內面海宗里章」	檀國大學校 율곡기념도서관 (羅孫文庫)古873.5-나1285ㅅ
삼국풍진산양대전	著者, 刊寫地, 刊寫者, 刊寫年未詳	1冊(30張, 落張), 筆寫本, 27×18cm, 無界, 14行字數不定	一名:산양대전	檀國大學校 율곡기념도서관 古873.5-삼338
縣吐三國誌	李柱浣編述, 京城(서울), 永豊書館, 大正4年(1915)	1卷1冊(卷3), 新鉛活字本, 21.8×15cm, 無界, 17行36字, 無魚尾		京畿大學校 경기-k117076-3
	京城, 發行處, 發行年不明	零本3冊, 15×22cm, 四周單邊, 半郭:11.5×17.5cm, 無界, 17行36字, 單行	懸吐三國誌	明知大學校 812.3 -3
	羅貫中(明)原著, 刊寫地, 刊寫者, 刊寫年未詳	1冊(卷2:27回~51回), 中國新鉛活字本, 21.7×14.7cm, 四周單邊, 半郭:17.2×11.2cm		漢陽大學校 812.35-나2412ㅅK-v.2
	羅貫中(明)著, 刊寫地, 刊寫者,	5卷5冊, 新鉛活字本, 21.3×15.1cm		檀國大學校 퇴계기념도서관 古823.5-나128ㅅ

138 第一部 國內 出版·筆寫 및 飜譯本 中國古典小說 目錄

書名	出版事項	版式狀況	一般事項	所藏處/所藏番號
	刊寫年未詳	1冊(缺帙, 冊2), 22cm	國漢文混用	慶熙大學校 812.31-나15ㅅㅈ
四大奇書		19卷19冊, 木版本, 18.5×28.5cm		忠北 槐山郡 김문기
四大奇書	金聖歎(人瑞) 纂集, 毛宗崗 評, 刊寫地未詳, 刊寫者未詳, 刊寫年未詳	2卷2冊, 木版本, 28.5×18.2cm, 四周雙邊, 半郭:22.5×15cm, 無界, 12行26字, 註雙行, 白口, 上下向黑魚尾, 線裝, 紙質:楮紙	版心題:才子書	西原大學校博物館
四大奇書	編著者未詳, 刊寫地未詳, 刊寫者未詳, 刊寫年未詳	1冊, 木版本, 26×17.5cm, 四周單邊, 半郭:21.6×14.8cm, 無界, 12行26字, 註雙行, 白口, 上下向黑魚尾, 線裝, 紙質:楮紙		淸州古印刷博物館
華容道	著者未詳, 龜洞, 刊寫者未詳, 丁未(1907)	2卷1冊, 朝鮮木版本, 25.7×18cm, 四周單邊, 半郭:21×15.5cm, 有界, 11行20字, 註雙行, 上下向黑魚尾	華容道傳	檀國大學校 율곡기념도서관 古853.5-화768구
華容道	著者, 刊寫地, 刊寫者未詳, 大正4年(1915)	1冊(94張), 筆寫本, 24.3×23cm, 無界, 13行20字		檀國大學校 율곡기념도서관 (羅孫文庫)古853.5-화7684
華容道	著者未詳, 完山, 梁册房, 戊申	2卷1冊, 木版本, 28×19cm, 四周單邊, 半郭:21.5×16cm, 無界, 13行23字, 上下內向黑魚尾	異題:당양잠관교적벽대전, 版心題:화룡도, 奇計妙法可見○放赤壁戰, 刊記:戊申八月完山梁册房開刊	檀國大學校 율곡기념도서관 고853.5-화768ㄱ
華容道	龜洞	1冊, 國文木版本, 23.4×18.4cm, 四周單邊, 上下黑魚尾	16mmR[Nega], 85f	韓國學中央研究院 R16N-001151-6
華容道	刊寫地未詳, 刊寫者未詳, 刊寫年未詳	1冊, 木版本, 28×19cm, 四周單邊, 半郭:20.7×15.5cm, 無界, 13行22字, 上下內向黑魚尾		京畿大學校 경기-k103664
		2卷1冊(卷1~2), 筆寫本, 27.9×19.5cm, 無界, 12行字數不定, 無魚尾		京畿大學校 경기-k112109
		1冊(84張), 木版本, 四周單邊, 匡郭: 21×16.5cm, 有界, 12行23字, 上下黑魚尾		延世大學校 811.36
		不分卷1冊, 漢文筆寫本, 28×17.7cm		國立中央圖書館 [한]48-209

3. 通俗小說의 朝鮮時代 出版·筆寫本 目錄

書名	出版事項	版式狀況	一般事項	所藏處/所藏番號
화룡도 (華容道)		1卷1冊, 筆寫本, 18×30㎝		忠北 陰城郡 신영희
三國誌 華容道	陳壽(晋)撰, 朝鮮朝後期寫	2卷1冊, 筆寫本, 30×20.6㎝, 12行字數不定	內容:國文筆寫本	아단문고 813.5-삼16
華龍道 傳	著者, 刊寫地, 刊寫者, 刊寫年未詳	1冊(32張), 筆寫本, 31×19.5㎝, 無界, 10行字數不定		檀國大學校 율곡기념도서관 (羅孫文庫)古853.5- 화7687
華龍道	1909年推定	1冊, 筆寫本, 25.5×21.8㎝, 墨書, 紙質:楮紙	刊記:大韓隆熙三年乙酉 陰二月初四日卒篇下三正皐	韓國寺刹文化財 김해銀河寺, 수장고 451
화용도 (華容道)	著者未詳, 光武5年(1901) 書	1卷1冊, 筆寫本, 29.5×21㎝, 10行字數不定, 紙質:楮紙	寫記:신축(1901) 양월망일필서…풍정, 丙戌年七月二十四日兪奇濬書	成均館大學校 D7B-69a
	著者未詳, 龜洞, 隆熙1年 (1907)刊	2卷2冊, 木版本, 28×20.5㎝, 四周單邊, 半郭:21.5×16㎝, 有界, 11行20字, 內向黑魚尾, 紙質:楮紙	刊記:丁未(1907)孟夏龜洞新刊	成均館大學校 D7B-69
	發行地不明, 發行處不明, 戊申(1908?)	2卷1冊, 朝鮮木版本, 27×18.5㎝, 四周單邊, 半郭:21.5×15㎝, 無界, 12行23字, 紙質:楮紙	刊記:戊申(?)春完西溪新刊	忠南大學校 학산고서 集· 小說類2018
		1冊, 坊刻本	舊活字本小說	鮮文大 朴在淵
화룡도	編者未詳, 全州, 梁珍泰家, 1916	2卷1冊, 朝鮮木版本, 26.2×18.9㎝, 四周單邊, 半郭:21.5×15.7㎝, 無界, 14行22字, 內向黑魚尾	表紙書名:華容道	國立中央圖書館 [한]48-30
	著者未詳, 光武8年(1904) 寫	1冊(29張), 朝鮮筆寫本, 22×20.5㎝, 13行字數不定, 紙質:楮紙	寫記:光武八年甲辰(1904) 三月初八日	誠庵文庫 (誠庵文庫) 趙炳舜 4-1402
	著者未詳, 1907刊	2卷1冊, 朝鮮木版本, 26×18.7㎝, 四周單邊, 半郭:21.2×15.6㎝, 行字數不定, 內向1,2葉花紋魚尾, 紙質:楮紙	表題:三國誌演義, 版心題:화룡도, 刊記:丁未(1907)孟秋 龜洞新刊	韓國綜合典籍目錄 (山氣文庫) 李謙魯 4-736
	著者, 刊寫地, 刊寫者未詳, 隆熙2年(1908)	2卷1冊, 朝鮮筆寫本, 31.7×17.2㎝, 無界, 10行32字	刊記:隆熙二年 戊申(1908) 仲冬 訪仙新刊	檀國大學校 율곡기념도서관 (羅孫文庫)古853.5- 화7681
		1冊(46張), 朝鮮筆寫本, 25.7×26㎝, 無界, 17行24字	表題:華容道	檀國大學校 율곡기념도서관 (羅孫文庫)古853.5- 화7683

書名	出版事項	版式狀況	一般事項	所藏處/所藏番號
	著者未詳, 龜洞, 刊寫者未詳, 隆熙2年(1908)	2卷1册, 木版本, 26.5×17.6㎝, 四周單邊, 半郭:21.6×15.6㎝, 無界, 11行20字, 上下內向黑魚尾	標題:華容道, 刊記:丁未(1907)孟秋龜洞新刊	檀國大學校 율곡기념도서관 (羅孫文庫)古853.5- 화7686
	1册(78張), 筆寫本, 著者未詳, 刊寫地未詳, 刊寫者未詳, 大正11年(1922)	30.2×20㎝, 無界, 10行字數不定		檀國大學校 율곡기념도서관 (羅孫文庫)古853.5- 화7685
	完山[全州]: 梁冊房, 隆熙2(1908)	2卷1册, 木版本, 27×18.5㎝, 四周單邊, 半郭:21.5×15.1㎝, 無界, 12行22字內外, 上下內向黑魚尾	일반동산문화재 한글본, 表題:華容道, 刊記:戊申(1908) 八月 完山梁山房開刊	西江大學校 고서 화236
	著者未詳, 卓鍾佶, 1911刊	2卷1册, 木版本, 27×19㎝, 四周單邊, 半郭:21.4×15.5㎝, 11行不定字, 內向黑魚尾, 紙質:楮紙	版心題:화룡도, 刊記:春完西溪新刊, 明治四十四年(1911) 八月二十二日發行	韓國綜合典籍目錄 (山氣文庫)李謙魯 4-738
	全州, 多佳書鋪, 1916, 丁未孟秋龜洞 新刊	上下冊, 木版本, 26.2×18.5㎝, 四周單邊, 半郭:21.5×15.8㎝, 無界, 11行字數不定, 註雙行, 上下內向黑魚尾, 一部分上下內向二瓣下黑魚尾	卷頭:華龍圖目錄, 印出記(卷末):丁未孟秋龜洞新刊	嶺南大學校 陶南文庫 [古도]823.5 화용도
	著者未詳, 全州, 多佳書鋪, 1916刊	上下, 2卷1册, 木版本, 26×18.5㎝, 四周單邊, 半郭:21×18.5㎝, 行字數不定, 內向黑魚尾, 紙質:楮紙	卷末書名:華容道, 版心題:화룡도, 所藏印:陶南書室, 刊記:丁未孟秋, 龜洞刊, 大正五年(1916)十月八日發行	韓國綜合典籍目錄 (陶南文庫) 趙潤濟
	著者未詳, 刊寫地未詳, 龍德精舍, 丁巳(1917)	2卷1册, 朝鮮筆寫本, 22.4×20.8㎝, 無界, 12行22字	表題:華容道	檀國大學校 율곡기념도서관 (羅孫文庫)古853.5- 화7688
	1册, 木版本, 刊寫事項不明	26.3×18㎝, 四周單邊, 半郭:21.6×15.5㎝, 無界, 12行23字, 上下內向黑魚尾	版心題:화룡도	慶北大學校 [古] 811.31 화236
	著者未詳, 西溪, (1900年代)刊	上下, 2卷1册, 石印本, 26.7×18.7㎝, 四周單邊, 半郭:21.8×15.5㎝, 12行20~24字, 內向黑或1, 2葉花紋魚尾, 紙質:楮紙	表題:華容道, 刊記:仲春完西溪新刊	誠庵文庫 (誠庵文庫) 趙炳舜 4-1401
	著者未詳, 朝鮮朝末 (1900頃)刊	2卷1册, 朝鮮木版本, 26.4×18.6㎝, 四周單邊, 半郭:26×16.2㎝, 12行22字, 內向黑魚尾, 紙質:楮紙	內容:中國小說, 備考:後部若干張落	韓國綜合典籍目錄 (山氣文庫)李謙魯 4-737

書名	出版事項	版式狀況	一般事項	所藏處/所藏番號
		2卷1冊, 朝鮮木版本, 26.7×19.2cm, 四周單邊, 半郭:21.5×16.4cm, 11行20字, 內向黑1葉花紋魚尾, 紙質:楮紙	內容:中國小說, 備考:初張, 尾2張落, 合綴:華容道卷上下合本, 國文小說異版	韓國綜合典籍目錄 (山氣文庫) 李謙魯 4-739
	著者未詳, 全州龜洞, 丁未年	2卷1冊, 朝鮮木版本, 25.8×18.5cm, 四周單邊, 半郭:21.3×15.8cm, 無界, 11行21字, 內向黑魚尾		啓明大學校 이811.35
	著者未詳, 朝鮮朝後期刊	上下, 2卷1冊(83張), 朝鮮木版本, 27×18.6cm, 四周單邊, 半郭:21.7×16.3cm, 上黑魚尾, 紙質:楮紙	表題:華容道, 版心題:화룡도, 內容:中國小說	韓國綜合典籍目錄 (尙熊文庫) 4-188
		2卷1冊(卷1~2), 朝鮮木版本, 25.7×18.7cm, 四周單邊, 半郭:20.3×15.7cm, 有界, 12行字數不定, 內向黑魚尾, 紙質:楮紙	表題:華容道	韓國綜合典籍目錄 (誠庵文庫) 趙炳舜 4-1400
		2卷1冊(卷1~2), 木版本, 25.7×18.7cm, 四周單邊, 半郭:20.3×15.7cm, 有界, 12行字數不定, 內向黑魚尾, 紙質:楮紙	表題:華容道	誠庵文庫 4-1400
		2卷1冊, 朝鮮木版本, 25.9×18.1cm, 四周單邊, 半郭:21.5×15.6cm, 11行字數不定, 紙質:楮紙	備考:下卷末缺張	忠清南道 唐津郡 宋基華
	著者, 刊寫地, 刊寫者未詳, 丁未(?)	1冊(22張), 朝鮮筆寫本, 25.8×17.4cm, 無界, 12行字數不定	表題:華容道, 表紙:丁未(?)正月…, 印記:「崔燉浩」	檀國大學校 율곡기념도서관 古853.5-화768고
	完山, 梁册房, 戊申	1冊, 國文木版本, 27.2×18.7cm, 四周單邊, 上下黑魚尾	16mmR[Nega], 88f	韓國學中央研究院 R16N-001151-10
	完西溪, 戊申	1冊, 國文木版本, 27.5×18.4cm, 四周單邊, 上下黑魚尾	16mmR[Nega], 87f	韓國學中央研究院 R16N-001151-5
	乙卯	1冊, 國文筆寫本, 34×20.8cm	16mmR[Nega], 40f	韓國學中央研究院 R16N-001151-4
	丁未孟秋龜洞 新刊	1冊(同書2部), 朝鮮木版本, 半郭:21.8×15.6cm, 12行字數不定, 內向黑魚尾	刊記:丁未孟秋龜洞新刊, 印記:白淳在藏書	雅丹文庫 813.5-화295
	○○春完西溪 新刊	2卷1冊, 朝鮮木版本, 半郭:21.4×15.8cm, 12行字數不定, 內向黑魚尾	刊記:○○春完西溪新刊	雅丹文庫 813.5-화295
	著者, 刊寫地, 刊寫者, 刊寫年未詳	2卷1冊, 朝鮮木板本, 25.8×18cm, 四周單邊, 半郭:21.3×15.2cm, 無界, 12行22字, 上下內向黑魚尾		檀國大學校 율곡기념도서관 (羅孫文庫)古853.5-화768

142 第一部 國內 出版·筆寫 및 飜譯本 中國古典小說 目錄

書 名	出版事項	版式狀況	一般事項	所藏處/所藏番號
		2卷1冊, 木版本, 25.8×18.5cm, 四周單邊, 半郭:22×16.2cm, 無界, 12行22字, 上下內向黑魚尾		檀國大學校 율곡기념도서관 古853.5-화768ㄱ
		2卷1冊, 木版本, 26.5×18.5cm, 四周單邊, 半郭:21.3×16.2cm, 無界, 11行20字, 上下內向黑魚尾	表題:華容道, 刊記:春完西溪新刊	檀國大學校 율곡기념도서관 古853.5-화768거
		2卷1冊, 筆寫本, 25.9×18.6cm, 四周單邊, 半郭:20.8×15.8cm, 無界, 13行22字, 上下內向黑魚尾		檀國大學校 율곡기념도서관 古853.5-화768가
		1冊, 木版本, 26.3×18cm, 四周單邊, 半郭:21.6×15.5cm, 無界, 12行23字, 上下內向黑魚尾	版心題:화룡도	慶北大學校 [古] 811.31 화236
		1冊(79張), 筆寫本, 31×18.2cm, 無界, 12行31字		檀國大學校 율곡기념도서관 古853.5-화768갸
		1冊(39張), 筆寫本, 32×21cm, 無界, 12行字數不定		檀國大學校 율곡기념도서관 古853.5-화768겨
		2卷1冊(49張), 筆寫本, 29×19.5cm, 無界, 12行字數不定		檀國大學校 율곡기념도서관 古853.5-화768교
		2卷1冊(落張), 木版本, 27.2×18.5cm, 四周單邊, 半郭:21.2×15.9cm, 無界, 12行字數不定, 上下內向黑魚尾	表題:華容道	檀國大學校 율곡기념도서관 (羅孫文庫)古853.5-화7682
		2卷1冊(卷1~2), 筆寫本, 22.9×16.8cm, 無界, 10行字數不定, 註雙行, 無魚尾		京畿大學校 경기-K119876
		한글筆寫本, 62張, 32.6×21.1cm, 半葉行字數不定	筆寫記:계축남월일슈의	崇實大學校 0702
		全1冊(90張), 筆寫本, 31.8×21cm		韓國學中央研究院 D7B-41D
		1冊, 國文筆寫本, 31.8×21cm	16mmR[Nega], 91f	韓國學中央研究院 R16N-001151-9
		1冊, 國文木版本, 26.3×18.5cm, 四周單邊, 上下黑魚尾	16mmR[Nega], 83f	韓國學中央研究院 R16N-001151-7
		1冊, 國文木版本, 25.8×18.2cm, 四周單邊, 上下黑魚尾	16mmR[Nega], 83f	韓國學中央研究院 R16N-001151-8

3. 通俗小說의 朝鮮時代 出版·筆寫本 目錄

書 名	出版事項	版式狀況	一般事項	所藏處/所藏番號
화룡도 (華容道)	編著者, 刊寫地, 刊寫者, 刊寫年未詳	2卷1冊, 한글木版本, 27×18.5cm, 四周單邊, 半郭:20.6×15.5cm, 12行22字, 上下內向黑魚尾 (一部有紋魚尾 混入)	순한글본	國立淸州博物館
	編者未詳, 西溪, 隆熙2年(1908) 刊	上下, 2卷1冊, 木版本, 27×18.3cm, 四周單邊, 半郭:21.2×15.5cm, 11行字數不定, 內向黑魚尾, 紙質:楮紙	表紙下墨書識記:明治四十三年, 刊記:戊申(1908)春完西溪新刊, 同書2部	韓國綜合典籍目錄 (誠庵文庫) 趙炳舜 4-1399
	編者未詳, 西溪, 隆熙2 (1908)刊, 表紙下墨書識 記:明治四十三年	上下2卷1冊(同書2部), 木版本, 27×18.3cm, 四周單邊, 半郭:21.2×15.5cm, 11行字數不定, 內向黑魚尾, 紙質:楮紙	刊記:戊申(1908)春完西溪新刊	誠庵文庫 4-1399
화룡도 전		2卷1冊, 筆寫本, 半郭:33.5×21.2cm, 12行字數不定		雅丹文庫 813.5-화295
화용도	著者未詳, 完西溪, 隆熙2(1908)	全上下卷1冊, 木版本, 27.5×18.4cm, 四周單邊, 半郭:21.7×16.1cm, 11行字數不定, 上下黑魚尾	刊記:戊申(1908)春完西溪新刊	韓國學中央研究院 D7B-41B
	著者未詳, 完山, 梁册房, 隆熙2(1908), 戊申(1908)八 月完山梁册房 開刊	全上下卷1冊, 木版本, 27.2×18.7cm, 四周單邊, 半郭:21×16.1cm, 11行 字數不定, 上下黑魚尾	刊記:戊申(1908) 八月完山梁册房開刊	韓國學中央研究院 D7B-41
	卓鐘佶, 全州, 1911	不分卷1冊, 木版本, 26.9×19cm, 四周單邊, 半郭:21.2×15.8cm, 無界, 12行22字, 內向黑魚尾	表紙書名:華容道	國立中央圖書館 [한]48-30-2
	著者未詳, 刊年未詳	全上下卷1冊, 木版本, 25.8×18.2cm, 四周單邊, 半郭:21×16.2cm, 11行字數不定, 上下黑魚尾		韓國學中央研究院 D7B-41A
		1冊		천안미도박물관
화용도 실긔	朴健會編輯	1冊16回, 舊活字本	別名:華容道實記	鮮文大 朴在淵
三國志 難字集		1冊, 筆寫本, 24×16.6cm, 四周雙邊, 半郭:18×12.6cm, 有界, 烏絲欄, 6行字數不定, 註雙行, 紙質:楮紙	表題:難字集, 版心題:三國志, 備考:國漢文混用	大田市 忠南大學校附屬圖 書館

144 第一部 國內 出版·筆寫 및 飜譯本 中國古典小說 目錄

書名	出版事項	版式狀況	一般事項	所藏處/所藏番號
三國誌語錄	著者, 刊寫地, 刊寫者, 刊寫年未詳	1冊, 筆寫本, 27.7×17.3㎝, 無界, 9行字數不定		檀國大學校 율곡기념도서관 고473.5-삼338
西遊記語錄, 西廂記語錄, 三國志語錄, 吏文語錄	白斗鏞 編 刊年未詳	112張, 木版本, 26.5×18.9㎝, 四周單邊, 半郭:21.3×14.9㎝, 12行28字, 註雙行, 上黑魚尾	印記:李定珪印, 藕堂, 紅杏在林	國立中央圖書館 [우촌고]321-13
四奇語錄	編者未詳, 朝鮮朝後期~末期寫	1冊(48張), 筆寫本, 26×20.8㎝, 10行20字, 註雙行, 紙質:楮紙	內容:西廂記語錄解, 水滸誌語錄解, 西遊記語錄解, 附道家語錄	成均館大學校 D7C-139
語錄	著者, 刊寫地, 刊寫者, 刊寫年未詳	1冊(缺帙), 木版本, 30.7×20㎝, 四周單邊, 半郭:20.8×14.9㎝, 有界, 行字數不定, 註雙行, 花口, 無魚尾	書名:表題, 한글對譯本임, 불완전내용:西遊記語錄, 西廂記語錄, 三國志語錄, 吏文語錄	檀國大學校 퇴계기념도서관 473.5-어553
註解語錄總覽	白斗鏞編, 大正8(1919)	2冊, 有圖, 30.7×20.1㎝, 行字數不同		梨花女子大學校 [고]812.03 백317
	白斗鏞編, 京城, 翰南書林, 大正8(1919)	2卷2冊, 27.2×17.7㎝, 四周單邊, 半郭:20.8×15.5㎝, 有界, 12行字數不同, 上黑魚尾		梨花女子大學校 [고]812.303 백317ㅈ
	白斗鏞編纂, 尹昌鉉增訂, 京城, 翰南書林 (1919)	2冊, 朝鮮木版本, 24.5×18㎝, 四周單邊, 半郭:21.2×15㎝, 有界, 12行字數不定, 註雙行, 上下向黑魚尾	國漢文混用本, 語錄解跋:時龍集己酉(1669) 四月日議政府左參贊…宋浚吉奉敎敬跋 冊1, 2 규격다름, 冊1.朱子語錄, 水滸誌語錄 -- 冊2.西遊記語錄, 西廂記語錄, 三國誌語錄, 吏文語錄	西江大學校 고서 주92
	白斗鏞編纂, 尹昌鉉增訂, 京城, 翰南書林, 1919	2冊, 木版本, 26.7×19.8㎝	國文解譯	啓明大學校 401.8-백두용ㅇ
	白斗鏞編纂, 尹昌鉉增訂, 京城, 翰南書林, 大正8(1919)	不分卷1冊(115張), 木版本, 26.5×18.7㎝, 四周單邊, 半郭21.2×14.9㎝, 有界, 12行28字, 註雙行, 花口, 上下內向黑魚尾, 紙質:洋紙		釜山大學校 (于溪文庫) OIC 3-15 7
三國風塵華容道實記	朴健會 輯, 1910以後刊	1冊, 新鉛活字本, 21.8×15㎝, 無界, 13行35字, 紙質:洋紙		釜山直轄市 金戊祚

3. 通俗小說의 朝鮮時代 出版·筆寫本 目錄

書名	出版事項	版式狀況	一般事項	所藏處/所藏番號
五虎大將記	著者, 刊寫地, 刊寫者, 刊寫年未詳	2卷1冊(48張), 筆寫本, 29.8×24cm, 無界, 12行23字		檀國大學校 율곡기념도서관 (羅孫文庫)古853.5-이894
오호딕쟝긔	著者, 年紀未詳	全1冊(18張), 國文筆寫本, 21×13cm	卷末:병술(?)정반의필교신관, 淸雲, 16㎜R[Negal], 19f	韓國學中央研究院 D7B-109/R16N-001 147-3
오호대쟝긔		1冊(11張), 筆寫本, 23.5×21.8cm, 行字數不定	裏面:高陽郡現金出納文書	雅丹文庫 813.5-오95
夢見諸葛亮	劉元杓著, 廣學書, 隆熙3(1909)	1冊, 朝鮮活字本, 21.6×15.3cm, 四周雙邊, 半郭:17×11.2cm, 無界, 13行28字, 無魚尾	國漢文混用本, 序:隆熙二年(1908)…申采浩	西江大學校 고서 몽14
죠자룡젼趙子龍傳	刊寫地, 刊寫者, 刊寫年未詳	1冊, 筆寫本, 23.2×15.6cm	한글본, 書名은 表紙書名에 의함	嶺南大學校 [古南]813.5 조자룡
山陽大戰	한성서관, 1916년, 1917년 등		조자룡실기와 同種異本	한성서관
	유일서관, 1916년, 1917년 등		조자룡실기와 同種異本	유일서관
張飛馬超實記	광동서국, 1917년, 1918년 등 다수			광동서국 출간
關雲長實記	광동서국, 1917년 등			광동서국 출간
三國大戰	영창서관, 1918년 등			영창서국 출간

(2) 薛仁貴傳

書名	出版事項	版式狀況	一般事項	所藏處/所藏番號
薛仁貴傳	著者未詳, 年紀未詳	4卷4冊, 筆寫本, 30.2×21.2cm		國立中央圖書館 [한]48-24
白袍將軍傳		1冊, 筆寫本, 21.8×20.5cm	被傳者:薛仁貴(唐), 異書名:薛仁貴傳	高麗大學校 (晚松文庫)C14-A70
셜인귀젼	著者未詳, 刊年未詳	10冊(缺本, 所藏:第2, 3, 9, 10冊), 筆寫本, 24×18.5cm, 無罫, 11行11字		梨花女子大學校 [고]811.31 셜79A

書名	出版事項	版式狀況	一般事項	所藏處/所藏番號
		5冊, 筆寫本, 29.5×28㎝	卷末:셔재을묘팔월샹슌의 필셔하노라	延世大學校 811.36
셜인귀젼 薛仁貴傳	1冊, 舊活字本, 昭和9年(1934), 世昌書館			鮮文大 朴在淵
셜인귀젼	朴建會, 京城, 東美書市, 大正4(1915)	2冊, 國文活字本, 22㎝		高麗大學校 3636-96
셜인귀젼	坊刻本(京本) 2種(朝鮮末期 推定)	未詳	李能雨/柳鐸一 書籍根據	未詳/東洋語學校 (Paris)

(3) 水滸傳

書名	出版事項	版式狀況	一般事項	所藏處/所藏番號
水滸傳	施耐庵(明)著, 刊寫地未詳, 刊寫者未詳, 刊寫年未詳	不分卷15冊, 筆寫本, 24.5×15.4㎝	表題:水泊聚義	國立中央圖書館 [한]48-166
忠義水 滸傳	施耐庵(明)著, 朴健會譯述, 京城, 朝鮮書館, 大正2年(1913)	零2冊(卷二, 三), 韓國鉛印本, 有圖, 22×14.5㎝, 無界, 11行35字, 紙質:洋紙	表題:츙의수호지, 備考:國漢文混用	忠南大學校 학산고서 集· 小說類2030
水滸志	羅貫中(明)著, 刊寫地未詳, 刊寫者未詳, 丙午(?)	1冊(落張), 筆寫本, 27×21.3㎝, 無界, 16行字數不定		檀國大學校 율곡기념도서관 (羅孫文庫)古873.5- 나128사
水滸誌	施耐庵(明)撰, 朝鮮朝後期刊	30卷12冊, 活字本, 16.3×24.5㎝	卷首:五才子水滸序:順治丁酉 (1657)冬月桐菴老人書於醉 田井堂墨室	忠北 報恩郡 김동기
水滸誌 抄	編著者未詳, 年紀未詳	1冊, 筆寫本, 31.6×21㎝		韓國學中央研究院
슈호지 (水滸誌)	崔南善, 新文館, 大正2年(1913)	4卷4冊, 舊活字本		鮮文大 朴在淵
슈호지	1冊, 木版本, 刊地未詳, 刊行者未詳, 刊年未詳	26.8×18.8㎝, 四周單邊, 半郭:21.8×16.5㎝, 無界, 15行23字內外, 上下向2葉花紋魚尾	일반동산문화재 한글본, 漢文書名:水滸誌	西江大學校 고서 슈95
슈호지	施耐庵(明)著, 4卷4冊, 新鉛活字本, 京城, 新文館, 1913刊	有圖, 21.7×15.1㎝, 紙質:洋紙	刊記:大正二年(1913) 月日京城府新文館發行	忠道溫陽市溫陽民俗 博物館

3. 通俗小說의 朝鮮時代 出版·筆寫本 目錄   147

書名	出版事項	版式狀況	一般事項	所藏處/所藏番號
	施耐庵(元)撰, 4卷4冊, 新活字本, 京城, 新文館, 大正2(1913)	有圖, 22cm	표제지:계축류월…서울신문 단발행, 卷頭書名:신교슈호지	檀國大學校 죽전퇴계기념도서관 (고823.5-시458ㅅ)
	羅貫中(明)著, 劉載洸編, 3卷3冊(卷1-3), 木板本, 淸州, 惟一印刷社, 大正15(1926)	26.5×19.2cm, 四周單邊, 半郭:21.8×16.6cm, 無界, 15行23字, 上下向2葉花紋魚尾		檀國大學校 천안율곡기념도서관 (고873.5-나1282ㅅ)
	1冊(落帙), 飜譯筆寫本	全體 81張, 每面16回 25-28字 內外, 9回(36-44回)	병오듕츈회억야의 추필 종셔(1846推定)	檀國大學校 天安栗谷圖書館 (金東旭所藏本)
신교슈호지	施耐庵(明)著, 京城, 新文館(1913)	1冊(缺本), 有圖, 22×15.3cm	表紙書名:신교슈호지	韓國學中央硏究院D 7B-49
	施耐庵(明)原著, 崔昌善 編譯, 京城, 新文館, 大正2(1913)	4卷4冊, 新式印刷本, 有圖(圖像4面), 21.7×15.1cm	卷頭:슈호지셜명, 목록, 셜자(楔子), 한글본, 各 卷頭 目錄, 各卷末 書籍廣告, 標題紙:신교슈호지 계축(1913)류월 셔울신문단발행	嶺南大學校 陶南文庫 [古도]823.5 시내암ㅇ
		4卷4冊(卷1-4), 新鉛活字本, 有圖, 15.2×21.7cm, 四周雙邊, 全郭:17.5×11.7cm, 無界, 17行35字內外	原標題:水滸誌, 1913년 新文館에서 崔昌善이 순 한글로 飜譯한 冊임, 刊記:大正二年(1913)發行	漢陽大學校 812.35-시218ㅅKㅊ ㄴ-v.1-v.4
츙의슈 호지	施耐庵(明)撰, 崔昌善 編, 京城, 朝鮮圖書株式會 社, 1929	6卷6冊(前集3卷, 後集3卷), 新式印刷本, 21×14.7cm	各卷頭 목녹, 後表紙:博文書館 圖書目錄, 한글본	嶺南大學校 陶南文庫 [古도]823.5 시내암ㅇㄱ
츙의슈 호전	施耐庵(明)撰	1冊(零本, 卷21), 筆寫本, 28.9×20cm	한글본	嶺南大學校 陶南文庫 [古도]823.5 시내암ㅍ
듕의슈 호뎐	著者未詳, 寫者未詳, 寫年未詳, 筆寫本	1冊(37張), 28.7×19.9cm	한글본	서울대학교 일석고 895.13 C4725 v.8
듕의슈 호지	3冊(零本), 筆寫本	全 23冊中 3冊 (卷2, 3, 10 現存)	19世紀末 筆寫(推定)	朴在淵

148   第一部　國內 出版・筆寫 및 飜譯本 中國古典小說 目錄

書名	出版事項	版式狀況	一般事項	所藏處/所藏番號
슈허지・슈호지	著者, 寫者, 寫年未詳, 筆寫本	8册(落帙)	한글本	박순호
슈허지	著者, 寫者, 寫年未詳, 筆寫本	15卷15册(落帙)	한글本	梨花女大
水滸語錄	施耐庵(明)撰, 刊寫事項不明	1册, 筆寫本, 18.5×16.5㎝, 無界, 行字不定, 無魚尾	表題:水滸語錄	慶北大學校 [古] 812.3 시212ㅅ
	編者未詳, 刊寫地未詳, 刊寫者未詳, 刊寫年未詳	1册(19張), 22×16.4㎝, 四周單邊, 半郭:17.9×14㎝, 有界, 8行字數不定, 註雙行, 無魚尾	附錄:西廂語錄	東亞大學校 (1):10:1-8
水滸誌語錄	著者未詳, 哲宗~高宗間(1850~1863)	1册, 筆寫本, 25.6×17.6㎝, 無罫, 10行19字, 小字雙行	國漢文混用	海軍士官學校 [필]72
	施耐庵(明)著, 年紀未詳	1册(31張), 筆寫本, 20×13㎝, 8行不同		建國大學校 [고]923.5
	編者未詳, 刊寫地未詳, 刊寫者未詳, 辛未	1册(13張), 筆寫本, 21.2×18㎝, 無界, 7行字數不定	表題:水語, 水滸志語錄	檀國大學校 율곡기념도서관 고453.1-수236
	編者未詳, 寫年未詳	1册(21張), 筆寫本, 24.4×19.1㎝, 上下單邊, 左右雙邊, 半郭:17.4×12.8㎝, 有界, 11行, 字數不同, 黑口, 上黑魚尾		梨花女子大學校 [고] 812.03 수95
		1册(35張), 筆寫本, 23.6×23.6㎝	卷頭書名:飜施耐庵錄, 卷末:辛己仲夏小晦潭雲膽書, 附:西廂記語錄	奎章閣 [古]895.13-Sh92sk
		1册(7張), 筆寫本, 21.7×18.7㎝, 無界, 行字數不定, 註雙行, 紙質:楮紙	表題:梁山泊奇語	釜山女大 伽倻文化研究所
水滸誌語錄解	編者未詳, 年紀未詳	1册, 筆寫本, 33.5×20.3㎝, 四周雙邊, 半郭:22.1×15.1㎝, 有界, 10行20字, 註雙行, 紙質:楮紙	表題:語錄解	忠南大學校附屬圖書館 集1289
		1册(75張), 筆寫本, 18×16.5㎝		奎章閣 [古]3820-5
		25張, 筆寫本, 21.7×16.5㎝	丁巳(?)六年月粧繢於蓮谷(卷末)	國立中央圖書館 [위창고]3133-1
	著者未詳, 刊寫地未詳,	1册(23張), 20.5×18㎝, 無界, 10行字數不定, 無魚尾	國漢文混用	東亞大學校 (3):12-7

書 名	出 版 事 項	版 式 狀 況	一 般 事 項	所藏處/所藏番號
	刊寫者未詳, 刊寫年未詳	1冊(40張), 筆寫本, 23.1×13㎝, 四周單邊, 半郭:19.7×10.3㎝, 有界, 6行字數不定, 無魚尾	國漢文混用本	東亞大學校 (3):12:2-28
水滸志 語錄解	編者未詳, 年紀未詳	1冊, 筆寫本, 24×16.3㎝, 四周白邊, 無界, 10行24字, 註雙行		啓明大學校 이812.35-수호지
		1冊, 筆寫本, 33.5×20.3㎝, 四周雙邊, 半郭:22.1×15.1㎝, 有界, 10行20字, 註雙行, 紙質:楮紙	表題:語錄解	忠南大學校 集1289
水滸傳 語錄	哲宗13年(1862) 跋	2冊, 筆寫本, 26×19.5㎝, 無界, 10行字數不定, 紙質:楮紙	表題:骨董, 跋:同治元年壬戌(1862) 傳位二百二十年, 備考:國漢文混用	忠南 大田市 趙鍾業
	骨董, 發行地不明, 發行處不明, 發行年不明	1冊, 筆寫本, 26×20㎝, 無界, 10行字不等, 註雙行, 紙質:楮紙	表題:骨董	忠南大學校 학산고서 子· 譯學類9411
	發行地不明, 發行處不明, 發行年不明	1冊, 筆寫本, 21.5×21㎝, 無界, 14行字不等, 註雙行, 紙質:楮紙		忠南大學校 학산고서 子· 譯學類938
水滸傳 語錄諺 解	刊寫地未詳, 刊寫者未詳, 刊寫年未詳	1冊, 筆寫本, 24.1×16.8㎝, 無界, 8行字數不定, 無魚尾	表題:水滸語綠	京畿大學校 경기-k103844-全
水滸西 廂語錄	刊寫地未詳, 刊寫者未詳, 刊寫年未詳	1冊, 筆寫本		鮮文大 朴在淵
漢文水 滸志語 錄諺解	張志淵著, 京城, 廣學書鋪 大正6(1917)	1冊, 新鉛活字本, 19.2×13㎝, 四周雙邊, 半郭:15.3×9.9㎝, 無界, 行字數不定		檀國大學校 율곡기념도서관 고453.1-장236ㅅ
		1冊, 新鉛活字本, 19×12.8㎝, 四周雙邊, 半郭:15×9.7㎝, 無界, 行字數不定, 無魚尾	題簽題:漢文水湖誌語錄諺解, 版心題:漢文水湖誌語錄諺解, 刊記:大正六年京城府廣學書 鋪	慶北大學校 [古] 812.3 장79ㅎ
		1冊, 鉛印本, 18.5×13㎝, 四周雙邊, 半郭:15×10㎝, 無界, 半葉字不等, 註雙行, 紙質:洋紙		忠南大學校 학산고서 子· 譯學類935
		1冊(120張), 新鉛活字本, 19.1×13㎝, 四周雙邊, 半郭:15.2×10.1㎝, 10行字數不定, 註雙行	刊記:大正六年(1917) 六月十五日發行	韓國綜合典籍目錄 (山氣文庫) 李謙魯 4-733
	張志淵, 朝鮮廣學書鋪	1冊, 活字本, 19㎝		嶺南大學校 823.5

書名	出版事項	版式狀況	一般事項	所藏處/所藏番號
水滸傳總論	著者未詳, 年紀未詳	不分卷1冊, 筆寫本, 25.6×16.8cm		國立中央圖書館 [한]48-181
註解語錄總攬	白斗鏞 編纂, 尹昌鉉增訂, 京城, 翰南書林, 大正年間	不分券 2冊, 有圖, 30.7×20.1cm	內容:朱子語錄, 西遊記語錄, 水滸誌語錄	國立中央圖書館 [위창고]321-10
	白斗鏞編纂, 尹昌鉉增訂, 刊年未詳	1冊, 木版本, 30×20.1cm, 四周單邊, 半郭:20.8×14.9cm, 有界, 10行28字, 註雙行, 上黑口魚尾		國立中央圖書館 [東谷古]3117-1
수호지	3冊(殘本) 安城坊刻本	未詳	李能雨/柳鐸一 著書根據	未詳
수호지	2冊(京本), 朝鮮末期 推定	未詳	李能雨/柳鐸一 著書根據	未詳/東洋語學校 (Paris)
슈호지 (水滸志)	2冊, 新鉛活字本, 崔昌修編修, 京城, 新文館, 1913刊	22×15.2cm, 四周雙邊, 半郭:17.5×12cm, 17行35字, 紙質:洋紙	刊記:大正二年(1913)十二月 二十七日發行, 京城, 新文館	成均館大學校 D7B-70

(4) 殘唐五代史演義

書名	出版事項	版式狀況	一般事項	所藏處/所藏番號
잔당오딕연의	著者未詳, 寫年未詳	5卷5冊, 한글筆寫本, 30.4×21.9cm, 無郭, 無絲欄, 無版心, 10行25字, 紙質:楮紙	表題:殘唐五代演義, 印:藏書閣印, 35mmR[Nega], 239f	韓國學中央研究院 4-6842/R35N-000095-1, 4-6842

(5) 英烈傳

書名	出版事項	版式狀況	一般事項	所藏處/所藏番號
대명영녈뎐	建陽1(1896)	8卷8冊, 國文筆寫本, 33.5×22.5cm	標題:大明英烈傳, 筆寫記:셰ᄌ병신(1896) 등츄샹원샹문동필셔, 印:桑村閒長 首陽○朝	高麗大學校 C14-A33
대명영렬뎐	編者未詳, 譯者未詳, 寫年未詳	8卷8冊, 國文筆寫本, 29.2×20.9cm, 無郭, 無絲欄, 10行21字	表題:大明英烈傳, 印:藏書閣印	韓國學中央研究院 4-6798

(6) 岳武穆王精忠傳

書名	出版事項	版式狀況	一般事項	所藏處/所藏番號
무목왕 정충녹 (武穆王 貞忠錄)	作者未詳, 寫年未詳	7卷7冊(卷3~5, 11, 5冊缺), 한글筆寫本, 29×23.3㎝, 無郭, 無絲欄, 12行字數不定, 無版心, 紙質:楮紙	印:暎嬪房, 藏書閣印	韓國學中央研究院4-6806

(7) 西遊記

書名	出版事項	版式狀況	一般事項	所藏處/所藏番號
西遊記	壬子年	1卷1冊, 筆寫本, 20.2×22.3㎝		忠北 報恩郡 최의웅
西遊誌	吳承恩(明)原編, 刊寫地未詳, 刊寫者未詳, 大正5(1916)	1卷1冊, 筆寫本, 24.1×16.7㎝, 四周雙邊, 半郭:20.1×13.8㎝, 烏絲欄, 10行字數不定, 上下向靑魚尾	寫記:大正5(1916)陰六月日終書	檀國大學校 율곡기념도서관 古873.5-오833ㅅ
新譯西遊記	吳承恩(明)著, 閔泰瑗編, 東學生譯, 4冊1匣(718面), 新式印刷本, 京城, 博文書館, 1934	4冊1匣(718面), 新式印刷本, 20.1×14㎝	卷末:書籍廣告, 後表紙裏面:最新刊書籍案內, 後表紙:博文書館 新刊書籍案內, 한글본	嶺南大學校 陶南文庫 [古도]823.5 오승은○
西遊記語錄	白斗鏞 編, 京城(서울), 翰南書林, 1918	木版本, 25×18㎝	合綴:西廂記語錄, 三國志語錄, 吏文語錄	檀國大學校 퇴계기념도서관 고724-백799ㅅ
西遊記語錄	白斗鏞(朝鮮)編, 1918刊	1冊(56張), 木版本, 26.8×19㎝, 四周單邊, 半郭:21.3×15.1㎝, 有界, 12行28字, 註雙行, 上黑魚尾, 紙質:楮紙	版心題:西遊記語錄, 內賜記:順治十六年(1659) 十二月二十一日內賜弘文館校理成以性龍飛御天歌一件命除謝恩行右承旨臣金(手結), 印記:杞山文庫, 附錄:西廂記語錄, 三國誌語錄, 吏文語錄	韓國綜合典籍目錄 (山氣文庫) 李謙魯 4-723
西遊記語錄	白斗鏞(朝鮮)編, 1918刊	1冊, 木版本, 30.9×20.2㎝, 四周單邊, 半郭:20×14.3㎝, 有界, 12行24字, 註雙行, 紙質:楮紙		慶南 鎭海市 海軍士官學校
西遊記語錄	白斗鏞(朝鮮)編, 1918刊	1冊, 木版本, 30.7×20.2㎝, 四周單邊, 半郭:20.7×15㎝, 有界, 12行字數不定, 紙質:楮紙	刊年出處:韓國典籍綜合目錄 第1輯	忠淸南道 扶餘郡 劉世鍾

152 第一部 國內 出版·筆寫 및 飜譯本 中國古典小說 目錄

書名	出版事項	版式狀況	一般事項	所藏處/所藏番號
	白斗鏞編, 京城, 翰林書林, 1919刊	1冊(112張), 木版本, 26.2×19.5㎝, 四周單邊, 半郭:20.7×14.8㎝, 有界, 12行28字, 註雙行, 紙質:楮紙	刊記:大正八年(1919) 六月二十五日發行	全羅北道 全州市 宋俊浩
	翰南書林, 1919年	1冊, 木版本		鮮文大 朴在淵
	白斗鏞編, 刊寫地未詳, 刊寫者未詳, 刊寫年未詳	56張, 木版本, 26.5×18.9㎝, 四周單邊, 半郭:21.1×14.8㎝, 有界, 12行字數不定, 上下向黑魚尾		全州大學校 OM713.01-서675
		56張, 木版本, 26.5×18.9㎝, 四周單邊, 半郭:21.1×14.8㎝, 有界, 12行字數不定, 上下向黑魚尾	西廂記語錄, 三國誌語錄, 吏文語錄	啓明大學校 172.5-서유기
	編者未詳, 刊年未詳	1冊(14張), 筆寫本, 27.8×19.4㎝	卷末:歲在黃鷄(乙酉(?))建申月 書藏於考集齋, 印:朴永基印	奎章閣 [古]3912-6
	著者未詳, 刊寫地未詳, 刊寫者未詳, 刊寫年未詳	1冊(52張), 木版本, 24.2×18.4㎝, 四周單邊, 半郭:20.9×15.6㎝, 有界, 12行字數不定, 註雙行, 上下向黑魚尾	合綴:西廂記語錄, 三國志語錄	檀國大學校 천안 율곡기념도서관 고451.47-서587
		1卷1冊(卷1), 28.6×19.3㎝, 四周單邊, 半郭:21×15㎝, 有界, 12行字數不定, 上下向黑魚尾	國漢文混用	慶熙大學校 812.34-서66ㄱ
		1冊, 24.8×18.2㎝, 四周單邊, 半郭:21.3×15.9㎝, 有界, 有版, 12行字數不定, 上下內向黑魚尾	國漢文混用	中央大學校 812.31-서유기어
		1冊, 朝鮮木版本, 27.2×17.5㎝, 四周單邊, 半郭:20.4×14.9㎝, 有界, 12行字數不定, 註雙行, 無魚尾	版心書名:西遊記語錄, 西廂記語錄, 三國誌語錄, 吏文語錄, 內容:西遊記語錄;西廂記語錄;三國志語錄;吏文語錄, 主記事項:白斗鏞의 註解語錄總覽(1919刊)一部를 別冊으로 만든 것으로 推定되며 앞 部分(57張 以前)이 없다	漢陽大學校 812.35-서66
		冊1, 木版本		京畿大學校
		1冊, 木版本, 31×20㎝		嶺南大學校 823.5
언한문 서유긔 (諺漢文 西遊記)	朴健會譯述, 刊年未詳	1冊(缺本), 新鉛印本, 21.9×14.7㎝	表紙書名:서유긔	韓國學中央研究院 D7B-57

3. 通俗小說의 朝鮮時代 出版·筆寫本 目錄   153

書 名	出 版 事 項	版 式 狀 況	一 般 事 項	所藏處/所藏番號
	著者未詳, 高宗26年(1889)寫	2卷2冊, 筆寫本, 30.5×28.5cm, 左右單邊, 半郭:18行24~25字, 紙質:楮紙	卷末:긔축(1889)팔월념칠일	韓國綜合典籍目錄 (尙熊文庫) 4-159
	吳承恩(明)原編, 丙辰(1916)孟冬華 山新刊	全2卷2冊, 木版本, 24.5×19.2cm, 四周單邊, 半郭:21.5×16.4cm, 行字數不定, 上二葉花紋魚尾	版心文字:서, 刊記:丙辰(1916)孟冬華山新刊	韓國學中央硏究院 D7B-166
	吳承恩, 華山	2冊, 國文木版本, 24.5×19.2cm, 四周單邊, 上二葉花紋魚尾	版心文字:서, 刊記:丙辰孟冬華山新刊, 16㎜R[Nega], 61f	韓國學中央硏究院 R16N-001136-5
서유긔	李志尙(宋)著, 刊寫地未詳, 刊寫者未詳, 庚申(?)	1冊(116張), 筆寫本, 23.5×16cm, 四周三邊, 半郭:19.8×13.8, 朱絲欄, 10行字數不定, 註雙行, 上下向紅魚尾	경신구월뉴일	檀國大學校 율곡기념도서관 古873.5-이864ㅅ
	吳承恩(明)著, 刊寫地未詳, 刊寫者未詳, 刊寫年未詳	1冊(零本), 筆寫本, 32.2×21.2cm, 無界, 10行字數不定		檀國大學校 율곡기념도서관 (羅孫文庫)古873.5 -오883사
		1冊(30張), 筆寫本, 36.8×21.8cm, 無界, 11行28字	表題:서유긔젼, 印記:「妙信」	檀國大學校 율곡기념도서관 古873.5-오833사
	吳承恩(明)著, 刊寫地未詳, 刊寫者未詳, 刊寫年未詳	1冊, 37cm, 筆寫本, 16行31字內外	外題:西遊記	延世大學校 811.93/32
		13冊(缺1-2冊, 10-11冊), 筆寫本, 34×22.5cm		延世大學校 812.38
서유긔	吳承恩(明)著, 陳士斌(淸)銓解, 朝鮮朝後期寫	5卷5冊(卷1, 2, 12, 14, 24), 筆寫本, 36×18.2cm, 無界, 12行字數不定, 紙質:楮紙	寫記:경오(?)남월우민교	江陵市船橋莊
서유기	吳承恩(明)著	45卷12冊, 國文筆寫本, 35.2×22cm(第6-12冊은 33×20.6cm)	한글본, 筆寫記錄(卷末):셰계긔미유칠 월일계동필서, 이책을마니보시면연화대의가 시리다, 表紙書名:西遊記	嶺南大學校 (陶南文庫)[古圖]82 3.5오승은프
서유기	著者未詳, 哲宗10~ 高宗年間寫	27卷12冊(卷1~5, 24~25), 國文筆寫本, 35×22.1cm, 行字數不定, 紙質:楮紙	題簽:西遊記, 卷末:셰지긔미(1859~1919) 츄칠월일계동필서, 所藏印:陶南珍藏	韓國綜合典籍目錄 (陶南文庫) 趙潤濟

154 第一部 國內 出版・筆寫 및 飜譯本 中國古典小說 目錄

書 名	出版事項	版式狀況	一般事項	所藏處/所藏番號
唐太宗傳	著者未詳, 年紀未詳	不分卷1冊, 筆寫本, 31.8×20.3cm		國立中央圖書館 [한]48-91
당태종전	白斗鏞 編, 京城, 翰南書林, 1920	1冊, 木版本, 24.6×20.3cm, 四周單邊, 半郭:20.3×17.8cm, 無界, 14行25字, 上下向四瓣黑魚尾	兩面印刷本, 한글本	嶺南大學校 陶南文庫 [古도]813.5 당태종
	著者未詳, 刊寫地未詳, 刊寫者未詳, 癸卯(?)	1冊(51張), 筆寫本, 30.2×20.3cm, 無界, 12行18字	表題:唐太宗傳, 附錄:토끼화상, 전적벽회제, 후적벽회제, 넉두리성주가, 자원가, 장한가, 비파향(백낙천), 어부사, 객중행, 봉황대, 오원기(왕소군)	檀國大學校 율곡기념도서관 (羅孫文庫)古853.5 -당315가
	刊寫地未詳, 刊寫者未詳, 刊寫年未詳	1冊(18張), 木版本, 26.7×17.6cm, 四周單邊, 半郭:19.7×15cm, 無界, 15行30字內外, 上下內向黑魚尾	일반동산문화재 한글本, 서명의 [태]는 한글고어의 번자, 表題:唐太宗傳	西江大學校 고서 당831
당틱종전	著者未詳, (1800頃)刊	1冊(18張), 木版本, 26×17.8cm, 半郭:20×15cm, 15行字數不定, 內向黑魚尾, 紙質:楮紙	題簽:唐太宗傳, 版心題:당	韓國綜合典籍目錄 (山氣文庫) 李謙魯 4-678
	著者未詳, 京城(서울), 東美書市, 大正6(1917)	1冊(19張), 新鉛活字本, 20.5×13.7cm, 無界, 17行35字	表題:고대소설 당틱종전(고대소설 당태종전)	檀國大學校 율곡기념도서관 (羅孫文庫)古853.5 -당3151ㄱ
	編者未詳, 刊寫地未詳, 刊寫者未詳, 庚申(?)	1冊(59張), 筆寫本, 34.5×22cm, 無界, 行字數不定	寫記:歲在庚申臘月, 裏面:闡義昭鑑, 合綴:古談囊傳(고담낭전), 은중경, 춘양전, 감응편	檀國大學校 율곡기념도서관 (羅孫文庫)古853.5 -당315
	著者未詳, 京城, 翰南書林, 1920刊	1卷1冊(26張), 木版本, 24.7×20.3cm, 四周單邊, 半郭:19.9×17.5cm, 14行字數不定, 上二葉花紋魚尾, 紙質:洋紙	版心題:당, 所藏印:陶南書室, 刊記:大正九年(1920) 月三十日發行	韓國綜合典籍目錄 (陶南文庫) 趙潤濟
	著者未詳, 京城(서울), 翰南書林, 大正10(1921)	1冊(落張), 木版本, 24.5×20.5cm, 四周單邊, 半郭:20.5×18.5cm, 無界, 14行27字, 上下向二葉花紋魚尾	表題:唐太宗傳	檀國大學校 율곡기념도서관 (羅孫文庫)古853.5 -당3 151
		1冊(26張), 木版本, 24.6×20.6cm, 四周單邊, 半郭:20.5×18.5cm, 無界, 14行27字, 上下向二葉花紋魚尾	表題:唐太宗傳	檀國大學校 율곡기념도서관 (羅孫文庫)古853.5 -당315ㄱ

3. 通俗小說의 朝鮮時代 出版·筆寫本 目錄   155

書名	出版事項	版式狀況	一般事項	所藏處/所藏番號
당틱죵전	白斗鏞集, 京城, 翰南書林(1921)	1冊(26張), 24.9×20.1cm, 四周單邊, 20.4×17.6cm, 14行27字, 上2葉花紋魚尾	題簽:唐太宗傳	高麗大學校 C15-A74
	著者未詳, 京城, 翰南書林, 1920	不分卷1冊, 木版本, 23.3×19.2cm, 四周單邊, 半郭:20.1×17.8cm, 14行26字, 上二葉花紋魚尾		國立中央圖書館 [한]48-66
	著者未詳, 京城, 翰南書林(1921)	全1卷1冊, 木版本, 24.7×20.2cm, 四周單邊, 半郭:20.4×17.7cm, 14行 字數不定, 上二葉花紋魚尾	版心文字:당, 16mmR[Nega], 28f	韓國學中央研究院 D7B-102/R16N-001133-3
	著者未詳, 刊年未詳	全1卷1冊, 木版本, 25.7×17.2cm, 四周單邊, 半郭:20.3×15.4cm, 15行 字數不定, 上下黑魚尾	版心文字:당, 16mmR[Nega], 19f	韓國學中央研究院 D7B-102A/R16N-001144-16

(8) 列國志(春秋列國志)

書名	出版事項	版式狀況	一般事項	所藏處/所藏番號
츈츄열국지	著者未詳, 年紀未詳	17卷17冊, 한글筆寫本, 29.6×22cm	印記:金奎興	國立中央圖書館 [한]48-187

(9) 龍圖公案(龍圖神斷公案, 包龍圖判斷奇冤)

書名	出版事項	版式狀況	一般事項	所藏處/所藏番號
新評龍圖神斷公案	著者未詳, 年紀未詳	8卷4冊, 筆寫本, 21.1×14.3cm, 四周單邊, 半郭:16.4×11.4cm, 烏絲欄, 9行20字, 無魚尾	序:陶浪元	啓明大學校 이812.3-신평용
包閻羅演義	鶩溪叟著, 彝堂生訂, 安往居編輯, 京城(서울), 五車書廠, 大正4年(1915)	2卷1冊(卷1~2), 新鉛活字本, 23×15.8cm, 四周雙邊, 半郭:17.3×11.4cm, 無界, 13行38字, 無魚尾		京畿大學校 경기-k121908
포공연의(包公演義)	編者未詳, 寫年未詳, 發行地不明, 發行處不明, 發行年不明	9卷9冊, 國文筆寫本, 29×20.7cm, 無郭, 無絲欄, 11行字數不定, 無魚尾, 紙質:楮紙	表題:包公演義, 印:藏書閣印, 35mmR[Nega], 447f	韓國學中央研究院 4-6857/R35N-000018-19
		零1冊(卷之六), 國文筆寫本, 27×22.5cm, 無界, 12行字不等, 紙質:楮紙		忠南大學校 학산고서 集·小說類2010

(10) 續水滸誌(征四寇傳)

書名	出版事項	版式狀況	一般事項	所藏處/所藏番號
속수호지 (續水滸誌)	朴健會編	3卷1冊(卷1~3), 新活字本, 20.7×13.7cm, 17行35字		雅丹文庫 813.5-박14ㅅ

(11) 封神演義(西周演義)

書名	出版事項	版式狀況	一般事項	所藏處/所藏番號
봉신전 (封神傳)		2冊, 筆寫本	坊刻本 만들기 위해 만든 原稿인듯(1908년 추정)	鮮文大 朴在淵
봉신지	6권6책, 필사본	紙質:楮紙	봉신연의 번역본	鮮文大 朴在淵
셔주연 의(西周 演義)	作者未詳, 寫年未詳	25卷25冊, 國文筆寫本, 32.8×21.8cm, 無郭, 無絲欄, 11行字數不定, 註雙行, 無版心, 紙質:楮紙	印:藏書閣印, 35mmR[Nega], 1097f	韓國學中央研究院 4-6817/R35N-000050-52

(12) 西漢演義

書名	出版事項	版式狀況	一般事項	所藏處/所藏番號
新刻劍 嘯閣批 評西漢 演義傳	鍾惺(明)批評, 朝鮮朝後期~ 末期寫	2卷2冊(卷4, 8), 筆寫本, 17.1×15.2cm, 無界, 10行25字, 註單行, 紙質:楮紙	表題:西漢誌	釜山大學校 圖書館
		1卷1冊(卷5), 筆寫本, 27.2×16.5cm, 無界, 10行字數不定, 紙質:楮紙	表題:西漢演義傳	釜山女大 伽倻文化研究所
	鍾伯敬(明)批評, 刊寫地未詳, 刊寫者未詳, 刊寫年未詳	零本1冊(所藏:卷1), 筆寫本, 23×14.5cm, 無界, 10行字數不定, 無魚尾	表題:楚漢演義	慶北大學校 [古]812.3 종53ㅅㄱ
	劍嘯閣批評	2卷2冊, 筆寫本, 27×15cm, 無界, 卷4: 10行25字, 卷8:10行26字, 紙質:楮紙	表題:西漢誌	釜山大學校 (芝田文庫)OEC 3-12 53
西漢演 義	著者未詳, 刊年未詳	12卷12冊(第1, 2, 6冊缺), 筆寫本, 22×19cm, 無罫, 10行18字, 版心無		梨花女子大學校 [고]812.3 서91
		85張, 筆寫本, 27cm, 四周雙邊, 20.3×16.5cm, 界線, 10行20字, 註小字雙行, 上下內向花紋魚尾	卷尾題:楚漢演義 印記:金澤洙信	延世大學校 812.36/26
西漢演 義	鍾惺(明) 撰, 刊寫者未詳, 朝鮮朝後期~ 末期刊 推定	8卷8冊, 木版本, 15.5×23.6cm	卷22은 筆寫本임	忠北 報恩郡 김동기

3. 通俗小說의 朝鮮時代 出版·筆寫本 目錄

書 名	出版事項	版式狀況	一般事項	所藏處/所藏番號
西漢演義書略	刊寫地未詳, 刊寫者未詳, 刊寫年未詳	1冊, 筆寫本(匡郭은 木版), 26.7×17.2cm, 四周雙邊, 半郭:19×13.9cm, 有界, 10行, 上下內向四瓣黑魚尾	表紙書名:東西漢小選	嶺南大學校 [古南]823 서한연ㅍ
惟幄龜鑑	聾菴(?)著, 寫年未詳	不分卷(28回)6冊, 筆寫本, 27×19.4cm, 無郭, 無絲欄, 10行22字, 註雙行, 無版心, 紙質:楮紙	序:歲己未孟冬上浣聾菴老人書于眉南墨室, 印:李王家圖書之章, 內容: 張良中心의 楚漢戰史 小說化	韓國學中央研究院 4-6885
서한연의	著者, 刊寫地, 刊寫者, 刊寫年未詳	1冊, 筆寫本		全州大學校 OM813.5-서912
서한연의 (西漢演義)	鍾惺(明)撰, 年紀未詳	29卷10冊, 宮體筆寫本, 34.5×22cm		奎章閣 [古]3478-4
	國譯者未詳, 朝鮮朝後期~末期寫	16卷16冊, 筆寫本, 33.8×22cm, 10行22字, 紙質:楮紙		成均館大學校 D7B-20
셔한연의	8卷8冊, 筆寫本, 1880年(推定), 91回까지 飜譯	紙質:楮紙	刊記:庚申年(1880年)	鮮文大 朴在淵
셔한연의	高宗32(1895)	16卷16冊, 筆寫本, 32.6×22.2cm	標題:西漢演義, 筆寫記:歲在乙未(1895) 季春書傳于後昆冊主大寧後人, 印:桑村聞長 首陽○朝	高麗大學校 C14-A3A
	著者未詳, 宮體, 1800頃寫	卷10, 1冊(55張), 筆寫本, 27.4×19.5cm, 11行字數不定, 註雙行, 紙質:楮紙	表題:西漢演義, 印記:정음문고	韓國綜合典籍目錄 (山氣文庫) 李謙魯 4-697
	著者未詳, 刊寫地未詳, 刊寫者未詳, 大正4(1915)	2卷1冊, 木版本, 25.6×18cm, 四周單邊, 半郭:20.2×16.5cm, 無界, 13行21字, 上下內向黑魚尾	內題:楚漢傳, 表題:쵸한젼, 대정4년(1915)…	檀國大學校 율곡기념도서관 古853.5-초4115
	李贄(明)演義, 刊寫地未詳, 刊寫者未詳, 刊寫年未詳	6卷6冊(全12卷12冊), 筆寫本, 30.3×20.6cm, 無界, 11行19字, 無魚尾, 紙質:壯紙	일반동산문화재 한글본, 表題:西漢演義	西江大學校 고서 서91
	著者未詳, 年紀未詳	4冊, 筆寫本, 24.5×17cm	表題:西漢演義	延世大學校 812.36
		不分卷, 16冊, 筆寫本, 35×21.3cm	西漢演義	國立中央圖書館 [한]48-18
언문서한연의	永豊書館, 大正6年(1917)	4卷4冊100回, 舊活字本	別名:諺文西漢演義	鮮文大 朴在淵
언문서한연의	李柱浣編, 京城永豊書館, 1917年刊	4卷4冊, 新活字本, 21.5×15.3cm, 16行36字		雅丹文庫 823.5-이76ㅇ
		3冊(卷2缺, 舊活字本)		鮮文大 朴在淵

(13) 東漢演義

書名	出版事項	版式狀況	一般事項	所藏處/所藏番號
東漢演義評		2卷1册, 活字本, 15×21.3㎝	表題:新刻劍嘯閣批評東漢演義評	忠北 報恩郡 김동기
동한연의	著者未詳, 年紀未詳	6卷6册, 筆寫本, 35×23.2㎝	번역:19世紀 中半(推定)	國立中央圖書館 [한]48-41
동한연의전		2卷2册, 筆寫本, 31.3×22.1㎝, 14行字數不定	表題:東漢演義, 册末:정묘팔월에쓰다	雅丹文庫 813.5-동-92
동한연의		1册(零本), 筆寫本	紙質:楮紙	刊記:丁丑年(1877年)	朴在淵

(14) 楚漢演義

書名	出版事項	版式狀況	一般事項	所藏處/所藏番號
楚漢傳	上-隆熙二年戊申(1908)二月十八日謄書	20張, 30㎝, 筆寫本, 12行26字內外	國漢混用文本임	延世大學校 811.93/75
	著者未詳, 全州, 隆熙3年(1909)刊	2卷1册, 木版本, 25.5×18.6㎝, 四周單邊, 半郭:19.3×16㎝, 13行22字, 內向黑魚尾, 紙質:楮紙	書名:表題에 依함, 版心題:초춘, 刊記:己酉(1909)季春完山開刊, 備考:初張落張	韓國綜合典籍目錄 (山氣文庫) 李謙魯 4-730
	著者未詳, 刊寫地未詳, 刊寫者未詳, 大正15(1926)	1册(77張), 筆寫本, 31.7×20.2㎝, 無界, 10行字數不定	表題:楚漢傳	檀國大學校 율곡기념도서관 (羅孫文庫)古853.5-초4115
	著者未詳, 刊寫地未詳, 刊寫者未詳, 庚申(?)	1册(23張), 筆寫本, 24.2×21㎝, 無界, 9行字數不定		檀國大學校 율곡기념도서관 (羅孫文庫)古853.5-초4117
	編者未詳, 發行地不明, 發行處不明, 丁未(?)孟夏, 完南龜石里新刊	2卷1册, 木版本, 27×18.3㎝, 四周單邊, 半郭:19.6×16.2㎝, 無界, 13行22字, 上下內向黑口魚尾	刊記:完南龜石里新刊	慶尙大學校 D7B초91(오림)
	著者未詳, 刊寫地未詳, 刊寫者未詳, 刊寫年未詳	2卷1册, 木版本, 27.7×18.2㎝, 四周單邊, 半郭:20×16.5㎝, 無界, 13行23字, 上下內向黑魚尾	卷頭題:쵸한전, 版心題:초한, 內容:下卷題, 서한연의	檀國大學校 율곡기념도서관 고853.5-초411ㄱ
		1册(84張), 木版本, 26×18.2㎝, 四周單邊, 半郭:19.6×16.2㎝, 無界, 13行22字, 上下向黑魚尾		檀國大學校 율곡기념도서관 (羅孫文庫)古853.5-초4118

書名	出版事項	版式狀況	一般事項	所藏處/所藏番號
		1冊93面, 筆寫本, 20×20cm, 行字數不定, 紙質:楮紙		淑明女子大學校
		1冊, 筆寫本, 半郭:29.5×20cm, 10行字數不定		雅丹文庫 813.5-초92
楚漢演義	壬申(1872)年, 善成堂	1冊(卷1, 2存), 木版本		鮮文大 朴在淵
	庚子(1900)年	1冊	朝鮮人筆字	鮮文大 朴在淵
	刊地未詳, 刊所未詳, 1910	1冊, 筆寫本, 30.4×20.5cm	筆寫記錄(卷末):大正九年 (1910)陰八月終	嶺南大學校 [古南]823.4-초한연그
	조선말~근대	1冊, 筆寫本, 19.3×20.4cm, 紙質:楮紙		울산碩南寺,주지실 133
	著者未詳, 刊寫地未詳, 刊寫者未詳, 戊辰(?)	1冊(45張), 筆寫本, 23.2×22.2cm, 無界, 14行字數不定		檀國大學校 율곡기념도서관 古853.5-초4116
	著者未詳, 刊寫地未詳, 刊寫者未詳, 丙午(?)	1冊(51張), 筆寫本, 19.2×19.5cm, 無界, 12行字數不定	卷末:丙午八月南原 勝蓮書…	檀國大學校 율곡기념도서관 (羅孫文庫)古853.5-초4111
	著者未詳, 刊寫地未詳, 文湖精舍, 刊寫年未詳	1冊(64張), 筆寫本, 29×26cm, 無界, 16行字數不定	辛卯八月初一日坪湖書, 人氣:歲在辛卯八月下幹壯于文湖精舍	檀國大學校 율곡기념도서관 고853.5-초411갸
	編者未詳, 刊寫地未詳, 刊寫者未詳, 刊寫年未詳	2卷1冊(落張), 木版本, 26.8×17.7cm, 四周單邊, 半郭:20.7×16.2cm, 無界, 13行22字, 上下向黑魚尾	版心題:초한, 表題:西漢演義	檀國大學校 율곡기념도서관 (羅孫文庫)古853.5-초411
		1冊, 筆寫本, 27.6×14.4cm, 無界, 行字不定, 無魚尾	書名은 本文 內容의 첫구정을 채기함	慶北大學校 [古]812.14 초91(2)
		1冊, 筆寫本, 23.7×15.8cm, 10行24字, 無界, 無魚尾	表題:楚漢演義	慶北大學校 [古]812.14 초91(3)
		1冊, 筆寫本	朝鮮人筆字	鮮文大 朴在淵
		1冊(61張), 筆寫本, 23×21.6cm, 無界, 10行19字		檀國大學校 율곡기념도서관 (羅孫文庫)古853.5-초4112
		1冊, 筆寫本, 27.5×20cm	筆寫記錄(標題紙): 庚子八月日謄出	嶺南大學校 [古南]823.4 초한연
		1冊(零本), 筆寫本, 34×22.2cm 無界, 行字數不定		檀國大學校 율곡기념도서관 (羅孫文庫)古853.5-초4113

書名	出版事項	版式狀況	一般事項	所藏處/所藏番號
		1冊(89張), 33×23cm, 無界, 15行字數不定		檀國大學校율곡기념도서관, 고853.5-초411가
		1冊, 筆寫本, 35.3×21cm		慶尙大學校 D7C초91(아천)
楚漢演義	編著者未詳, 刊寫地未詳, 刊寫者未詳, 刊寫年未詳	1冊, 筆寫本, 26.5×17cm, 無界, 10行37字, 線裝, 紙質:楮紙	表題:楚漢演義	忠北 淸原郡 송천근
漢楚演義	著者未詳, 辛亥(?)寫	1冊(118張), 筆寫本, 30×17.5cm, 10行字數不定, 紙質:楮紙	表紙墨書識記:白猪(辛亥?)之春夏書	成均館大學校 D7C-174
楚漢演義抄	朝鮮末~近代	1冊, 筆寫本, 23×19cm, 紙質:楮紙	表題:楚漢演義	韓國寺刹文化財 김해 銀河寺, 수장고 450
	朝鮮朝後期~末期 寫	1冊(40張), 筆寫本, 30.5×17.5cm, 無界, 9行字數不定, 紙質:楮紙		慶南 固城郡 裵學烈
	刊寫事項不明	1冊, 筆寫本, 24.1×23.6cm, 16行字數不定, 上黑魚尾	寫記:明治八年(1875) 十二月十九日	雅丹文庫 823.5-초92
		1冊, 筆寫本, 半郭:27×18.6cm		雅丹文庫 823.2-초92
		1冊, 筆寫本, 24×22cm		嶺南大學校 味山文庫 [古宅]821.4 초한연
		零本1冊(所藏:卷上), 筆寫本, 27.7×17.3cm, 10行24字, 無界, 無魚尾	書名은 本文 內容의 첫 句節을 採記함	慶北大學校 [古]812.14 초91(4)
		1冊, 筆寫本, 20.9×19.5cm, 四周雙邊, 半郭:18×17.5cm, 行字數不定, 有界, 無魚尾	表題:楚漢演義, 版心題:楚漢演義	慶北大學校 [古]812.14 초91(5)
		1冊, 筆寫本, 31×22.2cm, 四周單邊, 半郭:24.2×17.2cm, 有界, 12行22字, 上下向二瓣花紋魚尾	表題:楚漢演義, 版心題:楚漢演義	慶北大學校 [古]812.14 초91
楚漢誌	著者未詳, 刊寫地未詳, 刊寫者未詳, 刊寫年未詳	1冊(44張), 筆寫本, 32.5×20cm, 無界, 10行37字		檀國大學校 율곡기념도서관 고873.5-초411
楚漢記	刊寫地未詳, 刊寫者未詳, 刊寫年未詳	1冊, 筆寫本, 20.5×19.6cm	書名은 表紙書名에 의함	嶺南大學校 [古南]823.4 초한기

3. 通俗小說의 朝鮮時代 出版·筆寫本 目錄

書名	出版事項	版式狀況	一般事項	所藏處/所藏番號
楚漢演語三國誌合部	羅貫中(明)著, 刊寫事項不明	1册, 筆寫本, 22×15㎝, 行字數不定, 無魚尾	表題:楚漢演語	慶北大學校 [古]812.3 나16ㅊ
쵸한년의	著者未詳, 刊寫地未詳, 刊寫者未詳, 刊寫年未詳	1册(零本), 筆寫本, 32×21.5㎝, 無界, 行字數不定	表題:楚漢演義(墨書)	檀國大學校 율곡기념도서관 (羅孫文庫)古853.5-쵸4114
초한전	發行地不明, 發行處不明, 1919年	1册, 木版本, 26×18.5㎝, 四周單邊, 半郭:20×16㎝, 無界, 13行20字, 上下內向黑魚尾, 紙質:楮紙	備考:前後缺張	忠南大學校 학산고서 集·小說類1953
초한전	發行地不明, 發行處不明, 朝鮮朝後期寫	1册, 筆寫本, 22.1×20㎝, 無界, 13行字數不定, 紙質:楮紙		忠南 大田市 趙鍾業
초한전		1册, 筆寫本, 31×21㎝, 無界, 12行字不等, 紙質:楮紙	備考:卷前後毀損	忠南大學校 학산고서 集·小說類1952
초한전	著者未詳, 刊寫地未詳, 刊寫者未詳, 刊寫年未詳	1册, 國文木版本, 25.5×18.7㎝, 四周單邊, 上二黑魚尾	版心文字:초, 16㎜R[Nega], 90f	韓國學中央研究院 R16N-001143-2
초한전		1册(落張), 木版本, 半郭:20.2×15.7㎝, 內向黑魚尾		雅丹文庫 813.5-쵸92
초한전		1册, 筆寫本	坊刻本 만들기 위한 初稿	鮮文大 朴在淵
쵸한전	著者未詳, 刊寫地未詳, 刊寫者未詳, 哲宗7年(1856)	1卷1册(零本), 筆寫本, 25.5×17.5㎝, 無界, 10行22字		檀國大學校 율곡기념도서관 (羅孫文庫)古853.5-쵸4116
쵸한전	刊寫地未詳, 隆熙2(1908)	2卷1册, 木版本, 半郭:20.6×15.9㎝, 13行字數不定, 內向黑魚尾	刊記:隆熙二年戊申(1908)秋七月西漢記完西溪新刊	雅丹文庫 813.5-쵸92
쵸한전		2卷1册, 한글木版本, 26×18.5㎝, 四周單邊, 半郭:20.2×15.8㎝, 無界, 13行20字內外, 上下內向黑魚尾	한글본, 판심제의 [한]은 한글고어의 번자, 卷下의 卷首題:셔한연의, 版心題:쵸[한], 刊記:隆熙二年戊申(1908) 秋七月西漢紀完西溪新刊	西江大學校 고서 쵸91
쵸한전	著者未詳, 完山, 隆熙3(1909), 己酉(1909)季春 完山開刊	全上下卷1册, 國文木版本, 27.5×18.7㎝, 四周單邊, 半郭:20.4×16.3㎝, 13行字數不定, 上下黑魚尾	版心文定:초흥, 刊記:己酉(1909)季春完山開刊, 16㎜R[Nega], 87f	韓國學中央研究院 D7B-5B/R16N-001143-3

162 第一部 國內 出版·筆寫 및 飜譯本 中國古典小說 目錄

書名	出版事項	版式狀況	一般事項	所藏處/所藏番號
	卓鐘佶編, 全州, 西溪書鋪, 1911	2卷1冊, 木版本, 26.1×18.8cm, 四周單邊, 半郭:20.3×15.9cm, 無界, 13行20字, 內向黑魚尾		啓明大學校 이811.35
		不分卷1冊, 木版本, 26.8×19cm, 四周單邊, 半郭:19.9×16.2cm, 無界, 13行22字, 內向黑魚尾	刊記:陵熙二年戊申(1911) 秋七月西漢記完西溪新刊	國立中央圖書館 [한]48-47
	著者未詳, 刊寫地未詳, 刊寫者未詳, 明治44年(1911)	2卷1冊, 木版本, 25.4×17.9cm, 四周單邊, 半郭:19×16.1cm, 無界, 13行20字, 上下內向黑魚尾	下卷書名:서한연의(西漢演義)	檀國大學校 율곡기념도서관 (羅孫文庫) 古853.5-초4119
	著者未詳, 全州, 梁冊房, 昭和7(1932)	2卷1冊(44張), 木版本, 25×18cm, 四周單邊, 半郭:20.5×16.5cm, 無界, 13行22字, 上下內向黑魚尾	卷下書名:서한연의, 原書名:楚漢傳	檀國大學校 율곡기념도서관 古853.5-초4117
	著者未詳, 朝鮮朝末期刊	2卷1冊, 木版本, 27.2×17.9cm, 四周單邊, 半郭:20.3×16cm, 無界, 13行20字, 內向黑魚尾, 紙質:楮紙		忠南 溫陽市 溫陽民俗博物館
		上下2卷1冊, 木版本, 25×18.2cm, 四周單邊, 半郭:20×15.8cm, 13行字數不定, 內向黑魚尾, 紙質:楮紙	表題:楚漢傳, 版心題:초흔, 內容:一卷上:초한전, 一卷下:서한연의	誠庵文庫 4-1387
	編者未詳, 刊寫地未詳, 刊寫者未詳, 19世紀末	2卷1冊(卷1~2), 木版本, 26.6×18.7cm, 四周單邊, 半郭:20.1×16.2cm, 無界, 13行20字, 上下內向黑魚尾	卷末書名:楚漢傳 한글本임	全北大學校 812.35-초한전
	南宮楔 著, (1900頃)刊	2卷1冊, 木版本, 27.3×18cm, 四周單邊, 半郭:20.6×16.6cm, 13行20字, 內向黑魚尾, 紙質:楮紙		韓國綜合典籍目錄 (尙熊文庫) 4-182
	丁未孟夏完南龜石里新刊	2卷1冊, 木版本, 半郭:20.6×15.9cm, 13行字數不定, 內向黑魚尾	刊記:丁未孟夏完南龜石里新刊, 印記:白淳在藏書	雅丹文庫 813.5-쵸92
		2冊, 國文木版本, 26.4×18.3cm, 四周單邊, 上下黑魚尾	版心文字:초춘, 16㎜R[Nega], 86f	韓國學中央研究院 R16N-001142-22

3. 通俗小說의 朝鮮時代 出版·筆寫本 目錄

書名	出版事項	版式狀況	一般事項	所藏處/所藏番號
	著者未詳, 刊寫地未詳, 刊寫者未詳, 刊寫年未詳	2卷1冊(同書3部), 木版本, 半郭:20.6×15.8cm, 13行22字, 內向黑魚尾		雅丹文庫 813.5-孟92
		上下2卷, 1冊		鮮文大 朴在淵
		2卷1冊, 木版本, 26×19cm, 四周單邊, 半郭:20×17cm, 無界, 13行23字, 上下向黑魚尾		淑明女子大學校
		全上下卷1冊, 木版本, 27.4×18.4cm, 四周單邊, 半郭:20.9×16.4cm, 13行字數不定, 上下黑魚尾	版心文字:초훈	韓國學中央研究院 D7B-5A
		2卷1冊, 卷上,下, 木版本, 한글본, 26.6×18.7cm, 四周單邊, 半郭:20.1×16.2cm, 無界, 13行20字, 上下內向黑魚尾	卷末書名:楚漢傳	奎章閣 [古]3350-89
		1冊, 國文木版本, 27.4×18.4cm, 四周單邊, 上下黑魚尾	版心文字:쵸, 16mmR[Nega], 88f	韓國學中央研究院 R16N-001142-23
		1冊(缺本), 國文木版本, 2.4×18.8cm, 四周單邊, 上下黑魚尾	版心文字:쵸한, 16mmR[Nega], 71f	韓國學中央研究院 R16N-001143-4
		1冊(85張), 木版本, 四周單邊, 匡郭:20.5×17cm, 無界, 13行20字, 上下黑魚尾		延世大學校 811.36
쵸한젼	編者未詳, 明治44(1911)	2卷1冊(88張), 木版本, 26×18cm, 四周單邊, 半郭:20.5×16cm, 無界, 12行26字, 上下黑魚尾	內容:上卷:쵸한젼, 下卷:서한연의	梨花女子大學校 [고]811.31 쵸91B
	著者未詳, 刊年未詳,	木版本, 27×18.5cm, 四周雙邊, 半郭:20×17cm, 無界, 13行18字, 上下黑魚尾		梨花女子大學校 [고]811.31 쵸91
	著者未詳, 刊年未詳	筆寫本, 28.5×22cm, 無罫, 9行字數不同, 版心無		梨花女子大學校 [고]811.31 쵸91A
초한전	著者未詳, 丁未(1907)孟夏 完南龜石里新刊	2卷1冊, 木版本, 26×18cm, 四周單邊, 半郭:20×16.9cm, 有界, 13行字數不定, 內向黑魚尾, 紙質:楮紙	版心題:초훈, 內容:中國小說, 刊記:丁未(1907)孟夏完南龜石 里新刊, 印記:徐公執信	韓國綜合典籍目錄 (山氣文庫) 李謙魯 4-729
		1冊, 木版本, 26×18.5cm, 四周單邊, 半郭:20×16cm, 無界, 13行21字, 上下內向黑魚尾, 紙質:楮紙		忠南大學校 학산고서 集· 小說類1955

書名	出版事項	版式狀況	一般事項	所藏處/所藏番號
		2卷1冊, 木版本, 27.5×19㎝, 四周單邊, 半郭:21×16㎝, 無界, 13行22字, 上下內向黑魚尾, 紙質:楮紙	版心題:초한, 刊記:丁酉(1907) 孟夏完南龜石里新刊	忠南大學校 학산고서 集・小說類1954
		2卷1冊, 木版本, 26×18.5㎝, 四周單邊, 半郭:19.8×15.8㎝, 無界, 13行20字內外, 上下內向黑魚尾	한글本, 판심제의 [한]은 한글고어의 번자, 表題:楚漢傳, 卷下의 卷首題: 서한연의 版心題: 초[한], 刊記:丁未(1907)孟夏完南龜石里新刊	西江大學校 고서 초91
		全上下卷1冊, 國文木版本, 26.7×18.5㎝, 四周單邊, 13行, 字數不定, 上下混入花紋魚尾	版心文字:초한, 刊記:丁未(1907)孟夏完南龜石里新刊, 16㎜R[Nega], 88f	韓國學中央研究院 D7B-5/ R16N-001143-1, D7B-5
		2卷1冊(초한전 상권, 서한연의 하권합간), 木版本, 半郭:20.5×16.1㎝, 13行22字, 內向黑魚尾	刊記:丁未孟夏完南龜石里新刊	雅丹文庫 813.5-초92
		2卷1冊, 木版本, 半郭:20.2×16㎝, 13行21字, 內向黑魚尾	刊記:丁未孟夏完南龜石里新刊	雅丹文庫 823.5-초92
		2卷1冊, 木版本, 25×18.4㎝, 四周單邊, 半郭:20.8×16.8㎝, 13行字數不定, 內向黑魚尾, 紙質:楮紙	刊記:丁未(1907)孟夏完南龜石里新刊, 備考:한글소설	成均館大學校 D7B-92
	著者未詳, 朝鮮朝末期刊	上下, 2卷1冊, 木版本, 25×18.2㎝, 四周單邊, 半郭:20×15.8㎝, 13行字數不定, 內向黑魚尾, 紙質:楮紙	表題:楚漢傳, 版心題:초흔, 內容:卷上, 초한전, 卷下, 서한연의	韓國綜合典籍目錄 (誠庵文庫) 趙炳舜 4-1387
	著者未詳, 全州, 多佳書舖, 1916刊	上下, 2卷1冊, 木版本, 26.3×19㎝, 四周單邊, 半郭:20.5×15.5㎝, 11行字數不定, 內向黑魚尾, 紙質:楮紙	版心題:츠, 所藏印:陶南書室, 刊記:大正五年(1916) 十月八日發行	韓國綜合典籍目錄 (陶南文庫) 趙潤濟
		不分卷1冊, 木版本, 25.7×18.5㎝ 四周單邊, 半郭:20.6×16.1㎝, 無界, 13行22字, 內向黑魚尾	楚漢傳	國立中央圖書館 [한]48-47-2
		1冊, 木版本, 26.4×18.9㎝, 四周單邊, 半郭:19.9×16.1㎝, 無界, 13行20字, 上下內向黑魚尾	版心題:초한, 한글本, 原本印出記(卷末):丁未孟夏完南龜石里新刊	嶺南大學校 陶南文庫 [古도]813.5 초한전

3. 通俗小說의 朝鮮時代 出版·筆寫本 目錄

書名	出版事項	版式狀況	一般事項	所藏處/所藏番號
	大正八年(1919) 九月	1册, 木版本, 26×18.6cm, 四周單邊, 半郭:19.8×16cm, 無界, 12行20字, 內向黑魚尾	版心題:초훈, 刊記:大正八年(1919)九月, 合綴:서한연의권지하, 備考:卷末缺張	忠清南道 大田市 趙鍾業
	著者未詳, 刊年未詳	2卷1册, 木版本, 25.5×18.3cm, 四周單邊, 半郭:20.5×16cm, 23行21字, 註雙行, 內向黑魚尾		國立中央圖書館 [古]3636-53
쵸한녹	著者未詳, 光武3年(1899)寫	卷下, 1册(51張), 筆寫本, 19.6×18.5cm, 紙質:楮紙	寫記:己亥(1899) 十二月初吉孔澈秀書	韓國綜合典籍目錄 (尙熊文庫) 4-181
초한뎐	刊寫地未詳, 刊寫者未詳, 1914	1册, 筆寫本, 23.1×21.7cm		東國大學校 [고]813.5 초01
쵸한연 의		1册(32張), 筆寫本, 35×20.5cm		延世大學校 811.36
초한실 긔	編著者未詳, 年紀未詳	20册, 筆寫本, 25.9×17.6cm	所藏印:尙和堂印	國會圖書館 [古]812.3 ㅊ136
초한지	1913寫	1册(53張), 筆寫本, 27.9×19.8cm, 無界, 12行字數不定, 紙質:楮紙	寫記:大正二年癸丑年(1913) 陰十月十九日始成草	釜山直轄市 金戊祚
	근대	1册, 筆寫本, 28×18.7cm, 紙質:楮紙		韓國寺刹文化財 金海銀河寺수장고 612
(초한 건곤) 쟝즈방 실긔	朴健會譯述, 京城仁寺洞朝鮮 書館1915年刊	1卷1册(卷上), 新活字本, 22×14.9cm, 11行35字		雅丹文庫 813.6-박14ㅊ
	朴健會譯述, 京城, 博文書館 (1924)	全不分卷1册, 新鉛印本, 20.2×13.6cm		韓國學中央研究院 D7B-48
장즈방 전	著者未詳, 刊年未詳, 南谷	全3卷3册, 木版本, 28.8×18.8cm, 四周單邊, 半郭:22.6×17.5cm, 18行 字數不定, 上下黑魚尾	表紙書名:西漢演義, 刊記:南谷新板, 16mmR[Negal], 63f	韓國學中央研究院 D7B-121/R16N-001 141-5

(15) 三遂平妖傳

書名	出版事項	版式狀況	一般事項	所藏處/所藏番號
平妖傳	羅貫中(明)撰, 馮夢龍(明)增 訂, 筆寫年, 筆寫者未詳	5卷1册, 朝鮮筆寫本		金東旭
		3卷1册, 朝鮮筆寫本		金東旭

書名	出版事項	板式狀況	一般事項	所藏處/所藏番號
평요뎐	著者未詳, 刊寫地未詳, 刊寫者未詳, 刊寫年未詳	2卷2冊(零本, 卷3, 5), 筆寫本, 22.9×19.2cm, 無界, 行字數不定	表題:平妖傳	檀國大學校 율곡기념도서관 (羅孫文庫)古853.5- 평262
	刊寫地未詳, 刊寫者未詳, 刊寫年未詳	2卷1冊, 國文筆寫本, 22.6×22.2cm, 無界, 12-13行17字內外, 無魚尾	한글本, 사기의 [재]는 한글고어의 번자, 寫記:셰[재]을미(?) 양월긔망의츄절종서	西江大學校 고서 평665
평뇨긔 (平妖 記)	作者未詳	9卷9冊, 國文筆寫本, 33.4×22.5cm, 無郭, 無絲欄, 無版心, 10行字數不定, 紙質:楮紙	印:藏書閣印, 35mmR[Nega], 412f	韓國學中央研究院 4-6855/R35N- 000002-3

(16) 禪眞逸史(仙眞逸史)

書名	出版事項	板式狀況	一般事項	所藏處/所藏番號
션진일 스	作者未詳, 寫年未詳	21卷21冊, 筆寫本, 32.3×21.7cm, 無郭, 無絲欄, 10行19~21字, 無魚尾, 紙質:楮紙	表題:仙眞逸史, 印:藏書閣印	韓國學中央研究院 4-6818 4-6819
		15卷15冊中 14冊存(卷2缺), 筆寫本, 無郭, 無絲欄, 11行24字, 無魚尾, 紙質:楮紙		

(17) 隋煬帝艷史

書名	出版事項	板式狀況	一般事項	所藏處/所藏番號
슈양의스 (隨楊義史)		1冊(57張), 筆寫本, 24.5×21cm		延世大學校 811.36
슈양외사		1冊(殘本), 宮體筆寫本	1809年에 筆寫(推定)	海南 綠雨堂

(18) 隋史遺文

書名	出版事項	板式狀況	一般事項	所藏處/所藏番號
수사유문 (隋史遺文)		12卷12冊	飜譯:19世紀 初期(推定)	뻬쩨르부르그 동방학연구소

(19) 東度記

書 名	出版事項	版式狀況	一般事項	所藏處/所藏番號
동유긔(東度記)	19世紀 後半	國文筆寫本, 1冊	애스턴 구장본	빼째르부르그(구 레닌그라드) 동방학연구소

(20) 開闢演義全傳

書 名	出版事項	版式狀況	一般事項	所藏處/所藏番號
긔벽연의 (開闢演義)	刊地, 刊寫者, 著者未詳	4卷4冊, 國文筆寫本, 30×22.5cm		延世大學校 (庸齋文庫)고서811.98 개벽연
	刊地, 刊寫者, 著者未詳	5卷5冊, 國文筆寫本, 30×22.5cm	約18世紀 宮中飜譯轉寫(推定)	서울大 규장각 古 4330 2 1

(21) 前七國孫龐演義

書 名	出版事項	版式狀況	一般事項	所藏處/所藏番號
손방연의 (孫龐演義)	作者未詳, 寫年未詳	5卷5冊, 國文筆寫本, 30.3×21.2cm, 無郭, 無絲欄, 11行字數不定, 無版心, 紙質:楮紙	印:暎嬪房, 藏書閣印, 35mmR[Nega], 361f	韓國學中央硏究院 4-6823/R35N-000001-2, 4-6823
손빈젼		1冊, 國文筆寫本		천안미도박물관

(22) 大唐秦王詞話, 당진연의(唐秦演義, 唐晉演義)

書 名	出版事項	版式狀況	一般事項	所藏處/所藏番號
당진연의 (唐秦演義)	著者未詳, 寫年未詳	6卷6冊, 國文筆寫本, 29×21cm, 無郭, 無絲欄, 無版心, 10行23字, 紙質:楮紙	表題:唐秦演義, 印:藏書閣印, 35mmR[Nega], 204f	韓國學中央硏究院 4-6796/R35N-000035-2
당진연의 (唐晉演義)	著者未詳, 寫年未詳	13卷13冊, 國文筆寫本, 33.5×22.5cm, 無郭, 無絲欄, 10行字數不定, 無版心, 紙質:楮紙	表題:唐晋演義, 印:藏書閣印, 35mmR[Nega], 524f	韓國學中央硏究院 4-6797/R35N-000002-1
당진연의	著者, 寫年未詳	6卷6冊, 筆寫本, 紙質:楮紙	未詳	일본 동양문고

(23) 南北宋志傳

書名	出版事項	版式狀況	一般事項	所藏處/所藏番號
대송흥 망녹	作者未詳, 寫年未詳	2卷2册, 筆寫本, 27.1×19.8㎝, 無郭, 無絲欄, 9行20字, 紙質:楮紙	表題:大宋興亡錄, 印:藏書閣印	韓國學中央研究院 4-6799

(24) 南宋志傳

書名	出版事項	版式狀況	一般事項	所藏處/所藏番號
남송 연의	著者未詳, 憲宗2年(1836) 頃寫	7卷7册, 筆寫本, 33.1×22.9㎝, 11行不定字, 註雙行, 紙質:楮紙	題簽:南宋演義, 印記:首陽信朝, 筆寫記:歲在丙申(1836)季秋書傳 于後昆, 備考:순국문 궁체寫本임	韓國綜合典籍目錄 (山氣文庫) 李謙魯 4-676

(25) 北宋志傳(楊家將傳)

書名	出版事項	版式狀況	一般事項	所藏處/所藏番號
북송연의 (北宋演義)	著者未詳, 寫年未詳	5卷5册, 筆寫本, 31.2×22.8㎝, 無郭, 無絲欄, 12行字數不定, 無版心, 紙質:楮紙	表題:北宋演義, 印:藏書閣印, 35㎜R[Nega], 250f	韓國學中央研究院 4-6812/R35N-000191-2
북송연의	著者未詳, 寫年未詳	13册, 國文筆寫本, 31.2×22.8㎝		일본국회도서관 (동양문고)

(26) 型世言

書名	出版事項	版式狀況	一般事項	所藏處/所藏番號
형셰언 (型世言)	編者未詳, 寫本未詳	4册存, 國文筆寫本, 28.8×21.6㎝, 無郭, 無絲欄, 12行字數不定, 無魚尾, 紙質:楮紙	表題:型世言, 印:藏書閣印, 35㎜R[Nega], 229f 번역:18세기경(추정)	韓國學中央研究院 4-6863/R35N-000019-3

(27) 後水滸傳

書名	出版事項	版式狀況	一般事項	所藏處/所藏番號
후슈호 젼(後水 滸誌)	作者未詳, 寫年未詳	12卷12册, 國文筆寫本, 28.1×20㎝, 無郭, 無絲欄, 10行23字, 無版心, 紙質:楮紙	表題:後水滸誌, 表紙에 彩色畵가 있음, 印:藏書閣印 35㎜R[Nega], 585f	韓國學中央研究院 4-6876/R35N-001137-8
후슈호 젼		12册, 國文筆寫本, 有圖, 28.1×20㎝	別名:後水滸誌, 35㎜R[Nega], 585f	韓國學中央研究院 R35N-001137-8, 4-6876舊藏書閣本

(28) 今古奇觀

書名	出版事項	版式狀況	一般事項	所藏處/所藏番號
今古奇觀	抱甕老人(明)撰, 刊寫地未詳, 刊寫者未詳, 刊寫年未詳	7卷1冊(寫本)(卷8~14), 石印本, 有圖, 16×10cm, 四周雙邊, 半郭:13×8cm, 無界, 17行38字, 上下向黑	繪圖今古奇觀	檀國大學校 천안율곡도서관 고873.5-포279갸
奇觀		40卷6冊, 筆寫本, 30×20㎝	序:姑蘇笑花主人題, 表題:今古奇觀, 印記:尹泓定印	延世大學校 (李源喆文庫), 812.38
(改正)今古奇觀	上海, 鑄記書局, 刊寫年未詳	6卷1冊, 挿圖, 21×14cm	版心題:繪圖改正今古奇觀	忠北大學校 ○ 823.5 ㄱ575
금고긔관		1冊, 國文筆寫本, 37.4×22.2cm	印:金公潤章, 李學鎬信	高麗大學校 (晩松文庫)C14-A58
	긔션유著, 1932寫	1冊(61張), 筆寫本, 29.5×20.1cm, 9行字數不定, 紙質:楮紙	寫記:신미(1931) 칠월순일필서라	誠庵文庫 趙炳舜 4-1336
금고긔		1冊, 國文筆寫本, 28.7×20.3cm	附:사제정곡, 화슈가, 16mmR[Negal], 73f	韓國學中央研究院 R16N-001132-13D7B-26
		1冊, 國文筆寫本, 29.8×20.2cm	別名:金魚傳, 16mmR[Negal], 44f	韓國學中央研究院 R16N-001132-14
등대윤지단가ᄉ	作者未詳, 寫年未詳	1卷(51張), 國文筆寫本, 30.5×21.4cm, 無郭, 無絲欄, 10行18字, 紙質:壯紙	表題:今古奇觀, 印:藏書閣印	韓國學中央研究院 4-6802
		1冊, 國文筆寫本, 30.5×21.4cm	別名:今古奇觀, 35mmR[Negal], 52f	韓國學中央研究院 R35N-000203-1, 4-6802舊藏書閣本

(29) 今古奇聞

書名	出版事項	版式狀況	一般事項	所藏處/所藏番號
今古奇聞	編者未詳, 己卯(?)寫	不分卷1冊, 筆寫本, 23.4×16cm, 9行20字, 紙質:楮紙	跋:己卯(?)臘到家過次兒旨禮仍爲過歲 閱藏書得前日手書以記之白橋翁書	成均館大學校 D7C-198
		1冊, 筆字本	朝鮮人筆字	鮮文大 朴在淵

(30) 啖蔗

書名	出版事項	版式狀況	一般事項	所藏處/所藏番號
啖蔗	著者未詳, 年紀未詳	不分卷2冊, 筆寫本, 20.9×17.9㎝		國立中央圖書館 [한]-48-199

2) 清代 作品目錄

(1) 平山冷燕

書名	出版事項	版式狀況	一般事項	所藏處/所藏番號
평산닝연	筆寫本	1冊(零本), 紙質:楮紙	刊記:乙亥年(1815年 推定)	朴在淵
평산닝연	著者未詳, 年紀未詳	3卷3冊, 筆寫本, 28.6×22.4㎝	平山冷燕	國立中央圖書館 [한]48-16
	著者未詳, 寫年未詳	10卷10冊, 國文筆寫本, 28.6×19.6㎝, 無郭, 無絲欄, 9行18字, 紙質:楮紙	表題:平山冷燕, 印:藏書閣印, 35㎜R[Nega], 507f	韓國學中央研究院 4-9856/ R35N-000101-102

(2) 玉嬌梨

書名	出版事項	版式狀況	一般事項	所藏處/所藏番號
秘本風流才子白玉梨	薲秋(明)編	不分卷5冊, 筆寫本, 23.6×16.9㎝	表題紙:白玉梨, 印記:潘華人朴宗大景幹印	國立中央圖書館 [한]48-11
옥교리젼	甲辰(?)	1冊, 筆寫本(國文本), 30.9×21.7㎝	筆寫記:갑진?지월일일서별당의 서늬외공셔	高麗大學校 (晚松文庫)C14-A61

(3) 後七國樂田演義

書名	出版事項	版式狀況	一般事項	所藏處/所藏番號
악의젼단젼 (樂田演義)	李圭瑢, 廣益書館, 1918.1.25	國文出版本, 1冊		하버드대학교 연경도서관

(4) 濟公全傳

書名	出版事項	版式狀況	一般事項	所藏處/所藏番號
繪圖評演 濟公全傳	郭小亨著, 서울, 刊寫者未詳, 19--	8卷(卷1~8), 20.1×13.5㎝		大邱 가톨릭 大學校 동822-곽55ㅎ

(5) 十二峯

書名	出版事項	版式狀況	一般事項	所藏處/所藏番號
十二峯記(십이봉뎐환긔)	刊寫地未詳, 刊寫者未詳, 刊寫年未詳	4卷4冊, 한글筆寫本, 26.9×19.3cm, 10-11行21-24字內外	飜譯:18世紀 中葉 推定	國立中央圖書館 古3636-10

(6) 錦香亭記

書名	出版事項	版式狀況	一般事項	所藏處/所藏番號
금향졍긔(錦香亭記)	著者未詳, 年紀未詳	7卷7冊, 國文筆寫本 22×17cm	卷末:歲在辛卯孟冬日藥峴畢書	奎章閣 [古]3350-59
금향졍긔	著者未詳, 1910	全3卷3冊, 國文筆寫本, 28.5×17.8cm	筆寫記:경슐(1910)이월즁현의빅셕동셔등출흠, 월즁현의빅셕동셔등출, 16mmR[Nega], 178f	韓國學中央硏究院 D7B-125/R16N-001132-17
금향뎐긔		1冊, 31.6×20.2cm		國立中央圖書館 [한]48-168
금향뎡긔(錦香亭記)	作者未詳, 1920頃刊	不分卷1冊, 木版本, 27.3×18.5cm, 四周單邊, 半郭:21×17.3cm, 15行25字, 上二葉花紋魚尾, 紙質:楮紙		成均館大學校 D7B-53
	刊寫地未詳, 刊寫者未詳, 刊寫年未詳	3冊, 國文筆寫本, 30×20.2cm, 無界, 10行21字內外, 無魚尾	일반동산문화재 한글본, 寫記:병오(?)삼월초일일죵	서강대학교 고서 금92 v.1
금향졍긔		1冊, 國文筆寫本, 25.6×17.5cm	筆寫記:丁丑二月…謄	高麗大學校 C14-A28
금향뎡긔		1冊, 國文筆寫本	19世紀末(推定)	朴在淵
금향졍긔		京本:2卷2冊 (由洞(1847-1856)	李能雨/柳鐸一 書籍 根據	未詳/東洋語學校 (Paris)
금향졍긔		其他 3卷3冊, 坊刻:1860年 前後	李能雨/柳鐸一 書籍 根據	未詳

(7) 醒風流(셩풍뉴)

書名	出版事項	版式狀況	一般事項	所藏處/所藏番號
셩풍뉴 (醒風流)	著者未詳, 寫年未詳	7卷7冊, 筆寫本, 26.2×19.1㎝, 無郭, 無絲欄, 10行17~20字, 註雙行, 無版心, 紙質:楮紙	表題:醒風流, 印:藏書閣印, 35㎜R[Nega], 300f	韓國學中央研究院 4-6821/R35N-000089-2

(8) 玉支機(옥지기)

書名	出版事項	版式狀況	一般事項	所藏處/所藏番號
옥지기 (玉支機)		4卷4冊, 國文筆寫本, 27×19.5㎝		延世大學校 811.36옥지기

(9) 畫圖緣

書名	出版事項	版式狀況	一般事項	所藏處/所藏番號
화도연(畫圖緣)		卷之二 1冊, 한글筆寫本		文友書林

(10) 好逑傳

書名	出版事項	版式狀況	一般事項	所藏處/所藏番號
好逑傳	著者未詳, 年紀未詳	18卷4冊, 筆寫本(後寫), 28.4×28.7㎝		奎章閣 [奎]6590
호구전	著者未詳, 刊年未詳	4冊, 한글筆寫本, 29.5×18.3㎝, 無罫, 12行29字, 版心無		梨花女子大學校 [고]811.3 호17

(11) 快心編

書名	出版事項	版式狀況	一般事項	所藏處/所藏番號
쾌심편 (快心編)	著者未詳, 寫年未詳	32卷32冊, 國文筆寫本, 28.2×18.8㎝, 無郭, 無絲欄, 註雙行, 無版心, 10行字數不定, 紙質:楮紙	印:藏書閣印, 35㎜R[Nega], 1784f	韓國學中央研究院 4-6851/R35N-000087-89

(12) 隋唐演義

書名	出版事項	版式狀況	一般事項	所藏處/所藏番號
수당연의 (隋唐演義)		12卷13冊 23.8×15.2㎝		奎章閣, 레닌그라드Aston Collection

(13) 女仙外史

書名	出版事項	版式狀況	一般事項	所藏處/所藏番號
녀션외스 (女仙外史)	著者未詳, 寫年未詳	45卷45冊, 國文筆寫本, 28.4×18.8㎝, 無郭, 無絲欄, 10行17字, 紙質:楮紙	表題:女仙外史, 印:藏書閣印, 35㎜R[Nega], 2536f	韓國學中央硏究院, 4-6791/R35 N-000183-6

(14) 駐春園(雙美緣)

書名	出版事項	版式狀況	一般事項	所藏處/所藏番號
쌍미긔봉 (第十才子 雙美緣)	24回, 東國大 韓國學硏究所	國文筆寫本, 一名:第十才子書, 쌍미긔봉	≪活字本古小說全集≫ 3(亞細亞文化社, 1976)	東國大學校 中央圖書館 813.5 고73동 v.3

(15) 麟鳳韶(인봉쇼)

書名	出版事項	版式狀況	一般事項	所藏處/所藏番號
인봉쇼	著者未詳, 寫年未詳	3卷3冊, 筆寫本, 29.7×19.5㎝, 無郭, 無絲欄, 10行20字, 無版心, 紙質:楮紙	印:藏書閣印	韓國學中央硏究院 4-6839

(16) 東周列國志

書名	出版事項	版式狀況	一般事項	所藏處/所藏番號
列國志	蔡昇(淸)著, 刊寫事項不明	零本1冊(所藏:卷4), 筆寫本, 22.7×17.9㎝, 四周單邊, 半郭:18.3×14.5㎝, 有界, 11行18字, 無魚尾	表題:列國志	慶北大學校 [古] 812.31 채58ㅇ
	刊寫地未詳, 刊寫者未詳, 刊寫年未詳	20冊(零本), 한글筆寫本, 32×25㎝		嶺南大學校
녈국연 의(列國 演義)	國文筆寫本	14冊, 筆寫本, 33×21.5㎝		延世大學校 811.36열국연
녈국지		11卷11冊, 筆寫本, 29×20.2㎝	筆寫記錄(卷末):이월십사일 릴셔, 表紙書名:列國誌	嶺南大學校 陶南文庫 [고도]813.5열국지
녈국지		42卷42冊, 207則, 24.3×16.3㎝, 10行 20字內外	宮體, 現 國立中央圖書館 影印本 所藏	日本 東洋文庫
列國志		30卷中 殘本7卷 (6, 19, 24, 25, 28, 29, 30)만 所藏, 12行 20字內外 國文筆寫本	每卷 卷首에 目錄이 있음	嶺南大

(17) 紅樓夢

書 名	出版事項	版式狀況	一般事項	所藏處/所藏番號
홍루몽 (紅樓夢)	曹霑(淸)著, 譯者未詳, 寫年未詳	120卷120冊中117冊存, 3冊缺(卷24, 54, 71), 飜譯筆寫本, 78.3×18.2cm, 無郭, 無絲欄, 8行字數不定, 無版心, 紙質:壯紙	表題:紅樓夢, 印:藏書閣印	韓國學中央研究院, 4-6864/R35 N-000003-10, 舊藏書閣本

(18) 雪月梅傳

書 名	出版事項	版式狀況	一般事項	所藏處/所藏番號
설월미젼 (雪月梅傳)	作者未詳, 寫年未詳	20卷20冊, 國文筆寫本, 28.3×18.8cm, 無郭, 無絲欄, 10行字數不定, 無版心, 紙質:楮紙	印:藏書閣印	韓國學中央研究院 4-6820

(19) 後紅樓夢

書 名	出版事項	版式狀況	一般事項	所藏處/所藏番號
후훙루 몽(後紅 樓夢)	著者未詳, 寫年未詳	20卷20冊, 國文筆寫本, 28.8×18.8cm, 無郭, 無絲欄, 9行18字, 無魚尾, 紙質:楮紙	表題:後紅樓夢, 印:藏書閣印, 35㎜R[Nega], 1043f	韓國學中央研究院 4-6877/R35N-000026-2 7,4-6877, 舊藏書閣本

(20) 粉粧樓

書 名	出版事項	版式狀況	一般事項	所藏處/所藏番號
분장누 (粉粧樓)	19世紀末	5冊(完帙), 筆寫本(唯一本)		鮮文大 朴在淵

(21) 廻文傳

書 名	出版事項	版式狀況	一般事項	所藏處/所藏番號
회무뎐 (回文傳)	著者未詳, 刊寫者未詳, 朝鮮朝末期寫	5卷5冊, 筆寫本, 29.5×21.2cm, 無界, 10行15-17字, 紙質:楮紙	表題:回文傳	東國大學校 D813.5 회37
직금회문	著者未詳, 年紀未詳	1冊(45張), 筆寫本, 32.7×28.4cm	附:八道地理誌	韓國學中央研究院 D7B-16
딕문회문	著者未詳, 1921年寫	1冊(41張), 한글筆寫本, 30.8×22.4cm, 16行字數不定, 紙質:楮紙	表題識記:辛酉(1921) 季春 日粧	誠庵文庫 4-1383

書名	出版事項	版式狀況	一般事項	所藏處/所藏番號
織錦回文		1冊, 筆寫本	閨中破寂軍	鮮文大 朴在淵
蘇娘織錦回封	著者未詳, 年紀未詳	35張, 筆寫本, 34.2×28cm		國立中央圖書館 [貴]674, [승계고]3636-36
회문뎐 (合錦廻文傳)	刊寫者未詳	4卷4冊(卷之一, 卷之三 2冊 現存), 14行14~21字, 卷之一:31.1×28.7cm, 卷之三:31.1×30cm		鮮文大 梁承敏

(22) 續紅樓夢

書名	出版事項	版式狀況	一般事項	所藏處/所藏番號
속홍루몽(續紅樓夢)	著者未詳, 寫年未詳	24卷24冊, 國文筆寫本, 27×18cm, 無郭, 無絲欄, 9行17字, 無版心, 紙質:楮紙	表題:續紅樓夢, 印:藏書閣印, 35mmR[Nega], 1207f	韓國學中央研究院 R35N-000024-26, 4-6822舊藏書閣本

(23) 瑤華傳

書名	出版事項	版式狀況	一般事項	所藏處/所藏番號
瑤華傳	編者未詳, 年紀未詳	14卷7冊, 한글筆寫本, 29.5×19cm	卷頭書名:슈상요화전	奎章閣 [奎]11472
요화전 (瑤華傳)	著者未詳, 寫年未詳	22卷22冊, 國文筆寫本, 27.8×19cm, 無郭, 無絲欄, 9行字數不定, 無版心, 紙質:楮紙	表題:瑤華傳, 印:藏書閣印, 35mmR[Nega], 1168f	韓國學中央研究院 4-6835/R35N-000085-87

(24) 紅樓復夢

書名	出版事項	版式狀況	一般事項	所藏處/所藏番號
홍루부몽(紅樓復夢)	著者未詳, 寫年未詳	50卷50冊, 國文筆寫本, 28.1×18.9cm, 無郭, 無絲欄, 9行17字, 無魚尾, 紙質:楮紙	表題:紅樓復夢, 印:藏書閣印, 35mmR[Nega], 3552f	韓國學中央研究院 4-6866/R35N-000010-15, 4-6866, 舊藏書閣本

(25) 白圭志

書名	出版事項	版式狀況	一般事項	所藏處/所藏番號
빅규지 (白圭志)		1冊106張, 國文筆寫本, 每面11~15行	4卷16回, 1~10回 中間까지 飜譯	鮮文大 朴在淵

176 第一部 國內 出版·筆寫 및 飜譯本 中國古典小說 目錄

(26) 雙奇緣全傳(雙鳳奇緣, 쌍주기연)

書 名	出 版 事 項	版 式 狀 況	一 般 事 項	所藏處/所藏番號
쌍주기연	刊寫地未詳, 刊寫者未詳, 刊寫年未詳	1卷1冊(65張), 國文筆寫本, 29×19.2㎝, 無界, 10行不定字		檀國大學校 천안율곡기념도서관고 853.5-쌍899

(27) 補紅樓夢

書 名	出 版 事 項	版 式 狀 況	一 般 事 項	所藏處/所藏番號
보홍루몽(補紅樓夢)	著者未詳, 寫年未詳	24卷24冊, 國文筆寫本, 28.1×19㎝, 無郭, 無絲欄, 10行19字, 無 魚尾, 紙質:楮紙	表題:補紅樓夢, 印:藏書閣印, 35㎜R[Nega], 1207f	韓國學中央研究院 4-6812/R35N-000021-22, 4-6812, 舊藏書閣本

(28) 鏡花緣

書 名	出 版 事 項	版 式 狀 況	一 般 事 項	所藏處/所藏番號
제일기언 (鏡花緣)	洪羲福飜譯	20卷中18卷(殘卷:9, 12), 國文筆寫本, 31×20㎝, 10行20字內外	題目:第一奇諺(1835年)	高麗大 丁奎福

(29) 紅樓夢補

書 名	出 版 事 項	版 式 狀 況	一 般 事 項	所藏處/所藏番號
홍루몽보 (紅樓夢補)	著者未詳, 寫年未詳	24卷24冊, 國文筆寫本, 29×18.8㎝, 無郭, 無絲欄, 9行19字, 無魚尾, 紙質:楮紙	表題:紅樓夢補, 印:藏書閣印, 35㎜R[Nega], 1942f	韓國學中央研究院, 4-6865/R35 N-000022-24, 4-6865, 舊藏書閣本

(30) 綠牡丹全傳(四望亭全傳)

書 名	出 版 事 項	版 式 狀 況	一 般 事 項	所藏處/所藏番號
녹목단 (綠牡丹)	著者未詳, 마이크로필름1개 (484 fr.)	6卷6冊, 國文筆寫本, 23×15.9㎝	마이크로필름, 原本:筆寫本	韓國學 中央研究院 MF R16N 506

(31) 忠烈俠義傳

書 名	出 版 事 項	版 式 狀 況	一 般 事 項	所藏處/所藏番號
충렬협의전(忠烈俠義傳)	作者未詳, 寫年未詳	40卷40冊, 한글筆寫本, 28×18.8㎝, 無郭, 無絲欄, 無版心, 10行18~19字, 紙質:楮紙	表題:忠烈俠義傳, 印:藏書閣印, 35㎜R [Nega], 2020f	韓國學中央研究院 4-6849/R35N-000186-9

(32) 續忠烈俠義傳(忠烈小五義傳)

書名	出版事項	版式狀況	一般事項	所藏處/所藏番號
忠烈小五儀	著者未詳, 年紀未詳	16冊(零本, 第1~2卷(1冊)缺), 한글筆寫本, 28.4×19.6cm		奎章閣[奎]7553
小五義		6卷5冊120回(卷1缺), 石印本		鮮文大 朴在淵
충렬소오의 (忠烈小五義)	著者未詳, 寫年未詳	本編30卷(附編1卷, 合31冊), 한글筆寫本, 28.2×18.6cm, 無郭, 無絲欄, 無版心, 10行字數不定, 紙質:楮紙	印:藏書閣印, 35mmR[Nega], 1703f	韓國學中央研究院 4-6848/R35N-000072-74

(33) 취승누(取勝樓)

書名	出版事項	版式狀況	一般事項	所藏處/所藏番號
취승누	著者未詳, 寫年未詳	30卷30卷, 筆寫本, 31.3×22.1cm, 無郭, 無絲欄, 10行20~21字, 無版心, 紙質:壯紙	印:藏書閣印	韓國學中央研究院 4-6850

(34) 오ᄌ셔젼(伍子胥傳)

書名	出版事項	版式狀況	一般事項	所藏處/所藏番號
오ᄌ셔젼	光武5(1901)	1冊, 國文筆寫本, 31.6×21.6cm	卷末:신축칠월(1901) 회일 박젼즁서하니 앗겨보자	서울대학교 [古]813.56-Oj1

(35) 남계연담(南溪演談)

書名	出版事項	版式狀況	一般事項	所藏處/所藏番號
남계연담 (南溪演談)	著者未詳, 寫年未詳	3卷3冊中2冊存(卷1, 冊缺), 筆寫本, 28×20cm, 無郭, 無絲欄, 9行18字, 紙質:楮紙	表題:南溪演談, 印:觀文閣書畵記, 藏書閣印	韓國學中央研究院 4-6788
南溪聯譚		上下 2冊, 卷1, 卷2 現存, 國文筆寫本		金光順 所藏

(36) 텬슈셕(泉水石)

書名	出版事項	版式狀況	一般事項	所藏處/所藏番號
텬슈셕 (泉水石)	作者未詳, 寫年未詳	9卷9冊, 筆寫本, 32.5×20.7cm, 無郭, 無絲欄, 10行19~21字, 無魚尾, 紙質:楮紙	表題:泉水石, 印:藏書閣印	韓國學中央研究院 4-6854
천수석전	刊寫者未詳, 기미사월필서	不分卷1冊(殘本, 卷之八), 筆寫本, 26.9×23.2cm		國立中央圖書館 BC古朝48-192

(37) 공명선싱실긔(孔明先生實記)

書名	出版事項	版式狀況	一般事項	所藏處/所藏番號
공명선 싱실긔	著者未詳, 朝鮮朝末(1900)頃刊	2卷1册, 木版本, 25.8×18.4cm, 四周單邊, 半郭:18.6×15.5cm, 11行17字, 內向黑魚尾, 紙質:楮紙	內容:中國小說, 備考:卷之上下合本, 首尾若干張落	韓國綜合典籍目錄 (山氣文庫) 李謙魯 4-670

(38) 神州光復志演義*

書名	出版事項	版式狀況	一般事項	所藏處/所藏番號
繡像神州光復志演義	王雪庵(淸)編, 逸盧校, 19世紀寫	1册, 筆寫本, 20.1×13.5cm, 四周雙邊, 半郭:16.4×11cm, 無界, 16行34字, 紙質:和紙		一般動產文化財 고원동(문경) 21-0406
수상신쥬광복지연의	王雪庵著, 枕漱軒校正	30卷30册, 國文筆寫本, 31.3×21.1cm	別名: 神洲光復志	國立中央圖書館 [한]48-216

(39) 張遠兩友相論*

書名	出版事項	版式狀況	一般事項	所藏處/所藏番號
張遠兩友相論	著者 未詳, 發行年度:1898年, 記錄文字:한글, 12回, 47張	21.4×14.7cm, 12行24字	한글本	崇實大 韓國基督敎博物館 0078, 同一本 0129

(40) 引家當道*

書名	出版事項	版式狀況	一般事項	所藏處/所藏番號
引家當道 (인가귀도)	그리휘트 죤 著, 16回, 1894年 刊, 貞東敎會 刊行	79面, 10行18字, 題名:인가귀도	한글本	長老會神學大學校 圖書館 248.46 ㄱ181ㅇ
引家當道	周明卿 著, 16回, 1911年 刊, 徽文館 刊行	78面, 10行17-18字, 鉛活字本	한글本	崇實大 韓國基督敎博物館
인가귀도	John, Griffith 著, Ohlinger, F 譯, 1911年 刊, 예수교서회, 78面	19.5×12.5cm, 13行32字, 題名: 인가귀도	한글本	延世大 中央圖書館 O(CH) 266 J613l

4. 中國古典小說의 翻譯本 目錄

1) 明代以前 小說

(1) 列女傳

書名	出版事項	版式狀況	一般事項	所藏處/ 所藏番號
列女傳	中宗38年癸卯(1543年)	申珽·柳沆飜譯, 柳耳孫寫, 李上佐畵		失傳
렬녀젼	太華書館:렬녀젼, 世界書林:고금녈녀전	太華書館:렬녀젼 (구활자 방각본)	太華書館:렬녀젼 (1918年)	
고녈녀던	1册, 79張, 飜譯筆寫本		原文充實한 飜譯	國立中央圖書館, 57-아-411R35N-002960-2
녈녀전	2册(乾,坤), 飜譯筆寫本	28×21cm,	再編飜譯	國立中央圖書館
열녀전	1册, 67張, 飜譯筆寫本			忠北大學校 李樹鳳 敎授 所藏本

(2) 古押衙傳奇(無雙傳)

書名	出版事項	版式狀況	一般事項	所藏處/所藏番號
고압아(古押衙傳奇, 無雙傳)	總 1册, 23張, 國文筆寫本	8行22~32字	標題:古押衙傳奇 飜譯:16世紀 後半~18世紀 前半 推定	金東旭所藏 羅孫本 筆寫本古小說資料叢書 第1卷

(3) 太平廣記(諺解)

書名	出版事項	版式狀況	一般事項	所藏處/所藏番號
태평광긔(太平廣記)	5卷5册(卷之二 缺本) 零本1册, 筆寫本	27.5×17.5cm	約1566年-1608年	覓南本(金一根)
태평광긔(太平廣記)	卷之二(零本1册) 50張(卷2), 筆寫本	27.5×17.5cm	約17世紀 後半, 木覓本(5卷 5册本)의 缺本	延大中央圖書館 (貴重圖書) [귀]297

書名	出版事項	版式狀況	一般事項	所藏處/所藏番號
태평광긔 (太平廣記)	9卷9冊, 筆寫本, 作者未詳, 寫年未詳	28.8×23.2cm, 無郭, 無絲欄, 13行23字, 註雙行, 無魚尾, 紙質:楮紙	樂善齋本은(18-19世紀), 表題:太平廣記, 印:藏書閣印	韓國學中央研究院 4-6853

(4) 太原志(太原誌)

書名	出版事項	版式狀況	一般事項	所藏處/所藏番號
太原志	零本1冊(卷2), 筆寫本	29.5×21cm		延大中央圖書館 811.36
太原誌	4卷4冊, 筆寫本	29.1×15.6cm, 無郭, 無絲欄, 半葉10行20-25字, 無版心, 紙質:楮紙	表題:太原誌	韓國學中央研究院(藏書閣) K4-6852

(5) 吳越春秋

書名	出版事項	版式狀況	一般事項	所藏處/所藏番號
吳越春秋	1冊(15張), 筆寫本	31.4×16.3cm, 無界, 13行字數不定	表題:吳越春秋	단국대 율곡기념도서관(김동욱) 고853.5-오869

(6) 梅妃傳

書名	出版事項	版式狀況	一般事項	所藏處/所藏番號
미비전 (梅妃傳)	1冊, 筆寫本	29.2×20.5cm, 半葉 13行字數不定	附錄:한성뎨됴비연합덕전, 당고종무후뎐	雅丹文庫813.5-미48

(7) 漢成帝趙飛燕合德傳

書名	出版事項	版式狀況	一般事項	所藏處/所藏番號
漢成帝趙飛燕 合德傳	1冊, 筆寫本, 23張	29.2×20.5cm, 13行字數不定	≪미비전≫의 附錄1	雅丹文庫813.5-미48

(8) 唐高宗武后傳

書名	出版事項	版式狀況	一般事項	所藏處/所藏番號
唐高宗武 后傳	1冊, 筆寫本, 22張	29.2×20.5cm, 13行字數不定	≪미비전≫의 附錄2	雅丹文庫 813.5-미48

2) 明代小說

(1) 紅梅記

書名	出版事項	版式狀況	一般事項	所藏處/所藏番號
홍미긔 (紅梅記)	한글 筆寫本(18世紀末)		樂善齋本 ≪틱평광기≫ 卷4에 실림	韓國學中央研究院 4-6853

(2) 薛仁貴傳

書名	出版事項	版式狀況	一般事項	所藏處/所藏番號
백포소장설인 귀전(白袍小 將薛仁貴傳)	上下2卷1冊, 新式活字本檀紀 4285年(1952)			鮮文大 朴在淵
설인귀전	10冊(缺本, 所藏:第2, 3, 9, 10冊), 筆寫本, 著者未詳, 刊年未詳	24×18.5㎝, 無罫, 11行11字		梨花女子大學校 [고] 811.31 설79A
	5冊, 筆寫本	29.5×28㎝	卷末:서재을묘팔월샹슌 의 필셔하노라	延世大學校 811.36
설인귀전 薛仁貴傳	1冊, 舊活字本, 昭和9年(1934), 世昌書館			鮮文大 朴在淵
설인귀전	2冊, 國文活字本, 朴建會, 京城, 東美書市, 大正4(1915)	22㎝		高麗大學校 3636-96
설인귀전	坊刻本(京本) 2種(朝鮮末期 推定)	未詳	李能雨/柳鐸一 書籍根據	未詳/東洋語學校 (Paris)

(3) 水滸傳

書名	出版事項	版式狀況	一般事項	所藏處/所藏番號
슈호지 (水滸志)	2冊, 新鉛活字本, 崔昌修編修, 京城, 新文館, 1913刊	22×15.2㎝, 四周雙邊, 半郭:17.5×12㎝, 17行35字, 紙質:洋紙	刊記:大正二年(1913) 十二月二十七日發行, 京城, 新文館	成均館大學校 D7B-70
슈호지 (水滸誌)	4卷4冊, 舊活字本, 崔南善, 新文館, 大正2年(1913)			鮮文大 朴在淵
슈호지	1冊, 木版本, 刊地未詳, 刊行者未詳, 刊年未詳	26.8×18.8㎝, 四周單邊, 半郭:21.8×16.5㎝, 無界, 15行23字內外, 上下向2葉花紋魚尾	一般動産文化財 한글本, 漢文書名:水滸誌	西江大學校 고서 슈95

182   第一部   國內 出版·筆寫 및 飜譯本 中國古典小說 目錄

書名	出版事項	版式狀況	一般事項	所藏處/所藏番號
	施耐庵(明)著, 4卷4冊, 新鉛活字本, 京城, 新文館, 1913刊	有圖, 21.7×15.1cm, 紙質:洋紙	刊記:大正二年(1913) 月日京城府新文館發行	忠道溫陽市溫陽 民俗博物館
	施耐庵(元)撰, 4卷4冊, 新活字本, 京城(서울), 新文館, 大正2(1913)	有圖, 22cm	標題紙:계축륙월…서울 신문단발행, 卷頭書名:신교슈호지	檀國大學校 죽전퇴계기념도 서관(고823.5-시4 58ㅅ)
	羅貫中(明)著, 劉載洗編, 3卷3冊(卷1-3), 木版本, 清州, 惟一印刷社, 大正15(1926)	26.5×19.2cm, 四周單邊, 半郭:21.8×16.6cm, 無界, 15行23字, 上下向2葉花紋魚尾		檀國大學校 천안율곡기념도 서관(고873.5-나1 282ㅅ)
	1冊(落帙), 全體 81張, 飜譯筆寫本	每面16回 25-28字 內外, 9回(36-44回)	병오등츈회억야의 추필 종서(1846推定)	단국대학교 천안율곡도서관 (김동욱소장본)
신교슈호지	施耐庵(明)著, 1冊(缺本), 京城, 新文館(1913)	有圖, 22×15.3cm	表紙書名:신교슈호지	韓國學中央 研究院 D7B-49
	施耐庵(明)撰, 崔昌善編, 4卷4冊, 新式印刷本, 京城, 新文館, 1913	有圖(圖像4面), 21.7×15.1cm	卷頭:슈호지설명, 목록, 설자(楔子), 各卷頭 目錄, 各卷末 書籍廣告, 標題紙:신교슈호지 계축(1913)륙월 서울신문단발행	嶺南大學校 陶南文庫 [古도]823. 5 시내암○
	施耐庵(明)原著 崔昌善 編譯, 4卷4冊(卷1-4), 新鉛活字本, 京城, 新文館, 大正2(1913)	有圖, 15.2×21.7cm, 四周雙邊, 全郭:17.5×11.7cm, 無界, 17行35字內外	原標題:水滸誌, 刊記:大正二年(1913) 發行	漢陽大學校 812.35-시218ㅅK ㅊㄴ-v.1 -v.4
츙의슈호지	施耐庵(明)撰, 崔昌善 編, 6卷6冊(前集3卷, 後集3卷), 新式印刷本, 京城, 朝鮮圖書, 1929	21×14.7cm	各 卷頭 목녹, 後表紙:博文書館圖書目 錄, 한글본	嶺南大學校 陶南文庫 [古도]823.5 내암○ㄱ
츙의슈호 전	施耐庵(明)撰, 1冊(零本, 卷21), 筆寫本	28.9×20cm	한글본	嶺南大學校 陶南文庫 [古도]823.5시내 암ㅍ
튱의슈호 던	著者未詳, 寫者未詳, 寫年未詳, 1冊(37張), 筆寫本	28.7×19.9cm	한글본	서울대학교 일석고 895.13 C4725 v.8
튱의슈호 지	3冊(零本), 筆寫本	全 23冊中 3冊 (卷2, 3, 10 現存)	19世紀末 筆寫(推定)	朴在淵

書名	出版事項	版式狀況	一般事項	所藏處/所藏番號
슈허지·슈호지	著者未詳, 寫者未詳, 寫年未詳, 8冊(落帙), 筆寫本		한글본	朴順鎬
슈허지	著者未詳, 寫者未詳, 寫年未詳, 15卷15冊(落帙), 筆寫本		한글본	梨花女大
후슈호전 (後水滸誌)	12卷12冊, 筆寫本, 作者未詳, 寫年未詳	28.1×20cm, 無郭, 無絲欄, 10行23字, 無版心, 紙質:楮紙	表題:後水滸誌, 表紙에 彩色畵가 있음, 印:藏書閣印	韓國學中央研究院 R35N-001137-8, 4-6876舊藏書閣本
수호지	3冊(殘本), 安城坊刻本	未詳	李能雨/柳鐸一 著書根據	未詳
수호지	2冊(京本), 朝鮮末期 推定	未詳	李能雨/柳鐸一 著書根據	未詳/東洋語學校 (Paris)
슈호지 (水滸志)	2冊, 新鉛活字本, 崔昌修編修, 京城, 新文館, 1913刊	22×15.2cm, 四周雙邊, 半郭:17.5×12cm, 17行35字, 紙質:洋紙	刊記:大正二年(1913) 十二月二十七日發行, 京城, 新文館	成均館大學校 D7B-70

(4) 三國志演義

書名	出版事項	版式狀況	一般事項	所藏處/所藏番號
삼국지	3冊(京本, 紅樹洞坊刻本, 1859年)	未詳	李能雨/柳鐸一 論著根據	未詳/東洋語學校 (Paris)
三國諺誌 삼국디	2冊(卷7, 8, 落帙) 筆寫本		初譯:英正朝 推定, 後譯:1859年	鮮文大 朴在淵
제일기서삼국지	1冊(缺帙, 卷4), 22cm, 著者未詳, 京城, 博文書館, 大正6(1917)		内容:册4, 後集(4卷)	慶熙大學校 812.3-삼16
제일긔셔숨국지第一奇書三國誌	8冊(前集4冊, 後集4冊), 舊活字本, 博文書館, 大正6(1917)年			鮮文大 朴在淵
(뎨일긔서)삼국지第一奇書三國志	1卷1冊(零本, 所藏本:前集, 卷1), 新活字本, 編者未詳, 刊行者未詳, 1920頃刊	21.8×14.8cm, 四周雙邊, 全郭:17.3×11.3cm, 無界, 16行23字, 註雙行, 頭註, 紙質:洋紙	序:順治甲申(1644)嘉平朔日金人瑞聖嘆(淸)氏題	東國大學校 D819.34 삼17ㅅㄱ

書名	出版事項	版式狀況	一般事項	所藏處/所藏番號
	羅貫中(明)著, 1冊(前集2卷), 新鉛活字本, 刊地未詳, 刊者未詳, 19--	22×15cm		檀國大學校 죽전퇴계기념 도서관 고823.5-나128ㅅ
삼국지 (三國誌)	金聖歎(淸)原評, 2卷1冊(零本), 木版本 刊寫地未詳, 刊寫者未詳, 刊寫年未詳	27.5×19cm, 四周單邊, 半郭:20.7×15.6cm, 無界, 13行字數不定, 註雙行, 上下內向黑魚尾		檀國大學校 천안율곡기념도서관 , 古873.5- 나1282사
	19卷19冊(完帙), 筆寫本		朝鮮末飜譯轉寫 (大字本 毛宗崗本飜譯)	鮮文大 朴在淵
삼국지 (三國志)	羅貫中作, 30卷30冊, 宮體筆寫本, 年紀未詳	37.8×22.4cm		奎章閣 [古]3350-95
	羅貫中(明)著, 不分卷, 2冊(1~2卷), 木版本, 年紀未詳	23.5×19.2cm, 四周單邊, 半郭:20.7×17.4cm, 無界, 14行24字, 上二葉花紋魚尾		國立中央圖書館 [한]48-33-2
	羅貫中(明)著, 3卷3冊, 木版本, 京城, 白斗鏞家, 1920	25.8×20.2cm, 四周單邊, 半郭:21.5×17.7cm, 無界, 14行25字, 上二葉花紋魚尾		國立中央圖書館 [한]-48-33
	1冊, 木版本, 發行地不明, 發行處不明, 發行年不明	27×18.5cm, 四周單邊, 半郭:21×15cm, 無界, 13行21字, 下向黑魚尾, 紙質:楮紙	備考:前後毀損(缺張)	忠南大學校 학산고서 集· 小說類1964
	羅貫中(明)著, 不分卷1冊(缺本:卷3), 木版本, 譯者未詳, 年紀未詳	24×18cm, 四周單邊, 半郭:20.3×16cm, 無界, 16行29字, 內向黑魚尾	表紙書名:諺三國誌	國立中央圖書館 [한]48-33-3
	1冊, 筆寫本, 羅貫中(明)著, 年紀未詳	30.5×19.8cm		國立中央圖書館 [의산고]3736-10
삼국지	三卷(全3卷3冊中의 零本), 木版本, 24張, 님진완산신간	27cm, 四周單邊, 18.3×15.5cm, 15行25字, 上下內向黑魚尾		延世大學校 811.93/28
	羅貫中(明)著, 4卷1冊, 木版本, 梁珍泰 編, 全州, 多佳書鋪, 1916	26.4×18.7cm, 四周單邊, 半郭:21.7×15.9cm, 無界, 13行字數不定, 上下內向黑魚尾	한글本	嶺南大學校 陶南文庫 [古도] 823.5나관중ㄱ

書名	出版事項	版式狀況	一般事項	所藏處/所藏番號
	2冊, 木版本	31×21㎝		嶺南大學校 823.5
	14冊(完帙), 筆寫本		朝鮮末 飜譯轉寫 (毛宗崗本 飜譯)	鮮文大 朴在淵
	不分卷1冊(85張), 木版本, 著者未詳, 1908刊	27.1×18.9㎝, 四周單邊, 半郭:21.7×16.7㎝, 13行22字, 內向黑魚尾, 紙質:楮紙	表題:三國誌, 版心題:삼국지, 刊記:戊申(1908) 冬完山梁冊房新刊	韓國綜合典籍目錄 (尙熊文庫) 4-156
	1卷1冊(卷3), 木版本, 譯者未詳, 1912頃刊	27.5×19.5㎝, 四周單邊, 半郭:19.7×15.5㎝, 15行字數不定, 上二葉花紋魚尾, 紙質:楮紙	表題:三國誌, 表紙上墨書識記:癸亥 (1912)元月日	韓國綜合典籍目錄 (元堂文庫) 郭英大
	2卷1冊(卷3, 4), 木版本, 著者未詳, 全州, 多佳書舖, 1916刊	26.4×18.8㎝, 四周單邊, 半郭:20.6×15.4㎝, 13行字數不定, 內向黑魚尾, 紙質:楮紙	所藏印:陶南書室, 刊記:大正五年(1916) 十月八日發行	韓國綜合典籍目錄 (陶南文庫) 趙潤濟
	3卷3冊, 木版本, 白斗鏞 編, 翰南書林, 1918刊	30.7×21.5㎝, 四周單邊, 半郭:21.5×17.9㎝, 15行28字, 上2葉花紋魚尾, 紙質:楮紙	刊記:己未(1918) 孟夏□□洞新刊	韓國綜合典籍目錄 (山氣文庫) 李謙魯 4-687
	3卷3冊, 木版本, 白斗鏞 編, 京城翰南書林, 1919刊	30.5×21.5㎝, 四周單邊, 半郭:21.3×17.7㎝, 15行字數不定, 上2葉花紋魚尾, 紙質:楮紙	版心題:삼, 刊記:己未(1919) 孟夏□□洞新刊	韓國綜合典籍目錄 (山氣文庫) 李謙魯 4-688
	2卷1冊(卷3~4), 木版本, 著者未詳, 1920頃刊	26×18.2㎝, 四周單邊, 半郭:21.4×16.5㎝, 12行24字, 內向黑魚尾, 紙質:楮紙	版心題:삼국지, 內容:삼국지三, 마초동관듸젼하야픽됴 ᄒᆞ다. 삼국지四, 유현덕이취셔쵹하다.	韓國綜合典籍目錄 (山氣文庫) 李謙魯 4-690
	卷3, 1冊(卷3), 木版本,著者未詳, 姜夏馨, 1923刊	25.5×19㎝, 四周單邊, 半郭:20.7×16.4㎝, 15行字數不定, 上2葉花紋魚尾, 紙質:楮紙	刊記:大正十二(1923)年 十一月十日發行, 備考:美洞新版	韓國綜合典籍目錄 (山氣文庫) 李謙魯 4-691
	3卷3冊, 木版本, 著者未詳, 1919刊	31×21.3㎝, 四周單邊, 半郭:22×18.3㎝, 14行, 上2葉花紋魚尾, 紙質:楮紙	版心題:삼, 刊記:己未(1919) 孟夏□□洞新刊	韓國綜合典籍目錄 (山氣文庫) 李謙魯 4-689
	羅貫中著, 1冊(86張), 한글木版本, 卓鐘佶編, 全州, 西溪書舖, 1911	26.6×18.7㎝, 四周單邊, 半郭:21.3×15.5㎝, 無界, 13行22-23字內外, 內向黑魚尾, 紙質:楮紙	表題:三國志, 刊記:明治四十四年 (1911)八月二十二日發 行, 全州 西溪書舖	全南大學校 3Q-삼17ㄴㅌ
	2卷1冊(卷3~4), 木版本, (朝鮮朝後期)刊	25.6×17.5㎝, 四周單邊, 半郭:20.6×15.4㎝, 無界, 13行22字, 註單行, 內向黑魚尾, 紙質:楮紙	表題:三國傳, 版心題:三國志	忠南大學校 集50

書名	出版事項	版式狀況	一般事項	所藏處/所藏番號
	2卷1冊(卷3~4), 木版本, 著者未詳, 朝鮮朝末頃(1852)刊	26×18.5㎝, 四周單邊, 半郭:21×16㎝, 13行不定字, 內向黑魚尾, 紙質:楮紙	版心題:삼국지, 表紙墨書識記:壬子(1852)十一月日	韓國綜合典籍目錄(山氣文庫) 李謙魯 4-685
	1冊, 筆寫本, 發行地不明, 發行處不明, 發行年不明	29×20.2㎝, 無界, 13行字字數不定, 紙質:楮紙		忠南大學校 학산고서 集·小說類1965
	羅貫中(明)著, 6卷6冊(卷6~11), 筆寫本, 刊寫地未詳, 刊寫者未詳, 刊寫年未詳	25.2×29㎝, 無界, 20行20字		檀國大學校천안율곡기념도서관(羅孫文庫)古873.5-나1281아
	羅貫中(明)著, 2卷1冊, 木活字本, 刊寫地未詳, 刊寫者未詳, 刊寫年未詳	25×17㎝, 四周單邊, 半郭:20.8×16.2㎝, 無界, 13行22字, 上下內向黑魚尾		檀國大學校 천안율곡기념도서관 古873.5-나1282서
	3冊(零本, 卷8, 10, 11), 筆寫本, 編著者未詳, 年紀未詳	24.6×21.5㎝, 四周無邊, 無界, 12行22字		啓明大學校 [고]812.35-삼국지
	羅貫中(明)著, 零本1冊(所藏:卷3), 筆寫本, 刊寫事項不明	31×21㎝, 無界, 行字不定, 無魚尾		慶北大學校 [古]812.3 16入(23)
	羅貫中(明)著, 零本1冊(所藏:卷3), 筆寫本, 刊寫事項不明	28.4×19.7㎝, 無界, 行字不定, 無魚尾		慶北大學校 [古]812.3 6入(24)
	羅貫中(明)著, 刊寫事項不明	零本2冊(所藏:卷3-4), 木版本, 28.2×19.8㎝, 四周單邊, 半郭:21.2×15.3㎝, 無界, 行字不定, 上下向黑魚尾	版心題:삼국지	慶北大學校 [古]812.3 6入(25)
	羅貫中(明)著, 6卷6冊(卷1~5, 12), 筆寫本, 刊寫地, 刊寫者, 刊寫年未詳	24.8×24㎝, 無界, 14行18字		檀國大學校천안율곡기념도서관(羅孫文庫)古873.5-나1281사
	羅貫中(明)著, 1冊(卷3), 筆寫本, 刊寫地未詳, 刊寫者未詳, 辛亥(?)	28.4×19.2㎝, 四周單邊, 半郭:24.8×16.8㎝, 無界, 10行字數不定	寫記:庚戌十二月十七日始-辛亥正月十六日終 册主李	檀國大學校천안율곡기념도서관(羅孫文庫)古873.5-나1281서

4. 中國古典小說의 飜譯本 目錄   187

書名	出版事項	版式狀況	一般事項	所藏處/所藏番號
	羅貫中(明)著, 2卷1冊, 木版本, 全州, (西溪)書舖, 1911	25.5×16cm, 四周單邊, 半郭:20.4×15.9cm, 有界, 13行22字, 註雙行, 上下內向黑魚尾		檀國大學校 천안율곡기념도서관 (羅孫文庫) 古873.5-나128ㅅ
	羅貫中(明)著, 2卷2冊(卷1~2), 筆寫本, 刊寫地未詳, 刊寫者未詳, 刊寫年未詳	26.7×19.4cm, 無界, 12行24字		檀國大學校 천안율곡기념도서관 (羅孫文庫) 古873.5-나1281시
	羅貫中(明)著, 卓鐘佶編, 1冊(29張) 零本, 筆寫本, 公州:○溪書舖, 明治(1911)	25.5×18.2cm, 四周單邊, 半郭:20.5×6.9cm, 有界, 15行字數不定, 上下內向黑魚尾		檀國大學校 천안율곡기념도서관 고873.5-나428ㅅ
	羅貫中(明)著, 3卷3冊(上, 中, 下), 木版本, 京城(서울), 翰南書林, 大正6(1917)	25.6×20.4cm, 四周單邊, 半郭:21.6×18.5cm, 無界, 14行25字, 上下向二葉花紋魚尾	卷下末:己未孟夏紅樹洞 新刊	檀國大學校 천안율곡기념도서관 (羅孫文庫) 古873.5-나128서
	羅貫中(明)著, 1卷1冊(零本), 筆寫本, 刊寫地未詳, 刊寫者未詳, 大正3(1914)	26.5×19.5cm, 無界, 11行字數不定	딕정삼연갑인동지월이 十七日	檀國大學校 천안율곡기념도서관 古873.5-나1282쇼
	羅貫中(明)著, 1卷1冊(零本), 木版本, 安城, 刊寫者未詳, 刊寫年未詳	23×19cm, 四周單邊, 半郭:20.3×16.2cm, 無界, 15行28字, 上下向二葉花紋魚尾	表題:諺三國誌, 刊記:안성동문이신판	檀國大學校 천안율곡기념도서관 古873.5-나1282수
	金聖歎(淸)原評, 1卷1冊(零本), 筆寫本	28×16.5cm, 無界, 12行字數不定		檀國大學校 천안율곡기념도서관 古873.5-나1282스
	金聖歎(請)原評, 1卷1冊(零本), 木版本, 刊寫地未詳, 刊寫者未詳, 刊寫年未詳	25.5×18.5cm, 四周單邊, 半郭:19.9×16.5cm, 無界, 15行字數不定, 註雙行, 上下內向黑魚尾		檀國大學校 천안율곡기념도서관 古873.5-나1282시
	三卷		1894年에 收錄	延世大學校

書名	出版事項	版式狀況	一般事項	所藏處/所藏番號
	2卷1册(卷3~4), 木版本, 朝鮮朝後期刊	25.6×17.5㎝, 四周單邊, 半郭:20.6×15.4㎝, 無界, 13行22字, 註單行, 內向黑魚尾, 紙質:楮紙	表題:三國傳, 版心題:三國志	忠南大學校附屬圖書館
	羅貫中(明)撰, 2卷1册(卷3~4), 木版本, 朝鮮朝後期刊	26.8×18.3㎝, 四周單邊, 半郭:20.5×15.2㎝, 無界, 13行22字, 內向黑魚尾, 紙質:楮紙		忠南 溫陽民俗博物館
	3卷3册, 木版本, 京城翰南書林, 1919年刊	半郭:22×18㎝, 15行26字, 上2葉魚尾	刊記:己未(1919)孟夏 (由)洞新刊	雅丹文庫 813.5-삼16
	2卷1册(卷3~4同書2册), 木版本,	半郭:20.8×15.4㎝, 13行22字, 內向黑魚尾		雅丹文庫 813.5-삼16
	1卷1册(卷3), 木版本	半郭:19×16.2㎝, 15行字數不定, 內向黑魚尾	卷尾:닙신완산신판이라	雅丹文庫 813.5-삼16
	2卷1册(卷3~4), 木版本	半郭:20.5×15.8㎝, 13行22字, 內向黑魚尾		雅丹文庫 813.5-삼16
	1卷1册(缺帙), 木版本, 京城, 太華書館(1922), 美洞新板	25.5×18.9㎝, 四周單邊, 半郭:19.3×15.8㎝, 無界, 15行23字內外, 上下向2葉花紋魚尾	表題:原本三國志, 舊刊記:美洞新板	西江大學校 고서 삼17 v.3
	羅貫中(明)著, 1册, 한글筆寫本, 刊寫地未詳, 刊寫者未詳, 刊寫年未詳	24.5×22㎝	한글本	淑明女大
	羅貫中(明)著, 1册, 木版本, 刊寫地未詳, 刊寫者未詳, 刊寫年未詳	26.5×19㎝, 四周單邊, 半郭:21.5×17㎝, 有界, 白口, 上下內向黑魚尾	한글本	淑明女大
	羅貫中(明)著, 零本2册, 한글筆寫本, 年記未詳	31.8×21.2㎝, 四周單邊, 半郭:27.6×16.9㎝, 有界, 12行字數不定, 上下白口, 無魚尾	表紙書名:三國志, 한글飜案版임	高麗大學校 (薪菴文庫) C15-A103A
	1册(缺本), 國文木版本,	26.2×18.7㎝, 四周單邊, 上下黑魚尾	16㎜R[Nega], 88f	韓國學中央研究院 R16N-001133-17
	1册(3卷), 國文木版本, 京城, 太華書館, 大正12(1923)	25.9×18.5㎝, 四周單邊, 上二葉花紋魚尾	刊記:大正十二年 (1923) 十一月十日發行	韓國學中央研究院 R16N-001133-20
	1册(3卷), 國文木版本, 京城, 太華書館, 大正12(1923)	25.8×18.8㎝, 四周單邊, 上二葉花紋魚尾	刊記:大正十二年 (1923) 十一月十日發行	韓國學中央研究院 R16N-001133-18

4. 中國古典小說의 飜譯本 目錄 189

書名	出版事項	版式狀況	一般事項	所藏處/所藏番號
	金聖歎(淸)原評, 全1冊(缺本), 木版本, 京城, 太華書館, 大正十二年(1923) 十一月十日發行	25.8×18.8cm, 四周單邊, 半郭:21×15.2cm, 行字數不定, 上二葉花紋魚尾	刊記:大正十二年(1923) 十一月十日發行	韓國學中央硏究院 D7B-15B
국역 삼국지 (三國誌)	1冊(36張), 木版本	半郭:21×15cm, 有界, 13行27字, 內向黑魚尾		雅丹文庫 813.5-국64
슈뎡삼 국지	羅貫中撰, 盧益亨 編, 1冊(零本, 卷2), 新式活字本(딱지본), 京城, 博文書館, 1928	19.8×13.6cm		嶺南大學校 [古南]823.5 관중ㅅ
슈정삼 국지	5卷, 博文書館, 1904年	未詳	柳鐸一/李能雨 著書 根據	未詳
슈정삼 국지	2卷2冊(卷3, 5), 新活字本	半郭:20.5×13.5cm, 17行35字		雅丹文庫 813.5-슈74
슈령삼 국지	1卷1冊, 新鉛活字本 刊地, 刊者, 刊年未詳			京畿大學校 경기-k122934
언문삼 국지	1卷1冊(卷3), 新活字本, 永昌書館, 1928年刊	半郭:20.6×13.8cm, 19行37字		雅丹文庫 813.5-언36
언삼국 지라	上下1冊, 木版本, 梁珍泰 編, 全州, 多佳書鋪, 1916, 卷上, 언삼국지라 (47張), 卷下, 공명선생실긔 (18張), 한글本	25.7×18.5cm, 四周單邊, 半郭:19×15.2cm, 無界, 11行17字, 上下內向黑魚尾	卷頭:ㄱㄴㄷㄹㅁㅂㅅ ㅇ-언삼국지목녹이라, 版心題:언三	嶺南大學校 陶南文庫 [古도]813.5 언삼국
언삼국 지	2卷1冊, 木版本, 梁承坤編, 全北完州, 梁册房, 1937	25.2×18.5cm, 四周單邊, 半郭:18.4×15.3cm, 無界, 11行17字, 內向黑魚尾		啓明大學校 [고]812.35-양승곤ㅇ
	上下, 2卷1冊, 木版本, 著者未詳, 全州多佳書鋪, 刊記:大正五年(1916) 十月八日發行, 卷上:언삼국지. 卷下:공명션싱실긔	25.6×18.6cm, 四周單邊, 半郭:18.3×15cm, 11行17字, 內向黑魚尾, 紙質:楮紙	表題:諺三國誌, 版心題:언三, 所藏印:陶南	韓國綜合典籍目錄 (陶南文庫) 趙潤濟

書名	出版事項	版式狀況	一般事項	所藏處/所藏番號
삼국디초요	羅貫中(明)作, 18卷18冊, 宮體筆寫本:漢字幷書, 年紀未詳	27.7×16.4cm	表紙書名:正本三國誌	奎章閣 [古]3350-76
삼국지요션	羅貫中著, 1冊(65張), 筆寫本, 隆熙1(1907)	29.8×22.9cm	表紙書名:三國傳, 筆寫記:丁未(1907) 七月卄三日終	韓國學中央研究院 D7B-197
삼국지요션	羅貫中, 1冊(缺本), 國文筆寫本, 丁未	29.8×22.9cm	別名:三國傳, 筆寫記:丁未七月卄三日終	韓國學中央研究院 R16N-001133-21
삼국지쵸션(三國志抄選)	1冊(62張), 筆寫本	31×20.5cm		延世大學校 812.36
삼국지 3, 4	1冊, 木版本	26cm, 四周單邊, 20.8×15.2cm, 13行23字, 上下內向黑魚尾		延世大學校 811.932/9
삼국디	羅貫中(明)著, 李氏書(朝鮮), 17卷17冊, 筆寫本, 1871	33.5×20cm	後識:신미(1871) 광쥬니씨(廣州李氏)	國立中央圖書館 [한]48-148
숨국지	羅貫中(明)著, 1卷1冊(零本), 筆寫本, 己酉(?)	29.5×20cm, 無界, 行字數不定	寫記:긔유 월일 …등셔	檀國大學校/古 873.5-나1282셔
삼국지통쇽연의(三國志通俗演義)	羅貫中(明)著, 27卷27冊, 宮體筆寫本, 年紀未詳	有圖, 28×19.5cm		奎章閣 [古]3478-5
삼국지연의	1冊, 筆寫本(近代)	26.6×16cm, 紙質:楮紙		韓國寺刹文化財 金海 銀河寺수장고613
삼국지통쇽연의	譯者(朝鮮)未詳, 39卷39冊, 筆寫本, 寫年未詳	25.4×17.4cm, 無郭, 無絲欄, 9行20字, 註雙行, 無魚尾, 紙質:楮紙	表題:三國誌, 印:藏書閣印	韓國學中央研究院 4-6815
삼국지통쇽연의	羅貫中(明)原著, 24卷24冊, 筆寫本, 刊寫地未詳, 刊寫者未詳, 刊寫年未詳	30×22.6cm, 無界, 12行22字內外, 無魚尾	일반동산문화재, 表題:三國志, 異書名:三國志演義, 寫記:셩품이셔?山鴬	西江大學校 고서 삼175
별삼국지	羅貫中著, 1冊(37張), 筆寫本, 禮山郡, 刊寫者未詳, 隆熙4(1910)	28.7×17cm, 無界, 行字數不定	寫記:庚戌年십니월初九 닐시필니라, 충청남도 예산군 봉산면사셩니 이범익기필젹니라, 印記:「德山郡內面海宗里章」	檀國大學校 천안율곡기념도서관 (羅孫文庫) 古873.5-나1285ㅅ

4. 中國古典小說의 飜譯本 目錄

書名	出版事項	版式狀況	一般事項	所藏處/所藏番號
삼국풍진산양대전	1册(30張, 落張), 筆寫本, 著者未詳, 刊寫地未詳, 刊寫者未詳, 刊寫年未詳	27×18cm, 無界, 14行字數不定	一名:산양대전	檀國大學校 천안율곡기념도서관 고873.5-삼338
華容道	不分卷1册, 漢文筆寫本,	28×17.7cm		國立中央圖書館 [한]48-209
	1册(94張), 筆寫本, 著者未詳, 刊寫地未詳, 刊寫者未詳, 大正4年(1915)	24.3×23cm, 無界, 13行20字		檀國大學校 천안율곡기념도서관 (羅孫文庫) 古853.5-화7684
	1册(78張), 筆寫本, 著者未詳, 刊寫地未詳, 刊寫者未詳, 大正11年(1922)	30.2×20cm, 無界, 10行字數不定		檀國大學校 천안율곡기념도서관 (羅孫文庫) 古853.5-화7685
	2卷1册, 木版本, 著者未詳, 刊記:戊申八月完山梁册房開刊	28×19cm, 四周單邊, 半郭:21.5×16cm, 無界, 13行23字, 上下內向黑魚尾	異題:당양잠판교적벽대전, 版心題:화룡도, 奇計妙法可見○放赤壁戰	檀國大學校 천안율곡기념도서관 /고853.5-화768그
	2卷1册, 木版本, 著者未詳, 龜洞, 刊寫者未詳, 丁未(1907)	25.7×18cm, 四周單邊, 半郭:21×15.5cm, 有界, 11行20字, 註雙行, 上下向黑魚尾	華容道傳	檀國大學校 천안율곡기념도서관 古853.5-화768구
	1册(84張), 木版本	四周單邊, 匡郭:21×16.5cm, 有界, 12行23字, 上下黑魚尾		延世大學校 811.36
	1册, 國文木版本, 龜洞	23.4×18.4cm, 四周單邊, 上下黑魚尾	16mmR[Nega], 85f	韓國學中央研究院 R16N-001151-6
	1册, 木版本, 刊寫地未詳, 刊寫者未詳, 刊寫年未詳	28×19cm, 四周單邊, 半郭:20.7×15.5cm, 無界, 13行22字, 上下內向黑魚尾		京畿大學校 경기-k103664
	2卷1册(卷1~2), 筆寫本, 刊寫地未詳, 刊寫者未詳, 刊寫年未詳	27.9×19.5cm, 無界, 12行字數不定, 無魚尾		京畿大學校 경기-k112109
三國誌華容道	陳壽(晋)撰, 2卷1册, 筆寫本, 朝鮮朝後期寫	30×20.6cm, 12行字數不定	內容:國文筆寫本	아단문고 813.5-삼16

192   第一部   國內 出版·筆寫 및 飜譯本 中國古典小說 目錄

書名	出版事項	版式狀況	一般事項	所藏處/所藏番號
華龍道傳	1冊(32張), 筆寫本, 著者未詳, 刊寫地未詳, 刊寫者未詳, 刊寫年未詳	31×19.5cm, 無界, 10行字數不定		檀國大學校 천안율곡기념도서관 (羅孫文庫) 古853.5-화7687
華龍道	1冊, 筆寫本, 1909年 推定	25.5×21.8cm, 墨書, 紙質:楮紙	刊記:大韓隆熙三年乙酉 陰二月初四 日卒篇下三正旱	韓國寺刹文化財 김해 銀河寺, 수장고 451
화용도 (華容道)	2卷2冊, 木版本, 著者未詳, 隆熙1年(1907)刊, 龜洞	28×20.5cm, 四周單邊, 半郭:21.5×16cm, 有界, 11行20字, 內向黑魚尾, 紙質:楮紙	刊記:丁未(1907)孟夏龜洞新刊	成均館大學校 D7B-69
	1卷1冊, 筆寫本, 著者未詳, 光武5年(1901)書	29.5×21cm, 10行字數不定, 紙質:楮紙	寫記:신축(1901) 양월망일필서…풍정, 丙戌年七月二十四日兪奇濬書	成均館大學校 D7B-69a
	2卷1冊, 木版本, 發行地不明, 發行處不明, 戊申(1908?)	27×18.5cm, 四周單邊, 半郭:21.5×15cm, 無界, 12行23字, 紙質:楮紙	刊記:戊申(?)春完西溪新刊	忠南大學校 학산고서 集.小說類2018
		1冊, 坊刻本	舊活字本小說	朴在淵
화룡도	2卷1冊, 木版本, 編者未詳, 全州, 梁珍泰家, 1716	26.2×18.9cm, 四周單邊, 半郭:21.5×15.7cm, 無界, 14行22字, 內向黑魚尾	表紙書名:華容道	國立中央圖書館 [한]48-30
	2卷1冊, 木版本, 著者未詳, 全州龜洞, 丁未年	25.8×18.5cm, 四周單邊, 半郭:21.3×15.8cm, 無界, 11行21字, 內向黑魚尾		啓明大學校 이811.35
	上下1冊, 木版本, 全州, 多佳書舖, 1916刊, 丁未孟秋龜洞新刊	26.2×18.5cm, 四周單邊, 半郭:21.5×15.8cm, 無界, 11行字數不定, 註雙行, 上下內向黑魚尾, 一部分上下內向二瓣下黑魚尾	卷頭:華龍圖目錄, 印出記(卷末):丁未孟秋龜洞新刊	嶺南大學校 陶南文庫 [古도]823.5 화용도
	上下, 2卷1冊, 木版本, 著者未詳, 全州, 多佳書舖, 1916刊	26×18.5cm, 四周單邊, 半郭:21×18.5cm, 行字數不定, 內向黑魚尾, 紙質:楮紙	卷末書名:華容道, 版心題:화룡도, 所藏印:陶南書室, 刊記:丁未孟秋, 龜洞新刊, 大正五年(1916)十月八日發行	韓國綜合典籍目錄 (陶南文庫) 趙潤濟
	2卷1冊, 木版本, 著者未詳, 1907刊	26×18.7cm, 四周單邊, 半郭:21.2×15.6cm, 行字數不定, 內向1, 2葉花紋魚尾, 紙質:楮紙	表題:三國誌演義, 版心題:화룡도, 刊記:丁未(1907) 孟秋 龜洞新刊	韓國綜合典籍目錄 (山氣文庫) 李謙魯 4-736

4. 中國古典小說의 飜譯本 目錄 193

書名	出版事項	版式狀況	一般事項	所藏處/所藏番號
	上下, 2卷1冊(83張), 木版本, 著者未詳, 朝鮮朝後期刊	27×18.6cm, 四周單邊, 半郭:21.7×16.3cm, 上黑魚尾, 紙質:楮紙	表題:華容道, 版心題:화룡도, 內容:中國小說	韓國綜合典籍目錄 (尙熊文庫) 4-188
	2卷1冊(卷1~2), 木版本, 著者未詳, 朝鮮朝末期刊	25.7×18.7cm, 四周單邊, 半郭:20.3×15.7cm, 有界, 12行字數不定, 內向黑魚尾, 紙質:楮紙	表題:華容道	韓國綜合典籍目錄 (誠庵文庫) 趙炳舜 4-1400
	2卷1冊, 木版本, 著者未詳, 朝鮮朝末(1900頃)刊	26.4×18.6cm, 四周單邊, 半郭:26×16.2cm, 12行22字, 內向黑魚尾, 紙質:楮紙	內容:中國小說, 備考:後部若干張落	韓國綜合典籍目錄 (山氣文庫) 李謙魯 4-737
	上下, 2卷1冊, 石印本, 著者未詳, 西溪, (1900年代)刊	26.7×18.7cm, 四周單邊, 半郭:21.8×15.5cm, 12行20~24字, 內向黑或1, 2葉花紋魚尾, 紙質:楮紙	表題:華容道, 刊記:仲春完西溪新刊	韓國綜合典籍目錄 (誠庵文庫) 趙炳舜 4-1401
	2卷1冊, 木版本, 著者未詳, 朝鮮朝末(1900)頃刊	26.7×19.2cm, 四周單邊, 半郭:21.5×16.4cm, 11行20字, 內向黑1葉花紋魚尾, 紙質:楮紙	內容:中國小說, 備考:初張, 尾2張落, 合綴:華容道卷上下合本, 國文小說異版	韓國綜合典籍目錄 (山氣文庫) 李謙魯 4-739
	1冊(29張), 筆寫本, 著者未詳, 光武8年(1904)寫	22×20.5cm, 13行字數不定, 紙質:楮紙	寫記:光武八年甲辰(1904)三月初八日	韓國綜合典籍目錄 (誠庵文庫) 趙炳舜 4-1402
	2卷1冊, 木版本, 著者未詳, 卓鍾佶, 1911刊	27×19cm, 四周單邊, 半郭:21.4×15.5cm, 11行字數不定, 內向黑魚尾, 紙質:楮紙	版心題:화룡도, 刊記:春完西溪新刊, 明治四十四年(1911) 八月二十二日發行	韓國綜合典籍目錄 (山氣文庫) 李謙魯 4-738
	2卷1冊, 木版本, 著者未詳, 刊寫地未詳, 刊寫者未詳, 刊寫年未詳	25.8×18cm, 四周單邊, 半郭:21.3×15.2cm, 無界, 12行22字, 上下內向黑魚尾		檀國大學校천안율곡기념도서관 (羅孫文庫) 古853.5-화768
	1冊, 木版本, 刊寫事項不明	26.3×18cm, 四周單邊, 半郭:21.6×15.5cm, 無界, 12行23字, 上下內向黑魚尾	版心題:화룡도	慶北大學校[古] 811.31 화236
	2卷1冊, 木版本, 著者未詳, 刊寫地未詳, 刊寫者未詳, 刊寫年未詳	25.8×18.5cm, 四周單邊, 半郭:22×16.2cm, 無界, 12行22字, 上下內向黑魚尾		檀國大學校천안율곡기념도서관 古853.5-화768ㄱ
	2卷1冊, 筆寫本, 著者未詳, 刊寫地未詳, 刊寫者未詳, 刊寫年未詳	25.9×18.6cm, 四周單邊, 半郭:20.8×15.8cm, 無界, 13行22字, 上下內向黑魚尾		檀國大學校천안율곡기념도서관 古853.5-화768가

194 第一部 國內 出版·筆寫 및 飜譯本 中國古典小說 目錄

書 名	出版事項	版式狀況	一般事項	所藏處/所藏番號
	1冊(79張), 筆寫本, 著者未詳, 刊寫地未詳, 刊寫者未詳, 刊寫年未詳	31×18.2cm, 無界, 12行31字		檀國大學校천안율곡기념도서관 古853.5-화768가
	2卷1冊, 木版本, 著者未詳, 刊寫地未詳, 刊寫者未詳, 刊寫年未詳	26.5×18.5cm, 四周單邊, 半郭:21.3×16.2cm, 無界, 11行20字, 上下內向黑魚尾	表題:華容道, 刊記:春完西溪新刊	檀國大學校천안율곡기념도서관 古853.5-화768거
	1冊(39張), 筆寫本, 著者未詳, 刊寫地未詳, 刊寫者未詳, 刊寫年未詳	32×21cm, 無界, 12行字數不定		檀國大學校천안율곡기념도서관古853.5-화768겨
	1冊(22張), 筆寫本, 著者未詳, 刊寫地未詳, 刊寫者未詳, 丁未(?)	25.8×17.4cm, 無界, 12行字數不定	表題:華容道, 表紙:丁未(?)正月…, 印記:「崔燉浩」	檀國大學校 천안율곡기념도서관 古853.5-화768고
	2卷1冊(49張), 筆寫本, 著者未詳, 刊寫地未詳, 刊寫者未詳, 刊寫年未詳	29×19.5cm, 無界, 12行字數不定		檀國大學校천안율곡기념도서관古853.5-화768교
	2卷1冊, 筆寫本, 著者未詳, 刊寫地未詳, 刊寫者未詳, 隆熙2年(1908)	31.7×17.2cm, 無界, 10行32字	刊記:隆熙二年 戊申(1908) 仲冬 訪仙新刊	檀國大學校 천안율곡기념도서관 (羅孫文庫) 古853.5-화7681
	2卷1冊(落張), 木版本, 著者未詳, 刊寫地未詳, 刊寫者未詳, 刊寫年未詳	27.2×18.5cm, 四周單邊, 半郭:21.2×15.9cm, 無界, 12行字數不定, 上下內向黑魚尾	表題:華容道	檀國大學校 천안율곡기념도서관 (羅孫文庫) 古853.5-화7682
	1冊(46張), 筆寫本, 著者未詳, 刊寫地未詳, 刊寫者未詳, 隆熙2年(1908)	25.7×26cm, 無界, 17行24字	表題:華容道	檀國大學校 천안율곡기념도서관 (羅孫文庫) 古853.5-화7683
	2卷1冊, 木版本, 著者未詳, 龜洞, 刊寫者未詳, 隆熙2年(1908)	26.5×17.6cm, 四周單邊, 半郭:21.6×15.6cm, 無界, 11行20字, 上下內向黑魚尾	標題:華容道, 刊記:丁未(1907) 孟秋龜洞新刊	檀國大學校 천안율곡기념도서관 (羅孫文庫) 古853.5-화7686

4. 中國古典小說의 飜譯本 目錄   195

書名	出版事項	版式狀況	一般事項	所藏處/所藏番號
	2卷1册, 筆寫本, 著者未詳, 刊寫地未詳, 龍德精舍, 丁巳(1917)	22.4×20.8㎝, 無界, 12行22字	表題:華容道	檀國大學校 천안율곡기념도서관 (羅孫文庫) 古853.5-화7688
	2卷1册(卷1~2), 筆寫本, 刊寫地未詳, 刊寫者未詳, 刊寫年未詳	22.9×16.8㎝, 無界, 10行字數不定, 註雙行, 無魚尾		京畿大學校 경기-K119876
	한글筆寫本, 62張	32.6×21.1㎝, 半葉行字數不定	筆寫記:계축남월일슈의	崇實大學校 0702
	2卷1册, 木版本	半郭:21×15.5㎝, 13行字數不定, 內向黑魚尾		雅丹文庫 813.5-화295
	2卷1册, 木版本	半郭:21.5×15.2㎝, 11行20字, 內向黑魚尾		雅丹文庫 813.5-화295
	丁1册(同書2部), 木版本, 未孟秋龜洞新刊	半郭:21.8×15.6㎝, 12行字數不定, 內向黑魚尾	刊記:丁未孟秋龜洞新刊, 印記:白淳在藏書	雅丹文庫 813.5-화295
	2卷1册, 木版本, ○○春完西溪新刊	半郭:21.4×15.8㎝, 12行字數不定, 內向黑魚尾	刊記:○○春完西溪新刊	雅丹文庫 813.5-화295
	2卷1册, 木版本	半郭:21.9×15.9㎝, 10行20字, 內向混葉魚尾		雅丹文庫 813.5-화295
	2卷1册(同書4部), 木版本	半郭:20.7×15.8㎝, 12行22字, 內向黑魚尾		雅丹文庫 813.5-화295
	2卷1册, 木版本, 朝鮮朝後期刊	25.9×18.1㎝, 四周單邊, 半郭:21.5×15.6㎝, 11行字數不定, 紙質:楮紙	備考:下卷末缺張	忠南 唐津郡 宋基華
	1册, 木版本, 著者未詳, 刊寫地未詳, 刊寫者未詳, 刊寫年未詳	26×18㎝, 四周單邊, 半郭:21×16㎝, 無界, 13行22字, 上下向黑魚尾	書名:表紙	淑明女子大學校
	2卷1册, 木版本, 完山[全州]:梁册房, 隆熙2(1908)	27×18.5㎝, 四周單邊, 半郭:21.5×15.1㎝, 無界, 12行22字內外, 上下內向黑魚尾	일반동산문화재, 表題:華容道, 刊記:戊申(1908) 八月完山梁山房開刊	西江大學校 고서 화236
	全1册(39張), 筆寫本, 著者未詳(1915)	34×20.8㎝	筆寫記:乙卯(1915) 二月十九日畢, 藏書記:東面磻溪藏, 附:힝실녹	韓國學中央研究院 D7B-41C
	著全1册(90張), 筆寫本, 著者未詳, 年紀未詳	31.8×21㎝		韓國學中央研究院 D7B-41D

書名	出版事項	版式狀況	一般事項	所藏處/所藏番號
	全上下卷1册, 木版本, 著者未詳, 刊年未詳	26×18.2cm, 四周單邊, 半郭:20.7×15.7cm, 13行, 字數不定, 上下黑魚尾		韓國學中央研究院 D7B-41E
	1册, 國文筆寫本	31.8×21cm		韓國學中央研究院 R16N-001151-9
	1册, 國文筆寫本, 乙卯	34×20.8cm		韓國學中央研究院 R16N-001151-4
	1册, 國文木版本 完山, 梁册房, 戊申	27.2×18.7cm, 四周單邊, 上下黑魚尾		韓國學中央研究院 R16N-001151-10
	1册, 國文木版本, 完西溪, 戊申	27.5×18.4cm, 四周單邊, 上下黑魚尾		韓國學中央研究院 R16N-001151-5
	1册, 國文木版本,	26.3×18.5cm, 四周單邊, 上下黑魚尾	16mmR[Nega], 83f	韓國學中央研究院 R16N-001151-7
	1册, 國文木版本	25.8×18.2cm, 四周單邊, 上下黑魚尾	16mmR[Nega], 83f	韓國學中央研究院 R16N-001151-8
	2卷1册(卷1~2), 木版本, 著者未詳, 朝鮮朝末期刊	25.7×18.7cm, 四周單邊, 半郭:20.3×15.7cm, 有界, 12行字數不定, 內向黑魚尾, 紙質:楮紙	表題:華容道	誠庵文庫 4-1400
	上下2卷1册, 石印本, 著者未詳, 西溪, 1900年代刊	26.7×18.7cm, 四周單邊, 半郭:21.8×15.5cm, 12行20~24字, 內向黑或1,2葉花紋魚尾, 紙質:楮紙	表題:華容道, 刊記:仲春完西溪新刊	誠庵文庫 4-1401
	1册(29張), 筆寫本,著者未詳, 光武8(1904)寫	22×20.5cm, 13行字數不定, 紙質:楮紙	寫記:光武八年甲辰 (1904)三月初八日	誠庵文庫 4-1402
	2卷1册, 木版本,	四周單邊, 匡郭:22×16.5cm, 無界, 12行20字, 上下黑魚尾		延世大學校 811.36
	21卷1册, 木版本	24.9×18.2cm, 四周單邊, 21.5×16cm, 11行字數不定, 內向 1~2葉花紋或黑魚尾		高麗大學校 C15-A119
화룡도 (華容道)	2卷1册, 한글木版本, 編著者未詳, 刊寫地未詳, 刊寫者未詳, 刊寫年未詳	27×18.5cm, 四周單邊, 半郭:20.6×15.5cm, 12行22字, 上下內向黑魚尾 (一部有紋魚尾 混入)	순한글본	國立淸州博物館
	上下, 2卷1册, 木版本, 編者未詳, 西溪, 隆熙2年(1908)刊	27×18.3cm, 四周單邊, 半郭:21.2×15.5cm, 11行字數不定, 內向黑魚尾, 紙質:楮紙	表紙下墨書識記:明治四 十三年, 刊記:戊申 (1908)春完西溪新刊, 同書2部	韓國綜合典籍目錄 (誠庵文庫) 趙炳舜 4-1399

4. 中國古典小說의 飜譯本 目錄   197

書 名	出 版 事 項	版 式 狀 況	一 般 事 項	所藏處/所藏番號
화룡도 전	2卷1册, 筆寫本	半郭:33.5×21.2㎝, 12行字數不定		雅丹文庫 813.5-화295
화용도	不分卷1册, 木版本, 卓鐘佶, 全州, 1911	26.9×19㎝, 四周單邊, 半郭:21.2×15.8㎝, 無界, 12行22字, 內向黑魚尾	表紙書名:華容道	國立中央圖書館 [한]48-30-2
	全上下卷1册, 木版本, 著者未詳, 完山, 梁册房, 隆熙2(1908)	27.2×18.7㎝, 四周單邊, 半郭:21×16.1㎝, 11行字數不定, 上下黑魚尾	刊記:戊申(1908) 八月完山梁册房開刊	韓國學中央研究院 D7B-41
	全上下卷1册, 木版本, 著者未詳, 刊年未詳	25.8×18.2㎝, 四周單邊, 半郭:21×16.2㎝, 11行字數不定, 上下黑魚尾		韓國學中央研究院 D7B-41A
	全上下卷1册, 木版本, 著者未詳, 完西溪, 隆熙2(1908)	27.5×18.4㎝, 四周單邊, 半郭:21.7×16.1㎝, 11行字數不定, 上下黑魚尾	刊記:戊申(1908) 春完西溪新刊	韓國學中央研究院 D7B-41B
	1册			天安美都博物館
화용도 실긔華 容道實 記	朴健會編輯, 1册16回, 舊活字本			鮮文大 朴在淵
三國志 難字集	1册, 筆寫本,	24×16.6㎝, 四周雙邊, 半郭:18×12.6㎝, 有界, 烏絲欄, 6行字數不定, 註雙行, 紙質:楮紙	表題:難字集, 版心題:三國志, 備考:國漢文混用	忠南大學校附屬 圖書館
三國誌 語錄	1册, 筆寫本, 著者, 刊寫地, 刊寫者, 刊寫年未詳	27.7×17.3㎝, 無界, 9行字數不定		檀國大學校 천안율곡기념도서관 고473.5-삼338
五虎大 將記	2卷1册(48張), 筆寫本, 刊寫地, 刊寫者, 刊寫年未詳	29.8×24㎝, 無界, 12行23字		檀國大學校 천안율곡기념도서관 (羅孫文庫) 古853.5-이894
오호디 장긔	全1册(18張), 筆寫本, 著者未詳, 年紀未詳	21×13㎝	卷末:병술(?) 정반의필교신관, 淸雲	韓國學中央研究院 D7B-109
	1册, 國文筆寫本	21×13㎝		韓國學中央研究院 R16N-001147-3
오호대 장긔	1册(11張), 筆寫本	23.5×21.8㎝, 行字數不定	裏面:高陽郡現金出納文書	雅丹文庫 813.5-오95
죠자룡 젼趙子 龍傳	1册, 筆寫本, 刊寫地, 刊寫者, 刊寫年未詳, 한글本	23.2×15.6㎝	書名은 表紙書名에 의함	嶺南大學校 [古南]813.5 조자룡

書名	出版事項	版式狀況	一般事項	所藏處/所藏番號
山陽大戰	漢城書館, 1916年 1917年 等		趙子龍實記와 同種異本	漢城書館
山陽大戰	唯一書館, 1916年 1917年 等		趙子龍實記와 同種異本	唯一書館
張飛馬超實記	光東書局, 1917年 1918年 等 多數			光東書局 出刊
關雲長實記	光東書局, 1917年 等			光東書局 出刊
三國大戰	永昌書館, 1918年 等			永昌書局 出刊

(5) 殘唐五代演義

書名	出版事項	版式狀況	一般事項	所藏處/所藏番號
잔당오디연의 (殘唐五代演義)	5卷5冊, 한글筆寫本, 著者未詳, 寫年未詳	30.4×21.9cm, 無郭, 無絲欄, 無版心, 10行25字, 紙質:楮紙	表題:殘唐五代演義, 印:藏書閣印, 17세기 이후번역(추정)	韓國學中央研究院 4-6842

(6) 大明英烈傳

書名	出版事項	版式狀況	一般事項	所藏處/所藏番號
대명영녈뎐	8卷8冊, 筆寫本, 建陽1(1896)	33.5×22.5cm	標題:大明英烈傳, 筆寫記:셰직병신(1896) 듕츄샹원샹문동필셔, 印:桑村閒長 首陽○朝	高麗大學校 C14-A33
대명영렬뎐	8卷8冊, 筆寫本, 編者未詳, 譯者未詳, 寫年未詳	29.2×20.9cm, 無郭, 無絲欄, 10行21字	表題:大明英烈傳, 印:藏書閣印	韓國學中央研究院 4-6798

(7) 武穆王貞忠錄(大宋中興通俗演義)

書名	出版事項	版式狀況	一般事項	所藏處/所藏番號
무목왕정충녹(武穆王貞忠錄)	7卷7冊(卷3~5, 11, 5冊缺), 한글筆寫本, 作者未詳, 寫年未詳	29×23.3cm, 無郭, 無絲欄, 12行字數不定, 無版心, 紙質:楮紙	印:暎嬪房, 藏書閣印, 18세기 중반 번역(추정)	韓國學中央研究院 4-6806

(8) 西遊記

書名	出版事項	版式狀況	一般事項	所藏處/所藏番號
新譯西遊記	吳承恩(明)著, 閔泰瑗編, 東學生譯, 4冊1匣(718面), 新式印刷本, 京城, 博文書館, 1934	20.1×14㎝	卷末:書籍廣告, 後表紙裏面:最新刊書籍案 內, 後表紙:博文書館 新刊書籍案內, 한글본	嶺南大學校 陶南文庫 [古도]823.5 오승은○
언한문 셔유긔 (諺漢文 西遊記)	朴健會譯述, 1冊(缺本), 新鉛印本, 刊年未詳	21.9×14.7㎝	表紙書名:서유긔	韓國學中央研究院 D7B-57
셔유긔	13冊(缺1-2冊, 10-11冊), 筆寫本	34×22.5㎝		延世大學校 812.38
셔유긔	1冊, 筆寫本,	37㎝, 16行31字內外	外題:西遊記	延世大學校 811.93/32
셔유긔	2卷2冊, 筆寫本, 著者未詳, 高宗26年(1889)寫	30.5×28.5㎝, 左右單邊, 半郭:18行24~25字, 紙質:楮紙	卷末:긔축(1889) 팔월념칠일	韓國綜合典籍目錄 (尙熊文庫) 4-159
셔유긔	28卷24冊(4-30, 第32-100回本이 現存)	紙質:楮紙	大略 19世紀 末 20世紀 初 民間에서 筆寫로 推定	啓明大學校
셔유긔	吳承恩(明)原編, 全2卷2冊, 木版本, 丙辰(1916)孟冬華山新刊	24.5×19.2㎝, 四周單邊, 半郭:21.5×16.4㎝, 行字數不定, 上二葉花紋魚尾	版心文字:서, 刊記:丙辰(1916) 孟冬華山新刊	韓國學中央研究院 D7B-166
셔유긔	吳承恩(明)著, 1冊(零本), 筆寫本, 刊寫地未詳, 刊寫者未詳, 刊寫年未詳	32.2×21.2㎝, 無界, 10行字數不定		檀國大學校 천안율곡기념도서관. 古873.5-오883사
셔유긔	吳承恩(明)著, 1冊(30張), 筆寫本,刊寫地未詳, 刊寫者未詳, 刊寫年未詳	36.8×21.8㎝, 無界, 11行28字	表題:서유긔젼, 印記:妙信	檀國大學校 천안율곡기념도서관 古873.5-오833사
셔유긔	李志尙(宋)著, 1冊(116張), 筆寫本, 刊寫地未詳, 刊寫者未詳, 庚申(?)	23.5×16㎝, 四周單邊, 半郭:19.8×13.8㎝, 朱絲欄, 10行字數不定, 註雙行, 上下向紅魚尾	경신구월뉴일	檀國大學校 천안율곡기념도서관 古873.5-이864ㅅ
서유긔	吳承恩(明)著, 陳士斌(淸)銓解, 5卷5冊(卷1, 2, 12, 14, 24), 筆寫本, 朝鮮朝後期寫	36×18.2㎝, 無界, 12行字數不定, 紙質:楮紙	寫記:경오(?)남월우민교	江陵市船橋莊

書名	出版事項	版式狀況	一般事項	所藏處/所藏番號
서유기	吳承恩(明)著, 45卷12冊, 한글筆寫本,	35.2×22cm(第6-12冊은 33×20.6cm)	筆寫記錄(卷末):셰제긔미 유칠월일계동필셔, 이책을마니보시면연화대 의가시리다, 表紙書名:西遊記	嶺南大學校 (陶南文庫) [古도]823.5 오승은ㅍ
셔유기	27卷12冊(卷1~5, 24~25), 筆寫本, 著者未詳, 哲宗10~高宗年間 (1859~1919)寫	35×22.1cm, 行字數不定, 紙質:楮紙	題簽:西遊記, 卷末:셰지긔미(1859~ 1919)츄칠월일계동필셔, 所藏印:陶南珍藏	韓國綜合典籍目錄 (영남대) (陶南文庫) 趙潤濟
唐太宗傳	不分卷1冊, 筆寫本, 著者未詳, 年紀未詳	31.8×20.3cm		國立中央圖書館 [한]48-91
당태종전	1冊(18張), 木版本, 刊寫地未詳, 刊寫者未詳, 刊寫年未詳	26.7×17.6cm, 四周單邊, 半郭:19.7×15cm, 無界, 15行30字內外, 上下內向黑魚尾	일반동산문화재 한글본, 서명의 [태]는 한글고어의 번자, 표제:唐太宗傳	西江大學校 고서 당831
당태종전	1冊, 木版本, 白斗鏞 編, 京城, 翰南書林, 1920	24.6×20.3cm, 四周單邊, 半郭:20.3×17.8cm, 無界, 14行25字, 上下向四瓣黑魚尾	兩面印刷本, 한글本	嶺南大學校 陶南文庫 [古도] 813.5 당태종
당태종전	1冊(51張), 筆寫本, 著者未詳, 刊寫地未詳, 刊寫者未詳, 癸卯(?)	30.2×20.3cm, 無界, 12行18字	表題:唐太宗傳, 附錄:토끼화상, 전적벽회제, 후적벽회제, 넉두리성주가, 자원가, 장한가, 비파향(백낙천), 어부사, 객중행, 봉황대, 오원기(왕소군)	檀國大學校 천안율곡기념도서관 (羅孫文庫)古853.5- 당315가
당틱종전	1冊(26張), 白斗鏞集, 京城, 翰南書林(1921)	24.9×20.1cm, 四周單邊, 20.4×17.6cm, 14行27字, 上2葉花紋魚尾	題簽:唐太宗傳	高麗大學校 C15-A74
당틱종전	1冊(59張), 筆寫本, 編者未詳, 刊寫地未詳, 刊寫者未詳, 庚申(?)	34.5×22cm, 無界, 行字數不定	寫記:歲在庚申臘月, 裏面:闡義昭鑑, 合綴:古談囊傳(고담낭전), 은중경, 춘양전, 감응편	檀國大學校 천안율곡기념도서관 (羅孫文庫)古853.5- 당315
당틱종전	1卷1冊(26張), 木版本, 著者未詳, 京城, 翰南書林, 1920刊	24.7×20.3cm, 四周單邊, 半郭:19.9×17.5cm, 14行字數不定, 上二葉花紋魚尾, 紙質:洋紙	版心題:당, 所藏印:陶南書室, 刊記:大正九年(1920) 月三十日發行	韓國綜合典籍目錄 (陶南文庫) 趙潤濟
당틱종전	1冊(18張), 木版本, 著者未詳, (1800頃)刊	26×17.8cm, 半郭:20×15cm, 15行不定字, 內向黑魚尾, 紙質:楮紙	題簽:唐太宗傳, 版心題:당	韓國綜合典籍目錄 (山氣文庫) 李謙魯 4-678

4. 中國古典小說의 飜譯本 目錄   201

書名	出版事項	版式狀況	一般事項	所藏處/所藏番號
	1冊(落張), 木版本, 著者未詳, 京城(서울), 翰南書林, 大正10(1921)	24.5×20.5cm, 四周單邊, 半郭:20.5×18.5cm, 無界, 14行27字, 上下向二葉花紋魚尾	表題:唐太宗傳	檀國大學校 천안율곡기념도서관 (羅孫文庫)古853.5-당 3151
	1冊(26張), 木版本, 著者未詳, 京城(서울), 翰南書林, 大正10(1921)	24.6×20.6cm, 四周單邊, 半郭:20.5×18.5cm, 無界, 14行27字, 上下向二葉花紋魚尾	表題:唐太宗傳	檀國大學校 천안율곡기념도서관 (羅孫文庫)古853.5-당 315ㄱ
	1冊(19張), 新鉛活字本, 著者未詳, 京城(서울), 東美書市, 大正6(1917)	20.5×13.7cm, 無界, 17行35字	表題:고대소설 당틱종전(고대소설 당태종전)	檀國大學校 천안율곡기념도서관 (羅孫文庫)古853.5-당 3151ㄱ
당틱종전	全1卷1冊, 木版本, 著者未詳, 京城, 翰南書林(1921)	24.7×20.2cm, 四周單邊, 半郭:20.4×17.7cm, 14行 字數不定, 上二葉花紋魚尾	版心文字:당	韓國學中央研究院 D7B-102
	全1卷1冊, 木版本, 著者未詳, 刊年未詳	25.7×17.2cm, 四周單邊, 半郭:20.3×15.4cm, 15行 字數不定, 上下黑魚尾	版心文字:당	韓國學中央研究院 D7B-102A
	不分卷1冊, 木版本, 著者未詳, 京城, 翰南書林, 1920	23.3×19.2cm, 四周單邊, 半郭:20.1×17.8cm, 14行26字, 上二葉花紋魚尾		國立中央圖書館 [한]48-66

(9) 列國志

書名	出版事項	版式狀況	一般事項	所藏處/所藏番號
녈국지	11卷11冊, 筆寫本	29×20.2cm	筆寫記錄(卷末):이월십사일릴셔, 表紙書名:列國誌	嶺南大 陶南文庫 [古도]813.5열국지
츈츄녈국지	17卷17冊, 筆寫本	29.6×22cm	飜譯:1600年代 中後半(推定)	國立中央圖書館
녈국지	42卷42冊, 207則	24.3×16.3cm, 10行20字內外	宮體, 現 國立中央圖書館 影印本 所藏	日本 東洋文庫
列國志	30卷中 殘本7卷(6, 19, 24, 25, 28, 29, 30)만 所藏	一面 12行20字內外	每卷 卷首에 目錄이 있음	嶺南大
녈국연의	14冊, 國文筆寫本	33.4×21.5cm		延世大 811.36열국연

(10) 包公演義(≪龍圖公案≫ 飜譯)

書 名	出 版 事 項	版 式 狀 況	一 般 事 項	所藏處/所藏番號
포공연의 (包公演義)	9卷9冊, 筆寫本, 編者未詳, 寫年未詳	29×20.7cm, 無郭, 無絲欄, 11行字數不定, 無魚尾, 紙質:楮紙	表題:包公演義, 印:藏書閣印	韓國學中央研究院 4-6857
	零1冊(卷之六), 筆寫本, 筆寫地, 筆寫者, 筆寫年未詳	27×22.5cm, 無界, 12行字數不定, 紙質:楮紙		忠南大學校 학산고서 集· 小說類2010

(11) 西周演義(封神演義)

書 名	出 版 事 項	版 式 狀 況	一 般 事 項	所藏處/所藏番號
서주연의 (西周演義)	25卷25冊, 筆寫本, 作者未詳, 寫年未詳	32.8×21.8cm, 無郭, 無絲欄, 11行字數不定, 註雙行, 無版心, 紙質:楮紙	印:藏書閣印	韓國學中央研究院 4-6817
봉신전 (封神傳)	2冊, 筆寫本		坊刻本을 만들기 위해 만든 原稿로 推定, 1908年(推定)	鮮文大 朴在淵
봉신지	6卷6冊, 筆寫本	紙質:楮紙	封神演義 飜譯本	鮮文大 朴在淵
봉신방전전 (西周演義)		1冊, 筆寫本, 紙質:楮紙		大邱가톨릭大

(12) 西漢演義

書 名	出 版 事 項	版 式 狀 況	一 般 事 項	所藏處/所藏番號
서한연의	1冊, 筆寫本, 著者未詳, 刊寫地未詳, 刊寫者未詳, 刊寫年未詳			全州大學校 OM813.5-서912
서한연의 (西漢演義)	鍾惺(明)撰, 29卷10冊, 宮體筆寫本, 年紀未詳	34.5×22cm		奎章閣 [古]3478-4
	16卷16冊, 筆寫本, 國譯者未詳, 朝鮮朝後期~末期寫	33.8×22cm, 10行22字, 紙質:楮紙		成均館大學校 D7B-20
서한연의	不分卷, 16冊, 筆寫本, 著者未詳, 年紀未詳	35×21.3cm	西漢演義	國立中央圖書館 [한]48-18
	4冊, 筆寫本	24.5×17cm	表題:西漢演義	延世大學校 812.36

4. 中國古典小說의 飜譯本 目錄 203

書名	出版事項	版式狀況	一般事項	所藏處/所藏番號
	2卷1冊, 木版本, 著者未詳, 刊寫地未詳, 刊寫者未詳, 大正4(1915)	25.6×18㎝, 四周單邊, 半郭:20.2×16.5㎝, 無界, 13行21字, 上下內向黑魚尾	內題:楚漢傳, 表題:죠한젼, 大正4年(1915)…	檀國大學校 천안율곡기념도서관 古853.5-초4115
	16卷16冊, 筆寫本, 高宗32(1895)	32.6×22.2㎝	標題:西漢演義, 筆寫記:歲在乙未(1895) 季春書傳于後昆冊主大寧 後人, 印:桑村聞長 首陽○朝	高麗大學校 C14-A3A
	李贄(明)演義, 6卷6冊(全12卷12冊), 筆寫本, 刊寫地未詳, 刊寫者未詳, 刊寫年未詳	30.3×20.6㎝, 無界, 11行19字, 無魚尾, 紙質:壯紙	一般動産文化財 한글본, 表題:西漢演義	西江大學校 고서 서91
	卷10, 1冊(55張), 筆寫本, 著者未詳, 宮體, 1800頃寫	27.4×19.5㎝, 11行字數不定, 註雙行, 紙質:楮紙	表題:西漢演義, 印記:정음문고	韓國綜合典籍目錄 (山氣文庫) 李謙魯 4-697
언문셔한 연의諺文 西漢演義	4卷4冊100回, 舊活字本, 永豊書館, 大正6年(1917)			鮮文大 朴在淵
셔한연의	8卷8冊, 筆寫本, 1880年(推定), 91回까지 飜譯	紙質:楮紙	刊記:庚申年(1880年)	鮮文大 朴在淵
언문셔한 연의	4卷4冊, 新活字本, 李柱浣編, 京城永豊書館, 1917年刊	21.5×15.3㎝, 16行36字		雅丹文庫 823.5-이76ㅇ
	3冊(卷2缺, 舊活字本), 永豊書館, 大正6年(1917)			鮮文大 朴在淵
됴한년의	1冊(零本), 筆寫本, 著者未詳, 刊寫地未詳, 刊寫者未詳, 刊寫年未詳	32×21.5㎝, 無界, 行字數不定	表題:楚漢演義(墨書)	檀國大學校, 천안율곡기념도서관 (羅孫文庫)古853.5 -초4114
초한전	1冊, 國文木版本	25.5×18.7㎝, 四周單邊, 上二黑魚尾	版心文字:초, 16㎜R[Negal], 90f	韓國學中央研究院 R16N-001143-2
	1冊(落張), 木版本	半郭:20.2×15.7㎝, 內向黑魚尾		雅丹文庫813.5-초92
	1冊, 筆寫本		坊刻本 만들기 위한 初稿	鮮文大 朴在淵
	1冊, 筆寫本, 朝鮮朝後期寫	22.1×20㎝, 無界, 13行字數不定, 紙質:楮紙		大田市 趙鍾業

書名	出版事項	版式狀況	一般事項	所藏處/所藏番號
	1冊, 發行地不明, 發行處不明, 朝鮮朝後期寫	筆寫本, 31×21cm, 無界, 12行字不等, 紙質:楮紙	備考:卷前後毀損	忠南大學校 학산고서 集· 小說類1952
	1冊, 木版本, 發行地不明, 發行處不明, 1919年	26×18.5cm, 四周單邊, 半郭:20×16cm, 無界, 13行20字, 上下內向黑魚尾, 紙質:楮紙	備考:前後缺張	忠南大學校 학산고서 集· 小說類1953
쵸한젼	2卷1冊, 卷上下, 木版本, 한글본, 年紀未詳, 刊紀未詳	26.6×18.7cm, 四周單邊, 半郭:20.1×16.2cm, 無界, 13行20字, 上下內向黑魚尾	卷末書名:楚漢傳	奎章閣[古]3350-89
	2卷1冊, 木版本, 卓鐘佶編, 全州, 西溪書鋪, 1911	26.1×18.8cm, 四周單邊, 半郭:20.3×15.9cm, 無界, 13行20字, 內向黑魚尾		啓明大學校 이811.35
	2卷1冊(卷1~2), 木板本, 編者未詳, 刊寫地未詳, 刊寫者未詳, 19世紀末	26.6×18.7cm, 四周單邊, 半郭:20.1×16.2cm, 無界, 13行20字, 版心, 上下內向黑魚尾	卷末書名:楚漢傳, 한글본임	全北大學校 812.35-초한젼
	1卷1冊(零本), 筆寫本, 著者未詳, 刊寫地未詳, 刊寫者未詳, 哲宗7年(1856)	25.5×17.5cm, 無界, 10行22字		檀國大學校 천안율곡기념도서관 (羅孫文庫) 古853.5-초4116
	2卷1冊, 木版本, 著者未詳, 刊寫地未詳, 刊寫者未詳, 明治44年(1911)	25.4×17.9cm, 四周單邊, 半郭:19×16.1cm, 無界, 13行20字, 上下內向黑魚尾	下卷書名:서한연의 (西漢演義)	檀國大學校 천안율곡기념도서관 (羅孫文庫) 古853.5-초4119
	2卷1冊(44張), 木版本, 著者未詳, 全州, 梁冊房, 昭和7(1932)	25×18cm, 四周單邊, 半郭:20.5×16.5cm, 無界, 13行22字, 上下內向黑魚尾	卷下書名:서한연의, 原書名:楚漢傳	檀國大學校 천안율곡기념도서관 古853.5-초4117
	2卷1冊, 木版本, 朝鮮朝後期刊	27.2×17.9cm, 四周單邊, 半郭:20.3×16cm, 無界, 13行20字, 內向黑魚尾, 紙質:楮紙		忠南溫陽民俗博物館
	2卷1冊, 木版本, 1908年刊	半郭:20.6×15.9cm, 13行字數不定, 內向黑魚尾	刊記:隆熙二年戊申 (1908)秋七月西漢記完西溪 新刊	雅丹文庫 813.5-쵸92
	2卷1冊, 木版本, 丁未孟夏完南龜石里新刊	半郭:20.6×15.9cm, 13行字數不定, 內向黑魚尾	刊記:丁未孟夏完南龜石里 新刊, 印記:白淳在藏書	雅丹文庫 813.5-쵸92
	2卷1冊(同書3部), 木版本	半郭:20.6×15.8cm, 13行22字, 內向黑魚尾		雅丹文庫 813.5-쵸92
	上下2卷, 1冊			鮮文大 朴在淵

4. 中國古典小說의 飜譯本 目錄

書名	出版事項	版式狀況	一般事項	所藏處/所藏番號
	2卷1冊, 木版本, 著者未詳, 刊寫地未詳, 刊寫者未詳, 刊寫年未詳	26×19cm, 四周單邊, 半郭:20×17cm, 無界, 13行23字, 上下向黑魚尾		淑明女子大學校
	2卷1冊, 木版本, 刊寫地未詳, 完西[?], 隆熙2(1908)	26×18.5cm, 四周單邊, 半郭:20.2×15.8cm, 無界, 13行20字內外, 上下內向黑魚尾	版心題의 [한]은 한글古語의 繁字, 卷下의 卷首題:서한연의, 版心題:쵸[한], 刊記:隆熙二年戊申(1908)秋七月 西漢紀完西[?]新刊	西江大學校 고서 쵸91
	全上下卷1冊, 木版本, 著者未詳, 刊年未詳	27.4×18.4cm, 四周單邊, 半郭:20.9×16.4cm, 13行 字數不定, 上下黑魚尾	版心文字:초흔	韓國學中央研究院 D7B-5A
	全上下卷1冊, 木版本, 著者未詳, 完山, 隆熙3(1909), 己酉(1909)季春完山開刊	27.5×18.7cm, 四周單邊, 半郭:20.4×16.3cm, 13行字數不定, 上下黑魚尾	版心文定:초흔, 刊記:己酉(1909) 季春完山開刊	韓國學中央研究院 D7B-5B
	1冊, 國文木版本	27.4×18.4cm, 四周單邊, 上下黑魚尾	版心文字:쵸, 16mmR[Nega], 88f	韓國學中央研究院 R16N-001142-23
	1冊, 國文木版本, 完山, 己酉	27.5×18.7cm, 四周單邊, 上下混入花紋魚尾	版心文字:쵸, 刊記:己酉季春完山開刊	韓國學中央研究院 R16N-001143-3
	2冊, 國文木版本, 完南, 龜石里, 丁未	26.4×18.3cm, 四周單邊, 上下黑魚尾	版心文字:초춘, 16mmR[Nega], 86f	韓國學中央研究院 R16N-001142-22
	1冊(缺本), 國文木版本	22.4×18.8cm, 四周單邊, 上下黑魚尾	版心文字:쵸한, 16mmR[Nega], 71f	韓國學中央研究院 R16N-001143-4
	不分卷1冊, 木版本, 著者未詳, 全州, 卓鍾佶家, 1911	26.8×19cm 四周單邊, 半郭:19.9×16.2cm, 無界, 13行22字, 內向黑魚尾	刊記:陵熙二年戊申(1911)秋七月西漢記完西溪新刊	國立中央圖書館 [한]48-47
	上下2卷1冊, 木版本, 著者未詳, 朝鮮朝末期刊	25×18.2cm, 四周單邊, 半郭:20×15.8cm, 13行字數不定, 內向黑魚尾, 紙質:楮紙	表題:楚漢傳, 版心題:초흔, 內容:一卷上:초한전, 一卷下:서한연의	誠庵文庫 4-1387
	1冊(85張), 朝鮮木版本	四周單邊, 匡郭:20.5×17cm, 無界, 13行20字, 上下黑魚尾		延世大學校 811.36
	2卷1冊, 木版本, 南宮樸 著, (1900頃)刊	27.3×18cm, 四周單邊, 半郭:20.6×16.6cm, 13行20字, 內向黑魚尾, 紙質:楮紙		韓國綜合典籍目錄 (尙熊文庫) 4-182
쵸한전	木版本, 著者未詳, 刊年未詳	27×18.5cm, 四周雙邊, 半郭:20×17cm, 無界, 13行18字, 上下黑魚尾		梨花女子大學校 [고]811.31 쵸91

書名	出版事項	版式狀況	一般事項	所藏處/所藏番號
	筆寫本, 著者未詳, 刊年未詳	28.5×22cm, 無罫, 9行字數不同, 版心無		梨花女子大學校 [고]811.31 쵸91A
	2卷1冊(88張), 木版本, 編者未詳, 明治44(1911)	26×18cm, 四周單邊, 半郭:20.5×16cm, 無界, 12行26字, 上下黑魚尾	內容:上卷:쵸한전, 下卷:서한연의	梨花女子大學校 [고]811.31 쵸91B
초한전	2卷1冊, 木版本, 著者未詳, 刊年未詳	25.5×18.3cm, 四周單邊, 半郭:20.5×16cm, 23行, 21字, 註雙行, 內向黑魚尾		國立中央圖書館 [古]3636-53
	上下, 2卷1冊, 木版本, 著者未詳, 朝鮮朝末期刊	25×18.2cm, 四周單邊, 半郭:20×15.8cm, 13行字數不定, 內向黑魚尾, 紙質:楮紙	表題:楚漢傳, 版心題:초흔, 內容:卷上, 초한전, 卷下, 서한연의	韓國綜合典籍目錄 (誠庵文庫) 趙炳舜 4-1387
	2卷1冊, 木版本, 著者未詳, 隆熙1年(1907)刊	26×18cm, 四周單邊, 半郭:20×16.9cm, 有界, 13行字數不定, 內向黑魚尾, 紙質:楮紙	版心題:초흔, 內容:中國小說, 刊記:丁未(1907)孟夏完南 龜石里新刊, 印記:徐公執信	韓國綜合典籍目錄 (山氣文庫) 李謙魯 4-729
	1冊, 木版本, 發行地不明, 發行處不明, 丁酉年(1907)	26×18.5cm, 四周單邊, 半郭:20×16cm, 無界, 13行21字, 上下內向黑魚尾, 紙質:楮紙		忠南大學校 학산고서 集·小說類1955
	2卷1冊, 木版本, 發行地不明, 發行處不明, 丁酉年(1907)	27.5×19cm, 四周單邊, 半郭:21×16cm, 無界, 13行22字, 上下內向黑魚尾, 紙質:楮紙	版心題:초한, 刊記:丁酉(1907) 孟夏完南龜石里新刊	忠南大學校 학산고서 集·小說類1954
	不分卷1冊, 木版本, 著者未詳, 全州, 梁珍泰, 1916	25.7×18.5cm, 四周單邊, 半郭:20.6×16.1cm, 無界, 13行22字, 內向黑魚尾	楚漢傳	國立中央圖書館 [한]48-47-2
	1冊, 木版本, 梁珍泰編, 全州, 多佳書鋪, 1916	26.4×18.9cm, 四周單邊, 半郭:19.9×16.1cm, 無界, 13行20字, 上下內向黑魚尾	版心題:초한, 한글본, 原本印出記(卷末): 丁未孟夏完南龜石里新刊	嶺南大學校 陶南文庫 [古도]813.5 초한전
	上下, 2卷1冊, 木版本, 著者未詳, 全州, 多佳書舖, 1916刊	26.3×19cm, 四周單邊, 半郭:20.5×15.5cm, 11行字數不定, 內向黑魚尾, 紙質:楮紙	版心題:초, 所藏印:陶南書室, 刊記:大正五年(1916) 十月八日發行	韓國綜合典籍目錄 (陶南文庫) 趙潤濟
	2卷1冊, 木版本, 丁未孟夏完南龜石里新刊	半郭:20.2×16cm, 13行21字, 內向黑魚尾	刊記:丁未孟夏完南龜石里 新刊	雅丹文庫 823.5-쵸92
	1冊, 木版本, 大正八年(1919)九月	26×18.6cm, 四周單邊, 半郭:19.8×16cm, 無界, 12行20字, 內向黑魚尾	版心題:초흔, 刊:大正八年(1919)九月, 合綴:서한연의권지하, 備考:卷末缺張	忠南 大田市 趙鍾業

4. 中國古典小說의 飜譯本 目錄

書名	出版事項	版式狀況	一般事項	所藏處/所藏番號
	2卷1冊, 木版本, 龜石里, 刊寫地未詳, 隆熙1(1907)	26×18.5cm, 四周單邊, 半郭:19.8×15.8cm, 無界, 13行20字內外, 上下內向黑魚尾	한글本, 版心題의 [한]은 한글古語의 繁字, 表題:楚漢傳, 卷下의 卷首題:서한연의 版心題:초[한], 刊記:丁未(1907) 孟夏完南龜石里新刊	西江大學校 고서 초91
	2卷1冊(초한전 상권, 서한연의 하권합간), 木版本, 丁未孟夏完南 龜石里新刊	半郭:20.5×16.1cm, 13行22字, 內向黑魚尾	刊記:丁未孟夏完南龜石里新刊	雅丹文庫 813.5-초92
	全上下卷1冊, 木版本, 編著者未詳, 全州 龜石里, 隆熙1(1907), 丁未(1907) 孟夏完南龜石里新刊	26.7×18.5cm, 四周單邊, 13行, 字數不定, 上下混入花紋魚尾	版心文字:초한, 刊記:丁未(1907) 孟夏完南龜石里新刊	韓國學中央研究院 D7B-5
	1冊, 國文木版本, 全州 龜石里, 隆熙1(1907)	26.7×18.5cm, 四周單邊, 上下混入花紋魚尾	版心文字:초한, 16mmR[Nega], 88f	韓國學中央研究院 R16N-001143-1, D7B-5
	2卷1冊, 木版本, 著者未詳, 完南, 隆熙1(1907)刊	25×18.4cm, 四周單邊, 半郭:20.8×16.8cm, 13行字數不定, 內向黑魚尾, 紙質:楮紙	刊記:丁未(1907)孟夏完南 龜石里新刊, 備考:한글소설	成均館大學校 D7B-92
쵸한녹	著者未詳, 光武3年(1899)寫	卷下, 1冊(51張), 筆寫本, 19.6×18.5cm, 紙質:楮紙	寫記:己亥(1899) 十二月初吉孔澈秀書	韓國綜合典籍目錄 (尙熊文庫) 4-181
초한뎐	1冊, 筆寫本, 刊寫地未詳, 刊寫者未詳, 1914	23.1×21.7cm		東國大學校 [고]813.5 초01
쵸한연의	1冊(32張), 筆寫本	35×20.5cm		延世大學校 811.36
초한실긔	20冊, 筆寫本, 編著者未詳, 年紀未詳	25.9×17.6cm	所藏印:尙和堂印	國會圖書館 [古]812.3 ㅊ136
초한지	1冊(53張), 筆寫本, 1913寫	27.9×19.8cm, 無界, 12行字數不定, 紙質:楮紙	寫記:大正二年癸丑年 (1913)陰十月十九日始成草	釜山直轄市 金戊祚
	1冊, 筆寫本, 近代	28×18.7cm, 紙質:楮紙		韓國寺刹文化財 金海 銀河寺 수장고 612
(초한건 곤)쟝ᄌ 방실긔	朴健會譯述, 全不分卷1冊, 新鉛印本, 京城, 博文書舘(1924)	20.2×13.6cm		韓國學中央研究院 D7B-48

書 名	出版事項	版式狀況	一般事項	所藏處/所藏番號
	1卷1冊(卷上), 新活字本, 朴健會譯述, 京城仁寺洞朝鮮書館 1915年刊	22×14.9cm, 11行35字		雅丹文庫 813.6-박14ᄎ
쟝ᄌ방젼	全3卷3冊, 木版本, 著者未詳, 刊年未詳, 南谷	28.8×18.8cm, 四周單邊, 半郭:22.6×17.5cm, 18行字數不定, 上下黑魚尾	表紙書名:西漢演義, 刊記:南谷新板	韓國學中央研究院 D7B-121

(13) 東漢演義

書 名	出版事項	版式狀況	一般事項	所藏處/所藏番號
동한연의	6卷6冊, 筆寫本, 著者未詳, 年紀未詳	35×23.2cm	飜譯:19世紀 中半(推定)	國立中央圖書館 [한]48-41
동한연의젼	2卷2冊, 筆寫本	31.3×22.1cm, 14行字數不定	表題:東漢演義, 冊末:정묘팔월에쓰다	雅丹文庫 813.5-동92
동한연의	1冊(零本), 筆寫本	紙質:楮紙	刊記:丁丑年(1877年)	朴在淵

(14) 平妖記(三遂平妖傳)

書 名	出版事項	版式狀況	一般事項	所藏處/所藏番號
평뇨긔 (平妖記)	9卷9冊, 筆寫本, 作者未詳	33.4×22.5cm, 無郭, 無絲欄, 無版心, 10行字數不定, 紙質:楮紙	飜譯:1835年頃 印:藏書閣印	韓國學中央研究院 4-6855
평요뎐	2卷2冊(零本, 卷3, 5), 筆寫本, 著者未詳, 刊寫地未詳, 刊寫者未詳, 刊寫年未詳	22.9×19.2cm, 無界, 行字數不定	表題:平妖傳	檀國大學校, 천안율곡기념도서관 (羅孫文庫) 古853.5-평262
	2卷1冊, 國文筆寫本, 刊寫地未詳, 刊寫者未詳, 刊寫年未詳	22.6×22.2cm, 無界, 12-13行17字內外, 無魚尾	사기의 [재]는 한글古語의 繁字, 寫記:셰[재]을미(?)양월긔 망의츄졀죵서	西江大學校 고서 평665

(15) 禪眞逸史(仙眞逸史)

書名	出版事項	版式狀況	一般事項	所藏處/所藏番號
션진일ᄉ	21卷21冊, 筆寫本, 著者未詳, 寫年未詳	32.3×21.7cm, 無郭, 無絲欄, 10行19~21字, 無魚尾, 紙質:楮紙	表題:仙眞逸史, 印:藏書閣印	韓國學中央研究院 4-6818
	15卷15冊中 14冊存(卷2缺), 筆寫本, 作者, 寫年未詳	無郭, 無絲欄, 11行24字, 無魚尾, 紙質:楮紙	表題:仙眞逸史, 印:藏書閣印	韓國學中央研究院 4-6819

(16) 隋煬帝艷史

書名	出版事項	版式狀況	一般事項	所藏處/所藏番號
슈양의ᄉ (隨楊義史)	1冊(57張), 筆寫本	24.5×21cm	飜譯:18世紀 中葉以前(推定)	延世大學校 811.36
슈양외사	1책(殘本), 宮體筆寫本		1809年에 筆寫(推定)	海南 綠雨堂

(17) 隋史遺文

書名	出版事項	版式狀況	一般事項	所藏處/所藏番號
수사유문 (隋史遺文)	12卷12冊, 筆寫本		飜譯:19世紀 初期(推定)	뻬쩨르부르그 東方學研究所

(18) 東度記

書名	出版事項	版式狀況	一般事項	所藏處/所藏番號
東度記 (동유긔)	19世紀 後半, 筆寫本		애스턴 구장본	뻬쩨르부르그(구 레닌그라드) 東方學研究所

(19) 開闢演義

書名	出版事項	版式狀況	一般事項	所藏處/所藏番號
기벽연의 (開闢演義)	4卷4冊, 筆寫本	30×22.5cm	飜譯:朝鮮後期	延世大學校(庸齋文庫) 고서811.98개벽연
기벽연역	5卷5冊, 筆寫本		18世紀宮中飜譯轉寫(推定)	奎章閣

(20) 孫龐演義

書名	出版事項	版式狀況	一般事項	所藏處/所藏番號
손방연의 (孫龐演義)	5卷5冊, 筆寫本, 作者未詳, 寫年未詳	30.3×21.2cm, 無郭, 無絲欄, 11行字數不定, 無版心, 紙質:楮紙	飜譯:18世紀 中葉(推定)印:暎嬪房, 藏書閣印	韓國學中央研究院 4-6823
손빈전	1冊, 筆寫本			天安美都博物館

(21) 唐晉[秦]演義(大唐秦王詞話)

書名	出版事項	版式狀況	一般事項	所藏處/所藏番號
당진연의 (唐秦演義)	6卷6冊, 筆寫本, 著者未詳, 寫年未詳	29×21cm, 無郭, 無絲欄, 無版心, 10行23字, 紙質:楮紙	表題:唐秦演義, 印:藏書閣印	韓國學中央研究院 4-6796
당진연의	6卷6冊, 筆寫本, 著者未詳, 寫年未詳	紙質:楮紙	未詳	日本 東洋文庫
당진연의 (唐晉演義)	13卷13冊, 筆寫本, 著者未詳, 寫年未詳	33.5×22.5cm, 無郭, 無絲欄, 10行字數不定, 無版心, 紙質:楮紙	表題:唐晉演義, 印:藏書閣印	韓國學中央研究院 4-6797

(22) 南宋演義(南宋志傳)

書名	出版事項	版式狀況	一般事項	所藏處/所藏番號
남송 연의	7卷7冊, 筆寫本, 著者未詳, 丙申年(1776) 頃寫	33.1×22.9cm, 11行不定字, 註雙行, 紙質:楮紙	題簽:南宋演義, 印記:首陽信翰, 筆寫記:歲在丙申(1776)季秋書傳 于後昆, 備考:純國文 宮體寫本임	韓國綜合典籍目錄 (山氣文庫) 李謙魯 4-676 (中韓飜譯文獻研究所)
대송홍 망녹	2卷2冊, 筆寫本, 作者未詳, 寫年未詳	27.1×19.8cm, 無郭, 無絲欄, 9行20字, 紙質:楮紙	表題:大宋興亡錄, 印:藏書閣印	韓國學中央研究院 4-6799

(23) 北宋演義(大字足本北宋楊家將)

書名	出版事項	版式狀況	一般事項	所藏處/所藏番號
북송연의 (北宋演義)	5卷5冊, 筆寫本, 著者未詳, 寫年未詳	31.2×22.8cm, 無郭, 無絲欄, 12行字數不定, 無版心, 紙質:楮紙	飜譯:18世紀 (推定), 表題:北宋演義, 印:藏書閣印	韓國學中央研究院 4-6812
북송연의	13冊, 國文筆寫本	31.2×22.8cm		日本國會圖書館(東洋文庫)

(24) 南溪演談(義)

書名	出版事項	版式狀況	一般事項	所藏處/所藏番號
남계연담 (南溪演談)	3卷3冊中2冊存(卷1, 冊缺), 筆寫本, 著者未詳, 寫年未詳	28×20cm, 無郭, 無絲欄, 9行18字, 紙質:楮紙	表題:南溪演談, 印:觀文閣書畫記, 藏書閣印	韓國學中央研究院 4-6788
南溪聯譚	上下 2冊, 卷1, 卷2 現存, 國文筆寫本			金光淳 所藏

(25) 剪燈新話

書名	出版事項	版式狀況	一般事項	所藏處/所藏番號
전등 신화	瞿佑(明)著, 10卷1冊, 筆寫本, 刊寫地, 刊寫者, 刊寫年未詳	28.5×19.2cm, 無界, 8行字數不定	諺釋剪燈新話, 異面:檢案書, 合綴:삼산복지지, 금봉챠뎐, 녕호찬명몽녹, 모란등긔, 부귀발○○젼, 신양동긔, 의경젼, 일층에 잇도다. 취취뎐, 풍○이젼	檀國大學校 天安栗谷記念圖書館 고873.5-구173조
전등 신화	瞿佑(明)著, 1卷1冊(全5册), 筆寫本, 刊寫地, 刊寫著, 刊寫年未詳	29.7×21.5cm, 無界, 10行22字內外, 無魚尾, 紙質:壯紙	表題:剪燈新話, 한글本임	西江大學校 [고서]전228v.2
전등 신화	5卷(後半部 3卷13篇)		完譯	서울大
전등 신화	1册, 한글筆寫本		〈滕穆醉遊聚景園記〉를 飜譯한 〈취경원긔〉	高麗大

(26) 聘聘傳(娉娉傳)

書名	出版事項	版式狀況	一般事項	所藏處/所藏番號
빙빙뎐 (聘聘傳)	全5册中, 4冊存(卷2, 3, 4, 5):著者未詳, 寫年未詳	12行 28字, 28×20cm		韓國學中央研究院 귀4-6814 1

(27) 型世言

書名	出版事項	版式狀況	一般事項	所藏處/所藏番號
형셰언 (型世言)	4冊存, 筆寫本, 編者未詳, 寫本未詳	28.8×21.6cm, 無郭, 無絲欄, 12行字數不定, 無魚尾, 紙質:楮紙	飜譯:18世紀頃(推定), 表題:型世言, 印:藏書閣印	韓國學中央研究院 4-6863

(28) 今古奇觀

書名	出版事項	版式狀況	一般事項	所藏處/所藏番號
금고긔관	1冊, 筆寫本(國文本)	37.4×22.2cm	印:金公潤章, 李學鎬信	高麗大學校 (晩松文庫) C14-A58
	1冊, 筆寫本(國文), 20世紀初 飜譯	紙質:楮紙	今古奇觀 19回 飜譯	朴在淵
	1冊(61張), 筆寫本, 긔션유著, 1932寫	29.5×20.1cm, 9行字數不定, 紙質:楮紙	寫記:신미(1931)칠월순일필서라, 內容:中國古代史物을 主題로한 國文古小說	誠庵文庫 (誠庵文庫) 趙炳舜 4-1336

(29) 花影集

書名	出版事項	版式狀況	一般事項	所藏處/所藏番號
화영집 (花影集)	4卷20篇, 〈뉴방삼의뎐〉1篇만 飜譯		飜譯:18世紀 筆寫本(推定)	樂善齋本 태평광긔언해의 附錄

3) 淸代小說

(1) 後水滸傳

書名	出版事項	版式狀況	一般事項	所藏處/所藏番號
후슈호뎐 (後水滸誌)	12卷12冊, 筆寫本, 作者未詳, 寫年未詳	28.1×20cm, 無郭, 無絲欄, 10行23字, 無版心, 紙質:楮紙	表題:後水滸誌, 表紙에 彩色畵가 있음, 印:藏書閣印	韓國學中央研究院 4-6876

(2) 平山冷燕(《第四才子書》)

書名	出版事項	版式狀況	一般事項	所藏處/所藏番號
평산닝연	3卷3冊, 筆寫本, 著者未詳, 年紀未詳	28.6×22.4cm	飜譯:18世紀頃(推定)	國立中央圖書館 [한]48-16
평산닝연 (平山冷燕)	10卷10冊, 筆寫本, 著者未詳, 寫年未詳	28.6×19.6cm, 無郭, 無絲欄, 9行18字, 紙質:楮紙	表題:平山冷燕, 印:藏書閣印	韓國學中央研究院 4-9856
평산닝연	1冊(零本), 筆寫本	紙質:楮紙	刊記:乙亥年(1815年 推定)	朴在淵

(3) 玉嬌梨傳

書名	出版事項	版式狀況	一般事項	所藏處/所藏番號
옥교리전	1册, 筆寫本(國文本), 甲辰(?)	30.9×21.7cm	筆寫記:갑진?지월일일서별 당의셔닉외공셔	高麗大學校 (晚松文庫)C14-A61
옥교리	3册(1册 55張, 2册 57張, 3册 55張), 筆寫本(國文本), 總20回		阿川文庫本	日本 東京大學校

(4) 樂田演義

書名	出版事項	版式狀況	一般事項	所藏處/所藏番號
악의전단전 (樂田演義)	李圭瑢, 廣益書館, 1918.1.25出版			하버드대학교 연경도서관

(5) 十二峯記

書名	出版事項	版式狀況	一般事項	所藏處/所藏番號
十二峯記 (십이봉년환긔)	4卷4册, 한글筆寫本, 刊寫地未詳, 刊寫者未詳, 刊寫年未詳	26.9×19.3cm, 10～11行21～24字內外	飜譯:18世紀 中葉 推定	國立中央圖書館 古3636-10

(6) 錦香亭記(≪錦香亭≫)

書名	出版事項	版式狀況	一般事項	所藏處/所藏番號
금향정긔 (錦香亭記)	7卷7册, 筆寫本, 著者未詳, 年紀未詳	22×17cm	卷末:歲在辛卯孟冬日藥 峴畢書	奎章閣 [古]3350-59
금향정긔	全3卷3册, 筆寫本, 著者未詳, 1910	28.5×17.8cm	筆寫記:경슐(1910)이월 즁현의빅셕동셔등츌홈	韓國學中央研究院 D7B-125
금향뎐기	1册	31.6×20.2cm		國立中央圖書館 [한]48-168
금향뎡긔 (錦香亭記)	不分卷1册, 木版本, 作者未詳, 1920頃刊	27.3×18.5cm, 四周單邊, 半郭:21×17.3cm, 15行25字, 上二葉花紋魚尾, 紙質:楮紙		成均館大學校 D7B-53
	3册, 筆寫本, 刊寫地未詳, 刊寫者未詳, 刊寫年未詳	30×20.2cm, 無界, 10行21字內外, 無魚尾	一般動産文化財 한글本, 寫記:병오(?) 삼월초일일죵	西江大學校 고서 금92 v.1
금향정기	1册, 國文筆寫本	25.6×17.5cm	筆寫記:丁丑二月…謄	高麗大學校 C14-A28
금향뎡긔	1册, 國文筆寫本		19世紀末(推定)	朴在淵

(7) 醒風流

書 名	出版事項	版式狀況	一般事項	所藏處/所藏番號
셩풍뉴 (醒風流)	7卷7冊, 筆寫本, 著者未詳, 寫年未詳	26.2×19.1cm, 無郭, 無絲欄, 10行17~ 20字, 註雙行, 無版心, 紙質:楮紙	表題:醒風流, 印:藏書閣印	韓國學中央研究院 4-6821

(8) 玉支機(《雙英記》)

書 名	出版事項	版式狀況	一般事項	所藏處/所藏番號
玉支機(옥지기)	4卷4冊, 筆寫本	27×19.5cm		延世大學校 811.36옥지기

(9) 畵圖緣(《花天荷傳》)

書 名	出版事項	版式狀況	一般事項	所藏處/所藏番號
화도연(畵圖緣)	3卷中 卷之二 1冊(所藏)		筆寫時期:18世紀로 推定	文友書林 朴在淵

(10) 好逑傳(《俠義風月傳》)

書 名	出版事項	版式狀況	一般事項	所藏處/所藏番號
好逑傳 (호구젼)	4卷4冊, 한글筆寫本, 著者未詳, 刊年未詳	29.5×18.3cm, 無罫, 12行29字, 版心無		梨花女子大學校 [고] 811.3 호17

(11) 快心編(醒世奇觀)

書 名	出版事項	版式狀況	一般事項	所藏處/所藏番號
쾌심편 (快心編)	32卷32冊, 筆寫本, 著者未詳, 寫年未詳	28.2×18.8cm, 無郭, 無絲欄, 註雙行, 無版心, 10行字數不定, 紙質:楮紙	印:藏書閣印	韓國學中央研究院 4-6851

(12) 隋唐演義

書 名	出版事項	版式狀況	一般事項	所藏處/所藏番號
수당연의 (隋唐演義)	12卷13冊	23.8×15.2cm		奎章閣, 레닌그라드 Aston Collection

(13) 女仙外史(≪新大奇書≫)

書 名	出版事項	版式狀況	一般事項	所藏處/所藏番號
녀션외ᄉ (女仙外史)	45卷45册, 筆寫本, 著者未詳, 寫年未詳	28.4×18.8cm, 無郭, 無絲欄, 10行17字, 紙質:楮紙	表題:女仙外史, 印:藏書閣印	韓國學中央研究院 4-6791

(14) 雙美緣(駐春園小史의 飜案)

書 名	出版事項	版式狀況	一般事項	所藏處/所藏番號
쌍미긔봉 (第十才子雙美緣)	24回, 東國大 韓國學硏究所	一名:第十才子書, 쌍미긔봉	≪活字本古小說全集≫ 3(亞細亞文化社, 1976)	東國大學校 中央圖書館 813.5 고73동 v.3

(15) 麟鳳韶(≪引鳳簫≫)

書 名	出版事項	版式狀況	一般事項	所藏處/所藏番號
인봉쇼	3卷3册, 筆寫本, 著者未詳, 寫年未詳	29.7×19.5cm, 無郭, 無絲欄, 10行20字, 無版心, 紙質:楮紙	印:藏書閣印	韓國學中央研究院 4-6839

(16) 紅樓夢

書 名	出版事項	版式狀況	一般事項	所藏處/所藏番號
홍루몽 (紅樓夢)	曹霑(淸)著, 120卷120册中117册存, 3册缺(卷24, 54, 71), 筆寫本, 譯者未詳, 寫年未詳	78.3×18.2cm, 無郭, 無絲欄, 8行字數不定, 無版心, 紙質:壯紙	表題:紅樓夢, 印:藏書閣印	韓國學中央研究院 4-6864

(17) 雪月梅傳

書 名	出版事項	版式狀況	一般事項	所藏處/所藏番號
셜월미젼 (雪月梅傳)	20卷20册, 筆寫本, 作者未詳, 寫年未詳	28.3×18.8cm, 無郭, 無絲欄, 10行字數不定, 無版心, 紙質:楮紙	印:藏書閣印	韓國學中央研究院 4-6820

(18) 後紅樓夢

書 名	出版事項	版式狀況	一般事項	所藏處/所藏番號
후홍루몽 (後紅樓夢)	著者未詳, 寫年未詳	20卷20册, 筆寫本, 28.8×18.8cm, 無郭, 無絲欄, 9行18字, 無魚尾, 紙質:楮紙	表題:後紅樓夢, 印:藏書閣印	韓國學中央研究院 4-6877

(19) 粉粧樓

書名	出版事項	版式狀況	一般事項	所藏處/所藏番號
粉粧樓	5冊(完帙), 筆寫本(唯一本)		飜譯:1906年頃(推定)	鮮文大 朴在淵

(20) 合錦廻文傳

書名	出版事項	版式狀況	一般事項	所藏處/所藏番號
회문뎐 (合錦廻文傳)	5卷5冊, 刊寫者未詳	無界, 10行15~17字, 29.5×21.2㎝	飜譯:18世紀頃	東國大 中央圖書館 813.5 회37 v.1-5
회문뎐 (合錦廻文傳)	4卷4冊(卷之一, 卷之三 2冊, 現存), 刊寫者未詳	14行14~21字, 卷之一:31.1×28.7㎝, 卷之三:31.1×30㎝		鮮文大 梁承敏

(21) 續紅樓夢

書名	出版事項	版式狀況	一般事項	所藏處/所藏番號
속홍루몽 (續紅樓夢)	24卷24冊, 筆寫本, 著者未詳, 寫年未詳	27×18㎝, 無郭, 無絲欄, 9行17字, 無版心, 紙質:楮紙	表題:續紅樓夢, 印:藏書閣印	韓國學中央研究院 4-6822

(22) 瑤華傳

書名	出版事項	版式狀況	一般事項	所藏處/所藏番號
요화전 (瑤華傳)	22卷22冊, 宮體筆寫本, 著者未詳, 寫年未詳	27.8×19㎝, 無郭, 無絲欄, 9行字數不定, 無版心, 紙質:楮紙	表題:瑤華傳, 印:藏書閣印	韓國學中央研究院 4-6835
요화전	14卷7冊, 筆寫本		飜譯本 草稿	奎章閣

(23) 紅樓復夢

書名	出版事項	版式狀況	一般事項	所藏處/所藏番號
홍루부몽 (紅樓復夢)	50卷50冊, 筆寫本, 著者未詳, 寫年未詳	28.1×18.9㎝, 無郭, 無絲欄, 9行17字, 無魚尾, 紙質:楮紙	表題:紅樓復夢, 印:藏書閣印	韓國學中央研究院 4-6866

(24) 白圭志(第八才子書)

書名	出版事項	版式狀況	一般事項	所藏處/所藏番號
빅규지(白圭志)	1冊106張	每面11~15行	4卷16回, 1~10回 中半까지 飜譯	鮮文大 朴在淵

(25) 補紅樓夢

書名	出版事項	版式狀況	一般事項	所藏處/所藏番號
보홍루몽 (補紅樓夢)	24卷24冊, 筆寫本, 著者未詳, 寫年未詳	28.1×19cm, 無郭, 無絲欄, 10行19字, 無魚尾, 紙質:楮紙	表題:補紅樓夢, 印:藏書閣印	韓國學中央研究院 4-6812

(26) 鏡花緣(第一奇諺)

書名	出版事項	版式狀況	一般事項	所藏處/所藏番號
제일기언 (鏡花緣)	20卷中18卷(殘卷:9, 12), 洪羲福飜譯	31×20cm, 10行20字內外	題目:第一奇諺 (1835年)	高麗大 丁奎福

(27) 紅樓夢補

書名	出版事項	版式狀況	一般事項	所藏處/所藏番號
홍루몽보 (紅樓夢補)	24卷24冊, 筆寫本, 著者未詳, 寫年未詳	29×18.8cm, 無郭, 無絲欄, 9行19字, 無魚尾, 紙質:楮紙	表題:紅樓夢補, 印:藏書閣印	韓國學中央研究院 4-6865

(28) 綠牡丹

書名	出版事項	版式狀況	一般事項	所藏處/所藏番號
녹목단 (綠牧丹)	6卷6冊, 著者未詳, 마이크로필름 릴 1개(484 fr.) : 음화;16mm, 1982	23×15.9cm	마이크로필름, 원본:筆寫本	韓國學中央研究院 MF R16N 506

(29) 忠烈俠義傳

書名	出版事項	版式狀況	一般事項	所藏處/所藏番號
충렬협의전 (忠烈俠義傳)	40卷40冊, 筆寫本, 作者未詳, 寫年未詳	28×18.8cm, 無郭, 無絲欄, 無版心, 10行18~19字, 紙質:楮紙	表題:忠烈俠義傳, 印:藏書閣印	韓國學中央研究院 4-6849

(30) 忠烈小五義傳

書名	出版事項	版式狀況	一般事項	所藏處/所藏番號
충렬소오의 (忠烈小五義)	本編30卷(附編1卷, 合31冊), 한글筆寫本, 著者, 寫年未詳	28.2×18.6cm, 無郭, 無絲欄, 無版心, 10行字數不定, 紙質:楮紙	飜譯:1890年頃, 印:藏書閣印	韓國學中央研究院 4-6848
충렬소오의	16卷16冊(殘本), 한글筆寫本			奎章閣

(31) 閒談消夏錄

書名	出版事項	版式狀況	一般事項	所藏處/所藏番號
閒談消夏錄	2冊, 筆寫本	30.3×19.9㎝	表題:消夏錄	國立中央圖書館 BC古朝48-258 卷1-2

(32) 繡像神州光復志演義*

書名	出版事項	版式狀況	一般事項	所藏處/所藏番號
수상신 쥬광복지연의	王雪庵 著, 枕漱軒 校訂, 30卷30冊, 國文筆寫本	31.3×21.1㎝	飜譯時期:1920年頃, 別名: 神洲光復志	國立中央圖書館 [한]48-216

(33) 張遠兩友相論*

書名	出版事項	版式狀況	一般事項	所藏處/所藏番號
張遠兩友相論	著者未詳, 發行年度:1898年, 한글本, 12回, 47張	21.4×14.7㎝, 12行24字	한글本	崇實大 韓國基督教博物館 0078, 동일본 0129

(34) 引家當道*

書名	出版事項	版式狀況	一般事項	所藏處/所藏番號
引家當道 (인가귀도)	그리휘트 죤 著, 16回, 1894年刊, 貞洞教會刊行	79面, 10行18字, 題名:인가귀도	한글本	長老會神學大學校 圖書館 248.46 ㄱ181ㅇ
引家當道	周明卿 著, 16回, 1911年刊, 徽文館刊行	78面, 10行17-18字, 鉛活字本	한글本	崇實大 韓國基督教博物館
인가귀도	John, Griffith 著, Ohlinger, F 譯, 1911年刊, 예수교서회, 78面	19.5×12.5㎝, 13行32字, 題名:인가귀도	한글本	延世大中央圖書館 O(CH) 266 J613l

4. 中國古典小說의 飜譯本 目錄 219

4) 彈詞와 鼓詞 作品目錄

(1) 珍珠塔(九松亭)

書名	出版事項	版式狀況	一般事項	所藏處/所藏番號
珍珠塔	13卷5冊, 筆寫本, 編者未詳, 年紀未詳	32.8×21.1cm	한글본	奎章閣 [奎]11440
진쥬탑 (珍珠塔)	10卷10冊, 筆寫本, 作者未詳, 寫年未詳	28.1×19.9cm, 無郭, 無絲欄, 9行19行, 註雙行, 無版心, 紙質:楮紙	表題:珍珠塔, 印:藏書閣印	韓國學中央研究院 4-6845

(2) 再生緣傳(《繡像繪圖再生緣》)

書名	出版事項	版式狀況	一般事項	所藏處/所藏番號
지싱연전 (再生緣傳)	52卷52冊, 筆寫本, 著者未詳, 寫年未詳	28.2×18.8cm, 無郭, 無絲欄, 無版心, 10行17~20字, 紙質:楮紙	表題:再生緣傳, 印:藏書閣印	韓國學中央研究院 4-6843

(3) 梁山伯傳

書名	出版事項	版式狀況	一般事項	所藏處/所藏番號
양산백전	1冊(漢城書館) 1915年, 1917年 等	未詳		漢城書館 出刊
양산백전	1冊(唯一書館) 1915年, 1917年 等	未詳		唯一書館 出刊
양산백전	1冊(24張), 木版本, 白斗鏞 編, 京城, 翰南書林, 1920	26×20.3cm, 四周單邊, 半郭:20.7×17.4cm, 有界, 14行字數不定, 上下向四瓣黑魚尾	版心題:양, 한글본, 兩面印刷本	嶺南大學校 陶南文庫 [古도]813.5 양산백
양산빅전	한글筆寫本			延世大 [古1]811.36양산백
양산백전	한글筆寫本			서울大 1956 展示目錄 76[1]
양산빅전	不分卷1冊, 木版本	23.2×19.3cm, 四周單邊, 半郭:19.8×17.4cm, 無界, 13行24字, 上二葉花紋魚尾		國立中央圖書館 [한]48-62
양산빅전	1卷1冊(24張), 木版本, 著者未詳, 京城, 翰南書林 1920刊	26×20.4cm, 四周單邊, 半郭:20.5×17.5cm, 14行字數不定, 上二葉花紋魚尾, 紙質:洋紙	版心題:양, 所藏印:陶南書室, 刊記:大正九年(1920) 月三十日發行	韓國綜合典籍目錄 (陶南文庫) 趙潤濟

書名	出版事項	版式狀況	一般事項	所藏處/所藏番號
	1冊(24張), 木版本, 著者未詳, (1900年前後頃)刊	26.5×18.5cm, 四周單邊, 半郭:20×18cm, 14行24字, 白口, 紙質:楮紙	表題:梁山伯傳	韓國綜合典籍目錄 (誠巖文庫) 金根洙 4-35
	全不分卷1冊, 木版本, 著者未詳, 京城, 翰南書林大正十年 (1921)	26×20.5cm, 四周單邊, 半郭:20.5×17.8cm, 14行字數不定, 上二葉華紋魚尾	版心文字:양, 刊記:大正十年(1921)月三 十日京城府翰南書林發行	韓國學中央研究院 D7B-157
	2冊, 國文木版本, 京城, 漢南書林, 大正10(1921)	26×20.5cm, 四周單邊, 上二葉花紋魚尾	版心文字:양, 刊記:大正十年(1921) 月三十日發行	韓國學中央研究院 R16N-001128-3

(4) 千里駒

書名	出版事項	版式狀況	一般事項	所藏處/所藏番號
천리구(千里駒)	4卷2冊			國立中央圖書館 한古朝48-152

---

1) 연세대와 서울대 소장 판본은 조희웅, ≪고전소설이본목록≫, 집문당, 1999. 372쪽 참조.

5. 翻譯出版된 中國古典小說 目錄

1) 列女傳

書名	出版事項	版式狀況	一般事項	所藏處/所藏番號
列女傳	中宗38年癸卯(1543年)	申珽・柳沆翻譯, 柳耳孫寫, 李上佐畵		失傳
렬녀전	太華書館:렬녀전, 世界書林:고금녈녀전	太華書館:렬녀전(舊活字 坊刻本)	太華書館:렬녀전 (1918年)	

2) 薛仁貴傳

書名	出版事項	版式狀況	一般事項	所藏處/所藏番號
설인귀전	坊刻本(京本) 2種(朝鮮末期 推定)	未詳	李能雨/柳鐸一 書籍根據	未詳/東洋語學校(Paris)
설인귀전 薛仁貴傳	1册, 舊活字本, 昭和9年(1934), 世昌書館			鮮文大 朴在淵
설인귀전	2册, 國文活字本, 朴建會, 京城, 東美書市, 大正4(1915)	22cm		高麗大學校 3636-96

3) 水滸傳

書名	出版事項	版式狀況	一般事項	所藏處/所藏番號
수호지	3册(殘本) 安城坊刻本	未詳	李能雨/柳鐸一 著書根據	未詳
수호지	2册(京本), 朝鮮末期 推定	未詳	李能雨/柳鐸一 著書根據	未詳/東洋語學校(Paris)
슈호지 (水滸志)	2册, 新鉛活字本, 崔昌修編修, 京城, 新文館, 1913刊	22×15.2cm, 四周雙邊, 半郭:17.5×12cm, 17行35字, 紙質:洋紙	刊記:大正二年(1913) 十二月二十七日發行	成均館大學校 D7B-70
슈호지 (水滸誌)	4卷4册, 舊活字本, 崔南善, 新文館, 大正2年(1913)			鮮文大 朴在淵

222 第一部 國內 出版·筆寫 및 飜譯本 中國古典小說 目錄

書名	出版事項	版式狀況	一般事項	所藏處/所藏番號
슈호지	1冊, 木版本, 刊地未詳, 刊行者未詳, 刊年未詳	26.8×18.8cm, 四周單邊, 半郭: 21.8×16.5cm, 無界, 15行23字 內外, 上下向2葉 花紋魚尾	一般動産文化財 한글본, 漢文 書名:水滸誌	西江大學校 고서 슈95
	施耐庵(明)著, 4卷4冊, 新鉛活字本, 京城, 新文館, 1913刊	有圖, 21.7×15.1cm, 紙質:洋紙	刊記:大正二年(1913)月日京城府新文館發行	忠道 溫陽市 溫陽民俗博物館
	施耐庵(元)撰, 4卷4冊, 新活字本, 京城(서울), 新文館, 大正2(1913)	有圖, 22cm	標題紙:계축륙월…서울신문단발행, 卷頭書名:신교슈호지	檀國大學校 竹田退溪圖書館 (고823.5-시458ㅅ)
	羅貫中(明)著, 劉載洸編, 3卷3冊 (卷1-3), 木版本, 清州, 惟一印刷社, 大正15(1926)	26.5×19.2cm, 四周單邊, 半郭:21.8×16.6cm, 無界, 15行23字, 上下向2葉花紋魚尾		檀國大學校 天安栗谷圖書館 (고873.5-나1282ㅅ)
신교 슈호지	施耐庵(明)著, 1冊(缺本), 京城, 新文館(1913)	有圖, 22×15.3cm	表紙書名:신교슈호지	韓國學中央研究院 D7B-49
	施耐庵(明)撰, 崔昌善編, 4卷4冊, 新式印刷本, 京城, 新文館, 1913	有圖(圖像4面), 21.7×15.1cm	卷頭:슈호지설명, 목록, 설자(楔子), 各卷頭 目錄, 各卷末 書籍廣告, 標題紙:신교슈호지 계축(1913)륙월 셔울신문단발행	嶺南大學校 陶南文庫 [古도]823.5 시내암ㅇ
	施耐庵(明)原著 崔昌善編譯, 4卷4冊(卷1-4), 新鉛活字本, 京城, 新文館, 大正2(1913)	有圖, 15.2×21.7cm, 四周雙邊, 全郭:17.5×11.7cm, 無界, 17行35字 內外	原標題:水滸誌, 刊記:大正二年(1913)發行	漢陽大學校 812.35-시218ㅅKㅊㄴ-v.1-v.4
츙의 슈호지	施耐庵(明)撰, 崔昌善編, 6卷6冊(前集3卷, 後集3卷), 新式印刷本, 京城, 朝鮮圖書, 1929	21×14.7cm	各 卷頭 목녹, 後表紙:博文書館圖書目錄, 한글본	嶺南大學校 陶南文庫 [古도]823.5 내암ㅇㄱ

4) 三國志演義

書名	出版事項	版式狀況	一般事項	所藏處/所藏番號
삼국지	3册(京本, 紅樹洞坊刻本, 1859年)	未詳	李能雨/柳鐸一 論著根據	未詳/東洋語學校 (Paris)
제일기서 삼국지	1册(缺帙, 卷4), 22㎝, 著者未詳, 京城, 博文書館, 大正6(1917)		內容:册4, 後集(4卷)	慶熙大學校 812.3-삼16
제일긔셔숩국지第一奇書三國誌	8册(前集4册, 後集4册), 舊活字本, 博文書館, 大正 6(1917)年			鮮文大 朴在淵
(데일긔셔) 삼국지第一奇書三國志	1卷1册(零本, 所藏本:前集, 卷1), 新活字本, 編者未詳, 刊行者未詳, 1920頃刊	21.8×14.8㎝, 四周雙邊, 全郭:17.3×11.3㎝, 無界, 16行23字, 註雙行, 頭註, 紙質:洋紙	序:順治甲申(1644)嘉平朔日金人瑞聖嘆(淸)氏題	東國大學校 D819.34 삼17ㅅㄱ
	羅貫中(明)著, 1册(前集2卷), 新鉛活字本, 刊地, 刊者未詳(19--)	22×15㎝		檀國大學校 竹田退溪圖書館 고823.5-나128ㅅ
삼국지 (三國誌)	金聖歎(淸)原評, 2卷1册(零本), 木版本, 刊寫地, 刊寫者, 刊寫年未詳	27.5×19㎝, 四周單邊, 半郭:20.7×15.6㎝, 無界, 13行字數不定, 註雙行, 上下內向黑魚尾		檀國大學校 天安栗谷圖書館 古873.5-나1282ㅅ
삼국지 (三國志)	羅貫中(明)著, 不分卷, 2册(1~2卷), 木版本, 年紀未詳	23.5×19.2㎝, 四周單邊, 半郭: 20.7×17.4㎝, 無界, 14行24字, 上二葉花紋魚尾		國立中央圖書館 [한]48-33-2
	羅貫中(明)著, 3卷3册, 木版本, 京城, 白斗鏞家, 1920	25.8×20.2㎝, 四周單邊, 半郭:21.5×17.7㎝, 無界, 14行25字, 上二葉花紋魚尾		國立中央圖書館 [한]-48-33
	1册, 木版本, 發行地不明, 發行處不明, 發行年不明	27×18.5㎝, 四周單邊, 半郭:21×15㎝, 無界, 13行21字, 下向黑魚尾, 紙質:楮紙	備考:前後毀損(缺張)	忠南大學校 학산고서 集· 小說類1964
	羅貫中(明)著, 不分卷1册(缺本:卷3), 木版本, 譯者未詳, 年紀未詳	24×18㎝, 四周單邊, 半郭:20.3×16㎝, 無界, 16行29字, 內向黑魚尾	表紙書名:諺三國誌	國立中央圖書館 [한]48-33-3
삼국지 삼국지 삼국지	三卷(全3卷3册中의 零本), 木版本, 24張, 님진완산신판	27㎝, 四周單邊, 18.3×15.5㎝, 15行25字, 上下內向黑魚尾		延世大學校 811.93/28
	羅貫中(明)著, 4卷1册, 木版本, 梁珍泰 編, 全州, 多佳書鋪, 1916	26.4×18.7㎝, 四周單邊, 半郭:21.7×15.9㎝, 無界, 13行字數不定, 上下內向黑魚尾	한글本	嶺南大學校 陶南文庫 [古도]823.5나관중ㄱ
	2册, 木版本	31×21㎝		嶺南大學校 823.5

書名	出版事項	版式狀況	一般事項	所藏處/所藏番號
	不分卷1册(85張), 木版本, 著者未詳, 1908刊	27×18.9cm, 四周單邊, 半郭:21.7×16.7cm, 13行22字, 內向黑魚尾, 紙質:楮紙	表題:三國誌, 版心題:삼국지, 刊記:戊申(1908) 冬完山梁册房新刊	韓國綜合典籍目錄 (尙熊文庫)4-156
	1卷1册(卷3), 木版本, 譯者未詳, 1912頃刊	27.5×19.5cm, 四周單邊, 半郭:19.7×15.5cm, 15行字數不定, 上二葉花紋魚尾, 紙質:楮紙	表題:三國誌, 表紙上墨書識記:癸亥 (1912)元月日	韓國綜合典籍目錄 (元堂文庫)郭英大
	2卷1册(卷3, 4), 木版本, 著者未詳, 全州, 多佳書舖, 1916刊	26.4×18.8cm, 四周單邊, 半郭:20.6×15.4cm, 13行字數不定, 內向黑魚尾, 紙質:楮紙	所藏印:陶南書室, 刊記:大正五年(1916) 十月八日發行	韓國綜合典籍目錄 (陶南文庫)趙潤濟
	3卷3册, 木版本, 白斗鏞 編, 翰南書林, 1918刊	30.7×21.5cm, 四周單邊, 半郭:21.5×17.9cm, 15行28字, 上2葉花紋魚尾, 紙質:楮紙	刊記:己未(1918) 孟夏□□洞新刊	韓國綜合典籍目錄 (山氣文庫)李謙魯 4-687
	3卷3册, 木版本, 白斗鏞 編, 京城翰南書林, 1919刊	30.5×21.5cm, 四周單邊, 半郭:21.3×17.7cm, 15行不定字, 上2葉花紋魚尾, 紙質:楮紙	版心題:삼, 刊記:己未(1919) 孟夏□□洞新刊	韓國綜合典籍目錄 (山氣文庫)李謙魯 4-688
	2卷1册(卷3~4), 木版本, 著者未詳, 1920頃刊	26×18.2cm, 四周單邊, 半郭:21.4×16.5cm, 12行24字, 內向黑魚尾, 紙質:楮紙	版心題:삼국지, 內容:삼국지三, 마초동관듸전하야픽됴ᄒ다. 삼국지四, 유현덕이취셔촉하다	韓國綜合典籍目錄 (山氣文庫)李謙魯 4-690
	卷3, 1册(卷3), 木版本, 著者未詳, 姜夏馨, 1923刊	25.5×19cm, 四周單邊, 半郭:20.7×16.4cm, 15行不定字, 上2葉花紋魚尾, 紙質:楮紙	刊記:大正十二(1923) 年十一月十日發行, 備考:美洞新板	韓國綜合典籍目錄 (山氣文庫)李謙魯 4-691
	3卷3册, 木版本, 著者未詳, 1919刊	31×21.3cm, 四周單邊, 半郭:22×18.3cm, 14行, 上2葉花紋魚尾, 紙質:楮紙	版心題:삼, 刊記:己未(1919) 孟夏□□洞新刊	韓國綜合典籍目錄 (山氣文庫)李謙魯 4-689
	羅貫中著, 1册(86張), 한글木版本, 卓鐘佶編, 全州, 西溪書舖, 1911	26.6×18.7cm, 四周單邊, 半郭:21.3×15.5cm, 無界, 13行22~23字內外, 內向黑魚尾, 紙質:楮紙	表題:三國志, 刊記:明治四十四年(1911) 八月二十二日發行, 全州 西溪書舖	全南大學校 3Q-삼17ㄴㄷ
	2卷1册(卷3~4), 木版本, 朝鮮朝後期刊	25.6×17.5cm, 四周單邊, 半郭:20.6×15.4cm, 無界, 13行22字, 註單行, 內向黑魚尾, 紙質:楮紙	表題:三國傳, 版心題:三國志	忠南大學校 集50
	2卷1册(卷3~4), 木版本, 著者未詳, 朝鮮朝末頃(1852)刊	26×18.5cm, 四周單邊, 半郭:21×16cm, 13行不定字, 內向黑魚尾, 紙質:楮紙	版心題:삼국지, 表紙墨書識記:壬子(1852) 十一月日	韓國綜合典籍目錄 (山氣文庫)李謙魯 4-685

5. 飜譯出版된 中國古典小說 目錄   225

書名	出版事項	版式狀況	一般事項	所藏處/所藏番號
	羅貫中(明)著, 2卷1冊, 木版本, 刊寫地未詳, 刊寫者未詳, 刊寫年未詳	25×17cm, 四周單邊, 半郭:20.8×16.2cm, 無界, 13行22字, 上下內向黑魚尾		檀國大學校 天安栗谷圖書館 古873.5-나1282서
	羅貫中(明)著, 零本2冊(所藏:卷3-4), 木版本, 刊寫事項不明	28.2×19.8cm, 四周單邊, 半郭:21.2×15.3cm, 無界, 行字不定, 上下向黑魚尾	版心題:삼국지	慶北大學校 [古]812.3 6ㅅ(25)
	羅貫中(明)著, 2卷1冊, 木版本, 全州, (西溪)書舖, 1911	25.5×16cm, 四周單邊, 半郭:20.4×15.9cm, 有界, 13行22字, 註雙行, 上下內向黑魚尾		檀國大學校 天安栗谷圖書館 (羅孫文庫)古873.5-나128ㅅ
	羅貫中(明)著, 3卷3冊(上,中,下), 木版本, 京城(서울), 翰南書林, 大正6 (1917)	25.6×20.4cm, 四周單邊, 半郭:21.6×18.5cm, 無界, 14行25字, 上下向二葉花紋魚尾	卷下末:己未孟夏紅樹洞 新刊	檀國大學校 天安栗谷圖書館 (羅孫文庫) 古873.5-나128서
	羅貫中(明)著, 1卷1冊(零本), 木版本, 安城, 刊寫者未詳, 刊寫年未詳	23×19cm, 四周單邊, 半郭:20.3×16.2cm, 無界, 15行28字, 上下向二葉花紋魚尾	表題:諺三國誌, 刊記:안성동문이신판	檀國大學校 天安栗谷圖書館 古873.5-나1282수
	金聖歎(請)原評, 1卷1冊(零本), 木版本, 刊寫地未詳, 刊寫者未詳, 刊寫年未詳	25.5×18.5cm, 四周單邊, 半郭:19.9×16.5cm, 無界, 15行字數不定, 註雙行, 上下內向黑魚尾		檀國大學校 天安栗谷圖書館 古873.5-나1282시
	三卷		1894에 收錄	延世大學校
	2卷1冊(卷3~4), 木版本, 朝鮮朝後期刊	25.6×17.5cm, 四周單邊, 半郭:20.6×15.4cm, 無界, 13行22字, 註單行, 內向黑魚尾, 紙質:楮紙	表題:三國傳, 版心題:三國志	忠南大學校
	羅貫中(明)撰, 2卷1冊(卷3~4), 木版本, 朝鮮朝後期刊	26.8×18.3cm, 四周單邊, 半郭:20.5×15.2cm, 無界, 13行22字, 內向黑魚尾, 紙質:楮紙		忠南 溫陽民俗博物館
	3卷3冊, 木版本, 京城翰南書林, 1919年刊	半郭:22×18cm, 15行26字, 上2葉魚尾	刊記:己未(1919)孟夏(由) 洞新刊	雅丹文庫 813.5-삼16
	2卷1冊(卷3~4同書2冊), 木版本	半郭:20.8×15.4cm, 13行22字, 內向黑魚尾		雅丹文庫 813.5-삼16
	1卷1冊(卷3), 木版本	半郭:19×16.2cm, 15行字數不定, 內向黑魚尾	卷尾:님신완산신판이라	雅丹文庫 813.5-삼16
	2卷1冊(卷3~4), 木版本	半郭:20.5×15.8cm, 13行22字, 內向黑魚尾		雅丹文庫 813.5-삼16

書名	出版事項	版式狀況	一般事項	所藏處/所藏番號
	1卷1册(缺帙), 木版本, 京城, 太華書館(1922), 美洞新版	25.5×18.9cm, 四周單邊, 半郭:19.3×15.8cm, 無界, 15行23字內外, 上下向2葉花紋魚尾	表題:原本三國志, 舊刊記:美洞新板	西江大學校 고서 삼17 v.3
	羅貫中(明)著, 1册, 木版本, 刊寫地未詳, 刊寫者未詳, 刊寫年未詳	26.5×19cm, 四周單邊, 半郭:21.5×17cm, 有界, 白口, 上下內向黑魚尾	한글본	淑明女大
	1册(缺本), 國文木版本	26.2×18.7cm, 四周單邊, 上下黑魚尾	16mmR [Nega], 88f	韓國學中央研究院R16N-001133-17
	1册(3卷), 國文木版本, 京城, 太華書館, 大正12(1923)	25.9×18.5cm, 四周單邊, 上二葉花紋魚尾	刊記:大正十二年(1923) 十一月十日發行	韓國學中央研究院R16N-001133-20
	1册(3卷), 國文木版本, 京城, 太華書館, 大正12(1923)	25.8×18.8cm, 四周單邊, 上二葉花紋魚尾	刊記:大正十二年(1923) 十一月十日發行	韓國學中央研究院R16N-001133-18
	金聖歎(淸)原評, 全1册(缺本), 木版本, 京城, 太華書館, 大正十二年(1923) 十一月十日發行	25.8×18.8cm, 四周單邊, 半郭:21×15.2cm, 行字數不定, 上二葉花紋魚尾	刊記:大正十二年(1923) 十一月十日發行	韓國學中央研究院D7B-15B
국역삼국지(三國誌)	1册(36張), 木版本	半郭:21×15cm, 有界, 13行27字, 內向黑魚尾		雅丹文庫 813.5-국64
슈뎡삼국지	羅貫中 撰, 盧益亨 編, 1册(零本, 卷2), 新式活字本(딱지본), 京城, 博文書館, 1928	19.8×13.6cm		嶺南大學校 [古南]823.5 관중ㅅ
슈졍삼국지	5卷, 博文書館, 1904年	未詳	柳鐸一/李能雨 著書 根據	未詳
슈졍삼국지	2卷2册(卷3, 5), 新活字本	半郭:20.5×13.5cm, 17行35字		雅丹文庫 813.5-슈74
슈령삼국지	1卷1册, 新鉛活字本, 刊地, 刊者, 刊年未詳			京畿大學校 경기-k122934
언문삼국지	1卷1册(卷3), 新活字本, 永昌書館, 1928年刊	半郭:20.6×13.8cm, 19行37字		雅丹文庫 813.5-언36
언삼국지라	上下1册, 木版本, 梁珍泰 編, 全州, 多佳書鋪, 1916, 卷上, 언삼국지라(47張), 卷下, 공명션생실긔(18張), 한글本	25.7×18.5cm, 四周單邊, 半郭:19×15.2cm, 無界, 11行17字, 上下內向黑魚尾	卷頭:ㄱㄴㄷㄹㅁㅂㅅㅇ-언삼국지목녹이라, 版心題:언三	嶺南大學校 陶南文庫 [古圖]813.5 언삼국

書名	出版事項	版式狀況	一般事項	所藏處/所藏番號
언삼국지	2卷1册, 木版本, 梁承坤編, 全北完州, 梁冊房, 1937	25.2×18.5cm, 四周單邊, 半郭:18.4×15.3cm, 無界, 11行17字, 內向黑魚尾		啓明大學校 [고]812.35-양승곤ㅇ
	上下2卷1册, 木版本, 著者未詳, 全州多佳書舗, 大正五年(1916) 十月八日發行, 卷上:언삼국지. 卷下:공명션싱실긔	25.6×18.6cm, 四周單邊, 半郭:18.3×15cm, 11行17字, 內向黑魚尾, 紙質:楮紙	表題:諺三國誌, 版心題:언삼, 所藏印:陶南	韓國綜合典籍目錄 嶺南大學校 (陶南文庫)趙潤濟
삼국지 3, 4	1册, 木版本	四周單邊, 20.8×15.2cm, 13行23字, 上下內向黑魚尾		延世大學校 811.932/9
華容道	2卷1册, 木版本, 著者未詳, 刊記:戊申八月完山梁冊房開刊	28×19cm, 四周單邊, 半郭:21.5×16cm, 無界, 13行23字, 上下內向黑魚尾	異題:당양잠관교적벽대전, 版心題:화룡도, 奇게妙法可見○放赤壁戰	檀國大學校 天安栗谷圖書館 고853.5-화768그
	2卷1册, 木版本, 著者未詳, 龜洞, 刊寫者未詳, 丁未(1907)	25.7×18cm, 四周單邊, 半郭:21×15.5cm, 有界, 11行20字, 註雙行, 上下向黑魚尾	華容道傳	檀國大學校 天安栗谷圖書館 古853.5-화768구
	1册(84張), 木版本	四周單邊, 匡郭:21×16.5cm, 有界, 12行23字, 上下黑魚尾		延世大學校 811.36
	1册, 國文木版本, 龜洞	23.4×18.4cm, 四周單邊, 上下黑魚尾	16mm R[Nega], 85f	韓國學中央研究院R1 6N-001151-6
	1册, 木版本, 刊寫地未詳, 刊寫者未詳, 刊寫年未詳	28×19cm, 四周單邊, 半郭:20.7×15.5cm, 無界, 13行22字, 上下內向黑魚尾		京畿大學校 경기-k103664
화용도 (華容道)	2卷2册, 木版本, 著者未詳, 隆熙1年(1907)刊, 龜洞	28×20.5cm, 四周單邊, 半郭:21.5×16cm, 有界, 11行20字, 內向黑魚尾, 紙質:楮紙	刊記:丁未(1907) 孟夏龜洞新刊	成均館大學校 D7B-69
	2卷1册, 木版本, 發行地不明, 發行處不明, 戊申(1908)	27×18.5cm, 四周單邊, 半郭:21.5×15cm, 無界, 12行23字, 紙質:楮紙	刊記:戊申(1908) 春完西溪新刊	忠南大學校 학산고서 集·小說類2018
		1册, 坊刻本	舊活字本小說	朴在淵
화룡도	2卷1册, 木版本, 編者未詳, 全州, 梁珍泰家, 1916	26.2×18.9cm, 四周單邊, 半郭:21.5×15.7cm, 無界, 14行22字, 內向黑魚尾	表紙書名:華容道	國立中央圖書館 [한]48-30
	2卷1册, 木版本, 著者未詳, 全州龜洞, 丁未年	25.8×18.5cm, 四周單邊, 半郭:21.3×15.8cm, 無界, 11行 21字, 內向黑魚尾		啓明大學校 이]811.35

228   第一部　國內 出版·筆寫 및 飜譯本 中國古典小說 目錄

書 名	出版事項	版式狀況	一般事項	所藏處/所藏番號
	上下1冊, 木版本, 全州, 多佳書鋪, 1916, 丁未孟秋龜洞新刊	26.2×18.5cm, 四周單邊, 半郭:21.5×15.8cm, 無界, 11行字數不定, 註雙行, 上下內向黑魚尾, 一部分上下內向二瓣下黑魚尾	卷頭:華龍圖目錄, 印出記(卷末):丁未孟秋龜洞新刊	嶺南大學校 陶南文庫 [古도]823.5 화용도
	上下, 2卷1冊, 木版本, 著者未詳, 全州, 多佳書鋪, 1916刊	26×18.5cm, 四周單邊, 半郭:21×18.5cm, 行字數不定字, 內向黑魚尾, 紙質:楮紙	卷末書名:華容道, 版心題:화룡도, 所藏印:陶南書室, 刊記:丁未孟秋, 龜洞刊, 大正五年(1916)十月八日發行	韓國綜合典籍目錄 (陶南文庫)趙潤濟
	2卷1冊, 木版本, 著者未詳, 1907刊	26×18.7cm, 四周單邊, 半郭:21.2×15.6cm, 行字數不定, 內向1·2葉花紋魚尾, 紙質:楮紙	表題:三國誌演義, 版心題:화룡도, 刊記:丁未(1907)孟秋龜洞新刊	韓國綜合典籍目錄 (山氣文庫)李謙魯 4-736
	上下, 2卷1冊(83張), 木版本, 著者未詳, 朝鮮朝後期刊	27×18.6cm, 四周單邊, 半郭:21.7×16.3cm, 上黑魚尾, 紙質:楮紙	表題:華容道, 版心題:화룡도, 內容:中國小說	韓國綜合典籍目錄 (尙熊文庫)4-188
	2卷1冊(卷1~2), 木版本, 著者未詳, 朝鮮朝末期刊	25.7×18.7cm, 四周單邊, 半郭:20.3×15.7cm, 有界, 12行字數不定, 內向黑魚尾, 紙質:楮紙	表題:華容道	韓國綜合典籍目錄 (誠庵文庫)趙炳舜 4-1400
	2卷1冊, 木版本, 著者未詳, 朝鮮朝末(1900頃)刊	26.4×18.6cm, 四周單邊, 半郭:26×16.2cm, 12行22字, 內向黑魚尾, 紙質:楮紙	內容:中國小說, 備考:後部若干張落	韓國綜合典籍目錄 (山氣文庫)李謙魯 4-737
	上下, 2卷1冊, 石印本, 著者未詳, 西溪, (1900年代)刊	26.7×18.7cm, 四周單邊, 半郭:21.8×15.5cm, 12行20~24字, 內向黑或1, 2葉花紋魚尾, 紙質:楮紙	表題:華容道, 刊記:仲春完西溪新刊	韓國綜合典籍目錄 (誠庵文庫)趙炳舜 4-1401
	2卷1冊, 木版本, 著者未詳, 朝鮮朝末(1900)頃刊	26.7×19.2cm, 四周單邊, 半郭:21.5×16.4cm, 11行20字, 內向黑1葉花紋魚尾, 紙質:楮紙	內容:中國小說, 備考:初張, 尾2張落, 合綴:華容道卷上下合本, 國文小說異版	韓國綜合典籍目錄 (山氣文庫)李謙魯 4-739
	2卷1冊, 木版本, 著者未詳, 卓鍾佶, 1911刊	27×19cm, 四周單邊, 半郭:21.4×15.5cm, 11行不定字, 內向黑魚尾, 紙質:楮紙	版心題:화룡도, 刊記:春完西溪新刊, 明治四十四年(1911)八月二十二日發行	韓國綜合典籍目錄 (山氣文庫)李謙魯 4-738
	2卷1冊, 木版本, 著者未詳, 刊寫地未詳, 刊寫者未詳, 刊寫年未詳	25.8×18cm, 四周單邊, 半郭:21.3×15.2cm, 無界, 12行 22字, 上下內向黑魚尾		檀國大學校 天安栗谷圖書館 (羅孫文庫) 古853.5-화768

書名	出版事項	版式狀況	一般事項	所藏處/所藏番號
	1册, 木版本, 刊寫事項不明	26.3×18cm, 四周單邊, 半郭:21.6×15.5cm, 無界, 12行23字, 上下內向黑魚尾	版心題:화룡도	慶北大學校 [古]811.31 화236
	2卷1册, 木版本, 著者未詳, 刊寫地未詳, 刊寫者未詳, 刊寫年未詳	25.8×18.5cm, 四周單邊, 半郭:22×16.2cm, 無界, 12行22字, 上下內向黑魚尾		檀國大學校 天安栗谷圖書館 古853.5-화768ㄱ
	2卷1册, 木版本, 著者未詳, 刊寫地未詳, 刊寫者未詳, 刊寫年未詳	26.5×18.5cm, 四周單邊, 半郭:21.3×16.2cm, 無界, 11行20字, 上下內向黑魚尾	表題:華容道, 刊記:春完西溪新刊	檀國大學校 天安栗谷圖書館 古853.5-화768거
	2卷1册(落張), 木版本, 著者未詳, 刊寫地未詳, 刊寫者未詳, 刊寫年未詳	27.2×18.5cm, 四周單邊, 半郭:21.2×15.9cm, 無界, 12行字數不定, 上下內向黑魚尾	表題:華容道	檀國大學校 天安栗谷圖書館 (羅孫文庫) 古853.5-화7682
	2卷1册, 木版本, 著者未詳, 龜洞, 刊寫者未詳, 隆熙2年(1908)	26.5×17.6cm, 四周單邊, 半郭:21.6×15.6cm, 無界, 11行20字, 上下內向黑魚尾	標題:華容道, 刊記:丁未(1907) 孟秋龜洞新刊	檀國大學校 天安栗谷圖書館 (羅孫文庫) 古853.5-화7686
	2卷1册, 木版本	半郭:21×15.5cm, 13行字數不定, 內向黑魚尾		雅丹文庫 813.5-화295
	2卷1册, 木版本	半郭:21.5×15.2cm, 11行20字, 內向黑魚尾		雅丹文庫 813.5-화295
	丁1册(同書2部), 木版本, 未孟秋龜洞新刊	半郭:21.8×15.6cm, 12行字數不定, 內向黑魚尾	刊:丁未孟秋龜洞新刊, 印記:白淳在藏	雅丹文庫 813.5-화295
	2卷1册, 木版本, ○○春完西溪新刊	半郭:21.4×15.8cm, 12行字數不定, 內向黑魚尾	刊記:○○春完西溪新刊	雅丹文庫 813.5-화295
	2卷1册, 木版本	半郭:21.9×15.9cm, 10行20字, 內向混葉魚尾		雅丹文庫 813.5-화295
	2卷1册(同書4部), 木版本	半郭:20.7×15.8cm, 12行22字, 內向黑魚尾		雅丹文庫 813.5-화295
	2卷1册, 木版本, 朝鮮朝後期刊	25.9×18.1cm, 四周單邊, 半郭:21.5×15.6cm, 11行字數不定, 紙質:楮紙	備考:下卷末缺張	忠南 唐津郡 宋基華
	1册, 木版本, 著者未詳, 刊寫地未詳, 刊寫者未詳, 刊寫年未詳	26×18cm, 四周單邊, 半郭:21×16cm, 無界, 13行22字, 上下向黑魚尾	書名:表紙	淑明女子大學校
	2卷1册, 木版本, 完山[全州]:梁册房, 隆熙2(1908)	27×18.5cm, 四周單邊, 半郭:21.5×15.1cm, 無界, 12行22字內外, 上下內向黑魚尾	一般動産文化財, 表題:華容道, 刊記:戊申(1908) 八月 完山梁山房開刊	西江大學校 고서 화236

230　第一部　國內 出版·筆寫 및 飜譯本 中國古典小說 目錄

書名	出版事項	版式狀況	一般事項	所藏處/所藏番號
	全上下卷1冊, 木版本, 著者未詳, 刊年未詳	26×18.2㎝, 四周單邊, 半郭:20.7×15.7㎝, 13行字數不定, 上下黑魚尾		韓國學中央研究院D7 B-41E
	1冊, 國文木版本 完山, 梁冊房, 戊申	27.2×18.7㎝, 四周單邊, 上下黑魚尾		韓國學中央研究院R1 6N-001151-10
	1冊, 國文木版本, 完西溪, 戊申	27.5×18.4㎝, 四周單邊, 上下黑魚尾		韓國學中央研究院R1 6N-001151-5
	1冊, 國文木版本	26.3×18.5㎝, 四周單邊, 上下黑魚尾	16㎜ R[Nega], 83f	韓國學中央研究院R1 6N-001151-7
	1冊, 國文木版本	25.8×18.2㎝, 四周單邊, 上下黑魚尾	16㎜ R[Nega], 83f	韓國學中央研究院R1 6N-001151-8
	2卷1冊(卷1~2), 木版本, 著者未詳, 朝鮮朝末期刊	25.7×18.7㎝, 四周單邊, 半郭:20.3×15.7㎝, 有界, 12行字數不定, 內向黑魚尾, 紙質:楮紙	表題:華容道	誠庵文庫 4-1400
	上下2卷1冊, 中國石印本, 著者未詳, 西溪, 1900年代刊	26.7×18.7㎝, 四周單邊, 半郭:21.8×15.5㎝, 12行20~24字, 內向黑或1, 2葉花紋魚尾, 紙質:楮紙	表題:華容道, 刊記:仲春完西溪新刊	誠庵文庫 4-1401
	2卷1冊, 木版本,	四周單邊, 匡郭:22×16.5㎝, 無界, 12行20字, 上下黑魚尾		延世大學校 811.36
	21卷1冊, 木版本	24.9×18.2㎝, 四周單邊, 21.5×16㎝, 11行不定字, 內向 1~2葉花紋或黑魚尾		高麗大學校 C15-A119
화룡도 (華容道)	2卷1冊, 한글木版本, 編著者未詳, 刊寫地未詳, 刊寫者未詳, 刊寫年未詳	27×18.5㎝, 四周單邊, 半郭:20.6×15.5㎝, 12行22字, 上下內向 黑魚尾(一部有紋魚尾 混入)	순한글本	國立淸州博物館
	上下, 2卷1冊, 木版本, 編者未詳, 西溪, 隆熙2年(1908)刊	27×18.3㎝, 四周單邊, 半郭:21.2×15.5㎝, 11行字數不定, 內向黑魚尾, 紙質:楮紙	表紙下墨書識記:明治四十三年, 刊記:戊申(1908) 春完西溪新刊, 同書2部	韓國綜合典籍目錄 (誠庵文庫)趙炳舜 4-1399
화룡도	不分卷1冊, 木版本, 卓鐘佶, 全州, 1911	26.9×19㎝, 四周單邊, 半郭:21.2×15.8㎝, 無界, 12行22字, 內向黑魚尾	表紙書名:華容道	國立中央圖書館 [한] 48-30-2
	全上下卷1冊, 木版本, 著者未詳, 完山, 梁冊房, 隆熙2(1908)	27.2×18.7㎝, 四周單邊, 半郭:21×16.1㎝, 11行字數不定, 上下黑魚尾	刊記:戊申(1908) 八月完山梁冊房開刊	韓國學中央研究院D7 B-41
	全上下卷1冊, 木版本, 著者未詳, 刊年未詳	25.8×18.2㎝, 四周單邊, 半郭:21×16.2㎝, 11行字數不定, 上下黑魚尾		韓國學中央研究院D7 B-41A

書名	出版事項	版式狀況	一般事項	所藏處/所藏番號
	全上下卷1冊, 木版本, 著者未詳, 完西溪, 隆熙2(1908)	27.5×18.4cm, 四周單邊, 半郭:21.7×16.1cm, 11行字數不定, 上下黑魚尾	刊記:戊申(1908) 春完西溪新刊	韓國學中央研究院D7 B-41B
	1冊			천안미도박물관
화용도실긔華容道實記	朴健會編輯, 1冊16回, 舊活字本			鮮文大 朴在淵
山陽大戰	漢城書館, 1916年 1917年 等		조자룡실기와 同種異本	漢城書館
	唯一書館, 1916年 1917年 等		조자룡실기와 同種異本	唯一書館
張飛馬超實記	光東書局, 1917年 1918年 等 多數			光東書局 出刊
關雲長實記	光東書局, 1917年 等			光東書局 出刊
三國大戰	永昌書館. 1918年 等			永昌書局 出刊

5) 西遊記

書名	出版事項	版式狀況	一般事項	所藏處/所藏番號
신역서유긔新譯西遊記	吳承恩(明)著, 閔泰瑗編, 東學生譯, 4冊1匣(718面), 新式印刷本, 京城, 博文書館, 1934	20.1×14cm	卷末:書籍廣告, 後表紙裏面:最新刊書籍案內, 後表紙:博文書館 新刊書籍案內, 한글本	嶺南大學校 陶南文庫 [古도]823.5 오승은ㅇ
언한문서유긔 (諺漢文西遊記)	朴健會譯述, 1冊(缺本), 新鉛印本, 刊年未詳	21.9×14.7cm	表紙書名:서유긔	韓國學中央研究院 D7B-57
서유긔	吳承恩(明)原編, 全2卷2冊, 木版本, 丙辰(1856 或 1916年 孟冬華山新刊	24.5×19.2cm, 四周單邊, 半郭:21.5×16.4cm, 字數不定, 上二葉花紋魚尾	版心文字:셔, 刊記:丙辰(1856 또는 1916) 孟冬華山新刊	韓國學中央研究院 D7B-166
당태종전	1冊(18張), 木版本, 刊寫地未詳, 刊寫者未詳, 刊寫年未詳	26.7×17.6cm, 四周單邊, 半郭:19.7×15cm, 無界, 15行30字內外, 上下內向黑魚尾	一般動産文化財 한글本, 書名의 [태는 한글古語의 繁字, 表題:唐太宗傳	西江大學校 고서 당831

232 第一部 國內 出版·筆寫 및 飜譯本 中國古典小說 目錄

書名	出版事項	版式狀況	一般事項	所藏處/所藏番號
	1冊, 木版本, 白斗鏞編, 京城, 翰南書林, 1920	24.6×20.3cm, 四周單邊, 半郭:20.3×17.8cm, 無界, 14行25字, 上下向四瓣黑魚尾	兩面印刷本, 한글本	嶺南大學校 陶南文庫 [古도]813.5 당태종
	1冊(26張), 白斗鏞集, 京城, 翰南書林(1921)	24.9×20.1cm, 四周單邊, 20.4×17.6cm, 14行27字, 上2葉花紋魚尾	題簽:唐太宗傳	高麗大學校 C15-A74
	1冊(26張), 木版本, 著者未詳, 京城, 翰南書林, 1920刊	24.7×20.3cm, 四周單邊, 半郭:19.9×17.5cm, 14行字數不定, 上二葉花紋魚尾, 紙質:洋紙	版心題:당, 所藏印:陶南書室, 刊記:大正九年(1920)	韓國綜合典籍目錄 (陶南文庫)趙潤濟
	1冊(18張), 木版本, 著者未詳, (1858頃)刊, 紅樹洞	26×17.8cm, 半郭:20×15cm, 15行不定字, 內向黑魚尾, 紙質:楮紙	題簽:唐太宗傳, 版心題:당	韓國綜合典籍目錄 (山氣文庫)李謙魯 4-678
	1冊(落張), 木版本, 著者未詳, 京城, 翰南書林, 大正10(1921)	24.5×20.5cm, 四周單邊, 半郭:20.5×18.5cm, 無界, 14行27字, 上下向二葉花紋魚尾	表題:唐太宗傳	檀國大學校 天安栗谷圖書館 (羅孫文庫)古853.5-당3151
	1冊(26張), 木版本, 著者未詳, 京城, 翰南書林, 大正10(1921)	24.6×20.6cm, 四周單邊, 半郭:20.5×18.5cm, 無界, 14行27字, 上下向二葉花紋魚尾	表題:唐太宗傳	檀國大學校 天安栗谷圖書館 (羅孫文庫)古853.5-당315ㄱ
	1冊(19張), 新鉛活字本, 著者未詳, 京城 東美書市, 大正6(1917)	20.5×13.7cm, 無界, 17行35字	表題:고대소설 당틱종전 (古代小說 唐太宗傳)	檀國大學校 天安栗谷圖書館 (羅孫文庫)古853.5-당3151ㄱ
	全1卷1冊, 木版本, 著者未詳, 京城, 翰南書林(1921)	24.7×20.2cm, 四周單邊, 半郭:20.4×17.7cm, 14行字數不定, 上二葉花紋魚尾	版心文字:당	韓國學中央研究院D7 B-102
	全1卷1冊, 木版本, 著者未詳, 刊年未詳	25.7×17.2cm, 四周單邊, 半郭:20.3×15.4cm, 15行字數不定, 上下黑魚尾	版心文字:당	韓國學中央研究院D7 B-102A
	不分卷1冊, 木版本, 著者未詳, 京城, 翰南書林, 1920	23.3×19.2cm 四周單邊, 半郭:20.1×17.8cm, 14行26字, 上二葉花紋魚尾		國立中央圖書館 [한]48-66

6) 西漢演義

書名	出版事項	版式狀況	一般事項	所藏處/所藏番號
서한연의	2卷1冊, 木版本, 著者未詳, 刊寫地未詳, 刊寫者未詳, 大正4(1915)	25.6×18㎝, 四周單邊, 半郭:20.2×16.5㎝, 無界, 13行21字, 上下內向黑魚尾	內題:楚漢傳, 表題:쵸한젼, 大正4年(1915)	檀國大學校, 天安栗谷圖書館 古853.5-쵸4115
언문서한연의諺文西漢演義	4卷4冊100回, 舊活字本, 永豊書館, 大正6年(1917)			鮮文大 朴在淵
언문서한연의	4卷4冊, 新活字本, 李柱浣編, 京城永豊書館, 1917年刊	21.5×15.3㎝, 16行36字		雅丹文庫 823.5-이76ㅇ
	3冊(卷2缺, 舊活字本), 永豊書館, 大正6年(1917)			鮮文大 朴在淵
쵸한전	1冊, 國文木版本	25.5×18.7㎝, 四周單邊, 上二黑魚尾	版心文字:초, 16㎜ R[Nega], 90f	韓國學中央研究院 R16N-001143-2
	1冊(落張), 木版本	半郭:20.2×15.7㎝, 內向黑魚尾		雅丹文庫 813.5-쵸92
	1冊, 木版本, 發行地不明, 發行處不明, 1919년	26×18.5㎝, 四周單邊, 半郭:20×16㎝, 無界, 13行20字, 上下內向黑魚尾, 紙質:楮紙	備考:前後缺張	忠南大學校, 학산고서 集.小說類1953
쵸한전	2卷1冊, 卷上下, 木版本, 한글本, 年紀未詳, 刊紀未詳	26.6×18.7㎝, 四周單邊, 半郭:20.1×16.2㎝, 無界, 13行20字, 上下內向黑魚尾	卷末書名:楚漢傳	奎章閣 [古]3350-89
	2卷1冊, 木版本, 卓鐘佶編, 全州, 西溪書鋪, 1911	26.1×18.8㎝, 四周單邊, 半郭:20.3×15.9㎝, 無界, 13行20字, 內向黑魚尾		啓明大學校 이811.35
	2卷1冊(卷1~2), 木版本, 編者, 刊寫地未詳, 刊寫者未詳, 19世紀末	26.6×18.7㎝, 四周單邊, 半郭:20.1×16.2㎝, 無界, 13行20字, 上下內向黑魚尾	卷末書名:楚漢傳, 한글本임	全北大學校 812.35-초한전
	2卷1冊, 木版本, 著者未詳, 刊寫地未詳, 刊寫者未詳, 明治44年(1911)	25.4×17.9㎝, 四周單邊, 半郭:19×16.1㎝, 無界, 13行20字, 上下內向黑魚尾	下卷書名:서한연의 (西漢演義)	檀國大學校, 天安栗谷圖書館 (羅孫文庫) 古853.5-쵸4119

234 第一部 國內 出版・筆寫 및 飜譯本 中國古典小說 目錄

書名	出版事項	版式狀況	一般事項	所藏處/所藏番號
	2卷1冊(44張), 木版本, 著者未詳, 全州, 梁册房, 昭和7(1932)	25×18cm, 四周單邊, 半郭:20.5×16.5cm, 無界, 13行22字, 上下內向黑魚尾	卷下書名:서한연의, 原書名:楚漢傳	檀國大學校, 天安栗谷圖書館 古853.5-초4117
	2卷1冊, 木版本, 朝鮮朝後期刊	27.2×17.9cm, 四周單邊, 半郭:20.3×16cm, 無界, 13行20字, 內向黑魚尾, 紙質:楮紙		忠南溫陽民俗博物館
	2卷1冊, 木版本, 1908年刊	半郭:20.6×15.9cm, 13行字數不定, 內向黑魚尾	刊記:隆熙二年戊申(1908) 秋七月西漢記完西溪新刊	雅丹文庫 813.5-초92
	2卷1冊, 木版本, 丁未孟夏完南龜石里新刊	半郭:20.6×15.9cm, 13行字數不定, 內向黑魚尾	刊記:丁未孟夏完南龜石里新刊, 印記:白淳在藏書	雅丹文庫 813.5-초92
	2卷1冊(同書3部), 木版本	半郭:20.6×15.8cm, 13行22字, 內向黑魚尾		雅丹文庫 813.5-초92
	上下2卷, 1冊			鮮文大, 朴在淵
	2卷1冊, 木版本, 著者未詳, 刊寫地未詳, 刊寫者未詳, 刊寫年未詳	26×19cm, 四周單邊, 半郭:20×17cm, 無界, 13行23字, 上下向黑魚尾		淑明女子大學校
	2卷1冊, 木版本, 刊寫地未詳, 完西[?], 隆熙2(1908)	26×18.5cm, 四周單邊, 半郭:20.2×15.8cm, 無界, 13行20字內外, 上下內向黑魚尾	卷下의 卷首題:서한연의, 版心題:초[한], 刊記:隆熙二年戊申(1908) 秋七月 西漢紀完西新刊	西江大學校 고서 쵸91
	全上下卷1冊, 木版本, 著者未詳, 刊年未詳	27.4×18.4cm, 四周單邊, 半郭:20.9×16.4cm, 13行字數不定, 上下黑魚尾	版心文字:초훈	韓國學中央研究院 D7B-5A
	全上下卷1冊, 木版本, 著者未詳, 完山, 隆熙3(1909), 己酉(1909) 季春完山開刊	27.5×18.7cm, 四周單邊, 半郭:20.4×16.3cm, 13行字數不定, 上下黑魚尾	版心文定:초훈, 刊記:己酉(1909) 季春完山開刊	韓國學中央研究院 D7B-5B
	1冊, 國文木版本	27.4×18.4cm, 四周單邊, 上下黑魚尾	版心文字:초, 16mm R[Nega], 88f	韓國學中央研究院 R16N/001142/23
	1冊, 國文木版本, 完山, 己酉	27.5×18.7cm, 四周單邊, 上下混入花紋魚尾	版心文字:쵸, 刊記:己酉季春完山開刊	韓國學中央研究院 R16N/001143/3
	2冊, 國文木版本, 完南, 龜石里, 丁未	26.4×18.3cm, 四周單邊, 上下黑魚尾	版心文字:초춘, 16mmR[Nega], 86f	韓國學中央研究院 R16N/001142/22
	1冊(缺本), 國文木版本	22.4×18.8cm, 四周單邊, 上下黑魚尾	版心文字:쵸한, 16mmR[Nega], 71f	韓國學中央研究院 R16N/001143/4

5. 飜譯出版된 中國古典小說 目錄 235

書名	出版事項	版式狀況	一般事項	所藏處/所藏番號
	不分卷1冊, 木版本, 著者未詳, 全州, 卓鍾佶家, 1911	26.8×19cm 四周單邊, 半郭:19.9×16.2cm, 無界, 13行22字, 內向黑魚尾	刊記:陵熙二年戊申(1911) 秋七月西漢記完西溪新刊	國立中央圖書館 [한]48-47
	上下2卷1冊, 木版本, 著者未詳, 朝鮮朝末期刊	25×18.2cm, 四周單邊, 半郭:20×15.8cm, 13行字數不定, 內向黑魚尾, 紙質:楮紙	表題:楚漢傳, 版心題:초흔, 內容:一卷上:초한전, 一卷下:서한연의	誠庵文庫 4-1387
	1冊(85張), 木版本	四周單邊, 匡郭:20.5×17cm, 無界, 13行20字, 上下黑魚尾		延世大學校 811.36
	2卷1冊, 木版本, 南宮楔 著, (1900頃)刊	27.3×18cm, 四周單邊, 半郭:20.6×16.6cm, 13行20字, 內向黑魚尾, 紙質:楮紙		韓國綜合典籍目錄 (尙熊文庫)4-182
	木版本, 著者未詳, 刊年未詳	27×18.5cm, 四周雙邊, 半郭:20×17cm, 無界, 13行18字, 上下黑魚尾		梨花女子大學校 [고]811.31 쵸91
	2卷1冊(88張), 木版本, 編者未詳, 明治44(1911)	26×18cm, 四周單邊, 半郭:20.5×16cm, 無界, 12行26字, 上下黑魚尾	內容:上卷:쵸한전, 下卷:서한연의	梨花女子大學校 [고]811.31 쵸91B
초한전	2卷1冊, 木版本, 著者未詳, 刊年未詳	25.5×18.3cm, 四周單邊, 半郭:20.5×16cm, 23行21字, 註雙行, 內向黑魚尾		國立中央圖書館 [古]3636-53
	上下, 2卷1冊, 木版本, 著者未詳, 朝鮮朝末期刊	25×18.2cm, 四周單邊, 半郭:20×15.8cm, 13行字數不定, 內向黑魚尾, 紙質:楮紙	表題:楚漢傳, 版心題:초흔, 卷上: 초한전, 卷下:서한연의	韓國綜合典籍目錄 (誠庵文庫)趙炳舜 4-1387
	2卷1冊, 木版本, 著者未詳, 隆熙1年(1907)刊	26×18cm, 四周單邊, 半郭:20×16.9cm, 有界, 13行字數不定, 內向黑魚尾, 紙質:楮紙	版心題:초흔, 刊記:丁未(1907) 孟夏完南龜石里新刊, 印記:徐公執信	韓國綜合典籍目錄 (山氣文庫)李謙魯 4-729
	1冊, 木版本, 發行地不明, 發行處不明, 丁未(1907)年	26×18.5cm, 四周單邊, 半郭:20×16cm, 無界, 13行21字, 上下內向黑魚尾, 紙質:楮紙		忠南大學校 학산고서 集.小說類1955
	2卷1冊, 木版本, 發行地不明, 發行處不明, 丁未(1907)年	27.5×19cm, 四周單邊, 半郭:21×16cm, 無界, 13行22字, 上下內向黑魚尾, 紙質:楮紙	版心題:초한, 刊記:丁未(1907) 孟夏完南龜石里新刊	忠南大學校 학산고서 集.小說類1954
	不分卷1冊, 木版本, 著者未詳, 全州, 梁珍泰, 1916	25.7×18.5cm 四周單邊, 半郭:20.6×16.1cm, 無界, 13行22字, 內向黑魚尾	楚漢傳	國立中央圖書館 [한]48-47-2

書名	出版事項	版式狀況	一般事項	所藏處/所藏番號
	1冊, 木版本, 梁珍泰 編, 全州, 多佳書鋪, 1916	26.4×18.9cm, 四周單邊, 半郭:19.9×16.1cm, 無界, 13行20字, 上下內向黑魚尾	版心題:초한, 한글본, 原本印出記(卷末):丁未孟夏完南龜石里新刊	嶺南大學校 陶南文庫 [古도]813.5 초한전
	上下, 2卷1冊, 木版本, 著者未詳, 全州, 多佳書鋪, 1916刊	26.3×19cm, 四周單邊, 半郭:20.5×15.5cm, 11行字數不定, 內向黑魚尾, 紙質:楮紙	版心題:초, 所藏印:陶南書室, 刊記:大正五年(1916) 十月八日發行	韓國綜合典籍目錄 (陶南文庫)趙潤濟
	2卷1冊, 木版本, 丁未孟夏完南龜石里新刊	半郭:20.2×16cm, 13行21字, 內向黑魚尾	刊記:丁未孟夏完南龜石里新刊	雅丹文庫 823.5-초92
	1冊, 木版本, 大正八年(1919) 九月	26×18.6cm, 四周單邊, 半郭:19.8×16cm, 無界, 12行20字, 內向黑魚尾	版心題:초흔, 刊記:大正八年(1919)九月, 合綴:서한연의권지하, 備考:卷末缺張	大田市 趙鍾業
	2卷1冊, 木版本, 龜石里, 刊寫地未詳, 隆熙1(1907)	26×18.5cm, 四周單邊, 半郭:19.8×15.8cm, 無界, 13行20字內外, 上下內向黑魚尾	表題:楚漢傳, 卷下의 卷首題: 서한연의 版心題:초[한], 刊記:丁未(1907) 孟夏完南龜石里新刊	西江大學校 고서 초91
	2卷1冊(초한전 上卷, 서한연의 下卷合刊), 木版本,	半郭:20.5×16.1cm, 13行22字, 內向黑魚尾	刊記:丁未孟夏完南龜石里新刊	雅丹文庫 813.5-초92
	全上下卷1冊, 木版本, 編著者未詳, 全州 龜石里, 隆熙1(1907)	26.7×18.5cm, 四周單邊, 13行字數不定, 上下混入花紋魚尾	版心文字:초한, 刊記:丁未(1907) 孟夏完南龜石里新刊	韓國學中央研究院 D7B-5
	1冊, 國文木版本, 全州, 龜石里, 隆熙1(1907)	26.7×18.5cm, 四周單邊, 上下混入花紋魚尾	版心文字:초한, 16mmR[Nega], 88f	韓國學中央研究院 R16N-001143-1, D7B-5
	2卷1冊, 木版本, 著者未詳, 完南, 隆熙1(1907)刊	25×18.4cm, 四周單邊, 半郭:20.8×16.8cm, 13行字數不定, 內向黑魚尾, 紙質:楮紙	刊記:丁未(1907) 孟夏完南龜石里新刊, 備考:한글小說	成均館大學校 D7B-92
쵸한녹	著者未詳, 光武3年(1899)寫	卷下, 1冊(51張), 筆寫本, 19.6×18.5cm, 紙質:楮紙	寫記:己亥(1899) 十二月初吉孔澈秀書	韓國綜合典籍目錄 (尙熊文庫)4-181
(초한건곤)쟝ᄌ방실긔	朴健會譯述, 全不分卷1冊, 新鉛印本, 京城, 博文書舘(1924)	20.2×13.6cm		韓國學中央研究院 D7B-48
	1卷1冊(卷上), 新活字本, 朴健會譯述, 京城仁寺洞朝鮮書館1915年刊	22×14.9cm, 11行35字		雅丹文庫 813.6 -박14ᄎ

書名	出版事項	版式狀況	一般事項	所藏處/所藏番號
장즈방젼	全3卷3冊, 木版本, 著者未詳, 刊年未詳, 南谷	28.8×18.8cm, 四周單邊, 半郭:22.6×17.5cm, 18行字數不定, 上下黑魚尾	表紙書名:西漢演義, 刊記:南谷新版	韓國學中央研究院 D7B-121

7) 錦香亭記(錦香亭)

書名	出版事項	版式狀況	一般事項	所藏處/所藏番號
금향졍기	京本:2卷2冊(由洞, 1847-1856)	未詳	李能雨/柳鐸一 書籍 根據	未詳/東洋語學校(Paris)
금향졍기	其他 3卷3冊, 坊刻:1860年 前後	未詳	李能雨/柳鐸一 書籍 根據	未詳
금향뎐기	1冊	31.6×20.2cm		國立中央圖書館 [한]48-168
금향뎡긔 (錦香亭記)	不分卷1冊, 木版本, 作者未詳, 1920項刊	27.3×18.5cm, 四周單邊, 半郭:21×17.3cm, 15行25字, 上二葉花紋魚尾, 紙質:楮紙		成均館大學校 D7B-53

8) 梁山伯傳

書名	出版事項	版式狀況	一般事項	所藏處/所藏番號
양산백젼	1冊(漢城書館) 1915年, 1917年 等	未詳		漢城書館 出刊
양산백젼	1冊(唯一書館) 1915年, 1917年 等	未詳		唯一書館 出刊
양산백젼	1冊(24張), 木版本, 白斗鏞 編, 京城, 翰南書林, 1920	26×20.3cm, 四周單邊, 半郭:20.7×17.4cm, 有界, 14行字數不定, 上下向四瓣黑魚尾	版心題:양, 한글本, 兩面印刷本	嶺南大學校 陶南文庫 [古도]813.5 양산백
양산백젼	不分卷1冊, 木版本	23.2×19.3cm, 四周單邊, 半郭:19.8×17.4cm, 無界, 13行24字, 上二葉花紋魚尾		國立中央圖書館 [한]48-62
양산빅젼	1卷1冊(24張), 木版本, 著者未詳, 京城, 翰南書林 1920 刊	26×20.4cm, 四周單邊, 半郭:20.5×17.5cm, 14行字數不定, 上二葉花紋魚尾, 紙質:洋紙	版心題:양, 所藏印:陶南書室, 刊記:大正九年(1920) 月三十日發行	韓國綜合典籍目錄 (陶南文庫)趙潤濟
양산빅젼	1冊(24張), 木版本, 著者未詳, (1900年前後頃)刊	26.5×18.5cm, 四周單邊, 半郭:20×18cm, 14行24字, 白口, 紙質:楮紙	表題:梁山伯傳	韓國綜合典籍目錄 (誠菴文庫)金根洙 4-35

238   第一部 國內 出版·筆寫 및 飜譯本 中國古典小說 目錄

書 名	出 版 事 項	版 式 狀 況	一 般 事 項	所藏處/所藏番號
	全不分卷1冊, 木版本, 著者未詳, 京城, 翰南書林 大正十年(1921)	26×20.5cm, 四周單邊, 半郭:20.5×17.8cm, 14行 字數不定, 上二葉華紋魚尾	版心文字:양, 刊記:大正十年(1921)月三十日京城府翰南書林發行	韓國學中央研究院 D7B-157
	2冊, 國文木版本, 京城, 漢南書林, 大正10(1921)	26×20.5cm, 四周單邊, 上二葉花紋魚尾	版心文字:양, 刊記:大正十年(1921) 月三十日發行	韓國學中央研究院 R16N-001128-3 16㎜R [Nega], 26f

第二部

中國古典小說의 國內 翻譯
및 出版樣相 研究

1. 中國古典小說의 國內 飜譯樣相*

'번역은 제2의 創作'이라고 한다. 즉 번역이란 단순히 원작의 언어와 우리말의 어휘를 옮겨놓는 수준에 머무르는 것이 아니라 작자 특유의 표현기법이나 眞意까지도 가능한 한 가깝게 옮겨 놓아야만 하기 때문이다. 그러기에 '번역은 제2의 창작'이지만 原文에 충실해야 하는 '制限된 創作'이라고 할 수 있다. 또 이탈리아 격언에 '번역은 반역이다'라는 말이 있다고 한다. 이는 번역자가 원작자의 본의나 표현기법을 무시하고 번역자 임의대로 자신의 創意까지 가미시켜 독자들에게 전달하려는 행위를 경계하는 의도에서 나온 말일 것이다. 그만큼 번역은 신중하고 조심스러운 작업임에 틀림없다.

이렇게 신중하고 조심스러운 번역을 우리는 어떻게 수용하였을까? 우리나라에서의 최초 번역대상은 중국에서 유입된 한문 작품이라는 것은 窺知의 사실이다. 본고에서는 수많은 한문 작품 가운데서도 특히 중국의 고전소설을 중심으로 번역양상이 어떻게 전개되었는지에 주목을 하였다. 사실 우리나라에서는 '小說'이라는 개념이 정립되기도 전에 일방적으로 중국고전소설이 국내에 유입되어 無條件的 受容現狀이 이루어졌다. 또 당시의 번역에 있어서도 번역의 이론이나 원칙이 정립된 상황에서 나온 것이 아니라 그저 흥미본위로 마구 만들어져 나온 것이기에 譯者 임의대로 더하고·빼고·줄이고·고치고 하여 급기야는 飜譯·部分飜譯·飜案·改作·再創作 등과 같은 여러 가지 유형을 만들어 냈다.

본고에서는 위에서 언급된 중국고전소설의 수용과정에서 나타난 여러 가지 현상을 근거로 국내 번역의 역사와 번역작품들을 소개하고 조선시대에 나타난 번역양상과 일제시대와 광복 이후까지의 번역 현황을 중점적으로 검토해 보고자 한다.

---

* 본 논문은 민관동이 2009년 1월에 ≪中國語文論譯叢刊≫第24輯에 〈國內의 中國古典小說 飜譯樣相〉이라는 제목으로 발표된 논문을 부분 수정하여 재편집한 논문임을 밝혀둔다.

1) 飜譯의 歷史와 作品

(1) 번역의 역사

우리나라의 번역사는 매우 특이한 구조를 가지고 있다. 1446년 세종대왕의 한글 창제 이전까지는 중국의 한문을 우리의 문자 그대로 사용하였기에 번역의 문제는 존재하지 않았다. 그러나 한글 창제 이후에는 서서히 한문을 한글로 번역하는 현상이 일어났다. 물론 대부분의 문인층은 여전히 한문을 고집하고 있었지만 서민층과 여성층 사이에서는 서서히 변화의 조짐이 보이기 시작하였는데 이것이 곧 平民層文學과 女性層文學의 形成이라 할 수 있다. 특히 중국고전소설 가운데 演義類小說 같은 通俗小說의 유입은 平民과 女性들을 독자로 吸收하면서 폭넓은 讀者層을 형성하였다. 또 그들의 讀書熱氣는 "漢文諺解"의 출현을 促進시키는 계기가 되었다.

현존하는 문헌의 기록에 근거하면 중국고전소설에 대한 최초의 번역은 조선시대 中宗 38年(1543)에 飜譯된 劉向의 ≪列女傳≫으로 추정되는데 이는 한글창제 100여 년 만에 飜譯出刊되었던 작품이다1). 그 후 수십 년이 지나 다시 번역되어진 작품이 ≪太平廣記≫이다. 이 작품은 대략 明宗(1545-1569年)年間을 전후로 飜譯된 것으로 추정되는데 이것이 곧 ≪太平廣記諺解≫이다. ≪太平廣記諺解≫는 현재 金一根本(일명 覓南本, 5卷 5冊)과 樂善齋本(9卷 9冊) 등이 현존하고 있다.

그 후 임진왜란을 전후하여 中國通俗小說은 대량으로 국내에 流入되었고 독자층 또한 크게 확대되었다. 특히 여성과 서민층 독자들의 욕구와 부합하여 飜譯文學은 더욱 興盛하였다. 또 18世紀 前後로 출현한 貰冊業과 坊刻本의 출현은 飜譯文學의 興盛을 加速化시켰으며 대규모의 작품들이 출현하는 전기가 이루어졌다.2) 그 후 꾸준히 번역이 이루어져 朝鮮時代 飜譯小說은 대략 72種에 이르게 되었고 여기에 飜案類小說

---

1) 嘉靖 癸卯(1543년)에 劉向의 ≪列女傳≫이 들어와 王命으로 禮曹에서 飜譯케하자 禮曹는 이를 받들어 申珽과 柳沆에게 이것을 飜譯케하고 柳耳孫으로 하여금 글씨를 쓰게 하고........ 李上佐로 하여금 대략 顧愷之의 옛그림을 模倣하여 그것을 다시 그리게 하였다. (嘉靖癸卯(1543), 中廟出劉向列女傳, 令禮曹翻以譯文, 禮曹啓請申珽柳沆飜譯, 柳耳孫寫字,...... 令李上佐, 略倣顧愷之古圖, 而更畵之.) 魚叔權著, ≪稗官雜記≫, 卷四.
2) 拙稿, 〈중국고전소설의 한글 번역 문제〉, ≪고소설 연구≫ 제5집(한국고소설학회), 1998년 6월, 425쪽 참고.

까지 합하면 약 100餘 種이 넘게 되었다. 이들 대부분의 小說은 대략 17-19世紀에 飜譯 혹은 飜案된 것이며 일부 소설 중에는 1900년대 初期에 번역된 것도 있다.

다음은 이러한 중국고전소설들을 누가·언제·어디서·어떠한 목적으로 번역을 하였으며 지금은 어디에 주로 소장되어 있는지에 대해서 중점적으로 고찰해 보기로 한다. 먼저 조선시대 번역의 주체들은 크게 세 부류로 나누어지는데 첫째가 失意한 양반가, 둘째가 사대부 집안의 부녀층, 셋째가 譯官들이다.

첫째, 失意한 兩班家의 例로는 조선시대 중국소설 ≪鏡花緣≫을 ≪第一奇諺≫으로 題하여 번역한 洪羲福(1794-1859年)을 들 수 있다. 그는 1835-1848년 사이에 ≪鏡花緣≫을 번역한 장본인으로 양반가의 庶出이었다.3) 이처럼 立身揚名에서 소외된 양반들은 소일거리로 飜譯을 하였거나 혹은 당시 讀者層의 확대로 貰冊業과 坊刻本의 출현에 따른 영리추구를 목적으로 번역작업에 참여하였으리라 추정된다.

둘째는 사대부집안의 부녀층으로 비록 문헌상 사대부 집안의 婦女層이 번역을 하였다는 기록은 발견할 수 없지만 한국 고소설 발달과정에서 18세기 전반기에 이미 사대부 집안의 여인들이 장편소설의 작가로 등장하는 경우를 보더라도 조선 中·後期에 사대부집안의 부녀층에서도 번역에 참여하였다는 가능성을 시사해 주는 것이다. 또 그녀들 가운데는 능히 중국소설을 번역할 수 있는 학식과 소양을 갖추었던 여성들도 상당수 있었기 때문이다.

셋째는 譯官들이다. 이들은 中國語에 전문적인 지식을 갖춘 사람들로 중국소설에도 상당한 식견을 가지고 있었다. 또 그들은 중국고전소설을 유통시켰던 主役들이기도 하다. 이들은 당시 크게 인기를 끌었던 중국고전소설을 대량으로 들여와 국내에 보급하였고 또 일부는 번역을 하여 貰冊家에 넘기거나 宮中에 올렸던 것이다. 그 예로 이병기의 〈조선어문학명저해제〉에 1884년을 前後하여 譯官 李鍾泰가 奉命하여 그 집에다 數十人 文士를 두고 오랫동안 中國小說을 飜譯하였다는 기록이 있다.4)

여기에서 李鍾泰라는 사람은 중국소설 번역에 종사하였다는 사실을 알 수 있으며 또

---

3) 정규복,〈제일기언에 대하여〉, ≪중국학총서≫1, 고려대, 1984년.
4) 李太王 二十一年 甲申(1884년)을 前後하여 李鍾泰氏가 奉命하여 그 집에다 數十人 文士를 두고 오랫동안 中國小說을 飜譯한 것이 近百種이 되었으나 以上의 飜譯小說은 그전부터 傳來하던 것인바 모조리 名譯이라 한다. 옛날 궁중에서도 이 책을 빌어다 베꼈다는 것이다.
이병기,〈조선문학명저해제〉, ≪문장≫19, 1940년 10월, 231쪽.

현재 樂善齋에 보관되어 있는 수십 종의 번역본 중에는 상당수가 그들에 의하여 번역되어진 것으로 보이고, 그 외의 작품들은 그 이전부터 꾸준히 번역되어진 것과 가난한 시골 선비의 창작물로 주로 貰冊家를 통하여 보급되던 것이 궁중으로 흘러 들어왔다5)는 추론이 가장 설득력을 얻고 있다. 또 李鍾泰라는 사람의 휘하에 수십 인의 文士가 있었다고 하였는데 李鍾泰 집안이 본래 대대로 寫字官과 譯官을 배출하였고 본인도 1874년 譯科를 거쳐 입신한 사람임을 감안한다면 번역에 참여했던 문사들은 대부분이 譯官出身이거나 직위가 그리 높지 않은 문사임을 추정할 수 있다.

그리고 이들의 번역을 담당 및 주관하였던 부류를 살펴보면, 중국소설 가운데 가장 먼저 번역된 것으로 추정되는 ≪列女傳≫과 같은 경우에는 敎化의 목적으로 朝廷의 육조 가운데 禮曹에서 주관하여 번역하였다. 그 다음에 나온 ≪太平廣記諺解≫는 당시의 문인층 인사가 번역한 것으로 보인다. 그 후 임진왜란과 병자호란을 전후로 중국 통속소설들이 대량으로 유입되면서 독자층 또한 한문을 해독할 수 없는 일반 서민이나 부녀층까지 확대된다. 이러한 독자층의 확대는 통속연의류 소설에 대한 번역의 활성화로 연결되었고 당시 이러한 활성화에 주역을 담당하였던 것이 貰冊業과 坊刻本小說의 등장이다. 이들의 출현배경은 상업성에 근거를 두고 등장한 것이기에 영리추구가 기본이었다. 이들의 활성화에 상당한 기여를 한 것이 과거에 失意한 빈궁한 文士들이었다.

그 후 조선 말기로 오면서 이들 이외에도 역관들의 참여가 가세된 것으로 보여 진다. 앞에서 언급한 것처럼 中國語에 전문적인 지식을 갖춘 역관들은 당시 크게 인기를 끌었던 중국고전소설을 대량으로 들여와 국내에 유통시키면서 그 중 일부 역관들은 영리의 목적으로 중국고전소설을 번역하여 貰冊家나 방각본의 출판업자에 넘기거나 또는 宮中에 올렸던 것으로 확인된다.

다음은 "왜 번역을 하였나?"하는 문제이다. 이것은 크게 4가지로 분류된다. 첫째는 敎化目的이고, 둘째는 흥미와 관심에 의한 所藏欲求, 셋째는 영리목적, 넷째는 歡心目的이다.

첫째의 敎化目的은 ≪列女傳≫의 번역·출판에 언급되었듯이 교육 및 敎化의 목적으로 朝廷의 禮曹에서 번역을 하였다. 일종의 여성 윤리교육용 지침서로 활용되었다.

둘째는 흥미와 관심에 의한 所藏欲求이다. 이들은 주로 소일거리로 筆寫했거나 혹

---

5) 정병욱, ≪한국고전의 재인식≫, 홍성사, 1979년, 165쪽.

은 이웃들과 함께 돌려보기도 하고 또 개인이 보관하고자 筆寫했다. 그 例로 趙泰億 (1660-1722년)의 〈諺書西周演義跋〉 가운데에 소장욕구에 대한 글이 명확하게 언급되어[6] 있는 것처럼 부녀층 및 일부 양반가에서도 집안의 오락적인 소용에 따라서 번역을 하였음이 확인된다.

셋째는 영리목적이다. 이들은 상업성을 기반으로 한 전문직 장사꾼들로 소설의 독자층 확대와 밀접한 관계가 있다. 이에 대한 蔡濟恭(1720-1799년)의 《樊巖先生文集》의 기록에 당시의 번역상황과 僧家의 역할에 대하여 잘 설명하고 있다.[7] 여기에서 쾌가란 곧 책 거간꾼들을 말하며 이들은 책을 淨寫하여 독자들에게 직접 책을 빌려주거나 혹은 貰冊家에 넘기어 이득을 취하였다. 이러한 세책업의 홍성은 출판 인쇄술의 발달과 함께 대량출판이 가능한 방각본 출판으로 이어지게 되었다. 또 여기에는 일부 빈곤한 文士들과 譯官들도 영리의 목적으로 번역에 참여하였던 것으로 보여진다.

넷째는 歡心의 目的이다. 조선말기로 들어오면서 궁중의 여성층 독자들에게 환심을 사고자 역관들이 번역을 하여 윗전에 바친 경우로 앞에서 언급한 譯官 李鍾泰가 奉命하여 그 집에다 數十人 文士를 두고 오랫동안 中國小說을 飜譯한 것이 近 百種이 되었다고 하는 기록이 그 實例가 된다.

이렇게 궁중에 모여진 한글 번역본과 필사본이 4,000여 책이나 되었다고 하며 이러한 筆寫本 書籍들이 낙선재에 보관되어져 있었다고 전해진다. 본래 昌德宮내의 王室圖書館이라 할 수 있는 낙선재는 憲宗13年(1847)에 後宮 金氏를 위하여 지어진 것이나 후에 高宗의 便殿으로 사용되기도 하였다. 그 후 다시 昌慶宮의 藏書閣으로 移管 所藏

---

[6] 우리 어머니께서 일찍이 언문으로 《西周演義》 十數編을 베껴놓은 것이 있었는데 그 책 중에 한권이 빠져서 전질을 채우지 못해 어머니께서는 늘 서운하게 여기셨다. 오랜 뒤에 한 好古家에서 전질을 얻어 부족부분을 채워 完秩을 이룰 수 있었다. (我慈闈旣諺寫西周演義十數編, 而其書闕一筴, 秩未克完, 慈闈常嫌之. 久而得一全本於好古家, 續書補亡, 完了其秩…). (趙泰億, 《謙齋集》, 卷42 〈諺書西周演義跋〉)

[7] 가만히 살펴보면, 요즘 들어 閨閤에서 能事로 삼아 다투는 것이 있는데 이것이 곧 稗說을 崇尙하는 일로 나날이 그 수가 증가하여 그 종류가 數百·數千種이나 된다. 僧家에서 이를 淨寫하여 혹 빌리려하는 者가 있으면 곧 그 값을 받아 이익을 얻는다. 婦女들이 식견이 없어, 비녀나 팔찌를 팔거나 혹은 동전을 빚내어 서로 앞 다투어 책을 빌려다가 지루한 시간을 보내고자 한다. (竊觀近世閨閤之競以能事者, 惟稗說是崇, 日加月增, 千百其種. 僧家以是淨寫, 凡有借覽, 輒收其直, 以爲利. 婦女無識見, 或賣釵釧, 或求債銅, 爭相貰來, 以求消永日.). (蔡濟恭, 《樊巖先生文集》 卷33 章4 〈女四書序〉)

되다가 1981년 창경궁 보수공사로 現 한국학중앙연구원(舊 精神文化硏究院)에 흡수되어 보관되고 있다. 樂善齋 서적들은 王妃나 後宮·宮女 및 王室姻戚들이 이용한 것으로 알려져 있으며 주로 여성층독자들이 이용하였기에 읽기 어려운 漢文書籍들 보다는 좀 가벼운 한글서적들이 대부분을 차지하게 되었고 그중에서도 흥미로운 소설류 작품들이 자연스레 流入되었을 것으로 추정된다. 현재 약 72여 편의 중국고전소설 飜譯本 가운데 三分之二에 해당하는 작품이 樂善齋에 소장되어 있어 그 위용을 짐작할 수 있다.

(2) 조선시대 번역작품 목록

朝鮮時代에 飜譯된 中國古典小說은 대략 72種으로 목록은 다음과 같다.

* 명대이전 소설

(1)《列女傳》·(2)《古押衙傳奇》·(3)《太平廣記(諺解)》·(4)《太原志》·(5)《吳越春秋》·(6)《梅妃傳》·(7)《漢成帝趙飛燕合德傳》·(8)《唐高宗武后傳》

* 명대소설

(9)《紅梅記》·(10)《薛仁貴傳》·(11)《水滸傳》·(12)《三國志演義》·(13)《殘唐五代演義》·(14)《大明英烈傳》·(15)《武穆王貞忠錄》(大宋中興通俗演義)·(16)《西遊記》·(17)《列國志》·(18)《包公演義》(龍圖公案 飜譯)·(19)《西周演義》(封神演義)·(20)《西漢演義》·(21)《東漢演義》·(22)《平妖記》(三遂平妖傳)·(23)《禪眞逸史》·(24)《隋煬帝艶史》·(25)《隋史遺文》·(26)《東度記》·(27)《開闢演義》·(28)《孫龐演義》·(29)《唐晉[秦]演義》(大唐秦王詞話)·(30)《南宋演義》(南宋志傳)·(31)《北宋演義》(大字足本北宋楊家將)·(32)《南溪演談》·(33)《剪燈新話》·(34)《聘聘傳》(娉娉傳·剪燈餘話卷5와 類似함)·(35)《型世言》·(36)《今古奇觀》·(37)《花影集》

* 청대소설

(38)《後水滸傳》·(39)《平山冷燕》(第四才子書)·(40)《玉嬌梨傳》·(41)《樂田演義》·(42)《錦香亭記》(錦香亭)·(43)《醒風流》·(44)《玉支機》(雙英記)

・(45)≪畫圖緣≫(花天荷傳)・(46)≪好逑傳≫(俠義風月傳)・(47)≪快心編≫(醒世奇觀)・(48)≪隋唐演義≫・(49)≪女仙外史≫(新大奇書)・(50)≪雙美緣≫(駐春園小史의 飜案)・(51)≪麟鳳韶≫(引鳳簫)・(52)≪紅樓夢≫・(53)≪雪月梅傳≫・(54)≪後紅樓夢≫・(55)≪粉粧樓≫・(56)≪合錦廻文傳≫・(57)≪續紅樓夢≫・(58)≪瑤華傳≫・(59)≪紅樓復夢≫・(60)≪白圭志≫・(61)≪補紅樓夢≫・(62)≪鏡花緣≫(第一奇諺)・(63)≪紅樓夢補≫・(64)≪綠牡丹≫・(65)≪忠烈俠義傳≫・(66)≪忠烈小五義傳≫・(67)≪閒談消夏錄≫・(68) ≪十二峯記≫

* 탄사와 고사

(69)≪珍珠塔≫(九松亭)・(70)≪再生緣傳≫(繡像繪圖再生緣)・(71)≪梁山伯傳≫・(72)≪千里駒≫

* 일제시대 번역본 : ≪**繡像神州光復志演義**≫

* 기독교소설 번역본 : ≪**張遠兩友相論**≫・≪**引家當道**≫

2) 朝鮮時代의 飜譯 樣相

(1) 번역 개황과 특징

조선시대부터 이루어진 중국고전소설에 대한 번역은 여러 가지 특징과 특이한 번역 양상을 보여주고 있다. 대략 간추려 분석하면 다음과 같다.

첫째, 조선시대 번역된 72개의 작품을 시대별로 분류하면, 명대이전 작품으로는 ≪列女傳≫과 ≪太平廣記≫ 등 8종이 있고, 명대의 작품으로는 ≪三國演義≫를 포함하여 대략 29종이 있으며, 청대의 작품으로는 ≪紅樓夢≫을 포함하여 약 35종으로(탄사와 고사 포함) 확인된다. 그중 명대 번역본 약 29종 가운데 약 17종이 연의류 소설에 해당된다.[8] 이는 당시 연의류 소설이 독자들에게 얼마나 환영을 받았는지를 알 수 있는 잣대이기도 하다.

둘째, 번역작품 가운데 대부분이 번역시기와 번역자를 알 수 없으나 통속류 소설들은 대부분이 17-19세기에 번역되어진 것이고 그중에서 ≪형세언≫·≪성풍류≫·≪평산냉연≫·≪선진일사≫·≪빙빙뎐≫·≪봉신연의≫·≪대명영렬전≫·≪열국지≫ 등은 우리 古語의 사용흔적으로 보아 飜譯時期가 매우 이른 작품들이다. 그 외 ≪紅樓夢≫과 續書들 그리고 ≪女仙外史≫·≪瑤華傳≫·≪快心編≫·≪雪月梅傳≫·≪忠烈俠義傳≫·≪忠烈小五義≫ 등은 번역된 문체와 古語등의 사용양상을 감안하면 대략 고종 21년(1884) 前後에 李鍾泰 등 文士 수십 명을 동원하여 飜譯 筆寫된 것으로 추정된다.9)

셋째, 원작품 가운데 序文·開場詩와 揷入詩 및 散場詩·回後評 등 대부분을 번역하지 않았고, 또 군데군데 意譯이 많으며 화본소설의 常套語도 대부분 생략하였다. 그러나 비교적 原典에 가깝게 번역하면서도 직역을 피하여 평이한 文章으로 꾸며진 작품들이 많이 등장한다. 그러다가 後代로 오면서 原作에 충실한 直譯本이 나타난다.

넷째, 일반 서민들에게 읽혀지던 貰冊本과 궁중의 번역본 사이에 서로 교류된 흔적이 발견되기도 한다. 일반적으로 宮中의 飜譯本이 市中에 나도는 貰冊本에 비하여 문체가 精巧하고 秀麗한 편이다. 조선말기로 오면서 번역이 점점 치밀하고 정밀해지는 경향이 두드러지고 또 이전부터 전해오던 번역본에 文飾을 가하여 다시 번역하였거나 轉寫한 번역본도 상당수 발견된다. 이렇게 轉寫를 거치는 동안 誤譯과 誤記가 다수 출현하였다.

다섯째, ≪동주열국지≫처럼 특이한 例를 보이는 경우도 있다. 국내 도서관에 소장된 ≪열국지≫는 대개 ≪동주열국지≫ 판본으로 청대 중후기의 판본이 주류를 이루고 있다는 점이다. 이들 판본 중 대부분은 중국 상해에서 간행된 판본들이며 대략 조선시대 후기에 집중적으로 국내에 유입된 판본들이다. 그중 국내에 가장 일찍이 유입된 판본으로 ≪춘추열국지≫를 들 수 있는데, 이 책은 국내의 독자들에게 상당한 호평을 받으며 愛讀되기도 하고 심지어 번역본의 底本으로까지 사용되다가 馮夢龍의 ≪新列國志≫와 蔡元放의 ≪東周列國志≫에 밀려 자취를 감추게 된다. 그러나 번역본만큼은 꾸준

---

8) 拙著, ≪중국고전소설의 전파와 수용≫, 아세아문화사, 2007년 10월, 44-45쪽 참조.
9) 박재연, ≪朝鮮時代 中國通俗小說 飜譯本 硏究≫, 韓國外大 博士學位論文, 1992년 12월. 539쪽 참조.

히 유통되고 또 筆寫되어 지금에 이르고 있다. 오히려 조선후기에 유행했던 ≪新列國志≫와 ≪東周列國志≫의 번역본은 없고 ≪춘추열국지≫의 번역본만 존재한다.[10]

그러나 대부분의 飜譯作品 가운데는 어느 원본을 가지고 번역한 것인지 확인되지 않은 것이 많다. 또 두 종 이상의 飜譯本이 있는 상황에서도 서로 다른 飜譯樣相을 띄고 있는 번역본이 다수이다.

(2) 번역 양상

번역은 形態에 따라 飜譯·飜案·再創作 등으로 구분되고, 번역의 分量에 따라 全文飜譯과 部分飜譯으로 나누어지며, 번역의 質量에 따라 完譯과 縮譯이 또 번역의 技巧에 따라 意譯과 直譯으로 분류할 수 있다.

① 飜譯·飜案·再創作 문제

飜譯이란 일반적으로 한 나라의 말로 표현된 문장의 내용을 다른 나라 말로 옮기는 문학행위를 의미한다. 또 飜案이란 原作의 기본 줄거리는 그대로 둔 채 人名·地名·風俗 같은 것을 自國의 상황에 적당히 바꾸어 번역한 소설을 말한다. 즉 飜案은 한 작품의 體裁·結構·內容·思想과 背景을 模倣의 對象으로 삼아 만든 특수한 文學形態로 그 描寫技巧에 있어서는 飜譯方式과 創作方式을 兼用하였고, 또 일부분은 模倣과 借用까지도 병행되어 만들어졌다. 이는 번역하는 과정에서 혹은 창작과정에서 파생되어진 副産物로 우리 고소설의 형성과 발전에도 지대한 영향을 주었음은 부인할 수 없는 사실이다. 비록 번안은 중국고전소설을 수용하는 과정에서 파생된 문학적 畸形兒이기는 하지만 그렇다고 부끄러운 것만은 아니다. 오히려 우리만이 가지고 있는 특이한 문학형태로 또 하나의 문학유산이라 할 수 있다.

그러면 飜譯과 飜案의 한계를 어디로 設定할 것인가? 하는 점에 있어서는 상당히 복잡한 양상을 보이고 있다. 당시의 번역에 있어서는 번역의 이론이 정립된 상황에서 나온 것이 아니라 흥미본위로 나온 것이기에 讀者들을 즐겁게 하면 그만이었다. 그러기에 意譯을 하는 것이 原則이었다. 줄이고, 보태고, 고치고, 해도 그만이었다. 또 독자는 飜

---

10) 拙著, ≪중국고전소설의 전파와 수용≫, 아세아문화사, 2007년 10월, 25-26쪽 참조.

譯인지 創作인지 가릴 필요가 없었다. 그래서 번역과 번안의 관계가 더욱 모호해 졌다.[11] 그러나 번안은 말 그대로 내용과 순서 등의 일부를 改作하고 改造하는 것이기에 번역과 개작 및 창작을 겸용하고 있는 것이다. 그 實例로 ≪삼국연의≫가운데 부분을 떼어내어 번안의 형태로 고친 것으로는 ≪關雲長實記≫·≪趙子龍實記≫(山陽大戰)·≪張飛·馬超實記≫ 등이 있으며 또 ≪西漢演義≫·≪西遊記≫·≪今古奇觀≫·≪雙美緣≫·≪錦香亭記≫ 등에서는 한 작품 안에서 번역과 번안이 함께 이루어지고 현상도 보인다. 이처럼 한 작품에도 飜譯部分이 있고 飜案部分이 엄연히 병존할 수 있기 때문에 명확하게 飜案으로 구별되는 작품을 제외하고는 구태여 "번역작품이다 혹은 번안작품이다"라고 구별하는 것은 별로 의미가 없어 보인다.

　　再創作은 작자가 한 작품 혹은 여러 작품을 읽고 완전히 다른 각도에서 새롭게 창작을 하는 유형으로 번안과는 다소 거리가 있다.[12] 再創作은 中國古典小說 가운데 題材의 일부를 빌려와 스토리를 전면 再構成하는 類型으로 이는 작가의 기교가 점점 提高되어 자신의 소설적 창의를 발휘하게 될 때 비로소 창작의 작품이 출현하게 된다. 예를 들면 ≪黃夫人傳≫·≪夢見諸葛亮≫·≪諸葛亮傳≫ 등으로 모두가 ≪三國演義≫系列의 소설들이다. 즉 작자는 ≪三國演義≫를 읽고 그 내용을 완전히 독파한 후에 창의력을 발휘하여 ≪夢見諸葛亮≫과 같은 소설을 만들어낸 것으로 接受者의 입장에서 보면 이것이 곧 모방을 통한 再創作인 것이다.[13] 결론적으로 번역은 어떠한 형대로 번역되어졌느냐에 따라서 飜譯·飜案·再創作 등으로 분류할 수 있다.

② 全文飜譯과 部分飜譯 문제

　　다음은 全文飜譯과 部分飜譯의 문제로, 전문번역은 글자그대로 작품전체를 모두 번역한 것이고 부분번역은 소설가운데 재미있는 일부분만 떼어내어 번역한 것을 의미한다. 위에서 언급한 것처럼 번역은 작자 특유의 표현기법이나 眞意까지도 가능한 한 가깝게 옮겨 놓아야만 한다. 그러나 조선시대의 번역본은 대부분은 일부분을 축약하거나

---

11) 조동일, 〈조선후기 소설사의 전개〉, ≪古典小說硏究의 方向≫, 새문사, 1991년, 165쪽.
12) 拙稿, 〈중국고전소설의 한글 번역 문제〉, ≪고소설 연구≫ 제5집, 한국고소설학회, 1998.6. 448-449쪽 참고.
13) 拙著, ≪中國古典小說史料叢考≫, 아세아문화사, 2001년, 106-107쪽 참고.

삭제하여 번역된 작품들이다. 오직 유일하게 처음부터 끝까지 철저하게 원문에 충실하여 번역한 것을 손꼽으면 낙선재 소장본 ≪紅樓夢≫을 들 수 있다. 이 번역본(120권 120책, 권24, 54, 71는 失卷)은 조선시대 1884년 전후로 번역된 책으로 上段에 중국어 원문과 중국어의 발음을 모두 우리말로 표기하였고, 下段에는 거의 원문에 입각하여 한 글자도 누락되는 것 없이 완전히 全文飜譯을 하였다. 이 작품은 번역이 매우 정밀하고 치밀하게 이루어진 세계 최초의 ≪紅樓夢≫完譯 필사본이다.

그 외에 특이한 형태로 나타난 것이 부분번역으로 소설 가운데 가장 흥미로운 부분만 발췌하여 번역한 것이다. 이러한 유형은 대부분 ≪三國演義≫系列에서 많이 나타난다. 예를들면 ≪赤壁大戰≫·≪大膽姜維實記≫·≪三國大戰≫·≪華容道實記≫ 등이 그것이다. 또 단편소설 중에서는 ≪今古奇觀≫처럼 各 回를 따로 떼어내어 번역하기도 하였다. 이러한 작품들은 후대로 가면서 인쇄술의 발달과 함께 部分飜譯에서 全文飜譯으로 바뀌어 갔다.

③ 完譯과 縮譯 문제

다음은 完譯과 縮譯의 문제이다. 일반적으로 완역은 처음부터 끝까지 모두 번역한 것을 의미하고 축역은 내용의 일부를 생략하거나 축약하여 번역한 것을 의미한다. 국내 중국고전소설 飜譯本 가운데는 상당수가 原文에 충실하게 意譯 및 直譯으로 처음부터 끝까지 번역을 마무리 하고 있다. 앞에서 언급한 것처럼 중국고전소설 중에 가장 완벽한 번역 작품을 고른다면 아마 낙선재본 ≪紅樓夢≫밖에 없을 것이다. 글자 하나도 빠짐없이 전문모두를 번역한 작품으로 상당한 가치를 가지고 있는 작품이다.

그러하기에 완역과 축역의 구별은 單純論理로 해결해야 할 듯하다. 완역이란 意譯이든 直譯이든 原文에 맞추어 충실하게 옮겨 나가면 곧 완역인 것이다. 그러기에 설사 부분적으로 省略과 縮約이 있다하더라도 원문에 의거하여 끝까지 옮겨지면 완역이라 할 수 있는 것이다. 낙선재본 ≪紅樓夢≫을 제외하고는 대부분 내용상 덜 필요한 부분이나 필요 없는 부분은 과감하게 생략하거나 삭제하여 번역되었다. 즉 큰 틀의 줄거리는 그대로 둔 채 소설의 序文이나 開場詩·揷入詩·散場詩 및 回後評 등은 대부분을 생략하였으며 중국통속소설의 常套語도 대부분 생략되었다. 또 비교적 原典에 가깝게 번역하면서도 직역을 피하고 평이한 의역으로 꾸며진 작품이 많다.

결론적으로 완역과 축역에 있어서도 어떤 작품은 완역이고 어떤 작품은 축역이라고 단정하는 것은 무의미하다. 왜냐하면 한 작품에도 어떤 부분은 완역으로 이어지다 어느 부분에서는 축역의 부분이 상존하기 때문이다.

④ 直譯과 意譯 문제

다음은 직역과 의역의 문제로, 너무 직역에 치우치게 되면 문학성이 상실되어 단순한 의미 전달의 수준으로 전락하기 쉽고 또 의역에 치우치게 되면 창조적인 표현을 구사되어 잘못 작품의 진의를 손상시키기 쉽다. 그러기에 직역과 의역은 적절하게 절충되어 묘사되는 것이 바람직하다고 할 수 있다.

국내 중국고전소설 翻譯本 가운데는 비록 원문의 序文이나 開場詩·揷入詩·散場詩 및 回後評 등과 常套語가 대부분 생략되었으나 그 외의 것들은 비교적 原文에 충실하게 意譯 및 直譯으로 시종일관 번역을 마무리 하고 있다. 번역기교에 있어서는 전반적으로 原典에 충실하게 번역을 하려고 노력하였고 가급적 직역을 피해가며 平易한 의역으로 꾸며진 작품이 많다. 그러나 시대적 차이와 문화 환경의 차이로 독자들에게 설명하기 어렵거나 번역하기 난해한 부분에 있어서는 과감히 생략해 버리는 부분도 종종 발견된다.

3) 日帝時代 및 光復 以後의 翻譯 樣相

일제시대와 광복을 거쳐 최근에 이르기까지 중국고전소설에 대한 번역은 刮目할만한 양적인 성장을 하였다. 최근까지 약 100여 종의 작품들이 번역출판된 것으로 조사되었다. 일제시대 이후부터 최근까지 국내에서 번역출판 작품의 목록은 다음과 같다.

1). ≪神話≫ 2). ≪山海經≫ 3). ≪穆天子傳≫ 4). ≪神異經≫ 5). ≪拾遺記≫ 6). ≪列仙傳≫ 7). ≪列女傳≫ 8). ≪新序≫ 9). ≪說苑≫ 10). ≪博物志≫ 11). ≪高士傳≫ 12). ≪搜神記≫ 13). ≪西京雜記≫ 14). ≪幽明錄≫ 15). ≪世說新語≫ 16). ≪酉陽雜俎≫ 17). ≪唐代傳奇小說≫ 18). ≪太平廣記≫ 19). ≪嬌紅傳≫

20).《京本通俗小說》 21).《剪燈新話》 22).《剪燈餘話》 23).《刪補文苑楂橘》 24).《三國演義》 25).《水滸傳》 26).《西遊記》 27).《金瓶梅》 28).《三言》 29).《型世言》 30).《今古奇觀》 31).《列國志》 32).《西漢演義》 33.《東漢演義》 34).《隋唐演義》 35).《隋煬帝行樂記》 36).《隋煬帝艷史》 37).《孫龐演義》 38).《封神演義》 39).《包公演義》 40).《開闢演義》 41).《薛仁貴傳》 42).《薛家將 系列》 43).《說唐演義 系列》 44).《薛丁山實記》 45).《說岳傳》 46).《西周演義 系列》 47).《繡榻野史》 48).《北宋演義》 49).《南宋演義》 50).《唐秦演義》 51).《武穆王精忠傳》 52).《樂田演義》 53).《隋史遺文》 54).《禪眞逸史》 55).《鍾離葫蘆》 56).《大明英烈傳》 57).《聘聘傳》 58).《玉壺氷》 59).《效顰集》 60).《花影集》(뉴방삼의뎐) 61).《紅梅記》 62).《粉粧樓》 63).《紅樓夢》 64).《儒林外史》 65).《平妖傳》 66).《兒女英雄傳》 67).《聊齋志異》 68).《閱微草堂筆記》 69).《錦香亭記》 70).《梁山伯傳》 71).《肉蒲團》 72).《紅風傳》 73).《綠牡丹》 74).《百家公案》 75).《龍圖公案》 76).《巫夢綠》 77).《珍珠塔》 78).《引鳳簫》 79).《平山冷燕》 80).《鏡花緣》 81).《女仙外史》 82).《忠烈俠義傳》 83).《再生緣傳》 84).《忠烈小五義》 85).《雪月梅傳》 86).《快心編》 87).《隋楊義史》 88).《十二峰》 89).《瑤華傳》 90).《玉嬌梨》 91).《玉支磯》 92).《醒風流》 93).《好逑傳》 94).《雙美緣》 95).《南溪演談》 96).《合錦回文傳》 97).《白圭志》 98).《畵圖緣》 99).《老殘遊記》 100).《文明小史》 101).《浮生六記》 102).《英雄淚》 103).《閻羅王傳》 104).《千里駒》 105).《繡像神州光復志演義》

* (이중에서 일부의 작품들은 선문대 번역문헌연구소에서 박재연 등이 번역문헌 발굴 작업의 일환으로 조선시대 번역본을 역주하여 다시 간행한 작품들도 상당수 포함되어 있고 탄사와 고사의 일부 작품도 편의상 여기에 함께 포함시켰음)

(1) 일제시대의 번역 양상

일제시대로 접어들어 中國古典小說에 대한 飜譯은 비록 이전처럼 旺盛하지는 못하였으나 그렇다고 완전히 사라진 것은 아니었다. 이전과 다른 점이 있다면 印刷術의 발달로 인하여 번역출판본이 많아졌다는 점과 部分飜譯이나 혹은 內容을 縮小하여 만들어진 작품이 두드러지게 많아졌다는 점이다. 이는 당시 영세한 출판사의 상업성과 상당히 연관이 있는 것으로 추정된다.

또 이 시기에는 한문독자의 급격한 감소로 원문출판은 급격히 쇠락하였고 대부분의 중국소설들이 번역판으로 출판되어졌다. 또한 조선 말기에 번역되어 필사본으로 유통되던 것들도 상당수는 印刷術의 발달과 함께 이 시기에 출판되는 등 나름대로 활발한 번역출판이 이루어졌다.

이 시기에 나타난 특이한 현상은 방각본소설인데, 본디 방각본은 조선말기(대략 1880년대 이후)에는 새로운 活字의 보급으로 급격히 萎縮되었다가 1910년대 이후로 다시 나타나게 된다. 이것은 새롭게 판각작업을 해서 出刊한 것은 아니고, 기존의 고소설 판본들을 다시 찍어 낸 것으로 어떤 작품에는 경판 방각소의 洞名과 日帝 때의 출판사 이름이 함께 나타나기도 한다. 특히 翰南書林에서는 고소설 판본들을 사들여서 다시 출간했고 그 가운데 상당수가 현재까지 전해지고 있다. 즉 翰南書林과 太華書林은 그 당시에 板刻本小說과 新活字本小說 사이에 橋梁 役割을 하였다고 볼 수 있다. 또 이 작품들의 번역 및 출판경향도 이전 판본과 별다른 차이가 없는데, 이는 방각본 소설이 새로운 創作이나 별다른 改作도 없이, 그저 판만 바꾸거나 補完하면서 유지되어 왔기 때문이다.[14]

이러한 상황아래 1920년대 말기까지는 비교적 활발한 출판양상을 보인다. 이 당시에 번역출판된 중국고전소설의 종류만도 대략 20여 종에 이른다. 여기에다 部分拔取하여 단행본으로 만든 것까지 합치면 40여 종이 넘는다. 특히 이 시기에도 조선시대에 이어 ≪삼국연의≫에 대한 애정은 남달라, 수많은 全文 飜譯本과 部分拔取 飜譯本 혹은 再創作本 등의 亞流小說들이 대량으로 출판되어 매우 다양한 양상을 보여주고 있다.

또한 이 시기의 출판의 상황도 여간 혼란한 것이 아니었다. 판권은 거의가 출판사의 소유인바 更版해서 출판사가 바뀌기가 일쑤였고, 또 판권을 巧妙히 脫避한 樣의 他社 出版本이 있다. 또는 更版의 순서를 無視하며 뒤늦게 초판이란 刊記가 나타나기도 한다. 모두 다 經濟的 不安이 쉬이 感知되는 현상이다. 그 외에도 몇 개의 출판사가 공

---

14) 조혜란, 〈京版 坊刻本 小說의 特性〉, ≪고소설의 저작과 전파≫, 아세아문화사, 1995년, 317쪽.

동으로 책을 발행하는 등의 경우가 非一非再하다.15)

　이러한 복잡한 상황이 꾸준히 지속되다가 1930년대로 들어오면서 번역출판은 급격한 減少趨勢로 들어서게 된다. 또 1940년대에 이르러서는 거의 斷絶狀態에 이르게 되는데, 이는 世界二次大戰의 영향과 막바지에 이른 政治經濟 및 社會文化의 혼란상황에서 기인된 것으로 추정된다. 그 후 광복을 맞이하면서 번역출판은 다시 증가세로 돌아선다.

(2) 광복 이후의 번역 양상

　1945년 광복이후의 번역출판 상황은 이전과는 상당히 달라진 양상을 보인다. 특히 美國을 필두로 한 西歐의 物質文明은 우리의 출판문화를 크게 개선시켰고 또 경제적 안정과 번영이 축적되면서 출판 환경도 비약적인 발전을 이루었다. 아울러 문학의 출판도 급신장 하였는데 이들의 主流는 역시 現代文學과 西歐文學의 번역출판이었다. 그렇다고 중국고전소설의 번역이 減少하였거나 또 萎縮되었다는 것을 의미하는 것은 아니다. 다만 파도처럼 밀려드는 서구 문예물 앞에 주류의 자리를 내어주고 변방을 지키기에 급급하였다. 더더욱 6·25동란으로 중국이 敵性國家가 되면서 중국문화에 대한 관심은 상대적으로 소외되어졌다.

　광복이후 최근까지 大略 100여 종에 이르는 中國古典小說들이 번역출판 되었다. 解放과 6·25動亂 以後 어수선한 국면이 안정되면서 번역출판은 서서히 증가되었는데, 이러한 가운데 시기별로 특이한 양상이 나타난다.16)

① 1950-1970년대 :

　1950년대에서 1970년대에는 縮約과 部分漏落 및 생략현상이 두드러진다. 이는 원문에 대한 理解不足과 지나친 商業性으로 소설의 일부분을 생략해 버리거나 혹은 故意로 누락시켜 버리는 현상이 일어났다. 그러나 조선시대부터 내려오던 部分飜譯 혹은

---

15) 이능우, 〈이야기책 구활판본 조사목록〉, 《고소설 연구》, 반도출판사, 1980년, 270쪽.
16) 拙稿, 〈中國古典小說의 國內 出版史 硏究〉, 《중국소설논총》 제12집, 2000년 8월, 253-275쪽의 내용을 다시 시대적 분류에 따라 재분석하여 정리하였다.

飜案하여 출판되었던 판본들은 대부분 자취를 감추었고 새로운 활자에 의한 보급이 빠르게 진행되었다. 즉 인쇄술의 발달로 인하여 筆寫本 조차도 점차 자취를 감추었으며 번역 역시 部分飜譯 爲主에서 全文飜譯으로 바뀌어 갔고 분량 또한 늘어나기 시작하였다.

일제 식민시기부터 최근에 이르기까지 가장 많이 번역출판된 작품이 ≪삼국연의≫로 판본만도 70여종에 달한다. 그러나 이들 중 상당수는 다른 번역본처럼 縮約하였거나 대강의 뜻만 옮겨놓은 意譯本들이다. 그 외에도 많은 작가들이 동일한 판본을 한 번의 출판에 그치지 않고 여러 번에 걸쳐 출판을 하는 상황이 벌어졌다. 그것도 同一 출판사에서 再版한 것이 아니라 다른 출판사에서 동일한 내용으로 여러 번에 걸친 출판을 하였다. 이는 零細한 出版社의 興亡에 따라 판권의 離合集散으로 보인다. 이러한 현상은 ≪삼국연의≫·≪수호전≫에서 두드러지게 나타난다.[17]

또 1960-1970년대에 두드러지게 나타난 현상중의 하나가 바로 중국고전소설을 번역하는데 일본어판을 저본으로 번역하였다는 사실이다. 당시의 번역자들은 번역하기 어려운 한문판보다는 손쉬운 일본어판 소설을 이용하여 번역하였는데 이 시기에 四大奇書를 중심으로 공통적으로 일어났던 현상이다. 예를 들어 ≪삼국연의≫의 경우 일본인 吉川英治(요시가와 에이지)의 번역본을 가지고 이용호(1965년), 이인광(1968년), 박종진(1976년) 등이 몇 차례에 거쳐 재번역을 하였으며 이러한 작품들이 1960년대와 1970년대에 의외로 많은 독자들에게 영향을 주었던 것으로 보인다.

이 번역본은 원본과는 다소의 차이가 있어 학술용으로는 부적합할 뿐만 아니라 중국고전소설의 초보 연구자들에게 약간의 혼선을 주기도 하였다. 후대에 이를 모방한 아류 작품들이(근래에 출판된 박정수 평역본, 청목, 8권) 많이 출현하였다. 이러한 현상은 비단 ≪삼국연의≫에서만 나타나는 현상이 아니라 四大奇書 및 ≪홍루몽≫ 등 여러 작품에서도 공통적으로 나타난다.

그 외에 나타난 또 하나의 현상은 대부분이 정통 번역가에 의해 번역된 것이 아니라는 점이다. 즉 漢文學者나 國文學者 또는 小說家들과 심지어는 일본어에 능통한 識者層도 다수 있었다. 중국소설 전공자가 아니기 때문에 간혹 그릇된 誤譯이나 지나친

---

[17] 拙著, ≪중국고전소설의 출판과 연구자료 집성≫, 아세아문화사, 2008년 4월.

修飾 및 創作으로 인하여 原著者의 創作精神과 創作意圖에서 벗어나 결국 작품성을 크게 저하시키는 결과를 초래하기도 하였다. 그러나 이들의 역할이 모두 부정적인 측면만 있는 것은 아니다. 중국고전소설에 대한 대량의 번역을 통하여 수많은 독자층을 형성시켜 놓았고 또 중국고전소설을 우리의 고전처럼 친숙하게 만든 것은 그들의 공로라 할 수 있다.

② 1980년대 :

1980년대로 들어서면서 두드러지게 나타난 현상중의 하나가 바로 소설가들의 대거 등장이다. 물론 1980년대 이전에도 박종화·김광주·김팔봉·김동리·이주홍·방기환·천세욱 등이 있었지만 1980년대에는 정비석·우현민·이병주·김구용·이문열 등 유명작가들까지도 본격적으로 번역에 뛰어들기 시작하였다. 또 1990년 이후에는 김홍신과 황석영까지 번역에 가세를 하였다. 특히 ≪삼국연의≫에 있어서는 저명작가 김홍신과 황석영 등이 새로운 필법으로 이문열의 아성에 도전하여 독자들의 관심을 끌었으나 다소 힘에 부치는 상황이다. 사실 이문열본은 본인 특유의 문체에 독특한 흥밋거리를 제공하여 인기몰이에 성공을 하였으나 원문과는 다소 다른 평역본이다. 또 최근에 나온 황석영본은 번역도 무난한 편이고 문필가다운 필치가 어우러져 재미있게 구성하였으나 이문열본을 뛰어넘기는 버거워 보인다.

그러나 소설가들이 소설가다운 문필과 기량을 한껏 발휘하다보니 원작자의 創作精神과 意圖까지도 뛰어 넘어 원문과 벗어난 창작까지도 이루어지게 되는 현상이 종종 일어났다. 즉 일부작가 중에는 원본의 내용에 기본 줄거리만 유지한 채 번역과는 다른 창작에 가까운 작가도 나타났다. 이러한 현상은 급기야 번역의 본질을 크게 왜곡시키는 문제점을 드러내기도 하였다.

1980년대의 또 다른 특징은 학술성이 가미된 번역본이 등장하였다는 것이다. 1980년대로 들어서며 중문학과가 대규모로 늘어났고 더불어 中國古典小說 專攻者들도 큰 폭으로 증가하며 중국고전소설에 대한 새로운 研究風土가 조성되기 시작하였다. 이러한 상황아래 중국조전소설의 번역은 흥미위주의 상업적 출판에 학술성이 가미된 작품들도 漸次的으로 증가되었다. 즉 이러한 작품들 대부분이 註解는 물론 原文까지 倂記하였는데, 이는 비록 상업성은 떨어지지만 올바른 번역문화의 정착과 학술발전의 차원에서는 매우 고무적인 현상으로 評價된다.

③ 1990년대 :

1990년대로 접어들며 국내의 중국고전소설 번역은 새로운 양상이 전개되었다. 즉 1990년대 초기에 중국과의 수교와 함께 길림과 연변을 중심으로 한 조선족 번역본의 등장이다. 이는 조선족에 의해 번역되어진 중국고전소설의 판본을 국내에서 再出版하는 현상으로 ≪삼국연의≫뿐만 아니라 ≪서유기≫·≪수호전≫·≪금병매≫·≪홍루몽≫ 등의 번역본을 중심으로 상당수 출간되었다.

이러한 번역본은 비교적 원문을 충실하게 옮겨놓아 학술적 가치도 높을 뿐만 아니라 자료 활용에 있어서도 긍정적으로 평가된다. 그러나 문체상 우리가 자주 사용하지 않는 어휘와 문구가 간혹 눈에 보이고 또 문맥구조가 어색하거나 껄끄러운 부분이 단점으로 지적된다. 이러한 부류가 김광렬(삼성출판사, 1993년)·연변대학번역조(청년사, 1990년)·연변인민출판사 번역팀(2004년) 등으로 언급된 책들이 바로 이러한 유형의 책들이다.

그 외에도 중국의 수교와 함께 중국에 대한 관심이 다시 일면서 중국고전소설에 대한 번역출판은 활발하게 진행되었다.

④ 2000년대 :

대략 1999년부터 시작되어 2000년대로 넘어 오면서 중국고전소설에 대한 번역은 또 다른 양상을 보이고 있는데 이것이 곧 축약판의 유행이다. 이 시기에는 특히 원문에 충실한 번역보다는 흥미위주의 축약본이 여러 종 출판되는데, 예를 들면 ≪한 권으로 읽는 삼국지≫·≪에센스 삼국지≫·≪신 삼국지≫·≪한 권으로 읽는 수호지≫·≪에센스 수호지≫·≪신 수호지≫·≪신 서유기≫·≪한 권으로 보는 금병매≫ 등 모두가 縮譯하여 출판되어졌으며 또 대량의 만화본까지 등장하게 되었다. 이는 바쁜 현대사회에서 그저 고전의 깊은 의미를 감상하고 음미하는 과정을 생략한 채 단순히 작품의 내용이나 지식을 파악하고자 하는 독자들의 독서태도를 대변해주는 것이기도 하다.

그 외에도 1980년 말부터 시작된 국내 희귀본 중국고전소설의 발굴작업은 상당한 성과를 드러내면서 학술적 가치가 높은 작품들에 대해 原文 및 飜譯出版 작업이 이루어졌다. 특히 박재연은 학술자료 발굴의 일환으로 최근까지 100여 종이나 되는 희귀본과 조선시대 번역본을 校注 出版하여 학술발전에 많은 寄與를 하고 있다.

앞에서 언급한 국내 번역출판된 중국고전소설 가운데는 이러한 판본들이 다수 포함되어 있다. 예를 들어 ≪태평광기상절≫·≪삼국지통속연의≫·≪슈호지≫·≪셔유긔≫·≪형셰언≫·≪금고긔관≫·≪셔한연의≫·≪동한연의≫·≪포공연의≫·≪개벽연의≫·≪북송연의≫·≪남송연의≫·≪당진연의≫·≪무목왕졍튱녹≫·≪수사유문≫·≪션진일ᄉ≫·≪악의젼단≫·≪대명영렬젼≫·≪빙빙뎐≫·≪홍매긔≫·≪뉴방삼의뎐≫(花影集)·≪분장루≫·≪홍루몽≫·≪평뇨긔≫·≪금향졍긔≫·≪녹목단≫·≪진쥬탑≫·≪인봉쇼≫·≪평산냉연≫·≪녀션외사≫·≪충렬협의젼≫·≪재생연젼≫·≪튱렬쇼오의≫·≪슈양의사≫·≪십이봉긔≫·≪셜월매젼≫·≪쾌심편≫·≪요화젼≫·≪옥교리≫·≪옥지긔≫·≪셩풍뉴≫·≪호구젼≫·≪쌍긔봉≫·≪염라왕젼≫·≪천리구≫·≪슈상신쥬광복지연의≫ 등이 박재연교수가 주관하는 '중한번역문헌연구소'에서 간행된 것이다.

선문대 박재연교수가 주관하는 중한번역문헌연구소 간행본 중국고전소설은 조선시대 번역본을 다시 校註하여 간행한 것으로 일반 독자용은 아니지만 전문가들에게는 학술적 가치가 높은 작품으로 인정되고 있다.

이상에서처럼 중국고전소설에 대한 국내 번역출판은 비록 여러 가지 문제점도 惹起시켰지만 꾸준히 우리의 소설문학과 함께 독자의 사랑을 받으며 발전하여 왔다. 특히 地理的 文化的으로 密接한 영향관계에 있는 중국의 고전은 서구문학보다도 더욱 우리 마음속에 東洋의 古典으로 자리 잡으며 지금까지 친밀함과 친숙함을 유지하고 있다.

2. 朝鮮時代 翻譯本의 翻譯樣相 및 特徵*

朝鮮時代에는 중국과의 교류가 상당히 활발하였고 그에 따라 서적의 수입도 많아졌다. 특히 中國 古典小說의 수입은 상당히 많았지만 그에 대해 수입을 금지하는 경우도 있었다.[1] 여러 가지 상황에도 중국 고전소설은 국내로 꾸준히 유입되었고 관심을 가진 이들도 점점 늘어났으며 마침내 중국 고전소설을 한글로 번역하여 읽는 단계로까지 확대되었다.

중국 고전소설 번역본의 독자층은 주로 궁중의 여인과 사대부집 여인 및 기생 등 여인을 중심으로 이루어진 것으로 보이는데,[2] 이들의 수요에 따라 공급도 점차 늘어나게 되었다. 중국 고전소설의 번역자는 失意한 양반가, 譯官, 중하류 지식인 및 서자, 일부 여성들로 구성되었을 것으로 짐작된다. 번역자들은 작품을 단독으로 번역 필사한 경우도 있었지만 여러 명이 집단으로 필사한 경우도 종종 나타나고 있다. 이 점은 독자들에게 되도록 빨리 공급하기 위해 한 작품을 나누어 번역한 것으로 보인다. 오늘날에도 장편소설은 여러 사람이 번역하여 한 사람이 윤문하는 경우가 가끔 있는데 이와 비슷하다고 해도 무리가 없을 것이다.

예전이나 지금이나 번역은 매우 고되고 신중한 작업이다. 현대에 와서도 작품 번역은 대단히 어려운 작업이라는 인식이 만연해 있다. 한 작품에 대한 번역 작품이 여러 번

---

* 본 논문은 한국중국소설학회의 ≪中國小說論叢≫제35집(2011년 12월)에 게재한 내용을 일부 수정 및 보완하여 만든 것임.
주저자: 김명신(慶熙大學校 비교문화연구소 학술연구교수), 교신저자: 閔寬東(慶熙大學校 교수).

1) 正祖 때는 '文體反正'이 일어날 정도로 중국소설에 대한 경계가 심했고 엄금하는 경향이 있었다. 그럼에도 중국 고전소설에 대한 수요가 끊이지 않았다는 점은 그 책을 통해 뭔가를 얻으려는 사람들의 심리를 엿볼 수 있다. 중국 고전소설에는 당시 사람들의 흥미를 이끌어내는 요소가 담겨 있었다고 볼 수 있다.

2) 오늘날 소설의 독자들 역시 여성이 많은 것으로 볼 때 고금의 현상은 많이 달라지지 않고 있음을 드러내고 있다. 남성 독자들도 적지 않은 것은 사실이지만 소설을 선호하는 계층은 여성이 압도적이라는 사실은 앞으로 독서 시장에 대한 상황도 미루어 짐작할 수 있다.

개정 출판되었어도 여전히 오역에 대한 논란이 끊이지 않는 이유가 이를 증명해준다[3].

그러면 중국 고전소설을 번역하는 데에 있어서 번역자들은 어떠한 의식을 가지고 번역하였을 것인가? 과연 그 당시 번역자들은 중국어에 대한 소양이 뛰어나서 작품 번역에 전혀 무리가 없는 완전한 번역을 했을까? 이러한 문제의식을 가지고 조선시대 중국 고전소설의 번역 상황과 특징을 개괄적으로 살펴보기로 하겠다.

1) 朝鮮時代 飜譯 作品의 目錄과 飜譯時期

(1) 작품의 목록 및 서지사항

다음은 朝鮮時代 번역 작품의 목록과 간단한 서지사항을 도표로 만든 것이다.

順番	書名	飜譯版式	飜譯樣相	飜譯時期	文體	所藏處
1	列女傳	申珽·柳沆飜譯, 柳耳孫寫, 李上佐畵	中宗38年本, 以外:坊刻本(1918年), 太華書館	中宗38年癸卯 (1543年)	文言	中宗38年版 失傳
2	古押衙傳奇	1冊 (총 23장), 8行22-23字	原文充實한 完譯(直譯)	朝鮮(1879), 歲在己卯三月 姪世本	文言	金東旭 (羅孫文庫)
3	太平廣記諺解	樂善齋本:9卷9冊, 13行23~25字, 木覓本:5卷5冊(缺册1卷:延世大), 10行25字, 27.5×17.5cm	金一根本(先譯本)	約1566年-1608年, 樂善齋本은 (18-19世紀)	文言	樂善齋, 金一根(木覓)
4	太原志	4卷4冊, 29.1×15.6cm, 10行20~25字內外, 中國原典逸失	국문 고소설로 보는 견해도 있음	未詳	文言	樂善齋
5	吳越春秋	1冊(15張), 筆寫本, 31.4×16.3cm, 無界, 13行字數不定	部分省略, 直譯	朝鮮後期	文言	檀國大
6	梅妃傳 (매비전)	1冊, 筆寫本, 29.2×20.5cm, 13行字數不定	附錄:한성데됴비연합덕전, 당고종무후던	朝鮮後期	文言	雅丹文庫
7	漢成帝趙飛燕合德傳	1冊, 筆寫本, 29.2×20.5cm, 13行字數不定	매비전의 부록1	朝鮮後期	文言	雅丹文庫

---

[3] 예를 들어 중국 고전소설 중의 ≪三國演義≫는 여러 사람들과 많은 출판사에서 번역하여 출판하고 있다. 서로가 정통임을 내세우고 있지만 작품의 번역에는 여전히 오역이 존재하고 있다.

2. 朝鮮時代 飜譯本의 飜譯樣相 및 特徵

順番	書名	飜譯版式	飜譯樣相	飜譯時期	文體	所藏處
8	唐高宗武后傳	1冊, 筆寫本, 29.2×20.5cm, 半葉 13行字數不定	매비전의 부록2	朝鮮後期	文言	雅丹文庫
9	紅梅記	太平廣記 飜譯本 簿錄, 綠衣人傳 改編本	詩評省略, 縮約意譯	18世紀말	文言	藏書閣
10	薛仁貴傳	4卷4冊(中央圖), 2冊(殘本:嶺南大), 3冊(殘本:梨花大)	飜譯 ≪薛仁貴征遼事略≫, 有出版	朝鮮後期	白話通俗	中央圖書館
11	水滸傳	4冊, 9冊(梨花女大), 3冊(金東旭:安城坊刻本)	坊刻本, 其他:部分飜譯	朝鮮後期	白話通俗	梨花女大, 金東旭 等
12	三國志演義	39冊(樂善齋本), 38冊, 30冊, 27冊(28×19.5cm), 20冊, 17冊 等 多數, 版式各不同, 宮體	完全飜譯, 部分飜譯, 飜案 等	初譯:英正祖, (추정) 後譯:己未 (1859年 等)	白話通俗	中央圖書館, 奎章閣, 樂善齋 金東旭 等
13	殘唐五代演義	5卷5冊, 30.4×22cm, 10行25字內外, 飜譯≪殘唐五代史演義≫	詩評省略, 部分省略, 宮體	朝鮮末期	白話通俗	樂善齋
14	大明英烈傳	8卷8冊, 29.2×20.9cm, 10行21字內外, 6冊(朴順浩), 優雅한 宮體	部分省略, 原文充實	約18世紀飜譯, 19世紀轉寫	白話通俗	樂善齋, 朴順浩 等
15	武穆王貞忠錄	12卷12冊(殘本3,4,5,9,11), 29×23.3cm, 12行18字內外, 飜譯≪大宋中興通俗演義≫	直完譯(部分省略), 刻英嬪(英祖後宮) 之印章	18世紀(推定)	白話通俗	樂善齋
16	西遊記	3冊, 5冊, 12冊, 2冊本 等 殘本多數, 坊刻本과 舊活字本	坊刻本, 其他:部分飜譯, 飜案 等	朝鮮後期	白話通俗	中央圖書館 等
17	列國志	42卷42冊(影印本:日本), 17冊(29.6×22cm, 春秋列國志, 中央圖書館) 30冊(嶺南大, 殘本7冊)	詩評省略, 原文充實, 其他:部分飜譯, 宮體	約1600年代中後期, 後轉寫本	白話通俗	中央圖書館, 嶺南大, 趙潤濟 外
18	包公演義	9卷9冊, 29×20.7cm, 11行24~26字內外, 飜譯≪龍圖公案≫ (若干 흘림체의 筆寫本)	原文充實(100回中 81回飜譯)	約19世紀 初 推定	白話通俗	樂善齋
19	封神演義 (서주연의)	25卷25冊, 32.8×22.8cm, 11行字數不定, 註雙行, 紙質:楮紙	縮約意譯	約1728年以前	白話通俗	樂善齋
20	西漢演義	16卷16冊, 35×21.3cm (中央圖), 32.6×22.2cm (高麗大, 1895年), 29卷10冊(34.5×22cm, 奎章閣), 4卷4冊(藏書閣, 全漢志傳의 部分飜譯)	詩評省略, 原文充實, 其他:部分飜譯, 飜案 等	朝鮮後期	白話通俗	中央圖書館, 奎章閣, 高麗大, 藏書閣 等

順番	書名	飜譯版式	飜譯樣相	飜譯時期	文體	所藏處
21	東漢演義	6卷6冊, 35×23.2cm	添削이 심한 縮約飜譯	朝鮮後期	白話通俗	中央圖書館
22	平妖記	9卷9冊(樂善齋), 33.4×22.5cm, 10行20字內外, 2冊(金東旭, 30×19.2cm, 殘本卷3.5)	飜譯:馮夢龍40回本, 縮約意譯	約1835年以前飜譯, 以後轉寫	白話通俗	樂善齋, 金東旭
23	仙眞逸史	15冊(殘本:11行22字), 21冊, 32×21.7cm, 10行19~21字內外, 仙眞은 禪眞의 誤記	詩評省略, 縮約意譯	約18~19世紀	白話通俗	樂善齋
24	隋煬帝艷史	宮體, 延世大本 1冊, 綠雨堂本 1冊 落帙	詩評省略, 縮約意譯	約18世紀中葉以前	白話通俗	延世大等
25	隋史遺文	12卷12冊, "說唐"系統의 소설, 애스턴구장본	詩評省略, 縮約意譯	19世紀初	白話通俗	뻬제르부르그(러시아)
26	東度記	100回中 40回 飜譯, 5冊. 飜譯本은 동유긔로 되어 있음	省略과 縮約이 심함	19世紀 後半 飜譯 推定	白話通俗	뻬제르부르그(러시아)
27	開闢演義	5冊(奎章閣), 4冊(延世大), 宮書體	原典에 充實, 部分省略	18世紀로 推定	白話通俗	奎章閣 等
28	孫龐演義	5卷5冊, 30.3×21.2cm, 11行20~29字, 刻英嬪(英祖後宮)之印章	原文充實, 宮體楷書	約18世紀中期 筆寫	白話通俗	樂善齋
29	唐秦演義	13冊:33.5×22.5cm, 6冊:29×21cm, 原本:大唐秦王詞話, 16冊本(日本), 舊活字本 울지경덕실긔 (당진연의 부분 발췌)	縮約, 轉寫	朝鮮後期	白話通俗	樂善齋, 日本 等
30	南宋演義	7卷7冊(49回), 22.8×30cm, 11行26字 內外, 本名:≪南宋志傳≫	原典에 충실한 飜譯(부분 縮約), 丙申季秋筆寫	約1776年 혹은 1836年頃 (約18世紀 推定)	白話通俗	李謙魯(현 중한번역문헌연구소)
31	北宋演義	5卷5冊, 31.2×22.8cm, 飜譯≪大字足本北宋楊家將≫	원문에 충실한 精密한 飜譯	18世紀 飜譯本의 轉寫本 約 18世紀(推定)	白話通俗	樂善齋
32	南溪演談	3卷3冊(1卷落帙), 明太祖建國後事件描寫 (原本未詳)	母本未詳(국문소설로 보는 견해도 있음)	朝鮮後期	白話通俗	樂善齋
33	剪燈新話	9篇(전체중 9篇만 飜譯, 151面), 8行26字內外, 民間에서 飜譯 轉寫됨	詩詞까지 빠짐없는 充實한 飜譯	18世紀末~19世紀初	文言	단국대
34	娉娉傳 (聘聘傳)	全5冊中 4冊存(卷2, 3, 4, 5), 28×20cm, 12行28字內外	原本未詳, 剪燈餘話卷5(類似)	約18世紀初期	文言	樂善齋

2. 朝鮮時代 飜譯本의 飜譯樣相 및 特徵

順番	書名	飜譯版式	飜譯樣相	飜譯時期	文體	所藏處
35	型世言	4册(殘本:3, 4, 5, 6 總15篇), 28.8×21.6cm, 12行26字內外, 형세언의 부분번역인 朱仙傳도 樂善齋에 따라 소장	詩評省略, 縮約意譯	約18世紀頃飜譯, 轉寫	白話通俗	樂善齋
36	今古奇觀	全40篇中 20餘篇飜譯, 回別飜譯出版	飜譯(部分省略), 飜案	朝鮮末期, 日帝時期	白話通俗	高麗大, 樂善齋 等
37	花影集	9卷9册, 一名:뉴방삼의뎐 (劉方三義傳), 태평광기 번역본 부록	詩評省略, 縮約意譯	18世紀末	文言	藏書閣
38	後水滸傳	12卷12册, 28.1×20cm, 10行22字內外, 6册(申龜鉉)	詩評省略, 完譯에 接近, 並行直意譯	約18~19世紀	白話通俗	樂善齋, 申龜鉉 等
39	平山冷燕	10卷10册(中央圖書館), 28.6×19.6cm, 10行19字, 3卷3册(樂善齋, 28.6×22.4cm), 4卷4册(奎章閣)	詩評省略, 原文充實, 意譯爲主	約18世紀推定	白話通俗	中央圖書館, 樂善齋 奎章閣
40	玉嬌梨傳	下卷(11~20回)	詩評省略, 原文에 접근한 意譯爲主	朝鮮末期	白話通俗	高麗大
41	樂田演義	筆寫本 存在可能, 孫龐演義의 續作, 18回 99張	部分省略, 部分飜譯, 意譯	大正7年(1918年) 廣益書館 發行(舊活字本)	白話通俗	하버드대
42	十二峯記	4卷4册, 한글筆寫本, 刊寫地未詳, 刊寫者未詳, 刊寫年未詳	未詳	18世紀 中葉 推定	白話通俗	國立中央圖書館
43	錦香亭記	7册(奎章閣, 22×17cm, 10行14字內外), 1册(高麗大:25.6×17.5cm, 10行18字內外)	省略, 縮約意譯, 有飜案, 坊刻本	1877年筆寫	白話通俗	奎章閣, 高麗大, 中央圖 等
44	醒風流	7卷7册, 26.2×19.1cm, 10行17~20字內外, 原名:醒風流傳奇, 일찍이 번역한 것을 후에 轉寫하여 묶은 것으로 보임	詩評省略, 原典에 近接한 意譯	約 18世紀推定	白話通俗	樂善齋
45	玉支機	4卷4册 20回, 27×19.5cm, 四周雙邊, 有界, 上下花紋魚尾, 宮體	直譯을 피하고 縮約 飜譯	約 18世紀推定	白話通俗	延世大
46	畵圖緣	3卷3册中(卷之一 現存)	部分省略, 意譯爲主	朝鮮後期	白話通俗	文友書林
47	好逑傳	18回4册(28.4×18.7cm), 4册(梨花女大:29.5×18.cm3, 12行29字)	飜譯:義俠好逑傳, 詩評省略, 原典에 近接한 意譯	約18世紀~19世紀 飜譯轉寫	白話通俗	奎章閣, 梨花女大

順番	書名	飜譯版式	飜譯樣相	飜譯時期	文體	所藏處
48	快心編 (醒世奇觀)	32卷32冊, 28.2×18.8㎝, 10行字數不定, 無郭, 無絲欄	詩評省略, 縮約과 直譯爲主, 集體飜譯.	朝鮮後期	白話 通俗	樂善齋
49	隋唐演義	10卷10冊	未詳, 另: 後印本	朝鮮後期	白話 通俗	奎章閣
50	女仙外史	45卷45冊, 28.8×18.8㎝, 10行17字, 10冊(國民大)	詩評省略, 完譯本	約1880年前後	白話 通俗	樂善齋, 國民大
51	雙美緣	24回, 駐春園小史의 飜案, 一名:第十才子書, 一名:쌍미긔봉, 朝鮮時代 筆寫本도 있을 것으로 推定	詩評省略, 飜譯과 飜案 並行	朝鮮末期 日帝時代	白話 通俗	淮洞書館 (1916年)
52	麟鳳韶	3卷3冊, 29.7×19.5㎝, 10行20字, 麟鳳韶는 引鳳簫의 誤記	詩評省略, 原文充實	18世紀 中半	白話 通俗	樂善齋
53	紅樓夢	120冊中117冊(殘本), 28.3×18.2㎝, 8行字數不定, 紙質:壯紙	注音對譯, 直譯爲主完譯本	約1880年前後	白話 通俗	樂善齋
54	雪月梅傳	20卷20冊, 28.3×18.8㎝, 10行字數不定, 原文:孝義雪月梅傳	原文充實, 完譯本	約1880年前後	白話 通俗	樂善齋
55	後紅樓夢	20卷20冊, 28.8×18.8㎝, 9行27~28字內外, 無絲欄, 紙質:楮紙	詩評省略, 原文充實(完譯)	約1880年前後	白話 通俗	樂善齋
56	粉粧樓	5卷5冊 80回(完帙), 11行22字內外, 民間 筆寫本(흘림체)	原典에 충실하나 縮約이 많음	1906年으로 推定	白話 通俗	朴在淵
57	合錦廻 文傳	3卷, 宮體	原典에 충실한 번역	約18世紀 推定	白話 通俗	東國大 等
58	續紅樓夢	24卷24冊, 27×18㎝, 9行17字, 無絲欄, 無郭無版心, 楮紙	詩評省略, 原文充實, 意譯本	約1880年前後	白話 通俗	樂善齋
59	瑤華傳	22卷22冊(樂善齋), 27.8×19㎝, 9行字數不定, 14卷7冊(奎章閣)	詩評省略, 原典에 近接한 完譯	約1880年前後	白話 通俗	樂善齋, 奎章閣
60	紅樓復夢	50卷50冊, 28.1×18.9㎝, 9行17字, 無絲欄, 無魚尾, 楮紙	詩評省略, 原文充實(完譯), 直譯爲主, 部分意譯	約1880年前後	白話 通俗	樂善齋
61	白圭志	1冊(106張), 每面 11~15行, 4卷16回中10回 中半까지 飜譯	部分飜譯	19世紀 末- 20世紀 初	白話 通俗	朴在淵
62	補紅樓夢	24卷24冊, 28.1×19㎝, 10行19字, 無絲欄, 無魚尾, 楮紙	詩評省略, 原文充實, 意譯本	約19世紀後半	白話 通俗	樂善齋

順番	書名	飜譯版式	飜譯樣相	飜譯時期	文體	所藏處
63	鏡花緣	20卷中18卷(殘本:9, 12), 31×20cm, 10行20字內外, 第一奇諺	意譯, 添削改譯	1856~1848年 (洪義福)	白話通俗	丁奎福
64	紅樓夢補	24卷24冊, 29×18.8cm, 9行19字, 紙質:楮紙	詩評省略, 意譯(一部分縮約)	約1880年前後	白話通俗	樂善齋
65	綠牡丹	6冊, 韓國學中央硏究院 (影印本), 別名:四望亭	直完譯, 原典에 충실하나 縮約도 보임	1900年初	白話通俗	趙東弼
66	忠烈俠義傳	40卷40冊, 28×18.8cm, 10行17~18字, 一名:三俠五義	詩評省略, 原文充實, 完譯本	約1800年代中期以後	白話通俗	樂善齋
67	忠烈小五義傳	本篇30,附錄1,合31篇, 28.2×18.6cm, 10行字數不定, 16冊(奎章閣)	原文充實, 直譯爲主完譯本	約1880年前後	白話通俗	樂善齋, 奎章閣
68	聞談消夏錄	2冊, 筆寫本, 30.3×19.9cm	原文充實, 直譯爲主	朝鮮末期	文言	奎章閣
69	珍珠塔	10卷10冊, 28.1×19.9cm, 9行19字, 13卷5冊 (奎章閣:26.5×21cm, 10行 22~24字), 一名:九松亭, 彈詞系統	奎章閣本(先行本), 樂善齋本은 奎章閣本을 가지고 轉寫한 것으로 推定	約1880年前後	白話通俗 (彈詞)	樂善齋, 奎章閣
70	再生緣傳	52卷52冊, 28.2×18.8cm, 17行20字內外, 彈詞系統	直完譯本	約1880年前後	白話通俗 (彈詞)	樂善齋
71	梁山伯傳	白斗鏞 編, 京城, 翰南書林, 1920, 1冊(24張), 木版本, 26×20.3cm, 四周單邊, 半郭:20.7×17.4cm, 有界, 14行字數不定, 上下向四瓣黑魚尾	直完譯本	1920年	白話通俗	嶺南大 等
72	千里駒	4권2책, 청대 鼓詞飜譯本	添削이 가미된 飜譯	朝鮮末期	白話通俗	中央圖書館
*	繡像神州光復志演義	30卷30冊	大部分 縮字譯 爲主의 直譯, 完譯本	1920年 前後	白話通俗	國立中央圖書館 等

* 基督敎小說 飜譯本: ≪張遠兩友相論≫・≪引家當道≫

　이상 72종으로 정리할 수 있다. 마지막 ≪繡像神州光復志演義≫는 조선시대의 작품은 아니지만 日帝 시기에 한글로 번역된 작품으로 나름대로 가치가 있다. 그 외 기독교소설 번역본 소설로는 ≪張遠兩友相論≫와 ≪引家當道≫가 있다. 서양 선교사들에 의하여 만들어진 中文基督敎 小說은 중국인이 쓴 소설이 아니기에 72종의 번역본 소설에서는 합산하지는 않았으나 中文으로 쓰고 또 국문으로 번역되어진 점을 감안하여 참고적으로 나열했다.

(2) 文言小說과 白話小說

중국에서 조선으로 유입된 고전소설의 수량은 상당히 많지만 국내에서 출판하는 경우에는 문언소설을 선호하였고, 한글로 번역하는데 있어서는 백화로 쓰인 장편소설을 선호하는 경향이 있는 것으로 보인다. 다음은 번역본 가운데 文言小說과 白話小說로 분류한 작품들이다.

① 文言小說
문언으로 된 작품은 다음과 같은 12종이 있다.

≪列女傳≫·≪古押衙傳奇(無雙傳)≫·≪太平廣記諺解≫·≪太原志≫·≪吳越春秋≫·≪梅妃傳≫·≪漢成帝趙飛燕合德傳≫·≪唐高宗武后傳≫·≪紅梅記≫[4]·≪剪燈新話≫·≪娉娉傳(聘聘傳)≫·≪花影集≫

이상 원전이 文言인 작품들은 대개 교훈적인 내용, 신기한 이야기, 영웅 고사를 중심으로 번역되고 있는 것으로 보인다.

② 白話小說
백화로 된 번역 작품은 이상의 작품을 제외한 나머지 60종이 있는데 鼓詞와 彈詞를

---

[4] ≪紅梅記≫는 아직 원본이 발견되지 않은 작품으로 최윤희는 明代 文言小說로 보고 있고 박재연은 明代 才子佳人小說의 하나일 것으로 추정하고 있다. 이 작품은 편폭이 그다지 길지 않고 ≪太平廣記≫ 飜譯本에 부록으로 실린 것으로 보아 문언작품으로 분류해야 될 듯하다. 최윤희, 〈古杭紅梅記의 수용 양상과 미적 거리〉, ≪中國小設論叢≫ 제32집, 2010.9. 109~130쪽 참조.

포함한 작품들이다.

≪薛仁貴傳≫·≪水滸傳≫·≪三國志演義≫·≪殘唐五代演義≫·≪大明英烈傳≫·≪武穆王貞忠錄(大宋中興通俗演義)≫·≪西遊記≫·≪列國志≫·≪包公演義≫·≪西周演義(封神演義)≫·≪西漢演義≫·≪東漢演義≫·≪平妖記(≪三遂平妖傳≫)≫·≪仙眞逸史≫·≪隋煬帝艷史≫·≪隋史遺文≫·≪開闢演義≫·≪孫龐演義≫·≪唐晉[秦]演義(大唐秦王詞話)≫·≪南宋演義(南宋志傳)≫·≪北宋演義(大字足本北宋楊家將)≫·≪南溪演談(義)≫·≪型世言≫·≪今古奇觀≫·≪後水滸傳≫·≪平山冷燕(≪第四才子書≫)≫·≪玉嬌梨傳≫·≪樂田演義≫·≪錦香亭記(≪錦香亭≫)≫·≪醒風流≫·≪玉支磯(≪雙英記≫)≫·≪畵圖緣(≪花天荷傳≫)≫·≪好逑傳(≪俠義風月傳≫)≫·≪快心編(醒世奇觀)≫·≪隋唐演義≫·≪女仙外史(≪新大奇書≫)≫·≪東度記≫·≪雙美緣(駐春園小史의 飜案)≫·≪千里駒≫·≪麟鳳韶(≪引鳳簫≫)≫·≪紅樓夢≫·≪雪月梅傳≫·≪後紅樓夢≫·≪粉粧樓≫·≪合錦廻文傳≫·≪續紅樓夢≫·≪瑤華傳≫·≪紅樓復夢≫·≪白圭志≫·≪補紅樓夢≫·≪鏡花緣(第一奇諺)≫·≪紅樓夢補≫·≪綠牡丹≫·≪忠烈俠義傳≫·≪忠烈小五義傳≫·≪閒談消夏錄≫·≪十二峯記≫·≪珍珠塔(九松亭)≫·≪再生緣傳(繡像繪圖再生緣)≫·≪梁山伯傳≫

이상에서 보이는 중국소설의 한글번역본들은 교훈적 내용, 남녀의 애정, 기이한 이야기, 역사 고사, 義俠과 관련된 公案 등 다양한 소재가 번역되었다. 이전에 비하여 다양한 소재의 작품이 번역되긴 했지만 그 중에서 음란한 소재와 비교훈적인 내용 등은 번역자가 임의대로 삭제하기도 했다. 예를 들어 ≪隋煬帝艷史≫에서 나오는 자극적인 내용은 번역하지 않았고 ≪忠烈俠義傳≫에서는 너무 장황하거나 번역하기에는 적합하지 않은 부분은 과감하게 생략하여 축역하기도 했다.[5]

---

5) 김명신, 〈한글 필사본 충렬협의전의 번역양상 및 표기 특징〉, ≪中國小說論叢≫ 제32집, 2010. 9. 271쪽.

(3) 한글 번역본의 시대별 분류

중국 고전소설의 창작 시기를 고증하는 것 역시 쉬운 일은 아니다. ≪中國通俗小說總目提要≫6)와 ≪中國文言小說總目提要≫7)의 시기 구분에 근거하여 작품의 창작 시기를 구분하고자 했다. 따라서 明代 이전, 明代, 淸代 작품으로 시기를 구분한다면 한글 번역본에 대한 시의성을 좀 더 명확하게 규명할 수 있으리라 본다. 명대 이전 작품은 많지도 않은데다가 일실된 작품도 있으므로 그 창작 시기를 명확하게 판단하기 어려운 경향이 있다. 이러한 방식으로 구분해보면 明代 이전 작품은 8종, 明代 작품은 29종, 淸代 작품은 35종이며(탄사・고사 4종 포함) 총72종이 된다.

① 明代 이전의 작품

(1) ≪列女傳≫, (2) ≪古押衙傳奇(無雙傳)≫, (3) ≪太平廣記(諺解)≫, (4) ≪太原志≫, (5) ≪吳越春秋≫, (6) ≪梅妃傳≫, (7) ≪漢成帝趙飛燕合德傳≫, (8) ≪唐高宗武后傳≫

이상 8종의 작품으로 文言으로 된 작품이 위주로 되어 있다.

② 明代小說

(1) ≪薛仁貴傳≫, (2) ≪水滸傳≫, (3) ≪三國志演義≫, (4) ≪殘唐五代演義≫, (5) ≪大明英烈傳≫, (6) ≪武穆王貞忠錄(大宋中興通俗演義)≫, (7) ≪西遊記≫, (8) ≪列國志≫, (9) ≪包公演義(≪龍圖公案≫ 번역)≫, (10) ≪西周演義(封神演義)≫, (11) ≪西漢演義≫, (12) ≪東漢演義≫, (13) ≪平妖記(≪三遂平妖傳≫)≫, (14) ≪仙眞逸史≫, (15) ≪隋煬帝艷史≫, (16) ≪隋史遺文≫, (17) ≪東度記≫, (18) ≪開闢演義≫, (19) ≪孫龐演義≫, (20) ≪唐晉[秦]演義(大唐秦王詞話)≫, (21) ≪南宋演義(南宋志傳)≫, (22) ≪北宋演義(大字足本北宋楊家將)≫, (23) ≪南溪演談(義)≫, (24) ≪剪燈新話≫, (25) ≪聘聘傳(娉娉傳)≫, (26) ≪型世言≫, (27) ≪今古奇觀≫, (28) ≪花

---

6) ≪中國通俗小說總目提要≫는 ≪中國古典小說總目提要≫라는 서명으로 번역되어 울산대학교출판부에서 출판되었는데 총5권으로 구성되어 있다.
7) 寧稼雨 교수가 1996년 齊魯書社에서 편찬한 것으로 總目 325종이 수록되어 있다.

影集》, (29)《紅梅記》

이상 명대의 작품은 주로 通俗小說로 된 작품들이 많이 번역되었고 간혹 文言으로 된 작품도 섞여 있다.

③ 清代小說

(1) 《後水滸傳》, (2) 《平山冷燕(《第四才子書》)》, (3) 《玉嬌梨傳》, (4) 《樂田演義》, (5) 《錦香亭記(《錦香亭》)》, (6) 《醒風流》, (7) 《玉支磯(《雙英記》)》, (8) 《畫圖緣(《花天荷傳》)》, (9) 《好逑傳(《俠義風月傳》)》, (10) 《快心編(醒世奇觀)》, (11) 《隋唐演義》, (12) 《女仙外史(《新大奇書》》), (13) 《雙美緣(駐春園小史의 飜案)》, (14) 《千里駒》, (15) 《麟鳳韶(《引鳳簫》)》, (16) 《紅樓夢》, (17) 《雪月梅傳》, (18) 《後紅樓夢》, (19) 《粉粧樓》, (20) 《合錦廻文傳》, (21) 《續紅樓夢》, (22) 《瑤華傳》, (23) 《紅樓復夢》, (24) 《白圭志》, (25) 《補紅樓夢》, (26) 《鏡花緣(第一奇諺)》, (27) 《紅樓夢補》, (28) 《綠牡丹》, (29) 《忠烈俠義傳》, (30) 《忠烈小五義傳》, (31) 《閒談消夏錄》, (32) 《十二峯記》, (33)《梁山伯傳》, (34) 《珍珠塔(九松亭)》, (35) 《再生緣傳(繡像繪圖再生緣)》

이상 清代의 작품들은 愛情小說, 歷史小說, 俠義小說, 才學小說 등 다양한 소재의 작품들이 포함되어 있다.

(4) 번역의 시기

대부분의 중국소설들이 비교적 이른 시기에 우리나라에 전래되었고 한글로 번역된 작품도 상당히 있는 편이다. 朝鮮時代 지식인들은 漢字에 대한 해독력이 뛰어났기 때문에 대부분의 작품들을 번역할 필요 없이 바로 해독할 수 있었지만 중국 고전소설을 한글로 번역하게 된 데에는 몇 가지 이유가 있을 것으로 보인다. 그중에서 중국소설이 번역되고 번안된 가장 큰 이유는 중국소설을 한글로 보고자 하는 독자층의 수요에 부응하여 출현한 것이다.

작품의 번역 시기를 살펴보면 朝鮮 前期, 後期로 나눌 수 있다.[8] 그중에서도 1884

---

8) 이렇게 분류한 기준은 현재 남아 있는 자료를 중심으로 분석한 것이다. 옛 문헌자료에 근거하면

년 高宗 황제의 명으로 李鍾泰 등이 번역 필사한 작품들이 가장 많고 그 이후에는 譯官과 몰락한 양반 계층의 지식인을 중심으로 조금씩 이루어진 것으로 보인다. 다음은 중국 고전소설의 번역 시기별로 나누어 분류한 도표이다.

시기 구분	작품명	소재
朝鮮 前期	≪列女傳≫, ≪三國志演義(중복)≫	인물, 역사
朝鮮 中期	≪太平廣記(諺解)≫, ≪列國志≫, ≪西周演義(封神演義)≫	인물, 역사, 환상
朝鮮 後期	≪太原志≫, ≪紅梅記≫, ≪薛仁貴傳≫, ≪水滸傳≫, ≪三國志演義≫, ≪殘唐五代演義≫, ≪大明英烈傳≫, ≪武穆王貞忠錄(大宋中興通俗演義)≫, ≪西遊記≫, ≪包公演義≫, ≪西漢演義≫, ≪東漢演義≫, ≪平妖記(≪三遂平妖傳≫)≫, ≪仙眞逸史≫, ≪隋煬帝艷史≫, ≪隋史遺文≫, ≪開闢演義≫, ≪孫龐演義≫, ≪唐晉[秦]演義(大唐秦王詞話)≫, ≪南宋演義(南宋志傳)≫, ≪北宋演義(大字足本北宋楊家將)≫, ≪南溪演談(義)≫, ≪剪燈新話≫, ≪聘聘傳(娉娉傳)≫, ≪型世言≫, ≪今古奇觀≫, ≪花影集≫, ≪後水滸傳≫, ≪平山冷燕(≪第四才子書≫)≫, ≪玉嬌梨傳≫, ≪樂田演義≫, ≪錦香亭記(≪錦香亭≫)≫, ≪醒風流≫, ≪玉支磯(≪雙英記≫)≫, ≪畫圖緣(≪花天荷傳≫)≫, ≪好逑傳(≪俠義風月傳≫)≫, ≪快心編(醒世奇觀)≫, ≪隋唐演義≫, ≪女仙外史(≪新大奇書≫)≫, ≪東度記≫, ≪雙美緣(駐春園小史의 飜案)≫, ≪千里駒≫, ≪麟鳳韶(≪引鳳簫≫)≫, ≪紅樓夢≫, ≪雪月梅傳≫, ≪後紅樓夢≫, ≪粉粧樓≫, ≪合錦廻文傳≫, ≪續紅樓夢≫, ≪瑤華傳≫, ≪紅樓復夢≫, ≪白圭志≫, ≪補紅樓夢≫, ≪鏡花緣(第一奇諺)≫, ≪紅樓夢補≫, ≪綠牡丹≫, ≪忠烈俠義傳≫, ≪忠烈小五義傳≫, ≪古押衙傳奇≫, ≪珍珠塔(九松亭)≫, ≪再生緣傳(繡像繪圖再生緣)≫, ≪梁山伯傳≫・≪漢成帝趙飛燕合德傳≫, ≪唐高宗武后傳≫, ≪閒談消夏錄≫, ≪十二峯記≫	인물, 역사, 애정, 환상, 俠義, 公案 등 다양화

이상의 작품들을 보면 초기에는 인물 중심으로 한 작품들이 번역되다가 점차 역사, 환상, 애정, 俠義, 公案 등의 다양한 소재를 취하고 있는 작품들이 번역되고 있다. 이러한 점을 볼 때 한글번역본을 즐겨 읽는 독자층이 확대되었거나 독자들의 취향이 점점 변화되고 있음을 알 수 있다.

그 분류 기준이 달라질 수 있겠지만 번역에 관련된 기록만 있고 작품을 확인할 수 없기 때문에 기록만을 가지고 논의할 수 없기 때문이다.

2) 作品의 翻譯 類型

번역은 두 단계로 이루어진다. 원전텍스트를 해석하는 제1단계, 다음으로 그것의 의미등가물을 번역텍스트로 표현하는 제2단계가 있으며, 각각의 단계에서 번역사의 주체성이 발휘된다.

번역은 번역사 한 사람 한 사람이 창조하는 것이다. 따라서 유일하고 절대적으로 옳은 번역(원전과 1대 1 대응관계에 있는 번역)이란 없다. 거꾸로 말하자면 번역사에게는 해석의 창조와 번역어의 창조가 위임되어 있고, 따라서 자유와 책임이 크다는 것을 알 수 있다.

1대 1 대응이란 단지 환상이며 이루어질 수 없는 가정이다. 그것은 번역이나 해석이라는 것을 이론적으로 생각하지 않는 사람들이 빠지는 강박관념으로, 어딘가에 초월적, 객관적인 진리라는 것이 있다고 가정하기 때문에 생긴다. 번역이라는 것은 '해석학적 행위'일 수밖에 없다. 원전을 독해하는 단계가 우선 해석이다. 이것을 다른 언어로 표현하는 단계에서 또 한 번 해석이, 이번에 한층 더 깊은 해석(문화에 대한 해석)이 이루어지는 것이며 유일한 정답은 도저히 있을 수 없다[9]는 것이다.

번역의 종류는 直譯·意譯·縮譯·完譯·評譯·抄譯·音譯 등을 들 수 있다.[10]

---

[9] 히라코 요시오 지음, 김한식·김나정 옮김, 《번역의 원리》, 한국외국어대학교 출판부, 2007. 3-7쪽.

[10] 한국문학번역원 지음, 《문학 번역의 이해(e-Book)》, 북스토리, 2007. 39-49쪽.
이외에도 J.P. Vinay와 J. Darbelnet의 관점에 근거한다면 비교문체론으로 본 번역의 종류를 다음과 같이 구분할 수 있다. 1. 대어역 또는 자구 번역(언어적 차원의 동일성과 문법을 의식해 일대일 대응을 시도하는 것), 2. 번안(출발 텍스트의 메시지가 도출되었으나 그 상황이 도착어에 존재하지 않아 등가가 인정되는 새로운 상황으로 대체하는 경우), 3. 차용(일반적으로 한 언어권에 없거나 전혀 새로운 개념을 표시하기 위해 외국어를 그대로 옮겨와 표시하는 경우), 4. 모사(차용의 일종으로 단어만 대응어로 바꾸어 외국어 표현을 그대로 베끼는 것. 암시적이거나 특별한 의미나 용법으로 쓰인 외국어 단어의 자국어 대응어를 그와 동일한 의미나 용법으로 사용하는 방법), 5. 전위(담화의 전체적인 의미에서는 변화를 주지 않으면서 담화의 일부를 다른 표현으로 교체하는 것. 주로 품사 변화를 통해 이루어짐), 6. 변조(텍스트를 보는 관점을 바꿔 번역하는 방법. 자구 번역, 전위의 방법을 썼는데도 자연스럽지 않을 경우 사용), 7. 등가(동일한 상황을 표현하면서도 사용되는 문체와 문장이 전혀 다른 경우. 주로 속담 번역이 이 경우에 해당한다).
J. P. Vinay/J. Darbelnet [공]지음, 전성기 옮김, 《(불어와 영어의)비교문체론: 번역방법론》, 고려대학교 출판부, 2003. 참조.

이처럼 다양한 종류의 번역이 있지만 좋은 번역이란 도착어의 언어 습관과 문화 환경을 고려하여 적절하게 활용하는 것이라 할 수 있다.

(1) 번역의 유형

① 直譯

이른바 直譯은 출발어의 언어적 특성을 가능한 전달하고자 하는 번역을 가리키는 것으로 충실한 번역의 하나라고 할 수 있다. 朝鮮時代 한글번역본들은 대부분 기본적으로 직역을 위주로 번역된 특징을 지니고 있다고 할 수 있다. 그 중에서 대표적인 작품은 ≪快心編(醒世奇觀)≫·≪紅樓夢≫·≪忠烈小五義傳≫ 등의 작품을 들 수 있다.

② 意譯

意譯은 도착언어 체계 내에서 위화감 없이 의미가 통한다는 것을 의미하므로 도착어의 저항을 덜 받고 읽기 쉽게 한 번역이라고 생각할 수 있다.[11] 한글번역본 중에서는 대개 才子佳人小說과 같은 애정류 작품들이 그 중의 대부분을 차지한다. 그 중에서 대표적인 작품을 꼽자면 ≪好逑傳≫·≪醒風流≫·≪平山冷燕≫·≪續紅樓夢≫·≪鏡花緣≫·≪紅樓夢補≫를 들 수 있겠다.

③ 縮譯

縮譯은 원전의 내용을 압축적으로 줄인 번역을 말한다. 한글번역본 중에서는 대부분이 조금씩 축역을 사용하고 있지만 예를 들면 ≪紅梅記≫·≪東漢演義≫·≪仙眞逸史≫·≪唐晉[秦]演義(大唐秦王詞話)≫·≪隋煬帝艷史≫·≪今古奇觀≫·≪花影集≫·≪玉支磯≫·≪千里駒≫·≪粉粧樓≫와 같은 歷史演義小說과 話本小說, 애정소설 등에서도 축역을 빈번하게 사용하고 있다.

④ 完譯

完譯은 본래 원전 전체의 글을 완전히 번역하는 행위를 가리키는 말이었으나 근래에

---

11) 히라코 요시오 지음, 김한식·김나정 옮김, 상계서, 한국외국어대학교 출판부, 2007. 190쪽.

는 그로 인한 번역 작품까지도 포괄하여 지칭한다. 완역의 예로는 ≪紅樓夢≫·≪忠烈俠義傳≫·≪剪燈新話≫ 등의 작품을 들 수 있다.

⑤ 評譯

評譯은 번역가가 임의로 첨삭을 가하는 경우를 말하는데[12], 조선시대 한글번역본에서 조금씩 사용하고 있는 번역의 형태라고 볼 수 있다. 지금까지의 번역 상황만으로 본다면 부분적인 평역이 가끔 이루어지고 있는 작품이 있다. 예를 들면 ≪東漢演義≫와 ≪鏡花緣≫의 경우는 번역자의 첨삭이 가해지고 있는 부분이 있는데. 완전한 평역이라고 보기는 어렵다.

⑥ 抄譯

抄譯은 원전 작품 중에서 필요한 부분을 발췌하여 번역하는 경우를 말하는데, ≪花影集≫이 그에 해당한다. 부분 번역의 형태로도 볼 수 있는데 ≪太平廣記諺解≫·≪樂田演義≫·≪白圭志≫ 등은 부분 번역본이 남아 있다. 사실상 지금 남아 있는 형태로만 규정한다면 번역가들이 그 중에 일부 작품만을 발췌하여 번역한 것으로 보인다. 이 작품의 경우도 나머지 번역부분이 일실되어 찾을 수가 없을 가능성을 배제할 수 없다.

⑦ 音譯

音譯은 한자를 가지고 외국어의 음을 나타내는 경우를 말한다. 고전작품에서는 잘 쓰이지 않는 방법이지만 근대 이후에는 외국어의 발음을 차용하여 번역하는 경우가 종종 있다.

> 내 놀나 졍신이 후두ᄒ도다 겨유 북편 언덕 근쳐의 니르럿더니 뉘 알니오 그 곳의 일기 사름이 잇는지라(把我嚇糊塗了. 剛然到北上坡不遠, 誰知那邊有個人.) (≪忠烈俠義傳≫ 제25회)

이상의 인용문에서 밑줄 친 '후두'는 사실상 중국어의 발음을 그대로 가져와서 쓴 표

---

[12] 근래 평역의 예로 이문열의 ≪삼국지≫를 들 수 있다. 원전의 표현방식을 새로이 하여 현대적인 감을 살리겠다는 취지에서 번역되었다.

현이다. 이러한 음역은 우리말의 대역어를 찾지 못하고 중국어의 발음을 차용한 경우로 볼 수 있다.

⑧ 飜案

飜案은 외국 문학의 내용이나 줄거리는 그대로 두고 풍속, 인명, 지명 따위를 자기 나라에 맞게 고치어 번역하는 행위를 말한다. 가끔 표절의 시비가 일기도 하는 번역 형태라고 볼 수 있다. 중국 고전소설을 번안한 것으로는 ≪錦香亭記≫·≪雙美緣≫·≪三國演義≫·≪西漢演義≫ 등이 있는데, 이들은 번안되었을 뿐만 아니라 번역되어 있는 판본도 있다.

이처럼 사실상 번역의 유형을 다양하게 구분할 수 있으나 朝鮮時代 한글번역본에서는 이상의 유형 중에서 몇 가지를 이용하여 우리나라의 상황에 맞게 번역했다고 볼 수 있다. 그중에서 완역본이 많지는 않지만 詩詞, 評語를 제외한 완역에 가까운 작품들은 상당히 많은 편이다. 오늘날처럼 번역에 대해 고민을 많이 했는지는 잘 알 수 없지만 다양한 형태로 번역을 시도하고 있는 것으로 보아 번역본을 원하는 독자의 취향에 부응할 수 있도록 번역하고자 노력한 것만은 틀림없는 사실이라 하겠다.

3) 飜譯의 技巧와 特徵

(1) 直譯과 意譯

앞 장에서 이미 한글필사본의 번역적 특징 중의 하나로 直譯을 언급한 바 있다. 중국어는 우리말과 어순이 많이 다르기 때문에 일본어처럼 直讀直解가 가능한 언어는 아니다. 그럼에도 불구하고 조선시대의 번역자들은 번역소설에 직역의 기법을 선호하여 번역했다.[13] 대개 이렇게 번역한 이유는 조선과 중국이 공통적인 漢字를 사용한다는 점을 들 수 있을 것이다. 현대에 이르면 우리나라의 한자와 중국의 한자는 의미가 공통적인 것도 있지만 여러 가지 환경과 사회적인 요소 등으로 점차 상이한 의미를 가지는 글

---

13) 조선시대 번역자들은 直譯을 많이 사용하기도 했지만 逐字譯의 방법을 선호하여 우리말 어순과 전혀 다른 중국어를 번역했는데, 현대적인 관점으로 보면 말이 되지 않는 부분도 상당히 있었다.

자들이 많아지게 되었다. 그러나 당시 조선과 중국은 교역을 통하여 문물을 많이 교류하였으므로 언어와 문화적인 차이가 그리 많이 나지는 않았을 것으로 보인다. 따라서 조선의 번역자들은 직역이라는 기법을 사용하여 원전의 내용을 많이 훼손하지 않으려 했던 것으로 여겨진다.

直譯의 기법을 사용한 작품들은 상당히 많은데, 그중에서 대표적인 예를 몇 가지로 들어 보기로 하겠다.

[1]기이(其二)
곡강뎐긔긔희신(曲江天氣幾回新)
류득쇼광담탕츈(留得韶光澹蕩春)
벽쵸ᄌ견무졍몽(碧草自牽無定夢)
뉴잉져환유심인(流鶯低喚有心人)
미혐나말진싱보(未嫌羅襪塵生步)
블셕경연쥬입슌(不惜瓊筵酒入唇)
쟉약난변ᄉ어파(炸藥檻邊私語罷)
가ᄋ련몌비화신(可兒連袂拜花神)

곡강 텬긔 몇 번이나 시로 왓ᄂ뇨
밝은 빗츨 머믈너 어더시민 담탕훈 봄 일너라.
프른 플은 스스로 졍ᄒᆞ미 업는 쑴을 ᄭᅳᆯ고
흐르는 쇠고리는 나즉이 유심훈 ᄉ람을 부르더라.
나말이 틋글이 거름의 나는 거슬 혐의치 아니코
경연을 앗기지 아니코 슐이 입쇨의 드러라.
쟈약 난간가의 ᄉᆞ로이 말ᄒᆞ믈 파ᄒᆞ미
가효 ᄋᆞ희 옷ᄉᆞ민 ᄉᆞ련ᄒᆞ여 화신긔 비례ᄒᆞ더라.(≪紅樓復夢≫ 제73회)

인용문 [1]에서는 드문 경우이긴 하지만 詩를 번역했는데, 직역의 수법을 사용하여 번역하고 있다. 詩 번역은 주로 쌍행을 사용하고 독음을 부가하여 독자층의 이해도를 높이고자 했다[14]고 볼 수 있다.

---

14) 한글 번역본에서 詩詞를 번역했을 경우에는 먼저 시의 독음을 표시하고 난 이후에 번역을 하고 있어 시다운 정취를 보여주고 이해도를 높이고자 했던 것으로 보인다. 김명신, 〈樂善齋本 ≪紅樓復夢≫의 번역양상〉, ≪中國小說論叢≫ 제21집 2005. 3. 95-114쪽.

[2]빈침이 쇼왈, 나는 산야사롬이라 모음이 구름과 학에 갓가오니 가히 썩은 쥐로써 날을 웃지 말나. 형은 시쇽에 잠겨시니 믈고기와 뫼시가 각ᄎ 제 모음디로 홀 거시니 엇지 반드시 자랑호고 현난이 호리오? 무릇 나의 쓸 거슨 닉 맛당이 니워 쓸 거시니 구틱여 군의 주기를 브라리오? 닉가 산듕의 잇는 벗즈로 더브러 광능에 가셔 약을 프라 쓸 거시오 또훈 엇개를 쉴 짜히 잇시니 쳥원교 동편에 두어 니 되는 잉도 동산이 잇고 잉도 동산 북편에 혼 고듀 대문이 잇시니 곳 나의 집이라. 군이 공ᄉ를 맛츤 틈에 맛당이 이리 와 날를 ᄎᄌ라(諶曰: "吾儕野人, 心近雲鶴, 未可以腐鼠嚇也. 吾沉子浮, 魚鳥各適, 何必矜炫也. 夫人世之所須者, 吾當給爾, 子何以贈我? 吾山中之友, 或市藥於廣陵, 亦有息肩之地. 青園橋東, 有數裏櫻桃園, 園北車門, 即吾宅也. 子公事少隙, 當尋我於此.")〈裴諶〉

인용문 [2]는 裴諶이 자신의 주장을 펼치는 장면인데, 전반적으로 원전〈裴諶〉의 내용을 그대로 직역하면서 한 글자도 빠뜨리지 않고 있는 것을 볼 수 있다.

중국 작품을 완전하게 번역하기 위해서는 直譯만을 사용할 수는 없다. 왜냐하면 중국의 상황은 아무래도 한국과는 상당히 간극이 있기 마련이기 때문이다. 중국은 朝鮮과 대단히 밀접한 나라였다고는 하지만 그래도 조선의 문화와 중국의 문화는 미묘한 차이를 드러낼 수밖에 없다. 따라서 원전 작품을 번역할 때 조선의 번역자들은 직역을 사용하되 意譯의 기법을 사용하게 되었던 것이다. 이 때 의역은 원전의 되도록 훼손하지 않는 범위 내에서 적용한 것들도 있지만 원전의 내용을 명확하게 전달하기 위해 과감하게 내용을 정리한 것들도 있다. 번역자가 독자들의 지식 수준과 문화적 배경을 고려하여 원전 작품을 좀 더 잘 이해하도록 하기 위해서는 불가피한 행위였으리라 보인다.

[1]축균(祝筠)이 련호여 두호며 니르디, "형데의 금셕지언을 닉 맛당이 심폐의 삭이려니와 다만 불과 삼월지내의 두 번 슈죡지통을 당호니 인비목셕이라 엇지 견듸리오."(祝筠連連點頭, 說道: "兄弟金石之言, 我當銘諸心版. 只是不到三月之間, 兩傷手足, 人非草木, 情何以堪?")(≪紅樓復夢≫ 제50회)

[2]모산 젹간의 ᄉᄌ와 치롱을 메고 온 다 들 밧긔 듀막의 잇기로 싀홍을 죽여 싄데를 구덩이에 뭇더셔 뻐 무방의 흔젹을 감초아시니 이제 임의 일를 다 쳐치호엿ᄂᆞ지라 노뷔 낭군을 위호야 스ᄉ로 목질너 죽어 뻐 낭군의 후일 의심을 풀게 호리니 낭군도 어더 여긔셔 머믈지 말나(茅山使者及舁箯人, 在野外處置訖, 老夫爲郞亦自刎, 郎君不得更居此.)(≪古押衙傳奇≫22)

인용문 [1]에 밑줄 친 '人非草木'은 본래 '사람은 초목이 아니라'라고 번역되어야 하나 우리말 어감에 있어서 적당하지 않아 목석이라는 말로 번역되고 있다. 인용문 [2]에서도 밑줄 친 부분은 원문에는 전혀 없는 문장이나 내용을 좀 더 보충하여 의역하고 있다.

(2) 省略과 創作의 美學

朝鮮의 번역자들은 원전 작품을 번역할 때 원전의 모든 문장을 다 곧이곧대로 번역한 것은 아니었다. 이들은 원전 작품의 내용을 생략하고 아예 새로 내용을 만들어낸 경우도 있었다는 것이다. 그러면 이들은 왜 원전을 다 번역하지 않고 생략하거나 창작하게 되었을까? 조선의 번역자들이 이렇게 한 데에는 몇 가지 이유가 있을 것으로 보인다. 우선, 번역자들은 자신이 선택하여 작품을 번역한 것이 아니라 독자층의 수요에 따라 작품을 번역했기 때문에 그들의 요구에 맞추어야 했을 것이라는 점이다. 또한 번역자들이 독자층의 요구에 부응하기 위해서는 번역에 오랜 시간을 들일 여유가 없었을 것이므로 내용을 파악하는 데에 있어서 중요하지 않다고 생각되는 詩詞 등은 생략했던 것이다. 예를 들어 다음의 인용문을 살펴보기로 하자.

[1]죠회를 파ᄒᆞ고 제신이 모다 훗허지민 진종이 울〻블낙(鬱鬱不樂)ᄒᆞ샤 가마니 혜아리시되, '졍궁(正宮)이 오리 븨여시되 다힝히 니(李)·뉴(劉) 량비 잇서 이제 모다 잉태ᄒᆞ여시니 샹텬이 형샹을 뵈시미 져의 량인긔 응ᄒᆞᆫ 듯ᄒᆞ도다.'(早朝已畢, 衆臣皆散. 轉向宮內, 眞宗悶悶不樂, 暗自忖道: '自御妻薨後, 正宮之位久虛, 幸有李·劉二妃現今俱各有娠, 難道上天垂象就應於他二人身上不成?')(≪忠烈俠義傳≫ 제1회)

[2]딕옥이 니ᄅᆞ되 긔어히 드러 왓단 말은 듯지 못ᄒᆞ엿노라 조견이 니ᄅᆞ되 그리 못ᄒᆞ여시니 일쟝 병들기를 위하여 그후의 겨우 드러오려 ᄒᆞ더니 졍히 쳥문 져 무리가 들네여 일을 닌 ᄯᅥ라 바려 두엇다(黛玉道不聽見說要進來 麼紫鵑道可不是因爲病了一場後來好了才要進來 正是晴雯他們鬧出事來的時候也就欓攔住了.)(≪紅樓夢≫ 87회)

[3]가졍이 엇지 즐겨 드ᄅᆞ리오 니ᄅᆞ되 너의들은 져 흔 일이 가히 용셔ᄒᆞᆯ 만흔가 못흔가 무러 보라 평일의 다 너의 이런 사ᄅᆞᆷ들이 져를 못되게 민드라 이 디경이 되게 ᄒᆞ고 도로혀 와서 말니니 타일의 졔가 군부를 업시ᄒᆞ게 민드러야 너의들이 겨유 말지 아니ᄒᆞ랴 즁인이 이 말이 듯기 조치 아니ᄒᆞᄆᆞᆯ 드르민 긔운이 급ᄒᆞᆫ 줄 알고 황난ᄒᆞ여 사ᄅᆞᆷ을 츠져 드러가 쇼식을 젼ᄒᆞ니 왕부인이 감히 몬져 가모긔 엿ᄌᆞᆸ지 못ᄒᆞ고 ᄯᅮᆫ 황망히 오슬 닙고 나올

시 쏘 혼 사룸이 잇는지 없는지 도라보지 아니ᄒ고 밧비 일개 챠환을 붓들고 서방으로 다 라오니 모든 문긱과 쇼동들이 놀나 미쳐 피ᄒ지 못ᄒ더라 가졍이 바야흐로 쏘 치려 ᄒ더 니 한 번 왕부인이 나오는 양을 보믹 더옥 블 우희 기름을 더혼 듯ᄒ여 그 믹가 더옥 나 려가기를 사오납게 ᄒ고 쏘 쾌혼지라.(賈政那裡肯聽說道 你們問問他幹的勾當可饒不 可饒素日皆是你們這些人把他釀壞了到這步田地還來勸解明日釀到他弑君殺父你們纔 不勸不成衆人聽這話不好聽知道氣急了忙亂着覓人進去給信王夫人不敢先回賈母只得 忙穿衣出來也不顧有人沒人忙忙扶了一個丫頭趕往書房中來慌的衆門客小廝等避之不 及賈政方要再打一見王夫人進來更加火上澆油 那板子越下去的又狠又快.)(≪紅樓夢≫ 33회)

인용문 [1]에서는 본래 '졍궁(正宮)이 오릭 븨여시딕'라는 문장 앞에 있는 '自御妻薨 後'라는 문장이 생략되어 번역되고 있다. 본래 직역하자면 '정궁이 붕어한 이후로부터'라 는 말이 들어가야 한다. 그러나 문맥상으로 보아 과감하게 생략하여 번역했다. 인용문 [2]에서는 밑줄 친 내용을 생략하고 있는데 이전에 반복적인 이야기이기 때문에 생략한 것으로 보인다. 인용문 [3]에서는 밑줄 친 부분을 거의 다 생략하여 번역하고 있는데 필 사자가 아마도 다른 판본에서 원문으로 옮겨 적는 과정에서 발생했을 것으로 보인다.

두 번째로 번역소설을 읽는 독자층은 궁중의 여인, 사대부가의 여인들, 기생 등으로 구성되었을 것으로 추측되고 있는데, 이들은 朝鮮의 문화에 익숙한 사람들이고 중국의 문화에 대해서는 잘 알기 못하는 사람들이 많았다. 물론 그중에서 중국 문화를 잘 이해 하고 있는 사람들도 섞여 있었을 것으로 보이지만 번역자들은 이들 독자층은 중국적인 상황을 잘 알지 못한다고 간주하고 작품 번역에 임했을 것이다. 따라서 번역자들은 중 국의 독특한 문화와 양식에 대한 표현을 삭제하고 우리나라의 상황에 맞게 작품을 개작 하여 작품에 대한 이해도를 높이려 했다고 볼 수 있다. 다음의 예문을 살펴보기로 하자.

륜이 명하여 발이 나리오고 싱황이 요료ᄒ여 초션이 명ᄒ여 발안서 츔츄더니 츔을 파 ᄒ믹 탁이 명ᄒ여 갓가히ᄒ니 초션이 드러와 지빅ᄒ는지라. 탁이 초션의 안식이 미려ᄒ믈 보고 믄득 믈으되, "이 계집이 엇더혼 사람이뇨?" 윤 왈, "가기 초션이라." 탁이 왈, "능히 노릭ᄒᄂ냐?" 윤이 초션을 명ᄒ여 단판을 줍아 낫게 혼 곡조를 노릭ᄒ니 탁이 칭샹ᄒ기를 마지 아니ᄒᄂ지라.(중한번역문헌연구소 소장본 『삼국연의』 2권 9쪽)
(允敎放下簾櫳, 笙簧繚繞, 簇捧貂蟬舞於簾外. 有詞讚之曰: 原是昭陽宮裏人, 驚鴻 宛轉掌中身. 只疑飛過洞庭春. 按徹梁州蓮步穩. 好花風裊一枝新. 畵堂香煖不勝春. 又詩曰: 紅牙催拍燕飛忙. 一片行雲到畵堂. 眉黛促成遊子恨. 臉容初斷故人腸. 楡錢

2. 朝鮮時代 飜譯本의 飜譯樣相 및 特徵   281

<u>不買千金笑, 柳帶何須百寶妝. 舞罷隔簾偸目送, 不知誰是楚襄王</u>. 舞罷, 卓命近前. 貂蟬轉入簾內, 深深再拜. 卓見貂蟬顔色美麗, 便問: "此女何人?" 允曰: "歌伎貂蟬也." 卓曰: "能唱否?" 允命貂蟬執檀板低謳一曲. 正是: <u>一點櫻桃啓絳脣, 兩行碎玉噴陽春. 丁香舌吐衡鋼劍, 要斬姦邪亂國臣</u>. 卓稱賞不已.)(≪三國演義≫제8회)

　이상의 인용문은 王允이 董卓과 呂布를 이간질시키기 위해 왕윤이 貂蟬을 소개하는 장면인데, 밑줄 친 부분은 거의 번역되지 않고 생략되었으며 요약에 가까울 정도이다. 이처럼 한글본 ≪三國演義≫는 원전의 내용 중 상당히 많은 부분을 번역하지 않고 개작에 근접할 정도로 간략하게 묘사하고 있다. 게다가 이 작품 전체를 살펴보면 작품의 서사 진행에 있어서 문제가 되지 않는다고 판단되는 詩詞, 서간문, 상소문 등은 모두 생략하고 간단하게 번역을 마무리하고 있다.15) 따라서 한글본 ≪三國演義≫의 번역은 거의 개작한 수준으로 평가할 수 있다.
　따라서 조선시대의 한글 번역자들은 작품의 내용을 의도적으로 생략하거나 창작하여 번역함으로써 독자층들이 작품을 읽을 적에 더욱 흥미를 느끼고 쉽게 이해할 수 있게 했을 것으로 보인다.

(3) 번역상의 특징

　기본적으로 朝鮮時代 중국 고전소설의 한글번역은 원전을 直譯하는 형태가 위주로 되어 있고 이러한 바탕 하에서 意譯·縮譯·飜案·添譯 등의 번역을 적절하게 사용하고 있다는 것이다. 아울러 조선시대 한글번역본은 다음과 같은 몇 가지 특징을 지니고 있다.
　첫째, 원전에 항상 나타나는 開場詩, 散場詩와 같은 揷入詩는 거의 번역되지 않고 생략되어 있으며 가끔 필요한 경우는 번역되는 경우도 있었다. 詩文이 번역되는 경우는 상당히 드물지만 내용 전개상 꼭 필요한 부분일 경우만 번역되었다.
　둘째, 이 시기 대부분의 번역본은 어떤 판본을 근거했는지 명확히 알기가 거의 어렵

---

15) 정민경, 〈한글필사본 삼국지의 번역양상과 어휘특징- 중한번역문헌연구소 소장 ≪삼국지(19책본)≫을 중심으로〉, ≪中國小說論叢≫ 第25輯, 2007. 3. 251쪽.

다는 점이다. 번역본의 상태가 좋지 않은 경우가 많고 좋다 하더라도 근거 판본을 제시하지 않았기 때문이다.

셋째, 번역자와 번역시기를 명확하게 알 수 없다는 점을 들 수 있다. 한글 창제 이후 중국 고전소설의 번역본이 출현한 것은 주지의 사실이나 번역자들이 한글에 대한 자부심이 강하지 않았기에 그에 대한 자료를 남길 생각조차 하지 않았을 가능성이 있다.

넷째, 조선시대 번역본은 후기로 갈수록 점점 숙련된 번역 형태를 보이고 있다. 아마도 전문 번역자들이 출현하여 중국 고전소설을 전문적으로 번역했을 것으로 추정된다. 당시 세책본 등이 유행한 것으로 보아 번역소설이 상당한 인기를 끌었다고 볼 수 있다.

다섯째, 한글번역본의 내용은 歷史演義小說과 애정소설이 대부분이었고 가끔 俠義公案小說도 눈에 뜨이고 있다. 이 점은 번역자들이 독자층이 읽고자 원하는 작품을 골라 번역했기 때문이다. 여기에서도 조선인들이 역사소설을 좋아하는 경향이 드러나고 있는데, 현대에 와서도 ≪三國志≫가 여전히 인기를 끌고 있는 것을 보면 그야말로 溫故知新이라 할 수 있다.

이밖에, ≪太原志≫16), ≪南溪演談(義)≫의 경우는 원전이 일실되어 번역 상황을 전혀 알 수 없다는 게 아쉬운 점이다.17) 앞으로 연구자들이 지속적인 고증과 연구 작업을 통하여 보완해야 할 문제라고 본다.

한글 창제 이후로 한글번역은 조금씩 늘어났고 朝鮮 後期로 갈수록 번역은 점점 숙련된 형태를 띄어갔다. 이러한 숙련된 번역문은 李鍾泰 등을 중심으로 한 文士들이 했

---

16) ≪太原志≫는 현재 여러 가지 논란이 일고 있는 작품이다. 조희웅은 ≪중국역사회모본≫에 ≪태원지≫가 기록된 점을 들어 중국소설일 가능성을 제기했고 김진세는 조선을 동방예의지국으로 예찬한 점, 중국인을 부정적으로 묘사한 점, 혼인의 법도 등을 들어 우리 소설로 보고 있으며, 민관동과 박재연은 ≪태원지≫를 중국소설로 보고 영웅소설로 분류하고 있고 최근 임치균은 조선에 대한 찬양, 중국인에 대한 부정적 서술과 ≪童蒙先習≫의 수용, 중국에 대한 상대적 인식 등을 근거로 우리소설로 보고 있으며 홍현성은 임치균의 논리에 적극 찬동하면서 ≪태원지≫의 시공간에 대해서 좀 더 구체적인 연구를 진행하여 화이질서에 반하는 세계를 형상하고자 했다고 주장하고 있다. 이처럼 ≪태원지≫에 대한 다양한 논리가 전개되고 있지만 현재까지 명확하게 우리나라 소설이라 확정할만한 근거는 제시되지 않고 있다. 따라서 앞으로 정확한 고증과 후속적인 연구가 기대되는 작품이라 하겠다. 임치균, 〈태원지 연구〉, ≪고전문학연구≫ 제35집, 2009. 355-384쪽.
17) 민관동, ≪중국 고전소설의 전파와 수용≫-한국편, 아세아문화사, 2007. 55～56쪽.

을 가능성이 가장 농후하다. 그들은 高宗 황제의 명으로 ≪紅樓夢≫을 비롯한 續書·≪女仙外史≫·≪瑤華傳≫·≪快心編≫·≪雪月梅傳≫·≪忠烈俠義傳≫ 등 다양한 작품을 필사 번역한 것으로 알려진다. 이들은 상층문인이었고 황제의 명으로 작품을 번역한 만큼 번역에 있어서 상당한 소명의식을 가지고 번역했으리라 본다. 또한 이들은 중국어나 한자에 익숙한 사람들이었을 것이므로 좋은 번역을 했을 것이다. 다만 이들이 번역한 작품이라고 해서 전혀 오역이 없는 것은 아니기 때문에 완전한 번역을 했다고 단언할 수 없다. 그 이전에도 完譯을 시도한 작품이 있을 것으로 생각되나, 번역가의 존재를 명확하게 알 수 있는 자료가 없는 실정이다.

조선시대 한글번역본은 번역가가 직접 작품을 선정하여 번역한 형태라기보다는 독자층의 수요에 맞추어 나타낸 맞춤번역의 형태이다. 당시 중국 고전소설의 번역본을 읽고자 하는 독자층은 궁중의 여인, 사대부 집안의 부녀, 기생 등 여성 중심으로 이루어졌을 것으로 보인다. 또한 일부 남성 독자층도 있었는데 그들은 중하류층에 속하는 몰락한 양반, 역관 등의 사람들로 구성되었다. 이들은 작품을 번역하는 동시에 독자층을 형성하기도 하였을 것으로 보인다.

한글번역본의 소재는 초기에는 인물 이야기가 중심이었으나 점차 환상·歷史·애정·俠義·公案 등으로 확대되었다. 그중에서도 중국 歷史演義 작품의 번역이 가장 많은 편이었으니, 우리나라 사람들이 예로부터 역사극을 좋아하는 전통을 지금까지도 이어가고 있다고 해도 과언이 아니다. 따라서 앞으로 이러한 경향을 고려한다면 중국 고전소설의 한글번역본에 대한 독자층의 확대도 기대해 볼 수 있을 것으로 본다.

한글번역본의 번역적 특징은 直譯하는 형태가 위주로 되어 있고 이러한 바탕 하에서 意譯·縮譯·飜案·添譯 등의 번역을 적절하게 사용하고 있다. 아울러 번역자가 생략과 번안을 통하여 중국의 문학작품을 우리 것으로 만들고자 노력했다는 점에서 긍정적인 평가를 해야 한다. 그러므로 한글번역본은 중국 고전소설과 연계하여 비교할 수 있는 훌륭한 자료로도 가치가 있다고 하겠다.

3. 翻譯本 中國古典小說의 發掘과 成果*

조선시대까지 국내에 유입된 中國古典小說은 약 440여 종 이나 되는 것으로 확인된다. 그 중 국내에서 직접 출판된 소설은 약 24종이고,[1] 번역된 소설은 약 72종으로 조사되었다.[2] 사실 국내에서 번역된 중국고전소설이 약 72종이지만 한 작품이 여러 개 번역된[3] 것까지 합한다면 그 수량은 수백 종에 이르는 것으로 추정된다.

우리의 翻譯史는 조선초기부터 시작된다고 볼 수 있다. 즉 1446년 세종대왕의 한글 창제 이후부터 시작된 번역은 서민층과 여성층 사이에서는 서서히 변화의 조짐이 보이기 시작하였는데 이것이 곧 平民層文學과 女性層文學의 形成이라 할 수 있다. 또 그들의 讀書熱氣는 '漢文諺解'의 출현을 促進시키는 계기가 되었다. 魚叔權의 ≪稗官雜記≫에 의하면 중국고전소설에 대한 최초의 번역은 朝鮮 中宗 38년(1543년)에 翻譯된 劉向의 ≪列女傳≫으로 사료되는데 이는 한글창제 100여 년 만에 翻譯出刊되었던 작품이다.[4]

---

* 이 논문은 閔寬東이 2012년 ≪中國語文學誌≫(40집)에 〈번역본 중국고전소설의 발굴과 성과〉라는 이름으로 발표한 것을 수정·보완하여 수록한 논문이다.
1) 최근 본 연구팀은 국내 출판된 중국고전소설 ≪兩山墨談≫을 발굴하여 기존의 22종에서 23종으로 늘어났다. 이 책은 朝鮮 宣祖8年(1575) 慶尙道 慶州官廳에서 간행한 것으로 ≪兩山墨談≫ 판본은 嘉靖 乙亥年(1539)에 陳霆이 쓴 발문이 있으며, 당시 崔起南(1559-1619)이 교정한 것이다. 판본은 현재 國立中央圖書館, 啓明大學校, 京畿大學校, 東國大學校, 高麗大學校 등에 소장되어 있다.
2) 본 통계는 필자가 주관하는〈한국에 소장된 중국고전소설 및 희곡판본의 수집정리와 해제〉한국연구재단 토대연구과제에서 최근까지 수집된 자료를 근거로 하였다.
3) 이 대표적인 경우가 ≪삼국연의≫로 각기 다른 번역본이 수십 종에 이르고, 부분번역과 번안까지 합치면 그 수량은 더욱 늘어난다.
4) 嘉靖 癸卯(1543년)에 劉向의 ≪列女傳≫이 들어와 王命으로 禮曹에서 翻譯케하자 禮曹는 이를 받들어 申珽과 柳沆에게 이것을 翻譯케하고 柳耳孫으로 하여금 글씨를 쓰게 하고........ 李上佐로 하여금 대략 顧愷之의 옛그림을 模倣하여 그것을 다시 그리게 하였다.(嘉靖癸卯

그 후 임진왜란을 겪으면서 중국통속소설의 본격적인 보급과 함께 소설에 대한 번역도 크게 번창하였다. 이들 대부분의 小說은 대략 17-19世紀에 飜譯 혹은 飜案된 것으로 이러한 번역을 주도했던 부류들은 대개 失意한 양반가와 사대부 집안의 부녀층 및 譯官들이었다. 이들이 중국고전소설을 번역한 목적은 크게 풍속의 敎化, 所藏欲求, 營利, 歡心(윗분에 환심을 사고자 번역하여 올림) 등으로 분석된다.

또 이들의 번역을 담당 및 주관하였던 부류는, 조선 초기에는 敎化의 목적으로 官에서 주도하였으나 중·후기에는 상업성에 근거를 둔 貰冊業과 坊刻本小說이 등장하면서 科擧에 失意한 빈궁한 文士 및 일부 역관들이 참여하였던 것으로 보여 진다. 그 후 조선 말기로 오면서 역관들의 적극적인 참여가 가세된 것으로 추정되는데 이는 현존하는 번역본 소설의 대부분이 樂善齋文庫에 소장되어 있는 점과 역관 이종태 등 數十人 文士들이 번역에 참여하였다는 각종기록들이 이를 증명해준다.[5]

필자는 최근까지 발굴된 72종의 번역본을 근거로 지금까지의 발굴과정과 연구의 성과를 점검해보고, 본 연구팀에 의하여 수집과 정리된 번역본 목록을 간략하게 소개하고자 한다. 특히 국내에서 번역된 72종의 번역본 가운데 가장 대표성이 높은 번역본을 근거로 하여 圖表를 만들었고 이에 대한 개략적인 번역양상을 분석해 보고자 한다.

1) 朝鮮時代 飜譯本 中國小說의 發掘과 硏究 成果

국내에 유입된 중국고전소설에 대한 관심과 연구는 金台俊의 ≪朝鮮小說史≫(1932년)에서 시작된다고 할 수 있다. 이 책에서는 우리 고소설의 발전과정을 소개하면서 필연적 영향관계에 있었던 중국고전소설에 대한 자료를 부분적으로 언급을 하고 있다. 그리고 魚叔權의 ≪稗官雜記≫에 나온 ≪列女傳≫(中宗 38年[1543年])의 국내 번역출판기록을 언급하며 기타 번역본 소설에 대한 관심을 보이기 시작하였다.

(1543), 中廟出劉向列女傳, 令禮曹翻以譯文, 禮曹啓請申珽柳沆飜譯, 柳耳孫寫字,...... 令李上佐, 略倣顧愷之古圖, 而更畵之.). 魚叔權著, ≪稗官雜記≫ 卷四.

5) 민관동, 〈國內의 中國古典小說 飜譯 樣相〉, ≪中國語文論譯叢刊≫제24집, 2009.1. 606-628쪽 참고.

그 후 해방이 되면서 이가원·박성의·정규복·이경선·이상익·김현룡 등의 국문학자들이 비교문학적 관점에서 접근을 하였다. 그러나 이때까지만 해도 서지학적 관점에서의 접근이라기보다는 소설 내용의 수용 및 영향관계를 연구하는 풍토가 일반적이었다.

비교문학적 관점에서 원천연구에 비교적 비중이 있는 논문으로는 중국소설과의 영향관계를 전반적으로 소개한 이재수의 〈한국소설 발달단계에 있어서 중국소설의 영향〉[6], ≪태평광기≫의 영향관계를 다룬 김현룡의 〈태평광기에 나타난 신선고〉[7], ≪금오신화≫와 ≪전등신화≫의 영향관계를 다룬 박성의의 〈비교문학적 견지에서 본 금오신화와 전등신화〉[8], ≪삼국연의≫계열의 영향과 수용문제를 다룬 이경선의 〈삼국지연의의 비교문학적 연구〉[9], ≪설인귀전≫을 중심으로 비교분석한 서대석의 〈이조번안소설고〉[10], 三言二拍의 영향관계를 분석한 이명구의 〈이조소설의 비교문학적 연구〉[11] 등이 있고, 저서로는 김현룡의 ≪한중 소설 설화 비교연구≫[12]와 李相翊의 ≪한국소설의 비교문학적 연구≫[13] 등이 나와 후대의 연구풍토에 많은 영향과 연구방법론을 제시해 주었다.

서지학적 관점에서의 접근을 한 학자로는 김동욱과 이능우 및 유탁일을 꼽을 수 있다. 이들은 조선후기에 크게 번창한 방각본소설의 판본에 관심을 보이며 연구를 하였다. 특히 1960년 김동욱은 〈한글소설 방각본의 성립에 대하여〉에서[14] 京板과 完板 및 安城板의 판본을 집중적으로 분석을 하면서 중국고전소설의 한글번역본에도 함께 연구를 하였고, 또 이능우는 1964년에 〈이야기책(고대소설) 板本誌略〉과, 1968년에 〈이야기책(고대소설) 舊活版本 調査 目錄〉을[15] 발표하면서 방각본으로 출판되어진 고소설

---

[6] 이재수, 〈한국소설 발달단계에 있어서 중국소설의 영향〉, ≪경북대논문집≫제1집, 1956.
[7] 김현룡, 〈태평광기에 나타난 신선고〉, ≪국어국문학≫제52집, 1971.
[8] 박성의, 〈비교문학적 견지에서 본 금오신화와 전등신화〉, ≪高大 文理論集≫제3집, 1958.
[9] 이경선, 〈삼국지연의의 비교문학적 연구〉, 서울대 박사학위논문, 1973.
[10] 서대석, 〈이조번안소설고 — 설인귀전을 중심으로〉, ≪국어국문학≫제52집, 1971.
[11] 이명구, 〈이조소설의 비교문학적 연구〉, ≪대동문화연구≫제5집, 1968.
[12] 김현룡, ≪한중소설설화비교연구≫, 一志社, 1976년.
[13] 李相翊, ≪한국소설의 비교문학적 연구≫, 삼영사 1983년.
[14] 김동욱, 〈한글소설 방각본의 성립에 대하여〉, ≪鄕土 서울≫제8호, 1960. 38-67쪽.
　　김동욱, 〈방각본에 대하여〉, ≪東方學誌≫제11집(연세대학교 동양학연구소), 1970년. 97-140쪽.
[15] 이능우, 〈이야기책(古代小說) 板本誌略〉, ≪淑大論文集≫제4집, 1964년.
　　이능우, 〈이야기책(古代小說) 舊活版本 調査 目錄〉, ≪淑大論文集≫제8집, 1968년.
　　이 글은 후에 ≪古小說研究≫(1980년)라는 이름으로 반도출판사에서 출간되었다.

을 목록화하여 소개하였다. 그 가운데 중국고전소설의 판본들도 함께 목록을 소개하였다. 그 뒤를 이어 柳鐸一은 방각본의 原典批評論的 接近으로 서지문헌의 발굴과 연구방법 즉 판본학의 연구이론에도 적지 않은 기여가 있었다.16)

이때 소개된 목록은 ≪金香亭記≫·≪唐太宗傳≫·≪三國志≫·≪西遊記≫·≪薛仁貴傳≫·≪水滸志≫·≪楚漢傳≫·≪梁山伯傳≫ 등 조선시대 번역하여 만든 방각본의 서지상황을 수집정리하여 소개하였다. 그 외 일제강점기에 구활자본으로 출판되었던 중국소설과 ≪삼국연의≫ 부분번역 및 번안류의 목록도 함께 소개하였다.

그 외에도 필사 번역본에 관심을 가진 국문학자로 金一根과 金鉉龍이다. 김일근은 일찍이 1957년 〈太平廣記諺解〉17)를 연구하여 소개하였고 후에 김현룡은 〈太平廣記諺解本考—筧南本과 樂善齋本 비교고찰〉18)을 연구하여 번역본에 대한 관심을 주목시켰다.

그러나 번역본 중국고전소설에 대한 종합적 연구의 단초는 대략 1969년 鄭炳昱의 〈樂善齋文庫 目錄 및 解題를 내면서〉(≪국어국문학≫44·45합병호, 1969년)부터 시작된 것으로 보인다. 정병욱은 1966-1967년 서울대 東亞文化硏究所의 지원을 받아 낙선재문고의 번역본 113종에 대하여 서지상황과 작품내용을 간략하게 해제하였다. 그러나 이 가운데는 번역소설이 아닌 국문소설과 中國史書도 다수 포함되어 있었다.

중국고전소설의 번역본에 대한 본격적인 발굴은 1973년 曺喜雄의 〈樂善齋本 飜譯小說 硏究〉(≪국어국문학≫62·63합병호, 1973년)에서 시작된다고 할 수 있다. 그는 1969년 정병욱이 해제한 113종 가운데 중국고전소설 번역본 26종을 뽑아내고, 본인의 연구로 새로 밝혀진 7종을 더하여 총 33종을 발굴하여 소개하였다. 그 목록은 다음과 같다.

(1)≪今古奇觀≫·(2)≪南溪演義≫·(3)≪唐晉秦演義≫·(4)≪大明英烈傳≫·(5)≪武穆王貞忠錄≫·(6)≪補紅樓夢≫·(7)≪北宋演義≫·(8)≪三國志≫·(9)≪西周演義

---

16) 유탁일, ≪한국문헌학 연구≫, 아세아문화사, 1989년(이 책은 이전의 연구논문들을 보완하여 만든 책이다).
17) 김일근, 〈太平廣記諺解〉, ≪국문자료≫제1집, 1957년.
18) 김현룡, 〈太平廣記諺解本考 — 筧南本과 樂善齋本 비교고찰〉, ≪文潮≫제6-7합간호, 건국대 겨레어문학, 1971년.

(封神演義)≫·(10)≪仙眞逸史(禪眞逸史)≫·(11)≪雪月梅傳≫·(12)≪醒風流≫·(13)≪續紅樓夢≫·(14)≪孫龐演義≫·(15)≪女仙外史≫·(16)≪瑤華傳≫·(17)≪殘唐五代演義≫·(18)≪忠烈小五義傳≫·(19)≪忠烈俠義傳≫·(20)≪平山冷燕≫·(21)≪平妖記≫·(22)≪紅樓夢≫·(23)≪紅樓夢補≫·(24)≪紅樓復夢≫·(25)≪後水滸傳≫·(26)≪後紅樓夢≫[19])·(27)≪聘聘傳(娉娉傳)≫·(28)≪麟鳳韶(引鳳簫)≫·(29)≪珍珠塔≫·(30)≪快心編(醒世奇觀)≫·(31)≪包公演義≫·(32)≪型世言≫·(33)≪太原志≫[20])

이렇게 발굴된 33종은 이전에 이미 발굴된 ≪列女傳≫과 ≪太平廣記諺解≫ 및 방각본 번역소설과 함께 관심의 대상이 되어 연구되기 시작하였다.

그 후 1980년대로 들어와서는 새로운 자료의 발굴과 함께 연구에 있어서도 치밀한 연구방법이 시도되었다. 1984년 丁奎福은 충북 괴산의 풍산 홍씨 문중에서 ≪경화연≫ 번역본을 발굴하여 〈第一奇諺에 대하여〉[21])라는 제목으로 논문을 발표하였다. 이글에서는 서지학적 분석 외에도 直譯·意譯·添譯·縮譯으로 나눠 분석하였고 또 古語와 古文體를 일일이 분석하여 새로운 연구방법을 제시하였다. 또 1985년에는 金鎭世가 한국학중앙연구원에 있는 낙선재본 ≪殘唐五代演義≫를 내용 및 주제위주로 집중 고찰하였다.[22])

그 후 1980년대 후반과 1990년대로 들어오면서 중문학계에서도 번역본 중국소설에 관심을 보이기 시작하였는데 그가 곧 최용철과 박재연이다. 崔溶澈은 1988년 〈낙선재본 完譯紅樓夢의 初探〉을[23]) 始發로 기타 ≪홍루몽≫ 계열의 번역본 소설 연구에 박차를 가하는가 하면 다른 번역본으로 연구영역을 넓혀갔다.

그리고 박재연은 낙선재 번역본 위주로 작품별 연구를 하여 발표를 하였고 1993년 12월에는 이러한 작품 약 21편을 다시 모아 〈조선시대 중국통속소설 번역본 연구〉라는

---

19) 鄭炳昱, 〈樂善齋文庫 目錄 및 解題를 내면서〉, ≪국어국문학≫ 44-45合倂號, 1969년. 1-64쪽 참고.
20) 曹喜雄, 〈樂善齋本 飜譯小說 硏究〉, ≪國語國文學≫ 62-63合倂號, 1973년. 258-259쪽.
21) 정규복, 〈제일기언에 대하여〉, ≪中國語論叢≫ 제1집, 1984년.
22) 김진세, 〈殘唐五代演義考〉, ≪관악어문연구≫ 제10집, 1985년.
23) 崔溶澈, 〈낙선재본 完譯紅樓夢의 初探〉, ≪중국어문논총≫ 제1집, 1988년.

이름으로 박사학위를 취득하였다. 그 후 그는 지속적으로 발굴작업에 참여하여 ≪紅梅記≫·≪隋煬帝艷史≫·≪隋史遺文≫·≪東度記≫·≪開闢演義≫·≪南宋演義≫·≪花影集≫·≪玉嬌梨傳≫·≪樂田演義≫·≪玉支機≫·≪畫圖緣≫·≪好逑傳≫·≪隋唐演義≫·≪雙美緣≫·≪粉粧樓≫·≪合錦廻文傳≫·≪白圭志≫·≪綠牡丹≫·≪十二峯記≫ 등 20여 종의 작품을 발굴해 냈다.[24] 또 이러한 번역본은 대부분 중한번역문헌연구소에서 교주하여 출판하였다.

또 민관동은 1994년 6월 〈中國古典小說韓國之研究〉로 박사학위를 취득한 후 지속적으로 번역본을 포함함 중국고전소설의 국내 유입·판본·국내 출판·평론·연구분야에 관심을 가지고 연구를 하고 있으며 급기야 학진 토대연구 프로젝트(한국에 소장된 중국고전소설 및 희곡판본의 수집정리와 해제)에 선정되어 최근에는 ≪吳越春秋≫·≪梅妃傳≫·≪漢成帝趙飛燕合德傳≫·≪唐高宗武后傳≫·≪閒談消夏錄≫의 번역본을 발굴하는 성과를 올렸다.

그 외 김장환은 ≪태평광기언해≫와 ≪隋煬帝艷史≫(슈양의소·슈양외소) 및 ≪玉支機≫ 등을 발굴하여 校註하는 성과를 냈다.

그 외에도 이재홍의 〈국립중앙도서관소장 번역필사본 중국역사소설 연구〉(연세대 박사학위논문 2007년) 등이 나왔으며 또 김명신, 유희준, 김영 등의 번역본 소설에 대한 연구도 꾸준히 이어지고 있다.

최근에는 기독교소설 번역본의 발굴과 연구가 오순방에 의하여 주도되고 있어 주목을 끌고 있는데 그 대표적인 작품이 ≪張遠兩友相論≫와 ≪引家當道≫ 등이다.

지금까지 필자는 조선시대 번역본 중국고전소설의 발굴과 성과에 대하여 간략하게 알아보았다. 필자가 조사한 지금까지의 朝鮮時代 飜譯된 中國古典小說 번역본은 대략 72종으로 확인되는데 그 목록은 다음과 같다.

* 명대이전 소설:
 (1)≪列女傳≫·(2)≪古押衙傳奇≫·(3)≪太平廣記(諺解)≫·(4)≪太原志≫·(5)≪吳

---

[24] 同種異本의 작품은 제외하였다.

越春秋≫·(6)≪梅妃傳≫·(7)≪漢成帝趙飛燕合德傳≫·(8)≪唐高宗武后傳≫

* 명대소설:

(9)≪紅梅記≫·(10)≪薛仁貴傳≫·(11)≪水滸傳≫·(12)≪三國志演義≫·(13)≪殘唐五代演義≫·(14)≪大明英烈傳≫·(15)≪武穆王貞忠錄≫(大宋中興通俗演義)·(16)≪西遊記≫·(17)≪列國志≫·(18)≪包公演義≫(龍圖公案飜譯)·(19)≪西周演義≫(封神演義)·(20)≪西漢演義≫·(21)≪東漢演義≫·(22)≪平妖記≫(三遂平妖傳)·(23)≪禪眞逸史≫·(24)≪隋煬帝艶史≫·(25)≪隋史遺文≫·(26)≪東度記≫·(27)≪開闢演義≫·(28)≪孫龐演義≫·(29)≪唐晉[秦]演義≫(大唐秦王詞話)·(30)≪南宋演義≫(南宋志傳)·(31)≪北宋演義≫(大字足本北宋楊家將)·(32)≪南溪演談≫·(33)≪剪燈新話≫·(34)≪聘聘傳≫(娉娉傳·剪燈餘話卷5와 類似함)·(35)≪型世言≫·(36)≪今古奇觀≫·(37)≪花影集≫

* 청대소설:

(38)≪後水滸傳≫·(39)≪平山冷燕≫(第四才子書)·(40)≪玉嬌梨傳≫·(41)≪樂田演義≫·(42)≪錦香亭記≫(錦香亭)·(43)≪醒風流≫·(44)≪玉支機≫(雙英記)·(45)≪畫圖緣≫(花天荷傳)·(46)≪好逑傳≫(俠義風月傳)·(47)≪快心編≫(醒世奇觀)·(48)≪隋唐演義≫·(49)≪女仙外史≫(新大奇書)·(50)≪雙美緣≫(駐春園小史의 飜案)·(51)≪麟鳳韶≫(引鳳簫)·(52)≪紅樓夢≫·(53)≪雪月梅傳≫·(54)≪後紅樓夢≫·(55)≪粉粧樓≫·(56)≪合錦廻文傳≫·(57)≪續紅樓夢≫·(58)≪瑤華傳≫·(59)≪紅樓復夢≫·(60)≪白圭志≫·(61)≪補紅樓夢≫·(62)≪鏡花緣≫(第一奇諺)·(63)≪紅樓夢補≫·(64)≪綠牡丹≫·(65)≪忠烈俠義傳≫·(66)≪忠烈小五義傳≫·(67)≪閒談消夏錄≫·(68)≪十二峯記≫

* 탄사와 고사:

(69)≪珍珠塔≫(九松亭)·(70)≪再生緣傳≫(繡像繪圖再生緣)·(71)≪梁山伯傳≫·(72)≪千里駒≫

* 일제시대 번역본: ≪**繡像神州光復志演義**≫

* 기독교소설 번역본: ≪張遠兩友相論≫·≪引家當道≫

2) 朝鮮時代 飜譯本 總目錄

조선시대 번역된 약 72종의 중국고전소설은 작품별로 번역본이 유일본인 경우도 있지만 同種異本의 번역본이 多數보인다. 필자를 포함한 연구팀이 조사한 목록을 살펴보면 다음과 같다(1910년 이후로 추정되는 筆寫本과 出版本은 생략하였다).[25]

(1) ≪列女傳≫: 고녈녀뎐(1책, 국립중앙도서관), 녈녀젼(1책, 국립중앙도서관), 열녀전(1책, 충북대 이수봉소장본)
(2) ≪古押衙傳奇≫(無雙傳): 1책 23장, 단국대 羅孫本(김동욱)
(3) ≪太平廣記(諺解)≫: 태평광긔(5권 5책[卷之二, 缺本], 覓南本[김일근]), 태평광긔(卷之二, 1책 50장, 연세대), 태평광긔(9권 9책, 낙선재문고[한국학중앙연구원])
(4) ≪太原志≫: 太原志(殘本1책, 卷之二, 연세대), 太原誌(4권 4책, 낙선재문고)
(5) ≪吳越春秋≫: 1책 15장, 단국대 율곡도서관(천안캠퍼스, 김동욱)
(6) ≪梅妃傳≫: 미비젼(1책, 雅丹文庫)
(7) ≪漢成帝趙飛燕合德傳≫: 한성뎨됴비연합덕젼(1책 23장, 雅丹文庫), 미비젼의 제1부록
(8) ≪唐高宗武后傳≫: 당고종무후뎐(1책 22장, 雅丹文庫), 미비젼의 제2부록
(9) ≪紅梅記≫: 홍미긔(1책, 낙선재본 태평광기 권4에 합철)
(10) ≪薛仁貴傳≫: 설인귀뎐(10책중 권2, 3, 9, 10소장, 이화여대), 설인귀젼(5책, 연세대)
(11) ≪水滸傳≫: 슈호지(1책, 단국대천안캠퍼스, 김동욱), 츙의슈호젼(1책, 영남대 陶南文庫), 튱의슈호뎐(1책, 서울대 규장각), 튱의슈호지(3책[殘本], 박재연), 슈허지(8책[殘本], 박순호), 슈허지(15책, 이화여대), 슈호지(京本:東洋語學校 Paris 藏, 安城本:3책, 김동욱)

---

25) 여기에 소개된 번역본은 필사본이 대부분이어서 따로 표시를 하지 않았다. 그러나 방각본으로 나온 번역본 중국고전소설은 출처가 확인되는 경우 '경본'/'완본'/'안성본'으로 표기하였고 출처가 未確認인 경우는 그냥 '출판본'으로 표기하였다.

(12) ≪三國演義≫: 삼국디(17권 17책, 국립중앙도서관), 삼국디(2책, 박재연), 숩국지(1책, 단국대), 삼국지(2권 1책, 단국대 율곡도서관), 삼국지(19권 19책, 박재연), 삼국지(30권 30책, 규장각), 삼국지(2책, 국립중앙도서관), 삼국지(1책, 목판본, 충남대 학산문고), 삼국지(1책, 국립중앙도서관), 삼국지(3권 3책[殘本], 연세대), 삼국지(2책, 목판본, 영남대), 삼국지(1책, 목판본, 尙熊文庫), 삼국지(2권 1책, 목판본, 충남대), 삼국지(2권 1책, 山氣文庫[李謙魯]), 삼국지(1책[殘本], 충남대 학산문고), 삼국지(6권 6책, 단국대 율곡도서관), 삼국지(2권 1책, 목판본, 단국대 율곡도서관), 삼국지(3책[殘本], 계명대), 삼국지(1책[殘本], 경북대), 삼국지(2책[殘本], 경북대), 삼국지(6권 6책[잔본], 단국대 율곡도서관), 삼국지(1책[殘本, 권3], 단국대 율곡도서관), 삼국지(2권 2책[殘本], 단국대 율곡도서관), 삼국지(1책[목판본, 殘本], 단국대 율곡도서관), 삼국지(1책, 단국대 율곡도서관), 삼국지(2권 1책, 온양민속박물관), 삼국지(2권 1책, 목판본, 아단문고), 삼국지(1권 1책, 목판본 아단문고), 삼국지(1책, 숙명여대), 삼국지(1책, 목판본, 숙명여대), 삼국지(2책[殘本], 고려대), 삼국지(1책[殘本], 목판본, 낙선재문고), 삼국지(1책, 목판본, 연세대), 삼국지연의(1책, 김해 은하사), 삼국지쵸요(18권18책, 규장각), 삼국지요션(1책, 낙선재문고), 삼국지쵸션(1책 62장, 연세대), 삼국지통속연의(27권 27책, 규장각), 삼국지통속연의(39권 39책, 낙선재문고), 삼국지통속연의(24권 24책, 서강대), 별삼국지(1책 37장, 단국대 율곡도서관).

* 삼국풍진산양대전: (1책 30장, 단국대 율곡도서관 등).
* 華容道26): (단국대 율곡도서관, 연세대, 경기대. 아단문고, 김해 은하사, 성균관대, 山氣文庫[李謙魯], 尙熊文庫, 誠菴文庫[趙炳舜], 경북대, 숭실대, 宋基華, 숙명여대, 서강대, 낙선재문고, 고려대, 청주박물관, 국립중앙도서관, 규장각 등)
* 五虎大將記: (단국대 율곡도서관, 낙선재문고, 아단문고 등)
* 趙子龍傳: 죠자룡젼(영남대 등)

(13) ≪殘唐五代演義≫: 잔당오디연의(5권 5책, 낙선재문고)

(14) ≪大明英烈傳≫: 대명영녈뎐(8권 8책, 고려대), 대명영렬뎐(8권 8책, 낙선재문고)

---

26) ≪華容道≫는 수량이 많고 또 대략 1907년 이후에 나왔기에 소장처만 나열하였다. 또 한 도서관에 다수의 동일본이 있을 경우 한번만 나열하였다.

(15) ≪武穆王貞忠錄≫(大宋中興通俗演義): 무목왕졍츙녹(7권 7책[殘本], 낙선재문고)

(16) ≪西遊記≫: 셔유긔(13책중 1-2/10-11缺本, 연세대), 셔유긔(1책, 연세대), 셔유긔(2권 2책, 尙熊文庫), 셔유긔(28권 24책[殘本], 계명대), 셔유긔(1책[잔본], 단국대율곡도서관), 셔유긔(1책 30장, 단국대 율곡도서관), 셔유긔(1책 116장, 단국대 율곡도서관), 셔유긔(5권 5책, 江陵市 船橋莊), 서유기(45권 12책, 嶺南大 陶南文庫), 셔유기(27권 12책, 영남대 도남문고), 당태종전(1책, 국립중앙도서관), 당태종전(1책 18장, 서강대), 당태종전(1책 51장, 단국대 율곡도서관), 당틱종전(1책 59장, 단국대 율곡도서관), 당틱종전(1책 18장, 목판본, 山氣文庫[李謙魯]), 당틱종전(1권 1책, 목판본, 낙선재문고)

(17) ≪列國志≫: 녈국지(11권 11책, 영남대 도남문고), 츈츄녈국지(17권 17책, 국립중앙도서관), 녈국지(42권 42책, 일본 동양문고), 열국지(30권중 7권所藏[卷6, 19, 24, 25, 28, 29, 30所藏]), 녈국연의(14책, 연세대)

(18) ≪包公演義≫(龍圖公案 飜譯) : 포공연의(9권 9책, 낙선재문고), 포공연의(1冊[卷之六所藏], 충남대 학산문고)

(19) ≪西周演義≫(封神演義) : 서주연의(25권 25책, 낙선재문고), 봉신전(2책, 박재연), 봉신지(6권 6책, 박재연)

(20) ≪西漢演義≫: 서한연의(1책, 전주대), 셔한연의(29권 10책, 규장각), 셔한연의(16권 16책, 성균관대), 셔한연의(16책, 국립중앙도서관), 셔한연의(4책, 연세대), 셔한연의(16권 16책, 고려대), 셔한연의(6권6책[잔본], 서강대), 셔한연의(1책[잔본 권10], 산기문고[李謙魯]所藏), 셔한연의(8권 8책, 박재연), 쵸한연의(1책 [잔본], 단국대 羅孫文庫), 초한전(1책, 낙선재문고), 초한전(1책, 아단문고), 초한전(1책, 박재연), 초한전(1책, 조종업), 초한전(1책, 충남대 학산문고), 쵸한전(2권 1책, 규장각), 쵸한전(2권 1책, 목판본, 전북대), 쵸한전(1권 1책[잔본], 단국대 율곡도서관), 쵸한전(2권 1책, 목판본, 온양민속박물관), 쵸한전(2권 1책, 목판본, 아단문고), 쵸한전(2권 1책, 박재연), 쵸한전(2권 1책, 목판본, 숙명여대), 쵸한전(2권 1책, 목판본, 서강대), 쵸한전(2권 1책, 목판본, 낙선재문고), 쵸한전(2권 1책, 목판본, 誠巖文庫), 쵸한전(1책 85장, 목판본, 연세대), 쵸한전(2권 1책, 목

판본, 尙熊文庫), 쵸한전(1책, 목판본, 이화여대), 쵸한전(1책, 이화여대), 쵸한전(2권 1책, 목판본, 국립중앙도서관), 쵸한전(2권 1책, 목판본, 誠菴文庫[趙炳舜]), 쵸한전(2권 1책, 목판본, 山氣文庫[李謙魯]), 쵸한전(1책, 목판본, 충남대학산문고), 쵸한전(2권 1책, 목판본, 충남대), 쵸한전(2권 1책, 목판본, 성균관대), 쵸한녹(1책, 51장[잔본], 尙熊文庫), 쵸한연의(1책 32장, 연세대), 초한실긔(20책, 국회도서관), 초한지(1책, 김해 은하사), 쟝ᄌᆞ방전(3권 3책, 낙선재문고).

(21) ≪東漢演義≫: 동한연의(6권 6책, 국립중앙도서관), 동한연의전(2권 2책, 아단문고), 동한연의(잔본1책, 박재연)

(22) ≪平妖記≫(三邃平妖傳): 평요긔(9권9책, 낙선재문고), 평요던(2권 2책[잔본]: 단국대 나손문고, 2권 1책: 서강대)

(23) ≪禪眞逸史≫: 션진일ᄉᆞ(21권 21책, 낙선재문고), 션진일ᄉᆞ(15권 15책중 卷2 缺, 낙선재문고)

(24) ≪隋煬帝艶史≫: 슈양의ᄉᆞ(1책 57장, 연세대), 슈양외사(1책[殘本], 해남 녹우당 소장)

(25) ≪隋史遺文≫: 슈사유문(12권 12책, 러시아 페테르부르크 동방학연구소)

(26) ≪東度記≫: 동유긔(誤記, 1책, 페테르부르크[구 레닌그라드] 동방학연구소 소장)

(27) ≪開闢演義≫: 긔벽연의(4권 4책, 연세대), 긔벽연역(5권 5책, 규장각)

(28) ≪孫龐演義≫: 손방연의(5권 5책, 낙선재문고), 그 외 손빈전(천안 미도박물관 소장)

(29) ≪唐晉[秦]演義≫(大唐秦王詞話): 唐秦演義(6권 6책, 낙선재문고), 당진연의(6권 6책, 일본 동양문고), 唐晉演義(13권 13책, 낙선재문고)

(30) ≪南宋演義≫(南宋志傳) : 남송연의(7권 7책, 중한번역문헌연구소[박재연]소장), 대송흥망녹(2권 2책, 낙선재문고)

(31) ≪北宋演義≫(大字足本北宋楊家將): 북송연의(5권 5책, 낙선재), 북송연의(13책, 일본 동양문고)

(32) ≪南溪演談≫: 남계연담(3권 3책[卷1缺], 낙선재문고), 南溪聯譚(상하2책, 김광순소장)

(33) ≪剪燈新話≫: 전등신화(10권 1책, 단국대 율곡도서관), 전등신화(1권 1책[殘

本], 서강대), 전등신화(5권[후반부 3권 13편], 서울대 규장각), 전등신화(1책[취경원기 번역], 고려대)

(34) ≪聘聘傳≫(娉娉傳·剪燈餘話卷5와 類似함): 빙빙뎐(전 5책중 4책[2, 3, 4, 5 현존], 낙선재문고)

(35) ≪型世言≫: 형셰언(4책, 낙선재문고)

(36) ≪今古奇觀≫: 금고긔관(1책, 고려대), 금고긔관(1책, 박재연), 그 외 일제시대 번역본은 생략

(37) ≪花影集≫: 화영집(4권 20편, 뉴방삼의뎐 1편만 번역, 낙선재 태평광긔언해본에 부록되어 있음)

(38) ≪後水滸傳≫: 후슈호뎐(12권 12책, 낙선재문고)

(39) ≪平山冷燕≫(第四才子書): 평산닝연(3권 3책, 국립중앙도서관), 평산닝연(10권 10책. 낙선재문고), 평산닝연(1책[殘本], 박재연)

(40) ≪玉嬌梨傳≫: 옥교리젼(1책, 고려대 만송문고), 옥교리(3책. 일본 동경대)

(41) ≪樂田演義≫: 악의전단젼(失傳, 1918년 광익서관 출판본만 하버드연경도서관 소장)

(42) ≪錦香亭記≫(錦香亭): 금향졍긔(7권 7책, 규장각), 금향졍긔(3권 3책, 낙선재문고), 금향뎐기(1책, 국립중앙도서관), 금향뎡긔(3책, 서강대). 금향졍기(1책, 고려대), 금향뎡긔(1책, 박재연)

(43) ≪醒風流≫: 셩풍뉴(7권 7책, 낙선재문고)

(44) ≪玉支機≫(雙英記): 옥지긔(4권 4책, 연세대)

(45) ≪畵圖緣≫(花天荷傳): 화도연(3권중 권지이 소장, 문우서림)

(46) ≪好逑傳≫(俠義風月傳): 호구전(4권 4책, 이화여대)

(47) ≪快心編≫(醒世奇觀): 쾌심편(32권 32책, 낙선재문고)

(48) ≪隋唐演義≫: 수당연의(12권 13책, 규장각, 레닌그라드)

(49) ≪女仙外史≫(新大奇書): 녀션외스(45권 45책, 낙선재문고)

(50) ≪雙美緣≫(駐春園小史의 飜案): 쌍미긔봉(1책 24회, 동국대)

(51) ≪麟鳳韶≫(引鳳簫): 인봉쇼(3권 3책, 낙선재문고)

(52) ≪紅樓夢≫: 홍루몽(120권 120책중 卷24,54,71缺本 총 117권, 낙선재문고)

(53) ≪雪月梅傳≫: 셜월미젼(20권 20책, 낙선재문고)

(54) ≪後紅樓夢≫: 후홍루몽(20권 20책, 낙선재문고)

(55) ≪粉粧樓≫: 분장루(5책[완질], 박재연소장)

(56) ≪合錦廻文傳≫: 회문뎐(5권 5책, 동국대), 회문뎐(4권 4책중 卷之1,3현존, 양승민소장)

(57) ≪續紅樓夢≫: 속홍루몽(24권 24책, 낙선재문고)

(58) ≪瑤華傳≫: 요화젼(22권 22책, 낙선재문고), 요화젼(14권 7책, 규장각)

(59) ≪紅樓復夢≫: 홍루부몽(50권 50책, 낙선재문고)

(60) ≪白圭志≫: 빅규지(1책 106장, 박재연소장)

(61) ≪補紅樓夢≫: 보홍루몽(24권 24책, 낙선재문고)

(62) ≪鏡花緣≫(第一奇諺): 제일기언(20권중 18권[卷9,12缺本], 豊山 洪氏門中[정규복 발굴])

(63) ≪紅樓夢補≫: 홍루몽보(24권 24책, 낙선재문고)

(64) ≪綠牡丹≫: 녹목단(6권 6책, 낙선재문고)

(65) ≪忠烈俠義傳≫: 충렬협의젼(40권 40책, 낙선재문고)

(66) ≪忠烈小五義傳≫: 충렬소오의(본편30권 부록 1권 합 31책, 낙선재문고), 충렬쇼오의(16권 16책[殘本], 규장각)

(67) ≪閒談消夏錄≫: 소하록(2책, 국립중앙도서관)

(68) ≪十二峯記≫: 십이봉뎐환긔(4권 4책, 국립중앙도서관)

(69) ≪珍珠塔≫(九松亭): 진주탑(13권 5책, 奎章閣), 진쥬탑(10권 10책, 낙선재문고)

(70) ≪再生緣傳≫(繡像繪圖再生緣): 지싱연젼(52권 52책, 낙선재문고)

(71) ≪梁山伯傳≫: 양산빅젼(1책, 연세대), 양산백젼(1책, 서울대 규장각), 양산빅젼(1책, 목판본, 연도미상, 국립중앙도서관), 양산빅젼(1책, 목판본, 誠巖文庫)

(72) ≪千里駒≫: 천리구(4권 2책, 국립중앙도서관)

이상 72종 번역본 가운데 유일본은 ≪古押衙傳奇≫·≪吳越春秋≫·≪梅妃傳≫·≪漢成帝趙飛燕合德傳≫·≪唐高宗武后傳≫·≪紅梅記≫·≪殘唐五代演義≫·≪武穆王貞忠錄≫·≪隋史遺文≫·≪東度記≫·≪孫龐演義≫·≪型世言≫·≪花影集≫

·≪後水滸傳≫·≪醒風流≫·≪玉支機≫·≪畫圖緣≫·≪好逑傳≫·≪快心編≫·≪隋唐演義≫·≪女仙外史≫·≪雙美緣≫·≪麟鳳韶≫·≪紅樓夢≫·≪雪月梅傳≫·≪後紅樓夢≫·≪粉粧樓≫·≪續紅樓夢≫·≪紅樓復夢≫·≪白圭志≫·≪補紅樓夢≫·≪鏡花緣≫·≪紅樓夢補≫·≪綠牡丹≫·≪忠烈俠義傳≫·≪閒談消夏錄≫·≪十二峯記≫·≪再生緣傳≫·≪千里駒≫ 등 약 39종으로 전체의 54%를 차지하고 있다.

또 번역본이 가장 많은 순으로 살펴보면 ≪三國演義≫·≪西漢演義≫(楚漢志)·≪西遊記≫·≪水滸傳≫·≪列國志≫ 순으로 나타난다. 이러한 순위는 당시 중국소설에 대한 인기도를 나타내는 중요한 지표가 된다고 볼 수 있다.

특히 조선시대에 가장 인기가 높은 ≪三國演義≫는 번역필사본과 방각본 및 部分飜譯 및 飜案本 등 다양한 번역본이 광범위하게 분포되어 당시 최고의 베스트셀러임이 확인된다.

그 외 특이한 현상으로 ≪西漢演義≫를 들 수 있다. ≪西漢演義≫는 ≪서한연의≫ 외에도 ≪초한연의≫·≪초한전≫·≪초한지≫이라는 서명으로 수많은 번역필사본과 방각본까지 출판되는 등 그 인기가 대단했음을 알 수 있고, 또 ≪동한연의≫도 이때 함께 번역되어졌다. 그 다음으로 ≪西遊記≫와 ≪水滸傳≫ 역시 번역필사본 외에 방각본이 나와 이 책에 대한 독자들의 熱氣와 愛好를 확인할 수 있다.

그 다음 순으로 ≪列國志≫인데, ≪列國志≫는 ≪三國演義≫·≪西漢演義≫와 함께 조선시대 三大演義類 小說로 독자들의 애호가 각별했던 소설임에 틀림없다. 특히 이들 가운데 역사이야기를 풀어서 만든 연의류 소설이 더욱 환영을 받은 이유는 신지식에 대한 갈망과 학문적 욕구 및 興味 등으로 분석된다. 즉 조선시대 독자들은 딱딱한 중국문헌을 통해서만 알 수 있었던 역사적 지식을 번역본을 통하여 쉽게 접할 수 있었던 계기가 되었기에 연의류 소설의 인기는 지대하였던 것으로 사료된다.

그 외에도 ≪태평광기≫는 ≪太平廣記詳節≫이라는 이름으로 국내에서 원문으로 출판까지 한 후 번역본 ≪太平廣記諺解≫까지 나와 그 인기와 위상을 짐작할 수 있다.

그리고 또 주목할 만한 것은 ≪紅樓夢≫ 系列 小說의 번역이다. 세계최초 完譯本 ≪紅樓夢≫ 120권이 1880년대 전후로 번역되어 나온 이래 ≪後紅樓夢≫·≪續紅樓夢≫·≪紅樓復夢≫·≪補紅樓夢≫·≪紅樓夢補≫ 등이 모두 번역됐다는 사실은 매우 특이한 사실이며 筆體 또한 優雅한 宮體로 필사되어 그 가치를 더해준다. 이처럼 ≪紅樓夢≫ 계열 소설을 포함한 약 72종의 중국고전소설 번역본 가운데 약 40여 종 이상의 중요 번역본이 樂善齋(현 한국학 중앙연구원)에 소장되어 있어 조선시대 한때 宮室圖書館이었던 낙선재가 번역본 소설의 寶庫임이 거듭 확인 된다.

그 외 彈詞와 鼓詞의 번역 및 번안도 확인되었는데 탄사로는 ≪珍珠塔≫·≪再生緣傳≫·≪梁山伯傳≫ 등이 있고, 고사로는 ≪千里駒≫가 있다. 이 책들의 번역은 무대 공연용 번역이 아니라 읽기용 번역으로 소설로서의 의미를 지닌다.

마지막으로 주목되는 번역본으로 기독교소설에 대한 번역이다. 이 책들은 서양기독교 선교사들이 중국에 들어와 선교하면서 중국인의 힘을 빌려 중국어로 꾸민 기독교 선교용 소설인데, 이러한 작품이 국내에 들어와 다시 한국어로 번역되는 특이한 현상을 보이는 소설이다. 이 분야의 연구는 최근 오순방이 주도하며 ≪張遠兩友相論≫과 ≪引家當道≫ 등을 발굴하며 연구에 박차를 가하고 있다.

3) 飜譯本 目錄과 飜譯 槪況

지금까지 수집된 72종의 번역본 목록을 主要 번역본위주로 版式과 번역시기 및 번역 양상을 분석해 보면 다음과 같다.

書名	飜譯本 版式	飜譯時期 및 飜譯樣相	文體	所藏處
明代 以前 小說				
列女傳	出版本, 申珽·柳沆飜譯, 柳耳孫寫, 李上佐畵	中宗38年(1543年)과 英祖年間(1727년경) 飜譯出刊. * 그외 坊刻本(1918年, 太華書館)	文言	失傳(坊刻本만 現存)
	筆寫本, 1冊	18세기 후반, 原文에 充實한 飜譯		中央圖書館 等
古押衙傳奇	筆寫本, 1冊(총 23장), 8行 22-23字	16세기후반-18세기전반, 原文充實한 完譯(直譯爲主)	文言	檀國大 (羅孫文庫)
太平廣記諺解	筆寫本, 樂善齋本:9卷9冊, 13行23-25字, 木覓本:5卷 5冊(缺1卷:延世大), 10行25字, 27.5×17.5㎝	金一根本이 先譯本으로 約1566年-1608年에 번역, 樂善齋本은 18-19世紀, 逐字式飜譯	文言	樂善齋, 金一根(木覓) 等
太原志	筆寫本, 4卷4冊, 29.1×15.6㎝, 10行20-25字內外, 中國原典逸失	朝鮮後期(未詳) * 국문고소설로 보는 견해도 있음	文言	樂善齋
吳越春秋	筆寫本, 1冊(15張), 31.4×16.3㎝, 13行字數不定	朝鮮後期, 部分省略된 直譯爲主의 飜譯	文言	檀國大 (羅孫文庫)

書名	飜譯本 版式	飜譯時期 및 飜譯樣相	文體	所藏處
梅妃傳	筆寫本, 1冊(18장) 29.2×20.5cm, 13行字數不定	朝鮮後期, 직역위주 번역 附錄:한셩뎨됴비연합덕젼, 당고종무후뎐	文言	雅丹文庫
漢成帝 趙飛燕 合德傳	筆寫本, 1冊(23장), 29.2×20.5cm, 13行字數不定	朝鮮後期, 縮譯(推定) 原題目:한셩뎨됴비연합덕젼, 매비젼의 제1부록	文言	雅丹文庫
唐高宗 武后傳	筆寫本, 1冊(22장), 29.2×20.5cm, 13行字數不定	朝鮮後期, 縮譯(推定) 原題目:당고종무후뎐, 매비젼의 제2부록	文言	雅丹文庫
明代 小說				
紅梅記	筆寫本, 太平廣記 飜譯本 簿錄, 綠衣人傳 改編本	18世紀末 번역으로 추정, 詩評省略, 縮約意譯	文言	樂善齋
薛仁貴傳	筆寫本, 4卷4冊(中央圖), 5冊(연세대), 4冊(殘本:梨花大)	朝鮮後期, 飜譯《薛仁貴征遼事略》, 縮約飜譯	白話通俗	中央圖書館 等
	坊刻本, 1冊(30장)	京本		東洋語學校(파리) 等
水滸傳	筆寫本, 15卷15冊(梨花女大), 金東旭本 等	最初飜譯記錄:1500년대 후기-1600년대 초기, 대부분은 朝鮮後期의 縮譯	白話通俗	梨花女大 等
	出版本(방각본):京本(3冊), 安城本3(冊) 等	京本, 安城本		金東旭 等
三國志演義	筆寫本, 39冊(樂善齋本), 38冊(고려대), 30冊(규장각), 20冊(이화여대), 17冊(중앙도서관) 等 多數	初譯:英正祖(推定), 後譯:己未(1859년 等), 完全飜譯, 部分飜譯, 飜案 等 多數	白話通俗	奎章閣, 樂善齋, 고려대, 中央圖書館 等
	出版本(京板/完板/安城板)	朝鮮後期, 방각본(부분번역출판/번안본 등 다양)		趙潤濟 等
殘唐五代演義	筆寫本, 5卷5冊, 30.4×22cm, 10行25字內外	朝鮮末期 번역, 詩評省略, 部分省略, 宮體	白話通俗	樂善齋
大明英烈傳	筆寫本, 8卷8冊, 29.2×20.9cm, 10行21字內外, 8冊(고려대)	約18世紀飜譯, 19世紀轉寫, 部分省略, 原文充實 優雅한 宮體	白話通俗	樂善齋, 高麗大 等
武穆王貞忠錄	筆寫本, 12卷12冊(殘本 3, 4, 5, 9, 11缺), 29×23.3cm, 12行18字內外	18世紀(추정), 直完譯(부분생략), 刻英嬪(英祖後宮)之印章, 飜譯《大宋中興通俗演義》	白話通俗	樂善齋
西遊記	筆寫本, 13卷9冊(연세대), 28권24책(계명대), 12冊(영남대) 等 殘本多數	朝鮮後期, 意譯과 縮譯, 其他部分飜譯, 飜案 等 多數	白話通俗	연세대, 계명대 等
	出版本(京本)	방각본과 舊活字本, 部分飜譯 및 飜案(당태종전) 等 意譯이 심함		東洋語學校(파리)
列國志	筆寫本, 17卷冊(29.6×22cm, 春秋列國志, 中央圖書館), 30冊(嶺南大, 殘本 7冊), 42卷42冊(影印本:日本), 14책(연세대) 等	約1600年代中後期, 後轉寫本, 詩評省略, 原文充實, 其他:部分飜譯, 宮體	白話通俗	中央圖書館, 嶺南大, 연세대 等

3. 飜譯本 中國古典小說의 發掘과 成果 301

書名	飜譯本 版式	飜譯時期 및 飜譯樣相	文體	所藏處
包公演義	筆寫本, 9卷9冊, 29×20.7cm, 11行24-26字內外, 1冊(충남대)	約19世紀初 推定, ≪龍圖公案≫번역본으로 原文充實(100回中81回飜譯)	白話通俗	樂善齋, 忠南大
封神演義	筆寫本, 25卷25冊, 32.8×22.8cm, 11行字數不定, 6冊6冊(박재연)	約1728年以前, 縮約意譯, 一名:서주연의	白話通俗	樂善齋, 박재연 등
西漢演義	筆寫本, 16卷16冊(35×21.3cm, 中央圖), 16冊(32.6×22.2cm, 高麗大, 1895年), 29卷10冊(34.5×22cm, 奎章閣), 4卷4冊(낙선재)	최초번역:1500년대말기, 기타 朝鮮後期(1800년대) 번역, 詩評省略, 原文充實, 其他:部分飜譯, 飜案 등 多數	白話通俗	奎章閣, 高麗大, 낙선재, 中央圖書館 등
	出版本(京本)	언문서한연의, 초한지, 쵸한전, 장자방전 등 부분번역 및 번안 다수		東洋語學校 (파리) 등
東漢演義	筆寫本, 6卷6冊, 35×23.2cm, 2卷2冊(아단문고)	朝鮮後期, 添削이 심한 縮約飜譯	白話通俗	中央圖書館 등
平妖記	筆寫本, 9卷9冊(樂善齋, 33.4×22.5cm, 10行20字內外), 2冊(金東旭) 1책(서강대)	約1835年以前飜譯, 以後轉寫飜譯(馮夢龍40回本), 縮約意譯	白話通俗	樂善齋, 檀國大 등
仙眞逸史	筆寫本, 15冊(殘本:11行22字), 21冊(32×21.7cm, 10行19-21字內外)	約18-19世紀 飜譯, 詩評省略, 縮約意譯, 禪眞逸史의 誤記	白話通俗	樂善齋
隋煬帝艶史	筆寫本, 1冊(57장, 延世大本), 1冊(綠雨堂本 1冊 落帙)	約18世紀中葉以前, 宮體, 詩評省略, 縮約意譯	白話通俗	延世大, 녹우당 등
隋史遺文	筆寫本, 12卷12冊, "說唐"系統의 소설, 애스턴구장본	19世紀初 번역(推定), 詩評省略, 縮約意譯	白話通俗	뻬쩨르부르그 (러시아)
東度記	筆寫本, 5冊 100회중 40회 번역, 번역본은 동유긔로 되어 있음	19세기 후반 번역으로 추정, 생략과 축약이 심함	白話通俗	뻬쩨르부르그 (러시아)
開闢演義	筆寫本, 5冊(奎章閣), 4冊(延世大)	18世紀로 推定, 原典에 충실, 部分省略, 宮體	白話通俗	奎章閣 등
孫龐演義	筆寫本, 5卷5冊, 30.3×21.2cm, 11行20-29字, 刻英嬪(英祖後宮)之印章	約18世紀中期, 原文充實, 宮體楷書로 筆寫	白話通俗	樂善齋
唐秦(晉)演義	筆寫本, 13冊:33.5×22.5cm, 6冊:29×21cm, 原本:大唐秦王詞話, 6冊本(日本)	朝鮮後期 飜譯, 縮約, 轉寫, 舊活字本 울지경덕실긔(당진연의 부분 발췌)	白話通俗	樂善齋, 日本 등
南宋演義	筆寫本, 7卷7冊(49回), 22.8×30cm, 11行26字內外, 本名:≪南宋志傳≫	約1776年 혹은 1836年頃(約18世紀 推定), 原典에 충실한 飜譯(부분 縮約), 丙申季秋筆寫	白話通俗	李謙魯(현 중한번역문헌 연구소)
北宋演義	筆寫本, 5卷5冊, 31.2×22.8cm, 飜譯≪大字足本北宋楊家將≫	18世紀 飜譯本의 轉寫本, 約18世紀(推定), 원문에 충실한 精密한 飜譯	白話通俗	樂善齋
南溪演談	筆寫本, 3卷3冊(1卷落帙), 明太祖建國後事件 描寫(原本未詳) 2책(김광순)	朝鮮後期, 母本未詳(국문소설로 보는 견해도 있음)	白話通俗	樂善齋

書名	飜譯本 版式	飜譯時期 및 飜譯樣相	文體	所藏處
剪燈新話	筆寫本, 5卷(규장각), 1冊 9篇(전체중 9篇만 飜譯, 151面), 8行26字內外, 民間에서 飜譯 轉寫됨	18世紀末-19世紀初 번역, 詩詞까지 빠짐없는 충실한 번역	文言	奎章閣, 檀國大 等
娉娉傳 (聘聘傳)	筆寫本, 全5冊中 4冊存(卷2, 3, 4, 5現存), 28×20cm, 12行28字內外	約18世紀初期 飜譯으로 추정, 原本未詳, 剪燈餘話卷5(類似함)	文言	樂善齋
型世言	筆寫本, 4冊(殘本:3, 4, 5, 6, 總15篇), 28.8×21.6cm, 12行26字內外	約18世紀頃飜譯, 轉寫, 詩評省略, 縮約意譯	白話通俗	樂善齋
今古奇觀	筆寫本, 1冊(낙선재), 1冊(고려대)	朝鮮末期, 日帝時期 (全40篇中20餘篇飜譯), 回別飜譯出版, 飜譯(부분생략), 飜案	白話通俗	樂善齋, 高麗大 等
花影集	筆寫本, 4卷20편중, 뉴방삼의뎐(劉方三義傳)만 번역, 태평광기언해본 부록	18世紀末 推定, 詩評省略, 縮約意譯	文言	藏書閣
清代 小說				
後水滸傳	筆寫本, 12卷12冊, 28.1×20cm, 10行22字內外	約18-19世紀로 推定, 詩評省略, 完譯에 接近, 直意譯並行	白話通俗	樂善齋 等
平山冷燕	筆寫本, 3卷3冊(樂善齋, 28.6×22.4cm), 10卷10冊 (中央圖書館, 28.6×19.6cm, 10行19字)	約18世紀 推定, 詩評省略, 原文充實, 意譯爲主	白話通俗	樂善齋, 中央圖書館 等
玉嬌梨傳	筆寫本, 1冊(下卷, 11-20回), 3冊(일본)	朝鮮末期, 詩評省略, 原文에 접근한 意譯爲主	白話通俗	高麗大, 東京大
樂田演義	筆寫本(存在可能), 孫龐演義의 續作, 18回 99張	大正7年(1918年) 廣益書館 發行(舊活字本), 부분생략, 부분번역, 意譯	白話通俗	하버드大
十二峯記	筆寫本, 4卷4冊, 26.9×19.3cm, 10-11行21-24字	18세기 중엽 추정, 未詳(原典遺失)	白話通俗	中央圖書館
錦香亭記	筆寫本, 7冊(奎章閣, 22×17cm, 10行14字內外), 1冊 (高麗大:25.6×17.5cm, 10行18字內外), 3책(낙선재)	1877, 1891年 筆寫, 省略, 縮約意譯, 飜譯飜案混在	白話通俗	奎章閣, 高麗大, 樂善齋 等
	出版本(京本), 2冊本과 3冊本 現存	坊刻本(금향뎡긔)		東洋語學校 (파리)
醒風流	筆寫本, 7卷7冊, 26.2×19.1cm, 10行17-20字內外, 原名:醒風流傳奇	約18世紀推定, 詩評省略, 原典에 近接한 意譯, 일찍이 번역후 轉寫	白話通俗	樂善齋
玉支機	筆寫本, 4卷4冊 20回, 27×19.5cm	約18世紀推定, 直譯을 피하고 縮約飜譯, 宮體	白話通俗	延世大
畫圖緣	筆寫本, 3卷3冊中 卷之一 現存	朝鮮後期, 부분생략, 意譯爲主	白話通俗	文友書林

3. 飜譯本 中國古典小說의 發掘과 成果   303

書名	飜譯本 版式	飜譯時期 및 飜譯樣相	文體	所藏處
好逑傳	筆寫本, 4卷4冊(18회, 28.4×18.7㎝), 4冊(梨花女大, 29.5×18.㎝, 12行29字)	約18世紀-19世紀飜譯, 轉寫, 飜譯:義俠好逑傳, 詩評省略, 原典에 近接한 意譯	白話通俗	奎章閣, 梨花女大 等
快心編	筆寫本, 32卷32冊, 28.2×18.8㎝, 10行字數不定, 一名:醒世奇觀	朝鮮後期, 詩評省略, 縮約과 直譯爲主, 여러 명의 集體飜譯	白話通俗	樂善齋
隋唐演義	筆寫本, 10卷10冊(규장각), 12卷13冊(레닌그라그)	朝鮮後期, 原典充實, 另:後印本, 일제시대 출판본	白話通俗	奎章閣 等
女仙外史	筆寫本, 45卷45冊, 28.8×18.8㎝, 10行17字, 10冊(國民大)	約1880年前後, 詩評省略, 原典에 충실한 完譯本	白話通俗	樂善齋, 國民大
雙美緣	筆寫本, 24회, 駐春園小史의 飜案, 조선시대 필사본도 있을 것으로 추정	朝鮮末期 일제시대, 詩評省略, 飜譯과 飜案 竝行, 淮洞書館(1916年)	白話通俗	東國大
麟鳳韶	筆寫本, 3卷3冊, 29.7×19.5㎝, 10行20字	18世紀 中半期, 詩評省略, 原文充實, 麟鳳韶는 引鳳簫의 誤記	白話通俗	樂善齋
紅樓夢	筆寫本, 120冊中117冊(卷24, 54, 71殘本), 28.3×18.2㎝, 8行字數不定	約1880年前後, 注音對譯, 直譯爲主完譯本	白話通俗	樂善齋
雪月梅傳	筆寫本, 20卷20冊, 28.3×18.8㎝, 10行字數不定	約1880年前後, 原文充實, 完譯本	白話通俗	樂善齋
後紅樓夢	筆寫本, 20卷20冊, 28.8×18.8㎝, 9行17-18字內外	約1880年前後, 詩評省略, 原文充實(完譯)	白話通俗	樂善齋
粉粧樓	筆寫本, 5卷5冊(80回完帙), 11行22字內外, 民間筆寫本(흘림체)	1906年으로 추정, 原典에 충실하나 縮約이 많음	白話通俗	朴在淵
合錦廻文傳	筆寫本, 5卷5冊, 10행15-17자내외, 29.5×21.2㎝	約18世紀 추정, 原典에 충실한 번역, 宮體	白話通俗	東國大 等
續紅樓夢	筆寫本, 24卷24冊, 27×18㎝, 9行17字, 唯一本	約1880年前後, 詩評省略, 原文充實, 意譯本	白話通俗	樂善齋
瑤華傳	筆寫本, 22卷22冊(樂善齋), 27.8×19㎝, 9行字數不定, 14卷7冊(奎章閣)	約1880年前後, 詩評省略, 原典에 近接한 完譯, 우아한 宮體	白話通俗	樂善齋, 奎章閣
紅樓復夢	筆寫本, 50卷50冊, 28.1×18.9㎝, 9行17字	約1880年前後, 詩評省略, 原文充實(完譯), 直譯爲主, 部分意譯	白話通俗	樂善齋
白圭志	筆寫本, 1冊106張, 每面11-15行24字內外	19世紀末-20世紀初, 部分飜譯(4卷16回中 10回中半까지 飜譯)	白話通俗	朴在淵
補紅樓夢	筆寫本, 24卷24冊, 28.1×19㎝, 10行19字	約19世紀後半, 詩評省略, 原文充實, 意譯完譯本	白話通俗	樂善齋
鏡花緣	筆寫本, 20卷中18卷(殘本:9, 12), 31×20㎝, 10行20字內外	1835-1848年(洪羲福)飜譯, 意譯爲主의 添削改譯, 一名:第一奇諺	白話通俗	丁奎福
紅樓夢補	筆寫本, 24卷24冊, 29×18.8㎝, 9行19字	約1880年前後飜譯, 詩評省略, 意譯(一部縮約)	白話通俗	樂善齋
綠牡丹	筆寫本, 6卷6冊, 韓國學中央研究院(影印本)	約1900年初飜譯, 直完譯, 原典에 충실하나 縮約도 보임, 別名:四望亭	白話通俗	趙東弼

書名	飜譯本 版式	飜譯時期 및 飜譯樣相	文體	所藏處
忠烈俠義傳	筆寫本, 40卷40册, 28×18.8㎝, 10行17-18字內外	約1800年代 中期以後飜譯, 詩評省略, 原文充實, 完譯本, 一名:三俠五義	白話通俗	樂善齋
忠烈小五義傳	筆寫本, 本篇30, 附錄1, 合31卷, 28.2×18.6㎝, 10行字數不定, 16册(殘本, 奎章閣)	約1880年前後飜譯, 原文充實, 逐字式意譯, 完譯本	白話通俗	樂善齋, 奎章閣
閒談消夏錄	筆寫本, 2册, 30.3×19.9㎝	朝鮮末期飜譯으로 推定, 原文充實, 直譯爲主, 優雅한 宮體	文言	奎章閣
珍珠塔	筆寫本, 10卷10册(낙선재, 28.1×19.9㎝, 9行19字), 13卷5册(奎章閣, 26.5×21㎝, 10行22-24字內外)	約1880年前後, 奎章閣本(先行本), 樂善齋本은 奎章閣本을 가지고 轉寫한 것으로 추정, 一名:九松亭	彈詞	樂善齋, 奎章閣
再生緣傳	筆寫本, 52卷52册, 28.2×18.8㎝, 17行20字內外	約1880年前後飜譯, 直完譯本, 部分縮約	彈詞	樂善齋
梁山伯傳	筆寫本, 1册(규장각), 1册(연세대)	朝鮮後期로 推定, 飜案	彈詞	奎章閣, 연세대
	出版本:京本(1册), 그외 白斗鏞編, 翰南書林, 1册(24張), 26×20.3㎝	1900年前後 및 1920年 飜案		金根洙, 趙潤濟 等
千里駒	筆寫本, 4卷2册(殘本)	朝鮮末期 飜譯으로 推定, 添削이 가미된 飜譯	鼓詞	中央圖書館

이상의 도표에서[27] 번역본의 서지상황과 번역양상을 살펴보았다. 번역본 72종을 작품의 시대별로 분석하면 明代以前 작품이 8종, 명대작품이 29종, 청대작품이 35종으로 확인되며 청대작품 가운데는 3종의 彈詞와 1종의 鼓詞도 포함되어 있다.

이들 번역본 가운데는 통속소설이 59종이나 되어 번역의 주종을 이루고 있으며 문언소설로는 ≪列女傳≫·≪古押衙傳奇≫·≪太平廣記≫·≪太原志≫·≪吳越春秋≫·≪梅妃傳≫·≪漢成帝趙飛燕合德傳≫·≪唐高宗武后傳≫·≪紅梅記≫·≪剪燈新話≫·≪聘聘傳≫·≪花影集≫·≪閒談消夏錄≫ 等 13종에 불과하다. 이는 조선시대 출판된 24종의 중국고전소설 가운데 대부분이 문언소설인 상황(문언소설 18종, 백화통속소설 6종)과 정반대의 현상을 보여준다. 이러한 현상은 문언소설의 출판은 상당수가 조선전기에 이루어졌으며 출판이 주로 官에서 주도되었기에 敎育 및 敎化性에

---

[27] 본 도표는 필자가 2009년 ≪中國語文論譯叢刊≫(제24집)에 발표한 〈국내의 중국고전소설 번역 양상〉에서 59종의 번역본을 소개하였다. 그 후 추가로 발굴된 번역본을 총괄하여 72종에 대한 도표를 다시 만들었다.

근거를 둔 작품이 비교적 많고 또 편폭이 길지 않아 출판이 비교적 용이했던 것으로 사료된다. 반면 번역본 가운데 통속소설이 주종을 이룬 것은 통속소설이 문언소설에 비하여 작품내용의 生動感과 興味性이 높기에 독자의 기호와 수요가 감안되어진 결과로 추정되며 후에 일부작품은 출판으로까지 이어져 상업적 효과도 있었던 것으로 보여 진다.

번역본 72종 작품 가운데 대략 8종이 조선시대에 출판된 것으로 보이는데, 飜譯出版된 작품으로는 ≪열녀전≫·≪삼국지≫·≪수호지≫·≪서유기≫·≪초한지≫·≪설인귀전≫·≪금향정기≫·≪양산백전≫(飜案) 등이 있다. ≪삼국지≫·≪수호지≫·≪서유기≫·≪초한지≫·≪설인귀전≫·≪금향정기≫는 대부분 출판본이 확인되나 ≪열녀전≫의 조선시대(중종 및 영조 출판본) 판본은 失傳되어 확인이 어렵고 추후에 나온 판본은 일제시대 판본으로 확인된다. 또 ≪양산백전≫도 경본이 있다고 하나 확인이 어렵고 대부분이 일제시대 출판본이다. 즉 조선 말기까지 필사본으로 번역되었다가 일제시대에 출판된 것도 있는 것으로 보인다.

조선시대 번역본 72종의 번역시기는 ≪列女傳≫·≪古押衙傳奇≫·≪太平廣記(諺解)≫·≪水滸傳≫·≪三國志演義≫·≪武穆王貞忠錄≫·≪列國志≫·≪西漢演義≫·≪隋煬帝艶史≫·≪開闢演義≫·≪孫龐演義≫·≪南宋演義≫·≪北宋演義≫·≪聘聘傳≫·≪型世言≫·≪平山冷燕≫·≪醒風流≫ 등의 작품들이 비교적 이른 시기에 번역된 것이고 나머지 대부분의 작품들은 1800년대 들어와서 집중적으로 번역된 작품으로 추정된다.

번역양상을 살펴보면 대부분이 完譯을 爲主로 하고 있지만 엄밀히 따지면 縮約型完譯인 것이다. 즉 원문의 序文이나 開場詩·揷入詩·散場詩 및 回後評 등 대부분 생략되었고 또 백화통속 소설에서 흔히 나오는 常套語도 과감히 생략하였다. 그 외의 부분들은 비교적 原文에 충실하게 意譯 및 直譯으로 시종일관 번역을 마무리 하고 있다.

번역기교에 있어서는 전반적으로 原典에 충실하게 번역을 하려고 노력하였고 가급적 직역을 피해가며 平易한 의역으로 꾸며진 작품이 많다. 그러나 시대적 차이와 문화 환경의 차이로 독자들에게 설명하기 어렵거나 번역하기 곤란한 부분에 있어서는 과감히 생략해 버리는 양상을 보여준다.[28] 그러나 유일하게 이와 다른 현상을 보여주는 작품이

---

28) 민관동, 〈국내의 중국고전소설 번역 양상〉, ≪中國語文論譯叢刊≫제24집, 2009년, 615-620쪽 참고.

낙선재본 ≪홍루몽≫ 번역본으로 全文 모두를 치밀하게 번역한 것은 물론 原文에 韓中文注音까지 달아 번역의 새로운 가치를 보여준 작품으로 평가된다.

또 다른 번역양상으로는 部分飜譯本의 등장이다. 이는 작품 가운데 가장 흥미로운 부분만 발췌하여 飜譯 및 飜案하는 형태로 특히 조선시대 가장 인기가 작품 순으로 나타난다. 즉 ≪三國演義≫·≪西漢演義≫·≪西遊記≫ 등에서 집중적으로 나타나는데, 예를 들면 ≪三國演義≫系列에서 ≪赤壁大戰≫·≪大膽姜維實記≫·≪山陽大戰≫·≪華容道實記≫·≪오호대장기≫·≪조자룡전≫ 등이 있고, ≪서한연의≫ 系列에는 ≪초한실긔≫·≪張子房傳≫ 등과, ≪서유기≫ 계열에는 ≪孫悟空≫ 등이 있다. 이러한 작품들은 조선말기와 일제초기에 주로 나타났던 현상이다.

어찌되었든 조선시대에 이렇게 많은 양의 중국고전소설이 번역되어 민간에 유통되어 졌다는 점과 또 번역출판으로까지 이어졌다는 사실은 두터운 독자층이 있었기에 가능한 것으로, 이는 당시 중국고전소설에 대한 번역문화와 출판문화를 가늠해 볼 수 있는 중요한 지표가 되는 것으로 사료된다.

결론적으로 조선 초기 한글창제는 곧 번역이라는 필연적인 과정과 결과를 만들어 냈다. 그 결과 小說分野에 있어서도 약 72종이라는 적지 않은 수량의 중국고전소설이 번역되어 우리의 고전문학의 형성과 발전에 직·간접적인 영향과 수용현상을 끼치며 발전하였다.

이들 72종의 번역본 가운데 약 29종이 명대작품이며 약 35종이 청대작품으로 명·청대 작품이 주종을 이루고 있으며 그중에는 彈詞와 鼓詞도 번역되어 소설처럼 읽혀지기도 하였다. 또 이들 번역본 가운데는 통속소설이 59종이나 번역되어 백화통속소설이 문언소설보다는 독자의 애호가 더 있었던 것으로 확인된다. 또 이들의 번역시기를 살펴보면 ≪列女傳≫·≪太平廣記(諺解)≫ 등 10여 작품을 제외하고는 대부분 1800년대 들어와서 집중적으로 번역된 작품으로 추정된다.

번역은 대부분 完譯을 하고 있지만 縮約型 完譯이 주종을 이룬다. 즉 원문의 序文·開場詩·揷入詩·散場詩·回後評·常套語 등이 과감히 생략하고 축양하여 번역하였다. 그러나 비교적 原文에 충실하게 意譯 및 直譯으로 끝까지 마무리하고 있으며, 가급적 직역을 피해가며 平易한 의역으로 꾸며진 작품들이 많다.

또 다른 번역양상으로 작품 가운데 가장 흥미로운 부분만 발취하여 飜譯 및 飜案하는 部分飜譯本의 등장이다. 이는 조선시대 가장 인기 있었던 작품에서 나타나는 현상으로 특히 ≪三國演義≫·≪西漢演義≫·≪西遊記≫ 등에서 집중적으로 나타났다.

그리고 번역본 72종 가운데 대략 8종이 출판까지 이어진 것으로 보인다. 그러나 중국 고전소설 가운데 최초의 飜譯出版으로 추정되는 ≪列女傳≫(朝鮮 中宗 및 英祖年間 출판본)의 판본은 失傳되어 확인하기 어렵고 나머지 대부분은 확인이 가능하다.

4. 國內 翻譯出版된 中國古典小說 硏究*
— 조선시대 및 일제 강점기 坊刻本 소설을 中心으로 —

조선 중기 이후 우리나라에 본격적으로 유입된 중국의 각종 통속 백화소설은 한글번역본의 보급과 함께 상당히 두터운 독자층을 확보함은 물론 한글로 번역·유통되는 과정에서 우리나라 고전소설사의 형성에 무시할 수 없는 역할을 담당하였다. 이들 번역소설은 국적이나 혹은 원작자와 관계없이 자국문화처럼 인식, 소통됨으로써 국내에서 창작된 고전소설과 나란히 서사문학 독서계의 주류를 형성하였던 것이다.[1] 최근의 조사 결과, 국내에 유입된 중국고전소설은 총 440여 종으로 확인되었으며, 조선시대 국내에서 번역된 중국고전소설은 약 72종, 국내에서 출판된 중국고전소설은 약 24종으로 확인되고 있다.[2] 이 가운데 번역과 출판이 모두 이루어진 소설은 대략 8종으로 추정된다. 이들 작품은 ≪列女傳≫·≪薛仁貴傳≫·≪水滸傳≫·≪三國志演義≫·≪西遊記≫·≪西漢演義≫·≪錦香亭記≫·≪梁山伯傳≫ 등이다. 그중 ≪열녀전≫은 실전되었고, ≪양산백전≫은 중국에선 탄사로 분류되는 작품이나 우리나라에선 번역과정에서 소설 형식을 갖추었기 때문에 연구범위에 넣었다. 사실 엄밀히 말하면 이 작품은 번역 작품이라기 보다는 번안에 가까운 작품이라 할 수 있다. 때문에 중국고전소설 가운데 번역과 출판이 동시에 이루어진 현전하는 작품은 모두 여섯 작품이다. 그동안 이들 작품의 번역양상이나 출판사항 등에 대해 작품별 연구 또는 개별 연구는 진행되었으나 번역과 출판이 동시에 이루어진 작품 전체를 대상으로 목록을 조사 정리하는 연구는 없었다. 때문에 본 논문은 이들 작품을 중심으로 국내 유입과 소장 판본 및 목록을 파악하

---

* 본 논문은 정영호와 민관동이 2012년 ≪중국인문과학≫제52집에 발표된 〈국내 번역출판된 중국고전소설 고찰〉이라는 논문을 수정 및 보완하여 만든 것임.
1) 조동일, ≪한국문학통사≫3(지식산업사, 1994.), 박재연, ≪조선시대 중국 통속소설 번역본의 연구 -낙선재본을 중심으로-≫(한국외국어대학 박사논문, 1993) 참조.
2) 민관동·정영호, ≪中國古典小說의 國內 出版本 整理 및 解題≫, 도서출판학고방. 2012. 4. 20.

고 각 작품의 서지사항, 유입시기, 출판 및 번역양상, 아류작품들에 대해 개략적으로 살펴 볼 것이다.

1) 飜譯出版된 中國古典小說의 版本 目錄

중국고전소설 작품 가운데 조선시기에 유입되어 번역 및 출판된 ≪열녀전≫·≪설인귀전≫·≪수호전≫·≪삼국지연의≫·≪서유기≫·≪서한연의≫·≪금향정기≫·≪양산백전≫ 등의 판본사항을 出版事項, 版式狀況, 所藏處 등등의 내용을 중심으로 도표로 정리하면 아래와 같다. 여기에 정리된 작품의 판본 목록은 조선시대에 번역 출판 된 것과 일제 강점 시기에 출판된 방각본을 중심으로 정리한 것임을 밝혀 둔다.

(1) ≪열녀전≫

書 名	出版事項	版式狀況	一 般 事 項	所藏處/所藏番號
列女傳	中宗38年癸卯(1543年)	申珽·柳沆飜譯, 柳耳孫寫, 李上佐畵		失傳
렬녀전	太華書館:렬녀전, 世界書林:고금녈녀전	太華書館:렬녀전 (舊活字 坊刻本)	太華書館:렬녀전 (1918년)	

(2) ≪설인귀전≫

書 名	出版事項	版式狀況	一 般 事 項	所藏處/所藏番號
설인귀전	坊刻本(京本) 2種(朝鮮末期 推定)	未詳	이능우/유탁일 서적근거	未詳/東洋語學校 (Paris)
설인귀전 薛仁貴傳	1册, 舊活字本, 昭和9年(1934), 世昌書館			鮮文大 朴在淵
설인귀전	2册, 國文活字本, 朴建會, 京城, 東美書市, 大正4(1915)	22㎝		高麗大學校 3636-96

(3) ≪수호전≫

書 名	出版事項	版式狀況	一 般 事 項	所藏處/所藏番號
수호지	3册(殘本) 安城坊刻本	未詳	이능우/유탁일 著書根據	未詳
수호지	2册(京本), 朝鮮末期 推定	未詳	이능우/유탁일 著書根據	未詳/東洋語學校 (Paris)

4. 國內 飜譯出版된 中國古典小說 硏究 311

書 名	出版事項	版式狀況	一 般 事 項	所藏處/所藏番號
슈호지 (水滸志)	2冊, 新鉛活字本, 崔昌修編修, 京城, 新文館, 1913刊	22×15.2cm, 四周雙邊, 半郭:17.5×12cm, 17行35字, 紙質:洋紙	刊記:大正二年(1913) 十二月二十七日發行, 京城, 新文館	成均館大學校 D7B-70
슈호지 (水滸誌)	4卷4冊, 舊活字本, 崔南善, 新文館, 大正2年(1913)			鮮文大 朴在淵
슈호지	1冊, 木版本, 刊地未詳, 刊行者未詳, 刊年未詳	26.8×18.8cm, 四周單邊, 半郭:21.8×16.5cm, 無界, 15行23字 內外, 上下向2葉 花紋魚尾	일반동산문화재 한글본, 漢文 書名:水滸誌	西江大學校 고서 슈95
	施耐庵(明)著, 4卷4冊, 新鉛活字本, 京城, 新文館, 1913刊	有圖, 21.7×15.1cm, 紙質:洋紙	刊記:大正二年(1913) 月日京城府新文館發行	忠道 溫陽市 溫陽 民俗博物館
	施耐庵(元)撰, 4卷4冊, 新活字本, 京城(서울), 新文館, 大正2(1913)	有圖, 22cm	표제지:계축류월…서울신문 단발행, 卷頭書名:신교슈호지	檀國大學校 죽전퇴계도서관 (고823.5-시458ㅅ)
	羅貫中(明)著, 劉載洸編, 3卷3冊 (卷1-3), 木版本, 清州, 惟一印刷社, 大正15(1926)	26.5×19.2cm, 四周單邊, 半郭:21.8×16.6cm, 無界, 15行23字, 上下向2葉花紋魚尾		檀國大學校 천안율곡도서관 (고873.5-나1282ㅅ)
	施耐庵(明)著, 1冊(缺本), 京城, 新文館(1913)	有圖, 22×15.3cm	表紙書名:신교슈호지	韓國學中央硏究院 D7B-49
신교슈 호지	施耐庵(明)撰, 崔昌善編, 4卷4冊, 新式印刷本, 京城, 新文館, 1913	有圖(圖像4面), 21.7×15.1cm	卷頭:슈호지설명, 목록, 설자(楔 子), 各卷頭 目錄, 各卷末 書籍廣告, 標題紙:신교슈호지 계축(1913)류월 셔울신문단발행	嶺南大學校 陶南文庫 [古도]823.5 시내암ㅇ
	施耐庵(明)原著 崔昌善 編譯, 4卷4冊(卷1-4), 新鉛活字本, 京城, 新文館, 大正2(1913)	有圖, 15.2×21.7cm, 四周雙邊, 全郭:17.5×11.7cm, 無界, 17行35字內外	원표제:水滸誌, 刊記:大正二年(1913)發行	漢陽大學校 812.35-시218ㅅK ㅊㄴ-v.1-v.4
츙의슈 호지	施耐庵(明)撰, 崔昌善 編, 6卷6冊(前集3卷, 後集3卷), 新式印刷本, 京城, 朝鮮圖書, 1929	21×14.7cm	各 卷頭 목녹, 後表紙:博文書館圖書目錄, 한글본	嶺南大學校 陶南文庫 [古도]823.5 내암ㅇㄱ

(4) ≪삼국지연의≫

書 名	出版事項	版式狀況	一 般 事 項	所藏處/所藏番號
삼국지	3冊(京本, 紅樹洞坊刻本, 1859년)	未詳	이능우/유탁일 논저근거	未詳/東洋語學校 (Paris)
제일기서 삼국지	1冊(缺帙, 卷4), 22㎝, 著者未詳, 京城, 博文書館, 大正6(1917)		내용:冊4, 後集(4卷)	慶熙大學校 812.3-삼16
제일긔셔 숨국지 第一奇書 三國誌	8冊(前集4冊, 後集4冊), 舊活字本, 博文書館, 大正 6(1917)年			鮮文大 朴在淵
(데일긔셔) 삼국지 第一奇書 三國志	1卷1冊(零本, 所藏本:前集, 卷1), 新活字本, 編者未詳, 刊行者未詳, 1920頃刊	21.8×14.8㎝, 四周雙邊, 全郭:17.3×11.3㎝, 無界, 16行23字, 註雙行, 頭註 紙質:洋紙	序:順治甲申(1644) 嘉平朔日金人瑞聖嘆 (淸)氏題	東國大學校 D819.34 삼17ㅅㄱ
	羅貫中(明)著, 1冊 (前集2卷), 新鉛活字本, 刊地, 刊者未詳(19--)	22×15㎝		檀國大學校 죽전퇴계도서관 고823.5-나128ㅅ
삼국지 (三國誌)	金聖歎(淸)原評, 2卷1冊(零本), 木版本 刊寫地, 刊寫者, 刊寫年未詳	27.5×19㎝, 四周單邊, 半郭:20.7×15.6㎝, 無界, 13行字數不定, 註雙行, 上下內向黑魚尾		檀國大學校 천안율곡도서관 古873.5-나1282사
삼국지 (三國志)	羅貫中(明)著, 不分卷, 2冊(1~2卷), 木版本, 年紀未詳	23.5×19.2㎝, 四周單邊, 半郭: 20.7×17.4㎝, 無界, 14行24字, 上二葉花紋魚尾		國立中央圖書館 [한]48-33-2
	羅貫中(明)著, 3卷3冊, 木版本, 京城, 白斗鏞家, 1920	25.8×20.2㎝, 四周單邊, 半郭:21.5×17.7㎝, 無界, 14行25字, 上二葉花紋魚尾		國立中央圖書館 [한]-48-33
	1冊, 木版本, 發行地不明, 發行處不明, 發行年不明	27×18.5㎝, 四周單邊, 半郭:21×15㎝, 無界, 13行21字, 下向黑魚尾, 紙質:楮紙	備考:前後毀損(缺張)	忠南大學校 학산고서 集·小說類1964
	羅貫中(明)著, 不分卷1冊(缺本:卷3), 木版本, 譯者未詳, 年紀未詳	24×18㎝, 四周單邊, 半郭:20.3×16㎝, 無界, 16行29字, 內向黑魚尾	表紙書名:諺三國誌.	國立中央圖書館 [한]48-33-3
삼국지	三卷(全3卷3冊中의 零本), 木版本, 24張, 님진완산신판	27㎝, 四周單邊, 18.3×15.5㎝, 15行25字, 上下內向黑魚尾		延世大學校 811.93/28
	羅貫中(明)著, 4卷1冊, 木版本, 梁珍泰 編, 全州, 多佳書鋪, 1916	26.4×18.7㎝, 四周單邊, 半郭:21.7×15.9㎝, 無界, 13行字數不定, 上下內向黑魚尾	한글본	嶺南大學校 陶南文庫 [古도]823.5나관중ㄱ

4. 國內 飜譯出版된 中國古典小說 研究   313

書名	出版事項	版式狀況	一般事項	所藏處/所藏番號
	2冊, 木版本	31×21㎝		嶺南大學校 823.5
	不分卷1冊(85張), 木版本, 著者未詳, 1908刊	27×18.9㎝, 四周單邊, 半郭:21.7×16.7㎝, 13行22字, 內向黑魚尾, 紙質:楮紙	表題:三國誌, 版心題:삼국지, 刊記:戊申(1908) 冬完山梁册房新刊	韓國綜合典籍目錄 (尙熊文庫)4-156
	1卷1冊(卷3), 木版本, 譯者未詳, 1912頃刊	27.5×19.5㎝, 四周單邊, 半郭:19.7×15.5㎝, 15行字 數不定, 上二葉花紋魚尾, 紙質:楮紙	表題:三國誌, 表紙上墨書識記:癸亥 (1912)元月日	韓國綜合典籍目錄 (元堂文庫)郭英大
	2卷1冊(卷3, 4), 木版本, 著者未詳, 全州, 多佳書舖, 1916刊	26.4×18.8㎝, 四周單邊, 半郭:20.6×15.4㎝, 13行字數不定, 內向黑魚尾, 紙質:楮紙	所藏印:陶南書室, 刊記:大正五年(1916) 十月八日發行	韓國綜合典籍目錄 (陶南文庫)趙潤濟
	3卷3冊, 木版本, 白斗鏞 編, 翰南書林, 1918刊	30.7×21.5㎝, 四周單邊, 半郭:21.5×17.9㎝, 15行28字, 上二葉花紋魚尾, 紙質:楮紙	刊記:己未(1918) 孟夏□□洞新刊	韓國綜合典籍目錄 (山氣文庫)李謙魯 4-687
	3卷3冊, 木版本, 白斗鏞 編, 京城翰南書林, 1919刊	30.5×21.5㎝, 四周單邊, 半郭:21.3×17.7㎝, 15行不定字, 上2葉花紋魚尾, 紙質:楮紙	版心題:삼, 刊記:己未(1919) 孟夏□□洞新刊	韓國綜合典籍目錄 (山氣文庫)李謙魯 4-688
	2卷1冊(卷3~4), 木版本, 著者未詳, 1920頃刊	26×18.2㎝, 四周單邊, 半郭:21.4×16.5㎝, 12行24字, 內向黑魚尾, 紙質:楮紙	版心題:삼국지, 內容:삼국지삼, 마초동관듸젼하야픠 됴하다. 삼국지四, 유현덕이취서촉하다.	韓國綜合典籍目錄 (山氣文庫)李謙魯 4-690
	卷3, 1冊(卷3), 木版本, 著者未詳, 姜夏馨, 1923刊	25.5×19㎝, 四周單邊, 半郭:20.7×16.4㎝, 15行不定字, 上2葉花紋魚尾, 紙質:楮紙	刊記:大正十二(1923) 年十一月十日發行, 備考:美洞新板	韓國綜合典籍目錄 (山氣文庫)李謙魯 4-691
	3卷3冊, 木版本, 著者未詳, 1919刊	31×21.3㎝, 四周單邊, 半郭:22×18.3㎝, 14行, 上2葉花紋魚尾, 紙質:楮紙	版心題:삼, 刊記:己未(1919) 孟夏□□洞新刊	韓國綜合典籍目錄 (山氣文庫)李謙魯 4-689
	羅貫中著, 1冊(86張), 한글木版本, 卓鐘佶編, 全州, 西溪書舖, 1911	26.6×18.7㎝, 四周單邊, 半郭:21.3×15.5㎝, 無界, 13行22-23字內外, 內向黑魚尾, 紙質:楮紙	表題:三國志, 刊記:明治四十四年 (1911)八月二十二日 發行, 全州 西溪書舖	全南大學校 3Q-삼17ㄴㅌ
	2卷1冊(卷3~4), 木版本, 朝鮮朝後期刊	25.6×17.5㎝, 四周單邊, 半郭:20.6×15.4㎝, 無界, 13行22字, 註單行, 內向黑魚尾, 紙質:楮紙	表題:三國傳, 版心題:三國志	忠南大學校 集50

書名	出版事項	版式狀況	一般事項	所藏處/所藏番號
	2卷1册(卷3~4), 木版本, 著者未詳, 朝鮮朝末頃(1852)刊	26×18.5cm, 四周單邊, 半郭:21×16cm, 13行不定字, 內向黑魚尾, 紙質:楮紙	版心題:삼국지, 表紙墨書識記:壬子 (1852)十一月日	韓國綜合典籍目錄 (山氣文庫)李謙魯 4-685
	羅貫中(明)著, 2卷1册, 木版本, 刊寫地未詳, 刊寫者未詳, 刊寫年未詳	25×17cm, 四周單邊, 半郭:20.8×16.2cm, 無界, 13行22字, 上下內向黑魚尾		檀國大學校 천안율곡도서관 古873.5-나1282서
	羅貫中(明)著, 零本2册(所藏:卷3-4), 木版本, 刊寫事項不明	28.2×19.8cm, 四周單邊, 半郭:21.2×15.3cm, 無界, 行字不定, 上下向黑魚尾	版心題:삼국지	慶北大學校 [古]812.3 6ㅅ(25)
	羅貫中(明)著, 2卷1册, 木版本, 全州, (西溪)書舗, 1911	25.5×16cm, 四周單邊, 半郭:20.4×15.9cm, 有界, 13行22字, 註雙行, 上下內向黑魚尾		檀國大學校 천안율곡도서관 (羅孫文庫) 古873.5-나128ㅅ
	羅貫中(明)著, 3卷3册(上, 中, 下), 木版本, 京城(서울), 翰南書林, 大正6(1917)	25.6×20.4cm, 四周單邊, 半郭:21.6×18.5cm, 無界, 14行25字, 上下向二葉花紋魚尾	卷下末:己未孟夏紅樹 洞新刊	檀國大學校 천안율곡도서관 (羅孫文庫) 古873.5-나128서
	羅貫中(明)著, 1卷1册(零本), 木版本, 安城, 刊寫者未詳, 刊寫年未詳	23×19cm, 四周單邊, 半郭:20.3×16.2cm, 無界, 15行28字, 上下向二葉花紋魚尾	表題:諺三國誌, 刊記:안성동문이신판	檀國大學校 천안율곡도서관 古873.5-나1282수
	金聖歎(請)原評, 1卷1册(零本), 木版本, 刊寫地未詳, 刊寫者未詳, 刊寫年未詳	25.5×18.5cm, 四周單邊, 半郭:19.9×16.5cm, 無界, 15行字數不定, 註雙行, 上下內向黑魚尾		檀國大學校 천안율곡도서관 古873.5-나1282시
	三卷		1894年에 收錄	延世大學校
	2卷1册(卷3~4), 木版本, 朝鮮朝後期刊	25.6×17.5cm, 四周單邊, 半郭:20.6×15.4cm, 無界, 13行22字, 註單行, 內向黑魚尾, 紙質:楮紙	表題:三國傳, 版心題:三國志	忠南大學校
	羅貫中(明)撰, 2卷1册(卷3~4), 木版本, 朝鮮朝後期刊	26.8×18.3cm, 四周單邊, 半郭:20.5×15.2cm, 無界, 13行22字, 內向黑魚尾, 紙質:楮紙		忠南 溫陽民俗博物館
	3卷3册, 木版本, 京城翰南書林, 1919年刊	半郭:22×18cm, 15行26字, 上2葉魚尾	刊記:己未(1919) 孟夏(由)洞新刊	雅丹文庫 813.5-삼16
	2卷1册(卷3~4同書2册), 木版本	半郭:20.8×15.4cm, 13行22字, 內向黑魚尾		雅丹文庫 813.5-삼16

4. 國內 飜譯出版된 中國古典小說 硏究   315

書 名	出版事項	版式狀況	一 般 事 項	所藏處/所藏番號
	1卷1冊(卷3), 木版本	半郭:19×16.2cm, 15行字數不定, 內向黑魚尾	卷尾:님신완산신판이라	雅丹文庫 813.5-삼16
	2卷1冊(卷3~4), 木版本	半郭:20.5×15.8cm, 13行22字, 內向黑魚尾		雅丹文庫 813.5-삼16
	1卷1冊(缺帙), 木版本, 京城, 太華書館(1922), 美洞新板	25.5×18.9cm, 四周單邊, 半郭:19.3×15.8cm, 無界, 15行23字內外, 上下向2葉花紋魚尾	表題:原本三國志, 舊刊記:美洞新板	西江大學校 고서 삼17 v.3
	羅貫中(明)著, 1冊, 木版本, 刊寫地未詳, 刊寫者未詳, 刊寫年未詳	26.5×19cm, 四周單邊, 半郭:21.5×17cm, 有界, 白口, 上下內向黑魚尾	한글본	淑明女大
	1冊(缺本), 國文木版本	26.2×18.7cm, 四周單邊, 上下黑魚尾	16mmR [Nega], 88f	韓國學中央硏究院 R16N-001133-17
	1冊(3卷), 國文木版本, 京城, 太華書館, 大正12(1923)	25.9×18.5cm, 四周單邊, 上二葉花紋魚尾	刊記:大正十二年(1923)十一月十日發行	韓國學中央硏究院 R16N-001133-20
	1冊(3卷), 國文木版本, 京城, 太華書館, 大正12(1923)	25.8×18.8cm, 四周單邊, 上二葉花紋魚尾	刊記:大正十二年(1923)十一月十日發行	韓國學中央硏究院 R16N-001133-18
	金聖歎(淸)原評, 全1冊(缺本), 木版本, 京城, 太華書館, 大正十二年(1923) 十一月十日發行	25.8×18.8cm, 四周單邊, 半郭:21×15.2cm, 行字數不定, 上二葉花紋魚尾	刊記:大正十二年(1923)十一月十日發行	韓國學中央硏究院 D7B-15B
국역삼국지 (三國誌)	1冊(36張), 木版本	半郭:21×15cm, 有界, 13行27字, 內向黑魚尾		雅丹文庫 813.5-국64
슈뎡삼국지	羅貫中撰, 盧益亨 編, 1冊(零本, 卷2), 新式活字本(딱지본), 京城, 博文書館, 1928	19.8×13.6cm		嶺南大學校 [古南]823.5 관중ㅅ
슈졍삼국지	5卷, 博文書館, 1904년	未詳	유탁일/이능우 著書 根據	未詳
슈졍삼국지	2卷2冊(卷3, 5), 新活字本	半郭:20.5×13.5cm, 17行35字		雅丹文庫 813.5-슈74
슈령삼국지	1卷1冊, 新鉛活字本 刊地, 刊者, 刊年未詳			京畿大學校 경기-k122934
언문삼국지	1卷1冊(卷3), 新活字本, 永昌書館, 1928年刊	半郭:20.6×13.8cm, 19行37字		雅丹文庫 813.5-언36
언삼국지라	上下1冊, 木版本, 梁珍泰 編, 全州, 多佳書鋪, 1916, 권상, 언삼국지라(47張), 권하, 공명선생실긔(18張), 한글본	25.7×18.5cm, 四周單邊, 半郭:19×15.2cm, 無界, 11行17字, 上下內向黑魚尾	卷頭:ㄱㄴㄷㄹㅁㅂㅅㅇ-언삼국지 목녹이라, 版心題:언三	嶺南大學校 陶南文庫 [古도]813.5 언삼국

書名	出版事項	版式狀況	一般事項	所藏處/所藏番號
언삼국지	2卷1冊, 木版本, 梁承坤編, 全北完州, 梁册房, 1937	25.2×18.5㎝, 四周單邊, 半郭:18.4×15.3㎝, 無界, 11行17字, 內向黑魚尾		啓明大學校 [고]812.35-양승곤ㅇ
	上下2卷1冊, 木版本, 著者未詳, 全州 多佳書舖, 大正五年 (1916)十月八日發行, 卷上:언삼국지, 卷下:공명션싱실긔	25.6×18.6㎝, 四周單邊, 半郭:18.3×15㎝, 11行17字, 內向黑魚尾, 紙質:楮紙	表題:諺三國誌, 版心題:언三, 所藏印:陶南	韓國綜合典籍目錄 嶺南大學校 (陶南文庫)趙潤濟
삼국지3, 4	1冊, 木版本	四周單邊, 20.8×15.2㎝, 13行23字, 上下內向黑魚尾		延世大學校 811.932/9
華容道	2卷1冊, 木版本, 著者未詳, 刊記:戊申八月 完山梁册房開刊	28×19㎝, 四周單邊, 半郭:21.5×16㎝, 無界, 13行23字, 上下內向黑魚尾	異題:당양잠판교적벽 대전, 版心題:화룡도, 奇게묘법可見○放赤 壁戰	檀國大學校 천안율곡도서관 고853.5-화768그
	2卷1冊, 木版本, 著者未詳, 龜洞, 刊寫者未詳, 丁未(1907)	25.7×18㎝, 四周單邊, 半郭:21×15.5㎝, 有界, 11行20字, 註雙行, 上下向黑魚尾	華容道傳	檀國大學校 천안율곡도서관 古853.5-화768구
	1冊(84張), 木版本	四周單邊, 匡郭:21×16.5㎝, 有界, 12行23字, 上下黑魚尾		延世大學校 811.36
	1冊, 國文木版本, 龜洞	23.4×18.4㎝, 四周單邊, 上下黑魚尾	16㎜ R[Nega], 85f	韓國學中央研究院 R16N-001151-6
	1冊, 木版本, 刊寫地未詳, 刊寫者未詳, 刊寫年未詳	28×19㎝, 四周單邊, 半郭:20.7×15.5㎝, 無界, 13行22字, 上下內向黑魚尾		京畿大學校 경기-k103664
화용도 (華容道)	2卷2冊, 木版本, 著者未詳, 隆熙1年(1907)刊, 龜洞	28×20.5㎝, 四周單邊, 半郭:21.5×16㎝, 有界, 11行20字, 內向黑魚尾, 紙質:楮紙	刊記:丁未(1907) 孟夏龜洞新刊	成均館大學校 D7B-69
	2卷1冊, 木版本, 發行地不明, 發行處不明, 戊申(1908)	27×18.5㎝, 四周單邊, 半郭:21.5×15㎝, 無界, 12行23字, 紙質:楮紙	刊記:戊申(1908) 春完西溪新刊	忠南大學校 학산고서 集· 小說類2018
		1冊, 坊刻本	舊活字本小說	朴在淵
화룡도	2卷1冊, 木版本, 編者未詳, 全州, 梁珍泰家, 1916	26.2×18.9㎝, 四周單邊, 半郭:21.5×15.7㎝, 無界, 14行22字, 內向黑魚尾	表紙書名:華容道	國立中央圖書館 [한]48-30
	2卷1冊, 木版本, 著者未詳, 全州龜洞, 丁未年	25.8×18.5㎝, 四周單邊, 半郭:21.3×15.8㎝, 無界, 11行21字, 內向黑魚尾		啓明大學校 이811.35

4. 國內 飜譯出版된 中國古典小說 硏究 317

書 名	出版事項	版式狀況	一 般 事 項	所藏處/所藏番號
	上下1冊, 木版本, 全州, 多佳書鋪, 1916, 丁未孟秋龜洞新刊	26.2×18.5㎝, 四周單邊, 半郭:21.5×15.8㎝, 無界, 11行字數不定, 註雙行, 上下內向黑魚尾, 一部分上下內向二瓣下黑魚尾	卷頭:華龍圖目錄, 印出記(卷末):丁未孟秋龜洞新刊	嶺南大學校 陶南文庫 [古도]823.5 화용도
	上下, 2卷1冊, 木版本, 著者未詳, 全州, 多佳書鋪, 1916刊	26×18.5㎝, 四周單邊, 半郭:21×18.5㎝, 行字數不定字, 內向黑魚尾, 紙質:楮紙	卷末書名:華容道, 版心題:화룡도, 所藏印:陶南書室, 刊記:丁未孟秋, 龜洞刊, 大正五年(1916)十月八日發行	韓國綜合典籍目錄 (陶南文庫)趙潤濟
	2卷1冊, 木版本, 著者未詳, 1907刊	26×18.7㎝, 四周單邊, 半郭:21.2×15.6㎝, 行字數不定, 內向1,2葉花紋魚尾, 紙質:楮紙	表題:三國誌演義, 版心題:화룡도, 刊記:丁未(1907)孟秋 龜洞新刊	韓國綜合典籍目錄 (山氣文庫)李謙魯 4-736
	上下, 2卷1冊(83張), 木版本, 著者未詳, 朝鮮朝後期刊	27×18.6㎝, 四周單邊, 半郭:21.7×16.3㎝, 上黑魚尾, 紙質:楮紙	表題:華容道, 版心題:화룡도, 內容:中國小說	韓國綜合典籍目錄 (尙熊文庫)4-188
	2卷1冊(卷1~2), 木版本, 著者未詳, 朝鮮朝末期刊	25.7×18.7㎝, 四周單邊, 半郭:20.3×15.7㎝, 有界, 12行字數不定, 內向黑魚尾, 紙質:楮紙	表題:華容道	韓國綜合典籍目錄 (誠庵文庫)趙炳舜 4-1400
	2卷1冊, 木版本, 著者未詳, 朝鮮朝末(1900頃)刊	26.4×18.6㎝, 四周單邊, 半郭:26×16.2㎝, 12行22字, 內向黑魚尾, 紙質:楮紙	內容:中國小說, 備考:後部若干張落	韓國綜合典籍目錄 (山氣文庫)李謙魯 4-737
	上下, 2卷1冊, 石印本, 著者未詳, 西溪, (1900年代)刊	26.7×18.7㎝, 四周單邊, 半郭:21.8×15.5㎝, 12行20~24字, 內向黑或1, 2葉花紋魚尾, 紙質:楮紙	表題:華容道, 刊記:仲春完西溪新刊	韓國綜合典籍目錄 (誠庵文庫)趙炳舜 4-1401
	2卷1冊, 木版本, 著者未詳, 朝鮮朝末(1900)頃刊	26.7×19.2㎝, 四周單邊, 半郭:21.5×16.4㎝, 11行20字, 內向黑 1葉花紋魚尾, 紙質:楮紙	內容:中國小說, 備考:初張, 尾2張落, 合綴:華容道卷上下合本, 國文小說異版	韓國綜合典籍目錄 (山氣文庫)李謙魯 4-739
	2卷1冊, 木版本, 著者未詳, 卓鍾佶, 1911刊	27×19㎝, 四周單邊, 半郭:21.4×15.5㎝, 11行不定字, 內向黑魚尾, 紙質:楮紙	版心題:화룡도, 刊記:春完西溪新刊, 明治四十四年(1911)八月二十二日發行	韓國綜合典籍目錄 (山氣文庫)李謙魯 4-738
	2卷1冊, 木版本, 著者未詳, 刊寫地未詳, 刊寫者未詳, 刊寫年未詳	25.8×18㎝, 四周單邊, 半郭:21.3×15.2㎝, 無界, 12行22字, 上下內向黑魚尾		檀國大學校 천안율곡도서관(羅孫文庫)古853.5-화768

書名	出版事項	版式狀況	一般事項	所藏處/所藏番號
	1冊, 木版本, 刊寫事項不明	26.3×18cm, 四周單邊, 半郭:21.6×15.5cm, 無界, 12行23字, 上下內向黑魚尾	版心題:화룡도	慶北大學校 [古] 811.31 화236
	2卷1冊, 木版本, 著者未詳, 刊寫地未詳, 刊寫者未詳, 刊寫年未詳	25.8×18.5cm, 四周單邊, 半郭:22×16.2cm, 無界, 12行22字, 上下內向黑魚尾		檀國大學校 천안율곡도서관 古853.5-화768ㄱ
	2卷1冊, 木版本, 著者未詳, 刊寫地未詳, 刊寫者未詳, 刊寫年未詳	26.5×18.5cm, 四周單邊, 半郭:21.3×16.2cm, 無界, 11行20字, 上下內向黑魚尾	表題:華容道, 刊記:春完西溪新刊	檀國大學校 천안율곡도서관 古853.5-화768거
	2卷1冊(落張), 木版本, 著者未詳, 刊寫地未詳, 刊寫者未詳, 刊寫年未詳	27.2×18.5cm, 四周單邊, 半郭:21.2×15.9cm, 無界, 12行字數不定, 上下內向黑魚尾	表題:華容道	檀國大學校 천안율곡도서관 (羅孫文庫) 古853.5-화7682
	2卷1冊, 木版本, 著者未詳, 龜洞, 刊寫者未詳, 隆熙2年(1908)	26.5×17.6cm, 四周單邊, 半郭:21.6×15.6cm, 無界, 11行20字, 上下內向黑魚尾	標題:華容道, 刊記:丁未(1907) 孟秋龜洞新刊	檀國大學校 천안율곡도서관 (羅孫文庫) 古853.5-화7686
	2卷1冊, 木版本	半郭:21×15.5cm, 13行字數不定, 內向黑魚尾		雅丹文庫 813.5-화295
	2卷1冊, 木版本	半郭:21.5×15.2cm, 11行20字, 內向黑魚尾		雅丹文庫 813.5-화295
	丁1冊(同書2部), 木版本, 未孟秋龜洞新刊	半郭:21.8×15.6cm, 12行字數不定, 內向黑魚尾	刊記:丁未孟秋龜洞新 刊, 印記:白淳在藏	雅丹文庫 813.5-화295
	2卷1冊, 木版本, ○○春完西溪新刊	半郭:21.4×15.8cm, 12行字數不定, 內向黑魚尾	刊記:○○春完西溪新 刊	雅丹文庫 813.5-화295
	2卷1冊, 木版本	半郭:21.9×15.9cm, 10行20字, 內向混葉魚尾		雅丹文庫 813.5-화295
	2卷1冊(同書4部), 木版本	半郭:20.7×15.8cm, 12行22字, 內向黑魚尾		雅丹文庫 813.5-화295
	2卷1冊, 木版本, 朝鮮朝後期刊	25.9×18.1cm, 四周單邊, 半郭:21.5×15.6cm, 11行字數不定, 紙質:楮紙	備考:下卷末缺張	忠南 唐津郡 宋基華
	1冊, 木版本, 著者未詳, 刊寫地未詳, 刊寫者未詳, 刊寫年未詳	26×18cm, 四周單邊, 半郭:21×16cm, 無界, 13行22字, 上下向黑魚尾	書名:表紙	淑明女子大學校
	2卷1冊, 木版本, 完山[全州]:梁冊房, 隆熙2(1908)	27×18.5cm, 四周單邊, 半郭:21.5×15.1cm, 無界, 12行 22字內外, 上下 內向黑魚尾	일반동산문화재, 表題:華容道, 刊記:戊申(1908) 八月 完山梁山房開刊	西江大學校 고서 화236

4. 國內 飜譯出版된 中國古典小說 研究 319

書名	出版事項	版式狀況	一般事項	所藏處/所藏番號
	全上下卷1冊, 木版本, 著者未詳, 刊年未詳	26×18.2cm, 四周單邊, 半郭:20.7×15.7cm, 13行字數不定, 上下黑魚尾		韓國學中央研究院 D7B-41E
	1冊, 國文木版本 完山, 梁冊房, 戊申	27.2×18.7cm, 四周單邊, 上下黑魚尾		韓國學中央研究院 R16N-001151-10
	1冊, 國文木版本, 完西溪, 戊申	27.5×18.4cm, 四周單邊, 上下黑魚尾		韓國學中央研究院 R16N-001151-5
	1冊, 國文木版本	26.3×18.5cm, 四周單邊, 上下黑魚尾	16mm R[Nega], 83f	韓國學中央研究院 R16N-001151-7
	1冊, 國文木版本	25.8×18.2cm, 四周單邊, 上下黑魚尾	16mm R[Nega], 83f	韓國學中央研究院 R16N-001151-8
	2卷1冊(卷1~2), 木版本, 著者未詳, 朝鮮朝末期刊	25.7×18.7cm, 四周單邊, 半郭:20.3×15.7cm, 有界, 12行字數不定, 內向黑魚尾, 紙質:楮紙	表題:華容道	誠庵文庫 4-1400
	上下2卷1冊, 中國石印本, 著者未詳, 西溪, 1900年代刊	26.7×18.7cm, 四周單邊, 半郭:21.8×15.5cm, 12行20~24字, 內向黑或1,2葉花紋魚尾, 紙質:楮紙	表題:華容道, 刊記:仲春完西溪新刊	誠庵文庫 4-1401
	2卷1冊, 木版本	四周單邊, 匡郭:22×16.5cm, 無界, 12行20字, 上下黑魚尾		延世大學校 811.36
	21卷1冊, 木版本	24.9×18.2cm, 四周單邊, 21.5×16cm, 11行不定字, 內向 1~2葉花紋或黑魚尾		高麗大學校 C15-A119
화룡도 (華容道)	2卷1冊, 한글木版本, 編著者未詳, 刊寫地未詳, 刊寫者未詳, 刊寫年未詳	27×18.5cm, 四周單邊, 半郭:20.6×15.5cm, 12行22字, 上下內向黑魚尾 (一部有紋魚尾 混入)	순한글본	國立清州博物館
	上下, 2卷1冊, 木版本, 編者未詳, 西溪, 隆熙2年(1908)刊	27×18.3cm, 四周單邊, 半郭:21.2×15.5cm, 11行字數不定, 內向黑魚尾, 紙質:楮紙	表紙下墨書識記:明治四十三年, 刊記:戊申(1908)春完西溪新刊, 同書2部	韓國綜合典籍目錄 (誠庵文庫)趙炳舜 4-1399
화룡도	不分卷1冊, 木版本, 卓鐘佶, 全州, 1911	26.9×19cm, 四周單邊, 半郭:21.2×15.8cm, 無界, 12行22字, 內向黑魚尾	表紙書名:華容道	國立中央圖書館 [한] 48-30-2
	全上下卷1冊, 木版本, 著者未詳, 完山, 梁冊房, 隆熙2(1908)	27.2×18.7cm, 四周單邊, 半郭:21×16.1cm, 11行字數不定, 上下黑魚尾	刊記:戊申(1908) 八月完山梁冊房開刊	韓國學中央研究院 D7B-41

書 名	出版事項	版式狀況	一般事項	所藏處/所藏番號
	全上下卷1冊, 木版本, 著者未詳, 刊年未詳	25.8×18.2cm, 四周單邊, 半郭:21×16.2cm, 11行字數不定, 上下黑魚尾		韓國學中央研究院 D7B-41A
	全上下卷1冊, 木版本, 著者未詳, 完西溪, 隆熙2(1908)	27.5×18.4cm, 四周單邊, 半郭:21.7×16.1cm, 11行字數不定, 上下黑魚尾	刊記:戊申(1908) 春完西溪新刊	韓國學中央研究院 D7B-41B
	1冊			천안미도박물관
화용도실긔 華容道實記	朴健會編輯, 1冊16回, 舊活字本			鮮文大 朴在淵
山陽大戰	漢城書館, 1916년 1917년 등		조자룡실기와 同種異本	한성서관
	唯一書館, 1916년 1917년 등		조자룡실기와 同種異本	유일서관
張飛馬超實記	光東書館, 1917년 1918년 등 다수			광동서국 출간
關雲長實記	光東書館, 1917년 등			광동서국 출간
三國大戰	永昌書館, 1918년 등			영창서국 출간

(5) ≪서유기≫

書 名	出版事項	版式狀況	一般事項	所藏處/所藏番號
新譯西遊記	吳承恩(明)著, 閔泰瑗編, 東學生譯, 4冊1匣(718面), 新式印刷本, 京城, 博文書館, 1934	20.1×14cm	卷末:書籍廣告, 後表紙裏面:最新刊書籍案內, 後表紙:博文書館新刊書籍案內, 한글본	嶺南大學校 陶南文庫 [古도]823.5 오승은ㅇ
언한문서유긔(諺漢文西遊記)	朴健會譯述, 1冊(缺本), 新鉛印本, 刊年未詳	21.9×14.7cm	表紙書名:서유긔	韓國學中央研究院 D7B-57
서유긔	吳承恩(明)原編, 全2卷2冊, 木版本, 丙辰(1856 혹 1916년) 孟冬華山新刊	24.5×19.2cm, 四周單邊, 半郭:21.5×16.4cm, 字數不定, 上二葉花紋魚尾	版心文字:서, 刊記:丙辰(1856 또는 1916)孟冬華山新刊	韓國學中央研究院 D7B-166
당태종전	1冊(18張), 木版本, 刊寫地未詳, 刊寫者未詳, 刊寫年未詳	26.7×17.6cm, 四周單邊, 半郭:19.7×15cm, 無界, 15行30字內外, 上下內向黑魚尾	일반동산문화재 한글본, 서명의 [태]는 한글고어의 번자, 表題:唐太宗傳	西江大學校 고서 당831
	1冊, 木版本, 白斗鏞編, 京城, 翰南書林, 1920	24.6×20.3cm, 四周單邊, 半郭:20.3×17.8cm, 無界, 14行25字, 上下向四瓣黑魚尾	兩面印刷本, 한글본	嶺南大學校 陶南文庫 [古도]813.5 당태종

書 名	出版事項	版式狀況	一般事項	所藏處/所藏番號
	1冊(26張), 白斗鏞集, 京城, 翰南書林(1921)	24.9×20.1cm, 四周單邊, 20.4×17.6cm, 14行27字, 上2葉花紋魚尾	題簽:唐太宗傳	高麗大學校 C15-A74
	1冊(26張), 木版本, 著者未詳, 京城, 翰南書林, 1920刊	24.7×20.3cm, 四周單邊, 半郭:19.9×17.5cm, 14行字數不定, 上二葉花紋魚尾, 紙質:洋紙	版心題:당, 所藏印:陶南書室, 刊記:大正九年(1920)	韓國綜合典籍目錄 (陶南文庫)趙潤濟
	1冊(18張), 木版本, 著者未詳, (1858頃)刊, 형수동	26×17.8cm, 半郭:20×15cm, 15行不定字, 内向黑魚尾, 紙質:楮紙	題簽:唐太宗傳, 版心題:당	韓國綜合典籍目錄 (山氣文庫)李謙魯 4-678
	1冊(落張), 木版本, 著者未詳, 京城(서울), 翰南書林, 大正10(1921)	24.5×20.5cm, 四周單邊, 半郭:20.5×18.5cm, 無界, 14行27字, 上下向二葉花紋魚尾	表題:唐太宗傳	檀國大學校 천안율곡도서관 (羅孫文庫)古853. 5-당3151
	1冊(26張), 木版本, 著者未詳, 京城(서울), 翰南書林, 大正10(1921)	24.6×20.6cm, 四周單邊, 半郭:20.5×18.5cm, 無界, 14行27字, 上下向二葉花紋魚尾	表題:唐太宗傳	檀國大學校 천안율곡도서관 (羅孫文庫)古853. 5-당315ㄱ
	1冊(19張), 新鉛活字本, 著者未詳, 京城(서울), 東美書市, 大正6(1917)	20.5×13.7cm, 無界, 17行35字	表題:고대소설 당틱종전	檀國大學校 천안율곡도서관 (羅孫文庫)古853. 5-당3151ㄱ
	全1卷1冊, 木版本, 著者未詳, 京城, 翰南書林(1921)	24.7×20.2cm, 四周單邊, 半郭:20.4×17.7cm, 14行字數不定, 上二葉花紋魚尾	版心文字:당	韓國學中央研究院 D7B-102
	全1卷1冊, 木版本, 著者未詳, 刊年未詳	25.7×17.2cm, 四周單邊, 半郭:20.3×15.4cm, 15行字數不定, 上下黑魚尾	版心文字:당	韓國學中央研究院 D7B-102A
	不分卷1冊, 木版本, 著者未詳, 京城, 翰南書林, 1920	23.3×19.2cm, 四周單邊, 半郭:20.1×17.8cm, 14行26字, 上二葉花紋魚尾		國立中央圖書館 [한]48-66

(6) ≪서한연의≫

書 名	出版事項	版式狀況	一般事項	所藏處/所藏番號
서한연의	2卷1冊, 木版本, 著者未詳, 刊寫地未詳, 刊寫者未詳, 大正4(1915)	25.6×18cm, 四周單邊, 半郭:20.2×16.5cm, 無界, 13行21字, 上下內向黑魚尾	內題:楚漢傳, 表題:죠한전, 대정4년(1915)	檀國大學校 천안율곡도서관 古853.5-초4115
언문서한연의諺文西漢演義	4卷4冊100回, 舊活字本, 永豊書館, 大正6年(1917)			鮮文大 朴在淵

322 第二部 中國古典小說의 國內 飜譯 및 出版樣相 硏究

書名	出版事項	版式狀況	一般事項	所藏處/所藏番號
언문서 한연의	4卷4冊, 新活字本, 李柱浣編, 京城 永豊書館, 1917年刊	21.5×15.3cm, 16行36字		雅丹文庫 823.5-이76ㅇ
	3冊(卷2缺, 舊活字本), 永豊書舘, 大正6年(1917)			鮮文大 朴在淵
초한전	1冊, 國文木版本	25.5×18.7cm, 四周單邊, 上二黑魚尾	版心文字:쵸, 16mm R[Nega], 90f	韓國學中央硏究院 R16N-001143-2
	1冊(落張), 木版本	半郭:20.2×15.7cm, 內向黑魚尾		雅丹文庫 813.5-초92
	1冊, 木版本, 發行地不明, 發行處不明, 1919年	26×18.5cm, 四周單邊, 半郭:20×16cm, 無界, 13行20字, 上下內向黑魚尾, 紙質:楮紙	備考:前後缺張	忠南大學校, 학산고서 集· 小說類1953
쵸한전	2卷1冊, 卷上下, 木版本, 한글본, 年紀未詳, 刊紀未詳	26.6×18.7cm, 四周單邊, 半郭:20.1×16.2cm, 無界, 13行20字, 上下內向黑魚尾	卷末書名:楚漢傳	奎章閣 [古]3350-89
	2卷1冊, 木版本, 卓鐘佶編, 全州, 西溪書鋪, 1911	26.1×18.8cm, 四周單邊, 半郭:20.3×15.9cm, 無界, 13行20字, 內向黑魚尾		啓明大學校 이811.35
	2卷1冊(卷1~2), 木版本, 編者, 刊寫地未詳, 刊寫者未詳, 19世紀末	26.6×18.7cm, 四周單邊, 半郭:20.1×16.2cm, 無界, 13行20字, 板心, 上下內向黑魚尾	卷末書名:楚漢傳, 한글본임	全北大學校 812.35-초한전
	2卷1冊, 木版本, 著者未詳, 刊寫地未詳, 刊寫者未詳, 明治44年(1911)	25.4×17.9cm, 四周單邊, 半郭:19×16.1cm, 無界, 13行20字, 上下內向黑魚尾	下卷書名:서한연의 (西漢演義)	檀國大學校, 천안율곡도서관 (羅孫文庫) 古853.5-초4119
	2卷1冊(44張), 木版本, 著者未詳, 全州, 梁册房, 昭和7(1932)	25×18cm, 四周單邊, 半郭:20.5×16.5cm, 無界, 13行22字, 上下內向黑魚尾	卷下書名:서한연의, 原書名:楚漢傳	檀國大學校, 천안율곡도서관 古853.5-초4117
	2卷1冊, 木版本, 朝鮮朝後期刊	27.2×17.9cm, 四周單邊, 半郭:20.3×16cm, 無界, 13行20字, 內向黑魚尾, 紙質:楮紙		忠南溫陽民俗 博物館
	2卷1冊, 木版本, 1908年刊	半郭:20.6×15.9cm, 13行字數不定, 內向黑魚尾	刊記:隆熙二年戊申 (1908)秋七月西漢記完 西溪新刊	雅丹文庫 813.5-쵸92
	2卷1冊, 木版本, 丁未孟夏完南龜石里 新刊	半郭:20.6×15.9cm, 13行字數不定, 內向黑魚尾	刊記:丁未孟夏完南龜石 里新刊, 印記:白淳在藏書	雅丹文庫 813.5-쵸92

4. 國內 飜譯出版된 中國古典小說 硏究   323

書 名	出版事項	版式狀況	一 般 事 項	所藏處/所藏番號
	2卷1册(同書3部), 木版本	半郭:20.6×15.8㎝, 13行22字, 內向黑魚尾		雅丹文庫 813.5-쵸92
	上下2卷, 1册			鮮文大, 朴在淵
	2卷1册, 木版本, 著者未詳, 刊寫地未詳, 刊寫者未詳, 刊寫年未詳	26×19㎝, 四周單邊, 半郭:20×17㎝, 無界, 13行23字, 上下向黑魚尾		淑明女子大學校
	2卷1册, 木版本, 刊寫地未詳, 完西[?], 隆熙2(1908)	26×18.5㎝, 四周單邊, 半郭:20.2×15.8㎝, 無界, 13行20字內外, 上下內向黑魚尾	卷下의 卷首題:서한 연의, 版心題:초[한], 刊記:隆熙二年戊申(1908) 秋七月 西漢紀完西新刊	西江大學校 고서 쵸91
	全上下卷1册, 木版本, 著者未詳, 刊年未詳	27.4×18.4㎝, 四周單邊, 半郭:20.9×16.4㎝, 13行 字數不定, 上下黑魚尾	版心文字:초흔	韓國學中央硏究院 D7B-5A
	全上下卷1册, 木版本, 著者未詳, 完山, 隆熙3(1909), 己酉(1909)季春完山開刊	27.5×18.7㎝, 四周單邊, 半郭:20.4×16.3㎝, 13行 字數不定, 上下黑魚尾	版心文定:초흔, 刊記:己酉(1909) 季春完山開刊	韓國學中央硏究院 D7B-5B
	1册, 國文木版本	27.4×18.4㎝, 四周單邊, 上下黑魚尾	版心文字:초, 16㎜ R[Nega], 88f	韓國學中央硏究院 R16N/001142/23
	1册, 國文木版本, 完山, 己酉	27.5×18.7㎝, 四周單邊, 上下混入花紋魚尾	版心文字:초, 刊記:己酉季春完山開刊	韓國學中央硏究院 R16N/001143/3
	2册, 國文木版本, 完南, 龜石里, 丁未	26.4×18.3㎝, 四周單邊, 上下黑魚尾	版心文字:초춘, 16㎜R[Nega], 86f	韓國學中央硏究院 R16N/001142/22
	1册(缺本), 國文木版本	22.4×18.8㎝, 上下黑魚尾	版心文字:쵸한, 16㎜R[Nega], 71f	韓國學中央硏究院 R16N/001143/4
	不分卷1册, 木版本, 著者未詳, 全州, 卓鍾佶家, 1911	26.8×19㎝, 四周單邊, 半郭:19.9×16.2㎝, 無界, 13行22字, 內向黑魚尾	刊記:陵熙二年戊申(1911) 秋七月西漢記完西溪新刊	國立中央圖書館 [한]48-47
	上下2卷1册, 木版本, 著者未詳, 朝鮮朝末期刊	25×18.2㎝, 四周單邊, 半郭:20×15.8㎝, 13行字數不定, 內向黑魚尾, 紙質:楮紙	表題:楚漢傳, 版心題:초흔, 內容:一卷上:초한전, 一卷下:서한연의	誠庵文庫 4-1387
	1册(85張), 木版本	四周單邊, 匡郭:20.5×17㎝, 無界, 13行20字, 上下黑魚尾		延世大學校 811.36
	2卷1册, 木版本, 南宮楔 著, (1900頃)刊	27.3×18㎝, 四周單邊, 半郭:20.6×16.6㎝, 13行20字, 內向黑魚尾, 紙質:楮紙		韓國綜合典籍目錄 (尙熊文庫)4-182
	木版本, 著者未詳, 刊年未詳	27×18.5㎝, 四周雙邊, 半郭:20×17㎝, 無界, 13行18字, 上下黑魚尾		梨花女子大學校 [고]811.31 쵸91

書 名	出版事項	版式狀況	一 般 事 項	所藏處/所藏番號
	2卷1冊(88張), 木版本, 編者未詳, 明治44(1911)	26×18cm, 四周單邊, 半郭:20.5×16cm, 無界, 12行26字, 上下黑魚尾	內容:上卷:쵸한전, 下卷:서한연의	梨花女子大學校 [고]811.31 쵸91B
초한전	2卷1冊, 木版本, 著者未詳, 刊年未詳	25.5×18.3cm, 四周單邊, 半郭:20.5×16cm, 23行21字, 註雙行, 內向黑魚尾		國立中央圖書館 [古]3636-53
	上下, 2卷1冊, 木版本, 著者未詳, 朝鮮朝末期刊	25×18.2cm, 四周單邊, 半郭:20×15.8cm, 13行字數不定, 內向黑魚尾, 紙質:楮紙	表題:楚漢傳, 版心題:초흔, 卷上:초한젼, 卷下:서한연의	韓國綜合典籍目錄 (誠庵文庫)趙炳舜 4-1387
	2卷1冊, 木版本, 著者未詳, 隆熙1年(1907)刊	26×18cm, 四周單邊, 半郭:20×16.9cm, 有界, 13行字數不定, 內向黑魚尾, 紙質:楮紙	版心題:초흔, 刊記:丁未(1907) 孟夏完南龜石里新刊 印記:徐公執信	韓國綜合典籍目錄 (山氣文庫)李謙魯 4-729
	1冊, 木版本, 發行地不明, 發行處不明, 丁未(1907)年	26×18.5cm, 四周單邊, 半郭:20×16cm, 無界, 13行21字, 上下內向黑魚尾, 紙質:楮紙		忠南大學校 학산고서 集· 小說類1955
	2卷1冊, 木版本, 發行地不明, 發行處不明, 丁未(1907)年	27.5×19cm, 四周單邊, 半郭:21×16cm, 無界, 13行22字, 上下內向黑魚尾, 紙質:楮紙	版心題:초한, 刊記:丁未(1907)孟夏完 南龜石里新刊	忠南大學校 학산고서 集· 小說類1954
	不分卷1冊, 木版本, 著者未詳, 全州, 梁珍泰, 1916	25.7×18.5cm, 四周單邊, 半郭:20.6×16.1cm, 無界, 13行22字, 內向黑魚尾	楚漢傳	國立中央圖書館 [한]48-47-2
	1冊, 木版本, 梁珍泰 編, 全州, 多佳書鋪, 1916	26.4×18.9cm, 四周單邊, 半郭:19.9×16.1cm, 無界, 13行20字, 上下內向黑魚尾	版心題:초한, 한글본, 原本印出記(卷末):丁未 孟夏完南龜石里新刊	嶺南大學校 陶南文庫 [古도]813.5 초한전
	上下, 2卷1冊, 木版本, 著者未詳, 全州, 多佳書鋪, 1916刊	26.3×19cm, 四周單邊, 半郭:20.5×15.5cm, 11行字數不定, 內向黑魚尾, 紙質:楮紙	版心題:초, 所藏印:陶南書室, 刊記:大正五年(1916) 十月八日發行	韓國綜合典籍目錄 (陶南文庫)趙潤濟
	2卷1冊, 木版本, 丁未孟夏完南龜石里新刊	半郭:20.2×16cm, 13行21字, 內向黑魚尾	刊記:丁未孟夏完南龜石 里新刊	雅丹文庫 823.5-초92
	1冊, 木版本, 大正八年(1919)九月	26×18.6cm, 四周單邊, 半郭:19.8×16cm, 無界, 12行20字, 內向黑魚尾	版心題:초흔, 刊記:大正八年(1919)九月, 合綴:서한 연의권지하, 備考:卷末缺張	大田市 趙鍾業
	2卷1冊, 木版本, 龜石里, 刊寫地未詳, 隆熙1(1907)	26×18.5cm, 四周單邊, 半郭:19.8×15.8cm, 13行20字內外, 上下內向黑魚尾	表題:楚漢傳, 卷下의 卷首題:서한연의 版心題:초[한], 刊記:丁未(1907) 孟夏完南龜石里新刊	西江大學校 고서 초91

書名	出版事項	版式狀況	一般事項	所藏處/所藏番號
	2卷1册(초한젼 상권, 셔한연의 하권합간), 木版本	半郭:20.5×16.1cm, 13行22字, 內向黑魚尾	刊記:丁未孟夏完南龜石里新刊	雅丹文庫 813.5-초92
	全上下卷1册, 木版本, 編著者未詳, 全州 龜石里, 隆熙1(1907),	26.7×18.5cm, 四周單邊, 13行字數不定, 上下混入花紋魚尾	版心文字:초한, 刊記:丁未(1907) 孟夏完南龜石里新刊	韓國學中央研究院 D7B-5
	1册, 國文木版本, 全州, 龜石里, 隆熙1(1907)	26.7×18.5cm, 四周單邊, 上下混入花紋魚尾	版心文字:초한, 16mmR[Nega], 88f	韓國學中央研究院 R16N-001143-1, D7B-5
	2卷1册, 木版本, 著者未詳, 完南, 隆熙1(1907)刊	25×18.4cm, 四周單邊, 半郭:20.8×16.8cm, 13行字數不定, 內向黑魚尾, 紙質:楮紙	刊記:丁未(1907) 孟夏完南龜石里新刊, 備考:한글소설	成均館大學校 D7B-92
쵸한녹	著者未詳, 光武3年(1899)寫	卷下, 1册(51張), 筆寫本, 19.6×18.5cm, 紙質:楮紙	寫記:己亥(1899) 十二月初吉孔澈秀書	韓國綜合典籍目錄 (尙熊文庫)4-181
(초한건곤) 쟝즈방실긔	朴健會譯述, 全不分卷1册, 新鉛印本, 京城, 博文書舘(1924)	20.2×13.6cm		韓國學中央研究院 D7B-48
	1卷1册(卷上), 新活字本, 朴健會譯述, 京城仁寺洞朝鮮書館 1915年刊	22×14.9cm, 11行35字		雅丹文庫 813.6-박14ㅈ
쟝즈방젼	全3卷3册, 木版本, 著者未詳, 刊年未詳, 南谷	28.8×18.8cm, 四周單邊, 半郭:22.6×17.5cm, 18行字數不定, 上下黑魚尾	表紙書名:西漢演義, 刊記:南谷新板	韓國學中央研究院 D7B-121

(7) ≪금향졍긔(금향졍)≫

書名	出版事項	版式狀況	一般事項	所藏處/所藏番號
금향졍긔	京本:2卷2册(由洞, 1847-1856)	未詳	이능우/유탁일 서적 근거	未詳/東洋語學校 (Paris)
금향졍긔	其他 3卷3册, 坊刻:1860年 前後	未詳	이능우/유탁일 서적 근거	未詳
금향뎡긔	1册	31.6×20.2cm		國立中央圖書館 [한]48-168
금향뎡긔 (錦香亭記)	不分卷1册, 木版本, 作者未詳, 1920項刊	27.3×18.5cm, 四周單邊, 半郭:21×17.3cm, 15行25字, 上二葉花紋魚尾, 紙質:楮紙		成均館大學校 D7B-53

(8) ≪양산백전≫

書名	出版事項	版式狀況	一般事項	所藏處/所藏番號
양산백전	1冊(漢城書館) 1915年, 1917年 등	未詳		한성서관 출간
양산백전	1冊(唯一書館) 1915年, 1917年 등	未詳		유일서관 출간
양산백전	1冊(24張), 白斗鏞 編, 京城, 翰南書林, 1920	26×20.3㎝, 四周單邊, 半郭:20.7×17.4㎝, 有界, 14行字數不定, 上下向四瓣黑魚尾	版心題:양, 한글본, 兩面印刷本	嶺南大學校 陶南文庫 [古도]813.5 양산백
양산빅전	不分卷1冊, 木版本	23.2×19.3㎝, 四周單邊, 半郭:19.8×17.4㎝, 無界, 13行24字, 上二葉花紋魚尾		國立中央圖書館 [한]48-62
양산빅전	1卷1冊(24張), 木版本, 著者未詳, 京城, 翰南書林 1920 刊	26×20.4㎝, 四周單邊, 半郭:20.5×17.5㎝, 14行字數不定, 上二葉花紋魚尾, 紙質:洋紙	版心題:양, 所藏印:陶南書室, 刊記:大正九年(1920) 月三十日發行	韓國綜合典籍目錄 (陶南文庫)趙潤濟
양산빅전	1冊(24張), 木版本, 著者未詳, (1900年前後頃)刊	26.5×18.5㎝, 四周單邊, 半郭:20×18㎝, 14行24字, 白口, 紙質:楮紙	表題:梁山伯傳	韓國綜合典籍目錄 (誠巖文庫)金根洙 4-35
양산빅전	全不分卷1冊, 木版本, 著者未詳, 京城, 翰南書林大正十年(1921)	26×20.5㎝, 四周單邊, 半郭:20.5×17.8㎝, 14行 字數不定, 上二葉華紋魚尾	版心文字:양, 刊記:大正十年(1921) 月三十日京城府翰南書林 發行	韓國學中央研究院 D7B-157
양산빅전	2冊, 國文木版本, 京城, 漢南書林, 大正10(1921)	26×20.5㎝, 四周單邊, 上二葉花紋魚尾	版心文字:양, 刊記:大正十年(1921) 月三十日發行	韓國學中央研究院 R16N-001128-3 16㎜R [Nega], 26f

이상 국내에서 번역출판 된 ≪열녀전≫·≪설인귀전≫·≪수호전≫·≪삼국지연의≫·≪서유기≫·≪서한연의≫·≪금향정기≫·≪양산백전≫ 등 8편 작품의 판본 목록을 정리해 보았다. 이상 목록을 통해 판본 상황을 보면 다음과 같은 사실을 알 수 있었다. 첫째, 전체 200여 종 가운데 조선 말기에 출판된 것이 36종, 일제 강점기 출판된 것이 81종이다. 또 이 중 ≪열녀전≫·≪양산백전≫은 조선시대 번역 출판본을 발견하지 못했고 모두 일제 강점기에 출판된 방각본이었다. 둘째, 출판 형태는 대체로 목판본이었으나 ≪삼국지연의≫의 아류작품인 ≪화용도≫에서 석인본이 두 종 있었다. 셋째, 출판간소는 경판본이 60종, 완판본 52종, 안성판본 2종으로 나타났고 간행지를 알 수 없

는 판본도 85종이 되었다. 이 같은 사실을 종합해 보면 조선 말기인 1900년대와 일강점기인 1910년대 및 1920년대에 가장 활발하게 출판되었고, 대부분 목판본이었으며, 경판본이 완판본보다 많았으나 완판본은 ≪삼국지연의≫와 ≪서한연의≫에 한정된 반면 경판본은 모든 작품에서 나타남을 알 수 있었다. 작품별로 현전하는 판본은 ≪삼국지연의≫가 가장 많고 ≪서한연의≫·≪서유기≫·≪수호전≫ 순이었다. 이들 여덟 편의 작품이 유통된 시기와 출판간소 및 판본의 수를 종합적으로 고려해보면 1900년에서 1930년 사이에 서울과 전주를 중심으로 목판본이 크게 출판되어 유통되었고, 그중 ≪삼국지연의≫와 ≪서한연의≫가 독자들의 사랑을 가장 많이 받았음을 알 수 있다.

2) 飜譯出版된 中國古典小說의 槪況

제Ⅱ장에서는 조선시대에 유입되어 번역 및 출판된 ≪열녀전≫·≪설인귀전≫·≪수호전≫·≪삼국지연의≫·≪서유기≫·≪서한연의≫·≪금향정기≫·≪양산백전≫ 등의 판본사항을 정리하고 시기별, 출판형태별, 출판간소별, 판본의 수 등으로 분석해보았다. 본 장에서는 이들 여덟 편의 작품의 서지사항, 유입시기, 출판사항, 출판번역본의 번역사항 등에 대해 개략적으로 살펴보도록 하겠다.

(1) ≪열녀전≫

≪列女傳≫은 前漢時期의 文人 劉向이 堯舜時代부터 春秋戰國時代까지 역대 유명한 여성 106명의 傳記를 列傳形式으로 記述한 중국 최초의 여성 전기집이다. 이 책은 총 7권으로 내용은 母儀, 賢明, 仁智, 貞順, 節義, 辯通, 孼嬖 등 7종류의 주제로 분류하였다. ≪列女傳≫은 후대에 다시 ≪續列女傳≫과 ≪古今列女傳≫이 출현하게 되자 전·후자를 구분하기 위해 ≪古列女傳≫이라는 명칭으로 통용되었다. 특히 ≪古列女傳≫은 明代 嘉靖 壬子年(1552년)에 黃魯曾이 編修하면서 서문을 다시 썼다. 후에 萬曆 丙午年(1606) 黃嘉育 등의 서문이 있는 것으로 보아 여러 번에 걸쳐 출판되었음을 알 수 있다.

그 외에도 ≪列女傳補注≫와 ≪典故列女傳≫ 등의 後續作品들이 지속적으로 출현하였는데, 그중 ≪古今列女傳≫은 明代 解縉이 勅命을 받들어 1403년(永樂 元年

癸未 9月)에 다시 꾸민 책으로 총 2권 4책으로 이루어져 있다. 그 외 ≪典故列女傳≫ (4권 4책)과 ≪列女傳補注≫(王昭圓補注, 8권과 續傳 合 4冊)는 모두 청대 말기에 나온 책들이다.

≪열녀전≫은 상당히 이른 시기에 국내로 유입되었을 것으로 추정된다. ≪高麗史≫ 에서는 〈劉向七錄〉을 제시하고 있는데, 이것이 ≪열녀전≫ 7편을 말한 것으로 추정되고 있고 조선 중기 中宗代(1543년)에 국왕이 ≪열녀전≫의 번역을 명한 기록이 있어 그 이전에 ≪열녀전≫이 이미 국내에 유입되었음을 알 수 있다[3]. ≪열녀전≫은 우리나라에 유입되어 국내 문학에 많은 영향을 미쳤지만 현존하는 번역본은 많지 않다. ≪열녀전≫의 최초 출판기록으로 "嘉靖 癸卯年(중종 38)에 中宗이 劉向의 ≪列女傳≫을 내주며 禮曹로 하여금 飜譯하게 하였다."[4]라고 언급한 기록이 나온다. 이 작품은 중국 고전소설에 대한 번역의 嚆矢가 되었다. 또 이와 관련된 기록으로 宣祖1年(1568) 刊行本 ≪攷事撮要≫에도 全羅道 光州에서 출판되었다는 기록이 보이는데, 이 기록이 바로 1543년 간행본을 지칭하는 듯하다. 그러나 原版本은 발굴해내지 못하고 있는 실정이다.

현존하는 ≪열녀전≫의 번역출판본은 1918년에 출판된 구활자본 1종이 전해지고 있으며 1종은 실전되었다. 현전 판본은 방각경판본으로 1918년에 太華書館(구활자본)에서 간행된 ≪렬녀전≫과 世界書林에서 출간한 ≪고금녈녀전≫이 있다.

(2) ≪설인귀전≫

≪薛仁貴傳≫은 1권 본으로 작자 未詳이고 一名 ≪薛仁貴征遼事略≫이라고 하는 元代 초기에 창작된 것으로[5] 추정되는 歷史小說이다. ≪薛仁貴傳≫의 中國版本 유입 현황을 살펴보면 주로 小說에 편향되어 있는데 淸代에 유행한 ≪說唐後傳≫과 ≪說唐薛家府傳≫ 외에도 ≪說唐征西全傳≫등이 전해졌다. ≪說唐後傳≫55回 중에 42

---

3) 우쾌제, 〈列女傳의 韓・日傳來와 그 受容樣相 考察〉, ≪語文研究≫제21집, 1991. 135~141쪽 참조.
4) "嘉靖癸卯 中廟出劉向列女傳 令禮曹翻以諺文." [稗官雜記 권4](大東稗林27, 國學資料院, 1992년, 407쪽).
5) 趙萬里編注 ≪薛仁貴征遼事略・後記≫, 胡士瑩 ≪話本小說概論≫ 제17장 3절 7항, 譚正璧 ≪古本稀見小說彙考≫ 編一 등 참조.

回는 ≪說唐薛家府傳≫의 내용이고, ≪說唐薛家府傳≫는 ≪薛仁貴征東全傳≫과 같은 내용이다.6) 孫楷第는 ≪說唐後傳≫이 ≪隋唐兩朝志傳≫의 70회에서 98회까지의 羅通이 征北한 이야기와 薛仁貴가 征東한 이야기를 가지고 만들었는데 ≪說唐前傳≫에 비해서 더욱 이야기가 황당하다고 하였다.7) 동아대 소장본 ≪說唐薛家府傳≫은 羊城 古經閣에서 光緒元年에 6卷을 刻한 것으로 보이며8) 단국대에 소장된≪薛丁山實記≫는 刊寫年 未詳으로 되어있으나 1923년 博文書館에서 出版되었다는 기록이 있다.9) 설인귀 고사 관련 소설판본에 비해 희곡이나 설창관련 판본의 유입은 매우 희소하여 현재 확인되는 판본으로는 경기대와 박재연 소장본만이 있다.

국내에 전해진 薛仁貴 故事 관련 版本들을 보면 刊行 年代가 추정 가능한 판본으로 비교적 이른 판본으로는 乾隆1(1736)刊本이 있고 淸末에서 民國初期에 간행된 것으로는 道光12年(1832)刊本, 淸光緖15(1889)刊本이 江左書林本, 上海 簡靑齋書局本, 錦章圖書局本 등이 전해졌다. 국내 유행된 판본들에 대해 정확한 년대를 추정할 수는 없지만 일반적인 경우에 비추어 보면 필사본이 먼저 유행을 하고 그 다음에 방각되었다가, 방각본의 쇠퇴와 活字本의 등장에 발 맞춰서 活字本으로 넘어갔다고 볼 수 있다.10) 그동안 학계에서는 唐나라 장수의 이야기가 중국에서도 소설로는 청대에 유행하게 되었고 우리나라에서도 이 청대 말의 版本이 주로 전해져 飜譯, 飜案되어 筆寫되거나 刊行 된 것으로 보았다. 사실 중국에서는 薛仁貴 故事가 보다 일찍이 小說이 아닌 戱曲의 소재로 민간에 널리 유행하였고 많은 戱曲 作品들이 있었다.11) 그러나 우리 나라에는 다양한 희곡작품들이 전해지지는 않은 것으로 보인다.12)

---

6) 明淸小說硏究中心 等編 ≪中國通俗小說總目提要≫, 中國文聯出版公司, 1990年, 490~491쪽, 494~495쪽 참조.
7) 明淸小說硏究中心 等編 ≪中國通俗小說總目提要≫, 中國文聯出版公司, 1990年, 493쪽 참조.
8) 王淸原等 編纂≪小說書坊錄≫, 北京圖書館出版社, 2002年, 83쪽 참조.
9) 權純肯, ≪活字本古小說의 편폭과 지향≫, 보고사, 2000年, 37~38쪽 참조.
10) 우리의 고소설이 18, 19세기 상업출판인 방각본과 애호가들에 의한 필사본의 시대를 거쳐 식민지 시대에는 舊活字本으로 대량 공급 출판되기에 이르렀다고 한다. 權純肯, ≪活字本古小說의 편폭과 지향≫, 보고사, 2000年 참조, 297쪽 참조.
11) 대표적으로 元 雜劇중에 ≪薛仁貴衣錦還鄕≫·≪摩利支飛刀對箭≫ 등이 있고, 명대에는 ≪薛仁貴跨海征東白袍記≫·≪薛平遼金貂記≫·淸代에는≪定天山≫이 있으며 이외에도 청대 중엽이후로 설인귀 고사와 관련된 여러 종의 京劇 작품들이 있다.
12) ≪薛仁貴傳≫의 서술 내용은 張守連·閔寬東, 〈薛仁貴 故事의 源泉에 관한 一考 ― 설인귀

현전하는 번역출판 된 ≪설인귀전≫은 경판 목판본 2종이 전해지고 있으며 출판이 확인된 방각본 2종이 있다. 이능우에 의하면 1책(30쪽)이 동양어학교(Paris)에 있으며 ≪설인귀젼 단≫이라는 제목으로 소장되어 있으며 刊記는 없다고 한다. 그 외에 上,下 2권 2책 짜리가 있는 것으로 전한다. 이 책들은 대략 조선말기나 일제초기에 출간된 것으로 추정된다. 이들을 내용면에서 살펴보면 중국소설을 그대로 직역한 것과 그것을 변개시킨 것으로 대별되지만 기본 줄거리에는 큰 차이가 없다.13)

(3) ≪수호전≫

≪水滸傳≫은 중국에서 최초 백화체로 쓰인 章回型式의 영웅소설로 명초 施耐庵·羅貫中의 편찬을 비롯하여 후대에 수많은 작가의 增刪潤飾을 걸쳐 이루어졌으므로 판본 역시 매우 복잡한 양상을 보여주고 있다. ≪水滸傳≫의 版本은 대체로 繁本과 簡本의 두 종류로 나누어지며, 크게 100회본과 120회본, 70회본의 세 가지 종류의 판본이 있다. 版本이 複雜한 만큼 簡本과 繁本의 關係에 대해서 학계에서도 오랫동안 세 가지의 견해가 팽팽하게 맞서왔으나, 김성탄의 70회본 ≪水滸傳≫이 나오면서 일단락되었다.

≪水滸傳≫이 한국에 流入된 記錄은 朝鮮 光海君 때 文人인 許筠(1569~1618)의 ≪惺所覆瓿稿≫에서 "≪水滸傳≫은 간사한 속임수와 기교를 부렸는데, 이것들은 모두가 독자를 교훈하기에는 충분하지 못한 것들이다."14)는 기록이 발견되는 것으로 보아, 적어도 朝鮮 光海君 以前에는 이 책이 유입되었음을 알 수 있다. 조선에 유입된 ≪水滸傳≫의 판본은 當時 金聖歎批評 70回本 ≪水滸傳≫이 출판되기 前임을 勘案할 때 李卓吾批評 ≪忠義水滸傳≫으로 推定된다. ≪水滸傳≫은 조선에 유입된 후 독자의 환영을 받으며 坊刻本과 필사본 및 번역본 等이 出現하였다. 또 현재 국내 도서관에서 볼 수 있는 ≪水滸傳≫ 版本은 대부분이 金聖歎編의 70回本 ≪水滸傳≫

고사의 국내 수용과 전승을 중심으로 ─)(≪중국소설논총≫ 34집, 2011. 9.)의 내용을 참조 및 인용하였음.
13) 민관동·정영호, ≪中國古典小說의 國內 出版本 整理 및 解題≫, 학고방, 2012. 141~142쪽 참조.
14) 水滸 則奸騙機巧 皆不足訓. [惺所覆瓿稿, 卷十三 西遊記跋, 242~3쪽, 민족문화추진회], [惺所覆甑藁 卷13, 李離和編 許筠全書, 亞細亞文化社 影印本, 1980. 141쪽].

이 주종을 이룬다.

국내에 번역된 《水滸傳》은 중요 판본인 李卓吾本과 金聖嘆本을 근거로 이루어졌다. 국내에 번역된 《水滸傳》의 제목은 《슈호뎐》·《슈허지》·《슈호지》 등으로 되어 있다. 작품의 번역양상으로는 開場詩·散場詩 等을 省略하였으나 대체적으로 完譯에 가까우며 直譯 혹은 意譯으로 되어 있다. 또 古語와 古文體가 빈번이 출현하고 있는 것으로 보아 高宗21年(1884년) 전후에 李鍾泰 등 文士에 의해 번역된 것이 아니고 18~19世紀쯤에 번역되어 樂善齋에 전해져 들어온 것으로 추정된다.[15]

경판 방각본 《수호지》의 번역 양상을 살펴보면 대부분의 중국소설 번역본과 마찬가지로 원본을 훼손시키지 않는 범위 내에서 축역을 시도하고 있다. 매회의 시작과 끝에 나타나는 開場詩와 詞, 評이 생략되었지만 중요한 사건에 삽입되거나, 주인공 송강과 관련된 시는 번역하거나 한시의 음만 달아서 제시하는 특징을 보이고 있다.[16]

현전하는 《수호전》의 번역출판 된 판본은 그리 많지 않은 편이다. 조선시대 출판본으로는 경본(2책)과 안성방각본 등이 있다. 그 외 10여 종 판본들은 대체로 일제 강점기에 방각본 형태로 출판 유통되었고 대부분 경판본이다.

(4) 《삼국지연의》

《三國志演義》는 120회본으로 《三國志通俗演義》 혹은 《三國志演義》라고도 하며, 晉나라 陳壽의 正史 《三國志》와 裴松之의 《三國志》注를 토대로 저작한 중국 최초의 장편 역사소설이다. 편찬자는 원말명초 사람인 나관중으로 알려져 있다.

《三國志演義》의 가장 이른 판본은 明代 嘉靖 任午(1522年) 간행본으로 서두에 '庸愚子 弘治 7年(1494) 序'와 '修髥子嘉靖元年引'이 있으며 전24권 240則으로 되어 있다. 또 題에는 '晉平陽侯陳壽史傳, 後學羅貫中編次'라고 되어있다. 嘉靖 以後 明·淸에 걸쳐 《三國志通俗演義》 24권 240회(明 嘉靖 壬午年, 1522) 등 10餘 種의 版本이 있으며 모두가 서로 다른 版種을 이루고 있다. 그 중 李卓吾(1527~1602年)가 編輯한 《李卓吾先生批評三國志》(全120回)의 출현 이후 淸初에 毛綸, 毛宗

---

15) 박재연, 〈조선시대 중국통속소설 번역본 연구〉, 한국외국어대학 박사위논문, 1992년. 250~253쪽 참고.
16) 이윤석·박재연·유춘동 교주, 《슈허지》, 학고방, 2007. 머리말 참조.

崗 父子가 거듭 修訂한 通行本 《三國演義》가 淸代 이래로 주종을 이루게 되었고 장편 장회소설로 정착되었다. 이때가 대략 淸 康熙 18年(1679年) 前後이다.

《三國演義》가 韓國에 전입되었다는 기록은 얼마 전까지 《朝鮮王朝實錄》 宣祖 卷3(1569년)의 기록에 의존하여 대략 1569년 이전으로 추정을 하였다. 그러나 최근 발굴된 자료에 의하면 고려 말기로 추정하고 있다.[17] 즉 고려 말기에 편찬된 것으로 추정되는 《老乞大》의 末尾部分에 고려 상인이 책을 사는 장면이 있는데, 그가 구입한 서적 목록 중에 《三國志平話》가 언급되어 있다. 이에 관련된 《老乞大》의 기록에 "문서를 더 사들이고자 하는데, 사서는 모두 회암이 集註한 것이다. 다시 《毛詩》・《尙書》・《周易》・《禮記》・《五子書》・《韓文》・《柳文》・《東坡詩》・《詩學》・《大成押韻》・《君臣故事》・《自治通鑑》・《翰院新書》・《標題小學》・《貞觀政要》・《三國志平話》 등을 사들이고자 하였다. (그래서)이것들을 모두 사들였다."라는 글이 있다.[18]

상기의 기록을 근거로 보면 나관중의 《삼국연의》가 나오기 전 유통되었던 《三國志平話》本의 국내유입은 고려 말이 확실해 보인다. 이는 이전까지 일반적으로 定論化되었던 《삼국연의》의 유입기록을 상당히 앞당기는 귀중한 자료가 되고 있다. 그 후의 《삼국연의》에 대한 유입기록으로는 《朝鮮王朝實錄》(宣祖 卷3)에서 발견된다.[19]

현재 한국의 각 도서관에 소장된 《三國演義》의 版本은 대부분이 金聖歎原評, 毛宗崗評點의 版本이고 이외에 國內版 《四大奇書第一種》(貫華堂第一才子書) 版本이 광범위하게 분포되어 있다. 《三國志演義》는 조선에 유입되어 독자들에게 상당

---

17) 최근 이은봉의 논문에 의하면 고려시대 말기에 편찬하였을 것으로 추정되는 중국어 교과서 《老乞大》에 《三國志平話》가 언급된 기록을 들어 "이 책은 고려말기에 만들어진 것인지는 확실치 않으나 《조선왕조실록》 세종 5년(1423) 6월 23일 기사를 보면 '《노걸대》 등의 서적을 주자소에서 인출케 했다'라는 기록을 찾아볼 수 있으니, 적어도 세종 5년 이전에는 《노걸대》가 만들어졌음을 짐작할 수 있다."라고 언급하고 있다. (《삼국지연의 수용 양상》인천대 국문과 박사학위논문, 2006. 12. 23쪽)
18) 《老乞大》, 한국학중앙연구원(C138), 47a-47b쪽. "更買些文書一部, 四書都是晦庵集註, 又買一部, 毛詩, 尙書, 周易, 禮記, 五子書, 韓文, 柳文, 東坡詩, 詩學, 大成押韻, 君臣故事, 自治通鑑, 翰院新書, 標題小學, 貞觀政要, 三國志平話. 這些貨物都買了也."
19) 민관동, 《중국고전소설의 전파와 수용》, 아세아문화사, 2007.10. 156~157쪽.

한 歡迎을 받았으며 이로 인해 國內版(漢文本)과 飜譯本이 출현하였다. 최근 박재연에 의하여 새로 발굴된 조선 활자본 ≪三國志通俗演義≫(1책[零本] 권8(上下), 이양재 소장본)은 대략 1560년대 초중반 사이에 인출된 것으로, 우리나라에서 현존하는 ≪三國志演義≫ 간행본 중 가장 오래된 것이며, 韓中日 삼국을 통틀어 첫 번째 금속활자본이다. 조선시대에 간행된 많은 중국소설들은 대부분 문언소설이며, 백화소설의 간행은 ≪三國志通俗演義≫가 처음이다.[20] 또 ≪삼국연의≫의 국내유입은 1560년대 초·중기 이전으로 추정된다. 그 후 ≪新刊校正古本大字音釋三國志≫(1627년/1687년 설, 13행24자, 耽羅開刊)가 출간되었고[21], 肅宗年間(1674~1720년)에는 ≪四大奇書第一種≫(貫華堂第一才子書) (20권20책)가 출간되었다.[22] 이후에도 여러 차례 後印이 있었으며, 번역된 방각본(京本, 安城本)도 다수가 있다. 이처럼 ≪三國演義≫는 조선에 유입되어 讀者들에게 상당한 歡迎을 받았다.

≪삼국지연의≫는 100여 종의 판본 가운데 조선 말기에 출판된 것이 16종으로 다른 작품에 비해 조선 시기에 출판 유통된 것이 많다고 할 수 있다. 그중 방각본으로 紅樹洞本(3冊)은 대략 1859년에 번역 출판된 것으로 추정된다. 그 외에도 美洞版과 송동판 그리고 완판본 및 안성판본 등 다양한 판본이 출간된 것으로 보인다. 또 유일한 석인본 2종이 ≪삼국지연의≫ 아류 작품인 ≪華容道≫에서 확인되었다.

출판간소는 경판본 21종, 완판본 33종, 안성판본 1종으로 여러 지역에 걸쳐 출판 유통되었음을 알 수 있었다. 전체 109종 가운데 ≪三國誌≫ 계통이 53종, 아류 작품인 ≪華容道≫·≪山陽大戰≫·≪張飛·馬超實記≫·≪三國大戰≫ 등의 작품이 56종으로 각 절반을 차지하고 있다. 또 경판본보다는 완판본이 훨씬 많고, 특히 ≪華容道≫는 간소가 판명된 판본 중 경판본이 하나도 없고 모두 완판본이었다. ≪삼국지연의≫의 경우, 작품 전체는 물론 일부 번역이나 개작 및 재창작되어 출판 유통되었으며 독자들

---

20) 박재연·김영교주, 〈새로 발굴된 조선 활자본 ≪三國志通俗演義≫에 대하여〉, ≪三國志通俗演義≫, 학고방, 2010. 12~23쪽 참조.
21) 최근 박철상은 이 책이 1687년에 간행되었다는 설을 내 놓았다. 표지문양이 귀갑문인 점과 표지 배접지의 문서들을 근거로 1687년이라고 주장하며 또 이 책의 판본은 두 종이 존재한다고 하였다. 박철상, 〈제주판 삼국지연의 刊年 考證〉, ≪한글 중국을 만나다≫(한글생활사자료와 삼국지), 화봉문고(화봉책박물관), 2012.1. 49~54쪽.
22) ≪貫華堂第一才子書≫가 바로 조선시대에 ≪四大奇書第一種≫이라는 이름으로 여러 차례 출판되었다.

의 끊임없는 사랑을 받았음을 알 수 있다.

또 ≪三國演義≫의 유입은 韓國 古典 小說界에 상당한 영향을 끼쳤으며, 특히 軍談類小說의 出現에 至大한 영향을 주었다.

(5) ≪서유기≫

≪西遊記≫는 20권 100회본으로 작자는 吳承恩(1510~1582년)이고 神魔小說에 해당한다. ≪西遊記≫는 唐代의 ≪大唐西域記≫와 宋代의 ≪大唐三藏取經詩話≫ 등 수많은 고사들이 축적되어 정리되다가 明 萬曆年間 吳承恩에 의해 완성된 것으로 추정된다.

≪西遊記≫의 판본은 明代 刊本과 淸代 刊本으로 나누어진다. 먼저, 明刊本은 모두 네 가지가 있다. "華陽洞天主人校"本은 세 가지가 있는데 ≪新刻出像官板大字西遊記≫·≪新鐫全像西遊記傳≫·≪唐僧西遊記≫이다. 二十卷 一百回로, 지금의 通行本 ≪西遊記≫는 바로 이 版本에 의거하여 校印하였다. 또 ≪新鐫全像西遊記傳≫ 十冊·≪唐僧西遊記≫(缺損)·≪李卓吾先生批評西遊記≫ 一百回가 있다. 淸代의 刊本으로 ≪西遊證道書≫ 一百回가 있는데 二十冊이며 淸初의 原刻本이며, 文盛堂 刻本으로 二十冊이 있다. 그리고 ≪西遊眞詮≫ 一百回, ≪新說西遊記≫ 一百回, ≪西遊原旨≫ 一百回, ≪通易西遊正旨≫ 一百回 등이 있다. 이들 판본 중에 明版本은 陳光蕊가 赴任하여 災難을 당한 故事와 唐玄奘의 出身에 관한 이야기가 모두 없다. 이 故事는 ≪西遊證道書≫에 제일 처음 삽입되었으며, 이후의 淸代 100회본 ≪西遊記≫는 모두 ≪西遊證道書≫에 의거하여 飜印하였으므로 ≪西遊記≫의 定本이 되었다.[23]

≪西遊記≫가 우리나라에 유입된 시기는 대략 고려 말로 추정된다. 1347년(至正 7年)에 간행된 것을 추정되는 역관들의 중국어 교과서인 ≪朴通事諺解≫에 ≪西遊記平話≫의 한 대목인 〈車遲國鬪聖〉이 실려 있는 것에서 단서를 찾을 수 있는데, 이 책의 처음 執筆時期는 대략 高麗末期 1347년 前後로 ≪西遊記≫가 高麗 末頃에는 이미

---

[23] 판본에 관한 내용은 오순방 외 역, ≪중국고전소설총목제요≫(울산대학교출판부, 1993)와 민관동·정영호, ≪中國古典小說의 國內 出版本 整理 및 解題≫(학고방, 2012) ≪서유기≫편의 내용을 인용 및 참조함.

유입되었다는 사실을 증명해 준다.

현재 국내에서 볼 수 있는 版本은 대부분이 陳士斌 詮解의 ≪西遊眞詮≫20책으로 卷首에는 尤侗의 序가 있다. 그 외 陳士斌詮解, 金聖歎加評의 ≪西遊眞詮≫과 楊致和, 趙毓眞 校訂의 ≪繡像西遊記全傳≫(繡谷錦盛堂刊) 그리고 張書紳 註의 ≪新說西遊記圖像≫(光緖 14年刊)이 있다. 그 중에서 陳士斌 詮解의 ≪西遊眞詮≫유입이 가장 많은 듯하다. 이후 오승은이 집대성한 ≪서유기≫는 조선시대에 들어와 한글로 번역되어 다양한 계층의 사람들에게 애독되었던 것으로 보인다.

≪西遊記≫의 번역 시기는 명확하게 추정할 수 없지만, 1762년 完山 李氏(사도세자)가 쓴 ≪中國小說繪模本≫, 1786년에서 1790년에 걸쳐 온양 정씨가 필사한 ≪옥원재합기연≫권15의 표지 안쪽에 적힌 소설목록, 洪羲福(1794~1859년)의 ≪第一奇諺≫ 번역본 서문 등을 통해 한글본 ≪서유기≫의 유통 상황을 살펴볼 수 있다. 따라서 한글본 ≪서유긔≫는 늦어도 18세기 중반 이전에는 이미 유통되어 읽혔을 것으로 짐작된다.

번역 출판본은 판본에 따라 상이한 특성을 보이나, 意譯에 가깝고 고어와 고문체가 많이 사라져 버려 원문과 대역부분을 찾아볼 수 없을 정도로 축약된 것이 있는가 하면, 첨역을 하고 축약과 개작이 심한 부분도 있지만 전체 이야기의 흐름에 구애받지 않는 범위 내에서 이루어지는 것도 있다. 또한 일부 번역문에 고어의 잔재가 많이 남아 있고 중국어 차용어 또한 적지 않게 출현하고 있는 경우도 있으며, 各 回의 제목을 飜譯없이 한글로 音만 달아 놓은 경우도 있다. 또 開場部分과 揷入詩의 대부분은 생략한 경우도 있다. 축약이 심하고 이야기 줄거리 위주로 意譯을 하여 어떤 부분에 있어서는 飜譯이라 할 수 없는 부분도 상당수 보인다.[24]

≪서유기≫는 현전하는 번역 출판된 판본 중 조선시대의 것으로는 방각본(京本)으로 華山新刊의 2책본이 있는데 대략 1856년 간행으로 추정된다.[25] 그 외는 대부분 1910년대 이후의 것이다. 출판지역도 확인 된 것 대부분이 경판본이다. 전체를 번역한 것보다는 아류작품인 ≪唐太宗傳≫이 훨씬 더 많이 번역 출판 유통되었음을 알 수 있다.

---

24) 김영진·박재연·김영·노순점·김민지 교주, ≪셔유긔≫(계명대 동산도서관본), 학고방, 2009. 머리말 참조, 김장환·박재연·김영 교주, ≪셔유긔≫(연세대 중앙도서관본), 학고방, 2009. 머리말 참조. 박재연·이재홍 校註, ≪셔유긔≫, 중국소설희곡자료총서 26, 선문대 중한번역문헌연구소, 2001년 10월, 비매품[한정판], 머리말 참조.

25) 일부에서는 1916년으로 보는 견해도 있다.

(6) ≪서한연의≫

≪西漢演義≫는 8권 101회본으로 된 연의류 歷史小說이다. ≪西漢演義≫의 가장 이른 판본은 元代 建安虞氏가 刊行한 ≪全相平話五種≫ 가운데 하나인 ≪續前漢書平話≫本이다. 그 후 明末 ≪全漢志傳≫(萬曆16年[1588년], 熊大木刊)과 ≪兩漢開國中興傳志≫(萬曆33年[1605년])가 있었는데, 그 중 ≪兩漢開國中興傳志≫는 ≪全漢志傳≫ 가운데 내용을 부분적으로 보충하여 만들었다고 한다. 또 明 萬曆40年(1612년) 甄偉가 쓴 ≪西漢通俗演義≫(8권 101則, 大業堂刊行)와 同 時期 謝詔가 쓴 ≪東漢十二帝通俗演義≫(10권146則, 大業堂刊行)가 나왔는데, 얼마 후 劍嘯閣에서 이를 합쳐 총 18권 225則으로 ≪東西漢通俗演義≫(一名: 兩漢演義傳)를 간행하여 이 판본이 청대 말까지 두루 통용되었다.

≪서한연의≫는 대략 조선 壬辰倭亂 前後(1618年 以前) 국내에 유입되어 많은 影響과 독자의 환영을 받은 작품으로, 국내 현존하는 ≪서한연의≫ 版本만 해도 수십 종에 이르고 있다. 그러나 대개가 淸代에 流入된 판본이 주종을 이루고 있다. ≪서한연의≫는 국내 유입 이후 국내의 고전문학에 상당한 활력소가 되었으며 우리 고소설 형성에도 적지 않은 기여를 하였는데, 특히 진나라 붕괴와 西漢時代의 수많은 역사적 사건은 각종 故事成語 및 野史로 국내에 유입되어 우리의 문단에 많은 이야기 素材와 題材를 제공해 주었다. 그럼에도 불구하고 당시 대부분의 문인들은 중국통속소설을 貶下하거나 蔑視하는 분위기가 일반화되었고, 그렇지 않으면 그저 소일거리나 심심풀이 정도로 밖에는 의미를 두지 않았다. 그러나 이러한 열기와 관심은 우리 고소설의 형성과 발전에 적잖은 寄與가 있었음은 누구도 부인할 수 없는 사실이다.

대체적으로 ≪西漢演義≫의 국내 번역은 1800년대 中後期에 이미 번역본이 나온 듯하다. ≪西漢演義≫에 대한 번역본은 상당수 존재하는데, 그 중에서 殘本으로 남아 있는 여러 판본은 제외하고 비교적 온전한 판본을 중점으로 번역양상을 분석한 결과 ≪서한연의≫ 飜譯底本은 대부분 ≪劍嘯閣批評西漢通俗演義≫本을 가지고 번역하였음이 밝혀졌다.[26]

---

26) 민관동, ≪西漢演義 硏究-국내 유입과 번역 및 출판을 중심으로≫, ≪중국소설논총≫제15집, 2002. 2, 259-281쪽 참조.

版刻本으로 등장한 ≪楚漢傳≫은 ≪西漢演義≫와 내용을 달리하고 있어 흥미롭다. 題名도 ≪초한전≫으로 하고 있지만, 서사 전개도 楚와 漢의 대결 구도를 중심으로 하고 있다. 조사 목록에 따르면 현전 판본은 ≪쵸한젼≫ 혹은 ≪초한전≫이라고 표제를 한 것이 가장 많고 완판본이 다수이다. 완판본은 완남 구석리신간(1907), 완서계신간(1908) 두 종류가 있다. 그 외 작자 및 연대 미상의 작품으로, 서도 잡가 중 대표적인 소리인 ≪초한가≫를 소설로 옮긴 것으로, 내용은 고대 중국 초나라와 한나라가 서로 천하를 다투어 지고이긴 역사적 사실을 엮은 것이다. 일찍이 漂母에게 걸식하던 韓信이 초패왕인 項羽를 잡으려 할 때 간계 많은 李左車가 초패왕을 구리산에 끌어들여 결국 초나라의 8,000명의 군사를 흩어지게 하여 패망한 사실을 엮은 것이다. 상·하 2권 1책으로 되어 있다. 맨 뒷면에 방형의 구획 내에 '己酉季春完山開刊'이란 기록으로 보아 전주에서 1909년에 간행된 것을 알 수 있다. 번역 출판된 판본의 명칭은 ≪西漢演義≫ 외에 ≪쵸한젼≫·≪초한전≫·≪초한녹≫·≪쟝ᄌ방실긔≫·≪쟝ᄌ방젼≫ 등이 있다.

또 구활자본 ≪초한전≫은 明代 萬曆 40年(1612)에 甄偉가 창작한 ≪西漢演義≫란 역사연의소설에서 소재를 취하여 항우와 유방의 대립을 중심으로 서사가 전개되었다. 대략 1910년을 전후하여 등장한 250여 종의 구활자본 소설 중에서 역사에 관련한 소설이 100여 종으로 밝혀졌는데, ≪초한전≫은 22회로 구성되었다. 舊活字本은 1913년에 朝鮮書館에서 간행한 ≪장자방실기≫와 1915년에 京城書籍組合에서 간행한 ≪초한전≫27) 이후로 30여 종이 등장하였다.28)

≪서한연의≫는 ≪삼국지연의≫ 아류작품과 함께 조선 말기에 출판된 것이 많은 편이다. 또 확인된 것 중 경판본 6종, 완판본 19종으로 양 지역에서 활발히 출판 유통되었음을 알 수 있는데, ≪西漢演義≫와 ≪쟝ᄌ방젼≫ 계통은 모두 경판본이고, ≪쵸한젼≫ 계통은 모두 완판본이었다. 전체 판본 가운데는 ≪西漢演義≫ 계통은 4종, ≪쵸한젼≫ 계통이 42종, ≪쟝ᄌ방젼≫ 계통이 3종으로 ≪쵸한젼≫ 계통이 가장 많이 번역 출판되

---

27) 1915년에 경성서적조합에서 간행한 ≪초한전≫은 완판 ≪초한전≫과 시작 부분 10행 정도만 다를 뿐 똑같은 내용이다. 아마도 처음 시작 부분만 수정한 채 간행한 것으로 보인다.
28) 구활자본으로 간행된 작품은 이홍란(2010), 〈구활자본 초한전의 서사구조와 의미〉(≪우리문학연구≫32집, 우리문학회) 참조.

었음을 보여준다. 아류작품은 ≪쟝즈방실긔≫와 ≪장즈방젼≫ 등의 이름으로 출판되었고 3종으로 많지 않았다.

(7) ≪금향정기≫

≪錦香亭記≫는 4권 16회본으로 淸代 ≪錦香亭≫을 다시 개작하여 만든 작품으로 一名 ≪睢陽忠毅錄≫·≪第一美女傳≫·≪錦香亭綾帕記≫라고 하는 애정소설이다. ≪錦香亭記≫의 저본이라 할 수 있는 ≪錦香亭≫의 창작시기는 청초의 寫刻本을 토대로 17세기 후반에서 18세기 초반 사이에 창작된 것으로 보고 있다. 이것의 판본은 청초의 寫刻本, 岐園藏板本, 經元堂 간행본·光緖 20년(1894) 上海石印本, 淸末 福建 潮州 刻本 등이 있다. 유춘동에 의하면 岐園藏板本의 제작 시기는 일본 寶歷 甲戌(1754) ≪舶載書目≫에 기재된 판본이 岐園藏板本인 것으로 보아, 이 판본은 18세기 중엽 이전에 만들어진 것으로 추정할 수 있다. 經元堂 간행본은 청 道光(1820~1850) 년간에 나온 것으로 알려져 있고, 光緖 20년(1894년) 上海石印本은 ≪錦香亭≫이란 이름을 ≪睢陽忠毅錄≫이라 고쳤고 卷末에는 ≪第一美女傳≫이라고 적혀 있다. 북경대학 도서관과 首都圖書館에 소장되어 있는 淸末 福建 潮州 刻本은 제목을 ≪錦香亭綾帕記≫로 바꾸었다.29)

≪錦香亭記≫의 국내 전래 기록은 兪晩柱(1755~1788년)의 ≪欽英≫을 통해 살펴볼 수 있는데, 유만주가 ≪錦香亭≫에 대한 자신의 생각을 기록한 날이 '1786년 1월 16일'인 것으로 보아, 18세기 후반 경에는 ≪금향정≫ 16회본이 유통되었음을 알 수 있다. 또한 그가 ≪錦香亭≫ 3책과 '古吳素菴主人'이 편한 것을 읽었다고 적고 있는 것으로 볼 때, 이 판본이 岐園藏板本임을 알 수 있다. 왜냐하면 ≪錦香亭≫ 16회본 판본 가운데 '古吳素菴主人'이란 편명이 기록 된 것은 岐園藏板本뿐이기 때문이다.30) ≪錦香亭記≫는 1891년(고종 28) 한글 필사본이 규장각에 남아 있는데, 총 7권 7책으로 되어 있다.

≪錦香亭≫은 ≪금향정긔≫ 또는 ≪금향정녹≫이란 이름으로 번역되어 필사본은

---

29) 유춘동, ≪錦香亭記의 연원과 이본 연구≫, 연세대학교 석사논문, 2002. 9~10쪽 인용 및 참조.
30) 유춘동, ≪錦香亭記의 연원과 이본 연구≫, 연세대학교 석사논문, 2002. 18~19쪽 인용 및 참조.

물론이고 방각본, 구활자본 등 여러 형태로 14종정도가 존재하고 있다. 조혜란이 한국본 ≪금향뎡긔≫와 이화여대도서관 소장본인 28회본 중국소설 ≪繡像錦香亭≫을 비교분석하여 ≪錦香亭記≫ 한글본이 중국소설임을 밝혀냈다.[31] 유춘동은 ≪錦香亭≫ 16회본과 ≪繡像錦香亭≫ 28회본을 비교 분석하였는데, ≪錦香亭≫ 이화여대도서관 소장 ≪繡像錦香亭≫과는 많은 차이가 난다. 28회본 겉표지 뒷면에는 '民國 八年 中夏 再版', '新出 錦香亭 二集', '新輯 繡像 月唐末集 錦香亭 目錄'이라 명시되어 있다. 이로 보면 기존에 존재하던 ≪錦香亭≫을 나름대로 새롭게 만들었거나, 재구성하여 출판된 것임을 짐작할 수 있다. 16회본과 비교해 볼 때, ≪錦香亭≫ 28회본은 16회본에서 볼 수 있는 내용의 축약, 변형과 재구성, 생략, 새로운 이야기 첨가가 이루어졌다. 두 판본이 題名 상으로는 동일한 ≪錦香亭≫이지만, 내용과 구성면에서 서로 차이가 난다.[32] 한글본 ≪금향뎡긔≫는 ≪錦香亭≫ 16회본과 서사구조와 인물의 성격 등이 거의 일치한다.

번역본으로는 7책(奎章閣本, 嶺南大本), 1책(中央圖書館, 高麗大 〈1877년 筆寫됨〉), 1책(東美, 新舊書林, 博文書館, 坊刻本) 등 여러 판본이 있다. 그 외에 3권 3책본이 한국학중앙연구원에 있으며 잔본으로 여러 종이 각지에 산재되어 있다. 번역과 번안이 혼재되어 있는 작품들이 다수 있다. 번역출판본으로는 京本(2권2책)이 由洞에서 1847-1856년경에 출간되었고 기타 3권 3책 방각본은 대략 1860년 전후에 출간된 것으로 추정된다.[33]

작품의 번역 양상을 살펴보면 ≪錦香亭記≫는 중국소설 ≪錦香亭≫을 번역하고 첨역한 부분이 있으며 내용이 변형된 부분도 보이고 있다. 따라서 작품의 내용을 차별적으로 수용하고 있음을 드러내고 있다고 하겠다.[34]

(8) ≪양산백전≫

≪梁山伯傳≫은 민간에 전해지는 梁祝故事를 소재로 하여 만든 彈詞 계통의 작품

---

31) 조혜란, 〈금향뎡긔 연구〉, ≪국어국문학≫65·66 합병호, 1974.
32) 유춘동, ≪금향정기의 연원과 이본 연구≫, 연세대학교 석사논문, 2002. 14~16쪽 인용 및 참조.
33) 유탁일, ≪한국문헌학 연구≫, 아시아문화사, 1990, 155-215쪽 참조.
34) 강문종·박재연 교주, ≪금향정긔≫, 이회문화사, 2005. 머리말 참조.

이다. 梁祝故事의 원형은 대개 魏晉南北朝 시대에 이루어졌고 宋代 이후 明淸代를 거치면서 각종 서사장르의 소재가 되었다. 현재 전해지는 작품으로는 희곡 35개, 극종 52개, 설창 18개, 곡종 25개가 있다. 梁祝故事에 대한 가장 신빙성 있는 최초 자료는 宋代 ≪乾道四明圖經≫인데, 이 글에서 인용한 ≪十道四番志≫의 저술연대인 唐代까지 거슬러 올라갈 수 있다.35)

≪梁山伯傳≫은 현재 우리나라의 판각본 3종과 활자본 6종이 남아있다. 작자는 미상으로 朝鮮 영·정조 시대에 창작되었을 것으로 추측되는 설이 있다. "고려시대의 ≪夾注名賢十抄詩≫의 주석을 보면 어떤 문헌을 통해서인지는 알 수 없지만 양축이야기가 국내에 유입되었음은 확실하다. 이는 국내 최초의 문헌기록이고, 아마도 宋代에 국내에 유입되었을 것이며, 이와 유사한 양축이야기의 구전도 배제할 수 없다. ≪夾注名賢十抄詩≫는 고려에 이어 조선에서도 출판되어 양축이야기 전파의 범위를 확대한다. 조선에서는 ≪留靑日札≫이나 ≪情史≫가 유입되었으므로 이 두 문헌은 조선시대의 양축 이야기 전파에 한 축을 담당했을 것이다."36)

경판방각본 ≪양산백전≫은 전체가 24장 48쪽이며, 1면은 14행이고 1행은 25자 내외로 되어있다. 국립중앙도서관이 소장한 ≪양산백전≫에는 大正9年(1920)에 경성 翰南書林에서 발행했다는 판권지가 붙어있다.37) 1921년 출판 된 한국학중앙연구원 소장본에도 한남서림에서 발행했다는 판권지가 붙어있다. 大正10年 본은 "내용은 물론 처음과 끝의 字句까지도 완전히 일치한다. 이것은 ≪양산백전≫이 독자의 인기를 끌자 1년 뒤인 1921년에 같은 발행서인 한남서림에서 1920년의 24장본의 내용을 그대로 다시 찍어 발행한 것 같다."38) 방각소설의 출판은 20세기에 들어와 이미 사양화의 길을 걷고 있었다. 때문에 ≪양산백전≫ 방각본은 20세기 이전에 출판되었다고 볼 수 있다. 이창헌은 ≪양산백전≫은 1850년경에 선행 방각본이 있었고, 1875년경에 후행본이 판각된 것으로 보았다.39) 이를 고려하면 현전하는 ≪양산백전≫은 이때의 판목을 한남서림에

---

35) 周靜書 편저, ≪梁祝文化大觀≫(전4책), 中華書局(北京), 1999. 286쪽.
    김우석, 〈양축(梁祝) 고사 연구 서설〉, ≪중국학보≫, 2005. 159~172쪽 재인용.
36) 유승현·민관동, 〈梁祝이야기의 국내 수용과 ≪梁山伯傳≫의 번안 가능성〉, ≪중어중문학≫51집, 2012.4. 85쪽.
37) 국립중앙도서관 소장 ≪양산백전≫은 해당 사이트에서 원문 전체를 볼 수 있음.
38) 김영선, 〈梁山伯傳 연구〉, ≪청람어문학≫제4권, 1991, 11쪽.

서 구매해 1920년과 1921년에 다시 찍어낸 것으로 추정된다.

  梁祝故事와는 달리 ≪양산백젼≫은 두 사람이 재생하고 혼인해 사랑을 이루고, 양산백이 영웅적 활약을 펼쳐 입신양명하는 이야기가 덧붙어 있다. ≪양산백젼≫과 중국의 양축고강창과의 영향 관계는 주인공 환생 이후 후속편의 존재에서 찾아볼 수 있는데, ≪양산백젼≫은 환생 이후 후속편이 존재하는 중국 양축강창의 구조를 취한 듯하다. 이 점을 고려해 볼 때 ≪양산백젼≫은 중국 양축강창의 번안의 범주에 들어간다고 볼 수 있다.[40]

  ≪양산백젼≫의 번역 양상은 直譯을 위주로 하고 가끔 의역을 사용한 번역의 형태를 보이고 있다. 현전하는 ≪양산백젼≫은 모두 일제 강점기에 출판된 것이며 대부분 경판본이다.

3) 亞流作品들의 出現

(1) ≪삼국지연의≫

  ≪삼국지연의≫는 전체가 번역 출판된 것 외에도 部分飜譯, 飜案(改作), 再創作되어 유통되었다.[41] 완전번역은 ≪三國誌通俗演義≫·≪三國誌≫의 이름으로 출판되었고, 이외에는 ≪赤壁大戰≫·≪大膽姜維實記≫·≪赤壁大戰≫·≪華容道≫·≪華容道實記≫·≪三國大戰≫ 등으로 부분 번역되었고, ≪關雲長實記≫·≪赤壁歌(판소리)≫·≪山陽大戰≫(趙子龍實記, 同種異本)·≪張飛·馬超實記≫ 등으로 부분 번안 및 개작되었으며 ≪黃夫人傳≫(黃夫人은 諸葛亮의 妻)·≪夢決楚漢訟≫·≪五虎大將軍記≫·≪夢見諸葛亮≫·≪諸葛亮傳≫ 등으로 재창작되기도 하였다.

---

39) 이창헌, ≪경판방각소설 판본 연구≫, 태학사, 2000, 558쪽.
40) ≪양산백젼≫에 대한 서술은 유승현·민관동, 〈梁祝이야기의 국내 수용과 ≪梁山伯傳≫의 번안 가능성〉의 일부 내용을 참조하고 인용하였음.
41) 李慶善, 〈韓國文學作品에 끼친 三國志演義 影響〉(≪漢陽大論文集≫, 제5집, 1971년), 49쪽. 李慶善은 5가지로 分類하였다. 1. 部分的 飜譯: 赤壁大戰. 大膽姜維實記. 2. 部分的 飜譯 및 異說 添加:華容道實記. 三國大戰. 3. 完全改作: 山陽大戰. 趙子龍傳. 4. 部分改作: 關雲長實記. 赤壁歌(판소리). 5. 影響을 받고 創作: 黃夫人傳. 夢決楚漢訟. 五虎大將軍記. 夢見諸葛亮.

부분 번역 작품 중 ≪赤壁大戰≫은 ≪三國演義≫ 第43～50回을 飜譯한 것이고, ≪大膽姜維實記≫는 第105～120回를 飜譯한 것이며, ≪華容道實記≫는 第37～50回 拔取飜譯한 것이다. 또 ≪三國大戰≫은 第36～50回를 拔取飜譯한 것이다. 飜案(改作)한 것 중 ≪山陽大戰≫은 ≪趙子龍實記≫와 同種異本이며 ≪張飛·馬超實記≫는 ≪삼국연의≫ 第27～73回를 添削하여 만든 것이다. 再創作한 것 중 黃夫人은 諸葛亮의 妻로 작가가 ≪삼국연의≫를 두루 섭렵한 다음 그 내용의 줄거리를 다른 각도에서 전면 재창작한 작품이다. 아래 목록은 부분번역 및 재창작된 작품들의 목록이다.[42] 일제 강점기에 출현한 아류작품들의 목록은 다음과 같다.

* ≪赤壁大戰≫ : 匯東書館(1925년), 東洋書館, 世昌書館, 德興書館, 東大書館, 唯一書館, 漢城書館, 京城書館 等.
* ≪大膽姜維實記≫(16회 160쪽) : 朴健會編, 大昌書院·普及書館 合刊, 1922년.
* ≪華容道實記≫ : 완판본(1907년, 1908년, 1900년 以後 版本), 朝鮮書館(1913년, 1914년, 1915년, 1917년), 光東書館(1920년), 太學書館(1917년), 大昌書館(1919년), 黑匡郭(1916년:平壤) 等.
* ≪三國大戰≫ : 永昌書館(1918, 1920, 1921, 1923년), 德興書館(1912년), 東洋書院(1925년), 世昌書館(1935년).
* ≪關雲長實記≫ : 李鍾植, 光東書局(1917, 1918년), 洪淳泌發行, 京城書籍業組合(1921, 1926년).
* ≪赤壁歌(판소리)≫ : 唯一書館·漢城書館(1916년), 京城書籍業組合(1926년), 德興書館(1930년), 東洋大學堂(1932년).
* ≪山陽大戰≫(趙子龍實記, 同種異本) : 漢城書館(1916년, 1917년), 唯一書館(1916년), 京城書籍業組合(1919, 1920, 1926년), 朝鮮書館(1922년), 東洋書院(1925년), 匯東書館(1925년), 太華書館(1929년), 以文堂(1935년) 等.
* ≪張飛·馬超實記≫ : 光東書局(1917, 1918, 1919년), 朝鮮圖書(1925년), 京城書籍業組合(1926년) 等.

---

42) 목록은 민관동, ≪중국고전소설의 전파와 수용≫, 아세아문화사, 2007. 400~401쪽에서 인용함.

* ≪趙子龍實記≫ : 滙東書館(49장, 1925년), 以文堂(38장, 1935년).
* ≪黃夫人傳≫(黃夫人은 諸葛亮의 妻) : 世昌書館(?년).
* ≪夢決楚漢訟≫ : 新舊書林(1914, 17, 17, 22, 23년), 朝鮮圖書株式會社(1925년).
* ≪五虎大將軍記≫ : 滙東書館(1925년).
* ≪夢見諸葛亮≫ : (刊行處, 刊行年度 未詳).
* ≪諸葛亮傳≫ : 廣益書局(1917年).
* ≪鷄鳴山≫(三國演義의 略本:6回) : 姜夏馨發行, 太華書館(1928년).
* ≪桃園結義錄≫ : 坊刻本(京本).
* ≪獨行千里五關斬將≫ : 1冊, 大昌書院·普及書館 合刊, 1918년.

이들 작품은 모두 일 강점기에 방각본 형태로 출판 유통된 것들이다. ≪삼국지연의≫는 조선 中·後期 부터는 번역(혹은 번안)출판되기 시작하여 여러 종의 판본이 나왔으며 일제 강점시기에는 인쇄술의 발달로 인하여 筆寫本은 자취를 점차 감추었고 또 部分飜譯에서 全體飜譯으로 바뀌어 갔으며 분량 또한 늘어나기 시작하였다. 상기의 목록에서 보듯 당시 ≪삼국지연의≫ 뿐만 아니라 그 아류작들이 讀者에게 얼마나 인기 있는 소설이었는지를 알 수 있다.

(2) ≪서유기≫

≪서유기≫의 부분번역본으로 ≪唐太宗傳≫이 있는데, 이 책은 작자와 연대가 未詳인 작품이다. 이 ≪당태종전≫은 당태종의 史實에 입각하여 이를 소설화 한 것이 아니라, 단지 ≪西遊記≫ 10회부터 12회에 걸친 ≪西遊記≫序頭에 삽입된 唐 太宗 이야기를 충실히 얽어 놓은 飜案小說이다.[43] 국내에서 번역 출판된 ≪당태종전≫의 판본은 다음과 같다.[44]

---

43) 정규복, ≪한국문학과 중국문학≫, 국학자료원, 2001년, 281쪽.
  일찍이 ≪당태종전≫이 번역이냐? 번안이냐? 하는 문제가 있는데 이재수, 정규복, 이상익은 대체로 번안으로 보았고, 이경선[韓國比較文學論考]은 번역도 번안도 아니라고 보았으며, 김기동[李朝時代小說論]은 중국고설의 飜案作品임을 부정하려 하고 있다. 아직도 혼란스런 상태인데 본인이 살펴본 바로는 飜案에 가깝다고 보여 진다.
44) 목록은 민관동, ≪중국고전소설의 전파와 수용≫, 아세아문화사, 2007. 241쪽에서 인용함.

* ≪당태종전≫ : 朝鮮後期(1858)刊行, 坊刻本(1책, 紅樹洞刊). 東洋書館(1915, 1917년), 新舊書林(1917년), 翰南書林(白斗鏞: 1920, 1921년). 匯東書館(1926년), 東洋大學堂(1926년)

가장 이른 시기에 나온 것으로 추정되는 ≪唐太宗傳≫(26장본)은 京板坊刻本으로 紅樹洞에서 戊午年(1858년)에 나왔고 현재 김동욱이 소장하고 있다고 전해진다.[45] 그 후 ≪唐太宗傳≫은 위의 목록에서와 같이 여러 곳에서 여러 차례 출판되었다. ≪唐太宗傳≫은 번안 소설인 만큼 원전인 ≪西遊記≫와는 다소의 縮約와 誇張 등 부분적인 개작의 흔적이 보인다. 즉 李春英의 부인 韓氏의 回生過程은 원전 ≪西遊記≫에 李翠蓮의 실감나는 回生過程을 잘 살리지 못했다. 그러나 地府의 일부 한국적인 묘사, 원전에서 한씨의 自殺說을 뒤엎고 그럴듯한 病死로 처리한 것, 또 魏徵의 隱退說 설정 등은 한국적인 변형으로 긍정적으로 받아들일 수 있는 내용이다. 말하자면 ≪唐太宗傳≫은 ≪西遊記≫의 짤막한 당태종 고사 부분을 한국 고소설의 체재로 재구성하는 데 성공한 작품이다.[46] 또한 ≪唐太宗傳≫은 '불교적인 사상으로 일관된 불교적인 종교소설'[47]로 보거나, '불교사상 그 자체를 고취하자는 데 있다기보다는 불교적인 윤리사상을 빌어서 권선징악의 효과를 거두자'[48]는 소설로 보기도 한다. 조사 목록에 의하면 전체를 번역한 ≪西遊記≫의 유통보다는 번안소설이라 할 수 있는 ≪唐太宗傳≫이 훨씬 더 많이 번역 출판되어 유통되었음을 알 수 있다.

(3) ≪서한연의≫

≪서한연의≫는 ≪서한연의≫라는 명칭으로 번역 출판된 외에, ≪쵸한전≫·≪초한전≫·≪초한녹≫·≪쟝즈방실긔≫·≪장즈방젼≫·≪鴻門宴≫·≪楚漢戰爭實記≫·≪項羽傳≫ 등으로 번역 출판 유통되었으며, 이것들은 ≪西漢演義≫에서 가장 재미

---

45) 김동욱 판본은 현재 단국대 천안 캠퍼스 율곡기념도서관 羅孫文庫에 소장되어 있음.
46) 정규복, 前揭書, 293쪽.
47) 김기동, 〈이조시대소설론〉, 125쪽. 이상익, ≪한중소설의 비교문학적 연구≫, 삼영사, 1983, 140쪽 재인용.
48) 이경선, 〈한국비교문학논고〉, 182쪽. 이상익, ≪한중소설의 비교문학적 연구≫, 삼영사, 1983, 140쪽 재인용.

있는 부분만을 拔取하여 飜譯出版한 작품들이다. 아래 목록은 재미있는 부분만을 발췌하여 번역 출판한 작품들이다.[49]

- ≪우미인가≫ : 著者未詳, 1책(26장), 29.8×31, 無界, 15行字數不定, 表題: 우미인가, 셔한연의 부출서명: 항우가, 초한가, 충효가, 서한연의, 출판: 기미년(?).
- ≪張子房傳≫ : 3冊, 京城南谷新板, 1920年代(?).
- ≪張子房實記≫ : 朝鮮書館(1913, 1915, 1917년), 匯東書館(1926년).
- ≪鴻門宴≫ : 匯東書館(1916, 1918년), 京城書籍業組合(1926년).
- ≪楚漢戰爭實記≫ : 廣東書局·太學書館(1917년).
- ≪項羽傳≫ : 博文書館(1918년).

번역출판 된 ≪서한연의≫와 ≪쵸한젼≫ 계통에 비해 아류작품인 ≪장ᄌ방젼≫ 계통은 판본이 적은 편이고 출판간소도 모두 경판 방각본이었다. 그러나 비록 部分拔取의 번역본이기는 하지만 이렇게 다수의 작품들이 출판되어졌다는 사실은 당시 독자들의 愛好가 적지 않았다는 것을 의미하는 것이기도 하다. 그 후 1926년부터는 일제의 수탈과 착취가 가중되면서 出版量이 급격히 퇴조하는 양상을 보이다가 해방이후에 서서히 원기를 회복하는 양상을 보여준다.

이상에서 조선시대 번역출판 된 ≪列女傳≫·≪薛仁貴傳≫·≪水滸傳≫·≪三國志演義≫·≪西遊記≫·≪西漢演義≫·≪錦香亭記≫·≪梁山伯傳≫ 등 여덟 편에 대해 국내 유입과 소장 판본 및 목록을 파악하고 각 작품의 서지사항, 유입시기, 출판 및 번역양상 등에 대해 개략적으로 살펴 본 결과, 다음과 같은 결론을 얻을 수 있었다.

먼저 조사를 통한 판본의 목록을 작성 분석한 결과, 출판 시기별로는 1800년 중기에서 1930년 사이에 주로 이루어졌으나 가장 활발한 시기는 1910년대임을 알 수 있다. 대부분 목판본으로 출판되었고 석인본이 두 종 있었다. 출판 지역으로는 편수로 보아 완판본이 경판본보다 많았으나 완판본은 ≪삼국지연의≫와 ≪서한연의≫에 한정된 반면

---

49) 목록은 민관동, ≪중국고전소설의 전파와 수용≫, 아세아문화사, 2007. 408~409쪽에서 인용함.

경판본은 모든 작품에서 골고루 나타남을 알 수 있다. 작품별로 현전하는 판본의 수는 총 203종 중 《삼국지연의》가 109종으로 가장 많고 《서한연의》가 49종, 《서유기》 15종, 《수호전》 12종 등이었다. 이들 여덟 편의 작품이 유통된 시기와 출판간소 및 판본의 수를 종합적으로 고려해보면 1910년대 서울과 전주를 중심으로 목판본이 출판 유통되었고 《삼국지연의》와 《서한연의》가 독자들의 사랑을 가장 많이 받았음을 알 수 있다.

또한 여덟 편 작품의 번역양상으로는 작품에 따라, 판본에 따라 각각 다소 상이하지만 대체적으로 원문에 충실한 직역, 원본을 훼손시키지 않는 범위 내에서 축역, 의역, 개역, 첨역, 부분번역, 개작 등 다양한 양상으로 나타남을 알 수 있다.

구체적으로 《열녀전》의 번역본 출판본은 1918년에 太華書館(구활자본)에서 간행된 《렬녀전》과 世界書林에서 출간한 《고금녈녀집》이 전해지고 있다. 《설인귀전》은 중국소설을 그대로 직역한 것과 그것을 변개시킨 것으로 대별되지만 기본 줄거리에는 큰 차이가 없다. 《수호전》은 원본을 훼손시키지 않는 범위 내에서 축역을 시도하고 있고 매회의 시작과 끝에 나타나는 開場詩와 詞, 評이 생략되었다. 그러나 중요한 사건에 삽입되거나, 주인공 송강과 관련된 시는 번역하거나 한시의 음만 달아서 제시하는 특징을 보이고 있다. 《三國演義》는 전체 분량의 완전번역 이외에도 《赤壁大戰》·《大膽姜維實記》·《赤壁大戰》·《華容道》·《華容道實記》·《三國大戰》 등으로 부분 번역되었고, 《關雲長實記》·《赤壁歌》·《山陽大戰》(趙子龍實記, 同種異本)·《張飛·馬超實記》 등으로 부분 개작되었으며, 《黃夫人傳》(黃夫人은 諸葛亮의 妻)·《夢決楚漢訟》·《五虎大將軍記》·《夢見諸葛亮》·《諸葛亮傳》 등으로 재창작되기도 하였다. 조사목록 분석에서도 나타나듯 《三國演義》는 일부 또는 전체가 번역 출판 유통되었고 개작이나 재창작되어 독자들의 끊임없는 사랑을 받았음을 알 수 있다. 《西遊記》는 意譯에 가깝고 고어와 고문체가 많이 사라졌고 원문과 대역부분을 찾아볼 수 없을 정도로 축약되었다. 그러나 일부 번역문에 고어의 잔재가 많이 남아 있고 중국어 차용어 또한 적지 않게 출현하고 있다. 各 回의 제목은 飜譯없이 한글로 音만 달았고 開場部分과 揷入詩의 대부분은 생략을 하였으며, 많은 부분에서 축약한 흔적이 보인다. 《西遊記》의 짤막한 당태종 고사 부분을 한국 고소설의 체재로 재구성하는 데 성공한 작품으로 縮約와 誇張을 활용한 《唐太宗傳》이 있었다. ≪西漢演義≫는 發語詞를 임의대로 첨삭 내지 생략하였고 結尾語는 대체로 생략하였다. 卷別回目은 소제목을 표기를 하였으나 매권이 시작되는 부분에선 생략한 판본도 보인다. 번역은 대체로 原文에 충실하게 번역을 하였으나 판본에 따라 생략과 축약이 심한 것도 있다. 또한 ≪西漢演義≫에서 가장 재미있는 부분만을 拔取하여 飜譯出版한 작품들로 ≪쟝즈방실긔≫·≪쟝즈방젼≫·≪鴻門宴≫·≪楚漢戰爭實記≫·≪項羽傳≫ 등도 있었다. ≪錦香亭記≫는 중국소설 ≪錦香亭≫을 번역하고 첨역한 부분이 있으며 내용이 변형된 부분도 보이고 있는 것으로 보아 작품의 내용을 차별적으로 수용하고 있음을 알 수 있다. ≪양산백젼≫은 1920년에 번역된 판본만 현존하나 조선말기에 이미 판각된 것이 있으며 그 번역 양상은 直譯을 위주로 하고 가끔 의역을 사용한 번역의 형태를 보이고 있다. 그러나 번역 양상에 대한 분석은 1차 자료보다는 2차 자료에 많이 의존하여 1차 자료의 확보를 통한 심도 있는 분석을 요하는 바, 향후 연구과제로 남긴다.

5. 朝鮮出版本 中國古典小說의 서지학적 考察*

　조선시대에 국내 유입된 중국고전소설은 대략 440여 종이며, 그 중 국내에서 번역된 소설이 약 72종, 또 국내에서 출판된 소설은 약 24종이나 되는 것으로 확인되었다.[1]

　440여 종의 중국고전소설이 국내에 유입되었다는 것은 중국에서 출판된 주요 소설들은 대부분 국내에 유입되었다는 것을 의미하며, 그 중 72종이나 되는 소설들이 번역되어졌다는 것과 또 24종[2]이나 되는 중국고전소설들이 조선시대에 출판으로까지 이어졌다는 사실은 실로 중국소설에 대한 觀心과 熱氣가 대단했다는 것을 방증해 주는 것이다. 이러한 애호와 관심은 우리의 중국소설 수용에 어떠한 의미가 있는지 다시한번 그 의의와 가치를 조명해 볼 필요가 있어 보인다.[3]

　한 작품이 다른 나라에 유입되는 것은 그리 어려운 일이 아니지만 한 작품이 他國에 수용되어 영향을 끼치기는 결코 쉬운 일은 아니다. 그러기에 유입되어 번역까지 이루어진다는 것은 상당히 적극적인 수용의 표현이기도 하다. 또 여기에 출판으로 까지 이어졌다는 것은 수용자의 입장에서 전적인 수용의지가 있어야만 가능한 것이다. 그러기에

---

* 본문은 2013년 ≪중국소설논총≫제39집에 발표되었던 논문을 보완 및 수정하여 작성된 것임. 閔寬東: 경희대학교 중국어학과 교수(경희대학교 비교문화연구소).

1) 拙稿 〈중국고전소설의 출판문화 연구〉, ≪中國語文論譯叢刊≫제30집(2012년 1월)에서는 국내 유입본을 460여종, 번역본을 68종 출판본을 22종으로 소개한 바 있다. 그러나 최근 국내 유입본 가운데 중복된 것을 제외하였고, 번역본 및 출판본 가운데는 새로운 발굴에 힘입어 수정되었음을 밝혀둔다.

2) 여기에 ≪삼국연의≫처럼 판종을 달리하여 출간한 ≪三國志通俗演義≫·≪新刊校正大字音釋三國志傳通俗演義≫·≪四大奇書第一種≫과 飜譯出版本 ≪三國志≫까지 합치면 수량은 더 늘어난다.

3) 조선시대 중국고전소설의 출판에 대한 글은 필자가 2012년 ≪中國語文論譯叢刊≫제 30집에 〈중국고전소설의 출판문화 연구〉라는 제목으로 발표하였다. 여기에서는 중국고전소설의 출판현황과 출판유형 및 출판양상 위주로 소개한 바 있다. 본 논문에서는 서지학적 관점에서 조선출판본이 중국의 어떤 판본을 底本으로 판각을 하였는지 주로 版本에 중점을 두고 考察하고자 한다.

번역과 출판은 그 자체만으로도 상당한 의미를 내포하고 있는 것이다. 조선시대에 출간된 24종의 작품은 과연 어떻게 출간이 이루어졌으며 또 무엇을 底本으로 출간을 하였을까? 하는 문제가 본 논문을 쓰게 된 취지이다. 본 논문에서는 조선시대 출간된 24종의 작품을 분석하고 이 작품들이 중국의 어떤 판본을 저본으로 삼아 출간하였으며 또 출판방식은 어떠한지에 중점을 두고 고찰하였다. 아울러 국내 출판의 의의와 가치를 알아보고 국내 출판된 판본의 서지학적 價値分析에 주목하였다.

1) 朝鮮時代 中國古典小說의 出版 現況

조선시대 출판된 중국고전소설의 출판방식은 크게 原文出版과 飜譯出版으로 나누어지며, 원문출판은 다시 覆刻出版과 原文 再編輯出版 및 國內 自體編輯出版으로 분류된다. 조선시대에 원문으로 출판된 작품으로는 ≪新序≫・≪說苑≫・≪博物志≫・≪世說新語補≫・≪世說新語姓彙韻分≫・≪唐段小卿酉陽雜俎≫・≪詳節太平廣記≫・≪剪燈新話句解≫・≪剪燈餘話≫・≪玉壺氷≫・≪效顰集≫・≪花影集≫・≪鍾離葫蘆≫・≪兩山墨談≫・≪皇明世說新語≫・≪訓世評話≫・≪刪補文苑楂橘≫・≪三國志通俗演義≫・≪新刊校正古本大字音釋三國志傳通俗演義≫・≪四大奇書第一種≫ 등이 있고,[4] 번역출판으로는 ≪列女傳≫・≪삼국지≫・≪수호지≫・≪서유기≫・≪초한지≫・≪설인귀전≫・≪금향정기≫ 등이 있다.

원문출판을 좀 더 세밀하게 분석하면 覆刻出版과 再編輯出版 및 國內 自體編輯出版이 있는데 覆刻出版[5]이란 중국의 판본을 원문그대로 출판하는 방식이며 再編輯出版은 국내에서 원문은 그대로 둔 채 체제를 달리하여 첨삭을 가하거나 해설을 첨가하는 방식이다. 또 自體編輯出版은 국내에서 아예 중국의 여러 책에서 내용을 따다가 자체적으로 편집하여 출판하는 방식을 의미한다.

覆刻出版으로 나온 작품으로는 ≪新序≫・≪說苑≫・≪博物志≫・≪世說新語補≫・

---

4) ≪교홍기≫는 ≪조선왕조실록≫에 출판하라는 기록만 있지 그 후 출판되었다는 기록이 未詳이기에 여기에서는 분류하지 못하였다.
5) 복각출판은 일반적으로 이전에 간행한 서적을 그 활자・체제・내용・裝本 등의 원형을 그대로 모방하여 새로 판을 만들어 판각하는 방식으로 완전 동일하기도 하고 또는 行과 字數가 약간 변형되기도 하는 출판방식을 의미한다.

≪唐段小卿酉陽雜俎≫·≪剪燈餘話≫·≪玉壺氷≫·≪效顰集≫·≪花影集≫·
≪兩山墨談≫·≪皇明世說新語≫·≪三國志通俗演義≫·≪新刊校正古本大字音
釋三國志傳通俗演義≫·≪四大奇書第一種≫ 등이 있으며, 原文 再編輯出版으로는
≪世說新語姓彙韻分≫·≪詳節太平廣記≫·≪剪燈新話句解≫ 등이, 國內 自體
編輯出版으로는 ≪訓世評話≫·≪刪補文苑楂橘≫·≪鍾離葫蘆≫ 등이 있다.

여기에서 번역 출판은 문자를 완전히 달리한 출판방식이기에 논외의 대상으로 한다.
우선 조선시대 출판된 중국고전소설의 출판개황을 도표로 살펴보면 다음과 같다.

(1) 原文 覆刻 出版

書名	著者 및 最初成書時期	國內流入時期	國內出版時期 및 刊行地方	朝鮮出版本의 版式	中國版本槪況
新序	劉向(前漢)撰 / BC24年(10卷)	約1091年 以前 (推定)	朝鮮成宗23-24年 (1492-1493年) / 安東刊行(推定)	10卷2冊, 朝鮮木版本, 31×20cm, 四周雙邊, 半郭:18.5×15cm, 有界, 11行18字, 內向黑魚尾, 紙質:楮紙	*宋 曾鞏 纂輯(10卷/失傳), *四部叢刊本:明嘉靖 (1522-1566年)宋本 復刻出刊本
說苑	劉向(前漢)撰 / BC17年(20卷)	約981 -997年(推定)	朝鮮成宗23-24年 (1492-1493年) / 安東刊行	20卷4冊, 朝鮮木版本, 26.9×17.8cm, 四周雙邊, 半郭:18.7×15cm, 有界, 11行18字, 註雙行, 內向一葉花紋魚尾, 紙質:楮紙	*宋 曾鞏 纂輯(10卷/失傳), *四部叢刊本:明嘉靖 (1522-1566年)宋本 復刻出刊本
博物志	張華(西晉)撰 / 232-300年(10卷)	高麗時代	1568年以前 / 南原刊行	未詳(失傳)	*≪古今逸史≫本:15 86年頃明 吳棺輯刻本
世說新 語補	劉義慶(宋)撰, 劉孝標(梁)注, 劉辰翁(宋)批, 何良俊(明)增, 王世貞(明)刪定, 王世懋(明)批釋, 鍾惺(明)批點, 張文柱(明)校註 / 403-444年(8卷), 1556年(20卷)	約1195年以 前(推定)	朝鮮肅宗34年 (1708年) / 漢陽刊行	總20卷7冊, 顯宗實錄字, 左右雙邊, 10行18字, 註雙行, 內向黑魚尾, 紙質:楮紙 序文:嘉靖丙辰 (1556) 王世貞撰, 萬曆庚辰(1580)王世懋撰, 乙酉(1585)王世懋再識, 萬曆丙戌(1586)秋日泗陽 陳文燭玉叔撰	*世說新語本403- 444年(8卷/失傳), *世說新語補1556年 (20卷/失傳), *明萬曆32年(1585年) 張文柱刻, 李卓吾評點本, *淸乾隆壬午(1762年) 黃汝琳刊本
唐段小 卿酉陽 雜俎	段成式(唐 ?-863) / 前集:20卷 續集:10卷 總30卷	高麗時代	朝鮮成宗23年 (1492年) / 慶州刊行	李克墩·李宗準編輯, 10卷2冊, 四周雙邊, 29×16.8cm, 半郭:18.4×12.5cm, 10行19字, 有界, 註雙行, 版心題:俎, 紙質:楮紙, 20卷3冊(後印)	*南宋本(失傳) *李雲鵠据趙琦美校 補本印行本:萬曆35 年本(1607) *淸本:張海鵬 (學津討原本)

書名	著者 및 最初成書時期	國內流入時期	國內出版時期 및 刊行地方	朝鮮出版本의 版式	中國版本槪況
嬌紅記	宋遠(元)/ 1300年 初, 上下2卷	1506年 以前	1506年頃(推定)	未詳	*明 建安 鄭雲竹刻本
剪燈餘話	李昌祺(明/1376-1452), 1420年 (永樂18)頃, 4卷20篇	1443年 以前	約1568年 以前 / 淳昌刊行	1册(殘本), 四周雙邊, 11行22字, 有界, 國內失傳, 日本內閣文庫 (後半部 所藏), 紙質:楮紙	*1433年張光啓初刻 (失傳)*1487年 余氏 雙桂堂 重刊本 5卷
花影集	陶補(明, 1441-?)/ 1523年頃, 4卷20篇	1546年	1586年 / 昆陽刊行	4卷, 四周雙邊, 10行18字, 有界, 版心題:花影集, 紙質:楮紙. 昆陽郡守 尹景禧編纂·崔岦跋文· 昆陽板刻(現 泗川地方), 日本所藏	*明 建安鄭雲 竹刻本:新鍥校正評 釋申王奇邁擁爐嬌紅 記(上/下卷)
效顰集	趙弼(明初) / 明 宣德年間(1426-1435年), 3卷26篇	1506年 以前	1568年 以前, 約1600-1650年 (木版本, 後印) / 淳昌刊行	3卷, 四周單邊, 30.8×21.8cm, 半郭:22.6×17.1cm, 12行21字, 有界, 白口內向黑魚尾, 紙質:楮紙, 日本所藏	*明版本:明宣德年間 (1426-1435年)刊行 本
玉壺氷	都穆(1458-1525年) / 1520年頃, 1卷72條	1580年 以前	庚辰10月日務安縣刊 (大略1580) / 延安, 固城, 務安刊行	1卷1册, 四周單邊, 25.2×16.3cm, 半郭:17.9×13.6cm, 9行17字, 有界, 白口內向黑魚尾, 紙質:楮紙, *(9行18字, 10行18字, 10行20字本 等 後印本 多數)	*≪續說郛≫本 *明 天啓年間(1621-1627) 孫如蘭 校勘本 *宋呂祖謙 ≪臥遊錄≫明刊本 附錄本
兩山墨談	陳霆(1477-1550年)/ 明 嘉靖18年 (1539), 18卷	1575年 以前	宣祖8年(1575) / 慶州刊行	18卷4册, 朝鮮木版本, 四周雙邊, 有界, 半郭:21.6×15cm, 9行18字, 內向黑魚尾, 紙質:楮紙	*明嘉靖十八年 (1539)刊行本 *惜陰軒叢書本:淸 (1839)三原李錫齡 惜陰軒刊行
皇明世說新語	李紹文(明, 1600年代 文人) / 明末 1606年, 8卷本	約1610-1618年	英·正祖(1725-1800) 推定/ 刊行地未詳	8卷4册, 朝鮮木版本, 四周雙邊, 有界, 半郭:18.5×14.9cm, 10行20字, 註雙行, 上二葉花紋魚尾, 紙質:楮紙	*1610年(萬曆38) 雲間李氏原版本
三國志通俗演義	羅貫中(明), / 明 嘉靖壬午本 (1522年), 24卷24册	1560年 以前	明宗年間1560年 初中期 / 刊行地未詳	1册(卷8), 朝鮮金屬活字本, 30.5×19.5cm, 四周雙邊, 11行20字, 大黑口上下內向三葉花紋 魚尾, 紙質:楮紙	*明代 嘉靖 任午本(1522年) *周日校本(1552年)

5. 朝鮮出版本 中國古典小說의 서지학적 考察   353

書名	著者 및 最初成書時期	國內流入時期	國內出版時期 및 刊行地方	朝鮮出版本의 版式	中國版本槪況
新刊校正古本大字音釋三國志傳通俗演義	羅貫中(明), 周日校校正 / 明周日校甲本(1552), 12卷12冊	1560年 前後	朝鮮仁祖5年(1627年:推定) / 耽羅(濟州道) 刊行	12卷12冊, 朝鮮木版本, 四周雙邊, 半郭:21.4×17cm, 有界, 13行24字, 註雙行, 上下內向一葉花紋魚尾, 紙質:楮紙, 丁卯耽羅開刊, 紙質:楮紙	*周日校甲本(1552年) *李卓吾先生批評三國志(全120回)
四大奇書第一種	羅貫中(明), 毛宗崗評 / 1644年, 20卷20冊	1600年代 後期	肅宗年間(1674-1720年)以後, 後印多數 / 全國各地	貫華堂第一才子書, 四周單邊, 20卷20冊, 卷首:金聖歎序, 讀三國志演法25則, 凡例10則, 總目, 12行26字, 註雙行, 紙質:楮紙	*李卓吾先生批評三國志(全120回) *毛宗崗父子修訂通行本(1679年)前後

(2) 原文 再編輯 出版

書名	著者 및 最初成書時期	國內流入時期	國內出版時期 및 刊行地方	朝鮮出版本의 版式	中國版本槪況
世說新語姓彙韻分	劉義慶(宋)撰, 王世貞(明)刪定	無	英·正祖(1725-1800) / 漢陽刊行(推定)	12卷本, 朝鮮木版本, 四周單邊, 半郭:21.9×14.6cm, 有界, 10行18字, 註雙行, 上下內向花紋魚尾, 紙質:楮紙	無
詳節太平廣記	北宋太平興國2年(978)編纂完成, 太平興國6年(981)板刻	太平廣記:1080年(高麗文宗34年)以前	朝鮮世祖8年(1462年) / 晉州, 草溪刊行	成任編纂, 總50卷(現存7卷2冊), 四周單邊, 34×20.7cm, 半郭:23.7×16cm, 10行17字, 上下黑口內向黑魚尾, 紙質:楮紙	*原版本:太平6年(981)本 *南宋(1127-1279)翻印本 *明版本:嘉靖45年(1566), 談愷
剪燈新話句解	瞿佑(明, 1347-1433) / 初刊本:1381年, 4卷本, 2卷21回本, 1381	剪燈新話: 1443年 以前(推定)	朝鮮明宗4(1549), 明宗14(1559), 明宗19(1564), 1704年 等 / 全國各地	尹春年訂正·林芑集解, 2卷2冊, 四周單邊, 10行18字·10行19字·10行20字·10行22字·11行18字·11行19字·11行20字·11行21字·12行18字·12行19字·12行20字·12行28字·14行18字·14行25字, 有界, 註雙行, 紙質:楮紙	*永樂本:1421 *구섬 항주간행본, *成化丁亥(1467)刻本:2卷, *正德6年(1511)楊氏淸江書堂刻本:4卷, *萬曆21年(1593)刻本

(3) 國內 自體編輯 出版

書名	國內出版時期 및 刊行地方	朝鮮出版本의 版式	編輯參考書籍
訓世評話	1473年(未確認), 1480年·1518年(中宗13) / 江陵, 襄陽 等	李邊·柳希仁跋文, 木活字本, 上下2卷1册, 10行17字, 黑魚尾, 白話文:10行16字, 紙質:楮紙	*太平廣記·搜神記等 中國書籍과 三國史記·三國遺事·高麗史 等 韓國書籍
刪補文苑楂橘	約1669年-1760年(推定) / 漢陽刊行(推定)	2卷2册, 四周雙邊, 木活字本, 第一校書館印書體, 27×17cm, 半郭:21.4×13.2cm, 10行20字, 上二葉花紋魚尾, 紙質:楮紙	*太平廣記 作品과 明代文言小說集: 艶異編·情史·國色天香 等 參考
鍾離葫蘆	天啓 壬戌年(1622)春 / 平壤刊行	1册(30張), 朝鮮中期木版本, 23×14cm, 7行15字, 內向二葉魚尾, 紙質:楮紙	*明笑話集:絶纓三笑

2) 出版의 類型과 版本의 分析

原文 出版本으로는 앞에서 覆刻出版과 再編輯出版 및 國內 自體編輯出版의 방식이 있다고 소개하였다. 본 장에서는 출판방식에 의거하여 국내 출판된 중국소설의 조선시대 출판개황과 中國版本에 대하여 알아보고 朝鮮出版本이 과연 중국의 어떤 판본을 底本으로 삼아 출판되었는지와 그 가치를 중점적으로 고찰해 보고자 한다.

(1) 覆刻出版本

① ≪新序≫

≪新序≫는 西漢末期 劉向(BC77-AD6)이 총 10권으로 편찬한 歷史故事集이다. 이 책은 대략 1091년 이전에 이미 국내에 유입[6]된 것으로 추정되며, 국내출판은 朝鮮 ≪成宗實錄≫에 성종 24년(1493년)頃에 刊行되었다는 기록이 있는 것으로 보아 대략 1492년이나 1493년에 간행되었음이 확인된다. 이 책은 10권 2책으로, 한 면이 11행 18자로 되었으며 安東에서 출간된 것으로 추정된다.[7]

≪新序≫는 중국에서 대략 漢 成帝 陽朔 元年(BC24년)에 완성된 것으로(王應麟의 ≪漢書藝文志考證≫에 根據) 추정되며 총 10권으로(제1-5권은 雜事, 제6권은 刺奢,

---

[6] ≪高麗史≫卷10, 宣祖8年(1091년) 書目이 보임.
[7] 민관동, 〈조선출판본 신서와 설원 연구〉, ≪中國語文論譯叢刊≫제29집, 2011.7. 155-169쪽 참고.

제7권은 節士, 제8권은 義勇, 제9-10권은 善謨上·下)로 만들어진 책이다.[8] 現存하는 版本은 宋代 曾鞏이 찬집해서 총 10권 166장으로 분류한 판본을 明 嘉靖 時期 (1522-1566년)에 宋本을 復刻하여 出刊하였는데 이것이 바로 四部叢刊本이다.[9] 그 외에도 후대에 나온 叢書集成本·百子全書本·諸子百家叢書本 등이 있다.

朝鮮出版本 ≪新序≫는 시기적으로 1492년에서 1493년에 출간된 책이기에 明 嘉靖 時期(1522-1566년)에 宋本을 復刻하여 出刊한 四部叢刊本 보다도 이른 판본으로 현존하는 중국판본 보다도 30-70여 년이나 앞서기에 書誌學的 價値가 매우 높은 책으로 평가된다. 朝鮮出版本 ≪新序≫가 무엇을 底本으로 판각했는지 밝혀내기는 쉽지 않다. 그러나 대략 宋代 曾鞏이 찬집한 10권본을 근거로 만든 것으로 추정되지만 송대 판본이 조선초기까지 존재하기는 어려웠을 것이고, 명대 초·중기에 중국에서 새로 간행한 ≪新序≫가 있었을 것으로 보이며, 朝鮮出版本 ≪新序≫도 이것을 底本으로 간행되었을 가능성이 크다.

② ≪說苑≫

≪說苑≫은 西漢의 劉向이 총 20권(君道·臣術·建本·立節·貴德·復恩·政理·尊賢·正諫·法誡·善說·奉使·權謀·至公·指武·談叢·雜言·辨物·修文·反質)으로 편찬한 것으로, 先秦부터 漢代까지의 歷史故事를 기술한 책이다.[10] 이 책은 대략 981-997년에 국내에 유입되었으며[11] 출판에 대한 기록은 ≪新序≫와 함께 朝鮮 ≪成宗實錄≫(권285-21)에 성종 24년(1493년)頃 안동에서 刊行되었다는 기록이 있다. 이 책은 20권 4책으로 되어 있으며, 한 면이 11행 18자로 되어있다.[12]

이 책이 중국에서 처음 나온 시기는 ≪新序≫가 나온(BC 24년)지 7년 뒤인 BC 17년 (成帝 鴻嘉 4年)에 완성되었다.[13] 그 후 北宋 初에는 殘卷 5卷만 남아 있었는데 曾鞏이 輯補하여 20권 639장으로 모습이 복원하였다고 한다.[14] 그 뒤 淸代에 고증을 통

---

8) 그 외 ≪漢書≫〈藝文志〉에는 67편, ≪隋書≫〈經籍志〉에는 30권이라 언급되어 있다.
9) ≪中國古典小說百科全書≫, 中國大百科全書出版社, 1993년. 621쪽 참고.
10) 이 책은 주로 위정자를 교육하고 훈계하기 위한 독본으로 활용되었다.
11) 高麗 成宗年間(981-997년) 金審言의 疏에 ≪설원≫이 언급됨.
12) 민관동, 〈조선출판본 신서와 설원 연구〉, 위의 책, 156-168쪽 참고.
13) 劉向撰, 林東錫譯註, ≪新序≫, 동서문화사, 2009년. 〈서문〉해제 참조.

하여 663장으로 보충하였고, 최근에는 다시 ≪說苑疏證≫에서는 845장으로, ≪說苑全譯≫에서는 718장으로 나누어 출간하였다.

　現存하는 版本은 ≪新序≫와 같이 宋代 曾鞏의 찬집(총 10권 166장) 판본을 明 嘉靖 時期(1522-1566년)에 復刻한 四部叢刊本이다. 朝鮮出版本 ≪說苑≫도 1492년에서 1493년에 출간된 책이기에 明 嘉靖 時期(1522-1566년)에 復刻한 四部叢刊本 보다도 이른 판본으로 판본적 가치가 매우 큰 책이다. 朝鮮出版本 ≪說苑≫도 宋代 曾鞏이 찬집한 10권본을 근거로 만든 것으로 추정되지만 송대 판본이 조선초기까지 존재하기는 어려웠던 점을 감안하면 명대 초·중기에 중국에서 새로 간행한 ≪說苑≫을 底本으로 간행했을 것으로 보여 진다. ≪新序≫와 ≪說苑≫판본은 국내에 고스란히 남아있어 중국으로의 복원이 가능하며 현존하는 明 嘉靖 時期(1522-1566년)에 復刻한 四部叢刊本 보다도 이른 시기에 나온 것이기에 사료적 가치가 매우 크다.

③ ≪博物志≫

　≪박물지≫는 西晉의 張華(232-300)가 총 10권으로 編撰하여 만든 책으로 전해진다. 이 책은 대략 고려시대에 유입된 것으로 추정되며[15] 국내출판은 宣祖 1年(1568年) 刊行本 ≪攷事撮要≫에 근거하면 적어도 1568년 이전에는 출간된 것으로 추정된다. 이 책은 南原에서 출간되었다고 하나 原版本은 失傳되어 아직 찾아내지 못하고 있다.

　≪博物志≫는 총 10卷(신화·신선고사·인물고사·박물·잡설·민간전설 등으로 구성되었으며 처음에는 400권으로 만들어졌으나 晉 武帝의 의견에 따라 10권으로 줄였다고 함)으로 구성되어 있는 책이다. 현존하는 판본으로는 두 계통이 있는데 하나는 39개 항목으로 나뉘어진 通行本으로 ≪古今逸史≫本·≪稗海≫本 등이 여기에 속하고, 또 하나는 分卷 및 項目을 나누지 않은 판본으로 ≪士禮居叢書≫本(1804년 黃丕烈 刊行) 등이 있는데 내용은 모두 동일하다. 그 중 가장 주목할 판본이 ≪古今逸史≫本으

---

14) 陸游의 〈渭南集〉에는 李德芻의 말을 인용하여, 曾鞏이 얻은 것은 〈反質篇〉이 빠진 것이어서 〈修文篇〉을 上下로 나누어 20卷으로 하였던 것이며, 뒤에 〈高麗本〉이 들어와서야 비로소 책 전체의 면모가 갖추어졌다고 한다. 여기에서 고려본이라는 것은 李資義 등이 宋나라로 보낸 책으로 추정된다. ≪高麗史≫世家, 卷10 宣宗 8年(宋, 哲宗 元祐 6年)의 기록 참조.
15) 유입기록은 ≪剪燈新話句解跋≫(1599년)에 처음 보이나 관련기록을 가지고 추정하면 고려시대에 유입된 것으로 보인다.

로 이 책은 明 吳棺이 1586년경 輯刻한 판본이다.16)

조선 宣祖 1年(1568年)에 刊行된 ≪攷事撮要≫에 ≪博物志≫가 남원에서 간행되었다는 서목과 기록이 있다. 宣祖 1年版 ≪攷事撮要≫는 1568년 이전에는 출간된 책의 목록을 수록한 것이기에 ≪博物志≫는 1568년 이전에 국내에서 출간된 것이 확실하며 그 서지학적 가치도 상당히 크다. 이 판본은 현존하는 明 吳棺의 ≪古今逸史≫ 本보다도 더 이른 시기에 출판하였기에 상당한 의미가 있으나 아쉽게도 原版本은 失傳되었다.

④ ≪世說新語補≫

≪世說新語≫는 宋 劉義慶(403-444년)이 당시 여러 사대부의 일화를 기록한 책이다. ≪세설신어≫는 관련기록에 근거하면 적어도 1195년 이전에는 유입되었으며17) ≪世說新語補≫는 명나라의 사신 주지번이 조선에 와서 기증했던 宣祖 39年(1606)의 기록으로 보아 ≪세설신어보≫가 明 嘉靖 35年(1556)에 처음 간행되고 얼마 후 바로 국내에 유입되었음을 알 수 있다. 이 책은 朝鮮 肅宗 34年(1708)에 ≪世說新語補≫라는 서명으로 출간되었다는 기록이 있으며 또 後印으로 보이는 판본도 상당수 현존한다. 그 후 ≪세설신어보≫를 姓氏 別로 재편집한 ≪世說新語姓彙韻分≫이 출간되었고, 또 아류 소설이라 할 수 있는 ≪皇明世說新語≫도 국내에서 간행되었다.

≪世說新語≫는 劉義慶이 後漢부터 東晉時代에 걸쳐 사대부의 일화를 기록한 책으로 본래 8권이었으나 현재 전해지는 판본은 3권으로 되어 있다.18) 후에 다시 만들어진 ≪세설신어보≫는 명대 王世貞(1526-1590)이 南北朝 宋代 유의경의 ≪세설신어≫와 明代 하양준의 ≪하씨어림≫ 중 일부분을 삭제해 合刻해 놓은 책으로 알려져 있다.19) 편찬 시기는 대략 嘉靖 35年(1556)이다.

---

16) ≪中國古典小說百科全書≫, 中國大百科全書出版社, 1993년. 16-17쪽.
    寧稼雨, ≪中國文言小說總目提要≫, 1996년, 7쪽 참고.
17) 이규보의 ≪東國李相國集≫(권5, 古律詩)[1195년]에 관련 기록이 있다.
18) 이 책은 後漢 말부터 東晉까지의 政治家·士大夫·文人·僧侶·庶民 등 700여 명에 이르는 인물의 특이한 언행과 일화 1130條를 기록한 책으로, 〈德行〉篇부터 〈仇隙〉篇까지 총 36편을 주제별로 수록해 놓은 책이다.
19) 일부에서는 王世貞 위탁설도 있고 何良俊 편찬설도 있다.

중국에서 현존하는 판본으로는 萬曆 32年(1585년) 張文柱刻, 李卓吾評點本이 있는데 서두에 劉義慶(宋)撰·劉孝標(梁)注·何良俊(明)增·李贄(明)批點·張文柱(明)校라고 되어 있고 또 이전의 王世貞 嘉靖 丙辰(1556)序, 王世懋 萬曆 庚辰(1580)序와 乙酉(1585)再識, 萬曆 丙戌(1586) 陳文燭序와 李卓吾〈批點世說新語補凡例〉十則이 있다. 그 외 淸 乾隆 壬午年(1762) 黃汝琳刊本 등이 있다.

국내 출판본으로는 朝鮮 肅宗 34年(1708년)경에 顯宗實錄字體로 간행한 ≪世說新語補≫가 있다. 이 판본은 劉義慶(宋)撰·劉孝標(梁)注·劉辰翁(宋)批·何良俊(明)增·王世貞(明)刪定·王世懋(明)批釋·鍾惺(明)批點·張文柱(明)校註로 總 20卷 6冊本과 20卷 7冊本 등으로 편집되어 있는 것으로 보아 後代에 몇 차례 覆印되었음이 확인된다. 중국판본은 대부분 9行 18字인 반면 조선판본은 10行 18字로 되어 있는 것이 특징이다. 또 後代에 覆印된 것으로 ≪世說新語姓彙韻分≫이 있는데 이 책은 ≪世說新語補≫를 다시 姓氏 別로 나누어 재편집한 책으로 상당히 주목을 끄는 작품이다.[20] 이 부분은 뒤에서 다시 상세하게 소개하기로 하겠다.

⑤ ≪唐段小卿酉陽雜俎≫

≪酉陽雜俎≫는 唐代 段成式(?-863)이 지은 筆記小說集으로 총 30권으로 된 책이다. ≪酉陽雜俎≫가 언제 국내에 유입되었는지 확실한 기록은 없으나 비교적 이른 시기에 유입된 듯하다. 또 조선시대 초기에 이미 널리 유통되어 많은 문인들의 관심과 논란의 대상이 된 책이기도 하다.

≪酉陽雜俎≫는 조선시대 成宗 23年(1492년)에 ≪唐段少卿酉陽雜俎≫라는 제목의 목판본으로 국내에서 발간[21]되었고 또 後印되기도 하였다. 이 책은 1492년에 李克墩과 李宗準이 편집하여 간행한 책으로 총 20권 2책이며 한 면이 10行 19字로 되어있

---

20) 민관동·김명신 공저, ≪중국고전소설 비평자료 총고≫, 학고방, 2003년, 42-47쪽 참고.
21) ≪조선왕조실록≫ 성종 285권, 24년(1493 계축 / 明 弘治6年 12월 28일(무자) 3번째 기사
   ≪유양잡조≫ 등의 책의 괴탄과 불경함을 아리는 부제학 김심 등의 차자 :
   弘文館副提學 金諶 등이 箚子를 올리기를, "삼가 듣건대, 지난번 李克墩이 慶尙監司가 되고, 李宗準이 都事가 되었을 때 ≪酉陽雜俎≫·≪唐宋詩話≫·≪遺山樂府≫ 및 ≪破閑集≫·≪補閑集≫·≪太平通載≫ 등의 책을 刊行하여 바치니, 이미 內府에 간직하도록 명하셨습니다. 그리고 다시 ≪唐宋詩話≫·≪破閑集≫·≪補閑集≫ 등의 책을 내려 신 등으로 하여금 歷代의 年號와 人物의 出處를 대략 註解하여 바치게 하셨습니다.

다. 또 宣祖 1年(1568) 刊行本 ≪攷事撮要≫에서는 慶州에서 간행되었다고 밝히고 있다. 이 판본은 여기저기 흩어져 完整本은 없는 상태이나 여러 곳의 판본을 합치면 원상태로의 복원이 가능하다.[22]

唐代 筆記小說의 대표작이라 할 수 있는 ≪酉陽雜俎≫는 前集 20권, 續集 10권을 합하여 총 30권 1288조로 되어 있으며, 독창성이 비교적 높은 작품으로 段成式이 異事·奇文을 위주로 지은 책이다. ≪酉陽雜俎≫라는 책이름은 梁 나라 元帝의 賦 〈訪酉陽之一典〉에서 따온 것이라 하며, 여기에 引用된 책 가운데에는 이미 그 원전이 없어진 것들도 상당수 있어 문헌적 가치도 높다.

중국에서는 남송시대에 여러 판본이 간행되었으나 이미 散失되었고, 명대 간행본은 대부분 전집 20권을 위주로 만든 책인데 비교적 완정한 完帙本으로 萬曆 35年(1607)本[23]이 있다. 그 외 청대 張海鵬이 발행한 ≪學津討原≫本이 있다. 그러나 조선 초기 ≪唐段少卿酉陽雜俎≫라는 서목으로 간행된 이 판본은 1492년에 경주에서 간행된 책으로 중국에서는 찾아 볼 수 없는 희귀본에 속한다. 이 책은 남송대의 판본을 저본으로 출간하였겠지만 명대 초기에 간행되었다가 逸失된 명대 판본을 저본으로 삼았을 가능성도 높다. 현존하는 중국의 完帙本이 萬曆 35年(1607)本이기에 1492년 조선출판본 ≪唐段少卿酉陽雜俎≫는 서지학적 사료로써 가치가 매우 크다고 할 수 있다.

⑥ ≪嬌紅記≫

≪嬌紅記≫는 元代 宋遠(1300年代 初期 文人)이 편찬한 傳奇小說이다. 이 책은 ≪燕山君日記≫에 처음 유입기록이 있는 것으로 보아 유입시기가 1506년 이전이라 할 수 있으며, 당시 연산군이 이 책을 출간하라는 기록은 보이지만[24] 실제 출간되었는지는 未詳이며 현재 국내 도서관에서도 판본을 찾아 볼 수 없다.

元代 傳奇小說 ≪嬌紅記≫는 上·下 2卷(全文이 17,000餘 字)으로 되어 있다. 이 책은 ≪百川書志≫外史類에 2卷이 기재되어 있으며, 현존 하는 단행본으로 明 建安 鄭雲竹刻本이 있는데 〈申王奇遘擁爐嬌紅記〉라고 題되었다. 이 판본은 명 판본으

---

22) 현재 成均館大學校, 誠庵文庫, 奉化 沖齋宗宅 등에 소장되어 있다.
23) "李雲鵠据趙琦美校補本印行本", 寧稼雨, ≪中國文言小說總目提要≫, 1996년, 106쪽 참고.
24) ≪燕山君日記≫(권63-3, 연산군 12년)에 서명과 출간하라는 기록이 보임.

로 全名이 《新鍥校正評釋申王奇遘擁爐嬌紅記》(上·下卷)라고 되어 있다. 당시 이 판본이 국내에 유입되었던 판본으로 추정되며 만약 국내에서 출판되었다면 이 판본을 底本으로 출간되었을 것으로 예견된다. 그 외 《艶異編》·《國色天香》·《繡谷春容》·《情史類略》·《風流十使》·《燕居筆記》와 같은 소설총집에 두루 실려 있다.[25]

《嬌紅記》의 국내 유입기록은 《朝鮮王朝實錄》〈燕山君日記〉(卷 63-3, 燕山君 12年[1506년] 4월 13일)에 처음 보이는데, 여기에서 연산군이 전교하기를, "《剪燈新話》·《剪燈餘話》·《效顰集》·《嬌紅記》·《西廂記》 등을 謝恩使로 하여금 사오게 하라."라고 하는 書名을 직접 언급하며 사오라고 하는 기록으로 보아, 이미 이 시기에 어느 정도 유통되었을 것으로 보인다. 또 출판하라는 전교는 있었지만 얼마 후 연산군이 퇴위되는 바람에 실제 출판이 되었는지는 고증하기 어렵다. 또 전국 각지 도서관에서도 국내 간행 《嬌紅記》판본을 찾아 볼 수 없다.

⑦ 《剪燈餘話》

《剪燈餘話》는 明代 1420년경 李昌祺(1376-1452)가 편찬한 傳奇小說集이다. 이 책의 유입기록은 1443년에 나온 〈용비어천가〉에 《전등여화》의 문구가 언급된 것을 감안하면 1443년 이전에 유입된 것으로 추정되며[26] 《攷事撮要》에 淳昌에서 출간되었다고 기록되어 있다. 그러나 안타깝게도 국내에서는 판본을 찾아 볼 수 없고 일본 내각문고에 이 책의 후반부 부분이 소장되어 있다고 한다.[27] 이 책은 《攷事撮要》의 출간년도를 근거로 보면 대략 1568년 이전에 淳昌에서 출간된 것으로 추정된다.

《剪燈餘話》는 《百川書志》小史類에 4卷 20篇이라 기록되어 있다. 이 책은 매권 5편씩 구성되어 있으며, 책 말미에 부록으로《還魂記》1篇이 첨부되어 있다. 현존하는 판본으로는 明 成化 刊本과 淸 乾隆 刊本 및 同治 刊本 등이 있으며 모두 3卷

---

25) 이시찬, 〈원대 교홍기 문체와 인물에 관한 소고〉, 《중국어문학논총》제67호, 2011. 398쪽.
26) 《燕山君日記》(卷63-3, 연산군 12년)에 서명이 보인다. 그러나 1443년에 나온 〈용비어천가〉에 《전등여화》의 문구가 언급된 것을 감안하면 그 이전에 유입된 것으로 추정된다.
27) 이 책은 최근 최용철이 일본 내각문고에서 발굴하였다. 최용철, 〈금오신화와 전등신화의 판본에 대하여〉, 「책을 좋아하는 사람들 모임」발표문(2010.12.17), 6쪽. 그 외 최용철, 《전등삼종》, 소명출판사, 2005년, 하권, 577쪽 일본 내각문고 소장 《전등여화》판본의 사진 참조.

本이다. 그러나 근래 董康 誦芬室28)이 日本의 慶長·元和 年間의 日本活字翻刻本을 근거로 20篇을 회복시켰고, 또 뒤에 붙어있던 附錄 ≪還魂記≫1篇을 한 권으로 독립시켜 모두 5卷 21篇으로 출간하였다.

李昌祺의 ≪剪燈餘話≫는 瞿祐의 ≪剪燈新話≫를 모방하여 지은 것으로 李昌祺가 房山으로 귀양 갔을 때 20여 편을 엮었다고 한다. 대략 1419년에 ≪剪燈餘話≫가 완성되었으나 처음에는 필사본으로 전해지다가 宣德 8年(1433) 張光啓에 의해 初刻되었다. 또 후에 張光啓는 ≪剪燈新話≫와 ≪剪燈餘話≫를 합본으로 '剪燈二種'을 간행하여 널리 전파했다고 한다. 현재 통행본은 明代 憲宗 成化 23年(1487) 余氏 雙桂堂 重刊本 5권이 있는데 이는 張光啓 刊本을 底本으로 한 것으로 현재 일본 內閣文庫에 소장되어 있다. 이외에도 일본 에도[江戶] 초기에 간행된 활자 5권본과 元和 活字本이 있다.29)

그런데 여기에서 주목되는 것은 일본 내각문고에 소장되어 있는 조선 간행본 ≪剪燈餘話≫(11行 22字)이다. 朝鮮 宣祖 1年(1568年)에 刊行된 ≪攷事撮要≫에 ≪剪燈餘話≫가 淳昌에서 출간되었다는 기록과 이 책의 서목이 뚜렷하게 있는 것으로 보아 ≪剪燈餘話≫는 1568년 이전에 국내에서 출간된 것이 확실하다. 그렇다면 조선 출판본은 당시 통행본이었던 明代 憲宗 成化 23年(1487) 余氏 雙桂堂 重刊本(5권)을 底本으로 삼았다는 추론이 가능해진다.

⑧ ≪花影集≫

≪花影集≫은 明代 陶輔(1441-?年)가 쓴 文言小說集이다. ≪화영집≫은 국내에서 출판된 ≪花影集≫序文에 의하면 1546년 尹溪가 중국에서 가져와 곤양(현 泗川)군수 尹景禧가 1586년에 편찬한 책이라고 한다. ≪고사촬요≫에도 이 책이 곤양에서 출간되었다고 언급되어 있다. 이 책은 현재 국내에는 실전되었고 일본 와세다대(早稻田大)에 소장되어 있다.

≪花影集≫은 총 4권 20편으로 된 文言小說集으로 이 책의 출간에 대해서는 卷首에 '正德 丙子(1516)張孟敬〈花影集序〉'와 '嘉靖 二年(1523)作者自撰〈花影集引〉'

---

28) 董康(1867-1947), 字는 授經·經金·綬經, 號는 誦芬室主人으로 江蘇 武進 사람이다.
29) 구우 외 저, 최용철 역, ≪전등삼종≫, 소명출판, 2005. 494-496쪽.

이 있는 것으로 보아 1523년경에 중국에서 간행되었음을 알 수 있다. 이 책은 중국에서도 일찍이 실전되었다가 일본에서 발견된 寫刻本으로 복원되었다.

그러나 ≪花影集≫은 이미 임진왜란 이전에 조선에서 출판되어진 사실이 근래에 중국의 王汝梅와 선문대 박재연에 의해서 확인되었다. 조선출판본 ≪花影集≫의 跋文을 쓴 崔岦(1539-1612년)은 이 글에서 朝鮮 中宗 때 첨지 尹溪가 중국에 갔을 때 구해온 ≪花影集≫을 약 40여 년 뒤인 1586년 신천과 곤양군수 등을 역임한 그의 손자 尹景禧가 昆陽(현 경남 사천지방)에서 새로 찍어낸 것이라고 밝히고 있다.30)

이 책의 판본은 중국은 물론 한국에서도 발견되지 않고 오직 일본 와세다 대학에만 소장되어 있는 매우 희귀한 판본이다. 또 조선에서 출판된 唯一本이며 이 책의 底本은 1523년경 陶輔가 출간한 판본임이 확인된다.

⑨ ≪效顰集≫

≪效顰集≫은 명대 초기 趙弼(約 永樂·宣德 年間[1403-1435]에 活動한 文人)이 편찬한 文言體의 傳奇·志怪小說集이다. 이 책의 서명이 ≪연산군일기≫에 처음 유입기록이 보이는 것으로 보아 조선 1506년 이전에 유입된 것으로 추정되며31), 국내출판은 1568년 이전에 淳昌에서 출간되었다.32) 後印도 있는 것으로 보인다. 이 책은 국내에는 이미 오래전에 실전되었고 오직 일본 逢左文庫에 유일본(12行 21字)만 소장되어 있다.

중국에 현존하는 ≪效顰集≫판본은 明 宣德 年間(1426-1435)에 간행된 刻本이 있으며 1957년에 이 책을 저본으로 古典文學出版社에서 출판하였다. 이 책의 後序에 총 3권 26편이라고 되어 있으나 지금 남아있는 것은 총 3권 25편만 전해진다.33)

이 책의 중국출판이 明 宣德 年間(1426-1435)임을 감안하면 대략 1400년대 중·후기나 1500년대 초기에 조선에 유입되어 이 책을 저본으로 바로 출간되어진 책으로 추정된다. 이는 1568년판 ≪고사찰요≫에 ≪효빈집≫의 書目과 전라도 순창에서 출간된 기록이 있는 것으로 보아 대략 1500년대 초·중기에는 출간이 되었다는 결론이 나오기

---

30) 박재연, ≪뉴방삼의뎐·화영집≫, 선문대 중한번역문헌연구소, 1999년, 1-5쪽 참고.
31) ≪燕山君日記≫(권63-3, 연산군 12년)에 서명이 보임.
32) 1568년판 ≪고사찰요≫에 ≪효빈집≫ 서목이 보이며 순창에서 출간되었다고 기록되어 있다.
33) 寧稼雨 撰, ≪中國文言小說總目提要≫, 1996, 231-232쪽 참조.

때문이다.

≪효빈집≫은 국내에서 실전되어 오직 일본 逢左文庫에서만 찾아볼 수 있는 희귀본으로 사료적 가치가 매우 큰 판본이다. 明 宣德 年間(1426-1435)에 간행된 明版本과 대조를 통하여 원래 총 3권 26편이었던 ≪효빈집≫이 왜 후대에 3권 25편으로 재편집 되었는지의 원인과 또 판본 개황에 대한 의문점도 풀릴 가능성이 크다.

⑩ ≪玉壺氷≫

≪玉壺氷≫은 明代 都穆(1458-1525)이 편찬한 雜俎小說集이다. 이 책은 늦어도 조선시대 1580년경 이전에는 유입되었으며 출판시기는 대략 1580년경 務安縣 등지에서 출판된 것으로 추정된다.34) 또 판본도 9행 17자본, 9행 18자본, 10행 18자본, 10행 20자본 등 여러 판종이 있는 것으로 보아 後印도 있었음을 추정할 수 있다.35)

≪玉壺氷≫은 總 1卷 72條로 구성되었으며 焦竑의 ≪國史經籍志≫와 黃虞稷의 ≪千頃堂書目≫小說類에 1卷이 著錄되어 있다고 전한다. 현존하는 중국 판본은 ≪續說郛≫本 등 여러 곳에서 찾아 볼 수 있다. ≪續說郛≫本 외에도 明 天啓 年間(1621-1627)에 孫如蘭이 교감한 판본과 宋代 呂祖謙의 ≪臥遊錄≫明刊本 부록에 첨부되어 있는 판본이 臺灣 國家圖書館에 소장되어 있다.36)

≪玉壺氷≫의 국내 出刊場所는 크게 3곳으로 보여 진다. 조선 宣祖 18年(1585年)에 刊行된 ≪攷事撮要≫에 ≪玉壺氷≫의 서목과 간행지가 延安과 固城으로 되어 있다. 宣祖 18年(1585年)刊行本 ≪攷事撮要≫는 1585년 이전에 간행된 서목을 정리한 책이기에 ≪玉壺氷≫이 적어도 1585년 이전에는 국내에서 간행되었다는 것을 확인시켜 주는 것이며, 또 고려대 만송문고 소장본 ≪玉壺氷≫(朝鮮木版本, 9行 18字)에는 庚辰年 務安縣刊의 刊記가 있는데 여기서의 庚辰年은 1580년으로 추정된다. 결론적으로 ≪玉壺氷≫은 務安, 延安, 固城 등지에서 간행되었으며 간행시기는 1585년 이전으로 정리되며, 현재 규장각, 국립중앙도서관, 고려대, 연세대, 한국학중앙연구원, 경북

---

34) 1585년판 ≪고사촬요≫에 ≪옥호빙≫이 延安과 固城에서 출간된 기록이 있다.
35) 김장환, 〈조선간본 명대필기집 옥호빙 연구〉, ≪중어중문학≫제26집, 2006년 6월. 190-196쪽.
36) 김장환은 ≪옥호빙≫(지만지, 2010)에서. 현존하는 ≪옥호빙≫ 刻本은 국내에 4종으로 소개하였는데 필자의 조사에 의하면 10여 종의 출판본과 수종의 필사본이 있는 것으로 확인된다.

대, 계명대, 안동 군자마을, 밀양 신병철, 박재연 등 10여 곳에 소장되어 있다.

여기에서 주목할 것은 ≪續說郛≫本(현재 淸 順治 3年本과 4年本만 존재)과 明 天啓 年間(1621-1627) 孫如蘭의 교감본은 1580년경에 나온 조선출판본 ≪玉壺氷≫에 비하여 늦은 시기에 나왔으며 宋代 呂祖謙의 ≪臥遊錄≫明刊本 부록에 첨부된 판본은 편집이 불완정한 상태이기에 조선출판본 ≪玉壺氷≫이 더욱 가치와 의미가 있는 판본으로 평가된다. 아울러 朝鮮出版本 ≪玉壺氷≫이 무엇을 底本으로 출간이 되었는지 아직까지는 단언하기 어렵다.

⑪ ≪兩山墨談≫

≪兩山墨談≫은 明代 陳霆(約1477-1550)이 편찬한 작품으로 국내 유입되었다는 기록은 정확히 남아있지는 않지만, 국내에서 1575년에 경주에서 출판된 판본이 남아있다.

≪兩山墨談≫은 明나라 德淸의 知顯이던 李檗이 초고를 읽은 후에 감탄하여 明 嘉靖 十八年(1539)에 이 책을 간행하였다고 한다. 이 初刻本에는 간행자 李檗의 序文뿐아니라, 저자 陳霆의 跋文이 있다. 이후 淸 道光 19年(1839) 三原 李錫齡이 惜陰軒에서 간행한 惜陰軒叢書本(總 四冊本, 李檗의 序文과 重刻者 李錫齡의 序文이 들어있다.) 그 외에도 주요 판본으로는 淸 道光 26年(1846)刊本과 淸 光緖 14年(1888)刊本 등이 있다.37)

≪兩山墨談≫의 국내 출판기록은 ≪攷事撮要≫에 경주에서 출판했다는 기록과 1575년에 출판된 판본이 현재 남아있다. 현존하는 조선출판본 ≪兩山墨談≫에는 朝鮮 宣祖 8年(1575) 慶尙道 慶州官廳에서 간행하였다는 기록과 嘉靖 乙亥年(1539)에 陳霆이 쓴 跋文이 있다. 이 책은 당시 경학에 뛰어난 성균관 유생 崔起南(1559-1619)의 교정에 의해 편찬되었으며 당시 간행에 참여한 경상도 관찰사 尹根壽 등 28名의 이름이 책 뒤에 명기되어 있다. 啓明大學校에 소장되어 있는 1575년 慶州 간행본 ≪兩山墨談≫이 完整本(9行 18字)이 남아 있다. 조선출판본 ≪兩山墨談≫은 明 嘉靖 18年(1539)에 간행된 初刻本이 국내에 유입되어 이 판본을 底本으로 삼아 간행한 것이 확

---

37) 明 嘉靖十八年(1539), 德淸知顯李檗刊, 刻本(善本), 1冊 [上海圖書館, 天津圖書館] / 日本 天保六年(1835) 日本筆寫本, 10卷 [北京國家圖書館 / 淸 道光十九年(1839), 三原李錫齡惜陰軒刊, 刻本, 18卷4冊, 惜陰軒叢書本[北京大圖書館] / 淸 道光二十六年(1846)刊, 宏道書院本 [臺灣大圖書館].

실해 보인다.

⑫ ≪皇明世說新語≫

≪皇明世說新語≫는 李紹文이 편찬한(總 8卷) 명대 文言小說集이다. 이 책의 국내 유입에 대한 구체적인 기록은 없지만 許筠(1569-1618)의 ≪惺所覆瓿藁≫〈한정록〉 제1권〈隱遁〉, 제2권〈高逸〉, 제3권〈閒適〉에 ≪皇明世說新語≫의 내용이 언급되어 있는 것으로 보아 이 시기에 유입된 것으로 보여 진다. 더 구체적으로 추론해보면 ≪皇明世說新語≫原刊本이 1610년에 간행되었고, 또 許筠의 사망연대가 1618년임을 감안해 볼 때 국내 유입 시기는 1610년에서 1618년 사이에 유입되었다는 추론이 가능하다.

著者 李紹文은 ≪世說新語≫의 형식을 빌려 明初부터 嘉靖·隆慶까지의 逸聞瑣語와 名士들에 관한 이야기들을 기록한 책으로 ≪世說新語≫나 ≪世說新語補≫와는 전혀 다른 내용을 수록한 책이다. 이 책은 ≪皇明世說新語≫ 또는 ≪明世說新語≫라고도 하며 현재 중국에서는 萬曆 38年(1610) 雲間李氏 原刊本이 전해진다. 또 이 책의 서두에는 沈懋孝·王圻·陸從平·陳繼儒 등의 序文이 있는데, 그 중 陸從平의 서문은 萬曆 丙午(1606)에 쓴 것이라서 책의 成書時期도 추정할 수 있는 자료가 되고 있다.

그 후 조선 후기에 10行 20字로 조선에서 간행된 ≪皇明世說新語≫는 刊行時期와 刊行地가 아직 未詳이지만 대략 ≪世說新語姓彙韻分≫의 출현시기와 연관이 있는 英·正祖(1725년-1800년) 사이일 것으로 추정된다.[38] 朝鮮出版本 ≪皇明世說新語≫의 底本은 현재 중국에서 원판본으로 전해지는 萬曆 38年(1610) 雲間李氏 原刊本일 가능성이 높다.

⑬ ≪三國演義≫

≪三國演義≫는 明代 羅貫中이 편찬한 長篇 歷史演義小說이다. 이 책의 최초 유입기록은 ≪宣祖實錄≫에 처음 보이나 ≪三國演義≫의 前身이라 할 수 있는 ≪三國志評話≫가 ≪老乞大≫에 언급되어 있는 것으로 보아 이미 고려 말에는 유입된 것으

---

38) 조선출판본 ≪皇明世說新語≫는 木版本이며 紙質은 楮紙로 현재 成均館大와 규장각, 국립중앙도서관, 계명대 등에 소장되어 있다.

로 보인다. 그러나 나관중본 ≪三國志通俗演義≫는 대략 1560년 초·중기 이전에 유입된 것으로 추정된다. 이 책의 국내 최초 출간은 최근 국내에서 발견된 ≪三國志通俗演義≫(一冊[殘本 卷8存]이며 朝鮮金屬活字本으로 간행되었고 11行 20字, 현재 제주 이상재 소장)로 대략 1560년 초·중기에 간행된 것으로 보이고, 그 후 1600년대에 ≪新刊校正古本大字音釋三國志傳通俗演義≫39)가 출간되었으며, 肅宗 年間(1674-1720년) 이후에는 ≪四大奇書第一種≫40)이 출간된 것으로 추정된다. 그 후에도 여러 차례가 後印이 있었으며, 방각본으로 京本과 安城本 등 다수가 번역되어 출간되었다.

중국에서는 ≪삼국연의≫가운데 가장 이른 판본인 明代 嘉靖 任午本(1522년)과 周曰校本(1552년)이 나온 以後 明淸代에 걸쳐 10여 종의 서로 다른 版本이 나왔다. 그 중 李卓吾(1527-1602년)가 編輯한 ≪李卓吾先生批評三國志≫(全120回)의 출현 이후 淸初에 毛綸·毛宗崗 父子가 거듭 修訂한 通行本 ≪三國演義≫가 淸代 이래로 주종을 이루게 되었는데 이때가 대략 淸 康熙 18年(1679년) 前後이다.

최근 박재연에 의하여 발굴된 조선 금속활자본 ≪三國志通俗演義≫는 대략 1560년대 초·중기에 발행한 것으로 추정하고 있다.41) 이 책의 底本에 대해서는 여러 가지 異說이 있으나 대략 중국에서 ≪三國演義≫의 가장 이른 판본인 明代 嘉靖 任午(1522년) 간행본 계열이나 周曰校本 계열에서 나온 것은 확실해 보인다. 중국에서 가장 이른 판본인 ≪三國志通俗演義≫本42)과도 다소 차이가 있고 周曰校甲本과도 차이가 있어 지금은 실전된 또 다른 판본이 저본으로 사용되었을 가능성이 가장 높다.

그 후 조선에서 출간된 12권 12책 ≪新刊校正古本大字音釋三國志傳通俗演義≫(13行 24字)은 周曰校甲本인 ≪新刻校正古本大字音釋三國志通俗演義≫(12권 12

---

39) 1627년 간행된 것으로 보이나 1567년 혹은 1687년으로 보는 학자도 있다. 심지어 1747년으로 보는 학자도 있다. 13行 24字로 耽羅(제주도)開刊이다.

40) 이 책은 ≪貫華堂第一才子書≫로 알려진 책이다. 총 20권 20책으로 되어 있고 12行 26字로 된 판본으로 국내에 가장 광범위하게 분포되어 있다. 後印이 여러 종 있다.
*≪新刊校正古本大字音釋三國志傳通俗演義≫와 ≪四大奇書第一種≫의 출간년대에 대해서는 아직도 각기 다른 많은 견해가 있다.

41) 박재연·김영 교주, 〈새로 발굴된 조선 활자본 三國志通俗演義에 대하여〉, ≪三國志通俗演義≫, 학고방, 2010. 12-23쪽 참조.

42) 이 책은 서두에 '庸愚子 弘治 7年(1494년) 序'와 '修髥子嘉靖元年引'이 있으며 전 24권 24책 240則으로 되어 있다. 또 '晉平陽侯陳壽史傳, 後學羅貫中編次'라고 題되었고 한 면은 9行 17字이다. 이 책은 현존하는 ≪삼국지통곡연의≫의 가장 이른 판본이지만 原版本은 아니다.

책 140회본, 13行 26字)의 복각본임이 확인되었다.[43]

현재 한국의 각 도서관에 소장된 ≪三國演義≫의 版本은 대개 金聖歎原評, 毛宗崗評點의 中國版本과 國內版 ≪四大奇書第一種≫이 주류를 이루고 있다. 그 중 肅宗以後 대략 1700년대 이후부터 ≪四大奇書第一種≫(20권 20책, 12行 26字, 序:順治歲次甲申[1644]嘉平朔日金人瑞聖歎氏題)이 출간되었다. 이 책은 一名 ≪貫華堂第一才子書≫라고도 하며 金聖歎編, 毛宗崗評으로 되어 있다. 이 책의 底本은 ≪四大奇書第一種≫의 복각본으로 국내에서 가장 널리 유행했던 판본이다.

(2) 原文 再編輯 出版本

① ≪世說新語姓彙韻分≫

앞에서 필자는 ≪세설신어≫는 적어도 1195년 이전에는 유입되었으며 대략 朝鮮 肅宗 34年(1708년)에 ≪世說新語補≫라는 이름으로 최초 출간되었고, 후에 이 책을 姓氏 別로 나누어 재편집한 책이 ≪世說新語姓彙韻分≫이라고 언급하였다. ≪世說新語姓彙韻分≫은 총 12권본으로 顯宗實錄字體 木活字로 되어있으며 한 면이 10行 18字이다. 이 책은 ≪세설신어보≫가 간행된 후 바로 출간된 것으로 시기적으로 대략 英·正祖(1725년-1800년) 사이일 것으로 추정된다.

이 책은 중국판 ≪世說新語補≫를 底本으로 조선에서 姓氏 別로 나누어 再編輯하여 출간한 책으로[44] 중국에는 없는 희귀본이라 할 수 있다. 이 책은 중국에서도 試圖하지 못한 방법을 조선 문인들이 姓氏 別로 재편집하여 출판하였다는 관점에서 의의가 있다. 아울러 작품의 인물을 효율적으로 찾아 볼 수 있는 장점을 가지고 있어 나름의 가치가 돋보이는 판본이라 할 수 있다.

② ≪詳節太平廣記≫

≪太平廣記≫는 宋代 文言小說集로 李昉(925-996) 등 12명이 편찬한 책이다. 이 책은 적어도 高麗 文宗 34年(1080년) 이전에는 유입되었으며[45] 그 후 朝鮮 世祖 8年

---

43) 이 책은 앞 부분에 "晉平陽侯陳壽史傳, 後學羅貫中編次, 明書林周曰校刊行"이라 적혀 있다. 박재연, ≪중국고소설과 문헌학≫, 도서출판 역락, 2012.12. 215-219쪽 참고.
44) 김장환, ≪世說新語姓彙韻分≫上卷, 학고방, 2012.11. 9-12쪽 참고.

(1462년)에 成任 등이 총 50권으로 축약하여 ≪詳節太平廣記≫라는 이름으로 편찬하였다. 이 책은 ≪攷事撮要≫에 의하면 晉州와 草溪에서 출간하였다고 기록이 있으며 현재는 50권중 26권만 전해지고 있다.

≪太平廣記≫는 ≪崇文總目≫에 類書類 500卷이라고 되어 있으며, ≪郡齋讀書志≫와 ≪直齋書錄解題≫에는 小說家類로 분류되어 있다. 北宋 太宗의 命을 받아 扈蒙, 李穆 등과 함께 太平興國 3年(978)에 편찬을 완성하여 太平興國 6年(981)에 판각하였다. 이 책의 원본은 981년에 처음 목판 인쇄되었다가 남송시기에 翻印本이 나왔다고 하나 실전되었다. 그 후 明末 嘉靖 45年(1566년)에 이르러서야 談愷가 당시 떠돌아다니던 傳抄本을 校補하여 출간을 하였는데 이 판본이 현전하는 가장 이른 판본이다. 또 명대 말기에 許自昌이 교정하여 다시 간행하였고 또 淸나라에 들어와 다시 黃晟이 소형본으로 출판하여 널리 보급하였는데 이 판본이 가장 완전하게 전해지는 판본이다.[46]

그러면 ≪詳節太平廣記≫는 무엇을 底本으로 출간하였는가? 하는 문제이다. 시기적으로 明末 嘉靖 45年(1566년)에 談愷가 출간한 판본은 1462년에 출간한 ≪詳節太平廣記≫(한 면이 10行 17字, 註雙行)보다는 시기적으로 100여 년 후의 일이기에 불가능하다. 그러면 太平興國 6年(981)에 판각하였다는 원판본이거나 남송시기(1127-1279년)에 나온 翻印本일 가능성이 높다. 太平興國 6年(981)의 원판본이 조선 초기 1400년대 중기까지 남아있기는 시기적으로 무리가 있어 보이고 오히려 남송본이 底本으로 쓰였을 가능성이 높아 보인다.

③ ≪剪燈新話句解≫

≪剪燈新話≫는 21회본으로 明代 初期 瞿佑(1347-1433)가 지은 傳奇小說集이다. ≪전등신화≫는 대략 1506년 이전에는 국내에 유입되었으며[47] 朝鮮 明宗4年(1549)·明宗 14年(1559)·明宗 19年(1564)·1704年 等 여러 차례 출간되었다. 이 책은 宣祖

---

45) 김장환·박재연·이래종 譯註, ≪太平廣記詳節≫一卷, 학고방, 2005.9. 4-7쪽 참고.
46) 寧稼雨 撰, ≪中國文言小說總目提要≫, 1996. 160쪽 참조.
47) ≪燕山君日記≫(권62-3, 연산군 12년[1506년]). 그러나 일반적으로 1443년에 나온 〈용비어천가〉에 ≪전등여화≫의 문구가 언급된 것을 감안하면 그 이전으로 추정된다.

9年(1576)刊 ≪攷事撮要≫에 의하면 原州에서 출간되었다고 하고, 宣祖 18年(1585) 刊 ≪攷事撮要≫에는 永川에서 출간되었다고 기록되어 있다. 또 이 책은 尹春年과 林芑가 총 2권 2책으로 편찬한 이래 후대에 방각본으로 수십 차례 출간된 것으로 보인다. 국내에서 가장 많이 볼 수 있는 판본 중의 하나가 바로 ≪剪燈新話句解≫本이다.

중국에서 ≪剪燈新話≫ 초간본의 출현은 1381년일 것으로 추정된다. 瞿佑의 自序(1378) 및 凌雲翰의 서문(1380), 吳植의 引語(1381), 金冕의 跋文(1381) 등에 언급된 기록이 이를 뒷받침해준다. 그 후 1442년 국자감 좨주 李時勉(1374-1450)의 상소로 인해 이 책은 간행과 판매 및 소장이 금지되어 오늘날 초기 판본은 거의 볼 수 없게 되었다. 또 일본 간행본으로 慶長 年間(1596-1614) 활자본과 元和 年間(1615-1623) 활자본 등이 있어[48] 중국과는 달리 조선과 일본에서는 많이 주목을 받았던 책이다.

중국에서 간행된 ≪剪燈新話≫의 판본을 살펴보면 1) 초교본 -≪전등록≫40권본. 2) 유통본 - 두 종류 이상 유통. 3) 중교본 - 永樂本(1421년 간행본). 4) 재간본 - 구섬, 항주 간행본. 5) 成化 丁亥(1467) 刻本 - 2권본. 6) 正德 6年(1511) 楊氏 淸江書堂刻本 - 4권본. 7) 萬曆 21年(1593) 刻本. 8) 萬曆 34年(1606) 황정위 刻本 등이 있었으며 이들 간행본은 대개 2권본과 4권본으로 간행되었음이 확인된다.[49]

국내에서의 출판은 크게 2권본과 4권본이 출판되었는데 4권본은 충남대본 외에 발견되지 않고 대부분 2권본이 주류를 이루고 있다. 간행시기는 1549년(명종 4년 송분), 1559년(명종 14년 임기·윤계년), 1564년(윤춘년, 일본내각문고본), 1614년(만력 42년, 연세대본), 1633년(인조 11년, 조선대본), 1704년(숙종 30년, 만송문고본), 1719년(강희 58년, 숙대본), 1863년(철종 14년, 해군사관학교본) 등 後印本이 있으며 일제식민시기에 들어서 1914년, 1915년, 1916년, 1917년, 1918년 등 여러 차례 출간되었다. 또 ≪剪燈新話句解≫는 전국 15곳 이상에서 간행하였으며 10행 18자, 10행 19자, 10행 20자, 10행 22자, 11행 18자, 11행 19자, 11행 20자, 11행 21자, 12행 18자, 12행 19자, 12행 20자, 12행 28자, 14행 18자, 14행 25자, 18행 18자, 13행 34자(현토본), 13행 35자(현토본) 등 다양하게 출판되었다.[50]

---

[48] 최용철 역주, ≪전등삼종≫(상), 소명출판사, 2007. 6-13쪽, 469-527쪽.
[49] 정용수 역주, ≪剪燈新話句解 譯註≫, 푸른사상, 2003년, 374-375쪽 참조.
[50] 이상의 근거는 본 연구팀이 정리한 민관동·유희준·박계화 공저, ≪한국 소장 중국문언소설의

국내 출간된 2권본 ≪剪燈新話句解≫의 底本은 正德6年(1511) 楊氏 淸江書堂刻本이 있으나 4권본이기에 가능성이 낮고, 또 萬曆 21年(1593)刻本은 시기적으로 늦어 대략 구섬의 항주 간행본과 成化 丁亥(1467)刻本이 底本으로 사용되었을 것으로 추정된다.

(3) 國內 自體編輯 出版本
① ≪訓世評話≫

≪훈세평화≫는 조선시대에 조선인이 만든 중국어교육용 學習工具書로 조선시대 李邊(1391-1473년)이 편찬한 책이다. 이 책의 출간시기는 대략 1473年(未確認)·1480年·1518年 등 여러 차례 간행되었으며 上·下 2권 1책으로 되어 있다. 또 ≪攷事撮要≫(1568년 간행본)에 의하면 江陵에서 출간하였다고 한다.[51]

≪訓世評話≫는 사실 독서용소설이 아니라 조선시대에 中國語敎育用 學習工具書로 만들어진 책임에도 불구하고 65편의 고사가 나오는데 그 중 60편이 ≪太平廣記≫나 ≪搜神記≫ 등에서 발췌인용 하였고 나머지 5편은 국내 설화로 구성되었다.

高麗末 朝鮮初에 살았던 편저자 李邊(1391-1473년)이 중국의 講史話本에 착안하여 名賢과 節婦에 관련된 대부분의 고사를 중국 전적에서 취하고, 또 ≪三國史記≫·≪三國遺事≫·≪高麗史≫와 같은 국내의 문헌설화에서도 몇 편을 추려 중국어 구어체로 번역했다.[52] 이 책은 조선시대에 조선인이 만든 國內 自體編輯本이기에 특정한 底本이 따로 없고 당시 세간에 떠돌던 ≪太平廣記≫나 ≪搜神記≫ 등의 중국 책자와 ≪三國史記≫·≪三國遺事≫·≪高麗史≫와 같은 국내 책자를 참고하여 自體編輯後 출판한 것이 확실하다.

현존하는 판본으로는 1518년 尹希仁이 10行 17字로 간행한 판본이 일본 나고야(名古屋) 蓬左文庫에 소장되어 있고, 국내 國立中央圖書館에 그 영인본이 있다.

  판본 목록과 해제≫(학고방, 2013년 2월 간행)를 근거로 작성하였다.
51) 이에 대한 고증은 이 책을 처음 발견한 박재연의 저서에 자세하다. 박재연 외 역해, ≪훈세평화≫, 대학사, 1998년, 16-23쪽.
52) 박재연, 〈15세기 역학서 訓世評話에 대하여〉, ≪한국중국소설논총≫제7집, 1998, 132쪽 참조.

② ≪刪補文苑楂橘≫

≪문원사귤≫은 총 2권 2책으로 되어 있으며 출판연대는 英祖 36年(1760년) 이전, 대략 1669-1760년경으로 추정된다. 서목은 ≪刪補文苑楂橘≫이라 되어 있다. 혹자는 중국 明版本을 조선사람이 翻刻하여 만들었다는 하지만 중국에서는 판본뿐만 아니라 書目조차도 보이지 않는 것으로 보아 국내 자체편집 출판본이 확실해 보인다. 또 이 책은 한 면이 10行 20字이며 第一校書館印書體 木活字本으로 되어 있다.[53]

≪刪補文苑楂橘≫은 序文과 刊記는 물론 편찬자도 언급되어 있지 않아 이 책의 유래에 대해 알 수가 없지만 대략 수록된 작품의 내용을 보면 ≪太平廣記≫의 작품과 明代에 나온 문언소설집 ≪艶異編≫·≪情史≫·≪國色天香≫ 등에서 일부작품을 뽑아 편찬한 것으로 추정된다.[54] 여기에 수록된 문언소설은 총 20편으로 唐代 傳奇小說이 15편(≪虯髥客傳≫·≪紅線傳≫·≪崑崙奴≫·≪無雙傳≫·≪汧國夫人≫(一名≪李娃傳≫)·≪崔鶯鶯≫(一名≪鶯鶯傳≫)·≪裴諶≫·≪韋鮑生≫·≪崔玄微≫·≪韋丹≫·≪靈應≫·≪柳毅≫·≪薛偉≫·≪淳于棼≫(一名≪南柯太守傳≫)·≪張直方≫), 宋明 文言小說이 5편(≪韋十一娘≫·≪義倡≫·≪負情儂≫·≪趙飛燕≫·≪東郭先生≫)이 수록되어 있다.[55]

또 이 책은 박재연이 발굴한 尹德熙의 ≪小說經覽者≫(1762)와 完山李氏의 ≪中國小說繪模本≫序文(1762)에 그 서목이 처음 보이고 그 후 유만주의 독서일기 ≪欽英≫에서도 1784년에 이 책을 읽었다는 기록이 있는 것으로 보아 당시 문인들 사이에

---

53) ≪文苑楂橘≫은 文言 短篇小說集으로 일찍이 孫楷第는 ≪日本東京所見小說書目≫에서 이 책을 조선 사람이 明本을 翻刻한 것이거나 또는 조선 사람이 작품을 뽑아 편집 인쇄한 것으로 추정한 바 있다. 또 박재연은 이 책이 중국에서 逸失된 중국 문언소설집이 아니라, 조선인이 명대에 나온 문언소설을 참고하여 자체편집후 편찬한 것이며, 사용된 활자가 肅宗 10年(1684) 경부터 英祖36年(1760)경까지 사용된 第一校書館 印書體字인 것으로 보아 출판연대를 대략 1760년 이전으로 추정하고 있다. 박재연, ≪刪補文苑楂橘≫校註本, 선문대 중문과 출판, 1994년.

54) ≪오주연문장전산고≫경사편1-경전류1〈經傳總說〉〈經傳注疏를 널리 섭렵하는 데 대한 변증설〉에서도 ≪태평광기≫에서 작품을 뽑았다는 대목이 있다. "누대로 우리집 藏書 중에 ≪文苑楂橘≫2卷이 있었는데, ≪廣記≫를 鈔略한 것으로 그 속에도 역시 河上老人의 말이 실려 있어서 참고할 만했다. 그러나 다른 사람에게 빌려 주었다가 잃어버리니 한탄할 노릇이다(予家藏書中, 有≪文苑楂橘≫者二卷, 乃≪廣記≫之鈔略. 而其中, 亦詳載河上老人語, 可考也. 借人見佚, 可歎)."

55) 박재연, ≪刪補文苑楂橘≫校註本, 선문대 중문과 출판, 1994년, 85-94쪽 참조.

널리 읽혀졌던 책으로 보여 진다.56)

이 책도 조선시대에 조선인이 만든 國內 自體編輯本이 확실시되기에 특정한 底本이 따로 없고 당시 세간에 널리 읽혀졌던 ≪太平廣記≫와 明代의 ≪艶異編≫·≪情史≫·≪國色天香≫ 등을 참고하여 自體編輯한 出版本으로 추정된다.

③ ≪鍾離葫蘆≫

≪종리호로≫는 대략 16세기 말이나 17세기 초에는 조선인에 의하여 간행된 것으로 추정되는 책이다.57) 이 책은 1冊本으로 조선에서 自體編輯하여 출간된 책으로 알려져 있다. 현재 雅丹文庫에 소장되어 있으며 한 면이 7行 15字인 유일본이다.

≪鍾離葫蘆≫는 明代 笑話集 ≪絶纓三笑≫의 작품을 가져다가 추려서 조선에서 간행한 소화집이다. 조선중기 문인 柳夢寅(1559-1623)이 자신이 엮은 ≪於于野談≫에서 이 책에 관한 기록을 남겼고,58) 조선 후기 작가 鄭泰齊(1612-1669)가 지은 ≪天君演義≫의 서문에서도 우리나라에서 나온 책이라고 언급59)되어 있다. 이 책은 근래 최용철이 아단문고에서 발굴하여 세상에 알려지게 되었다. 그 후 김준형은 金烋(1597-1638)이 엮은 ≪海東文獻總錄≫에 ≪鍾離葫蘆≫의 기록과 ≪鍾離葫蘆≫의 출처가 明나라 笑話 모음집인 ≪絶纓三笑≫라는 것과 天啓 壬戌年(1622) 봄에 평양 가촌에서 간행하였다는 것을 알아내었다.60)

---

56) 이 책은 현재 國立中央圖書館, 韓國學中央研究院(藏書閣)에 木活字本이 있고, 國立中央圖書館(1부), 延世大學校(2부), 啓明大學校(1부), 박재연(1부) 등이 필사본을 소장하고 있다.
57) 柳夢寅(1559-1632년)의 ≪於于野談≫에 언급되어 있다. 필자도 이전에는 ≪鍾離葫蘆≫를 ≪鍾離≫와 ≪葫蘆≫로 따로 별개의 책으로 보았으나 최용철의 발굴로 그 의문점이 풀리게 되었다.
58) 최용철, 〈조선간본 中國笑話 종리호로의 발굴〉, ≪중국소설논총≫제16집, 2002. 267-268쪽.
  금년 봄에 새로 간행된 中原作品인 70편의 (필기)소설이 있는데 제목이 ≪鍾離葫蘆≫로서, 西伯으로부터 들여온 것이다. 그러나 외설스럽기 그지없어 차마 눈을 뜨고 볼 수 없었다. 다만 그 중의 두 가지 고사는 世敎에 도움이 될 만하다.
59) 최용철, 〈조선간본 중국소화 종리호로의 발굴〉, ≪중국소설논총≫, 2001. 269쪽.
  근세의 소설과 잡기 중에서 세상에 전해지는 것이 많지만 그 중에서 이름난 것으로 말하면 중국에서 온 책으로 ≪전등신화≫·≪염이편≫ 등이 있고, 우리나라에서 나온 것으로는 ≪종리호로≫·≪어면순≫ 등의 책이 있다.
60) 김준형, 〈종리호로와 우리나라 稗說문학의 관계양상〉, ≪중국소설논총≫, 2003. 133쪽.
  ≪절영삼소≫는 명나라 사람의 웃음의 도구다. 예전에는 4본이 있었는데, 지금 내가 더하고 깎아 그 셋은 버리고 하나만 취하여 이름을 ≪종리호로≫라 하였다. 무릇 78편의 이야기는 비록

또 최근 최용철은 日本 東京大 所藏本 ≪絶纓三笑≫ 가운데 ≪鐘離葫蘆≫의 내용 78편중 71편이 거의 같은 내용으로 ≪絶纓三笑≫에서 가져왔다는 사실을 증명하였다.[61]

≪鐘離葫蘆≫ 역시 ≪訓世評話≫나 ≪刪補文苑楂橘≫처럼 조선시대의 문인에 의해 만들어진 國內 自體編輯 出版本임이 확실시된다. 그러기에 이 책도 특정한 底本이 따로 없고 당시 세간에 떠돌던 明 笑話集 ≪絶纓三笑≫ 등을 중심으로 만들어진 自體編輯 出版本이기에 나름의 가치와 의의가 있는 작품으로 평가된다.

3) 出版의 意義와 版本의 價値

(1) 국내 출판의 의의

조선시대 中國語 原文으로 출판된 중국고전소설은 약 19종 21작품으로(後印本과 번역 出版本 제외) 조사되었다. 그중에서 漢代의 작품으로 ≪新序≫·≪說苑≫, 위진육조의 작품은 ≪博物志≫·≪世說新語補≫, 당대의 작품은 ≪唐段小卿酉陽雜俎≫, 송대의 작품은 ≪詳節太平廣記≫, 원대의 작품은 ≪嬌紅記≫, 명대의 작품으로 ≪剪燈新話句解≫·≪剪燈餘話≫·≪玉壺氷≫·≪效顰集≫·≪花影集≫·≪兩山墨談≫·≪皇明世說新語≫·≪三國志通俗演義≫·≪新刊校正古本大字音釋三國志傳通俗演義≫·≪四大奇書第一種≫[62] 등이 있다. 이처럼 명대 작품이 조선출판의 주류가 되었음이 확인된다.

문체에 있어서는 ≪三國演義≫ 계열을 제외한 작품들 대부분이 문언소설이라는 특징이 있으며, 또 국내 출판시기를 살펴보면 1400년대에 출판한 작품으로 ≪新序≫·≪說苑≫·≪唐段小卿酉陽雜俎≫·≪詳節太平廣記≫·≪訓世評話≫ 등이 있고, 1500

정권을 잡거나 국가의 大計를 결정하는 데에는 관계하지 못하지만 정신을 수렴하는 데에는 도움이 될 것이다. …〈中略〉… 天啓 壬戌(1622) 봄에 笑山子가 箕城(평양)의 可村에서 쓰다.

61) 최용철, 〈명대소화 절영삼소와 조선간본 종리호로〉, ≪중국어문학≫제36집. 2005.
62) ≪世說新語補≫와 ≪四大奇書第一種≫의 경우, ≪世說新語補≫는 그 뿌리가 ≪世說新語≫에서 나왔기에 위진육조로 분리하였고, ≪四大奇書第一種≫은 뿌리가 나관중의 ≪삼국연의≫이기에 명대로 분류하였다.

년대는 ≪博物志≫(推定)·≪嬌紅記≫(推定)·≪剪燈新話句解≫·≪剪燈餘話≫· ≪花影集≫·≪玉壺氷≫·≪效顰集≫·≪兩山墨談≫·≪三國志通俗演義≫ 등이, 1600년대에는 ≪鍾離葫蘆≫·≪新刊校正古本大字音釋三國志傳通俗演義≫(推定) 등이, 1700년대에는 ≪世說新語補≫·≪世說新語姓彙韻分≫·≪皇明世說新語≫·≪刪補文苑楂橘≫(推定)·≪四大奇書第一種≫[63] 등이 있다.

이상의 결과를 가지고 분석해 보면, 朝鮮初期부터 유학의 장려와 함께 흥성한 학술 풍토는 출판문화의 형성에 많은 영향을 주었는데 이러한 영향은 소설에까지도 영향을 끼쳐 많은 소설들이 출판되었음이 확인된다. 특히 1400년대와 1500년대에는 왕성한 출판문화가 형성되어 다량의 책들이 민간에 보급된 것으로 추정된다. 그러나 壬辰倭亂(1592-1598년)은 번창하던 우리의 출판문화에 상당한 타격을 입히게 되어 결국 1600년대는 출판이 급격히 위축되고 또 판본 상태도 졸렬해지는 현상이 소설 출판에서도 나타난다. 그러다 1700년대에 들어서며 다시 출판이 왕성해 지며 이전의 상태로 회복이 되는 양상을 보이고 있다.[64]

朝鮮出版本의 版式을 살펴보면 다양한 출판형태를 보여주고 있는데 그중 가장 주목되는 부분은 한 면이 몇 行·몇 字로 판각되었나 하는 문제이다. 대략 출판시대 순으로 살펴보면 다음과 같다.

≪新序≫(11行 18字)·≪說苑≫(11行 18字)·≪唐段小卿酉陽雜俎≫(10行 19字 / 10行 23字)·≪詳節太平廣記≫(10行 17字)·≪訓世評話≫(10行 17字 / 白話文 10行 16字)·≪博物志≫(未確認)·≪嬌紅記≫(未確認)·≪剪燈新話句解≫(10行 18字 / 10行 19字 / 10行 20字 / 10行 22字 / 11行 18字 / 11行 19字 / 11行 20字 / 11行 21字 / 12行 18字 / 12行 19字 / 12行 20字 / 12行 28字 / 14行 18字 / 14行 25字 등 多樣·≪剪燈餘話≫(11行 22字)·≪三國志通俗演義≫(11行 20字)·≪兩山墨談≫(9行 18字)·≪玉壺氷≫(9行 17字 / 9行 18字 / 10行 18字 / 10行 20字)·≪效

---

63) 필자가 발표한 논문 〈중국고전소설의 출판문화 연구〉(≪중국어문논역총간≫제30집, 2012.1. 230-231쪽)에 약간의 오류와 新 發掘本을 보충하여 다시 작성한다.
64) 조선출판본의 출판목적을 살펴보면 조선전기에는 주로 신학문에 대한 갈망과 호기심 그리고 풍속교화와 교육의 목적으로 이루어진 반면 조선 후기에는 영리목적으로 이루어진 상업적 출판이 주종을 이룬다.

響集≫(12行 21字)・≪花影集≫(10行 18字)・≪鍾離葫蘆≫(7行 15字)・≪新刊校正古本大字音釋三國志傳通俗演義≫(13行 24字)・≪刪補文苑楂橘≫(10行 20字)・≪世說新語補≫(10行 18字)・≪世說新語姓彙韻分≫(10行 18字)・≪皇明世說新語≫(10行 20字)・≪四大奇書第一種≫(12行 26字).

이상의 결과에서 판식의 판형은 대략 7行 15字부터 13行 24字까지 다양한 형태를 보여준다. 그 중 10行 18字, 10行 20字, 11行 18字 版을 비교적 선호한 편으로 보인다. 또 활자형태를 살펴보면 일반적으로 목활자와 금속활자로 출판되었는데 대부분 소설이 목활자가 주류를 이룬다. 그러나 특이하게도 金屬活字로 찍은 것이 있는데 이것이 곧 ≪三國志通俗演義≫와 ≪世說新語補≫ 이다. ≪三國志通俗演義≫는 1560년 初·中期에 '丙子字'로 출판되었고 ≪世說新語補≫는 1708年頃에 '顯宗實錄字'로 출간되었다. 이렇게 金屬活字로까지 중국고전소설이 출간되었다는 사실은 朝鮮의 出版史에 상당한 의미를 내포하고 있다고 평가할 수 있다. 출판지역도 漢陽, 安東, 南原, 慶州, 江陵, 襄陽, 草溪, 晉州, 原州, 淳昌, 昆陽, 延安, 固城, 務安, 耽羅(濟州) 등 전국 각지에서 고르게 출판되어 출판강국으로의 위상을 보여주고 있다.

(2) 판본의 가치

조선시대에 출판한 중국고전소설 가운데는 이미 중국에서조차 逸失되어 없거나 설사 있더라도 원형을 복원하기 어려운 판본들이 다수 존재한다. 또 복원되었다고 하더라도 시기적으로 조선출판본 보다 늦은 시기에 나온 판본이기에 조선출판본이 더 높은 가치를 가지게 된다. 이러한 판본으로는 ≪新序≫・≪說苑≫・≪唐段小卿酉陽雜俎≫・≪花影集≫・≪玉壺氷≫ 등을 들 수 있다. 특히 ≪花影集≫의 경우에는 중국에서도 일찍 실전되어 일본 筆寫本으로 복원한 경우인데 그 원형을 조선출판본 ≪花影集≫으로 복원이 가능하기에 판본적 가치가 높다고 할 수 있다. 또 ≪唐段小卿酉陽雜俎≫ 등 대부분 소설들은 현재 국내 도서관 등에 분산되어 소장되어 있지만 이 판본들을 합치면 복원이 가능하다. 실례로 본 연구팀은 현재 안동 군자마을 소장본 ≪新序≫・≪說苑≫과 계명대 소장본 ≪新序≫을 합쳐 복원을 준비하고 있다.

그리고 국내에서 비교적 이른 시기에 출판하여 가치가 생긴 판본으로 ≪三國志通俗

演義≫를 들 수 있다. 이 책은 현재 중국에서 ≪三國演義≫의 가장 이른 판본인 明代 嘉靖 任午本(1522년)이 나온 지 불과 40여 년 만에 간행되다가 한·중·일 최초의 金屬活字本으로 출간되어 상당한 가치와 의미를 지닌다. 그 외 原文을 再編輯하여 출판한 판본으로 ≪詳節太平廣記≫와 ≪剪燈新話句解≫가 있는데 ≪詳節太平廣記≫의 경우 중국본 ≪太平廣記≫에는 없는 6편이 수록되어 있어 談愷本(1566年) 이후 ≪太平廣記≫의 遺漏를 채워줄 수 있는 소중한 자료가 되고 있다.[65] ≪剪燈新話句解≫의 경우에는 원문 ≪剪燈新話≫에 나름의 句解를 달아 서지학적 가치를 높인 것은 물론 ≪剪燈新話≫ 자체가 중국에서는 일실되었던 것을 일본에서 복원한 점을 감안하면 ≪剪燈新話句解≫의 판본적 가치는 상당히 높은 것으로 인정된다.

또 원문을 재편집하여 출간한 ≪世說新語姓彙韻分≫이나 국내 자체편집하여 출간한 ≪訓世評話≫·≪刪補文苑楂橘≫·≪鍾離葫蘆≫의 경우는 또 다른 의미와 가치가 있다. 먼저 ≪世說新語姓彙韻分≫의 경우, 이 책은 작품인물 찾기의 효율성을 감안해 姓氏 別로 재편집하여 출판하였다는 관점에서 매우 의의가 있고 또 중국에는 시도하지 않은 발상이기에 가치가 더해지고 있다. 그리고 중국에서는 없는 작품을 조선인이 창의적으로 자체편집하여 출간한 ≪訓世評話≫·≪刪補文苑楂橘≫·≪鍾離葫蘆≫는 창의적 관점에서 매우 높은 가치가 부여된다. 그것도 한 책에서 주로 발췌한 ≪鍾離葫蘆≫가 있는가 하면 여러 책을 참고로 취향에 따라 발췌하여 출간한 ≪訓世評話≫와 ≪刪補文苑楂橘≫도 있다. 이러한 유형의 출간은 중국소설의 수용사적 측면에서 매우 중요한 의미를 함유하고 있다.

그 외에도 서지학적 가치를 더하는 것으로 ≪兩山墨談≫을 들 수 있다. 이 책은 朝鮮 宣祖 8年(1575) 慶尙道 慶州官廳에서 간행하였다는 기록과 嘉靖 乙亥年(1539)에 原著者 陳霆이 쓴 跋文이 명확하게 기록되어 있다. 그리고 崔起南(1559-1619, 성균관 유생)이 校訂編纂하였으며 당시 간행에 참여한 경상도 관찰사 尹根壽 등 28名의 이름이 책 뒤에 명기되어 있어 사료적 가치가 높다. 그 외 서문이나 발문을 통해 출간 연대와 출간자가 명확히 기록된 판본으로는 ≪訓世評話≫·≪花影集≫·≪詳節太平廣記≫·≪剪燈新話句解≫ 등이 있다. 또 ≪조선왕조실록≫이나 기타 문헌사료들을 통

---

65) 김장환·박재연·이래종 譯註, ≪太平廣記詳節≫一卷, 학고방, 2005.9. 28-29쪽 참고.

해 刊記 등을 확인할 수 있는 작품에는 ≪說苑≫·≪唐段小卿酉陽雜俎≫ 등이 있어 겨우 출간시기 혹은 出刊者를 추정할 수 있으나 ≪皇明世說新語≫나 ≪世說新語姓彙韻分≫ 등의 판본은 전혀 간기가 없어 출간시기의 추정과 간행자의 추적에 어려움이 따르고 있다.

또 국내에서 가장 여러 차례 출간한 ≪剪燈新話句解≫와 ≪四大奇書第一種≫의 경우는 간기가 있는 것과 없는 것이 혼재하여 혼선을 빚고 있다. ≪剪燈新話句解≫의 경우 간행시기가 명확한 것으로 1549년본, 1559년본, 1564년본, 1614년본, 1633년본, 1704년본, 1719년본, 1863년본 등에는 刊記가 표시되어 있으나 나머지 판본은 기록이 전혀 없어 출판시기를 추정하기가 매우 어렵다. 이러한 현상은 ≪四大奇書第一種≫(모종강 비평본)에서 더 심하게 나타난다.

끝으로 현재 조선시대 출판본 중 아직까지 발굴하지 못한 판본은 ≪列女傳≫·≪博物志≫·≪嬌紅記≫ 등 3종이 있고, 발굴은 하였으나 애석하게도 일본에 소장되어 있는 판본은 ≪剪燈餘話≫·≪花影集≫·≪效顰集≫·≪訓世評話≫ 등 4종이 있다.

결론적으로 조선시대에 출판된 중국고전소설의 출판방식은 크게 原文出版과 飜譯出版으로 나뉘며 原文出版은 다시 覆刻出版과 原文 再編輯出版 및 國內 自體編輯出版으로 분류된다. 覆刻出版本으로는 ≪新序≫·≪說苑≫·≪博物志≫·≪世說新語補≫·≪唐段小卿酉陽雜俎≫·≪剪燈餘話≫·≪玉壺氷≫·≪效顰集≫·≪花影集≫·≪兩山墨談≫·≪皇明世說新語≫·≪三國志通俗演義≫·≪新刊校正古本大字音釋三國志傳通俗演義≫·≪四大奇書第一種≫ 등이 있고, 原文 再編輯 出版本으로는 ≪世說新語姓彙韻分≫·≪詳節太平廣記≫·≪剪燈新話句解≫ 등이 있으며, 國內 自體編輯 出版本으로는 ≪訓世評話≫·≪刪補文苑楂橘≫·≪鍾離葫蘆≫ 등이 있다.

조선시대에 原文으로 출판된 중국고전소설은 약 19종 21작품으로 이들 대부분은 명대 작품을 가지고 출판하였음이 확인된다. 또 ≪三國演義≫ 계열을 제외한 작품들은 대부분이 문언소설이라는 특징이 있으며 1400년대와 1500년대에는 왕성한 출판문화가 형성되어 다량의 책들이 민간에 보급된 것으로 추정된다. 그러나 壬辰倭亂(1592-1598년)으로 번창하던 우리의 출판문화가 상당한 타격을 입어 1600년대는 출판이 급격히 위축되거나 판본 상태도 졸렬해지는 현상이 나타난다. 그러다 1700년대에 들어서며 다시 출판이 다시 回復되는 양상을 보이고 있다.

朝鮮出版本의 版式은 대략 7行 15字부터 13行 24字까지 다양한 형태로 나타나지만 그 중 10行 18字, 10行 20字, 11行 18字 版을 비교적 선호한 편으로 확인된다. 또 활자도 대부분 소설이 목활자가 주류를 이루지만 ≪三國志通俗演義≫와 ≪世說新語補≫처럼 金屬活字로 찍은 것도 나타난다. 출판지역도 漢陽, 安東, 南原, 慶州, 江陵, 襄陽, 草溪, 晉州, 原州, 淳昌, 昆陽(泗川), 延安, 固城, 務安, 耽羅(濟州) 등 전국 각지에서 고르게 출판되었음이 확인할 수 있다.

조선시대 출판한 중국고전소설 가운데 ≪新序≫·≪說苑≫·≪唐段小卿酉陽雜俎≫·≪花影集≫·≪玉壺氷≫ 등은 이미 중국에서 실전되었거나 원형을 복원하기 어려운 판본(복원되었어도 조선출판본보다 늦은 판본)들로 가치가 높은 작품들이다.

그리고 한·중·일 최초의 金屬活字本으로 출간된 ≪三國志通俗演義≫와 原文을 再編輯하여 출판한 판본으로 ≪詳節太平廣記≫·≪剪燈新話句解≫ 등도 서지학적 가치를 높인 작품으로 작품들이다. 또 원문을 재편집하여 출간한 ≪世說新語姓彙韻分≫이나 국내 자체편집하여 출간한 ≪訓世評話≫·≪刪補文苑楂橘≫·≪鍾離葫蘆≫의 경우도 또 다른 의미와 가치가 있다. 즉 중국에서는 없는 작품을 조선인의 손으로 자체편집하였기에 창의적 관점에서 매우 높은 가치가 부여된다. 이러한 유형의 출간은 중국소설의 수용사적 측면에서 매우 중요한 의미를 함유하고 있다.

그 외에도 서지학적 가치를 더하는 것으로 ≪兩山墨談≫·≪訓世評話≫·≪花影集≫·≪詳節太平廣記≫·≪剪燈新話句解≫처럼 序文이나 跋文에 출간 연대와 출간자가 명확히 기록되어 있어 사료적 가치가 높은 작품도 있다. 그러나 대부분의 판본들은 간기가 없어 출간시기의 추정과 간행자의 추적에 어려움이 따르고 있다.

第三部

翻譯本 中國古典小說
研究論著 目錄

1. 硏究論著 目錄

1) 國內 飜譯本 中國古典小說 總論

강미선 : 〈한중 고전소설의 비교 연구(중국 재자가인 소설과 17세기 한글 소설을 중심으로)〉, 한국 가톨릭대 碩士學位論文, 2004.

姜中卓 : 〈韓·中 傳奇小說의 특성에 관한 연구〉, ≪人文科學硏究論叢≫(明知大 人文科學硏究所) 第10號, 1993.

金成姬 : 〈韓國語와 中國 朝鮮語의 飜譯文 比較 硏究(중국소설 삼국연의의 번역을 중심으로)〉, 高麗大 國文科 碩士論文, 2004.

김지선 : 〈中國小說在朝鮮的傳播與接受〉, ≪華中師範大學學報≫ 第46輯, 2006.8.

金泰範 : 〈韓國各圖書館所藏中國四大奇書古本書目〉, ≪書目季刊≫(台北) 第22卷 1期, 1988.

閔寬東 : 〈中國古典小說流傳韓國之硏究〉, 臺灣 文化大 博士論文, 1994.6.

閔寬東 : ≪中國古典小說在韓國之傳播≫, 中國 上海 學林出版社, 1998.

민관동 : ≪中國古典小說史料叢考(國內篇)≫, 亞細亞文化社, 2001.

민관동·김명신 : ≪中國古典小說批評資料叢考≫, 학고방, 2003.

민관동 : ≪中國古典小說의 傳播와 受容(韓國編)≫, 亞細亞文化社, 2007.10.

閔寬東 : 〈國內 中國古典小說의 硏究와 成果〉, ≪中國語文學論集≫第48號, 2008.

민관동 : ≪중국 고전소설의 출판과 연구자료 집성(한국편)≫, 亞細亞文化社, 2008.

민관동 : 〈中國古典小說의 收容과 變容에 대한 考察〉, ≪中國文學硏究≫第36輯, 2008.

민관동 : 〈國內의 中國古典小說 飜譯 樣相〉, ≪中國語文論譯叢刊≫第24輯, 2009.

민관동 : 〈한국의 중국고전소설 번역정황 연구〉, ≪明淸小說硏究≫, 2009.12.

민관동 : 〈한국의 중국고전소설 연구성과〉≪明淸小說硏究≫, 중국 강소성 사회과학원, 2010.9.

민관동 : ≪中國古典小說在韓國的硏究≫, 中國 上海 學林出版社, 2010.

劉承炫·閔寬東 : 〈朝鮮의 中國古典小說 수용과 전파의 주체들〉,≪中國小說論叢≫ 第33輯, 2011.4.

劉承炫·閔寬東 : 〈국내 소장된 중국 彈詞·鼓詞와 그 번역·번안본〉, ≪중국학보≫ 제66집, 2012.12.

閔寬东·陈文新 合著, ≪韩国所见中国古代小说史料≫, 中國 武汉大学出版社, 2011.5.

민관동 : 〈비교문학 관점에서의 중국고전소설 연구〉, ≪중국어문학≫제58집, 2011.12.

김명신·민관동 : 〈조선시대 중국고전소설의 번역 개황 연구〉, ≪중국소설논총≫제35집, 2011.12.

민관동·정선경·유승현 : ≪중국고전소설 및 희곡 연구자료 총집≫, 학고방, 2011.12.

민관동 : 〈중국고전소설의 출판문화 연구〉, ≪중국어문논역총간≫제30집, 2012.01.

민관동·정영호 : ≪중국고전소설의 국내 출판본 정리 및 해제≫, 2012.4.

朴桂花·閔寬東 : 〈中國 文言小說의 국내유입과 수용양상〉, ≪중국어문학논집≫ 제75집, 2012.8.

민관동 : 〈번역본 중국고전소설의 발굴과 성과〉, ≪중국어문학지≫제40집, 2012.9.

민관동 : 〈조선출판본 중국고전소설의 서지학적 고찰〉, ≪중국소설논총≫제39집, 2013.4.

민관동·유희준 : ≪한국 소장 중국문언소설의 판본 목록과 해제≫, 도서출판 학고방, 2013.2.

박명진 : 〈명대 公案小說과 조선시대 訟事小說에 나타난 법문화〉, ≪中國語文學≫ 第47輯, 2006.6.

박일용 : 〈조선후기 傳과 소설을 통하여 본 事實과 虛構, 그리고 소설적 진실〉, ≪中國小說論叢≫ 第13輯, 2001.2.

박재연 : 〈조선시대 중국통속소설 번역본의 연구〉, 한국외대 대학원 박사논문, 1993.

朴在淵 : ≪中國小說繪模本≫, 江原大學校 出版部, 1993.

박재연 : 〈중국 번역소설과 역학서에 나타난 어휘에 대하여(낙선재 번역소설 필사본에 나타난 차용어를 중심으로)〉, ≪韓國語文學硏究≫(한국외국어대학교 한국어문학연구회 第13輯, 2001.8.

박재연 : 〈紅樓夢系 筆寫本 飜譯小說에 나타난 語彙硏究〉, ≪홍루몽의 전파와 번역 국제학술대회 논문집≫(선문대학교), 2004.

박재연 : 〈朝鮮時代 번역소설에 대한 원전정리 및 주석 연구〉, ≪中國小說硏究會報≫ 第61號, 2005.3.

박희병 : 〈한국, 중국, 베트남 전기소설의 미적 특질 연구(금오신화, 전등신화, 전기만록을 중심으로)〉, ≪大東文化硏究≫ 第36卷, 2000.1.

서대석 : 〈동아시아 영웅신화의 비교연구〉, ≪구비문학연구≫(한국구비문학회) 제11집, 2002.12.

서은숙 : 〈한국 독자의 중국문학 번역물에 대한 인식과 평가 연구- 2008년도 출간 중국소설 번역물을 중심으로 -〉, ≪중국학연구≫50, 2009.12.

成潤淑 : 〈唐傳奇與朝鮮短篇小說之比較硏究〉, 臺灣 文化大 博士論文, 1990.

孫秉國 : 〈韓國古典小說에 끼친 明代 話本小說의 影響〉, 東國大 國文科 博士論文, 1990.

손병국 : 〈開化期 新聞連載小說에서의 明代白話 短篇小說 受容樣相〉, ≪동악어문논집≫ (東岳語文學會) 卷號35 1999.12.

申東一 : 〈韓國古典小說에 미친 明代短篇小說의 影響(혼사장애 구조를 중심으로)〉, 서울大 博士學位論文, 1985.

申秉澈 : 〈조선 正祖時代 문인의 中國小說觀 試探〉, ≪中國小說論叢≫ 제15집, 2002.2.

신정호 : 〈소설에 나타난 한중 양국의 상호인식〉, ≪中國小說論叢≫ 제21집, 2005.3.

오순방 : 〈朝鮮時代 中韓兩國小說 飜譯交流考〉, ≪文化與飜譯國際學術硏討會論文集≫(中國飜譯學會), 1999.8.

오순방：〈1894年 刊 中文基督教小說의 전파와 翻譯 그리고 初期 韓國의 文書宣教(韓國基督教博物館 所藏≪喩道要旨≫와 韓譯本≪인가귀도≫를 中心으로)〉, ≪中國小說論叢≫第27輯, 2008.

柳晟俊：〈韓中越 漢文小說의 揷入詞에 對한 論爭〉, ≪韓國學의 課題와 展望≫(精神文化研究院), 1988.12.

劉承炫・閔寬東：〈朝鮮의 中國古典小說 수용과 전파의 주체들〉, ≪中國小說論叢≫ 第33輯, 2011.4.

游娟鐶：〈韓國古典翻譯小說의 研究(三國演義 西遊記 今古奇觀과의 關係를 中心)〉, 高麗大 博士論文, 1991.

柳鐸一：〈15・6세기 中國小說의 韓國 傳入과 受容〉, ≪釜山師大 語文教育論叢≫ 제10호, 1988.2.

윤보경：〈한국 근대시기 현토본 중국소설 간행 연구〉, ≪中國小說論叢≫ 第33輯, 2011.4.

李騰淵：〈중국소설 연구자가 본 한·중 소설 비교연구상의 교류문제〉, ≪中國小說論叢≫ 제23집, 2006.3.

李明九：〈三言・二拍과 韓・日文學〉, ≪亞細亞文化≫(翰林大 亞細亞文化研究所) 第2輯, 1986.2.

李明九：〈鮮・明代小說의 比較文學的 研究(특히 發語詞를 中心으로)〉, ≪한림대논문집≫ 第3輯, 1997.1.

李炳漢：〈中國과 韓國의 古典小說(그 發達과 影響에 對한 比較考察)〉, ≪中國學報≫(韓國中國學會) 第9號, 1968.10.

李相翊：〈韓・中小說의 比較研究〉, ≪教育論叢≫(서울大 師範大學教育會) 第15輯, 1977.

李相翊：〈韓國小說의 比較文學的 研究(西遊記의 影響을 中心으로)〉, 서울大 博士論文, 1980.

이상익：〈韓中小說의 比較文學的 研究(軍談小說과 三國志演義)〉, ≪韓國古小說研究≫ 二友出版社, 1983.2.

이상익：〈韓中小說의 比較文學的 研究(紅樓夢의 영향관계)〉, ≪師大論叢≫(서울

대 국어교육과) 第26輯, 1983.6.

이상익 : 〈韓中小說의 比較文學的 硏究(紅樓夢 연구의 世界的 關心)〉, ≪師大論叢≫(서울대 국어교육과) 第39輯, 1989.12.

이상익 : 〈韓中小說의 比較硏究(서유기의 영향을 중심으로 [衝擊과 調和])〉, ≪東方文學比較研究叢書≫ 第2卷, 1992.

李在秀 : 〈韓國小說 發達段階에 있어서 中國小說의 影響〉, ≪慶北大 論文集≫ 第1輯, 1956.10.

이재홍 : 〈국립중앙도서관소장 번역필사본 중국역사소설 연구〉, 연세대 박사논문, 2007.2

李鐘殷 : 〈中國小說이 韓國小說에 미친 影響〉, 延世大 碩士論文, 1956.2.

李慧淳 : 〈中國小說이 韓國小說에 미친 影響(義氣問題를 中心으로)〉, ≪國語國文學≫(國語國文學會) 第68.69合倂號, 1975.9.

장개종 : 〈한·중·월 전기소설의 비교연구(금오신화, 전등신화, 전기만록을 중심으로)〉, 成均館大 博士論文, 1994.

全惠卿 : 〈韓中越 傳奇小說의 비교 연구(金鰲新話, 剪燈新話, 傳奇漫錄을 중심으로)〉, 崇實大 博士論文. 1995.

丁奎福 : 〈韓國古代軍談小說考〉, 高麗大 碩士論文, 1958.3.

丁來東 : 〈中國小說이 韓國文學에 끼친 影響〉, ≪國語國文學≫ 第27輯, 1964.8.

정범진 : 〈韓國對韓中古典小說의 比較硏究〉, ≪韓國學報≫(台北) 第5輯, 1985.12.

정옥근 : 〈朝鮮時代 中國古代小說와 傳播和影響〉, ≪華東師大學報≫(중국) 第4期, 1994.

정옥근 : 〈中國古代通俗小說在古代朝鮮的傳播和影響〉, 中國 上海華東師範大 博士論文, 1997.7.

정옥근 : 〈朝鮮時代 中國通俗小說의 傳播範圍와 方式〉, ≪中國語文論叢≫ 第13輯, 1997.12.

정옥근 : 〈朝鮮時代 中國 評點本小說의 傳播와 影響〉(譚帆과 공저), ≪中國小說論叢≫ 第10輯, 1999.8.

정옥근 : 〈朝鮮時代 中國 明淸小說 五大奇書의 傳播와 影響〉, ≪中語中文學≫

第25輯, 1999.12.

정옥근 : 〈朝鮮時代 中國小說을 통해 본 儒敎制度의 鞏固過程〉, ≪中國小說論叢≫ 제11집, 2000.2.

정옥근 : 〈朝鮮時代 中國小說을 통해 본 儒敎制度의 鞏固過程(2)〉, ≪中國語文學論集≫ 第24號, 2003.8.

정유진 : 〈한국, 중국, 베트남 애정전기의 여성과 애정(금오신화·전등신화·전기만록을 중심으로)〉 ≪女性文學研究≫ 第8卷, 2002.

趙冬梅 : 〈談才子佳人小說對玉麟夢等朝鮮漢文小說的影響〉, ≪中國小說論叢≫ 第16輯, 2002.8.

趙英規 : 〈中國明代小說對韓國李朝小說之影響〉, 臺灣 政治大 碩士論文, 1966.

趙鍾業 : 〈古代小說 形成上의 史傳體와 變文(韓中文學比較研究)〉, ≪藏菴 池憲英先生古稀紀念論叢≫, 1980.

趙鍾業 : 〈전이와 수용 : 고대소설 형성상의 사전체와 변문(한, 중 문학비교연구의 일단으로)〉, ≪동방문학비교연구총서≫, 제1권, 1985.1.

曾天富 : 〈韓國小說과 明代 擬話本小說 受容의 一 考察〉, 釜山大 碩士論文, 1988.

증천부 : 〈韓國小說의 明代話本小說 受容 研究〉, 釜山大 博士論文, 1995.

陳氷氷 : 〈韓中 諷刺小說의 比較 研究〉, 成均館大 碩士學位論文, 2005.

車相轅 : 〈韓·中古典小說의 比較研究(剪燈新話·三國演義·水滸傳의 영향을 중심으로)〉, ≪中國學報≫ 第13輯, 1972.

초위산 : 〈中國 才子佳人小說과 韓國 愛情小說의 비교 연구〉, 서울大 碩士論文, 2003.8.

최용철 : 〈명청소설의 동아시아 전파와 교류〉, ≪中國學論叢≫ 第13輯, 2000.

최용철 : 〈명대문언소설의 조선간본과 전파〉, ≪民族文化研究≫, 第35輯, 2001.12.

최용철 : 〈朝鮮刻本明代文言小說之東亞傳播〉, ≪書目季刊≫, 台灣學生書局, 2003.3.

최준하 : 〈韓中古代小說之比較研究〉, ≪鶴山趙鍾業博士華甲紀念論叢≫, 1990.

河載玉 : 〈韓國傳奇小說의 研究(특히 中國과의 影響關係를 中心으로)〉, 東亞大 碩士論文, 1971.2.

洪應杓：〈韓國古代小說의 發達과 中國小說의 影響〉,《國文學》(公州師大) 第1號, 1949.8.

2) 列女傳

姜賢敬：〈劉向 列女傳의 유전과 그 영향〉,《社會科學論文輯》(대전대) 第16輯, 1992.3.

강현경：〈劉向 列女傳의 撰述本意와 流傳樣相〉,《語文硏究》 第30輯, 1998.

金相哲：〈列女傳의 文學的 硏究〉, 東亞大 碩士論文, 1973.12.

김민지 교주：《古列女傳》, 선문대학교 중한번역문헌연구소, 2008.

김수연：〈열녀전의 경계와 균열〉,《한국어문학연구》 55, 2010.8.

禹快濟：〈列女傳의 著作動機 考察〉,《우리문학연구》 第5輯, 1985.3.

우쾌제：〈列女傳의 受容樣相 考察〉,《語文論集》(石軒 丁奎福博士還曆紀念特輯號：高麗大國文學會) 第27輯, 1987.12.

우쾌제：〈列女傳的 傳統과 女性 文化〉,《우리문학연구》 第16輯, 2003.12.

이숙인：〈유향《열녀전》에 나타난 여성의 지식세계〉,《여/성이론》 3, 도서출판 여이연, 2000.12.

이영숙：〈《列女傳》과《世說新語》의 惡女 形象 小考〉,《중국문화연구》 18, 2011.6.

이혜순：〈열녀젼 연구〉,《이화어문논집》(梨花女子大學 韓國語文學硏究所) 第8卷, 1986.1.

정재서(공저)：《동아시아 여성의 기원(列女傳의 여성학적 탐구)》, 이화여대 출판부, 2002.12.

3) 古押衙傳奇(無雙傳)

이재홍 교주：《古押衙傳奇》, 선문대학교 중한번역문헌연구소, 2007.

이재홍：〈羅孫本 필사본고소설자료 所載 한글번역필사본 唐傳奇에 대하여〉,《중

국어문학논집≫ 제45호, 2007. 8.

4) 太平廣記

金一根：〈太平廣記諺解〉,≪國文資料≫ 第1集, 1957.

김일근：〈太平廣記詳節에 對하여〉,≪한메 金永驥先生古稀紀念 論文集≫, 螢雪出版社, 1971.4.

金長煥：〈中國 古典 飜譯과 太平廣記 飜譯 佚事〉,≪中國小說論叢≫ 第32輯, 2010. 9.

金鉉龍：〈太平廣記에 나타난 神仙攷(韓國古代小說과의 聯關性 考察)〉,≪國語國文學≫(國語國文學會) 第52號, 1971.5.

金鉉龍：〈韓國說話에 끼친 太平廣記의 影響 硏究〉, 建國大 國語國文學科 博士論文, 1976.

김경미：〈15세기 문인들의 奇異에 대한 인식(太平廣記詳節·太平通載의 편찬 간행과 관련하여)〉,≪韓國古典硏究≫ 第5卷, 1999.

김미정：〈태평광기 언해본의 번역양상 연구(虎 說話를 중심으로)〉,≪겨레어문학≫ 第9, 10卷, 1985.1.

김장환·박재연 교주：≪태평광긔≫, 학고방, 2003.

김장환：〈연세대 소장본 태평광긔 권지이에 대하여〉,≪東方學志≫(延世大 國學硏究院) 第121輯, 2003.9.

김장환·박재연·이래종：〈태평광기상절 연구〉,≪中國語文學論集≫ 第29號, 2004.11.

김장환：〈태평광기상절 편찬의 시대적 의미〉,≪中國小說論叢≫ 第23輯, 2006.3.

김장환：〈太平廣記의 醫學的 想像力(太平廣記 醫類 所載 故事를 중심으로)〉,≪中國小說論叢≫ 第31輯, 2010.3.

김장환：〈中國 古典 飜譯과 ≪太平廣記≫ 飜譯 佚事〉,≪中國小說論叢≫ 제32집, 2010.9.

김장환：〈≪太平廣記≫의 時代的 意味〉,≪중국어문학논집≫ 제75집, 2012.8.

김현룡 : 〈太平廣記諺解本攷(覓南本과 樂善齋本의 비교고찰)〉, ≪文潮≫(겨레어 문학 : 建國大) 第6·7合輯, 1971.

김현룡 : 〈韓國說話 小說에 끼친 太平廣記의 影響 研究〉, ≪廣場≫(世界平和敎 授協議會) 第49號, 1977.7.

박재연 : (공동)〈연세대 소장본 태평광긔 권지이에 대하여〉, ≪동방학지≫, 2003.

徐裕源 : 〈太平廣記東傳之始末及其影響〉, ≪中國語文學≫ 第7輯, 1984.

서유원 : 〈太平廣記豪俠類引書考〉, ≪경원대 논문집≫ 第8輯, 1990.3.

손수영 : 〈유서 태평광기의 자리〉, ≪中國語文學論集≫ 第12輯, 1999.8

안병국 : 〈太平廣記의 移入과 影響〉, ≪溫知論叢≫(溫知學會) 第6號, 2000.12.

윤하병 : 〈太平廣記 諺解本의 諺解의 實際와 樣相〉, ≪中國小說論叢≫ 第5輯, 1996.3.

윤하병 : 〈太平廣記 狐類故事 小考〉, ≪中國小說論叢≫ 第7輯, 1998.3.

이근영 : 〈태평광기 언해 멱남본의 음운학적 고찰〉, ≪겨레어문학≫15-16卷 合刊, 1991.

장연호 : 〈太平廣記의 한국 傳來와 影響〉, ≪韓國文學論叢≫ 第39輯, 2005.4.

정경주 : 〈韓·中 古代 山神說話 比較研究(三國遺事와 太平廣記所載 說話를 중 심으로)〉, ≪語文學敎育≫ 第29輯, 2004.11.

丁奎福 : 〈太平廣記與九雲夢〉, ≪第3屆韓國傳統文化國際學術硏討會論文集≫, 中國 山東大學出版社, 1999.10

정선경 : 〈中韓 神仙故事의 時間性 比較考察(太平廣記와 海東異蹟을 중심으 로)〉, ≪中國語文學論集≫ 第23輯, 2003.5.

정선경 : 〈韓·中 幻 敍事의 時空間的 敍述美學(列仙傳, 太平廣記, 於于野譚, 海東異蹟을 중심으로)〉, ≪中國語文學誌≫ 第33輯, 2010.8.

정진선 : 〈고대중국(古代中國) 기물정괴서사(器物精怪敍事)의 발생과 그 의미 -≪太 平廣記≫精怪部를 중심으로-〉, ≪민족문화연구≫56호, 2012.6.

陳武鉉 : 〈太平廣記諺解考〉, 東亞大 碩士論文, 1980.

5) 太原志

임치균 교주 : ≪태원지(太原誌)≫, 한국학중앙연구원 출판부, 2010.

임치균 : 〈태원지 연구〉, ≪고전문학연구≫제35집, 2009.

허순우 : 〈중화주의 균열이 초래한 주체의식의 혼란과 극복의 서사 -〈태원지〉-〉, ≪고소설연구≫제33집, 2012.

홍현성 : 〈太原誌 시공간 구성의 성격과 의미〉, ≪고소설연구≫제29집, 2010.

6) 吳越春秋

李明和 : 〈趙曄과 ≪吳越春秋≫〉, ≪중국고중세사연구≫12, 2004.8.

유희준·민관동 : 〈吳越春秋의 국내유입과 번역 및 수용양상〉, ≪中國小說論叢≫ 제36집, 2012.4.

7) 梅妃傳

유희준·민관동 : 〈≪梅妃傳≫의 국내유입과 번역양상〉, ≪비교문화연구≫제27집, 2012.6.

8) 紅梅記

朴在淵 校注 : ≪홍미긔(紅梅記)≫, 선문대학교 중한번역문헌연구소, 1999.

崔允姬 : 〈古杭 紅梅記의 수용 양상과 미적 거리〉, ≪中國小說論叢≫ 第32輯, 2010.9.

9) 薛仁貴傳

김예령 : 〈설인귀전의 번역, 번안 양상 연구〉, ≪관악어문연구≫ 第29卷(단일호), 2004.1.

閔惠蘭 : 〈薛仁貴說話 研究〉, 全南大 碩士論文, 1988.

朴在淵 : 〈薛仁貴征遼事略小考〉, ≪中國學研究≫(外國語大) 第1輯, 1984.

徐大錫 : 〈李朝 飜案小說攷(薛仁貴傳을 中心으로)〉, ≪국어국문학≫(한국 국어국문학회) 第52卷, 1971.5.

成賢慶 : 〈女傑小說과 薛仁貴傳(그 著作年代와 輸入年代·受容과 變容)〉, ≪國語國文學≫ 第62·63卷 합간, 1973.12.

성현경 : 〈劉忠烈傳검토(蘇大成傳, 張翼星傳, 薛仁貴傳과 관련하여)〉, ≪古典文學研究≫ 第2卷, 1974.1.

엄태웅 : 〈조선후기 설인귀 인식의 맥락과 문학적 반영의 의미〉, ≪한민족어문학≫ 59호, 2011.12.

양승민 : 〈≪설인귀전≫의 소설사적 존재 의미〉, ≪우리어문연구≫ 41집, 2011.9.

李錦宰 : 〈설인귀전의 설인귀정동 수용과 그 의미〉, ≪국어국문학지≫(문창어문학회) 第27卷, 1990.1.

李錦宰 : 〈薛仁貴傳의 薛仁貴征東 수용과 그 의미〉, 釜山大 國文學科 碩士論文, 1990.

이유진 : 〈≪薛仁貴傳≫의 전승과 통속화 경향〉, ≪중국학연구≫ 56, 2011.6.

이윤석 : 〈설인귀전의 원천에 대하여〉, ≪연민학지≫ 第9卷(단일호), 2001.1.

이윤석 : 〈경판 설인귀전 형성에 대하여〉, ≪동남어문논집≫ 第19號, 2005.3.

張守連·閔寬東 : 〈薛仁貴 故事의 源泉에 관한 一考- 설인귀 고사의 국내 수용과 전승을 중심으로〉, ≪中國小說論叢≫ 第34輯, 2011.8.

10) 水滸傳

金相勳 : 〈比較文學 見地에서 본 洪吉童傳과 水滸傳의 考察〉, 慶熙大 碩士論文, 1960.

김은진 : 〈수호전과 임꺽정의 서사구조 비교 연구〉, ≪시학과언어학≫ 第6卷, 2003.

김태관 : 〈歷史小說與三國演義·水滸傳〉, ≪中國語文論集≫ 第9輯, 1994.

大塚秀高 : 〈宣和遺事로 본 水滸說話와 楊家將說話〉, ≪中國小說論叢≫ 第11

輯, 2002.2.

閔寬東 : 〈水滸傳의 국내 수용에 관한 연구〉, ≪中國小說論叢≫ 第8輯, 1998.8.

민관동 : 〈水滸誌語錄과 西遊記語錄硏究〉, ≪中國小說論叢≫第29輯, 2009.

朴在淵 : 〈樂善齋本 후슈호뎐 연구〉, ≪中國小說論叢≫ 第5輯, 1996.3.

박재연 교주 : ≪슈호지≫, 선문대학교 중한번역문헌연구소, 2001.

서성・강현실 : 〈≪수호전(水滸傳)≫ 삽화(揷畵)의 유형과 계보 연구〉, ≪중국학논총≫ 제35집, 2012.2.

신지영 : (해설・번역)≪희곡으로 읽는 수호전≫, 새문社, 2003.

芮鐘淑 : 〈比較文學을 위한 試圖(洪吉童傳과 水滸傳을 中心으로)〉, ≪國語國文學研究≫(青丘大) 第3輯, 1959.11.

劉承炫 : 〈≪수호전(水滸傳)≫연쇄살인의 도덕과 허구 미학〉, ≪중국소설논총≫ 제32집, 2010.9.

유춘동 : 〈≪수호전(水滸傳)≫ 관련 기록에 대한 연구〉, ≪국학연구≫ 19호, 2011.12.

유춘동 : 〈≪수호전≫의 국내 현존 중국판본과 어록해에 대한 연구〉, ≪동아인문학≫ 20호, 2011.12.

李鳳麟 : 〈水滸傳이 洪吉童傳에 끼친 影響〉, 大邱大 碩士論文, 1967.

李相翊 : 〈洪吉童傳과 水滸傳과의 比較研究〉, ≪國語教育≫(韓國國語教育研究會) 第4號, 1962.

李慧淳 : 〈水滸傳研究〉, 臺灣 師範大 博士論文, 1972.

李慧淳 : 〈水滸傳의 版本考〉, ≪中國學報≫ 第14輯, 1973.

張柱玉 : 〈水滸傳과 洪吉童傳의 比較〉, 誠信女大 碩士論文, 1974.

張柱玉 : 〈洪吉童傳과 水滸傳과의 比較研究(兩作品의 小說的 構成을 中心으로)〉, ≪香蘭文學≫(聖心女大 國語教育科) 第5輯, 1975.2.

全圭泰 : 〈洪吉童傳에 미친 水滸傳의 影響〉, ≪文藝思想研究 2≫(韓國古典研究會), 1981.6.

정동보 : 〈水滸傳과 三俠五義의 傳承關係 研究〉, ≪語學研究≫(순천대) 第7輯, 1996.

정옥근 : 〈水滸傳在中國古代朝鮮的傳播和影響〉, ≪中國學論叢≫ 第10輯, 1997.

丁海榮 : 〈金聖嘆의 水滸傳 批評研究(작품 감상론을 중심으로)〉, 韓國外國語大

碩士論文, 1995.

趙寬熙：〈고본수호전(古本水滸傳)의 진위(眞僞) 논란에 대한 일고(一考)〉,《中國小說論叢》第32輯, 2010. 9.

한 매：〈조선후기 김성탄 문학 비평의 수용양상 연구〉, 成均館大 國文學科 博士論文, 2003.

한창엽：〈林巨正에 나타난 水滸傳의 수용 양상〉,《韓國學論集》第25卷, 1994.

11) 三國志演義

권순긍：〈삼국지연의의 수용과 그 지향(활자본 고소설을 중심으로)〉,《반교어문학회지》, 第9卷, 1998.

金東協：〈三國志演義가 興武王演義에 미친 영향〉,《한국학 대학원 논문집》第9輯, 1994.12.

金成姬：〈韓國語와 中國 朝鮮語의 飜譯文 比較 硏究(중국소설 삼국연의의 번역을 중심으로)〉, 高麗大 國文科 碩士論文, 2004.

박재연 교주：《삼국지통속연의》, 학고방, 2010.

金時俊：〈三國演義考〉,《서울大 人文科學 論文集》第1輯, 1969.4.

金容圭：〈韓國에 있어서의 三國志演義 一硏究〉, 延世大 碩士論文, 1971.

金震坤：〈역사기술과 역사소설의 관계탐색을 위한 서설(삼국지연의의 경우)〉,《中國小說論叢》第17輯, 2003.3.

金泰範：〈한국에서 삼국연의의 흡수와 진화〉, 臺灣 東海大 博士論文, 2000.6.

김도환：〈삼국지연의의 구활자본 고전 소설로의 개작양상〉,《中國小說論叢》第20輯, 2004.9.

김문경：〈중국 역사인물의 재조명(羅貫中의 本貫에 대하여)〉,《中國學報》第35卷, 1995.

김옥란：〈화용도의 작품 세계(삼국지연의·적벽가와 대비하여)〉,《개신어문연구》第19輯, 2002.12.

김옥란：〈삼국지연의의 적벽대전에 대한 역사적 고찰〉,《韓國人文學硏究》第11

輯, 2003.12.

김옥란 : 〈三國故事의 史的 기록과 희곡적 변용〉, ≪中國小說論叢≫第31輯 2010.3.

김용찬 : 〈조선후기 시조에 나타난 소설수용의 양상(삼국지연의를 중심으로)〉, ≪語文論集≫ 第32卷, 1993.

민경욱 : 〈삼국연의 체제 연구〉, 서울大 碩士論文, 2000.

閔庚旭 : 〈異體字와 引書異文으로 본 三國志演義 초기 텍스트(嘉靖壬午本과 葉逢春本의 對校를 중심으로)〉, ≪中國小說論叢≫第31輯 2010.03.

閔寬東 : 〈三國演義 國內 流入과 板本 硏究〉, ≪中國小說論叢≫ 第4輯, 1995.3.

민관동 : 〈三國演義在韓國的流傳與再創作〉, ≪稗海新航≫(中國大連), 1996.7.

민관동 : 〈羅貫中의 三國志演義〉, ≪季刊 : 문학과 교육≫ 第10號, 1999.겨울호.

민관동 : 〈三國演義의 국내유입과 再創作〉, ≪比較文化研究≫(慶熙大), 第7號, 2004.6.

민관동 : 〈三國演義與水滸傳在韓國的傳入及板本之考察〉, ≪東平與羅貫中三國演義水滸傳研究≫, 山東省東平縣羅貫中與三國演義水滸傳國際學術研討會編, 中國出版社, 2006.11.

민관동 : 〈三國演義에 묘사된 故事成語 研究〉, ≪中國語文論譯叢刊≫ 第26輯 2010.1.

박순애 : 〈삼국지와 일본문화〉, ≪韓中人文學研究≫ 第16輯, 2005.12.

박재연 : 〈조선시대 삼국지연의 한글 번역 필사본의 연구(서울大 규장각본[27책본]을 중심으로)〉, ≪돈암어문학≫ 第14輯, 2001.10.

박재연 : 〈조선시대 삼국지연의 한글번역 필사본에 대하여〉, ≪동방문학비교연구회 第115차 정기학술발표회 논문집≫(동계워크샵), 2003.

박재연 : 〈새로 발굴된 朝鮮活字本 ≪三國志通俗演義≫에 대하여〉, ≪中國語文論叢≫ 第44輯, 2010.3.

吳秀美 : 〈三國志演義의 演變 및 比較文學的 研究〉, 서울大 碩士論文, 1974.

游娟鐶 : 〈關雲長實記와 三國演義의 比較研究〉, 高麗大 碩士論文, 1982.9.

游娟鐶 : 〈韓國古典飜譯小說의 研究(三國演義 西遊記 今古奇觀과의 關係를 中

心)〉, 高麗大 博士論文, 1991.

李慶善 : 〈三國志演義의 成立過程〉, ≪國語國文學≫(釜山大) 第7, 8輯, 1968.12.

이경선 : 〈三國志演義의 成立過程〉, ≪樂山 金廷漢先生頌壽紀念論文集≫, 1968.12.

이경선 : 〈三國志演義에 나타난 英雄象〉, ≪漢陽大論文集. 創立30周年紀念≫, 1969.5.

이경선 : 〈三國志演義의 傳來와 定着〉, ≪漢陽大 論文集≫ 第4輯, 1971.1.

이경선 : 〈韓國의 軍談小說 및 九雲夢 玉樓夢과 三國志演義의 比較〉, ≪車相轅 博士頌壽論文集≫, 1971.6.

이경선 : 〈韓國文學에 끼친 三國志演義의 硏究〉, ≪漢陽大 論文集≫ 第5輯, 1972.1.

이경선 : 〈三國志演義의 人物考〉, ≪漢陽大 論文集≫ 第6輯, 1972.8.

李慶善 : 〈三國志演義의 比較文學的 硏究〉, 서울大 博士論文, 1973.

이경선 : 〈三國志演義의 正統思想〉, ≪中國文學≫ 第1輯, 1973.

李相翊 : 〈軍談小說과 三國志演義〉, ≪文敎部學術硏究報告書≫, 1974.

이상익 : 〈韓中小說의 比較文學的 硏究(軍談小說과 三國志演義)〉, ≪韓國古小說硏究≫ 二友出版社, 1983.2.

이은봉 : 〈방각본 삼국지의 변개 양상 연구(三國志 卷之三을 중심으로)〉, ≪고소설연구≫, 第20輯, 2005.

李哲洙 : 〈三國演義·水滸傳的敍事藝術〉, 中國 北京大 博士論文, 1998.7

장연호 : 〈적벽가와 삼국연의의 비교 연구〉, ≪韓國文學論叢≫ 第26輯, 2000.6.

全圭泰 : 〈三國志演義의 影響 考〉, ≪比較文學--그 國文學的 硏究≫(二友出版社), 1981.5.

전인초 : 〈관우의 인물조형과 관공신앙의 조선전래〉, ≪동방학지≫ 第134輯, 2006.6.

丁奎福 : 〈韓國古代軍談小說考(三國志演義의 影響을 中心으로)〉, 高麗大 碩士論文, 1958.3.

丁奎福 : 〈韓國 軍談類小說에 끼친 三國志演義의 影響 序說〉, ≪國文學≫(高麗大 國文學會) 第4號, 1960.9.

鄭東國 : 〈三國演義對韓國文學之硏究〉, 臺灣 文化大 碩士論文, 1977.

鄭東國 : 〈三國演義轉入韓國與韓國人喜好原因之研究〉, ≪大邱大學 人文科學
　　　　　研究所≫, 1982.12.
정동국 : 〈三國演義對韓國古時調與小說之影響〉, 臺灣 文化大 博士論文, 1985.
정동국 : 〈三國演義與韓國古時調之關係研究〉, ≪東洋學과 西洋學의 만남≫(大
　　　　　邱大 人文科學藝術研究所) 1998.
鄭瞖暻 : 〈한글 필사본 삼국지의 번역 양상과 어휘 특징(중한번역문헌연구소 소장
　　　　　삼국지[19회본]를 중심으로)〉, ≪中國小說論叢≫ 第25輯, 2007.3.
정옥근 : 〈三國演義在古代朝鮮的傳播和影響〉, ≪人文科學論叢≫ 第2輯, 1999.12.
정원기 : 〈80年代以後 三國志演義 硏究傾向에 관한 考察〉, 嶺南大 碩士論文,
　　　　　1998.
조성면 : 〈고전 ≪삼국지≫의 현대적 수용과 변용의 양상〉, ≪대중서사연구≫ 27호,
　　　　　2012.6.
崔根德 : 〈朝鮮 古代軍談小說에 있어서의 中國 三國志演義의 影響〉, 成均館大
　　　　　碩士論文, 1961.
崔根德 : 〈朝鮮古代小說에 있어서의 中國 三國志演義의 影響〉, ≪成均館大 大學
　　　　　院≫ 第14號, 1961.
최근덕 : 〈軍談小說과 三國志演義의 人物考〉, ≪成均館大 대학원≫ 第15號,
　　　　　1962.2.
崔英柱 : 〈韓國古典小說에 끼친 三國志演義의 硏究〉, 延世大 碩士論文, 1973.
최용철 : 〈韓國對三國演義的接受和現代銓釋〉, ≪中國文哲之當代詮釋國際會議
　　　　　論文集≫, 國立台北大學, 2003.10.
최용철 : 〈韓國對三國演義的接受和現代銓釋〉, ≪中國古代小說研究≫, 中國社
　　　　　會科學院文學研究所中國古代小說研究中心, 2005.6.
하윤섭 : 〈조선후기 ≪삼국지≫ 인물 차용 시조의 유행과 시대적 동인에 대한 탐색〉,
　　　　　≪고전문학연구≫제41집, 2012.6.
韓武熙 : 〈三國志의 形成過程과 文學的 價値〉, ≪小說三國志≫ 高麗苑, 1985.
한승옥 : 〈이광수의 이순신과 나관중의 삼국지연의 대비 연구〉, ≪韓國人文學研究≫
　　　　　第16輯, 2005.12.

咸恩仙 : 〈三國演義在韓國〉, ≪中國現代文學硏究≫ 第6輯, 1997.12.
허태용 : 〈17세기말-18세기초 존주론의 강화와 삼국지연의의 유행〉, ≪한국사학보≫
　　　　第15卷, 2003.
홍상훈 : 〈삼국연의의 정통성에 관한 고찰〉, ≪中國文學≫ 第47輯, 2006.5.
洪淳孝 : 〈三國演義硏究〉, 臺灣 師範大 博士論文, 1983.

12) 殘唐五代演義

金鎭世 : 〈殘唐五代演義考〉, ≪冠岳語文硏究≫(서울大 國文科) 第10輯, 1985.
박재연 : 〈樂善齋本 殘唐五代演義에 대하여〉, ≪中國小說論叢≫ 第1輯, 1992.4.
林根洙 : 〈殘唐五代演義 硏究〉, ≪古小說硏究論叢≫, 1994.

13) 大明英烈傳

박재연 : ≪대명영렬뎐≫, 선문대학교 중한번역문헌연구소, 1996.
박재연 : 〈樂善齋本 대명영렬뎐 연구〉, ≪中國小說論叢≫ 第6輯, 1997.

14) 武穆王貞忠錄(大宋中興通俗演義)

박재연 : 〈樂善齋本 唐晉演義·武穆王貞忠錄에 대하여〉, ≪樂隱 姜銓燮先生華甲
　　　　紀念論叢≫ 창학사, 1992.10.
박재연 : ≪무목왕정튱녹≫, 학고방, 1996.
金相燁 : 〈奎章閣 所藏 ≪會纂宋岳鄂武穆王精忠錄≫揷畵〉, ≪미술사논단≫ 제9
　　　　호, 1999.11.

15) 西遊記

金　瑛 : 〈朝鮮後期 明代小說 飜譯 筆寫本 硏究(새로 발굴된 셔유긔 高后傳 슈양

　　　　　　　의ᄉ 슈ᄉ유문 남송연의를 중심으로)〉, 韓國外大 博士論文, 2007.8
金甲男 : 〈후서유기 소고〉, ≪中國語文學≫ 第46輯, 2005.12.
金松竹 : 〈서유기가 한국 고소설에 끼친 영향(손오공을 중심으로)〉, 仁川大 國文科
　　　　碩士論文, 2001.
김장환 : (공편)≪서유긔(西遊記)≫, 학고방, 2009.
김태관 : 〈唐太宗入冥 고사를 통해 본 서유기의 형성과정 연구〉, ≪中國學≫(大韓
　　　　中國學會) 第27輯, 2006.12.
閔寬東 : 〈서유기의 국내유입과 판본 연구〉, ≪中國小說論叢≫ 第23輯, 2006.3.
민관동 : 〈水滸誌語錄과 西遊記語錄研究〉, ≪中國小說論叢≫第29輯, 2009.
박재연·김장환·김영 교주 : ≪셔유긔≫, 선문대학교 중한번역문헌연구소, 2005.
박춘영 : 〈西遊記의 成書過程과 主要 人物形象 硏究〉, 崇實大 博士論文, 2006.
서정희 : 〈서울대학교 서유기연구회 번역 서유기〉, ≪中國語文學≫ 第46輯, 2005.12.
송정화 : 〈韓中日대중문화에 나타난 沙悟淨 이미지의 특징〉, ≪中國語文學誌≫
　　　　第34輯, 2010. 8.
송정화 : 〈≪서유기(西游記)≫에 나타난 웃음에 대한 고찰 -낯섬과 추악함을 통한 전
　　　　복(顚覆)의 미학〉, ≪중국어문학지≫제36집, 2011.
송정화 : 〈≪서유기(西游記)≫에 나타난 식인(食人)의 의미에 대한 고찰 -신화(神
　　　　話), 종교(宗敎)的 분석을 중심으로〉, ≪중국어문학지≫제37집, 2011.
송진영 : 〈서유기 현상으로 본 중국 환상서사의 힘〉, ≪중국어문학지≫제33집, 2010.
梁白華 : 〈小說 西遊記에 就하여〉, ≪朝鮮佛敎叢報≫第3號, 1917.5
윤태순 : 〈西遊記 硏究〉, 成均館大 博士論文, 1995.
李相翊 : 〈韓國小說의 比較文學的 硏究(西遊記의 影響을 中心으로)〉, 서울大 博
　　　　士論文, 1980.
李相翊 : 〈西遊記對韓國小說的影響〉, ≪台北 : 韓國學報≫ 第8期, 1989.5.
이상익 : 〈韓中小說의 比較硏究-서유기의 영향을 중심으로(衝擊과 調和)〉, ≪동방
　　　　문학비교연구총서≫ 第2卷, 1992.
丁奎福 : 〈韓國古小說에 끼친 西遊記의 影響〉, ≪比較文學≫ 第3輯, 1974.
정규복 : 〈西遊記와 韓國古小說〉, ≪亞細亞硏究≫(高麗大) 第14卷 4號(48號),

1974.12.

정규복 : 〈西遊記와 王郎返魂傳〉, ≪月巖 朴晟義博士還歷紀念論叢≫, 1977.

정규복 : 〈王郎返魂傳과 古本西遊記〉, ≪비교문학≫ 別卷, 1998.1.

崔漢鎔 : 〈≪西遊記≫에 나타난 宗敎要素〉, ≪중국어문학논집≫ 제57집, 2009.8.

16) 列國志

김영 : 〈조선시대 번역소설 ≪춘추열국지≫의 개작본 연구〉, ≪중어중문학≫ 제50집, 2011.12.

閔寬東 : 〈열국지의 국내 수용양상에 관한 연구〉, ≪中國小說論叢≫ 第13輯, 2001.2.

이은영 : 〈列國題材 소설작품과 한국 구활자본의 개역현상〉, ≪中國小說論叢≫ 第24輯, 2006.9.

이은영 : 〈列國題材文藝作品及其在韓國的影響〉, 中國 北京大 博士論文, 2005.

이재홍 : 〈국립중앙도서관 소장 한글번역필사본(츈츄녈국지(17권 17책)에 대하여)〉, ≪中國小說論叢≫ 第26輯, 2007.9.

이재홍·김아영·조영기·김민지교주 : ≪츈츄녈국지≫, 학고방, 2008.

李炫抒 : 〈新列國志와 東周列國志 비교 연구(蔡元放의 수정작업을 중심으로)〉, ≪中國小說論叢≫ 第32輯, 2010.9.

조정순 : 〈동주열국지 연구〉, 慶熙大 碩士論文, 2001.

17) 包公演義

강주완 : 〈百家公案 연구〉, 延世大 博士論文, 2002.12.

고숙희 : 〈包公 公案小說 硏究〉, 成均館大 博士論文, 2003.

고숙희 : 〈포공 역사에서 문학속으로〉, ≪中國小說論叢≫ 第18輯, 2003.9.

김광영 : 〈龍圖公案 小考〉, ≪中國文學≫ 第15輯, 1987.12.

박재연 : 〈朝鮮時代 公案義俠小說 飜譯本의 연구(樂善齋本 포공연의와 舊活字本

염라왕전을 중심으로)〉, ≪中語中文學≫ 第25輯, 1999.12.

朴在淵 校注 : ≪포공연의(朝鮮飜譯本 出版)≫, 선문대학교중한번역문헌연구소, 1999.

朴憲洪 : 〈訟事說話와 訟事小說에 끼친 中國 公案類의 影響에 對하여〉, ≪古小說論叢≫(茶谷 李樹鳳先生回甲紀念 : 第一文化社), 1988.12.

민관동·장수연 : 〈小說 包公案 系列의 國內 流入과 受容〉, ≪중국어문학지≫제39집, 2012.6.

18) 西周演義(封神演義)

김장환 : (譯)≪仙佛英雄戰(封神演義)≫(全5冊), 驪江出版社, 1992.5.

김장환 : (譯) 許仲琳 지음, ≪封神演義≫(全9冊), 신서원, 2008.6.

김장환 : (譯) 許仲琳 지음, ≪封神演義≫, 지만지, 2008.11.

대곡삼번 : 〈한·일 양국간에 있어서의 명·청 소설의 수용과 특성(전등신화와 봉신연의를 중심으로)〉, ≪동방문학비교연구총서≫ 第3卷, 1997.

이은영 : 〈封神演義의 成書過程에 영향을 준 또 하나의 작품(열국지전)〉, ≪中國小說論叢≫ 第26輯, 2007.9.

장경남·이재홍·손지봉 교주 : ≪셔쥬연의≫, 이회문화사, 2003.

19) 西漢演義

민관동 : 〈西漢演義 硏究-국내 유입과 번역 및 출판을 중심으로〉, ≪중국소설논총≫제15집, 2002. 2

박재연·정재영·이재 교주 : ≪서한연의≫, 학고방, 2010.

손대현 : 〈초한가와 우미인가의 ≪西漢演義≫ 수용 양상〉, ≪한국민요학≫ 제31집, 2011.4.

이홍란 : 〈구활자본 초한전의 존재양상과 의미〉, ≪우리문학연구≫ 제30집, 2010.6.

張庚男 : 〈≪西漢演義≫의 傳來와 享有 樣相 硏究〉, ≪어문연구≫ 제39(1)호, 2011.3.

20) 東漢演義

민관동 : 〈동한연의 연구〉, ≪中國小說論叢≫ 第21輯, 2005.3.
박재연·정승혜·이재홍 교주 : ≪東漢演義≫, 학고방, 2007.
이재홍 : 〈國立中央圖書館 所藏 한글번역필사본 ≪東漢演義≫에 대하여〉, ≪중국
　　　　소설논총≫ 제25집, 2007.3.

21) 平妖記(三遂平妖傳)

박재연 : 〈平妖傳 飜譯本에 對하여〉, ≪中國學硏究≫(外國語大) 第6輯, 1991.4.
박재연·김영·김민지 교주 : ≪평뇨긔·평요뎐≫, 이회문화사, 2004.
서정희 : 〈樂善齋本 飜譯小說 平妖記 硏究〉, ≪人文論叢≫(釜山大) 第42輯,
　　　　1993.
徐貞姬 : 〈兩種三遂平妖傳硏究〉, 臺灣大 博士論文, 1987.

22) 仙眞逸史(禪眞逸史)

권도경·박재연 교주 : ≪션진일ᄉ≫, 이회문화사, 2003.
박재연 : 〈樂善齋本 仙眞逸史에 대하여〉, ≪忠北大學 湖西文化硏究所≫(佳峰金
　　　　泰泳敎授華甲紀念特輯) 第10輯, 1992.2.

23) 隋煬帝艷史

金　瑛 : 〈朝鮮後期 明代小說 飜譯 筆寫本 硏究(새로 발굴된 셔유긔 高后傳 슈양
　　　　의ᄉ 슈ᄉ유문 남송연의를 중심으로)〉, 韓國 外大 博士論文, 2007.8.
金　瑛 : 〈신자료 海南 綠雨堂 所藏 한글 필사본 〈슈양외사〉에 대하여〉, ≪중어중
　　　　문학≫ 제44집, 2009.6.
김장환 : (공편)≪슈양의ᄉ·슈양외ᄉ(隋煬帝艷史)≫, 학고방, 2009.

24) 隋史遺文

金 瑛 : 〈朝鮮後期 明代小說 飜譯 筆寫本 硏究(새로 발굴된 셔유긔 高后傳 슈양의ᄉ 슈ᄉ유문 남송연의를 중심으로)〉, 韓國外大 博士論文, 2007.8.

박재연·김영(共同) : 〈애스턴 구장 번역고소설 필사본 隨史遺文 연구(고어 자료를 중심으로)〉, ≪語文學論叢≫ 第23卷, 2004.

박재연·김영·손지봉 교주 : ≪슈ᄉ유문≫, 이회문화사, 2004.

25) 東度記(동유기)

박재연·김영 교주 : ≪동유기≫, 이회문화사, 2004.

26) 開闢演義

박재연 교주 : ≪기벽연역·분장누≫, 이회문화사, 2002.

27) 孫龐演義

박재연 : 〈樂善齋本 孫龐演義 硏究〉, ≪西江 李廷卓敎授回甲紀念 國語國文學論叢≫(安東大), 1987.12.

박재연·손지봉·김영 교주 : ≪손방연의≫, 이회문화사, 2003.

28) 唐晉[秦]演義(大唐秦王詞話)

박재연 : 〈樂善齋本 唐晉演義·武穆王貞忠錄에 대하여〉, ≪樂隱 姜銓燮先生華甲紀念論叢≫ 창학사, 1992.10.

박재연 교주 : ≪당진연의≫, 선문대학교 번역문헌연구소, 1997.

심재숙 : 〈장백전과 연의소설 唐秦演義의 관계를 통해본 영웅소설 형성의 한 양상〉,

≪어문논집≫, 1993.

29) 南宋演義(南宋志傳)

金 瑛 : 〈중한번역문헌연구소 소장 한글 필사본 남송연의에 대하여〉, ≪中國小說論叢≫ 第25輯, 2007.3.
金 瑛 : 〈朝鮮後期 明代小說 飜譯 筆寫本 硏究(새로 발굴된 셔유긔・高后傳・슈양의ᄉ・슈ᄉ유문・남송연의를 중심으로)〉, 韓國外大 博士論文, 2007.8.
박재연・김영 교주 : ≪남송연의≫, 학고방, 2006.

30) 北宋演義(大字足本北宋楊家將)

박재연 : ≪북송연의≫, 도서출판 학고방, 1996.
하경심 : 〈조선 여성영웅소설의 출현배경에 관한 試論 — 북송연의의 영향 가능성에 대해〉, ≪중국어문학논집≫ 제69호, 2011.08.

31) 南溪演談(義)

전인초 : 〈劉基行狀과 南溪聯譚・南溪演談〉, ≪동방학지≫, 2009.
홍현성 : 〈남계연담의 특징과 그 의미〉, ≪정신문화연구≫ 제34권 제4호, 2011.12.

32) 剪燈新話

金起東 : 〈彩鳳感別曲의 比較文學的 考察〉, ≪東國大 論文集≫ 第1號, 1964.3.
金武重 : 〈金鰲新話에 미친 剪燈新話의 影響考察〉, 東亞大 碩士論文, 1978.
金琇成 : 〈金鰲新話의 自然背景考(剪燈新話와의 比較的 立場)〉, ≪中國學報≫ 第9輯, 1968.
김수성 : 〈萬福寺樗蒲記와 剪燈新話의 比較硏究〉, ≪京畿工專論文集≫ 第4輯,

1971.

김수성 : 〈醉游浮碧亭記와 剪燈新話의 比較硏究〉, ≪京畿工專論文集≫ 第9輯, 1976.

金琇成 : 〈금오신화와 전등신화의 비교 연구(환경성과 시간구조에 관하여)〉, 成均館大 國文學科 博士論文, 1994.8.

金春海 : 〈剪燈新話 硏究〉, 全南大 碩士論文, 1989.

김명구 : 〈李朝小說의 中國小說 受容姿勢(특히 전등신화와 삼언과의 비교를 중심으로)〉, ≪中國硏究≫(外大) 第4輯, 1979.

김정숙 : 〈剪燈新話와 聊齋志異의 韓日에의 전래 그 변화와 수용의 軌跡〉, ≪漢文學論集≫ 제30집, 2010.2.

김진두 : 〈金鰲新話와 剪燈新話의 比較硏究〉, ≪公州師大 論文集≫ 第21輯, 1983.

김춘해 : 〈剪燈新話에 나타난 現實構成과 非現實構成의 結合形態〉, ≪中國人文科學≫ 第10輯, 1991.12.

대곡삼번 : 〈한·일 양국간에 있어서의 명·청 소설의 수용과 특성(전등신화와 봉신연의를 중심으로)〉, ≪동방문학비교연구총서≫ 第3卷, 1997.

文璿圭 : 〈剪燈新話 硏究〉, 全南大 碩士論文, 1989.

朴晟義 : 〈比較文學的 견지에서 본 金鰲新話와 剪燈新話〉, ≪文理論叢≫(高麗大) 第3輯, 1958.12.

박재연 : 〈剪燈餘話와 樂善齋本 빙빙뎐 硏究〉, ≪中國小說論叢≫ 第4輯, 1995.3.

박현규 : 〈忠南大 所藏 朝鮮 壬辰亂以前 木活字本 剪燈新話〉, ≪中國小說硏究回報≫ 第39號, 1999.9.

박현규 : 〈조선에서의 명 이정 전등여화 수용과 변이〉(가운화환혼기를 중심으로), ≪열상고전연구≫ 第16輯, 2002.12.

박희병 : 〈한국, 중국, 베트남 전기소설의 미적 특질 연구(금오신화·전등신화·전기만록을 중심으로)〉, ≪대동문화연구≫ 第36卷, 2000.1.

상기숙 : 〈瞿佑의 剪燈新話 硏究〉, ≪새국어교육≫(한국국어교육학회) 第53號, 1996.10.

상기숙 : 〈剪燈新話 原本思考〉, ≪한국문화의 原本思考≫(民俗苑) 1997.7.
상기숙 : 〈剪燈新話集證〉, ≪中國小說研究會報≫ 第34號, 1998.6.
徐丙嫦 : 〈剪燈新話與金鰲新話之比較研究〉, 臺灣 師範大 碩士論文, 1981.
신두헌 : 〈부기소설 전등신화·금오신화·우월물어〉, ≪상명여자사범대학≫ 第21卷, 1988.
윤채근 : 〈중세 동아시아 소설에 나타나는 방황과 미로의 유형들과 그 의미(금오신화, 전등신화, 전기만록, 기재기이를 중심으로)〉, ≪漢文學論集≫ 第21卷, 2003.
李明九 : 〈李生窺牆傳과 剪燈新話의 比較〉, ≪成大文學≫ 第8號, 1961.
이상구 : 〈이생규장전의 갈등구조와 작가의식(전등신화와의 비교를 중심으로)〉, ≪語文論集≫ 第35卷, 1996.
李相翊 : 〈彩鳳感別曲과 玉嬌鸞百年長恨〉, ≪異河潤先生華甲紀念論文集≫, 1966.
이상익 : 〈韓·中小說의 比較硏究(金鰲新話와 剪燈新話)〉, ≪敎育論叢≫(서울大 師範大學敎育會) 第2輯, 1972.3.
이재홍 교주, ≪전등신화≫(서강대본), 선문대학교 중한번역문헌연구소, 2011.
이학주 : 〈동아시아 전기소설의 예술적 특성 연구(전등신화·금오신화·가비자·전기만록을 중심으로)〉, 成均館大 國文科 博士論文, 2000.2.
장개종 : 〈한·중·월 전기소설의 비교연구(금오신화·전등신화·전기만록을 중심으로)〉, 成均館大 博士論文, 1994.
全圭泰 : 〈剪燈新話와 金鰲新話〉, ≪比較文學≫(二友出版社), 1981.5.
全惠卿 : 〈韓中越 傳奇小說의 비교 연구(金鰲新話·剪燈新話·傳奇漫錄을 중심으로)〉, 崇實大 博士論文. 1995.
전혜경 : 〈금오신화의 한국문학사적 위상(한·중·월 傳奇小說의 비교적 관점에서)〉, ≪古小說硏究≫ 第21輯, 2006.6.
丁奎福 : 〈剪燈新話의 激蕩〉, ≪域外漢文小說論究≫(臺灣 學生書局), 1989.2.
정규복 : 〈剪燈新話의 衝擊〉, ≪鶴山 趙鍾業博士華甲紀念論叢≫ 1990.10.
정유진 : 〈한국, 중국, 베트남 애정전기의 여성과 애정(금오신화·전등신화·전기만록을 중심으로)〉, ≪여성문학연구≫ 第8卷, 2002.
정환국 : 〈金鰲新話와 剪燈新話의 지향과 구현화 원리〉, ≪古典文學硏究≫ 第22

卷, 2002.
주　흠 : 〈금오신화와 전등여화 비교연구〉, 大佛大 碩士論文, 2005.
車相轅 : 〈韓·中古典小說의 比較研究(剪燈新話·三國演義·水滸傳의 영향을 중심으로)〉, ≪中國學報≫ 第13輯, 1972.
최용철 : 〈명청소설의 동아시아 전파와 교류(전등신화를 중심으로)〉, ≪中國學論叢≫ 第13輯, 2000.
최용철 : 〈중국소설과 문화(剪燈新話의 刊行과 朝鮮에의 傳播)〉, ≪中國小說論叢≫ 第11輯, 2000.2.
최용철 : 〈명대문언소설의 조선간본과 전파〉, ≪民族文化研究≫ 第35輯, 2001.12.
최용철 : 〈朝鮮註解本剪燈新話句解研究〉, ≪中國文學評點研究 國際學術研討會≫, 上海復旦大學, 2002.11.
최용철 : 〈규장각본 전등신화구해의 伊達伯 장서인에 대하여〉, ≪中國小說研究回報≫ 第53號, 2003.3.
최용철 : 〈奎藏閣本剪燈新話句解的流傳過程〉, ≪東亞出版文化國際會議≫, 日本 仙台, 2003.11.
최용철 : 〈剪燈新話在朝鮮的傳播方式(論句解本)〉, ≪東亞漢語漢文學飜譯傳播論文集≫, 台灣中央研究院 中國文哲研究所, 2006.12.
韓　凌 : 〈금오신화와 전등신화의 작가의식 비교 연구〉, 韓信大 國文科 碩士論文, 2003.
韓榮煥 : 〈藤穆醉遊聚景園記와 萬福寺樗蒲記의 構造的 比較〉, ≪誠信女大研究論文≫ 第4卷5號, 1972.
韓榮煥 : 〈金鰲新話의 比較文學的 研究(金鰲新話와 剪燈新話의 對比)〉, 慶熙大 博士論文. 1984.
한영환 : 〈전이와 수용(전등신화·금오신화·가비자의 비교고찰)〉, ≪東方文學比較研究叢書≫ 第1卷, 1985.

33) 聘聘傳(娉娉傳)

朴在淵 校注 : ≪聘聘傳: 朝鮮飜譯本≫, 학고방, 1995.

박재연：〈剪燈餘話와 樂善齋本 빙빙뎐 硏究〉,《中國小說論叢》第4輯, 1995.3.

34) 型世言

權寧愛：〈型世言硏究〉, 臺灣 東吳大 博士論文, 1993.6.
權寧愛：〈型世言의 問題詞彙와 俗語小考〉,《中國小說論叢》第2輯, 1993.3.
權寧愛：〈明末 세 作家의 同一題材에 대한 형상화 양상(陸人龍을 중심으로)〉,《中國小說論叢》第3輯, 1994.10.
권영애：〈型世言의 揷圖硏究〉,《中國現代文學硏究》第6輯, 1997.12.
김정육：〈型世言发现意义與思想價值考〉,《中國學》第26輯, 大韓中國學會, 2006.8.
김효진：〈型世言人物·主題·評點之硏究〉, 臺灣 輔仁大 碩士論文, 1996.6.
박재연：〈규장각본 형세언과 낙선재본 형세언에 대하여〉,《동방문학비교연구회 제52차겨울발표논문》, 1992.
朴在淵：〈奎章閣本 型世言〉,《中國小說硏究會報》第11.12號, 1992.9.
박재연：〈樂善齋本 型世言에 대하여〉,《靑河金炯秀博士華甲紀念論叢》, 1992.9.
박재연：〈韓國所見奎章閣本 型世言〉,《文化遺産》第3期, 1993.
朴在淵 校注：《型世言》, 江原大學校出版部, 1993.
박재연：〈韓國所見奎藏閣藏本型世言及樂善齋藏朝譯本型世言〉,《型世言：朴在淵校注》(江原大出版部), 1993.7.
朴在淵 譯·陳慶浩著：〈型世言硏究補論〉,《中國小說硏究會報》第15號, 1993.9.
박재연：〈型世言 硏究〉,《中國學論叢》第4輯, 1995.
劉美源：〈型世言 硏究〉, 성신여대 碩士論文, 1996.5.
陳慶浩 著·崔溶澈 譯：〈型世言(四百年間 묻혔던 短篇小說集)〉,《中國小說硏究會報》第13號, 1993.3.
최용철：〈型世言의 評者와 評點비평에 관한 연구〉,《중국학논총》제35집, 2012.2.

35) 今古奇觀

金連浩：〈今古奇觀의 飜譯樣相(高大本을 中心으로)〉, ≪語文論叢≫(高麗大 國語國文學會) 第27輯, 1987.12.

박재연·김영·이수진 교주 : ≪금고긔관≫, 선문대 중한번역문헌연구소, 2004.

신동일 : 〈飜譯本 今古奇觀에 對하여〉, ≪백영 정병욱先生還甲紀念論文集≫(合本 : 新丘出版社), 1982.

申東一 : 〈錢秀才錯占鳳凰(今古奇觀 第27卷에 對하여)〉, ≪陸士論文集≫(陸軍士官學校) 第21輯, 1981.

임명옥 : 〈啖蔗·三言二拍與今古奇觀比較硏究〉, 臺灣 文化大 碩士論文, 1994.6.

36) 花影集

박재연 교주 : ≪뉴방삼의뎐≫, 선문대학교 중한번역문헌연구소, 1999.

박재연 : 〈關於朝鮮刻本 花影集〉, ≪國際中國學硏究≫ 第2輯, 1999.

박재연 : 〈朝鮮 刻本 花影集에 대하여〉, ≪韓國文學論叢≫ 卷號26, 2000.6.

37) 兩山墨談

유희준·민관동 : 〈양산묵담의 국내출판과 수용양상〉, ≪중국어문논역총간≫제32집, 2013.1.

38) 閒談消夏錄

유희준·민관동 : 〈청대 문언 소설집 한담소하록 연구〉, ≪중어중문학≫제53권, 2012.12.

39) 後水滸傳

박재연 교주 : ≪후수호지(朝鮮飜譯文)≫, 학고방, 1996.

박재연 : 〈낙선재본 후슈호뎐 연구-古語資料를 중심으로〉, ≪중국소설논총≫제5집, 1996.3.

40) 平山冷燕(第四才子書)

朴在淵 : 〈樂善齋本 平山冷燕 硏究〉, ≪忠淸語文學≫ 第1輯, 1992.
박재연 교주 : ≪평산냉연≫, 이회문화사, 2003.
송진영 : 〈才子佳人 小說論(平山冷燕을 중심으로)〉, ≪대중문학연구≫ 第4輯, 1998.12.
崔允姬 : 〈平山冷燕의 유행과 번역 양상 연구〉, ≪中國語文論叢≫ 第27輯, 2004.12.

41) 玉嬌梨傳

박재연 : 〈晩松本玉嬌梨에 對하여〉, ≪中國小說硏究會報≫ 第14號, 1993.6.
박재연·정병설 교주 : ≪옥교리(玉嬌梨)≫, 선문대학교 중한번역문헌연구소, 2003.
정동보 : 〈才子佳人小說에 보이는 佳人의 形象 小考 - 平山冷燕·玉嬌梨를 중심으로〉, ≪중국인문과학≫ 제31집, 2005.12.
정병설 : 〈17세기 동아시아 소설과 사랑(九雲夢, 玉嬌梨, 好色一代男의 비교)〉, ≪관악어문연구≫ 第29卷, 2004.1.
최수경 : 〈청초 才子佳人 小說에 나타난 서술과 작가 의식의 특징(玉嬌梨와 平山冷燕을 중심으로)〉, ≪中國語文論叢≫ 第22輯, 2002.6.

42) 樂田演義(악의젼단젼)

박재연 교주 : ≪악의젼단젼≫, 선문대학교 중한번역문헌연구소, 2002.

43) 十二峯記

양승민 : 〈十二峯轉環記 한문본 원작과 그 한글 번역본〉, ≪고소설연구≫제32집, 2011.12.

44) 錦香亭記(錦香亭)

강문종·박재연 교주 : ≪금향정긔≫, 이회문화사, 2005.
유춘동 : 〈금향정기의 이본과 연원 연구〉, 延世大 碩士論文, 2002.
임명옥 : 〈錦香亭 小考〉, ≪中國學論叢≫第7卷, 1998.12.
趙惠蘭 : 〈錦香亭記 硏究〉, 梨花女大 碩士論文, 1985.
최수경 : 〈錦香亭 연구〉, ≪중국문화연구≫ 제1집, 2002.12.

45) 醒風流

박재연·황선엽·김명신 교주 : ≪셩풍뉴·호구전≫, 선문대학교 중한번역문헌연구소, 2001.
朴在淵 : 〈樂善齋本 醒風流에 대하여〉, ≪中國語文論集≫ 第6輯, 1991.6.

46) 玉支璣(雙英記)

김장환(공편) : ≪옥지긔(玉支璣)≫, 이회문화사, 2003.1.
박재연·김장환 : 〈연세대 소장 번역 고소설 필사본 옥지긔(玉支璣) 연구-고어 자료를 중심으로〉, ≪中國小說論叢≫第18輯, 2003.9.

47) 畵圖緣(花天荷傳)

김영 : 〈새로 발굴된 조선시대 번역소설 필사본 화도연에 대하여〉, ≪중국어문학지≫ 제31집, 2009.

48) 好逑傳(俠義風月傳)

姜鳳九 : 〈明淸才子佳人小說好逑傳〉, 臺灣 政治大 碩士論文, 1991.

金明信 : 〈好逑傳 주인공의 협의적 성격에 대한 소고〉, ≪中國小說論叢≫ 第15輯, 2002.2.
김명신 : 〈好逑傳의 作中人物에 대한 小考〉, ≪중국 명청시대의 문학과 예술≫, 한양대학교출판부, 2003.3.
김명신 : 〈好逑傳과 박씨전의 여성영웅 연구〉, ≪中國小說論叢≫ 제29집, 2009.3.
김명신·민관동 : ≪好逑傳≫의 유입과 번역적 특징, ≪中國小說論叢≫ 제37집, 2012.8.
박재연·황선엽·김명신 교주 : ≪셩풍뉴·호구전≫, 선문대학교 중한번역문헌연구소, 2001.
李慧淳 : 〈好逑傳硏究〉, ≪論叢≫(梨花女大 韓國文化硏究院), 1977.10.

49) 快心編(醒世奇觀)

전성운·박재연 교주 : ≪쾌심편≫, 이회문화사, 2003.

50) 隋唐演義

박재연 : 〈隋唐演義 飜譯本의 硏究〉, ≪中國學硏究≫(外國語大) 第3輯, 1986.11.

51) 女仙外史(新大奇書)

박재연·정창권·최길용 : ≪녀션외사≫(上/下), 이회문화사, 2005.
박재연 : 〈樂善齋本 女仙外史에 對하여〉, ≪國語國文學硏究≫(法山宋順康敎授華甲紀念語文論叢:圓光大) 第14輯, 1991.10.

52) 雙美緣(駐春園小史의 飜案, ≪雙美奇逢≫)

박재연 교주 : ≪쌍미긔봉≫, 선문대 중한번역문헌연구소, 2001.

신동훈 : 〈雙美奇逢과 남녀관계에 대한 인식 변화〉, ≪한국 고전소설과 서사문학(上)≫, 이상택교수환갑기념논총, 1999.

최윤희 : 〈雙美奇逢의 번안 양상 연구〉, ≪고소설연구≫ 제11집, 2001.

황혜진 : 〈쌍미기봉에 형상화된 애정의 양상과 의미 연구〉, ≪고전문학과 교육≫8, 2004.8.

53) 麟鳳韶(引鳳簫)

조희웅 : 〈인봉소연구(樂善齋本 麟鳳韶[한글 필사본]와 일본 內閣文庫本 引鳳簫[한문 목판본]의 대비 고찰)〉, ≪古典文學硏究≫ 第2卷, 1974.1.

최윤희 교주 : ≪인봉쇼(조선시대 번역본)≫, 선문대학교 중한번역문헌연구소, 2004.

최윤희 : 〈인봉소 국역본의 특징과 의미〉, ≪語文論集≫ 第52輯, 2005.

54) 紅樓夢

高旼喜 : 〈紅樓夢 한국어 번역에 있어서의 諸 問題(後40回를 중심으로)〉, ≪中國語文論叢≫第39輯, 2008.

고민희 : 〈紅樓夢韓文飜譯本後四十回中的幾個問題〉, ≪紅樓夢學刊≫, 2009.1.

고민희 : 〈關于紅樓夢韓譯本中稱謂語的若干問題〉, ≪紅樓夢學刊≫, 2009.9

고민희 : 〈紅樓夢韓譯時面臨的難題(以文化空白爲中心)〉, ≪紅樓夢學刊≫, 2010.11.

郭利夫 : 〈紅樓夢의 평가〉(홍루몽의 세계), ≪濟州大 論文集≫ 第4輯, 1975.

權友荇 : 〈紅樓夢과 玉樓夢 小考〉, ≪東亞大 國語國文學 論文集≫ 第1號, 1976.

金億洙 : 〈紅樓夢版本 硏究〉, ≪公州師大 論文集≫ 第21輯, 1983.12.

金貞女 : 〈낙선재본 補紅樓夢과 紅樓夢補의 번역양상〉, ≪中國小說論叢≫ 第21輯, 2005.3.

金泰範 : 〈韓文藏書閣本紅樓夢硏究〉, 臺灣 東海大 碩士論文, 1987.

김지선 : 〈從紅樓夢看韓國讀者的審美意識〉, ≪동방학≫ 第17輯, 2009.10.

김태성 : 〈낙선재본 홍루몽 역음 성모표기체계 고찰〉, ≪中語中文學≫ 第33輯,

2003.12.

박재연·이재홍·김영·권도경 교주 : ≪홍루몽≫상/하, 이회문화사, 2004.

박재연 : 〈紅樓夢系 筆寫本 飜譯小說에 나타난 語彙硏究〉, ≪홍루몽의 전파와 번역 국제학술대회 논문집≫(선문대학교), 2004.

박재연 : ≪홍루몽 고어사전(19세기 말 홍루몽계 번역소설 필사본에 나타난 어휘를 중심으로)≫, 이회문화사, 2005.6.

박재연 : 〈19세기 말 紅樓夢系 필사본 번역소설에 나타난 어휘 연구〉, ≪국어사 연구와 자료≫, 태학사, 2007.

상기숙 : 〈홍루몽과 완월회맹연에 나타난 여성상〉, ≪東方學≫(한서대학교 동양고전연구소) 第8卷, 2002.1.

상기숙 : 〈홍루몽과 완월회맹연적 점복신앙비교〉, ≪동방학≫(한서대학교 동양고전연구소) 第10卷, 2004.1.

梁白華 : 〈紅樓夢에 就하여〉, ≪每日申報≫, 1918.3.21.

양백화 : 〈紅樓夢是非〉, ≪東亞日報≫ 1926年7月20日～9月28日.

양백화 : 〈中國의 名作小說 紅樓夢의 考證〉, ≪東亞日報≫ 1930年5月26日～6月25日.

이경규 : 〈한중 故事成語의 비교 연구(삼국연의, 홍루몽을 중심으로)〉, ≪中國學報≫ 第53卷, 2006.

이상익 : 〈韓中小說의 比較文學的 硏究(紅樓夢의 영향관계)〉, ≪師大論叢≫(서울大 국어교육과) 第26輯, 1983.6.

이상익 : 〈韓中小說의 比較文學的 硏究(紅樓夢 연구의 世界的 關心)〉, ≪師大論叢≫(서울大 국어교육과) 第39輯, 1989.12.

이진원 : 〈越劇 春香傳과 唱劇 紅樓夢(중국 희극과 한국 창극의 교류에 관한 소고)〉, ≪판소리연구≫ 第16卷, 2003.1.

임형택 : 〈동아시아 서사학 시론(구운몽과 홍루몽을 중심으로)〉, ≪대동문화연구≫ 第40卷, 2002.1.

鄭京子 : 〈樂善齋本 紅樓夢의 脫文 硏究〉, ≪중국소설논총≫ 제31집, 2010.3.

정선경 : 〈1910년대 每日申報에 연재된 紅樓夢 飜譯과 敍事의 近代性〉, ≪中國語

文學誌≫ 第36輯, 2011.8.

정영호 : 〈紅樓夢과 鏡花緣의 女性形象 比較硏究〉, ≪中國小說論叢≫ 第9號, 1999.2.

정영호 : 〈紅樓夢의 鏡花緣에 대한 영향〉, ≪中國小說論叢≫ 第12輯, 2000.8.

趙美媛 : 〈紅樓夢 서사는 어떻게 다시 쓰여져 왔는가?(Ⅰ)〉, ≪중국어문학논집≫ 제57호, 2009.8

崔炳圭 : 〈紅樓夢 속의 "情"과 "淫"〉, ≪중국어문논역총간≫ 제15집, 2005.7.

崔炳圭 : 〈홍루몽을 통해서 본 중국전통문화에 대한 반성〉, ≪중국어문논역총간≫ 제26집, 2010.1.

崔炳圭 : 〈紅樓夢의 陶淵明 수용 연구〉, ≪중국소설논총≫ 제38집, 2012.12.

최용철 : 〈紅樓夢 初期版本의 硏究〉, ≪人文論叢≫(漢陽大) 第11輯, 1986.2.

최용철 : 〈紅樓夢 後期版本의 硏究〉, ≪人文論叢≫(漢陽大) 第13輯, 1987.2.

최용철 : 〈紅樓夢 現代版本의 硏究〉, ≪人文論叢≫(漢陽大) 第15輯, 1988.2.

최용철 : 〈樂善齋本 完譯紅樓夢의 初探〉, ≪中國語文論叢≫(高麗大) 第1輯, 1988.12.

최용철 : 〈紅樓夢 現代譯本에 關한 考察〉, ≪中國語文論叢≫(高麗大) 第2輯, 1989.12.

최용철 : 〈淸代紅學硏究〉, 臺灣大 博士論文, 1990.

최용철 : 〈韓國樂善齋本紅樓夢研究〉, ≪紅樓夢學刊≫(臺灣) 文化藝術出版社 第43輯, 1990.2.

최용철 : 〈韓國 紅樓夢 硏究論著 및 飜譯本 目錄〉, ≪中國小說硏究會報≫ 第2號, 1990.6.

최용철 : 〈紅樓夢 評點批評의 硏究〉, ≪人文論叢≫(漢陽大) 第21輯, 1991.8.

최용철 : 〈紅樓夢의 韓國傳來와 影響硏究〉, ≪中國語文論叢≫(高麗大) 第4輯, 1991.12.

최용철 : 〈紅樓夢在韓國的影響及研究〉, ≪中國文哲研究的回顧與展望論文集≫ (대만) 中央研究院 文哲研究所, 1992.

최용철 : 〈紅樓夢 續書 硏究〉, ≪中國小說論叢≫ 第1輯, 1992.4.

최용철 : 〈九雲記에 나타난 紅樓夢의 影響 硏究〉, ≪中國語文論叢≫(高麗大) 第5輯, 1993.
최용철 : 〈九雲記的作者及其與紅樓夢的關係〉, ≪紅樓夢學刊≫ 第56輯, 1993.
최용철 : 〈紅樓夢關係資料 單行本 硏究〉, ≪中國小說硏究會報≫ 第12號, 1993.3.
최용철 : 〈梁建植의 紅樓夢 評論과 飜譯文 分析〉, ≪中國語文論叢≫, 第6輯, 1993.12.
최용철 : 〈續紅樓夢의 內容과 樂善齋本의 飜譯樣相〉, ≪中國小說論叢≫ 第3輯, 1994.
최용철 : 〈韓國 歷代 紅樓夢 飜譯의 再檢討〉, ≪中國小說論叢≫ 第5輯, 1995.3.
崔溶澈 : 〈1910-1930年韓國紅樓夢硏究與翻譯〉, ≪紅樓夢學刊≫ 第1輯, 1996.2.
최용철 : 〈白華梁建植의 中國文學 연구와 飜譯에 대하여〉, ≪中國語文學≫ 第28輯, 1996.12.
최용철 : 〈韓中古典小說九雲夢與紅樓夢的結緣〉, ≪中國學論叢≫ 第11輯, 1998.12.
최용철 : 〈重新認識韓國樂善齋本紅樓夢飜譯叢書〉, ≪曹雪芹逝去240週年紀念紅樓夢國際學術硏討會≫, 中國紅樓夢學會, 2004.10.
최용철 : 〈한국에서의 홍루몽 전파와 번역〉, ≪홍루몽의 전파와 번역 국제학술대회논문집≫, 2004.11.
최용철 : 〈홍루몽 학술자료목록 및 해제(1)〉, ≪中國學論叢≫, 第17輯, 2004.12.
최용철 : 〈韓國召開的紅樓夢國際學術硏討會綜述〉, ≪紅樓夢學刊≫, 中國藝術硏究院, 2005.5.
최용철 : 〈홍루몽의 韓日英 번역문 비교 연구〉, ≪中國語文論叢≫ 第28輯, 2005.6.
최용철 : 〈試論紅樓夢的外文飜譯(文化差異與韓文飜譯)〉, ≪紅樓夢學刊≫, 中國藝術硏究院 紅樓夢硏究所, 2006.11.
최용철 : 〈홍루몽의 번역과 해석〉, ≪2007년한국번역비평학회·한국해석학회공동학술대회≫(한국번역비평학회·한국해석학회), 2007.9.
최용철 : ≪홍루몽의 전파와 번역≫, 신서원, 2007.12.
최용철 : 〈홍루몽의 번역과 해석에 대하여〉, ≪中國小說論叢≫第27輯, 2008.3.
최용철·고민희·김지선 : ≪붉은 누각의 꿈 홍루몽 바로보기≫, 나남, 2009, 7.

崔溶澈 : 〈홍루몽의 회목 번역기법의 연구〉, ≪中國語文論叢≫ 第47輯, 2010.12.
최용철・노선아 : 〈張志暎의 紅樓夢 번역문(1930-1932) 연구〉, ≪中國語文論叢≫ 제49집, 2011.6.

55) 雪月梅傳

권도경・박재연 : ≪설월미젼≫, 이회문화사, 2003.
권도경 : 〈雪月梅傳의 장르적 전통과 영웅소설적 성격〉, ≪中國小說論叢≫ 第19輯, 2004.3.
김명신 : 〈雪月梅傳≫의 俠義愛情小說的 特徵-한글본을 중심으로〉, ≪中國小說論叢≫ 제33집, 2011.4.

56) 後紅樓夢

선문대 중한번역문헌연구소 : ≪후홍루몽≫, 이회문화사, 2004.
최용철 : 〈紅樓夢 續書硏究 1〉, ≪中國小說論叢≫제1집, 1992.5.

57) 粉粧樓

박재연 교주 : ≪개벽연역・분장누≫, 이회문화사, 2002.

58) 合錦廻文傳

김영 교주 : ≪회문뎐≫, 학고방, 2009.
김영 : 〈신자료 번역필사본 회문뎐 연구〉, ≪중어중문학≫ 제45집, 2009.12.

59) 續紅樓夢

최윤희·김명선 교주 : ≪쇽홍루몽≫, 이회문화사, 2004.
최용철 : 〈紅樓夢의 韓國傳來와 影響 연구〉, ≪중국어문논총≫제4집, 1991.
최용철 : 〈續紅樓夢의 內容과 樂善齋本의 飜譯樣相〉, ≪中國小說論叢≫ 第3輯, 1994.

60) 瑤華傳

최길용·이재홍·김영 교주 : ≪요화전≫, 이회문화사, 2004.
崔吉容 : 〈한글 필사본 瑤華傳의 번역 및 변이 양상〉, ≪中國小說論叢≫ 第21輯, 2005.3.
崔吉容 : 〈한중 고소설 〈방한림전〉과 〈요화전〉에 나타난 여성 혼인기피담의 비교 연구〉, ≪한국고전여성문학연구≫17, 2008.

61) 紅樓復夢

김명신 : 〈樂善齋本 紅樓復夢의 飜譯樣相〉, ≪中國小說論叢≫제21집, 2005.3.
박재연 외 교주 : ≪홍루부몽≫상/하, 이회문화사, 2004.

62) 白圭志

朴在淵 : 〈조선시대 재자가인소설의 전래와 수용--새로 발굴된 백규지를 중심으로〉, ≪중국어문학논집≫ 제51호, 2008.8
최상천·김영·박재연·이상덕 교주 : ≪빅규지≫, 선문대학교 중한번역문헌연구소, 2008.

63) 補紅樓夢

김정녀·최길용·박재연 교주 : ≪보홍루몽≫, 이회문화사, 2004.

金貞女 : 〈낙선재본 補紅樓夢과 紅樓夢補의 번역양상〉, ≪中國小說論叢≫第21輯, 2005.3.

64) 鏡花緣(第一奇諺)

박재연·정규복 : ≪제일기언≫, 국학자료원, 2001.

서경희 : 〈鏡花緣의 여성인식과 第일기언의 수용방식 연구〉, ≪한국고전여성문학연구≫, 第5卷, 2002.1.

陸宰用 : 〈九雲記에 미친 鏡花緣의 影響〉, ≪영남어문학≫(嶺南語文學會) 제21집, 1992.6.

丁奎福 : 〈第一奇諺에 對하여〉, ≪中國語文論叢≫(高麗大) 第1輯, 1984.4.

鄭榮豪 : 〈鏡花緣硏究(硏究現況과 分類 問題에 대한 檢討)〉, ≪中國小說論叢≫ 第4輯, 1995.3.

정영호 : 〈鏡花緣 硏究 現況〉, ≪中國小說硏究會報≫ 第22號, 1995.6.

정영호 : 〈鏡花緣硏究在韓國〉, ≪明淸小說硏究≫(中國), 1995年 第4期.

鄭榮豪 : 〈李汝珍의 鏡花緣 硏究〉, 全南大 博士論文, 1997.8.

鄭榮豪 : 〈紅樓夢과 鏡花緣의 여성형상 비교 연구〉, ≪中國小說論叢≫ 第9輯, 1999.2.

정영호 : 〈경화연에 나타난 神話의 수용 양상〉, ≪中國人文科學≫ 第23輯, 2001.12.

정영호 : 〈鏡花緣과 한글 역본 第一奇諺의 비교 연구〉, ≪中國小說論叢≫ 第26輯, 2007.9.

정영호·민관동 : 〈구운기에 미친 경화연의 영향 연구〉, ≪중국인문과학≫ 제47집, 2011.4

河正玉 : 〈鏡花緣 硏究〉, 成均館大 博士論文, 1983.

하정옥 : 〈경화연의 서지적 고찰〉, ≪출판학연구≫ 第25號, 1983.10.

하정옥 : 〈鏡花緣의 硏究史〉, ≪中語中文學報≫(成均館大) 第1輯, 1983.

하정옥 : 〈鏡花緣에 나타난 儒道釋思想〉, ≪大東文化硏究≫ 第18輯, 1984.3.

65) 紅樓夢補

김정녀·박재연 교주 : ≪홍루몽보≫, 이회문화사, 2004.

金貞女 : 〈낙선재본 補紅樓夢과 紅樓夢補의 번역양상〉, ≪中國小說論叢≫第21
輯, 2005.3.

66) 綠牡丹

김명신 : 〈綠牡丹의 사상과 인물 유형에 대한 연구〉, ≪中國小說論叢≫ 제18집,
2003. 9.

김명신 : 〈綠牡丹和趙雄傳之人物比較〉, ≪中國小說論叢≫제24집, 2006. 9.

박재연 : ≪녹목단≫, 선문대 중한번역문헌연구소, 1998.

67) 忠烈俠義傳

강주완 : 〈三俠五義 硏究〉, 延世大 碩士論文, 1993.2.

김명신·박재연 공편 : ≪충렬협의전≫, 이회출판사, 2005.

김명신 : 〈낙선재본 츙렬협의전의 人物群像 연구〉, ≪中國小說論叢≫ 제22집, 2005.9.

김명신 : 〈한글 필사본 忠烈俠義傳의 惡人 硏究〉, ≪中國小說論叢≫ 제27집, 2008.3.

김명신 : 〈三俠五義의 한국적 수용 연구-천자의 나라를 중심으로〉, ≪中國小說論叢≫
제31집, 2010.3.

김명신·민관동 : 〈한글 필사본 忠烈俠義傳의 번역양상 및 표기 특징〉, ≪中國小說
論叢≫ 제32집, 2010.9.

정동보 : 〈水滸傳과 三俠五義의 傳承關係 硏究〉, ≪語學硏究≫(순천대) 第7輯, 1996.

최지선 : 〈삼협오의의 협객 형상 연구〉, 梨花女大 碩士論文, 2006.2.

68) 忠烈小五義傳

김정녀·박재연 교주 : ≪츙렬쇼오의≫, 이회문화사, 2005.

김명신·민관동 : 〈≪忠烈小五義≫의 국내유입과 스토리 연구〉, ≪비교문화연구≫
　　　　　 제29집, 2012.12.

69) 珍珠塔(九松亭)

박재연 교주 : ≪진쥬탑≫, 학고방, 1995.
朴在淵 : 〈낙선재본 再生緣傳에 대하여〉, ≪中國學硏究≫第7輯, 1992.10.
이재홍·김영·박재연 교주 : ≪직생연젼≫상/하, 이회문화사, 2005.
정병설 : 〈낙선재본 재생연전 연구(번역양상을 중심으로)〉, ≪冠嶽語文硏究≫第16
　　　　輯, 1991.

70) 梁山伯傳

金明恩 : 〈梁山伯傳의 연구〉, 漢陽大 碩士論文, 1995.
金秀炫 : 〈中·韓梁祝故事之演變與比較硏究〉, 臺灣 文化大 碩士論文, 1993.12.
김수연 : 〈梁祝설화의 국내유입과 양산백전에 나타난 소설화 양상〉, ≪古小說硏究≫
　　　　第29輯, 2010.
김영선 : 〈梁山伯傳 연구〉, ≪청람어문학≫第4卷, 1991.2.
김우석 : 〈梁祝故事 硏究序說〉, ≪中國學報≫第53輯, 2005.12.
이주노·진유애 : 〈梁祝故事 硏究(殉情 이야기를 중심으로)〉, ≪中國人文科學≫第
　　　　34輯, 2006.12.
이주노·임지영 : 〈梁祝故事의 변용 양상 연구〉, ≪中國文學≫第50輯, 2007.2.
유승현·민관동 : 〈梁祝이야기의 국내 수용과 『양산백전』의 번안 가능성〉, ≪中語
　　　　中文學≫ 第51輯, 2012.4.

71) 千里駒

김영 : ≪천리구(千里駒)≫, 선문대학교 중한번역문헌연구소, 2003.

저자소개

민관동(閔寬東, kdmin@khu.ac.kr)
- 1960年生, 韓國 天安 出生.
- 慶熙大 중국어학과 졸업.
- 대만 文化大學 文學博士.
- 現 慶熙大 중국어학과 敎授.
- 現 韓國中國小說學會 會長.

著作
- ≪中國古典小說在韓國之傳播≫, 中國 上海學林出版社, 1998年.
- ≪中國古典小說史料叢考≫, 亞細亞文化社, 2001年.
- ≪中國古典小說批評資料叢考≫(共著), 學古房, 2003年.
- ≪中國古典小說의 傳播와 受容≫, 亞細亞文化社, 2007年 10月.
- ≪中國古典小說의 出版과 硏究資料 集成≫, 亞細亞文化社, 2008年 4月.
- ≪中國古典小說在韓國的硏究≫, 中國 上海學林出版社, 2010年 9月.
- ≪韓國所見中國古代小說史料≫(共著), 中國 武漢大學校出版社, 2011年 6月.
- ≪中國古典小說 및 戲曲硏究資料總集≫(共著), 학고방, 2011年 12月.
- ≪中國古典小說의 國內出版本 整理 및 解題≫(共著), 학고방, 2012年 4月.
- ≪韓國所藏 中國古典戲曲(彈詞·鼓詞) 版本과 解題≫(共著), 학고방, 2012年 12月.
- ≪韓國所藏 中國文言小說 版本과 解題≫(共著), 학고방, 2013年 2月. 외 다수.

翻譯
- ≪中國通俗小說總目提要≫(第4卷-第5卷) [共譯], 蔚山大出版部, 1999年.

論文
- 〈在韓國的中國古典小說翻譯情況硏究〉, ≪明淸小說硏究≫(中國) 2009年 4期, 總第94期.
- 〈朝鮮出版本 新序와 說苑 연구〉, ≪中國語文論譯叢刊≫第29輯, 2011.7.
- 〈中國古典小說의 出版文化 硏究〉, ≪中國語文論譯叢刊≫第30輯, 2012.1 외 70여 편.

김명신(金明信, mingsin@daum.net)
- 1969年生, 韓國 서울 出生.
- 漢陽大學校 중문학과 졸업.
- 高麗大學校 文學博士.
- 現 慶熙大學校 比較文化硏究所 學術硏究敎授.

著作
- ≪성풍뉴·호구전≫, 선문대학교중한번역문헌연구소, 2001(공편).
- ≪中國古典小說批評資料叢考≫, 學古房, 2003(공저).
- ≪무협소설이란 무엇인가≫, 예림기획, 2001(공저).
- ≪홍루부몽≫ 상/하, 이회출판사, 2004(공편).
- ≪충렬협의전≫, 이회출판사, 2005(공편).
- ≪2000-2002 중국어문학연감≫, 학고방, 2006(공편).

- ≪한자콘서트≫, 차이나하우스, 2007(공저).
- ≪국제이해교육≫ 제18호, 유네스코 아시아 태평양 국제이해교육원, 2007(공저).
- ≪홍루몽의 전파와 영향≫, 신서원, 2007(공저).
- ≪중국어이야기≫, 차이나하우스, 2010(공저).

翻譯
- ≪中國通俗小說總目提要≫(第3卷), 蔚山大出版部, 1997年(공역).
- ≪아녀영웅전≫, 박영률, 2009. 외 다수.

論文
- 〈≪三俠五義≫의 한국적 수용 연구-≪천자의 나라≫를 중심으로〉, ≪中國小說論叢≫ 제31집, 한국중국소설학회, 2010.3.
- 〈≪爭春園≫의 構造와 主題 硏究〉, ≪中國小說論叢≫ 제36집, 한국중국소설학회, 2012.4. 외 다수.

경희대학교 비교문화연구소 비교문화총서 10

朝鮮時代 中國古典小說의
出版本과 飜譯本 硏究

초판 인쇄 2013년 7월 15일
초판 발행 2013년 7월 20일

공   저 | 민관동·김명신
펴 낸 이 | 하운근
펴 낸 곳 | 學古房

주   소 | 서울시 은평구 대조동 213-5 우편번호 122-843
전   화 | (02)353-9907 편집부(02)353-9908
팩   스 | (02)386-8308
전자우편 | hakgobang@naver.com, hakgobang@chol.com
홈페이지 | http://hakgobang.co.kr
등록번호 | 제311-1994-000001호

ISBN   978-89-6071-327-7   93820

값 : 35,000원

이 도서의 국립중앙도서관 출판시도서목록(CIP)은 서지정보유통지원시스템 홈페이지(http://seoji.nl.go.kr)와 국가자료 공동목록시스템(http://www.nl.go.kr/kolisnet)에서 이용하실 수 있습니다.(CIP제어번호: CIP2013011335)

※ 파본은 교환해 드립니다.